族自治县地图

儋州市
澄迈县
琼中黎族苗族自治县
五指山市
白沙黎族自治县
牙叉镇
打安镇
阜龙乡
细水乡
元门乡
南开乡
兰洋镇
南丰镇
黎母山镇
什运乡
毛阳镇
松涛水库
松涛水库游览区
沙河水库
大王岭水库
云月湖风景区
黎母山国家森林公园
西线铁路
儋州
儋州南
西培
兰洋
松涛
洋江
黎母山
加钗
什运
G9813
G9811
G224
海榆中线
南渡江
红坎瀑布
鹦哥岭自然保护区
N
图例
县级政府驻地
乡、镇政府驻地
社区居委会
村委会
自然村
旅游景点
山峰
典型居民地
高速公路及互通
高铁及车站
铁路及车站
国道
省道
县道
乡道、小路
县级界
乡、镇级界
水库、河流
比例尺 1：242 000
编 制：自然资源部海南测绘资料信息中心
审图号：琼S（2023）011号

白沙年鉴

BAISHA NIANJIAN

2022

中共白沙黎族自治县委史志编纂中心　编

方志出版社
Publishing House of Local Records

图书在版编目(CIP)数据

白沙年鉴.2022/中共白沙黎族自治县委史志编纂中心编.—北京:方志出版社,2022.12
ISBN 978-7-5144-5704-9

Ⅰ.①白… Ⅱ.①中… Ⅲ.①白沙黎族自治县-2022-年鉴 Ⅳ.①Z526.64

中国版本图书馆CIP数据核字(2023)第114534号

责任编辑:徐 宏
责任校对:刘玉霞
责任印刷:梅中英
出 版 者:方志出版社
地　　址:北京市朝阳区潘家园东里9号(国家方志馆4层)
邮　　编:100021
网　　址:http://www.zgfzcb.cn
发　　行:方志出版社图书营销中心(010)67110500
印　　刷:海南博雅文化发展有限公司
开　　本:889毫米×1194毫米 1/16
印　　张:26.625
字　　数:646千字
版　　次:2022年12月第1版
印　　次:2022年12月第1次印刷
定　　价:288.00元

编辑说明

一、《白沙年鉴》是中共白沙黎族自治县委、白沙黎族自治县人民政府主办，中共白沙黎族自治县委史志编纂中心承编的地方综合性年鉴。《白沙年鉴》逐年记载白沙黎族自治县政治、经济、文化和社会各项事业发展情况，收录年度主要文献及重要材料，为各级党政机关、研究部门、社会各界人士了解、认识、研究、开发白沙提供全面、系统、准确、翔实的信息资料，同步为《白沙黎族自治县志》保存历史资料。《白沙年鉴》于 2009 年始编，每年出版一卷，公开发行。

二、《白沙年鉴 2022》以马克思列宁主义、毛泽东思想、邓小平理论、“三个代表”重要思想、科学发展观、习近平新时代中国特色社会主义思想为指导，坚持辩证唯物主义和历史唯物主义的立场、观点和方法，设特载、概览、大事记、中共白沙黎族自治县委员会、白沙黎族自治县人民代表大会、白沙黎族自治县人民政府、政协白沙黎族自治县委员会、纪委监委、群众团体、法治、军事、经济综合管理、农业、工业、商贸、金融、交通邮电、城乡发展、生态环境、科学技术、文化·旅游、卫生健康、教育·体育、社会生活、乡镇·农场、人物、附录 27 个部类。主要记载 2021 年度白沙黎族自治县各部门、各行业、各乡镇和农场的基本情况、重要事件和主要发展变化，收录当年重要文献、法规和政策性文件，提供当年翔实的统计性资料及其他实用性资料。

三、《白沙年鉴》采取类目、分目、条目的结构，以不同版式设计区别不同层次。条目一级标题用加【 】号体现。

四、数字用法、标点符号用法分别采用国家标准《出版物上数字用法》（GB/T15835-2011）、《标点符号用法》（GB/T15834-2011），计量单位采用国家技术监督局 1993 年 12 月发布的《量和单位》系列国家标准。

五、本年鉴稿件由各有关单位、各乡镇、农场的特约编撰人提供，并经撰稿单位领导审核。文中的主要数据与统计部门进行了核对。由于来源、统计方法或统计口径不同，如遇同一项目或名称的数据不一致的情况，应以县统计局提供的“统计资料”数据为准。

六、本年鉴记述起讫时间原则上为 2021 年 1 月 1 日至 2021 年 12 月 31 日。为免累赘，凡直书月、日而未写明年份的，即为 2021 年；凡直书“白沙、白沙县”的，即指“白沙黎族自治县”。

《白沙年鉴》编纂委员会

主　任

邓伟强　县委书记

执行副主任

黄　聪　县委副书记、县政府县长

副主任

王　剑　县委常委（挂职）

委　员

章家程　县纪委副书记、县监委副主任

王浩广　县委办主任

卢春玲　县人大办主任

王　哲　县政府办主任、县信访局局长（兼）

陈建邦　县政协办主任

郑　群　县委组织部常务副部长

李光强　县委统战部常务副部长

李之雄　县委政法委常务副书记

郑　蓉　县委编办主任

林觉山　县委直属机关工委书记

周大文　县纪委常委、县委巡察办主任

薛开璧　县发改委主任

周　壮　县资规局局长

孙　冰　县旅文局局长

张耸勇　县生态环境局局长

邓成耀　县农业农村局局长

符桂理　县财政局局长

徐瑞吉　县人社局局长

符爱芳　县教育局局长

徐世红　县卫健委主任

谢楚城　县司法局局长

符建敏　县民政局局长

吴　辉　县民族事务局局长、县委统战部副部长

黄　江　县住建局局长

陈巨雄　县交通局局长

林超先　县审计局局长

吴　姝　县退役军人事务局局长

陈开拓　县统计局局长

王志远　县市场监管局局长

罗智仁　县医疗保障局局长

陈柏战　县乡村振兴局局长

李　翠　县行政审批局局长

符静开	县综合行政执法局局长	陆志干	县残联理事长
符志慧	县林业局局长	张　毅	县红十字会专职副会长
包丽华	县委党校常务副校长	黄明祖	县气象局局长
王国理	县委史志编纂中心主任	许　春	县税务局局长
吉训霞	县机关事务服务中心主任	周怀胜	白沙农场集团有限公司董事长
冯慎星	县档案馆馆长	黄　奋	县城投公司总经理
任　重	县电商中心主任	吴　雷	人民银行白沙县支行行长
韦昌发	县畜牧兽医和渔业服务中心主任	符锦云	牙叉镇镇长
邢福顺	县农业产业发展中心主任	符文科	七坊镇党委书记
吴　峰	县融媒体中心主任	周　聪	打安镇党委书记
羊忠锋	县水务事务中心主任	孙吴峰	邦溪镇党委书记
欧　立	县国资中心主任	王　民	元门乡党委书记
范文辉	县社保中心主任	周　苗	金波乡党委书记
陈巨松	县供销社主任	符文亮	荣邦乡党委书记
梁秀宏	县总工会常务副主席	詹珍彪	细水乡党委书记
蔡　葵	团县委书记	刘国峰	阜龙乡党委书记
吴海英	县妇联主席	盘宏国	南开乡党委书记
罗　锐	县科协主席	曾圣全	青松乡党委书记

注：编纂委员会办公室设在县委史志编纂中心，由王国理兼任办公室主任。

《白沙年鉴》编辑部

《白沙年鉴 2022》供稿单位及撰稿人员名单

【按姓名笔画排序】

县综合行政执法局
撰稿：王　冰

县乡村振兴局
撰稿：王升山

县退役军人事务局
撰稿：羊　宁

县农业服务中心
撰稿：张　友

电信公司
撰稿：王　侦

县医保局
撰稿：张　羽

县城投公司
撰稿：陈　江

县档案馆
撰稿：王文宇

邮政储蓄
撰稿：刘　妹

县爱卫中心
撰稿：林　帆

县公安局
撰稿：罗　伟

县水务事务中心
撰稿：符　川

联通公司
撰稿：尹　萍

县文化馆
撰稿：王　晨

县交通规费征稽局
撰稿：王　梅

农商银行
撰稿：张丹丹

县市容环境综合管理服务中心
撰稿：李　承

县武警中队
撰稿：李　炜

县司法局
撰稿：林　呈

县交通运输局
撰稿：王　景

县统计局
撰稿：王宏宇

县住房保障服务中心
撰稿：李汉生

县法院
撰稿：陈兰兰

县劳动就业服务中心
撰稿：王海丹

县政务服务中心
撰稿：冯　群

农业银行
撰稿：刘生志

首师大白沙中学
撰稿：李开余

牙叉镇
撰稿：万柳秀

打安镇
撰稿：吕志君

工商银行
撰稿：苏有益

县住房保障服务中心
撰稿：文金迎

县发改委
撰稿：吴姬璟子

县行政审批服务局
撰稿：陈冬梅

县工商联
撰稿：刘　颖

县信访局
撰稿：文国荣

县侨联
撰稿：陈廷祥

县项目管理服务中心
撰稿：刘世林

荣邦乡
撰稿：吴文莉

烟草公司
撰稿：陈选丽

县发改委
撰稿：邢　意

县乡村振兴局
撰稿：吴红承

县民族中学
撰稿：陈振华

建设银行
撰稿：张双建

海汽集团
撰稿：陆玉春

县委组织部
撰稿：林于翔

龙江农场
撰稿：陈少波

县发改委
撰稿：王秀鸿

鹦哥岭保护区
撰稿：符文杰

县检察院
撰稿：陈文杰

县委编办
撰稿：羊忠昌

县政协办
撰稿：符克民

县卫健委
撰稿：练大明

县科协
撰稿：张月鸿

县保健院
撰稿：谢文杏

县旅游和文化广电体育局
撰稿：王丽茜

县政府办
撰稿：陈春伊

县公路分局
撰稿：谭永斗

县人大办
撰稿：王欣欣

县委党校
撰稿：黄　晨

县红十字会
撰稿：王婕昭

县博物馆
撰稿：石　磊

县粮食和物资储备中心
撰稿：黄川育

县人社局
撰稿：羊丽梅

七坊镇
撰稿：吴乾光

县民族事务局
撰稿：张质珍

县人民武装部
撰稿：张浩志

白沙农场
撰稿：杨桂均

县发改委
撰稿：曹冬明

县住建局
撰稿：符春凤

阜龙乡
撰稿：马玉霞

县委宣传部
撰稿：吴伟智

县生态环境局
撰稿：吴凌姗

邦溪镇
撰稿：李昌海

县森林公安分局
撰稿：杨金涛

移动公司
撰稿：陈盈盈

县委统战部
撰稿：周安萍

县委办
撰稿：林业斌

团县委
撰稿：荣晓红

县教育局
撰稿：唐志贤

细水乡
撰稿：梁其欢

县委政研室
撰稿：王海强

县妇女联合会
撰稿：李日慧

邦溪园区管委会
撰稿：郭妙玲

县人民医院
撰稿：高泽英

县农业农村局
撰稿：符龙娟

青松乡
撰稿：叶剑腾

县疾控中心
撰稿：邢海婵

县消防大队
撰稿：张昌琼

县供销合作联社
撰稿：李胜隆

县委直属机关工委
撰稿：李晓倩

元门乡
撰稿：周安煌

县自来水公司
撰稿：林道驳

县检察院
撰稿：符诚国

县残联
撰稿：符积军

县林业局
撰稿：黄　薇

县市场监督管理局
撰稿：丁悦燕

县委史志编纂中心
撰稿：王琳琳

财产保险
撰稿：孙海琴

县自然资源与规划局
撰稿：陈梦莹

县财政局
撰稿：符如梦

县应急管理局
撰稿：符怡思

县住房公积金管理局
撰稿：符治威

人民银行
撰稿：谢志剑

县社保中心
撰稿：谭玉娇

县审计局
撰稿：吴晓辉

县纪委监委
撰稿：周锦畅

县委政法委
撰稿：林晓敏

县融媒体中心
撰稿：刘增茹

县畜牧兽医渔业服务中心
撰稿：容朝明

县财政国库支付中心
撰稿：莫博经

县国有资产事务中心
撰稿：袁美婧

县科工信局
撰稿：高明辉

县统计局
撰稿：梁晓珊

县招商营商服务中心
撰稿：符峻挺

金波乡
撰稿：覃静文

南开乡
撰稿：冉春霞

海南银行
撰稿：居睿洋

长江村镇银行
撰稿：林思豪

县农机服务中心
撰稿：符林敬

县农保中心
撰稿：符冠婕

图书馆
撰稿：符儒文

县民政局
撰稿：黄彩虹

县税务局
撰稿：董贤梅

县金融办
撰稿：潘孝信

县生态环境局
撰稿：张嘉雯

邮政公司
撰稿：林碧婷

县民政局
撰稿：符彩琛

县橡胶产业发展中心
撰稿：管琼林

气象局
撰稿：陈雪霞

县总工会
撰稿：符利霞

县机关事务服务中心
撰稿：曾翠玲

白沙供电局
撰稿：谢国聪

新华书店
撰稿：黄淑霞

县电子商务服务中心
撰稿：蔡瑞瑶

劳动保障监察大队
撰稿：胡巍巍

中国共产党成立 100 周年

一百年前，中国共产党的先驱们创建了中国共产党，形成了坚持真理、坚守理想，践行初心、担当使命，不怕牺牲、英勇斗争，对党忠诚、不负人民的伟大建党精神，这是中国共产党的精神之源。一百年来，中国共产党弘扬伟大建党精神，在长期奋斗中构建起中国共产党人的精神谱系，锤炼出鲜明的政治品格。历史川流不息，精神代代相传。我们要继续弘扬光荣传统、赓续红色血脉，永远把伟大建党精神继承下去、发扬光大。

① ②
③
④

① ② 6月12日，白沙举办庆祝中国共产党成立100周年暨2021年“文化和自然遗产日”非遗宣传展示活动启动仪式现场

③ “党旗献给党”庆祝中国共产党成立100周年，张志群、何劲松接旗并合影留念

④ 非遗传承人合影

回顾“十三五” 奋进“十四五”

五年风雨兼程、五年砥砺前行。县委团结带领全县广大干部群众，坚持创新发展、绿色发展，抢抓机遇，应对挑战，统筹推进新冠肺炎疫情防控和经济社会发展，续写了白沙又一个精彩五年。

白沙县城

蒙明珠 摄

白沙掠影

吴文生 摄

JIN KAI HOTEL
金夜光KTV茶艺

图为鸟瞰白沙电商园

脱贫摘帽　全面小康

过去五年，白沙始终把脱贫攻坚作为最大的政治和民生，坚持以脱贫攻坚统揽经济社会发展全局，团结带领全县干部群众脱贫攻坚，实现全县 10796 户 44146 名贫困群众全部脱贫，44 个贫困村（含 14 个深度贫困村）全部出列，高质量脱贫摘帽，群众满意率高达 98.49%，扶贫成效年度考核连续三年排名全省前列，如期实现全面建成小康社会目标

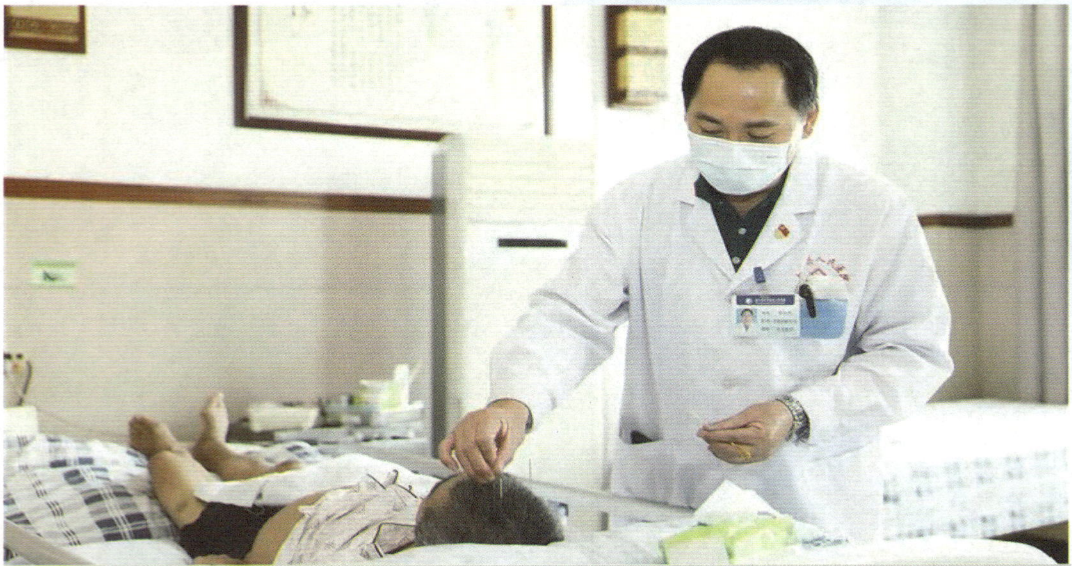
近年来，白沙卫生医疗水平得到整体提升，白沙人民医院中医执业医师也增至20多名　（李天平　摄）

①

②

③

④

① “十三五”以来，白沙将财政支出的70%以上用于民生。在大力推进“两校一园”建设方面，白沙新改及扩建40所学校，顺利通过国家义务教育发展基本均衡评估认定，适龄儿童入园率、义务教育阶段巩固率、高中阶段入学率均超省定目标（吴 峰 摄）

② 2018年1月1日，白沙邦溪镇原南班上村、南班下村、南阳村的195户村民告别低矮破旧的瓦房，集体搬进新建成的南班村时，村民特地请人书写对联，表达对党和政府的感恩之情。图为村民一家坐在新张贴对联的房门前

③ 作为全省第一个生态搬迁村庄，2017年1月，高峰村坡告、道银两个自然村大约30户村民搬至距离县城仅20公里的银坡村。生态移民让村民们彻底脱贫

④ 白沙2017年起对南开乡高峰村实施生态搬迁，当年将高峰村下辖的2个自然村搬迁至距离县城仅20公里的南开乡银坡村。2019年，白沙在牙叉镇茶园北路建设新高峰村，2020年12月底，高峰村余下3个自然村118户全部乔迁新居。图为2020年12月31日新高峰村搬迁，当天热闹的开村茶话会上，村民掩饰不住内心的喜悦

生态优先 发展绿色

过去五年，白沙始终把生态保护摆在优先位置，把 57.9% 的县域土地划入生态红线，坚决不上对环境有损害的项目。全面办结两轮中央环保督察交办案件。深入推进生态环境六大专项整治，新增违建、非法采砂状况得到有效遏制，“禁燃禁烧禁塑”工作扎实开展，水体土壤生态环境总体稳定，森林覆盖率稳定在 81% 以上，生态环境质量排名稳居全省前列，连续两年入选“全国百佳深呼吸小城”。顺利通过“国家卫生县城”复审。以“八抓”举措深入推进农村人居环境整治，获评“2020 年全国村庄清洁行动先进县”。积极探索生态文明治理经验，森林生态效益直补提标扩面，制定实施《白沙黎族自治县秸秆露天禁烧和综合利用条例》，高峰村生态移民搬迁土地置换经验入选省制度创新案例。走好“两山”转化实践路径，入选国家“两山”实践创新基地。

■ 白沙荣获全国卫生县城称号，被列入全国农村电子商务综合示范县。白沙既要绿水青山，也要金山银山　（蒙明珠　摄）

①白沙是生态之城，养生天堂。440座山岭与30条河流交相辉映，水傍山绕，山水相依，常年云雾缭绕，风光优美，生态宜人

②白沙坚持在保护中发展，在发展中保护，致力于发展绿色产业和林下经济，人均橡胶面积全国排名第二，依托国家地理标志产品“白沙绿茶”打造万亩茶园 （吴清炳 摄）

③白沙位于海南岛中部偏西，面积2116.74平方公里，人口近二十万，是全国生态综合治理示范区，海南省生态核心区及水源保护区，被誉为“山的世界、水的源头、林的海洋、云的故乡”

创新实干 活力彰显

■ 儋白高速公路　　（林发康 摄）

过去五年，白沙综合实力实现新跨越，2021 年，全县地区生产总值 62.35 亿元，年均增长 5.6%；固定资产投资年均增长 15.2%，2018 年、2019 年增速位居全省第一；城镇居民人均可支配收入 35216 元，年均增长 7.7%，农村居民人均可支配收入 15599 元，年均增长 10.1%，增速连续 5 年排名全省前列。社会投资比重持续扩大，经济结构和产业结构调整步伐明显加快。项目建设实现新突破，儋白高速公路建成通车，361 国道什邦线改造顺利完成，西部地区供水工程、人才安居房、鹭湖财富广场等一批重点项目加快推进。率先在全省实施橡胶金融保险，农村承包地确权登记颁证工作被列为全国典型地区。绿色产业提质增效，“两个万亩、六个千亩”特色产业发展成效凸显，乡村游、文化体育游持续升温，初步构建了以生态农业和生态旅游业为主的绿色增收产业。

361 国道什邦线（郑家新 摄）

国家体育训练南方基地
白沙文化体育中心

①②③ 白沙县文化体育运动中心，总占地面积 290 亩，主要包括运动员村、田径运动场、橄榄球场、全民健身活动中心等。其中，全民健身活动中心室内配有拳击馆、体能训练馆和乒乓球馆、篮球馆和羽毛球馆。中国铁人三项运动协会训练基地、国家攀岩训练基地、国家橄榄球训练基地、国家拳击训练基地等也设于此地。

④ 白沙县西部地区供水工程项目

⑤ 白沙县滨河家园（安居型商品房）项目总投资 2.4 亿元。项目建成后，将有效解决和改善白沙县 424 户基层教师和医务人员住房困难问题。图为施工中的滨河家园（安居型商品房）项目

执政为民 改善民生

过去五年，白沙大力推进合作办学，顺利通过国家义务教育发展基本均衡评估认定，教育教学质量稳中有进。医疗卫生事业取得较大进展，省级慢性病综合防控示范区通过验收，完成乡村医疗卫生标准化项目建设、“一县一院”建设，顺利通过国家“二甲”医院资格复审，基本满足群众就近就医需求。社会保障体系进一步完善。扎实推进“百镇千村”建设，打造了长岭村、白准村、对俄村等一批“三生融合”美丽乡村。县文体中心建成使用，文体事业蓬勃发展，民族团结进步氛围浓厚。持续深化社会治理，“无毒县”创建工作稳步推进，依法治县、平安白沙建设成效明显。

①

①阜龙乡白准村开展美丽乡村建设后，村里的近百间老旧瓦房陆续被拆除，再根据地势地貌重新规划建成70多间具有黎族风情的新民居。图为游客在观赏白准村“圣哒哒”民宿

（苏晓杰 摄）

②

② 近年来，牙叉镇对俄村先后获得白沙县“农村五星级党支部”“党建全面建设先进单位”“优秀基层党组织”等殊荣。同时，对俄村还摘得“省级文明村”“白沙县最美乡村”等称号

①2016年，邦溪镇政府将南班村列为整村推进“美丽乡村”建设计划。2018年1月，南班村“美丽乡村”建成使用，整村村民搬入新居。图为邦溪镇南班村委会南班村

②2018年9月，打安镇打造了40亩兰花种植示范基地，首次引进兰花产业项目。该项目通过支部引领、党员带动、贫困户参与的方式，成为了打安镇“党建+扶贫产业”示范基地

③④打安兰花

白沙注重推动组织振兴建设红色美丽村庄试点工作，通过“党支部＋企业＋农户”模式，夯实基础、强化保障，为特色产业发展和美丽村庄建设增强动力

从严治党 政治清明

过去五年，白沙严格落实党建主体责任，各级党委总揽全局、充分发挥协调各方的领导作用。干部队伍建设水平有效提升，坚持正确选人用人导向，聚焦疫情防控、脱贫攻坚、乡村振兴一线选任干部 145 名，“4·13”以来，引进招聘各类人才 1775 人。党组织建设全面加强，持续整顿软弱涣散基层党组织 43 个，全面消除“空壳村”，“两新”党组织覆盖率进一步提高。党风政风向上向好，推动“减负”各项举措落地落实，重拳纠治“四风”顽疾，大力整治“拖、放、等、推、懵”和“不会为、不愿为、不真为”等作风问题，严格落实容错纠错机制，先后为 4 名干部澄清正名，让真正吃苦干事的干部不委屈、不流泪、不心寒。从严治党纵深发展，始终保持反腐高压态势，共受理处置反映党员干部问题线索 612 件，移送司法机关 5 人，严肃查处一批典型案件。人大、政协工作卓有成效，统一战线、民族宗教、群团组织作用充分发挥，双拥成果不断巩固提高，营造了团结和顺的干事环境，凝聚起了各族人民携手推动白沙高质量发展的同心伟力。

绿水青山就是金山银山 （吉晓慧 摄）

① 党建引领，让信仰的力量迎风飘扬。坚守信仰，让奉献的精神绽放光芒

② 为全面加强我县非公有制企业党组织建设，扩大党的组织覆盖面和影响力，2018 年 9 月 4 日，白沙五里路有机茶业有限公司党支部正式成立

产业扶贫

绿水青山的生态白沙，也有脱贫攻坚战场的鼓角齐鸣。在攻城拔寨的声声战鼓中，白沙认真学习贯彻习近平总书记对脱贫攻坚的重要讲话和重要指示批示精神，大力推进产业扶贫，挥毫泼墨绘就大踏步共同迈入全面小康新时代的绚丽画卷。

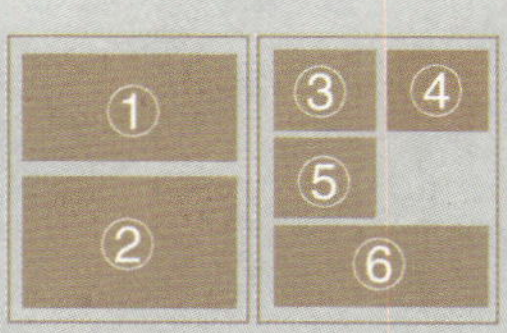

①收获——七坊镇红心橙基地
（张锡添 摄）

②丰收季——七坊镇红心橙基地
（张锡添 摄）

③百香果花

④百香果

⑤什奋田洋党员共建示范基地的辣椒

⑥邦溪葡萄园的葡萄熟了

① 元门向民的阉鸡

② 牙叉镇九架村的芦花鸡

③ 七坊富涵养殖合作社的蛋鸡

①

① 元门乡的澳洲龙虾

② 打安镇：小小蚕宝宝　大大致富梦

②

锦绣白沙

白沙黎族自治县素来享有“山的世界、水的源头、林的海洋、云的故乡”之美誉，地处海南热带雨林国家公园前沿，又是革命老区，自然资源、村域资源、人文资源、特色产业资源等一应俱全，生态产品价值实现底气足、潜力强、后劲大。

航拍南叉河

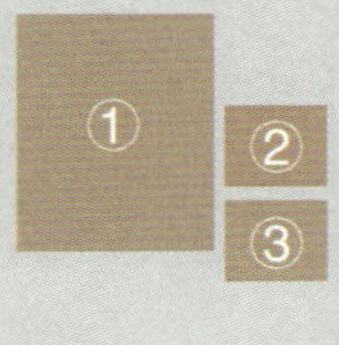

①美女峰的魅力 （吴 忠 摄）

②仙境白沙 （王全文 摄）

③美丽的山谷 （张寿威 摄）

①③
②④
⑤

①②邦溪水院

③④九架岭

⑤白沙起义第一枪旧址纪念园

白沙文化公园

白沙文化公园在南叉河畔，位于牙叉镇滨河南路与文源路交会处。这里建有初心亭、河堤观景台等景点，配套设施完善，是白沙市民和游客休闲散步的好去处。

茶园小镇

白沙原生态茶园小镇位于白沙县城东南侧，规划面积约 4800 亩。依托白沙农场场部原址茶园景观、河谷溪流及黎族文化等资源，这里形成集生态茶叶生产、茶园观光休闲、黎族文化体验、乡村养生度假于一体的茶园小镇。

目录

特载

概览

大事记

中共白沙黎族自治县委员会

白沙黎族自治县人民代表大会

白沙黎族自治县人民政府

政协白沙黎族自治县委员会

纪委监委

群众团体

法 治

军　事

经济综合管理

农　业

工　业

商 贸

金 融

交通邮电

城乡发展

生态环境

科学技术

文化·旅游

卫生健康

教育·体育

社会生活

乡镇·农场

人 物

附 录

索 引

欢乐山城　张学言 摄

特载

白沙守好红色初心，实现从贫穷落后到全面小康的历史性跨越
厚植红色底蕴 增进民生福祉

白沙黎族自治县地处黎母山脉中段西北麓，位于南渡江之源，是海南黎族、苗族群众聚居的革命老区，在“十三五”期间是国家重点扶贫县，也是海南省唯一的深度贫困县。

近年来，白沙赓续红色基因，解放思想、敢闯敢试，抢抓海南自由贸易港建设重大机遇，探索“绿水青山就是金山银山”的白沙路径，带领黎族苗族群众决战决胜脱贫攻坚，推动白沙实现了从贫穷落后到全面小康的历史性跨越；同时，不断增进民生福祉，持续为广大百姓幸福加码。

永葆为民本色 打赢脱贫攻坚战

“十三五”期间，为坚决打赢脱贫攻坚战，白沙坚持尽锐出战，发挥选派干部“尖兵”作用；截至2020年年底，累计选派606人次驻村干部到乡村扶贫一线，构筑起牢靠的脱贫攻坚“作战体系”。

“把熟悉党群工作的党员干部派到党组织战斗力不强的村庄，把熟悉农村经济工作的党员干部派到产业基础和集体经济薄弱的村庄，把熟悉社会工作的党员干部派到矛盾纠纷突出的村庄”。近年来，白沙持续优化整合脱贫攻坚和乡村振兴工作队队员，实现乡村振兴工作队与脱贫攻坚战斗中队、驻村工作队三个牌子、一套人马的力量整合，全面加强农村党建工作。

在筑牢脱贫攻坚战斗“堡垒”方面，白沙持续整顿软弱涣散基层党组织。自2016年以来，共排查整顿52个软弱涣散村（社区），其中23个为贫困村软弱涣散党组织。从2019年开始，白沙采取“四个一”（每个软弱涣散村党组织分别由1名县级领导班子成员联村，1名乡镇领导班子成员包村，1名第一书记驻村，1个县级机关单位结对）措施进行集中整顿软弱涣散村（社区）党组织，全面提升基层党组织的组织力。

在大力发展村级集体经济方面，白沙从2019年起每年扶持15个村各50万元，鼓励各村因地制宜发展村级集体经济，培育稳定的村级集体经济增

白沙黎族自治县城 一角　　（蒙明珠 摄）

长点，增强村级组织自身“造血”功能和服务群众能力。

2020 年 2 月，省政府召开新闻发布会，正式宣布白沙等市县退出贫困县序列。这也意味着，白沙全县建档立卡贫困人口 10825 户 44232 人全部脱贫，44 个贫困村全部出列，贫困发生率从 2014 年的 35.2% 降至 0，实现高质量脱贫摘帽的任务。

守好红色初心 开展党史学习教育

自开展党史学习教育以来，白沙围绕学史明理、学史增信、学史崇德、学史力行的目标要求，做实“规定动作”、做好“结合文章”、做出“鲜活特色”，以为群众办实事、为发展开新局的实际行动，推动党史学习教育守正创新、取得实实在在的成效。

县委党史学习教育领导小组有关负责人介绍，白沙聚焦领导干部这个“关键少数”，突出“带头学”，通过集中研讨学、从严抓自学、听取专题辅导报告等方式，推动党史学习教育在全县各级各层面迅速升温、全面铺开、高效推进；另一方面，白沙把党史学习教育与政法队伍整顿、作风建设年活动开展相结合，与庆祝建党 100 周年相结合，与落实“十四五”规划相结合，创新开展“大学习、大调研、大抓落实”活动，以党史学习教育促进各项工作高效推进。

在督促党员干部“跟进学”方面，全县近 50 家单位部门组织干部职工开展“清明祭英烈”活动；县委宣传部联合县融媒体中心，在白沙文

化广场组织开展免费看红色电影活动，拓宽党史学习教育载体等。在聚焦青少年学生“深入学”方面，白沙通过在全县中小学校开展“童心向党”教育实践活动等，引导青少年“听党话、感党恩、跟党走”。在丰富载体号召广大群众“参与学”方面，白沙通过录制一批党史学习教育广播节目，引导广大网民群众参与学、共同学。

值得一提的是，在党史学习教育过程中，白沙结合“大学习、大调研、大抓落实”和作风建设年等活动，扎实高效开展“我为群众办实事”实践活动，切实把学习教育成效转化为改变作风、推动工作。截至2021年年底，全县76家单位共制定“我为群众办实事”清单事项897项，完成596项，一批群众关切的民生问题得到解决。

下一步，白沙将继续扎实推进“我为群众办实事”实践活动，以“一件事”集成改革为抓手，更好地将党史学习教育中激发出的信念、信心、热情激情转化为攻坚克难、干事创业的具体行动，推动党史学习教育在白沙见实效、结硕果。

以绿色生态引领 推进高质量发展

近年来，白沙坚持贯彻以“绿水青山就是金山银山”的发展理念，以绿色生态引领，推进高质量发展，让绿色资源持续释放生态红利。

在城乡建设方面，白沙发力打造美丽县城，开展“巩卫创文”活动，先后完成一河两岸、文体中心、县城立面改造等一批重点项目建设，城市品位、功能和管理能力显著提升，城

白沙文体中心全民健身体育中心　　（白沙融媒体中心　供图）

市吸引力和美誉度明显增强，先后获评“国家卫生县城”“全国百佳深呼吸小城”“中国最美县城”“2021中国春季休闲百佳县市榜单TOP5”等荣誉称号。此外，白沙“美丽海南百镇千村”建设成效喜人，共计建设143个美丽乡村，其中，邦溪镇芭蕉村等3个乡村获评“中国少数民族特色村寨”，元门乡罗帅村、阜龙乡白准村等9个旅游点获评“椰级乡村旅游点”，高石老村获评“海南五星级美丽乡村”。经统计，截至2021年年初，白沙已实现城乡生活垃圾100%无害化处理，行政村污水处理覆盖率达66.2%，同时稳步推进城乡保洁一体化、水务管理一体化，城乡面貌实现质的飞跃。

在全面优化生态环境方面，“十三五”期间，白沙将县域57.89%的土地划入生态红线，三分之一的土地被划入海南热带雨林国家公园。同时，白沙深入推进“生态环境六大专项整治”，全面落实河（湖）长制、林长制，实行“全域禁烧、全城禁放”，空气质量优良天数年均99%以上，生态环境质量持续保持全省前列。此外，白沙还主动助力做好热带雨林国家公园建设，总结推广银坡村、新高峰村生态移民搬迁经验，探索实施“两山”转换路径，将生态直补实施范围扩大至268个村庄，惠及群众达5.6万人。

擘画发展蓝图　红利惠及民生

“十三五”以来，白沙抢抓海南自由贸易港建设重大机遇，探索“绿水青山就是金山银山”的白沙路径，推动白沙实现了历史性发展跨越。

据介绍，白沙持续优化产业结构，做好生态农业和生态旅游业两篇文章，实现农村居民人均可支配收入年均增长9.9%；为做好橡胶主导产业，白沙创新以“统管”增产量，以“统销”提价格，以“统保”防风险的橡胶产业管理模式，促进全县2.4万胶农年户均增收超3000元。为大力发展生态特色高效农业，白沙推动形成绿茶、南药“两个万亩”和山兰稻、咖啡、红心橙等“六个千亩”产业体系；成功挂牌“国家体育训练南方基地——海南白沙·综合”，吸引中国拳击协会等5家国家级体育运动协会到白沙设立7个训练基地，“体育+”产业已经成为白沙一张靓丽名片。

民之所盼，政之所向。“十三五”以来，白沙将财政支出的70%以上用于民生。在大力推进“两校一园”建设方面，白沙新改及扩建40所学校，顺利通过国家义务教育发展基本均衡评估认定，适龄儿童毛入园率、义务教育阶段巩固率、高中阶段毛入学率均超省定目标。此外，白沙还实施“四类重点对象”危房改造共计9347户，其中一般户共建共享2122户；白沙人民医院获上海交通大学医学院苏州九龙医院托管帮扶，医疗资源进一步优化，并完成乡镇基层卫生院标准化建设，持续完善村居卫生室建设，加强村医培训，山区群众就医看病更加方便、更有保障。随着主城区交通路网持续优化，儋白高速建成通车，白沙百姓出行更加顺畅，广大群众获得感、幸福感、安全感显著增强，知党恩、听党话、跟党走的决心也更加坚定。

“十四五”期间，白沙将抢抓机遇，推动形成农业、旅游业、现代服务业发展格局，推动县域经济高质量发展，努力将医疗、教育、社会保障、公共文化服务等工作推上新台阶，让白沙群众享受到更多民生福祉。

（来源：《海南日报》2021年7月1日092-093版）

全国田径精英赛在白沙开赛　　（白沙融媒体中心 供图）

白沙以党建为引领，抓好巩固拓展脱贫攻坚成果同乡村振兴有效衔接

筑牢基层堡垒　赋能乡村振兴

白沙茶园景观　　（白沙融媒体中心　供图）

白沙黎族自治县位于海南中部偏西，60% 以上的人口、80% 以上的土地面积在农村，近年来，推动脱贫攻坚及乡村振兴一直是白沙工作的重中之重。

一名党员，就是一面旗帜；一个支部，就是一座堡垒。自“十三五”以来，白沙持续夯实基层党建，坚持“大棋盘”落子，大视野扶贫，以脱贫攻坚统揽经济社会发展全局，于 2020 年 2 月实现高质量脱贫摘帽。

为抓好巩固拓展脱贫攻坚成果同乡村振兴有效衔接，白沙接续把组织资源、干部资源、人才资源等向乡村振兴工作一线倾斜，让一个个散落在偏远山区的乡村迎来蝶变，也让当地百姓享受到更多的发展红利。

选优配强　筑牢基层堡垒

“支部有‘磁力’，党员才有凝聚力，队伍才能有战斗力。”白沙黎族自治县委组织部有关负责人说，无论是脱贫攻坚工作，还是乡村振兴各项政策，最终要依靠农村基层党组织这一有力触角来落实，要坚持做到常抓不懈、常抓常新。

今年以来，白沙启动村级党组织换届选举工作，着眼于推动巩固扩展脱贫攻坚成果与乡村振兴有效衔接这个大局，以及“三区一地一园”新的发展战略，坚持高线选人，突出“双好双强”（政治素质好、业务素质好，致富能力强、带富能力强）人选标准，结合实际，大力引导在脱贫攻坚中表现突出的人员、退伍军人、经商返乡人员、农

村致富带头人、村医、村教师竞选村（社区）“两委”班子成员。

白沙共有93个村、社区、居委会（其中行政村75个、社区9个、居委会9个），截至2021年5月10日，白沙全面顺利完成村（社区）“两委”换届工作。据悉，此次选举产生新一届（社区）“两委”干部592名，呈现“一降两升”特点，即，班子平均年龄进一步降低，整体学历持续提升，35岁以下年轻干部比例明显提高。其中，93名村（社区）党组织书记全部通过法定程序，担任村（居）民委员会主任，100%实现“一肩挑”；选举产生的村（社区）班子成员平均年龄42.5岁（较上届47.8岁降低5.3岁）；35岁以下年轻干部130人，占比22%，女性干部141名，占比23.8%。此外，班子成员大专（含在读大专）以上学历326人（占比55.1%）。白沙黎族自治县委组织部有关负责人认为，通过此次选举，年轻化、梯次化队伍配备初步形成，为打造、加强基层战斗堡垒，推进乡村振兴夯实了基础。

有效衔接　抓基层强基础固基本

自2020年2月实现高质量脱贫摘帽后，白沙就逐步推动资源力量由集中支持脱贫攻坚向全面推进乡村振兴平稳过渡，接续向农村选派乡村振兴工作队，就是对农村基层党组织的有力补强举措之一。

今年5月31日，白沙召开全县选派第二批乡村振兴工作队动员大会，据了解，此次派驻到白沙的第二批乡村振兴工作队员与第四批驻村第一书记共有231名，其中省派58名、县派173名。

县委书记、县委巩固拓展脱贫攻坚成果和实施乡村振兴战略领导小组组长刘蔚在动员部署中提出，第二批乡村振兴工作队全体队员要在各自的岗位上发挥优势、各展所长，努力完成巩固拓展脱贫攻坚成果同乡村振兴有效衔接工作，全力推进乡村全面振兴工作。

2015年以来，在省级各定点帮扶单位大力支持和配合下，白沙已累计选派了606名干部到基层一线，扎实推动“双争四帮”“十抓十好”职责任务落实，在基层党组织建设、打赢脱贫攻坚战、新冠肺炎疫情防控、村级集体经济发展、人居环境整治、“厕所革命”、美丽乡村建设等工作中发挥重要作用，做出了积极贡献。

按照上级部门要求，对摆脱贫困的县，从脱贫之日起设立5年过渡期，做到扶上马送一程。按照安排，在5年过渡期内，白沙将做到“三个坚持”，坚持帮扶政策平稳过渡，重点对现有帮扶政策逐项分类、优化调整、强化落实，确保政策的连续性；坚持帮扶力量巩固拓展，原则上原有帮扶责任人不脱钩，确保帮扶关系不变、驻村力量不减；坚持帮扶措施长效稳定，重点建立健全防止返贫监测预警和动态帮扶机制，确保脱贫群众持续稳定脱贫，坚决守住防止规模性返贫的底线。

下一步，白沙乡村振兴工作队将与新选出的村“两委”班子相互配合、勠力同心，继续突出抓基层、强基础、固基本的工作导向，持续推动各类资源、资金、人才向基层下沉，形成加快乡村振兴的强大合力。

做好“生态+”　产业振兴可期

白沙位于海南生态核心区，绿水青山就是白沙最好的禀赋。近年来，白沙立足生态优势，全力做好生态文章，也让一个个“生态+”产业落地生花，越来越好的生态红利也惠及更多乡民。

在生态农业上，白沙按照“稳胶扩茶扩药创特色”的发展思路，发展好橡胶主导产业，做大做强绿茶、南药两个“万亩”高效特色产业和咖啡、红心橙、山兰稻等“千亩”以上热带高效特色产业；同时，依托龙头企业、专业合作社和专业大户的辐射带动作用，打造阜龙乡秀珍菇、元门乡毛薯、打安镇紫玉淮山等一批“乡字号”“土字号”特色农产品品牌，积极动员并培训当地农户投工投劳，提高产业组织化、适度规模化、高精化水平，推动产业向一、二、三产融合发展，做长产业链条，提高产业附加值，促进特色农业增效、农民增收。

在生态旅游业上，截至2021年7月，白沙已建成或在建的美丽乡村共有143个，在此基础上还创建了包括阜龙乡白准村、元门乡罗帅村、打安镇长岭村，以及海南热带雨林国家公园生态搬迁村新高峰村等一批椰级乡村旅游点和旅游扶贫示范村。

白沙旅游和文化广电体育局局长赖伟介绍，白沙现已逐步形成“美丽乡村+”“文化+”“体育+”的多元化生态旅游模式；接下来，将积极协调各部门强化“美丽乡村+”“体育+”“文化+”旅游业态的衔接融合，利用少数民族文化、红色资源、特色自然景观等，培育民俗节庆体验游、雨林生态体验游、自然遗迹体验游、红色传承教育游、体育赛事体验游和茶文化体验游，刺激旅游消费，生态旅游拉动经济发展、带动群众增收的前景可期。

共治共享　发展提质增效

按照规划，今年白沙计划投建元门乡翁村、打安镇合水村等16个美丽乡村，努力形成“一村一品、一村一景、一村一韵”的美丽乡村产业链，推动美丽乡村产业发展提质增效。

此外，白沙还计划充分依托元门乡向民村“白沙起义第一枪”旧址红色资源，计划于2021年内科学编制红色美丽村庄规划，与正在打造的城堡酒店、通航机场，以及已建成的罗帅村、那吉村、新高峰村连成一条旅游线路，完善白沙旅游布局。

白沙山兰稻　　　　（方山　摄）

值得关注的是，今年白沙有关部门明确提出要求，在开展美丽乡村建设过程中，要坚持乡镇创建美丽乡村的主体地位，尤其要通过宣传、教育、培训等方式，强化村“两委”班子的责任意识，白沙相关部门、乡镇、项目业主单位积极动员村民投工投劳，做好房前屋后环境卫生整治和绿化美化、污水管网设施管护等工作，通过共治

“白沙起义第一枪”旧址纪念园　（方山 摄）

共享的方式，激发村民建设美好家园的积极性和主动性。同时，要引导有实力的企业带动村民发展休闲农业和乡村旅游产业，传承与保护当地的非遗文化，完善文化名村、传统村落、民族特色村寨建设等。

为有效提升乡村治理能力，白沙正在建立健全党组织领导的自治、法治、德治相结合的乡村治理体系。在具体举措方面，白沙在原有资源向乡镇及乡村倾斜的基础上，压实新一届村“两委”班子抓基层党建、集体经济、民生实事的责任，加强培训，提高他们的能力素质，有效激发他们为民干实事的热情；发挥第二批乡村振兴工作队“传帮带”作用，实施农村创新创业带头人培育行动，并注重动员退伍军人、大学生、致富带头人等参与其中。除此，还扎实推动村内事“村民议村民定、村民建村民管”的实施机制，引导村民全过程参与项目规划、建设、管理和监督，助推农村人居环境整治和农村生活方式等再上新台阶。

（来源：《海南日报》2021年7月1日092-093版）

概览

历史沿革

【县名由来】《白沙黎族自治县志》记载：明洪武年间，儋州设有“薄沙峒”。《清史稿·地理志》、明万历四十四年（1616年）《琼州府志》和万历四十六年（1618年）《儋州志》记载：清康熙二十八年（1689年），清王朝为了强化地方治安，曾在五指山黎族地区交通要道设立“琼山水尾营”“定安太平营”“儋州薄沙营”“陵水宝停营”“崖州乐安营”五处军事据点。儋州薄沙营设有“薄沙巡司”，营地在今牙叉镇道埠村道埠第一村民小组附近。民国24年（1935年）6月，广东省政府在琼崖五指山黎族苗族聚居区分别设置白沙、保亭、乐东三个县。白沙建县时取“薄沙”之谐音作“白沙”县。由于海南筹备建省，1987年12月，海南黎族苗族自治州撤销，成立白沙黎族自治县至今。

【政区沿革】白沙黎族自治县在秦初（前221年）属象郡；秦末属南越国，称“南越外境”。西汉属儋耳郡至来县。东汉属合浦郡珠崖县。晋太康元年（280年），省珠崖郡，入合浦郡，白沙随属合浦郡。南朝梁武帝大同时期（535—546年），在今儋州市中和墟设置崖州，统管全岛，白沙属崖州统辖。隋炀帝大业三年（607年），改崖州为珠崖郡，领义伦、感恩、颜卢、毗善、吉安五县，白沙在吉安县境。唐高祖武德五年（622年），“去吉安，入昌化”，故白沙境地属昌化县；太宗贞观元年（627年），析昌化县，置吉安县；肃宗乾元元年（758年）废吉安县，置洛场县（又名涝场）。宋太祖开宝五年（972年），省洛场，入昌化，属儋州；神宗熙宁六年（1073年），废州为军，降儋州为昌化军；高宗绍兴六年（1136年）废军为县，昌化军改为宜伦县；高宗绍兴十四年（1144年），复置昌化军，仍保留县制；理宗端平二年（1235年），改昌化军为南宁军，白沙境地当属南宁军之宜伦县。明太祖洪武元年（1368年），改南宁军为儋州，领宜伦、昌化、感恩三县，白沙仍属宜伦县。清代，白沙境地所隶州县不变。民国元年（1912年），改州为县，儋州改为儋县，白沙境地大部分属儋县。民国24年6月，民国广东省政府在五指山区设立白沙、保亭、乐东三县，时白沙黎族自治县境东至今琼中黎族苗族自治县的中平镇，西抵昌江黎族自治县石碌镇田镇，南到五指山的毛阳镇，北达儋州的蕃加，辖3个区，36个乡。

1947年10月，白沙全县解放，隶属琼崖民主政府。

1948年，属白沙黎族自治县二区的加钗、营根、什万、思河、新市等地划出给新成立的琼中县；属白沙黎族自治县三区（查苗区）的七坊、金波、邦溪、荣邦等地划出给新成立的海山县。1949年2月，撤销海山县，白沙三区（查苗区）重新划归白沙黎族自治县。1950年2月，琼中县撤销，加钗、南万、什万、新市4个乡划归白沙二区。

1952年3月，白沙黎族自治县一区的番加乡划给临高县。差娥、重合、乌烈、王下、田甲、戈大、老宏、沙地、太坡、香岭、十月田、好清、牙营等地划给东方县。同年6月，琼中县恢复建置，原白沙黎族自治县二区的加钗、营根、南万、什万、新市、大堆、岭头等7个乡划归琼中县。

1953年4月，白沙的一区、三区划出部分乡成立四区，管辖龙头、阜青、牙炳、九架、可任、狮球、光雅、那光、那来、打拖等10个小乡。

1958年上半年，白沙黎族自治县撤区并乡，全县成立13个大乡、1个镇。同年10月，实行“政社合一”，全县成立白沙、牙叉、卫星、和平、邦溪、五指山等6个人民公社。同年11月，五指山公社划归琼中县。同年12月，白沙黎族自治县与东方县、昌感县合并为东方县。

1959年下半年，从卫星人民公社析出成立可任人民公社。

1961年6月，东方县又划出分设白沙、昌江、东方3个县，白沙黎族自治县恢复建置。经调整后，白沙黎族自治县管辖南开、元门、白沙、细水、牙叉、打安、光雅、七坊、邦溪、青松等10个公社。

1971年10月，从七坊公社析出成立金波公社。

1974年9月，从邦溪公社析出成立荣邦公社。

1983年9月，白沙黎族自治县恢复区、乡建制。全县设14个区，即：牙叉、细水、南开、元门、白沙、打安、可任、光雅、福妥、青松、七坊、邦溪、金波、荣邦。

1987年4月，撤区改乡（镇），可任改名阜龙，全县设白沙、牙叉、七坊、光雅、邦溪5个镇和元门、南开、细水、打安、青松、阜龙、狮球、金波、荣邦9个乡。同年12月，撤销海南黎族苗族自治州，白沙黎族自治县改设为白沙黎族自治县，乡镇设置不变。

1996年，南叉乡从白沙镇析出，全县设白沙、牙叉、七坊、光雅、邦溪5个镇和元门、南开、细水、南叉、打安、青松、阜龙、狮球、金波、荣邦10个乡。

2002年8月，白沙镇、南叉乡、牙叉镇合并为牙叉镇；打安乡和狮球乡合并为打安镇；光雅镇与七坊镇合并为七坊镇。全县辖牙叉、打安、七坊、邦溪4个镇和元门、南开、细水、阜龙、青松、金波、荣邦7个乡。

至2021年年底，所辖乡镇区域未变。

自然地理

【地理位置】 白沙黎族自治县位于海南岛中部偏西，地处北纬18°6′16″，东经109°01′58″~109°41′52″，坐落于黎母山脉中段西北麓，南渡江上游。东与琼中黎族苗族自治县毗邻，南与五指山市、乐东黎族自治县接壤，西与昌江黎族自治县相连，北与儋州市相连。县境南北长约63千米，东西最宽度约68千米，总面积2117.73平方千米。县政府驻牙叉镇，县城与海口市相距227千米，离三亚市174千米，离五指山市86千米，是海南省比较典型的山区县份。

【地形地貌】 白沙黎族自治县坐落在黎母山脉中段西北麓、南渡江上游；地处五指山腹地，地势陡峻，东南高，西北低。境内地形由山地、盆地、丘陵和台地构成。东南部山地面积132.99万亩，占总面积的41.9%；东部盆地面积61.44万亩，占19.3%；北部丘陵地面积91万亩，占28.6%；西北部台地面积32.23万亩，占10%。境内地形起伏较大，500～1000米的山峰有440座，其中海拔1000米以上的高山有22座，主要有鹦哥岭、马域岭、斧头岭、白石岭等。其中以鹦哥岭为最高，海拔1812米，是海南岛第二高峰。白沙黎族自治县地层从老到新有震旦系、奥陶志留系、石炭系、二叠系、白垩系及第四系，主要分布在东南部，其次在西北部，总面积1188.13平方千米，占全县面积的56.1%。白沙黎族自治县处于海南隆起之中偏西部，东西向昌江—琼海深大断裂和区域性北北东向临高—望楼断裂横贯和斜穿县境，褶皱、断裂发育。褶皱有北东向、北西向、北北东向、东西向四组。断裂有东西向、北北东向、北西向、北东向四组。

【气候特征】白沙黎族自治县多崇山峻岭，日照时间长，光热充足，降水充沛，属热带海洋性季风气候。年平均日照时数2051.2小时，常年月平均气温23.5℃，年平均降水量1948.6毫米。由于境内地形复杂，降水分布不均匀，东南部多雨，西北部邦溪、荣邦少雨。雨量主要集中在5—10月，占全年降水量的82%。主要的气象灾害为台风、暴雨、干旱、高温和雷暴。

资　源

【自然资源】白沙黎族自治县热带森林资源丰富。主要珍贵木材有：花梨、母生、子京、坡垒、石梓、青梅、油丹、绿楠、陆均松、乌墨、山荔枝等。野生动物中被列为国家重点保护的一级动物有：坡鹿、黑冠长臂猿、云豹、山鹧鸪、穿山甲、大灵猫、孔雀雉；二级保护动物有：猕猴、巨松鼠、小爪水獭、水鹿、白鹇、游隼、山瑞、蟒蛇等12种。药用动植物有：海南熊、坡鹿、金钱龟、海南粗榧、见血封喉、青天葵、益智、杜仲、沉香、降香、丁香、槟榔等。主要矿产资源有：硫锑铝、锡矿、石灰石、锌、铁、钼、独居石、硅石、刚玉等。

【水文资源】白沙黎族自治县主要河流有南开河、石碌河、珠碧江，为海南有名的三大河流。南开河发源于境内青松乡南部的南峰山，是南渡江上游河段，自西南向北贯穿东部，经牙叉镇注入松涛水库，再东流至海口入海，河流长194千米。石碌河发源于青松乡的斧头岭，自南向北流经青松乡，折向西经金波乡注入石碌水库，继续西流汇合昌化江入海。珠碧江发源于县境中部的南高岭，流经县域西北部进入儋州市境海头镇注入北部湾，境内流长78千米。由于境内多是山区性河流，一遇暴雨，山洪暴发，流量骤增，进入枯水期，水量锐减。

【矿产资源】白沙已发现的矿产有14种，产地共15处。其中金属矿产有铜、铅、锌、锡、钨、金、独居石、铁矿；非金属矿有水泥灰岩、硅灰石、水晶、硅石、黏土、刚玉等。

【旅游资源】白沙，地处五指山腹地，地势陡峻，东南高，西北低。境内地形起伏较大，大小山峰440余座，是海南三江（南渡江、昌化江、珠碧江）的源头，拥有松涛水库73%的集雨面积，高达83.47%的森林覆盖率，是“山的世界、水的源头、林的海洋、云的故乡”，一个绿色的天堂。白沙，源自“薄沙”，这里充满了古老的记忆，源远流长；这里拥有纺织史上的“活化石”，多姿多彩；这里有海南省黎族妇女世代相传的古老技艺——黎锦、白沙民间黎族群众特有的传统刺绣艺术——双面绣；这里曾经响起海南少数民族起义——白沙起义；这里还曾出现古老文明，新村台地遗址、南北吉山岗遗址、红岭台地遗址、可任台地遗址等。白沙，旅游资源丰富，主要有邦溪坡鹿、白沙绿茶园、南开石壁、白沙陨石坑、江排水域、南渡江源、细水溶洞、金波爱心潭、九架木棉、九架雾海、阜喜温泉、白沙冷泉等。辖区内有鹦哥岭、霸王岭、邦溪坡鹿等国家级和省级自然保护区5个。霸王岭森林自然保护区山岳连绵，横跨昌江、白沙、乐东、东方地界。总面积117万多亩，其间一座座高数百米到一千多米的山峰，峰峰并列，原始森林里草木茂盛，奇树异藤，各显其妙，触目皆是奇观，是森林旅游的理想境地。保护区的山岭南北绵延，主峰虎头岭海拔1447米。境内有位于元门乡东南部的红坎瀑布，总落差145米，瀑布源于海拔1101米的红坎岭，两岸峰峦矗立，岩洞密布。白沙，拥有璀璨独特的黎族、苗族文化，双面绣、骨簪、老古舞、婚礼舞、文身等9项民族文化遗产，被列入国家和省级非物质文化遗产名录。先后获得“中国双面绣之乡”“歌舞之乡”“国家卫生县城”“全国文化先进县”等荣誉称号。这里有70万年前一颗小行星撞击而形成的陨石坑——白沙陨石坑，有如美女仰卧的仙婆岭，有清澈如镜的上游松涛，有常年云缠雾绕的九架岭，有久负盛名的白沙绿茶万亩茶园，海南之心——

金波爱心潭。这里还有南开河谷（热带最长河谷）、细水溶洞、佛面山、阜喜温泉、冷泉等特色生态自然资源。白沙，乡村民族文化底蕴丰厚，其中，罗帅村被评为“中国少数民族特色村寨”“全国休闲农业与乡村旅游五星级农庄”，芭蕉村被评为“中国少数民族特色村寨”“中国乡村旅游创客示范基地”等。罗帅村、阿罗多甘共享农庄被评为省四椰级乡村旅游点，芭蕉村、白沙农场二队为省三椰级乡村旅游点。白沙，民俗文化丰富，每年的传统节庆“三月三”是全县最隆重、最重要、最热闹的全民狂欢活动。同时白沙也正努力打造并树立山兰文化旅游丰收节庆——“啦奥门”丰收节，相续挖掘出美食长桌宴、黎族婚礼舞、老古舞、黎族竹竿舞等文化旅游节目，积极把黎族传统纺染织绣技艺、黎族骨器制作技艺、黎族渡水腰舟习俗等非遗文化打造成旅游纪念品面向游客。白沙，实施“旅游+文化体育”工程，着手打造牙叉体育旅游小镇，建成运营白沙文体运动中心，先后引进拳击、攀岩、现代五项等国家冬训基地落地白沙。

人口·民族·方言

【人口】根据《国务院关于开展第七次全国人口普查的通知》（国发〔2019〕24号）、《海南省人民政府关于开展第七次全国人口普查的通知》（琼府〔2020〕5号）和《白沙黎族自治县人民政府关于开展第七次全国人口普查的通知》（白府〔2020〕6号）要求，白沙黎族自治县进行了第七次全国人口普查。一年多以来，按照海南省局和省人普办统一部署，白沙黎族自治县精心组织，统筹安排，求真务实，扎实工作，圆满完成第七次全国人口普查各项工作任务，取得预期成果和显著成效。

全县11个乡镇常住人口为164699人，其中，城镇人口为32680人，乡村人口为132019人，城镇化率为19.84%。人口超过3万人的乡镇有2个，分别是牙叉镇、七坊镇；人口在1万人至3万人之间的乡镇有3个，分别是打安镇、邦溪镇、荣邦乡；人口在0.5万人至9999人之间的乡镇有3个，分别是金波乡、青松乡、元门乡；人口少于0.5万人的乡镇有3个，分别是南开乡、阜龙乡、细水乡。其中，人口居前三位的乡镇合计人口占全县人口比重为62.23%。

【民族】白沙黎族自治县是一个以黎族为主的少数民族聚居山区县。2020年，境内居住着黎族、汉族、壮族、苗族、瑶族、侗族、回族、满族、彝族、土家族、蒙古族、布依族、仡佬族、藏族、白族、哈尼族、傣族、佤族、畲族、水族、仫佬族、布朗族、德昂族、京族等24个民族。全县总人口19.35万人，其中有少数民族人口13.04万人，占全县总人口的67.40%；少数民族人口中有黎族12.42万人，占全县总人口的64.19%；有壮族3038人，占全县总人口的1.57%；有苗族2102人，占全县总人口的1.09%；其他少数民族1112人，占全县总人口的0.57%。

【方言】白沙境内的各个民族都有本民族的语言，日常交流的语言主要有黎语、汉语和苗语三种。汉语中，经常使用的有普通话、海南话、白话、儋州话、客家话等。黎语、苗语为黎族、苗族两个民族的语言，一直是白沙代表性语言，至今还延续使用。黎族语言。黎族语言属汉藏语系壮、侗语族黎语支，语音上声母比较简单，韵母比较复杂，每一个音节都有一个辅音起伏的声母，没有真正元音起头的音节。在语法方面，语序基本与汉语相同，但定语一般位于中心词之后，如汉语表达“他懂汉字”，黎语则称为“他懂字汉”。黎语这种倒装句的叫法，在白沙境内的几种黎族方言中都具有一致的表达特点。不同之处是语音和语调，一般情况下，各个黎族方言之间很难交流。据调查，全县有个别黎族聚居的村庄，还有一村多语的现象，如青松乡的拥处村村民同时操有润黎、孝黎、杞黎等几种方言，分布情况比较混杂。苗族语言。苗族语言属汉藏语系苗瑶族苗语支。最明显的特点是语言方面声母少而韵母多；元音有长短区别；有6个辅音韵尾；有双唇塞音、舌根塞音与边音相结合的复辅音声母；带有喉音的浊塞音后zb－、zd－与浊塞音b－、d－的对立。词汇方面有关野生植物和动物的词语较多；有丰富的合成词；来自汉语的借词较多，其借词与汉语粤方言和汉语闽南方言相近。语法方面形态变化很少，虚词和词序是表达语法意义的主要手段；名词、代词和数量词组作修饰语时位置在被修饰的词前面，形容词作修饰语时一般放在被修饰的词后面，也可放在被修饰的词前面；方位词前大都有固定的词头；有两套十位以下的基数词。白沙苗族共同使用同一"苗话"，虽然不同乡土（主要是元门、牙叉、七坊、青松、南开等地区苗村的语言区别）的"苗话"，在发音部位或发音方法上稍有不同，但语音、语法、词汇基本相同，不足以形成方言差异。全县有5个苗族聚居村庄，不同"苗话"在日常的交流中能彼此统一，相互共融。

经济社会发展

【概览】2021年全县地区生产总值62.57亿元，按不变价格计算，比上年增长7.5%。其中，第一产业增加值25.29亿元，同比增长5.8%；第二产业增加值6.49亿元，同比增长6.5%；第三产业增加值30.79亿元，同比增长9.1%。三次产业结构调整为40.4∶10.4∶49.2。全年城镇新增就业2303人，城镇登记失业率1.86%。农村劳动力转移就业7098人。

【乡村振兴】持续巩固拓展脱贫攻坚成果。落实"四个不摘"要求，坚持脱贫不脱政策，巩固拓展"两不愁三保障"质量，高质量完成全县10755户脱贫户分类管理任务，对全县建档立卡监测对象572户2204人的返贫致贫风险早发现、早干预、精准帮扶，及时消除风险15户70人；实行橡胶"双保险""双奖励"政策，累计帮助农户销售农产品超1891万元；新开发公益性岗位259个，28家帮扶基地（车间）吸纳帮扶对象就业310人。

【产业结构调整持续推进】工业、服务业增加值占地区生产总值比重分别较上年提高0.2和0.6个百分点，产业结构持续转型升级。信息传输、计算机服务业投资占总投资比重提高8.0个百分点，电力、热力、燃气及水的生产和供应业占比提高0.6个百分点，投资结构持续优化。

【农林牧渔业】全年全县农林牧渔业总产值39.83亿元，比上年增长7.6%。从内部行业看，种植业产值15.98亿元，同比增长15.0%。蔬菜（含菜用瓜）收获面积41456亩，同比增长2.4%；产量27805吨，同比增长1.4%。水果收获面积21713亩，同比增长21.0%；产量27939吨，同比增长25.8%。林业产值15.65亿元，同比增长13.0%。橡胶产量47241吨，同比增长13.4%。牧业产值6.45亿元，下降0.8%。猪肉量7146吨，同比增长7.9%。禽类肉量2183吨，同比下降23.1%。渔业产值0.46亿元，同比下降34.3%。水产品总产量965吨，同比下降81.4%。农林牧渔专业及辅助性活动产值1.30亿元，同比增长18.6%。农林牧渔业主要产品产量及其增长速度见表2。

【工业和建筑业】全年全县规模以上工业总产值比上年下降3.6%。按轻重工业分，轻工业产值同比下降20.4%；重工业产值同比下降1.0%。从经济类型看，国有企业产值同比增长10.8%，私营企业产值同比下降9.6%。全年全县工业增加值比上年增长2.7%。其中规模以上工业增加值比上年增长1.6%，规模以下工业增加值比上年增长4.8%。分行业主要工业产量及其增长速度见表3。

【服务业】全年全县批发和零售业增加值6.36亿元，比上年增长9.6%；交通运输、仓储和邮政业增加值0.42亿元，同比下降10.9%；住宿和餐饮业增加值2.61亿元，同比增长3.9%；金融业增加值2.38亿元，同比增长1.0%；房地产业增加值2.69亿元，同比增长5.5%。全年规模以上服务业企业营业收入增长38.3%，实现利润总额0.22亿元。

全年货物运输量26.80万吨。货物周转量1330.01万吨公里，旅客周转量4812.89万人公里。货物和旅客周转量及其增长速度见表4。

【固定资产投资】全年全县固定资产投资比2020年增长4.3%。其中，房地产开发投资同比增长19.8%，非房地产开发投同比资增长1.1%。按产业分，第一产业同比投资增长15.9%，第二产业投资同比增长10.7%，第三产业投资同比增长2.8%。按主体分，民间投资同比增长6.6%，非民间投资增长3.3%。全年投资施工项目个数同比增长59.0%，其中本年新开工项目同比增长29.7%。

全年全县房地产开发投资5.77亿元，其中住宅投资1.96亿元，比上年增长54.2%；商业营业用房投资2.83亿元，同比增长10.4%。房地产项目房屋施工面积49.23万平方米，同比增长66.3%，其中本年新开工面积23.11万平方米，同比增长179.3%。全县房屋销售面积2.61万平方米，同比增长44.1%；销售额2.08亿元，同比增长19.8%。分行业固定资产投资增长速度见表5。

2021年白沙黎族自治县农林牧渔业主要产品产量及其增长速度一览表

表1

产品名称	单位	绝对数	比上年增长（%）
蔬菜（含菜用瓜）	吨	27805	1.4
水果	吨	25188	25.8
其中：香蕉	吨	13144	79.8
菠萝	吨	2668	19.0
芒果	吨	1254	–21.4
荔枝	吨	836	29.0
龙眼	吨	1094	23.6
柑橘橙柚	吨	4957	–19.8
百香果	吨	1235	7.3
橡胶	吨	47241	13.4
椰子	万个	20.06	18.7
胡椒	吨	19	–22.8
槟榔	吨	6537	0.4
猪肉	吨	7146	7.9
禽肉	吨	2183	–23.1
禽蛋产量	吨	722	341.7
水产品总产量	吨	965	–81.4

2021 年白沙黎族自治县主要工业产量及其增长速度一览表

表 2

行业名称	单位	绝对数	比上年增长（%）
精制茶制造业	吨	335	19.0
非金属矿物制品业	立方米	106323	9.6
电力、热力生产和供应业	万千瓦时	26687	5.7
木材加工制品业	立方米	36694	-28.8
橡胶和塑料制品业	吨	22394	39.1
酒精制造业	千升	2893	-59.0
非金属矿采选业	立方米	287734	33.3

2021 年白沙黎族自治县货物和旅客周转量及其增长速度一览表

表 3

指 标	单 位	绝对数	比上年增减（%）
一、货物周转量	万吨公里	1330.01	-28.5
公路	万吨公里	1330.01	-28.5
二、旅客周转量	万人公里	4812.89	0.3
公路	万人公里	4812.89	0.3

2021年白沙黎族自治县分行业固定资产投资增长速度一览表

表4

行业	比上年增减（%）	行业	比上年增减（%）
总计	4.3	水利、环境和公共设施管理业	85.8
农、林、牧、渔业	15.9	居民服务、修理和其他服务业	3.9
制造业	–33.5	教育	62.8
电力、热力、燃气及水生产和供应业	11.2	卫生、社会保障和社会福利业	–54.3
交通运输、仓储和邮政业	–65.3	文化、体育和娱乐业	–19.3
住宿和餐饮业	11.2	房地产业	5.6
信息传输、计算机服务业	504.6	公共管理和社会组织	-4.4

注：房地产业投资除房地产开发投资外，还包括建设单位自建房屋以及物业管理、中介服务和其他房地产投资

大事记

1月

1日 白沙黎族自治县启动第二批新冠疫苗接种工作。全县共设置牙叉镇卫生院、牙叉社区卫生服务中心、邦溪中心卫生院、七坊中心卫生院4个紧急接种点。

4日 县长、县委副书记胡翔在县政府六楼会议室主持召开专题会议，研究2021年、“十四五”规划和2035年远景目标主要经济指标。县委常委、常务副县长陈文强，县政府副县长何方长、林金妹、赖道传出席。

4—5日 白沙黎族自治县公安局交警大队开展“零容忍、全覆盖、出重拳”货车交通违法整治活动。

5日 县委副书记、县长胡翔，县政府副县长符健友、何方长前往牙叉社区卫生服务中心带头接种新冠疫苗，并了解新冠疫苗接种情况。

同日 白沙黎族自治县人民医院举行爱心献血屋正式揭牌启用。

6日 由海南省发展改革委二级巡视员冯燕率领的海南省“菜篮子”市县长负责制考核组到白沙，就白沙2020年“菜篮子”市县长负责制落实情况进行考核。

7日 白沙2021年度公共工程和土地出让项目跟踪监督工作推进会在县政府二楼会议室召开。

同日 白沙黎族自治县公安局在该局举办“110宣传日”“控发案、多破案”法制宣传周启动仪式暨警营开放日活动。

同日 《海南日报》整版聚焦白沙报道白沙脱贫摘帽事迹。

8日 白沙利用全天时间在政府二楼会议室主持召开县委十三届六次全体会议暨县委经济工作会议。

同日 全省新冠肺炎疫情防控指挥部工作会议结束后，白沙随即召开全县新冠疫情防控指挥部会议，部署疫情防控相关工作。

同日 《海南日报》整版聚焦白沙补齐民生保障短板，让广大人民群众共享发展成果，勠力同心，托起“稳稳的幸福”。

12日 海南省委常委、统战部部长肖杰到扶贫联系点青松乡，参加打炳村党支部组织生活会，并调研扶贫项目建设情况。

同日 白沙黎族自治县公安局森林分局揭牌仪式在森林分局举行。

13日 海南自由贸易港建设项目2021年度第一批集中开工白沙分会场活动在北城邑景项目建设施工现场举行，县委书记刘蔚，县委副书记、县长胡翔，县委常委、常务副县长陈文强，县人大常委会副主任符秀琼，县政协副主席王宪出席开工仪式。

同日 县委副书记、县长胡翔率队实地调研“菜篮子”产品供应情况，确保“菜篮子”保供稳价各项工作稳定开展。

14日 中央农村工作领导小组原副组长袁纯清率调研组一行到白沙，就天然橡胶生产与保险工作进行调研。

15日 白沙黎族自治县十五届人大常委会在县政府五

楼会议室召开第 38 次会议。

同日 县委书记刘蔚主持召开十三届县委常委会 140 次（扩大）会议暨县委理论学习中心组会议。

17 日 省住建厅到白沙黎族自治县打安镇子雅村开展送温暖活动，并举行中建三局捐装太阳能，路灯竣工仪式。

18 日 省总工会党组成员、副主席何清率队深入白沙，走访慰问白沙黎族自治县全国先进工作者代表和困难职工，为他们送上工会组织的关怀。

同日 白沙黎族自治县应急管理局在应急管理仓库（白沙中学食堂旧址）为全县 11 个乡镇困难群众发放御寒物资。

19 日 白沙黎族自治县在政府二楼会议室召开村（社区）“两委”干部换届工作会暨换届工作培训会。

同日 县委副书记、县长胡翔在县政府六楼常务会议室主持召开 2021 年政府工作报告征求意见座谈会。

21 日 全省 2021 年春季征兵工作会议在海口召开，白沙黎族自治县在县人民武装部设分会场收听收看。

23 日 参加省第六届人民代表大会第四次会议的白沙代表团在省人大会堂白沙厅召开会议。会议推选刘蔚为白沙代表团团长，王桂厅、胡翔为副团长，并成立白沙代表团临时党支部，刘蔚为白沙代表团临时党支部书记，王桂厅、胡翔为白沙代表团临时党支部副书记。

24 日 受县委书记刘蔚、县长胡翔委托，县委常委、常务副县长陈文强在县政府六楼会议室主持召开县政府专题会，传达省委书记沈晓明、省政府代省长冯飞在政府工作报告关于“菜篮子”工作部署、县委书记刘蔚和县长胡翔等领导相关批示精神，研究全县综合食品价格指数及“菜篮子”工作，部署近期重点工作。

26 日 下午，县委副书记、政法委书记李广清在县委常委楼三楼会议室主持召开 2021 年美丽乡村建设工作推进会。

27 日 海南省农业农村厅党组成员、副厅长赵英杰带领由省农业农村厅、省疫控中心、省橡胶检验站、省动物卫生监督所等部门相关负责人组成的省考核组来到白沙，就白沙落实 2020 年农产品质量安全监管责任书情况进行实地考核。

同日 白沙黎族自治县在县政府六楼会议室召开 2021 年政府工作报告征求意见会，征求县工商联有关负责人、企业家代表的意见、建议。

28 日 白沙黎族自治县在电子商务产业园培训室举办电商村级服务站及惠农超市业务培训班。

29 日 省委组织部二级巡视员佴建乔率慰问组到白沙黎族自治县开展走访慰问活动，向白沙黎族自治县退休老干部、老党员、优秀人才代表和困难党员送去党组织的关怀和新春的祝福。县委组织部等单位相关负责人随同参加慰问。

同日 县公安局在桥南派出所召开创建“枫桥式公安派出所”现场会。

同日 由海南省人力资源开发局、县人民政府主办，县人力资源和社会保障局、县劳动就业服务中心承办的以“就业帮扶 真情相助”为主题的 2021 年“就业援助月”专场招聘会在县城文明湖前举办。

30 日 县人民政府邀请省民族宗教事务委员会副主任符秀容、省人大财经（预算）工委预算处处长（一级调研员）符仁海等白沙籍外出干部在县政府六楼常务会议室召开 2021 年政府工作报告征求意见座谈会。

31 日 县委副书记、县长胡翔在县政府六楼会议室主持召开县十五届政府第 60 次常务会议。

同日 县委书记刘蔚主持召开县委常委会第 141 次（扩大）会议。

同日 省商务厅副厅长崔剑一行到白沙黎族自治县七坊镇、牙叉镇等地检查春节市场保供、促进消费、商务领域安全生产及疫情防控工作。

2 月

1 日 县公安局联合县委政法委、旅游和文化局、市场监督管理局等部门，在全县范围内开展打击“黄赌毒”违法犯罪专项集中统一清查行动。

同日 县征兵办在县人民医院五楼会议室举办征兵体检业务培训班，为全县30余名征兵体检医生骨干进行征兵体检业务培训。

2日 县项目推进会议在县政府六楼会议室召开，通过“一对一”会诊研判的方式，分析解决项目存在问题，提出解决思路，部署下一步相关工作。县委副书记、县长胡翔主持会议。

同日 海南省博士协会考察组一行来到白沙，开展博士服务工作站建站调研活动，海南省博士协会秘书长张晓桃参加调研。

3日 中国人民政治协商会议白沙黎族自治县第十届委员会第六次会议在县政府二楼会议室隆重开幕。

4日 白沙黎族自治县第十五届人民代表大会第七次会议在县政府二楼会议室隆重开幕。

5日 白沙黎族自治县第十五届人民代表大会第七次会议审议通过《白沙黎族自治县秸秆露天禁烧和综合利用条例》，并提请2021年3月24日海南省第六届人民代表大会常务委员会第二十七次会议批准，自2021年5月7日起实施。

同日 白沙黎族自治县在县政府综合楼六楼会议室召开春节假日旅游文化市场工作会议。

7日 中国共产党白沙黎族自治县第十三届纪律检查委员会第六次全体会议在牙叉举行。

9日 县政府副县长林金妹带领由县应急管理局、县住建局、县交通管理局、县综合执法局等部门组成的联合检查组，对县城重点区域开展春节前的安全生产和消防安全检查。

同日 县政府副县长何方长前往打安镇，检查指导该镇疫情防控工作。

同日 县委常委、宣传部部长张志群率队开展文化市场联合专项检查行动。

17日 省扶贫办主任孟励率省农村新冠肺炎疫情防控督导组一行来到白沙，通过召开座谈、查阅资料、实地检查等方式，督导全县农村新冠肺炎疫情防控工作。

19日 县征兵办在县人民武装部会议室召开2021年春季征兵政治考核工作会，就这一阶段的工作进行安排部署。

22日 县政府在政府六楼会议室召开专题会，研究2021年白沙“三月三”期间节庆活动相关事宜。县政府副县长林金妹出席。会议解读了《2021年白沙“三月三”节庆活动总体方案（送审稿）》《白沙黎族自治县“三月三”节庆活动安全事故应急预案（审核稿）》等内容，并就上述内容进行交流和讨论。

同日 白沙黎族自治县在县政府六楼常务会议室召开会议，专题研究《白沙黎族自治县民族歌舞展演团事业发展改革实施方案》。

同日 县检察院荣获“全省先进检察院”荣誉称号。

23日 中国老区建设促进会秘书长张建设到白沙调研。

同日 县委副书记、县长胡翔在县政府六楼会议室主持召开县政府专题会议，研究推动现代农业科技园、电商物流园、白沙原生态茶园小镇茶博园等项目建设工作。

同日 白沙社保服务中心“综合柜员制”上线，社保医保实现“一网通办”。

24日 县委副书记、县长胡翔在县政府六楼会议室主持召开县政府专题会议，就“菜篮子”稳价保供工作进行再研究、再部署。

25日 全国脱贫攻坚总结表彰大会在北京人民大会堂隆重举行。白沙黎族自治县委书记刘蔚、阜龙乡人民政府扶贫专干邱瑞麟荣获“全国脱贫攻坚先进个人”称号，打安镇人民政府荣获“全国脱贫攻坚先进集体”称号。

26日 县人民政府主办、县委宣传部与县旅游和文化广电体育局承办的“白沙2021年广场花灯展、猜灯谜”元宵节活动在县文化广场火热开展。趣味十足的游戏和精美的礼品吸引数千名市民踊跃参与，共同欢度元宵佳节。

28日 5辆悬挂着“热烈欢迎白沙黎族自治县农民工赴粤务工”横幅的客车从县人社局大楼前驶离，车上搭载155名县籍外出务工人员，按“点对点”方式，驶往广东省广州、深圳、东莞等地。

3月

1日 中国科协办公厅公布《2016—2020年度全国科普示范县（市、区）总结评估优秀名单》，白沙黎族自治县榜上有名，成为海南唯一一个荣获“全国科普示范县（市、区）”称号的市县。

同日 海南省党史学习教育动员大会暨省委党史学习教育领导小组第一次（扩大）会议在海口召开。白沙黎族自治县在县政府二楼会议室设分会场收听收看。

4日 全县党（工）委书记抓党建述职评议会议在县政府二楼会议室召开，县委书记刘蔚主持并作讲话。王桂厅、胡翔、符英兰、李广清、秦晓宏、张志群、符会从、马琼才、陈文强、王明干、何劲松等出席。省委组织部组织二处副处长黄惠清到会指导并作点评讲话。

5日 白沙在县委常委楼三楼会议室召开2021年巩固拓展脱贫攻坚成果和乡村振兴项目库审核审定会。

同日 海南省水务厅厅长王强与省水务厅党组成员、省防总办主任陈德皎，省水务厅二级巡视员秦艾斌一行到白沙黎族自治县，以实地察看、座谈交流的方式，就西部供水工程、南开河（向民村段）河道整治工程项目推进情况进行调研，并召开座谈会，听取项目进展情况，并对下一步工作作要求。

7日 海南省委副书记、省村社区“两委”换届选举工作领导小组组长李军到白沙黎族自治县就村“两委”换届选举工作和巩固脱贫攻坚成果同乡村振兴有效衔接工作进行实地调研。

同日 “三八”节前夕，全国妇联表彰了一批全国城乡妇女岗位建功先进个人、先进集体。海南白沙农村商业银行股份有限公司营业部荣获“全国巾帼文明岗”称号，白沙灿然黎锦手工艺专业合作社荣获“全国巾帼建功先进集体”称号。

8日 县委宣传思想工作领导小组（扩大）会议暨白沙2021年宣传思想工作会在县政府二楼会议室召开，总结回顾2020年全县宣传思想文化工作，分析当前新形势、新任务，并部署安排2021年全县宣传思想战线主要任务和工作重点。

同日 中国艺术摄影学会圣哒哒湖畔公园摄影创作基地在七坊镇圣哒哒湖畔公园正式揭牌。

9日 海南省总工会副主席王裕明率队到白沙调研基层工会文化阵地建设、城市困难职工解困脱困等工作。

同日 海南省政府副省长沈丹阳率队到白沙调研岛内居民日常用品免税店项目选址、筹备等工作，并开展巡林工作。

9—10日 海南热带雨林国家公园生态搬迁现场会在白沙生态搬迁村新高峰村召开，在为期2天的观摩交流中，海南省有关部门及市县代表对新高峰村的新风貌予以点赞，并表示将认真学习借鉴白沙生态搬迁的成功经验。

10日 省人大常委会法制工作委员会副主任严冬峰一行到白沙，就《海南省各级人民代表大会常务委员会规范性文件备案审查条例（草案）》立法工作进行调研，并在县政府六楼常务会议室召开座谈会，了解白沙黎族自治县相关工作。

11日 海南省政府副省长刘平治到白沙，就白沙2021年扶贫专项资金的安排使用、天然橡胶“保险”和农民务工就业情况等内容展开调研。

同日 白沙黎族自治县召开政法队伍教育整顿动员部署会暨县政法队伍教育整顿领导小组第一次（扩大）会议，深入贯彻落实全国、全省政法队伍教育整顿动员部署会议精神，对全县政法队伍教育整顿进行动员部署。

同日 团白沙黎族自治县委组织各机关团组织、青年文明号集体、白沙黎族自治县志愿者协会等16家单位到文明湖集中开展2021年白沙黎族自治县学雷锋志愿服务月“乡村振兴 志愿先行”便民志愿服务活动。

12日 全省领导干部大会在海口召开，传达学习全国两会精神。省委书记、省人大常委会主任沈晓明出席会议并讲话。白沙黎族自治县在县政府二楼会议室设立分会场收听收看。

同日 县人民武装部组织预定新兵走进海南省爱国主义教育基地——白沙起义第一枪旧址纪念园，开展爱国主义和国防教育，帮助预定新兵走好军营第一步。

13日 白沙黎族自治县与全省同步举办海南自由贸易港建设项目2021年度第二批集中开工活动，此次集中开工共有4个项目，分别是荣邦乡和七坊镇农村生活污水治理、牙叉镇东风村人居环境整治、麓湖度假区三期等，计划总投资1.95亿元。

15日 白沙召开全县党史学习教育动员大会，学习贯彻党中央、海南省党史学习教育动员会议精神，对白沙党史学习教育工作进行全面动员和部署。

16日 县委书记、县村（社区）“两委”换届工作领导小组组长刘蔚率队前往阜龙乡开展村（社区）“两委”换届重点难点村调研（含居“两委”，下同），指导村级组织换届选举工作，确保换届选举工作顺利有序，并就巩固脱贫攻坚成果同乡村振兴有效衔接以及农村人居环境整治开展情况进行实地检查。

同日 白沙政法队伍教育整顿工作领导小组在县融媒体中心多功能演播厅举行政法队伍教育整顿工作第一次新闻发布会，介绍全县政法队伍教育整顿工作开展情况。

同日 省换届第五巡回督导组到白沙黎族自治县调研指导村（社区）“两委”换届工作，并在县委常委楼三楼会议室召开座谈会，听取相关工作汇报。

同日 县委副书记、县长胡翔在县政府六楼会议室主持召开会议，听取全县老旧小区改造工作情况汇报，研究《海南省既有住宅加装电梯实施意见（试行）》和《“十四五”期间城镇棚户区改造计划》以及厕所革命、“禁塑”等工作。

17日 白沙召开“大学习、大调研、大抓落实”活动暨优化营商环境行动动员会。

17—18日 省换届巡回第五督导组组长崔礼堂率第五督导组一行到牙叉、七坊、打安和元门等地，实地指导白沙黎族自治县部分村、社区、居换届工作，详细了解全县村（社区）“两委”换届选举工作开展情况。

18日 白沙黎族自治县在雅钗农贸市场新增一处“菜篮子”平价专区，这是继2021年2月10日凤凰城超市“菜篮子”平价专区后，白沙第二个“菜篮子”平价专区。

同日 省政协副主席、民进海南省委主委史贻云率民进海南省委会调研组到白沙，就乡村振兴课题进行调研。

19日 由县新时代文明实践中心主办，县委宣传部、县妇联、县卫健委、县总工会、团县委等单位承办的白沙黎族自治县2021年全民健身暨爱心消费集市活动在县城文明湖前开幕。

同日 白沙黎族自治县科学技术协会第一次代表大会筹备工作部署会在白沙农场集团六楼会议室召开。

22日 县委副书记、县长胡翔在县政府办公楼六楼会议室主持召开白沙黎族自治县城乡规划专题会2021年第1次会议，对当前几项重点项目规划设计方案进行专题研究审议。

同日 中国人民大学农业与农村发展学院调研组郑风田教授一行7人到白沙黎族自治县，以座谈交流、查阅资料、实地调研等方式对白沙2012—2020年脱贫攻坚工作成果进行专题调研。

同日 在县政府二楼会议室设分会场收听收看全国新冠病毒疫苗接种工作电视电话会议和全省新冠病毒疫苗接种工作电视电话会议。

23日 县委副书记、县长胡翔在政府六楼会议室主持召开政府专题会议，研究白沙2021年美丽乡村建设实施方案。

同日 县委副书记、县长胡翔在政府六楼会议室主持召开政府专题会议，研究白沙2021年财政资金高标准农田建设项目实施计划。

同日 县委副书记、县长胡翔在政府六楼会议室主持召开县平价蔬菜保供惠民行动专班第二次会议，听取专班成立以来，各专班成员单位关于平价蔬菜保供工作落实情况、存在工作问题原因、工作措施建议等内容。县人民政府副县长、县平价蔬菜保供惠民行动专班副牵头人陈扬洲出席会议。

同日 省政协副主席、民建

海南省委会主委蒙晓灵率队到白沙黎族自治县开展为期两天的“完善上下联动机制，推进基层协商民主建设”、助推创一流营商环境调研活动。县政协主席符英兰陪同调研。

同日 由县林业局主办的白沙黎族自治县2021年生态公益林保护暨森林防火宣传首场文艺晚会走进七坊镇打金村。

24日 县委副书记、县长胡翔深入荣邦乡、七坊镇、元门乡、牙叉镇等地，通过实地调研和现场办公等方式，统筹推进《2021年政府工作报告》目标任务落实和基础设施及农业产业重点项目建设。

25日 为深入开展党史学习教育暨“大学习、大调研、大抓落实”活动，县委副书记、县长胡翔前往牙叉镇对俄村，就村庄规划、创建文明交通示范村等工作进行专题调研。

同日 白沙黎族自治县全面开放新冠疫苗接种。

26日 陨石坑地质公园项目工作协调会议在县政府六楼会议室召开。

同日 由中国经济网、中共白沙黎族自治县委宣传部共同主办，海南省融媒体报业集团承办的白沙黎族自治县融媒体建设研讨会在县融媒体中心举办。

同日 由县人社局、县退役军人事务局主办，县就业服务中心承办的主题为“春风送岗位 就业暖民心”的2021年“春风行动”专场招聘会在县城文明湖前举办。

30日 在第四届海南省“人民满意的公务员”“人民满意的公务员集体”暨记一等功公务员、记一等功公务员集体表彰大会上，白沙黎族自治县人民检察院被省委、省政府记一等功。这是全省检察系统中唯一一个获得此荣誉的检察院。

同日 国家发改委农村经济司副司长邱天朝带领调研组到白沙黎族自治县，就天然橡胶产业发展情况进行调研。

同日 海南省发改委2021年第一季度“三服务”调研工作第二工作小组来到白沙，就白沙开展2021年第一季度“服务企业、服务项目、服务基层”三服务工作机制开展调研。

同日 副县长符志辉率由县综合执法局、县市场监督管理局、县生态环境局执法人员组成的综合执法工作组在县城区开展“禁塑”执法月专项整治行动。

4月

2日 县委书记刘蔚深入打安镇展开调研，重点了解该镇党史学习教育、巩固脱贫攻坚成果同乡村振兴有效衔接、村（社区）“两委”换届、农村人居环境整治、新冠肺炎疫苗接种、防火护林等工作开展情况。

同日 白沙黎族自治县人武部干部与白沙中学、白沙一小150余名师生一起到“白沙起义第一枪”旧址纪念园开展清明节祭扫暨国防教育。

6日 白沙黎族自治县委农村工作会议暨全面推进乡村振兴动员部署会在县政府二楼会议室召开。

同日 县委书记刘蔚前往牙叉镇对俄村，就美丽乡村建设、产业发展、农村人居环境整治等工作进行实地调研。

7日 县强制拆除危旧房工作领导小组组织各成员单位，依法依规对原县食品公司住宅楼4间2层危旧房进行拆除，拆除建筑面积621.13平方米的危旧房。

同日 首届中国国际消费品博览会倒计时一个月全省动员大会在海口召开。省委书记、省人大常委会主任沈晓明主持并讲话，省长冯飞作工作部署，省政协主席毛万春、省委副书记李军等省领导出席。白沙黎族自治县在县政府二楼会议室设分会场，通过电视电话会议形式收听收看。

同日 全省作风整顿建设年动员部署会在海口召开。省委书记、省人大常委会主任沈晓明出席并讲话。省委副书记、省长冯飞讲话，省政协主席毛万春、省委副书记李军等省领导出席会议。白沙黎族自治县在县政府二楼会议室设分会场，通过电视电话会议形式收听收看。

8日 白沙生态茶园小镇游客接待中心揭牌仪式暨战略合作框架协议签约活动在新落成的白沙茶园小镇游客接待中心举行。

同日 县委副书记、县长胡翔率有关部门负责人前往位于元门乡的陨石岭咖啡加工厂，就协调推进361国道至青年农场一队公路工程及白沙咖啡产业综合园建设项目进行实地调研。

同日 县人大常委会主任王桂厅率县人大常委会专题调研组到阜龙乡就红色文化建设和旅游资源开发等工作进行专题调研。

同日 县委书记、县委巩固拓展脱贫攻坚成果和实施乡村振兴战略领导小组组长刘蔚前往南开乡，重点了解该乡党史学习教育、巩固脱贫攻坚成果同乡村振兴有效衔接、防止返贫致贫排查、村（社区）“两委”换届、农村人居环境整治、新冠疫苗接种等工作开展情况。

同日 县委副书记、县长胡翔到牙叉镇对俄村、牙叉农场四队等地，就民宿业发展进行实地调研。

同日 由海南省民族宗教事务委员会、白沙黎族自治县人民政府、海南日报报业集团主办的2021年海南省少数民族歌手大赛暨中国好声音全国海选·海南白沙赛区“三月三”专场，在白沙融媒体中心多功能演播厅开赛。

12日 县公安局全面开展集中打击整治飙车违法犯罪专项行动。

13日 海南省人大常委会教科文卫调研组来到白沙，就白沙贯彻实施《中华人民共和国中医药法》工作情况进行专题调研。

同日 在黎族苗族传统节日“三月三”到来之际，黎族大白茶封茶仪式在白沙五里路茶韵共享农庄举行。

14日 县委书记、县政法队伍教育整顿领导小组组长刘蔚深入牙叉镇桥南派出所、元门乡司法所和县司法行政指挥中心等地，通过实地了解和座谈的方式，就县政法系统相关单位的政法队伍教育整顿工作推进情况及发现问题的整改落实情况进行实地调研。

同日 “三月三”系列活动之一的越野汽车场地挑战赛在县图书馆旁拉开序幕。

同日 作为2021年白沙“三月三”活动之一的白沙少数民族传统手工艺品展销暨现场义卖及募捐活动在白沙电子商务产业园启动。

同日 2021年“三月三”特色美食展销会暨爱心助农消费集市在县电子商务产业园正式举办。

同日 作为白沙“三月三”活动之一的竹竿舞互动展演在县城区滨河南路举行。

同日 作为2021年白沙“三月三”主题活动之一的黎苗风情长桌宴在南叉河畔两岸举行。

同日 2021年白沙黎族苗族“三月三”开幕式暨丰收祭典民俗巡游活动盛大开幕。

同日 2021年白沙黎族苗族“三月三”主题文艺晚会暨篝火狂欢活动在县文化广场举行，黎族、苗族同胞与四海宾朋、八方来客共贺“三月三”。

15—16日 全国防汛抗旱工作电视电话会议在北京召开，总结2020年防汛抗旱工作，分析面临的形势任务，部署2021年各项工作。白沙黎族自治县在政府二楼会议室设分会场收听收看。

17日 由县老龄委、县文旅局、县老年人体育协会共同主办，县老干部活动中心协办的2021年“三月三”县域地区及附近乡镇老年人体育健身项目展演活动在县老年人活动中心举办。

19日 白沙黎族自治县在县委常委楼三楼会议室，召开白沙黎族自治县2020年第四季度社会文明大行动省暗访反馈问题整改推进会。

同日 县委书记刘蔚坚以开展党史学习教育和“大学习、大调研、大抓落实”活动为契机，深入县综合行政执法局，就综合行政执法体制改革后续运行情况开展调研。

20日 县委副书记、县长胡翔在县政府二楼会议室主持召开白沙2021年全县一季度经济形势分析会，分析研判当前经济形势，研究部署下一步重点工作。

同日 省扶贫办副主任唐守兵带领省扶贫办第二调研组一行来到白沙，通过座谈交流、查阅资料等方式，就白沙在开展项目资金、就业稳岗等巩固拓展脱贫攻坚成果同乡村振兴有效衔接情况进行专题调研。随后召开展谈会。

同日 由国家卫生健康委药政司监察专员汪建荣带队的国务院联防联控机制第十驻点组一行五人来到白沙，就白沙新冠疫苗接种工作进展情况进行督导。

同日 海南省人大常委会民宗工委主任邓泽永带队来到白沙，开展党史教育基地现场体验教学活动。

21—23日 海南省换届巡回第五督导组来到白沙，实地督导阜龙、七坊、青松和牙叉等乡镇村、社区、居换届工作的进展情况。在阜龙乡新村、七坊镇高地村和照明村、青松乡打松村、牙叉镇白沙居、打安镇长岭村小组等地，督导组通过座谈、听取汇报和实地检查等方式详细了解当地换届选举工作。

21日 海南省总工会党组成员、副主席何清率领考核组来到白沙黎族自治县，通过查看资料、入户走访、询问交流的方式，就白沙的城市困难职工解困脱困工作进行考核。

同日 海南省第一批政法队伍教育整顿"现身说法"警示教育大会在琼中召开。白沙黎族自治县在县政府二楼会议室设分会场收听收看。

同日 中国移动通信集团公司董事长、党组书记杨杰率队深入白沙黎族自治县定点联系点元门乡开展党史学习教育，并走访了解该公司定点帮扶单位元门乡红旗村的各项工作进展情况。

22日 华夏通用航空有限公司副总经理胡畔一行来到白沙黎族自治县，通过实地考察、召开座谈等方式，就白沙通航机场建设运行情况和短途运输航线事宜进行调研考察。

同日 省委政法委一级巡视员、省社管平台办主任马进率省社管平台建设调研组来到白沙黎族自治县，就社管平台及雪亮工程建设工作进行调研。

同日 县委书记、县新冠肺炎疫情防控工作指挥部总指挥长刘蔚在县委常委楼三楼会议室主持召开新冠疫苗接种工作调度会，听取当前疫苗接种情况汇报，对存在的问题和困难进行分析，并对下阶段疫苗接种工作进行再动员、再部署。会议邀请了省疫苗接种驻点工作组组长林健一行到会指导，县委副书记、县长、县新冠肺炎疫情防控工作指挥部总指挥长胡翔，县政府副县长、县新冠肺炎疫情防控工作指挥部常务副总指挥何方长出席。

23日 由县"扫黄打非"工作领导小组主办，县委宣传部承办的以"护助青少年儿童健康成长，抵制有害出版物和信息"为主题的"扫黄打非·护苗2021"绿书签系列宣传活动在白沙民族中学启动。

30日 县委副书记、县长胡翔率队先后深入昆仑天然气公司、七坊镇圣哒哒湖畔公园、邦溪镇工业园区、邦溪镇卫生院等地，就白沙黎族自治县"五一"安全生产、旅游市场秩序、新冠疫苗接种、产业发展等工作进行实地检查。

5月

10日 县委常委、宣传部部长、社会文明大行动暨"巩卫创文"工作指挥部副总指挥长张志群率领县社会文明大行动暨"巩卫创文"办、县文明办、县爱卫中心、县综合行政执法局、县生态环境局、县消防大队、县市容中心等单位执法人员到雅较农贸市场开展专项联合整治行动。

21日 适逢第二个"国际茶日"，"中茶杯"第十一届国际鼎承茶王赛春季赛举行，"白沙绿茶"等海南农垦旗下的茶产品斩获佳绩。

24日 白沙黎族自治县荣邦乡乡村振兴青年联盟在该乡农产品交易中心揭牌成立。

27日 白沙黎族自治县十五届人大常委会在县政府五楼会议室召开第40次会议。会议决定，任命卢胜为县人民政府副县长，接受胡翔辞去县人民政府县长职务的请求，决定卢胜为县人民政府代理县长。

同日 县委副书记、代县长卢胜率队深入青松乡，就乡村振兴、美丽乡村建设、产业发展等工作进行调研。

29—30日 白沙在县青少年校外活动中心开展以"讲好革命故事，传承红色基因"为主题的演讲比赛。

6月

3日 县乡村振兴局在县社保大楼前挂牌成立，标志着白沙黎族自治县“三农”工作重心实现历史性转移，由决战脱贫攻坚进入全面实施乡村振兴战略的新阶段。

5日 白沙黎族自治县在县城文明湖前开展环境日保护活动，深入贯彻习近平生态文明思想，推动形成践行绿色低碳生活方式的社会风尚，以实际行动践行世界环境日的意义，献礼建党百年。

8日 全国乡村振兴（扶贫）系统先进集体、先进个人表彰大会在北京举行，授予153个集体“全国乡村振兴（扶贫）系统先进集体”称号，授予257人“全国乡村振兴（扶贫）系统先进个人”称号。海南省有3名个人、3个集体获得表彰，其中，县扶贫办综合组组长吴红承荣获“全国乡村振兴（扶贫）系统先进个人”称号。

10日 白沙黎族自治县组织县四套班子成员和法检“两长”到海南省史志馆参观展览陈列、回顾革命历史，开展党史集中学习，重温海南革命历史，特别是抗日战争史、解放战争史和海南“二十三年红旗”斗争史及社会主义建设的历程，深刻感受红色文化魅力，接受革命红色基因洗礼。

11日 白沙黎族自治县政法队伍教育整顿领导小组邀请人民网、中经网、《海南日报》、海南广播电视总台等十多家省内外媒体来到白沙，开展“‘记者走白沙’看政法队伍教育整顿”活动。

12日 由县委、县政府主办的庆祝中国共产党成立100周年暨2021年“文化和自然遗产日”非遗宣传展示系列活动启动仪式在县全民健身中心二楼大厅举行。

13日 由省水上运动协会指导，县人民政府主办的白沙黎族自治县2021年端午节庆活动暨乡村民俗游之划皮艇比赛在县城南叉河举办。

16日 县委书记刘蔚坚持目标导向、问题导向，率相关部门深入白沙各重点项目现场，查堵点“把脉问诊”，破难题“治病用药”，促发展“强身健体”，确保项目建设有序推进和“我为群众办实事”实践活动取得实效，进一步拓展党史学习教育和作风整顿建设成果。会议逐一听取了项目建设进展情况汇报，重点了解各项目建设过程中存在的问题和下一步工作计划，与参会人员合力探讨“破难题”。

18—19日 根据群众投诉举报，白沙黎族自治县综合行政执法局清查了位于县城金沙西路水岸新世纪和石油路凤凰城的2处一次性不可降解塑料制品售点。

18日 由儋州市政协、白沙黎族自治县政协、临高县政协、乐东黎族自治县政协联合举办的“贺百年华诞 颂锦绣中华——庆祝中国共产党成立100周年”四市县政协书画作品联展（白沙站）开幕式在县文体中心举行。

21日 省民政厅联合省老促会公布中共琼崖第一次代表大会旧址、母瑞山革命根据地纪念园、冯白驹故居等首批71个红色地名。其中，白沙黎族自治县保加战斗遗址入选。

22日 在庆祝中国共产党成立100周年之际，白沙在县政府二楼会议室举行“光荣在党50年”纪念章颁奖仪式，为白沙党龄50年以上且一贯表现良好的老党员代表颁发“光荣在党五十年”纪念章。

23日 省委常委、统战部部长苻彩香到白沙起义第一枪旧址纪念园缅怀革命先辈，就白沙红色文化工作进行调研。

24日 省政协专职常委孙新华率省政协调研组一行来到白沙，以实地调研和座谈的方式就白沙严禁秸秆、垃圾露天焚烧，严禁槟榔土法熏烤，严禁在禁燃区内燃放烟花爆竹，严禁在允许区外露天烧烤，严禁寺庙道观燃烧高香，严禁在城区公共场所祭祀烧纸焚香，以及推进“气代柴薪”工作和推进秸秆综合利用等“六个严禁两个推进”工作开展情况进行调研。

27日 成都体育学院运动医学与健康学院白沙实习实践基地落户签约暨揭牌仪式在县文体中心举行。

28日 白沙黎族自治县第十五届人民代表大会在县政府二楼会议室召开第八次会议。会议会期两天。会议选举卢胜为白沙黎族自治县人民政府县长。

7月

1日 由白沙黎族自治县

委、县政府共同主办的庆祝中国共产党成立100周年“永远跟党走”大合唱暨2021年“全民健身日”广场健身操（舞）总决赛在县文化广场举行。县委副书记、县长卢胜，县委常委、宣传部部长张志群，县人大常委会副主任符秀琼，县政府副县长何方长，县人民检察院检察长胡俊东，县政协副主席王宪以及陈德基、董元培、符儒定等老干部到场观看比赛。

2日 省政府党组书记、省长冯飞在海口主持召开省政府党组（扩大）会议暨省政府党组理论学习中心组学习会议，学习领会习近平总书记在庆祝中国共产党成立100周年大会上的重要讲话精神、习近平总书记在“七一勋章”颁授仪式上的重要讲话精神，研究部署政府系统贯彻落实工作。白沙在县政府二楼会议室设分会场收听收看会议实况。

6日 县委副书记、县长卢胜在县政府六楼会议室主持召开县政府专题会，研究土地领域突出问题和土地执法相关事宜。

7日 县委书记刘蔚率相关部门负责人实地调研县主城区供水系统运转情况，协调解决部分区域供水不畅等问题。随后，刘蔚在县委常委楼三楼会议室主持召开书记专题会，继续研究保障县主城区供水系统正常运转工作。

16日 县委副书记、县长卢胜在县政府六楼会议室主持召开县十五届政府第67次常务会议，传达学习冯飞省长在七届省政府第八次全体（扩大）会议上的讲话，研究审议一批工作方案、土地使用和项目实施方案和招聘计划等。

26日 县委副书记、县长卢胜采取“不打招呼、不发通知、直奔现场”的方式分别来到县人民医院、县社保中心，对群众关注的社会民生问题进行实地调研和考察。

8月

4日 白沙黎族自治县疫情防控指挥部在县政府二楼会议室召开工作会议，传达全国疫情防控工作会议和海南省疫情防控工作会议精神，进一步分析全县疫情防控形势，查找短板漏洞，就疫情防控要求进行部署。

5日 白沙黎族自治县委副书记、县长、县疫情防控指挥部总指挥长卢胜率县疫情防控指挥部办公室第一督查组，采取随机抽查的方式，先后到县政务服务中心、县社保服务中心、农贸市场、超市等疫情防控重点场所，督导检查各项疫情防控措施落实情况。

同日 县委书记、县疫情防控工作领导小组组长刘蔚在县委常委楼三楼会议室主持召开白沙黎族自治县疫情防控工作领导小组工作会议。

9日 县纪委监委在纪委监委办公楼三楼会议室召开“学党史、转作风、查堵点、抗疫情”专项监督检查动员部署会。

10日 白沙黎族自治县在县农业农村局三楼会议室召开2021年下半年巩固拓展脱贫攻坚成果和乡村振兴工作推进会议。

22日 省卫健委主任周长强来到白沙，就白沙医疗卫生服务体系建设工作进行实地调研。

25日 白沙启动12~14岁人群第二针新冠疫苗接种工作，并在全县范围内设12个接种点。

同日 省政协党组成员、副主席吴岩峻率省政协调研组来到白沙，以实地走访和召开座谈会听取相关汇报的方式，就秸秆露天禁烧监控平台建设、大气污染防治“六个严禁两个推进”及水污染防治等工作开展民主监督和调研。

27日 白沙扫黑除恶常态化暨重点行业领域整治推进会在县委常委楼三楼会议室召开。

30日 海南省总工会组织开展的“万名职工健康体检”活动走进白沙，在县总工会大院和办公楼里分批为职工提供免费体检服务。

同日 由省委农村工作领导小组办公室、省农业农村厅、省乡村振兴局指导，白沙黎族自治县委、县政府、海南广播电视总台（集团）主办的2021年白沙“听党话、感党恩、跟党走”宣讲文艺活动走进白沙牙叉镇新高峰村委会，通过宣讲、文艺演出和互动问答相结合的形式，宣传展示“三农”领域全面建成小康社会伟大成就，让党和国家的方针政策走深走实、贴近群众。

31日 县委副书记、县长卢胜率队到牙叉镇调研巩固脱贫攻坚成果同乡村振兴有效衔接、农村人居环境整治、农村裸露土地种草绿化专项行动等工作。

9月

2日 为确保2021年白沙各学校秋季新学期开学安全平稳有序。省教育督导局局长韩忠泽率省教育厅秋季开学督导检查组一行到白沙开展2021年秋季开学督导检查工作。

同日 由县总工会、县旅文局主办，县委宣传部、团县委、县融媒体中心、县民族歌舞团和县图书馆协办的“巾帼共奋进 永远跟党走”——“玫瑰书香”女职工阅读分享活动和朗诵比赛分别在县图书馆和县融媒体中心举行。

同日 海南省青年企业家协会会长张阳带领部分企业家到白沙黎族自治县考察。

4日 由文化和旅游部主办，海南省旅游和文化广电体育厅、海南省教育厅联合承办的以“唱支山歌给党听·小小红心咏向党”为主题的海南省少儿民歌文化季之少儿民歌海南采风创作活动走进白沙。

6日 白沙在县委常委三楼会议室召开迎接国务院大督查暨巩固拓展脱贫攻坚成果同乡村振兴有效衔接工作部署会。

同日 县总工会在县政府二楼会议室举办工会系统学习习近平总书记“七一”重要讲话精神专题宣讲辅导报告会暨县“99公益日”活动培训动员部署会。

同日 海南省府城强制隔离戒毒所和白沙共建的社戒社康工作指导中心在白沙桥南居委会成立。

8日 由县电商服务中心主办，海南小谷粒品牌管理有限公司承办的2021年白沙黎族自治县电商服务站职能培训班在县电子商务产业园培训室开班授课。县政府副县长赖道传出席。

同日 爱心企业华闻传媒投资集团股份有限公司在细水乡白水港村委会举行2021年“金秋助学”活动助学金发放仪式，向该村56名当年就读大学本科、大专、中专、高中的困难学子捐赠爱心助学金13.1万元。

9日 在第37个教师节来临之际，连日来，县四套班子领导开展走访慰问活动，向家庭困难教师、患重大疾病教师、因公殉职遗属、省特级教师、省级学科带头人、省级骨干教师、农村优秀教育人才、引进教育人才、合作办学校长（园长）等，送去党和政府的关怀温暖，营造尊师重教氛围，确保教师们过一个喜庆、祥和的节日。

同日 全省防御台风“康森”视频动员部署会在海口召开，会议提出要筑牢思想和责任“大堤”，落实落细责任和措施，坚持人民至上、生命至上，坚持把最大限度减少人民群众伤亡作为出发点、落脚点，落实各项防御措施。白沙在县应急指挥中心设分会场收听收看。

同日 为深入开展“查堵点、破难题、促发展”和“大学习、大调研、大抓落实”活动，当天下午，县委副书记、县长卢胜率队实地调研珠碧江流域（白沙段）水生态环境综合治理情况并主持召开座谈会，研究解决珠碧江流域（白沙段）水质超标问题，推动水环境质量逐步提升。

10日 白沙在县委常委楼三楼会议室召开2021年推进移风易俗建设文明乡风工作部署会，对全县移风易俗、文明乡风工作进行再动员再部署。

12日 海南省2021年巩固脱贫成果督查白沙情况交流会在县委常委楼三楼会议室召开。

13日 县委副书记、县长卢胜与海垦集团党委委员、副总经理张志坚一行在县政府七楼会议室召开“查堵点、破难题、促发展”暨垦地协同工作对接会，共同协调解决垦地融合工作。

15日 由海南省农业农村厅、海南省人力资源和社会保障厅、海南省总工会主办，中共白沙黎族自治县委、白沙黎族自治县人民政府、海南天然橡胶产业集团股份有限公司联合承办的“坚守初心 强胶有我”2021年海南省职工职业技能竞赛暨海南省第五届割胶技能竞赛在白沙电子商务产业园举行。

16日 白沙首单平价蔬菜零售保险在白沙供销社签订完成，白沙供销农产品运销有限公司与人保财险白沙分公司的公章在保单上一同盖下，标志着平价蔬菜零售保险在白沙黎族自治县正式落地。

同日 上海期货交易所调研组来到白沙，就“保险＋期货”等项目进行实地调研。

17日 “万企兴万村”海南行动启动大会在县七坊镇鹭湖举行。

同日 白沙黎族自治县“共建自贸港 投资到白沙”招商推介会在七坊镇鹭湖举行。

18日 白沙在县青少年活动中心举办启动仪式，正式启动白沙第24届全国推广普通话宣传周活动。

23日 白沙黎族自治县在县委常委楼三楼会议室召开十三届县委第十四轮巡察工作动员部署会。

24日 县委书记邓伟强坚持目标导向和问题导向深入牙叉镇，就该镇迎接国家和海南省巩固脱贫成果后评估、基层党建、垦地融合发展等工作开展实地调研。

同日 省民政厅副厅长宋久成来到白沙，就白沙的民政重点工作评估工作落实、养老服务专项资金和困难群众救助资金使用、安全生产、疫情防控等进行实地检查。

同日 由县委宣传部、中国县域经济报社主办，县融媒体中心、海南省融媒体报业集团承办的“用好红色资源，赓续红色血脉——海南白沙高质量乡村振兴实践调研行”活动启动仪式在白沙金凯大酒店4楼会议室举行。

同日 驻白沙的省六届人大代表王桂厅、周怀胜、罗海生、符志明、符小芳等代表，以实地走访和座谈交流的方式，对白沙公共医疗卫生基础设施、发展规划、人才队伍、体制机制建设等方面工作情况开展专题调研。

25日 白沙黎族自治县与海南省建设集团有限公司在县委常委楼三楼会议室举行座谈，就未来深度合作进行深入沟通交流。

26日 白沙在县委常委楼三楼会议室召开新一轮禁毒三年大会战工作调度会暨创建“无毒县”工作推进会。

27日 省委副书记李军到白沙围绕破解垦地融合发展中土地征收手续烦琐等问题，开展“查堵点、破难题、促发展”专题调研。

同日 省政协人口资源环境委员会主任、省政协民主监督调研组第二组组长廖香俊率队来到白沙，就“六个严禁两个推进”、水环境质量治理、秸秆禁烧监控平台建设、中央环保督察反馈问题整改落实情况等开展民主监督调研。

27—28日 省委副书记李军在白沙就巩固拓展脱贫攻坚成果同乡村振兴有效衔接、农村人居环境整治工作及村级组织换届后运行情况等进行调研。

28日 省“候鸟型”人才工作站考核组来到白沙。

同日 由县委党史学习教育领导小组主办，县委直属机关工作委员会承办的县直机关党组织党史学习教育和“七一”重要讲话知识竞赛决赛在县融媒体中心一楼演播大厅开赛。

29日 由海南省人力资源开发局指导，三亚市人力资源开发局主办，县就业服务中心承办的2021年琼南九市县“联手助力自贸港，促进就业保民生”专场招聘会活动在县城文明湖前举办。

30日 白沙以白沙解放纪念园为主会场、付俄岭烈士陵园为分会场，同时举行2021年“9·30”烈士纪念日公祭活动，缅怀烈士功绩，弘扬烈士精神。

10月

2日 由县人民政府主办、县旅文局承办的2021年“白沙杯”第一届羽毛球公开赛在国家体育训练南方基地（海南白沙·综合）羽毛球馆激情开赛。副县长何方长出席当天的活动。

同日 由县人民政府主办，县旅文局承办的2021年白沙国庆乡村游系列活动走进打安镇长岭村小组。

3日 由县人民政府、海南省体育总会、海南省沙滩体育运动协会主办，县旅文局、海南家国文化体育有限公司承办的 2021 年“白沙杯”第一届足球公开赛在国家体育训练南方基地（白沙·综合）举行。

6 日 由海南省旅文厅指导，县人民政府、海南省体育总会主办，县旅文局、三亚市跆拳道协会、白沙家国文化体育有限公司承办的“白沙杯”2021 年海南省大众跆拳道公开赛，在白沙文体中心二楼篮球馆开赛。

8 日 中国共产党白沙黎族自治县第十三届委员会第七次全体会议在县政府二楼会议室召开。

13 日 省人大常委会副主任陆志远率领由省林业局党组成员、总工程师周亚东及省林业局防火处、省人大常委会办公厅相关负责人组成的省督导检查组一行到县督导检查防御第 18 号台风“圆规”工作。

同日 自然资源部来琼驻守专家组来到白沙，深入地质灾害隐患点一线，调研指导当地地质灾害防范工作。

14 日 在昆明召开的联合国《生物多样性公约》第十五次缔约方大会的生态文明论坛上，生态环境部为第五批 49 个“绿水青山就是金山银山”实践创新基地进行授牌命名，白沙黎族自治县名列其中。

15 日 由县人力资源和社会保障局、县农业农村局、县退役军人事务局、县妇女联合会、县团委主办，白沙劳动就业服务中心承办的主题为“自贸海南 共创未来”的创业大赛在县融媒体中心一楼演播大厅举办。

17 日 省政府在海口召开 2021 年三季度全省经济形势分析会，总结 2021 年前三季度全省经济运行和社会发展情况，部署下一阶段重点工作。省长冯飞出席并讲话。白沙在县政府二楼会议室设分会场，收听收看会议实况。

18 日 由县委老干部局主办、县老干部服务中心承办的“情暖金秋 爱在重阳”2021 年九九重阳节联欢晚会活动在县老干部活动中心举行。

19 日 省扫黑除恶重点行业领域整治及“三书一函”第三督导组长、省自然资源和规划厅二级巡视员牛勇率队来到白沙，就白沙扫黑除恶重点行业领域整治及“三书一函”（监察建议书、司法建议书、检察建议书、公安提示函）专项工作进行督导检查。

20 日 省人大常委会党组成员、副主任关进平来到白沙黎族自治县打安镇打安村，以“深入学习‘乡村振兴’战略充分发挥战斗堡垒和先锋模范作用”为题，为当地广大党员群众讲授乡村振兴专题党课。

同日 县委副书记、县长、县疫情防控指挥部总指挥长卢胜先后深入集中隔离观察点和县疫情防控应急指挥部，通过实地查看、听取汇报、座谈交流等方式督导检查疫情防控工作。

21 日 由国家民委文化宣传司、省民族宗教事务委员会、省旅文厅、县人民政府主办，县民族事务局、县旅文局承办的 2021 年“民体杯”全国板鞋竞速、高脚竞速、陀螺比赛在国家体育训练南方基地（海南白沙·综合）田径场正式开幕。

同日 由县委常委、宣传部部长张志群带队的考察学习组来到五指山市，就该市融媒体中心传媒公司建设工作进行考察学习。

23 日 白沙黎族自治县委第十三轮巡察教育系统情况反馈会在县第一小学多媒体教室召开。

25 日 省妇联党组成员、副主席陈桦一行来到白沙，以实地考察、听取汇报等形式，就白沙的“绿色家庭示范点”创建工作进行实地考察。县委常委何劲松陪同。

26 日 省妇联在县融媒体中心多功能演播厅召开 2021 年绿色家庭创建工作推进会。

同日 由县委宣传部主办，县文化馆承办的“绘山·水·林·云——为白沙停留画展”在海南省博物馆二期二楼公共空间展廊开幕。

27—28 日 省人大常委会财经工委主任倪健率领该部门调研组来到白沙，就森林资源、水资源、生态环保等国有资源资产管理、保护和利用情况开展专题调研。

28 日 首都师范大学附属海南白沙中学正学楼阶梯教室举行 2021 级“劲牌阳光班”开班仪式。

29 日 县委副书记、县长、县委巩固拓展脱贫攻坚成果和实施乡村振兴战略领导小组组长卢胜来到荣邦乡，通过听取汇报、查阅资料、入户访谈等方式，就该乡巩固拓展脱贫攻坚成果同巩固乡村振兴有效衔接等工作进行调研。

11 月

4 日 “华农 181”茶树新品种海南省授权推广仪式在海南天然茶叶有限公司位于白沙农场九队的茶园基地举行。

同日 由县委宣传部主办，人民日报数字传播（海南）有限公司、县融媒体中心联合承办，县教育局协办的“赓续红色血脉，争做白沙好少年”红色故事进校园活动在首都师范大学附属海南白沙中学正式启动。

同日 由县新时代文明实践中心主办，县委宣传部承办，县摄影家协会、白沙在线协办的“初心永不变 镜头看白沙”摄影大赛颁奖仪式在县融媒体中心举行。

5 日 中国农工民主党县支部委员会在县政府五楼会议室举行成立大会。

6 日 中国国家拳击队抵达海南白沙，开始在国家体育训练南方基地（海南白沙·综合）进行冬训，这是 2021 年第一支成年“国字号”队伍抵达海南冬训。

同日 由县融媒体中心精心制作改版后的《白沙一周要闻》，将于每周六和周天在白沙广播电视台、i 白沙客户端等平台同步更新上线。

同日 由省旅文厅主办，省体育总会、县旅文局承办的 2021 年“谁是球王”海南省民间乒乓球赛在白沙文体中心球馆开赛。

8 日 县委常委、宣传部部长张志群来到白沙七坊镇高石老村，看望慰问第八届全国道德模范提名奖获得者王日芳。

同日 省人大常委会党组成员、副主任关进平来到县打安镇打安村开展乡村振兴工作调研。

10 日 由海南省社科联、海南省社科院指导，国际旅游岛商报社、海南报业集团主办，商报向海文化传媒（海南）有限公司协办的“溯源南渡江 探访母亲河”国际旅游岛商报全媒体大型采访直播暨八集纪录片《南渡江》拍摄活动启动仪式在县元门乡白沙起义第一枪旧址纪念园举行。

同日 县人民检察院邀请了《海南日报》、南海网、《法制时报》、县融媒体中心等 7 家省内外媒体，在该院召开认罪认罚从宽制度专题发布会。

12 日 白沙在县委常委楼三楼会议室召开全县加强换届风气监督工作会议，传达学习全国、全省相关会议精神，安排部署白沙加强换届风气监督工作。

同日 县委副书记、县疫情防控指挥部总指挥长黄聪率队就县卫生健康和常态化疫情防控工作情况进行实地调研。副县长、县疫情防控指挥部副总指挥长陈扬洲陪同调研。

同日 县第一个“侨胞之家”——雅谷红“侨胞之家”在龙江农场富侨种养专业合作社示范基地正式挂牌成立。

13 日 由县教育局主办的白沙第三届中小学“校园足球”赛开幕式在首都师范大学附属海南白沙中学举行。来自全县各中小学校的 33 支队伍，478 名运动员参加。

15—16 日 白沙组织新任县领导深入县 6 个乡镇的 17 个调研点开展工作调研。

16 日 海南热带雨林国家公园建设工作推进领导小组办公室再次组织白沙、东方、保亭、五指山等有生态搬迁任务的市县到县新高峰村召开海南热带雨林国家公园生态搬迁现场会。

17 日 由省委宣传部指导，省乡村振兴局主办的“乡村振兴看海南”央媒自贸港行活动走进白沙。

18 日 由海南省妇女儿童医学中心联合中华慈善总会·首彩·爱心基金举办的“我为群众办实事·先心病‘天使的心跳’首彩海南环岛公益行项目”暨先心病儿童随访公益项目走进白沙。

19 日 白沙在县委常委楼三楼会议室召开急需紧缺专业人才座谈见面会，5 名 2021 年新引进的急需紧缺专业人才正式报到。

同日 以“扬帆自贸 圆梦海南”为主题的 2021 年全国人力资源市场高校毕业生就业服务周（白沙黎族自治县）招聘会暨海南自由贸易港招才引智活动在县城文明湖前举行。

20 日 县委书记邓伟强在县委常委楼一楼接待室会见海南日报报业集团副社长、总经理翁朝健一行，双方就白沙宣传工作进行深入沟通交流。县委副书记陈文强，县委常委、宣传部部长何凌参加。

同日 “中国体育彩票杯”2021 年全国自由式轮滑公开赛（海南 · 白沙站）在县文体中心篮球馆举行开幕仪式。

21 日 “建党百年迎盛世 山兰稻香庆丰年”2021“啦奥门”山兰文化节活动在县青松乡拥处村古树广场开幕。

22 日 白沙部署迎接 2021 年度财政衔接资金绩效评价考核暨落实巩固脱贫攻坚成果第三方评估初步反馈问题整改工作会在县委常委楼三楼会议室召开。

24 日 省乡村振兴局巩固脱贫成果问题整改和迎接国家后评估工作指导组来到白沙，在县政府二楼会议室召开专题会议。

23—25 日 全县 11 个乡镇党代会相继召开。

25 日 全省做好迎接国家巩固脱贫成果后评估确保“首战必胜”动员会在海口召开。省委书记沈晓明、省长冯飞分别作批示，省委副书记李军主持会议并作动员讲话。全省电视电话会议结束后，县政府随即召开工作会议，安排部署相关工作。

同日 县政府与中国农业银行海南省分行在县政府二楼会议室举行全面战略合作暨支持乡村振兴发展合作协议签约仪式。

26 日 宣讲报告会暨省委理论学习中心组（扩大）学习会在海口举行。中央宣讲团成员、中共中央宣传部分管日常工作的副部长王晓晖作宣讲报告，省委书记沈晓明主持。白沙在县政府二楼会议室设分会场收听收看会议。

同日 省长冯飞在海口主持召开省优化营商环境工作专班第五次会议，听取近期海南省优化营商环境工作推进等情况汇报，审议相关文件，部署下一阶段工作。白沙在县政府二楼会议室设分会场收听收看。

27 日 由县新时代文明实践中心、县妇联、县文明办、县卫健委、团县委联合举办的，以“幸福家庭心向党 优良家风代代传”为主题的家庭家教家风宣传活动在七坊镇高石老村拉开序幕。

30 日 由县委、县政府主办的 2021 年红心橙品牌推介会在县七坊镇举行。

同日 省关工委、省总工会、省关心下一代基金会在青松乡青松中心学校联合开展“共享蓝天 · 共促成长”爱心书桌椅捐赠活动，200 名困难学子获赠爱心书桌椅。

同日 第八届海南省道德模范表彰活动在海口举行。来自海南白沙的王日芳被授予“海南省孝老爱亲模范”称号。同时，她也拟被推荐为第八届全国孝老爱亲道德模范候选人。

12 月

3 日 由县委、县人民政府、海南广播电视总台（集团）联合主办的“好咖啡 · 白沙造”2021 第二届白沙咖啡文化节在元门乡红旗村委会白沙陨石岭咖啡加工厂正式开幕。

同日 海南白沙国家生态综合补偿试点专家委员会成立大会暨第一次专家委员会工作会议在金凯大酒店四楼会议室召开。

4 日，由县委统一领导，县委组织部牵头，县委党校组织实施举办的 2021 年新任村（社区、居）“两委”干部能力提升专题培训班（第一期）在县融媒体中心多功能演播厅正式开班。

6 日 奥运会全运会海南省总结大会在海口举行。大会宣读了省政府关于表扬第三十二届夏季奥运会和第十四届全运会集体和个人的通报、关于授予有关运动员和运动队“海南青年五四奖章”“海南青年五四奖章集体”“海南省三八红旗手”荣誉称号的决定。其中，县旅文局获“2017—2020 年全国群众体育先进单位”称号，县少年儿童业余体育学校被评为优秀后备人才输送单位，王伟东、符倩、冯惠敏、邓雪莹 4 名白沙运动员被评为先进个人，王伟东、符倩荣获“海南青年五四奖章”荣誉称号。

同日 县 2021 年中央专项彩票公益金教育助学项目励耕计划资助金发放仪式在县教育

局四楼会议室举行，34 名困难教师获该项目励耕计划资助 40 万元。

7 日 全国新冠肺炎疫情防控工作电视电话会议在北京召开。白沙在县政府办公大楼二楼会议室设分会场收听收看，县委副书记、县政府党组书记黄聪，县政府党组成员陈奕健在白沙分会场出席会议。

同日 2021 全国男子拳击冠军赛暨中国职业拳王赛在县文体中心开幕。

8 日 白沙在县融媒体中心一楼演播厅举行学习宣传贯彻党的十九届六中全会精神专题宣讲报告会。

同日 县人民政府与海南省农村信用社联合社在牙叉镇对俄村委会举行金融服务乡村振兴战略暨党建共建促整村授信合作协议签约仪式。

同日 白沙人才房安居房项目“亨通·南湖花园”项目举行开工典礼。

同日 省总工会党组书记、常务副主席王全来到白沙，为白沙各基层工会主席以及县总工会全体干部职工宣讲党的十九届六中全会精神，并就职工文化阵地建设进行实地调研。

同日 白沙在县政府二楼会议室召开 2021 年巩固脱贫成果重点工作部署推进会。县委副书记、政法委书记、县巩固拓展脱贫攻坚成果和实施乡村振兴战略领导小组常务副组长陈文强，县政府副县长、县巩固拓展脱贫攻坚成果和实施乡村振兴战略领导小组副组长林金妹出席。

9 日 省政府副省长王斌率省政府调研组一行到白沙实地调研森林图斑整治、土地整治及生态移民搬迁等工作。

同日 省人大常委会副主任康耀红率省人大机关调研组一行来到白沙，以召开座谈会的形式，就白沙贯彻落实中央人大工作会议精神推动人大工作创新发展开展专题调研。

13 日 白沙在牙叉镇新高峰村举办 2021 年移风易俗主题宣传暨消费助农爱心大集市活动。

14 日 2021 年县青年工作联席会议第一次全体会议在县委常委楼三楼会议室召开。

同日 由县总工会举办的党史学习教育劳模宣讲会走进青松乡拥处村委会，为当地群众作宣讲报告。

15 日 县委书记邓伟强深入打安镇宣讲党的十九届六中全会精神。

同日 省依法治县第一考核组来到白沙，在县政府七楼会议室召开会议，以听取汇报、查阅台账等方式对县依法治县工作情况进行考核。

16 日 2021 年中国（海南）国际热带农产品冬季交易会（以下简称 2021 年冬交会）在海南国际会展中心开馆。在这场全国唯一的冬季热带农业展会上，白沙红心橙、薄沙茶、快乐的蛋、五里路有机茶、山兰酒等 21 家农业企业 30 多种特色优质农产品亮相 3 号乡村振兴馆白沙展馆，吸引嘉宾和客商品茶尝鲜。

同日 省应急管理工作考核组第一组长、省地震局副局长汤筱麒率考核组来到白沙，在县政府六楼会议室召开座谈会，以听取汇报、查阅资料等方式对县应急管理工作进行考核。

同日 县委副书记、县政府党组书记、县巩固拓展脱贫攻坚成果和实施乡村振兴战略领导小组组长黄聪在县政府 6 楼会议室主持召开 2021 年巩固拓展脱贫攻坚成果同乡村振兴有效衔接资金支出进度约谈会，对县水务事务中心、县城投公司、邦溪镇、打安镇、元门乡、荣邦乡、金波乡、阜龙乡、南开乡等资金支出进度未达省定序时的 2 个单位和 7 个乡镇进行集体约谈。

17 日 县委副书记、县政府党组书记、县参加 2021 年冬交会组委会主任黄聪来到 2021 年冬交会白沙展馆，参观了解农特产品展销情况和产业规模，并接受海南广播电视总台采访，推介“白沙良食”品牌。

18 日 县委副书记、县政府党组书记黄聪深入荣邦乡岭尾村宣讲党的十九届六中全会精神，并就如何贯彻落实全会精神提出具体要求。

19 日 为期四天的 2021 年中国（海南）国际热带农产品冬季交易会（下称“冬交会”）圆满闭幕。本届冬交会，白沙 21 家农业企业携 30 多种特色优质农产品亮相，吸引不少宾客前来选购，或洽谈合作商机。

同日 首都师范大学附属海南白沙中学在该校报告厅举行中学团校成立揭牌仪式。

21日 白沙在县纪委监委楼三楼会议室对近期检查中发现落实巩固脱贫成果主体责任不力的乡镇政府和帮扶联系人进行集体约谈。

同日 由省委党史学习教育领导小组办公室指导，省委宣传部主办的“学习习近平总书记重要讲话和六中全会精神·党史学习教育百姓理论宣讲团”全省巡回宣讲活动（白沙专场）在县融媒体中心一楼演播大厅举行。

22日 县纪委监委在县纪委监委三楼会议室召开第一届社会监督员聘任会，正式聘任15名社会监督员。

同日 省政协副主席吴岩峻率省政协民主监督调研组来到白沙，以实地考察和召开座谈会的形式，就“六个严禁两个推进”、水环境质量治理、社会管理信息化平台建设、中央环保督察问题整改、秸秆焚烧监控体系建立、工地扬尘治理和相关职能部门作风建设情况等方面工作开展民主监督调研。

24日 省人大常委会副主任肖杰率队来到白沙，以普通党员身份参加省人大党建促乡村振兴联系点青松乡打炳村的村党支部组织生活会，并就少数民族地区乡村振兴工作先后深入青松乡和打安镇进行调研。

26日 县委书记邓伟强在县委常委楼三楼会议室主持召开十三届县委常委会第172次（扩大）会议。会议审议通过了中国共产党白沙黎族自治县第十四次代表大会相关材料，研究了《2022年县政府工作报告（送审稿）》《白沙黎族自治县2021年国民经济和社会发展计划执行情况与2022年国民经济和社会发展计划草案的报告（送审稿）》《白沙黎族自治县2021年预算执行情况和2022年预算（草案）的报告（送审稿）》《政协第十一届白沙黎族自治县委员会第一次全体会议选举办法（草案）》等文件。

28日 中国共产党白沙黎族自治县第十四次代表大会在县政府二楼会议室开幕。30日上午闭幕。

同日 中国共产党白沙黎族自治县第十三届纪律检查委员会向大会作了书面工作报告；布置推选监票人。

同日 省平安建设实地考评第四考评组来到白沙，通过听取工作汇报、查阅台账、实地检查、抽查、暗访等方式，对白沙2021年平安建设工作进行实地考评。

30日 白沙起义第一枪旧址纪念园国家AA级旅游景区，在该纪念园举行揭牌仪式。

中共白沙黎族自治县委员会

综 述

【概况】2021年，在县委、县政府的正确领导下，县委领导班子团结带领全县干部群众，抢抓机遇，创新实干，全力推动“十四五”开好局、起好步，各项工作取得了新成效。县委办紧紧围绕全县工作中心，充分发挥参谋助手、组织协调、政务服务、督促检查和后勤保障等职能，创新机制，扎实工作，以优良严实的工作作风，有力推动县委、县政府各项决策部署落地见效。县委充分发挥总揽全局、协调各方的领导作用，支持县人大、县政府、县政协依法开展工作，统一战线、民族宗教、群团组织、老干部及双拥工作扎实有效，凝聚起了推动白沙事业发展的强大合力。

【加强领导能力建设】县委领导班子高度重视执政能力建设，严格抓好党委各项主体责任制度落实，以更高标准、更严要求贯彻执行各项政治纪律、政治规矩。严格贯彻党的民主集中制，进一步完善常委会议事规则和决策程序，全年召开县委常委会会议35次研究重大问题，进一步提高决策民主化、科学化水平。严肃党内政治生活，班子成员带头以普通党员的身份到所在党支部参加党史学习教育专题组织生活会，通过深入谈心谈话和批评与自我批评，促进班子成员牢固树立“一盘棋”思想、“一家人”意识，做到大胆干事、干净干事，相互补台、凝聚合力。充分发挥总揽全局、协调各方的领导作用，支持县人大、县政府、县政协依法开展工作，统一战线、民族宗教、群团组织、老干部及双拥工作扎实有效，凝聚起推动白沙事业发展的强大合力。

【全面强化党的建设】牢固树立抓好党建是最大政绩的理念，坚决扛起全面从严治党政治责任。加强基层党组织建设。督促各党支部严格落实“三会一课”等组织生活制度，认真开展党建工作责任制述职，评选16个“五星党支部”，新建9个农垦居党群服务中心，“两新”党组织覆盖率进一步提高。持续加大村集体经济支持力度，村级集体经济收入达3万元以上的有49个，占65.3%。加强干部人才队伍建设。向全县各行政村选派乡村振兴工作队员共234名（其中第一书记75名）。抓好农村党员教育培训“四个乡土工程”。高质量完成乡镇换届工作。公开招聘教育卫生人才224名，成功引进5名急需紧缺型专业技术人才。持续转作风提效能。以作风整顿建设年为契机，结合“我为群众办实事”和“查堵点、破难题、促发展”活动，为群众办实事402项，解决堵点难点86项。创新开展“大学习、大调研、大抓落实”活动，深入整治“拖、放、等、推、懵”不作为、慢作为，以及“不会为、不愿为、不真为”等作风问题，对5家单位3人进行通报，特别是着力培养“学习型”干部，倡导“研究型”工作，鼓励广大干部“揭榜挂帅”担当作为，推动干部作风深入转变。巩固深化全面从严治党成果。扎实开展审计“经济体检”，实现财政增收节支2.98亿元。常态化开展廉政谈话，县委常委会听取党风廉政专题汇报7次。举办“一把手”纪律教育暨“廉内助”家风教育专题班，县委班子成员带头为党员干部及家属上廉政教育党课，组织党员干部及家属参观警示教育巡回展，有效提升各级党员领导干部廉洁自律意识。扎实推进各级各类巡视督察审计等问题整改，紧盯土地利用、工程招投标、国土空间规划“三个领域”监督执纪，整改跟踪监督检查问题29个。创新推进“纪巡审一体化”，实现村居巡察全覆盖，保持高压反腐，全年共受理处置党员干部问题线索62件，给予党政务处分32人，有效推动从严治党向纵深发展。

【推动巩固拓展脱贫攻坚成果同乡村振兴有效衔接】加强组织领导，将扶贫工作办公室重组为乡村振兴局，组建由县党政“一把手”任双组长的县委巩固拓展脱贫攻坚成果和实施乡村振兴战略领导小组。成立6个督导组下沉各乡镇开展督导，全面排查监测巩固脱贫成果存在的风险点和薄弱环节，从严从实推动问题整改，顺利通过省巩固脱贫成果后评估检查。抓好政策制定落实。对现有帮扶政策逐项分类优化调整，出台脱贫攻坚巩固提升实施方案、巩固拓展脱贫攻坚成果同实施乡村振兴有效衔接工作方案等，确保政策连续性。持续巩固提升“三保障”成果，全面落实教育扶贫资助工作，脱贫人口基本医保和大病保险参保率达100%，继续推进农村危房存量消除工作，通过共建共享改造331户一般户的危房。坚持帮扶措施长效稳定。建立健全防止返贫监测预警和动态帮扶机制，先后开展多轮防返贫致贫全覆盖排查工作，新增防返贫监测对象562户，并持续做好跟踪监测。持续强化产业和就业帮扶，累计列入巩固拓展脱贫攻坚成果和乡村振兴项目库产业项目45个，涉及金额达22976.04万元，确保现有扶贫资金至少51.8%用于产业发展；举办10场招聘会，“点对点”输送171名农民工到省外务工，发放贫困劳动力外出务工奖补和一次性交通补贴3206.09万元。深入实施乡村建设行动。把美丽乡村建设作为推动乡村振兴的系统性工程、主要抓手，持续深入推进农村人居环境整治和乡村文明大行动，新建和巩固美丽乡村21个，打安镇、牙叉镇对俄村获评“全国乡村治理示范村镇”。

【生态文明建设】始终把生态保护摆在优先位置，坚决扛起海南建设国家生态文明试验区的白沙担当。坚持底线思维。举一反三抓实中央两轮环保督察和省生态环境百日大督察反馈问题整改，高质量完成第一轮中央环保督察整改，第二轮17个问题38项措施，已完成整改16个问题37项措施。省生态环境百日大督察反馈的18个问题，已完成整改16个。持续巩固生态治理成效。深入推进生态环境六大专项整治，“禁燃禁烧禁塑”工作扎实开展，新增违建、非法采砂得到有效遏制。严格落实河（湖）长制、林长制，乡（镇）级以上河湖长开展巡河1100余次，森林覆盖率稳定在81%以上，水土生态环境总体稳定，生态环境质量持续保持全省前列。加快补齐环保基础设施短板。农村生活污水处理设施行政村覆盖率97.3%，农村垃圾整治成效明显，全面完成省下达农村卫生厕所新建及防渗漏改造任务，获评“2020年全国村庄清洁行动先进县”，国家卫生县城荣誉继续保留。积极探索生态文明治理经验。制定实施《白沙黎族自治县秸秆露天禁烧和综合利用条例》，积极探索创新多元化生态补偿机制，入选国家“两山”实践创新基地。

【高质量发展】贯彻高质量发展理念，坚持“一手打伞、一手干活”，抓严抓实常态化疫情防控，全县无一例确诊病例，同步做好“六稳”“六保”，推动经济持续健康发展，预计全年地区生产总值62.35亿元，同比增长8.0%。绿色产业提质增效。持续做好生态农业和生态旅游业。生态农业方面，继续做大做强橡胶产业，实现胶农户均增收4000元。大力发展林下经济，“两个万亩、六个千亩”特色产业种植面积达15万亩，大力推介农产品区域公共品牌“白沙良食”，农业发展特色化、品牌化进一步凸显。生态旅游业方面，乡村游、体育游持续升温，五里路茶韵农庄获评四椰级乡村旅游点，白沙起义第一枪旧址纪念园挂牌国家AA级旅游景区，继续办好“啦奥门”等民俗节庆活动，5家国家级体育运动协会在白沙设立7个训练基地，“国家体育训练南方基地——海南白沙·综合”被列入全国六大重点样板示范基地，引进郑州大学体育学院、成都体育学院运动与健康学院落户白沙，一系列国家级、省级体育赛事吸引了越来越多游客到白沙旅游消费。预计全年接待总游客人数107万人次，同比增长79.73%，仅上半年旅游人数和收入就超过2020年一整年的旅游人数和旅游总收入。项目建设加快推进。坚持项目为王，成立工程建设项目服务专班，推动实现49个省县重点项目完成开工率和年度投资完成率“双百”目标。举办4次自贸港集中开工活动，纳入项目16个，开工率100%，完成年度投资率105%。西部地区供水工程、城市提质工程等一批重点项目加快推进。营商环境不断优化。成立以县政府主要领导为组长的优化营商环境工作专班，推动优化营商环境各项工作落地落实。持续深化“放管服”改革，扎实推进“一枚印章管审批”工作，省307项指导目录中除涉海、涉港口等无权限的事项外全划转，企业开办时间分别压缩至1个工作日，政府投资项目、一般社会投资项目和带方案出让用地的社会投资中小型项目有效审批时限压缩至71、53、43个工作日，分别比省规定的审批时限缩短39、37、37个工作日。出台19类项目“零审批”事项清单，制定“靠前服务项目表单”“重点项目服务表单”“园区项目服务表单”三张表单，为企业提供一对一服务183次，特别是创新上线优化营商环境征集意见小程序，并在政务服务中心开设“办不成事”反映窗口，着力解决政务服务的卡点堵点问题，营商环境持续改善。

【民生事业】坚持执政为民，把财政支出的70%用于保障改善民生。8个为民办实事项目如期完成。落实“双减”政策，完成海南师范大学托管邦溪镇中心学校项目，“两校一园”任务圆满完成，白沙黎族自治县第一小学搬迁项目扎实推进，完成13个“改薄”项目和3个乡镇幼儿园建设，新增公办幼儿园学位1890个。医疗卫生事业取得较大进展，省级慢性病综合防控示范区通过验收，县医院通过“二甲”复审，城乡低保、临时救助、残疾人保障等社会保障服务水平明显提升。新增城镇就业2303人，农村劳动力转移就业4万余人。严格落实“菜篮子”市县长负责制，蔬菜平均自给率完成省定工作任务目标，综合食品价格指数全省排名第9，较2020年下降7个名次。“五网”建设持续提档升级。滨河家园安居型住房项目一期即将建成，二期正稳步推进。持续深化社会治理，县委领导班子成员带头大接访、大下访，积极排查化解社会矛盾，同时结合政法队伍教育整顿，常态化开展“三打击一整治”专项行动，严密防范和依法打击各类违法犯罪活动，纵深推进禁毒三年大会战和扫黑除恶专项斗争，“无毒县”创建工作有序推进，统筹抓好依法治县、安可替代工程、交通治理、安全生产、食品药品安全等工作，社会安定有序，人民安居乐业。

【思想文化事业】牢牢把握意识形态领导权，推动宣传思想文化各项工作取得新进展。落实意识形态工作责任制。把意识形态工作作为党的建设的重要内容，纳入重要议事日程，纳入党建工作责任制，纳入领导班子、领导干部目标管理，把意识形态工作与其他工作同部署、同落实、同考核。坚决落实党管媒体责任，加强宣传阵地建设，县融媒体中心多功能演播厅、电视演播室顺利启用，县融媒体中心高效运行、成绩突出。加强舆论引导和对外宣传。聚焦党史学习教育，通过广播电视、“白沙新闻在线”微信公众号、白沙App等，开设网上专题专栏，刊播党史学习教育新闻信息1473条，营造了浓厚的党史学习教育氛围。聚焦讲好白沙故事，围绕疫情防控、乡村振兴、自贸港建设等制作原创新闻1478条

（次），自制短视频 208 个，总阅读量达 300 万 + 。其中，视频作品《令人难忘的春节》荣获新华社新闻信息中心和中国新闻电视网视频展示活动的最佳作品奖，采编作品《小小致富鸽 大大脱贫梦》《春暖花开英雄归来！白沙援鄂医疗队凯旋》等作品获得第 31 届海南新闻奖三等奖，外宣水平显著提升。深化精神文明创建。省级文明城市创建有效开展，文明村镇、文明校园等群众性精神文明创建活动扎实开展，未成年人思想道德建设不断加强。积极培育社会主义核心价值观，评选表彰县道德模范 30 人，开展新时代文明实践活动 252 次，开展道德评议活动 110 次。此外，文化事业繁荣发展，公民文明素质和社会文明程度稳步提升。

县委办工作

【理论学习和基层党建】精心开展学习教育培训，组织深入学习贯彻习近平总书记在党史学习教育动员大会、庆祝中国共产党成立 100 周年大会上的重要讲话精神和关于党史的一系列重要论述。认真组织学习贯彻党的十九届五中、六中全会精神，学习习近平总书记系列重要讲话精神，力求推动党史学习教育往深里走、往心里走，将学习成果转化为增强业务素质、坚定理想信念、砥砺党性心性的思想自觉和行动自觉。积极组织党员干部开展每周集中学习会，2021 年共开展集中学习 23 次，其中专题党课 5 次，组织交流研讨 6 次，读书班 5 次，业务课堂 5 次，党日活动 2 次。进一步提升党员干部用新思想、新论断、新要求武装头脑、指导实践的能力。用心用情开展“我为群众办实事”实践活动，以强有力的举措切实解决好新高峰村饮用水水费、水量差异问题。先后召开两次新高峰村饮用水问题专题协调会，组织协调县城投公司和县自来水公司对新高峰村水管网进行摸排和改造，实行一户一表，联合牙叉镇、乡村振兴局进村入户做好群众思想工作，防止矛盾激化。2021 年 9 月，新高峰村饮用水水费、水量差异问题已得到解决，新高峰村群众的获得感、幸福感、安全感得到进一步提升。积极拓展多种学习方式。在完成指定学习书目的基础上，通过集中观看《百炼成钢：中国共产党的 100 年》、举办党史知识竞赛、摄制党史快问快答短视频、组织党员干部到白沙起义第一枪旧址纪念园等红色教育基地参观学习等方式，结合“大学习、大调研、大抓落实”活动开展业务小课堂等方式对支部党员开展党史教育。2021 年，县委领导班子始终把学习摆在突出位置。全面强化党的创新理论学习。先后开展理论中心组集中学习 41 场次，认真学习领会党的十九大及十九届五中、六中全会精神，持续深入学习贯彻习近平总书记“4·13”重要讲话和关于海南工作的系列重要讲话、重要指示精神，以及省委七届十次、十一次全会精神，系统学习中央 12 号文件、《海南自由贸易港建设总体方案》、《中华人民共和国海南自由贸易港法》，引导全县上下切实提高政治判断力、政治领悟力、政治执行力，确保各项事业始终沿着正确方向前进。扎实开展党史学习教育。县委理论学习中心组开展党史学习教育专题学习 24 次。创新开展“大学习、大调研、大抓落实”活动，明确县处级以上领导干部“十个一”基本任务清单，推动县领导以上率下，带动各级党委（党组）开展了形式多样的集中学习，推进党史教育走深走实。把学习贯彻习近平总书记“七一”重要讲话精神作为重中之重，组建 18 支宣讲队伍开展“七一”宣讲 60 余场，覆盖 2000 余人，引导广大党员干部群众坚定跟党走的信心、决心。在学思践悟中找准奋进目标。认真学习领会沈晓明书记等省领导调研白沙讲话精神，聚焦白沙未来五年发展，围绕建设海南自由贸易港，积极践行“一线”工作法，带头深入各乡镇、各部门实地调研，为白沙“十四五”实现更高质量发展找准了路径，特别是积极组织筹备召开了县第十四次党代会，选出新一届县委领导班子，形成自信向上、务实奋进，以实施“三区一地一园”新发展战略为总抓手，加快建设生态美、产业兴、百姓富的“两山”实践创新基地的思想共识，有力推动全县上下凝聚合力、统一步调、团结实干。

【脱贫攻坚】加强领导，落实帮扶责任。县委办认真落实县委巩固拓展脱贫攻坚成果和实施乡村振兴战略领导小组有关工作要求，责任明确到人，狠抓落实，安排1名联络员，选派21名帮扶联系人挂钩帮扶60户脱贫户，严格遵照有关工作要求，开展帮扶工作。2021年，县委办召开研究部署巩贫兴村工作会议12次，县委办领导进村入户调研8次。统筹协调，落实帮扶政策。派1名干部驻合水村村委会，开展定点帮扶工作，先后完成、参与、配合脱贫成果后评估、防返贫监测评估、李军副书记调研等各项服务保障工作。指导打安村继续抓好兰花种植示范基地管理，确保兰花产量稳定，保障农户特别是相对稳定脱贫户收入。拨付合水村委会6.9万元，用于发展产业和完善村基础设施，筑牢乡村振兴之基。及时落实白沙黎族自治县各类帮扶政策，帮助符合条件的帮扶对象申请教育补贴、就业奖补、产业奖补等各类奖励补贴，申请率达100%，持续激发脱贫户脱贫内生动力。组织帮扶干部进村入户发动帮扶户参加医疗保险，参保率达100%，保障农户不因病返贫。摄制县委办乡村振兴工作宣传片《咱村的小康故事——打安村：党建起航致富有方》，并被《中国组织人事报》采用刊发。联合县委政策研究室到合水村委会开展普法宣传活动，进一步提高农民知法、守法、用法意识，营造良好社会氛围。2021年，县委办结对帮扶联系脱贫户60户228人，其中打安村40户165人、合水村20户63人，所有脱贫户家庭收入稳定，“三保障”和饮水安全均已保障到位，无返贫情况发生。用心用情，增进党群关系。利用节假日开展慰问走访活动，给帮扶户送去食用油、棉被等慰问品，结合党史学习教育宣讲，发动帮扶联系人与脱贫户、话家常、谈发展，并开展环境卫生大清扫活动，为农户送去党和政府的关心关爱，激励脱贫户增强脱贫内生动力，挂钩联系群众的幸福感、获得感得到有效提升。2021年县委办被评为“海南省脱贫攻坚先进集体”和“海南省脱贫攻坚先进基层党组织”。

【作风建设】认真贯彻落实《全省作风整顿建设年实施方案》《白沙黎族自治县作风整顿建设年实施方案》相关要求，认真组织，周密部署。活动中，党员干部通过自己查、别人提的方式，结合党史学习教育专题组织生活会、发放征求意见表等形式，查找出问题和差距，认真梳理总结，共查找出26个突出问题，制定了整改台账。严格落实问题整改责任人和整改期限，做到一级抓一级、层层抓落实，做到立行立改并长期坚持。严格落实中央八项规定及其实施细则精神，加强节日期间的监督检查。县委办重点对元旦、春节等重要节日廉洁过节进行安排部署，在重要的时间节点对全体党员干部做到事先提醒，严明过节纪律，确保节日期间风清气正。同时做好廉政谈话，积极开展“廉洁从政大家谈”活动，党支部书记、班子成员不定期与分管的党员干部谈话；采取不同形式对新提拔、新调入的干部进行任前廉政谈话，一年来，共开展各类谈话20次。

【办文办会】2021年，全年发文55份，同比下降10.2%，办文2000余份，驳回发文请求6次；严格党内规范性文件备案工作，完善备案台账和登记制度，全年报备10件，备案通过率100%。严谨细致筹办好会议，全年筹办、协办各类会议、活动123次，同比下降6.1%。其中筹办县委常委会、县委经济工作会、破除“不会为、不愿为、不真为”大讨论活动和“大学习、大调研、大抓落实”动员部署会等全县性会议56次，统筹协调“三月三”黎族苗族文化节、“啦奥门”山兰文化节等重要活动13场次，确保各类重大活动和会议的顺利开展和召开。其中，顺利完成县第十四次党代会、县委口人大代表选举和妇委会换届选举等筹办工作；牵头县委队参加2021年度“朗诵百年经典，践行初心使命”经典朗诵比赛，并荣获第一名，参加“三月三竹竿舞比赛”，并荣获第三名。统筹协调工作新提升。一方面服务好县领导，力争服务做精做细。另一方面协调好部门、乡镇之间的工作。对日常事务性工作，进行周密安排，做到环环相扣，防止出现纰漏；对全局性重点工作，发挥好参谋部、指挥部的作用，做到统揽全局、协调各方。如统筹县教育局、县市场监管局、县交通局等部门做好全县重点领域和重要场所的外语标识牌规范化建设，完成率为100%。联合县卫健委、县公安局、县民政局等相关部门，积极协助省委外事办做好南沙海域遇险海南居民顺利返回。充分发挥以文辅政作用。一方面参与起草党代会报告等重要材料20余篇，另一方面累计上报《白沙信息》32期、紧急信息35篇，其中《白沙信息》被省委信息综合室用稿5篇，为省委领导提供高质量的决策建议。

【督查督办】2021年以来共开展项目专项督查20次、实地督查4次、下发督查通报11期、跟踪督办20余件信访件，配合省委督查室开展网上督查活动34次，督办县委领导批示件5件，办结率100%。扎实开展决策督查。根据县委决策部署，以查阅资料、现场查看、知识测试等方式，对全县各级各部门学习贯彻习近平总书记“4·13”重要讲话和中央12号文件精神及《海南自由贸易港建设总体方案》《白沙黎族自治县2021年重点工作任务集成清单责任分解表》进展情况进行督促检查8次，对发现的不平衡和滞后的现象提出建议，为县委抓好工作落实提供了优质服务。推动民生工程落实，切实解决关系群众切身利益的问题。围绕重点项目、生态环境保护、乡村振兴等方面工作，跟踪督查有关乡镇和职能部门及时解决项目建设过程中遇到的困难，推动各项工作任务按时序推进36次。针对县委、县政府确定的35个重点项目，明确各个重点项目的跟踪服务责任县领导和责任单位、责任人，按照“六个一”工作机制，采取倒逼机制，要求责任单位按时按量落实项目推进计划。经过努力，全县农村人居环境整治、县第一小学建设工程、西部供水工程等重点项目得到落实。

【安全保密】积极开展保密和机要政策法规宣传活动。持续推广“保密观”微信公众号，关注人数已达463人。在“4·15”全民国家安全日，通过发放宣传手册、悬挂宣传横幅，发放《中华人民共和国保守国家秘密法》《中华人民共和国密码法》宣传材料等形式向公众宣传保密法律法规。同时联合县网信办开展网络宣传活动。组织县委保密委成员外出培训学习。精心做好密码通信传译办理工作。截至12月14日，共收发办理密码电报613份，其中特提报41份，密报348份，明报224份。电子政务内网收文3677份，发文403份，圆满完成密码通信保障任务，没有出现失泄密现象。做到“零失误、零差错、零事故”。严格开展保密自查自评督查。2021年以来共检查30家重点单位，查找各类问题30多项，发出整改通知书25份，指导督促有关单位，针对存在问题及时整改。

县委重要会议

表 5

期数	召开时间	会议议题名称	议题类型一	议题类型二
142 次	2021 年 2 月 8 日 8:30	（一）传达学习 2021 年省委宣传思想工作领导小组第一次（扩大）会议精神	意识形态	—
		（二）传达学习肖莺子在全省 2021 年“扫黄打非”工作部署会议上的讲话精神，研究部署县落实意见	意识形态	扫黄打非
		（三）听取白沙黎族自治县节日期间禁燃禁放工作准备情况，部署有关事项	生态保护	—
		（四）听取白沙黎族自治县节日期间疫情防控工作准备情况，部署有关事项	疫情防控	—
		（五）传达学习全省“菜篮子”现场会会议精神，听取白沙黎族自治县综合食品价格指数居高问题调查整改报告	—	—
		（六）审议白沙黎族自治县第三届道德模范候选对象事宜	推优	—
		（七）审议“七一勋章”初步建议人选和全国“两优一先”推荐对象事宜	推优	—
		（八）审议《华炜酒店建设项目拆迁安置补偿实施方案》	项目	—
143 次	2021 年 3 月 3 日 15:00	（一）传达学习习近平总书记在全国脱贫攻坚总结表彰大会上的重要讲话精神	乡村振兴	—
		（二）传达学习习近平总书记在党史学习教育动员大会上的重要讲话精神	党史学习	—
		（三）传达学习 2021 年中央一号文件精神、《省委省政府关于全面推进乡村振兴加快农业农村现代化的实施意见》、省委农村工作会议精神，研究部署贯彻落实意见	三农工作	—

续表

期数	召开时间	会议议题名称	议题类型一	议题类型二
143 次	2021 年 3 月 3 日 15:00	（四）传达学习 2021 年省委对台工作领导小组会议精神	统一战线	—
		（五）听取全县疫情防控工作汇报	疫情防控	—
		（六）听取全县春节期间大气污染防治工作情况汇报	生态保护	—
		（七）听取白沙黎族自治县纪委监委“6·9”专案总结报告	党风廉政	—
		（八）审议《科级领导班子及领导干部 2020 年度考核结果的请示》	推优	—
		（九）审议《2021 年白沙“三月三”节庆活动总体方案》	精神文明	—
		（十）审议《关于白沙物流仓储中心建设项目和荣邦岭尾物流中心建设项目建设资金的请示》	项目	—
		（十一）审议干部人事事宜	人事	—
144 次	2021 年 3 月 12 日 8:30	（一）传达学习中央统战部 全国工商联《关于加强新时代民营经济人士理想信念教育的意见》（县委理论学习中心组集中学习）	统一战线	—
		（二）审议《白沙黎族自治县党史学习教育实施方案（送审稿）》	党史学习	—
		（三）审议白沙黎族自治县县级文明单位、文明村镇候选名单事宜	推优	—
		（四）审议《白沙黎族自治县 2021 年重点工作任务集成责任分解表（送审稿）》	全面工作	—
		（五）审议《“大学习、大调研、大抓落实”活动实施方案（送审稿）》	党史学习	—
		（六）审议《2020 年度绩效考核结果的请示》	—	—
		（七）审议《关于召开白沙黎族自治县科学技术协会第一次代表大会的请示》	—	—
		（八）审议干部人事事宜	人事	—
145 次	2021 年 3 月 15 日 10:30	（一）审议《关于拟推荐中层正职初步人选的请示》	推优	—

续表

期数	召开时间	会议议题名称	议题类型一	议题类型二
145 次	2021 年 3 月 15 日 10:30	（二）审议《关于拟推荐优秀年轻干部初步人选的请示》	推优	—
146 次	2021 年 3 月 19 日 10:30	（一）学习《习近平〈论中国共产党历史〉》（节选）（县委理论学习中心组集中学习）	党史学习	—
		1. 书面传达学习十三届全国人大四次会议精神	人大	—
		2. 书面传达学习全国政协十三届四次会议精神	政协	—
		3. 书面传达学习习近平总书记看望参加全国政协十三届四次会议的医药卫生界、教育界委员并参加联组会时的重要讲话精神	政协	教育、医疗
		4. 书面传达学习十三届全国人大四次会议期间习近平总书记的系列重要讲话精神	人大	—
		5. 书面传达学习省委沈晓明书记在全省领导干部大会上的讲话精神	党史学习	全面工作
		6. 书面传达学习 2021 年全省组织部长会议精神	党史学习	全面工作
		7. 县委书记刘蔚讲话	—	—
		（二）传达学习《中共中央纪委机关 中共中央组织部 国家监察委员会关于严肃换届纪律加强换届风气监督的通知》	换届	—
		（三）审议《白沙黎族自治县开展 2021 年巩固拓展脱贫攻坚成果同乡村振兴有效衔接“防返贫致贫保卫战”大排查工作实施方案（送审稿）》	乡村振兴	—
		（四）审议《白沙黎族自治县 2021 年巩固拓展脱贫攻坚成果同乡村振兴有效衔接工作要点（送审稿）》	乡村振兴	—
		（五）审议《关于成立县委实施巩固拓展脱贫攻坚和乡村振兴战略领导小组的通知（送审稿）》	乡村振兴	—
		（六）审议《白沙黎族自治县总结评选表彰脱贫攻坚先进集体和先进个人活动实施方案（送审稿）》	乡村振兴	推优
		（七）审议《关于调整科级机构和科级领导职数的请示》	机构改革	—
		（八）审议干部人事事宜	人事	—

续表

期数	召开时间	会议议题名称	议题类型一	议题类型二
147 次	2021 年 4 月 9 日 14:30	（一）学习《毛泽东 邓小平 江泽民 胡锦涛〈关于中国共产党历史论述摘编〉（节选）》（县委理论学习中心组集中学习）	党史学习	—
		（二）审议《白沙黎族自治县各级党委、政府及有关部门生态环境保护工作职责（送审稿）》	生态保护	—
		（三）审议《白沙黎族自治县“绿水青山就是金山银山”实践创新基地建设实施方案（送审稿）》	生态保护	—
		（四）审议《中共白沙黎族自治县委常委会 2021 年工作要点（送审稿）》	—	—
		（五）传达学习《关于加强巡视巡察上下联动的意见》	巡视巡察	—
		（六）审议《关于对“6・9”专案侦办中表现突出的个人给予奖励的请示》	党风廉政	推优
		（七）审议《关于白沙黎族自治县民族歌舞展演团长效发展思路的报告（送审稿）》	精神文明	—
		（八）传达学习中共中央 国务院《关于全面推行林长制的意见》、省委沈晓明书记和省政府冯飞省长在 2021 年省级林长会议上的讲话精神，研究部署贯彻落实意见	生态保护	林长制
		（九）审议《关于成立白沙黎族自治县林长制工作领导小组及分解责任区域的请示（送审稿）》	生态保护	林长制
		（十）听取白沙黎族自治县林长制工作落实情况汇报	生态保护	林长制
		（十一）审议干部人事事宜	人事	—
148 次	2021 年 4 月 23 日 14:30	（一）学习《习近平新时代中国特色社会主义思想学习问答（第一章至第四章 ）》（县委理论学习中心组集中学习）	党史学习	—
		（二）听取和部署党史学习教育工作	党史学习	—
		（三）学习中共中央《关于加强对“一把手”和领导班子监督的意见》	党风廉政	—
		（四）学习省委《关于进一步严格贯彻落实中央八项规定精神的意见》	党风廉政	—
		（五）听取白沙黎族自治县一季度经济形势分析情况汇报	经济发展	—
		（六）审议《白沙黎族自治县 2021 年重点项目投资计划》	项目	—
		（七）听取白沙黎族自治县“菜篮子”工作情况汇报	民生	—
		（八）审议《白沙黎族自治县作风整顿建设年实施方案（送审稿）》	党史学习	—
		（九）审议《关于 2018 年自然村光网基础设施建设专项补贴资金的请示》	项目	—
		（十）审议《关于进一步加强海南省大学生志愿服务中西部计划工作的实施办法（修订）》	项目	—
		（十一）审议干部人事事宜	人事	—

续表

期数	召开时间	会议议题名称	议题类型一	议题类型二
149 次	2021 年 5 月 6 日 9:30	（一）审议干部人事事宜	人事	—
		（二）审议《白沙黎族自治县庆祝中国共产党成立 100 周年活动方案》	党史学习	—
150 次	2021 年 5 月 19 日 20:00	（一）审议《白沙黎族自治县 2019—2021 年政府投资项目年度投资计划》	项目	—
		（二）审议《白沙黎族自治县 2021 年美丽乡村建设实施方案》	乡村振兴	—
		（三）审议《2021 年财政补助资金高标准农田建设项目实施计划》	—	—
		（四）审议《白沙黎族自治县财政资金高标准农田补建实施方案》	—	—
		（五）审议《白沙黎族自治县 2021 年度扶持壮大村级集体经济实施方案》	—	—
		（六）审议《关于海南省"两优一先"推荐对象的请示》	推优	—
		（七）审议干部人事事宜	人事	—
151 次	2021 年 5 月 26 日 8:30	（一）学习《习近平新时代中国特色社会主义思想学习问答》（第五章至第七章）（县委理论学习中心组集中学习）	党史学习	—
		1. 书面学习习近平总书记在清华大学、福建、广西考察期间及出席"领导人气候峰会"时的重要讲话精神（县委理论学习中心组集中学习）	—	—
		2. 书面学习《习近平总书记致首届中国国际消费品博览会的贺信》	—	—
		3. 书面学习赵乐际和杨晓渡同志在全国巡视工作会议暨十九届中央第七轮巡视动员部署会上的讲话精神	巡视巡察	党风廉政
		（二）传达学习冯飞省长调研白沙时的讲话精神，研究部署贯彻落实意见	—	—
		（三）听取我县新冠肺炎疫情防控及疫苗接种工作情况汇报	疫情防控	—
		1. 传达学习 4 月 15 日省委常委会视频会议精神	—	—
		2. 听取我县信访工作情况汇报	信访工作	—
		（四）审议《关于进一步规范我县各单位党组（党委）成员职数分配及职务设置的请示》（送审稿）	党风廉政	—
		（五）审议干部人事事宜	人事	—

续表

期数	召开时间	会议议题名称	议题类型一	议题类型二
152 次	2021 年 6 月 1 日 11:00	（一）传达学习省政协毛万春主席在万宁市处置焚烧秸秆事件报告上的批示精神，研究贯彻落实意见	生态保护	—
		（二）审议白沙黎族自治县关于海南省脱贫攻坚先进个人和先进集体推荐名单	评优	—
		（三）审议《关于召开县第十五届人民代表大会第八次会议的请示》《关于成立白沙黎族自治县第十五届人民代表大会第八次会议临时党委和临时党支部的请示》《关于提名推荐马琼才等同志为县第十五届人民代表大会第八次会议主席团成员和符秀琼同志为秘书长人选的请示》《关于提名推荐补选县十五届人大常委会委员的请示》	—	—
		（四）审议干部人事事宜	人事	—
153 次	2021 年 6 月 15 日 15:00	（一）观看《生命重于泰山——学习习近平总书记关于安全生产重要论述电视专题片》（县委理论中心组集中学习），听取全县安全生产工作情况汇报，研究部署下一步工作	安全生产	—
		（二）传达学习习近平总书记在中央政治局二十九次集体学习时的重要讲话精神（县委理论中心组集中学习）	—	—
		（三）学习《海南省禁止领导干部违反规定插手干预工程建设领域行为若干规定》	营商环境	党风廉政
		（四）传达学习“营商环境负面典型案例”系列通报之十《别动不动讲“不行”先想办法怎么“行”——政府部门如何正确应对企业诉求？》	营商环境	—
		（五）听取全县党史学习教育工作情况汇报，研究部署下一步工作	党史学习	—
		（六）听取全县作风整顿建设工作开展情况汇报，研究部署下一步工作	党风廉政	—
		（七）通报关于“优化营商环境 助力清廉自贸港建设”调研情况	营商环境	—
		（八）审议《白沙黎族自治县 2021 年重点项目“六个一”责任分解表》	营商环境	—
		（九）审议《关于对中央依法治国办督察反馈问题整改情况报告（送审稿）》	—	—
		（十）审议《关于设立县乡村振兴局党组的请示》	乡村振兴	—
		（十一）审议干部人事事宜	人事	—

续表

期数	召开时间	会议议题名称	议题类型一	议题类型二
154次	2021年6月21日 8:30	（一）重温习近平总书记“4·13”重要讲话、《海南自由贸易港建设总体方案》，学习《中华人民共和国海南自由贸易港法》（县委理论中心组集中学习）	自贸港	—
		2. 学习《海南自由贸易港建设总体方案》	自贸港	—
		3. 学习《中华人民共和国海南自由贸易港法》	自贸港	—
		（二）传达学习中国共产党海南省第七届委员会第十次全体会议精神，研究贯彻落实意见	—	—
		（三）传达学习海南自贸港建设一年工作总结报告	自贸港	—
		（四）听取全县生态环境保护工作情况汇报，研究部署下一步工作	生态保护	—
		（五）听取全县林长制工作情况汇报，研究部署下一步工作	—	—
		（六）听取白沙黎族自治县河长制工作情况汇报，研究部署下一步工作	—	—
		（七）审议《白沙黎族自治县“三线一单”生态环境分区管控的实施意见（送审稿）》	生态保护	—
		（八）审议《白沙黎族自治县县城环卫一体化项目实施方案（送审稿）》	生态保护	—
		（九）审议《白沙黎族自治县南溪河（向民村段）河道整治工程项目采用EPC模式进行建设的请示》	—	—
		（十）审议白沙黎族自治县“两优一先”推荐名单	—	—
		（十一）审议干部人事事宜	人事	—
155次	2021年6月27日 20:30	（一）传达学习县乡换届相关政策文件	换届	—
		（二）审议《关于成立县乡换届工作领导小组的通知（送审稿）》《关于成立加强换届风气监督工作领导小组的通知（送审稿）》	换届	—
		（三）审议干部人事事宜	人事	—
156次	2021年7月2日 14:30	（一）传达学习习近平总书记在庆祝中国共产党成立100周年大会上的重要讲话精神（县委理论中心组集中学习）	党史学习	—
		（二）传达学习习近平总书记在青海考察期间的重要讲话精神（县委理论中心组集中学习）	乡村振兴	—
		（三）传达学习省委书记沈晓明调研白沙时的讲话精神，研究贯彻落实意见	—	—

续表

期数	召开时间	会议议题名称	议题类型一	议题类型二
156次	2021年7月2日14:30	（四）传达学习省委书记沈晓明在海南省优秀共产党员、优秀党务工作者和先进基层党组织表彰大会上的讲话精神	—	—
		（五）听取2019年“4·13”专项检查反馈发现问题整改情况汇报，研究部署相关工作	巡视巡察	全面工作
		（六）审议《白沙黎族自治县生活垃圾分类工作实施方案（送审稿）》	生态保护	—
		（七）审议《白沙黎族自治县2021年生活垃圾分类试点工作实施方案（送审稿）》	生态保护	—
		（八）审议《白沙黎族自治县安居型商品住房工程建设实施方案（送审稿）》	—	—
		（九）审议《白沙黎族自治县开展“查堵点、破难题、促发展”活动实施方案（送审稿）》	党风廉政	—
		（十）审议干部人事事宜	人事	—
157次	2021年7月14日19:30	（一）传达学习海南省脱贫攻坚总结表彰暨乡村振兴推进大会会议精神，研究贯彻落实意见	—	—
		（二）观看《警钟长鸣》换届纪律教育警示片	换届	—
		（三）传达学习省委有关文件精神	—	—
		（四）听取白沙黎族自治县2020年“4·13”监督检查整改情况汇报，研究部署相关工作	全面工作	—
		（五）审议《关于白沙黎族自治县旧城改造项目征收昌茂宾馆楼补偿款及相关费用的请示》	—	—
		（六）审议《关于认真做好2021年乡镇领导班子换届工作的通知（送审稿）》	换届	—
		（七）审议《关于认真做好2021年乡镇党代表选举工作的通知（送审稿）》	换届	—
		（八）审议《严肃换届纪律加强换届风气监督的实施方案（送审稿）》	换届	—
		（九）审议《关于进一步加强乡镇纪委监委组织与村务监督委员会沟通协作和有效衔接机制的意见（试行）》	—	—
		（十）审议《关于做好县乡人民代表大会换届选举工作的意见（送审稿）》	换届	—
		（十一）审议《关于县乡人大换届选举时间的请示》	换届	—
		（十二）审议干部人事事宜	人事	—
158次	2021年7月30日9:30	（一）传达学习《习近平总书记在参观“‘不忘初心、牢记使命’中国共产党历史展览”时的重要讲话精神》（县委理论学习中心组集中学习）	党史学习	—
		（二）传达学习习近平总书记在中央政治局三十一次集体学习重要讲话精神（县委理论学习中心组集中学习）	—	—
		（三）学习《中华人民共和国公务员法》（县委理论学习中心组集中学习）	—	—

续表

期数	召开时间	会议议题名称	议题类型一	议题类型二
158 次	2021 年 7 月 30 日 9:30	（四）传达学习全省作风整顿建设年暨“查堵点、破难题、促发展”活动推进会议精神，研究贯彻落实意见	—	—
		1. 传达学习省委应对疫情工作领导小组第二十二次会议精神	—	—
		2. 听取全县疫情防控工作情况汇报，研究部署下一步工作	疫情防控	—
		（五）传达学习省纪委书记陈国猛在白沙调研及儋州座谈会上的讲话精神	巡视巡察	—
		（六）传达学习全省纪委监委机关加强“三个领域”监督执纪工作电视电话会议精神	巡视巡察	—
		（七）听取全县优化营商环境工作情况汇报，研究部署下一步工作	营商环境	—
		（八）听取全县 2021 年上半年公安工作情况汇报，研究部署下一步工作	—	—
		（九）审议《关于设立县人大换届选举委员会的请示》	换届	—
		（十）审议干部人事事宜	人事	—
159 次	2021 年 8 月 12 日 19:30	（一）学习中共中央有关条例	—	—
		（二）听取县委 2021 年上半年落实全面从严治党主体责任情况报告，研究部署下一步工作	党风廉政	—
		（三）审议《白沙黎族自治县 2021 年幸福河湖建设实施方案（送审稿）》	—	—
		（四）听取全县“菜篮子”工作情况汇报，研究部署下一步工作	—	—
		（五）审议《关于实施白沙黎族自治县七坊镇龙江居一区等 3 个农村生活污水治理项目的请示》	—	—
		（六）审议《关于成立中国民主同盟白沙黎族自治县支部委员会的请示》《关于成立中国农工民主党白沙黎族自治县支部委员会的请示》	—	—
		（七）审议《白沙黎族自治县工商业联合会（总商会）2021 年换届工作方案（送审稿）》	—	—
		（八）审议《关于各乡镇召开党员代表大会的请示》	—	—
		（九）审议干部违纪处理事宜	—	—
		（十）审议干部人事事宜	人事	—
		（十一）审议《王民同志暂时负责元门乡党委全面工作的请示》	—	—
160 次	2021 年 9 月 22 日 10:30	（一）传达学习习近平总书记在中央民族工作会议上的讲话精神	—	—

续表

期数	召开时间	会议议题名称	议题类型一	议题类型二
160 次	2021 年 9 月 22 日 10:30	（二）传达“一把手”纪律教育暨“廉内助”家风教育专题班会议精神，研究部署下一步工作	—	—
		（三）传达省委副书记李军指示精神，研究部署下一步工作	乡村振兴	—
		（四）听取海南省 2021 年巩固脱贫成果督查白沙黎族自治县反馈问题情况汇报，研究部署下一步工作	乡村振兴	—
		（五）听取巩固脱贫攻坚成果后评估工作情况汇报，研究部署下一步工作	乡村振兴	—
		（六）审议《白沙黎族自治县选举委员会关于县第十六届人民代表大会代表名额分配方案》	—	—
		（七）审议干部人事事宜	人事	—
161 次	2021 年 9 月 29 日 12:05	审议干部人事事宜	人事	—
162 次	2021 年 9 月 29 日 16:30	（一）学习《中国共产党简史》（第一章至第五章中节选）（县委理论学习中心组集中学习）	党史学习	—
		（二）传达学习习近平总书记在中央党校（国家行政学院）中青年干部培训班开班式上的重要讲话精神，研究白沙黎族自治县贯彻落实意见	—	—
		（三）传达学习沈晓明在全省党建引领自由贸易港建设推进会上的讲话精神	自贸港	—
		（四）传达学习《海南省党政领导干部安全生产重点工作清单》精神，部署国庆节期间安全生产工作	安全生产	—
		（五）审议白沙黎族自治县 2021 年安居型住房项目销售指导价格	—	—
		（六）审议《中国共产党白沙黎族自治县第十三届委员会第七次全体会议方案（审议稿）》	—	—
		（七）审议《中国共产党白沙黎族自治县第十四次代表大会筹备工作方案（审议稿）》	—	—
		（八）审议干部人事事宜	人事	—
163 次	2021 年 10 月 8 日 10:50	审议干部人事事宜	—	—
164 次	2021 年 10 月 12 日 15:50	（一）传达学习习近平总书记在纪念辛亥革命 110 周年大会上的讲话精神	党史学习	—
		（二）传达学习习近平总书记关于密码工作的重要讲话精神	—	—
		（三）传达学习习近平总书记在西藏考察期间的重要讲话精神	乡村振兴	—
		（四）传达学习中共中央办公厅文件精神	—	—
		（五）书面学习丁薛祥讲话精神	—	—
		（六）书面学习机构编制和密码工作有关文件精神	—	—

续表

期数	召开时间	会议议题名称	议题类型一	议题类型二
164 次	2021 年 10 月 12 日 15:50	（七）传达学习沈晓明在省委党校（省行政学院省社会主义学院）2021 年秋季学期开学典礼及中青年干部培训班上的讲话精神	—	—
		（八）传达学习沈晓明在七届省委理论中心组第 60 次（扩大）学习会上的讲话精神	—	—
		（九）传达省委副书记李军调研白沙时的讲话精神	乡村振兴	—
		（十）传达全省财政预算工作会议精神	—	—
		（十一）审议《珠碧江流域（白沙段）水环境综合治理方案（送审稿）》	—	—
		（十二）审议《白沙黎族自治县深化新时代教育督导体制机制改革的实施方案》	—	—
		（十三）审议《白沙黎族自治县公办中小学（幼儿园）教师备案制管理试行办法》	—	—
		（十四）审议《关于召开白沙黎族自治县工会第八次代表大会的请示》	—	—
		（十五）审议 2021 年白沙黎族自治县急需紧缺专业人才拟录用人员	—	—
		（十六）审议《白沙黎族自治县妇女联合会关于召开白沙黎族自治县妇女第十次代表大会的方案》	—	—
		（十七）审议干部违纪处理事宜	—	—
		（十八）审议干部人事事宜	—	—
165 次	2021 年 10 月 22 日 15:00	（一）传达学习全省进一步做好房地产市场平稳健康发展工作会议精神	—	—
		（二）审议《中共白沙黎族自治县人大常委会党组关于推迟个别县乡人大代表选区换届选举时间的请示》	—	—
		（三）审议政党和人民团体联合提名推荐白沙黎族自治县第十六届人大代表初步候选人名单	—	—
		（四）审议白沙黎族自治县第十六届人大代表初步候选人名单	—	—
166 次	2021 年 11 月 4 日 9:00	（一）传达学习全国加强换届风气监督工作会议精神	换届	—
		（二）传达学习七届省委常委会第 218 次（扩大）会议精神	—	—
		（三）传达学习沈晓明在海南省党政代表团赴上海江苏浙江学习考察总结交流会上的讲话精神	全面工作	—
		（四）传达学习《海南省法治政府建设实施方案（2021—2025 年）》	法治建设	—
		（五）传达学习《海南省党政领导干部防范和惩治统计造假、弄虚作假责任制实施方案（试行）》	—	—
		（六）审议干部人事事宜	人事	—

续表

期数	召开时间	会议议题名称	议题类型一	议题类型二
167次	2021年11月17日15:00	（一）传达学习中国共产党第十九届中央委员会第六次全体会议精神（县委理论中心组学习）	—	—
		（二）传达学习《习近平关于总体国家安全观论述摘编》（节选）（县委理论中心组学习）	—	—
		（三）传达学习中共中央办公厅发文件精神（《关于强化反垄断深入推进公平竞争政策实施的意见》）	营商环境	—
		（四）传达学习《中共中央组织部关于查处四川省自贡市自流井区严重违反换届纪律问题的通报》	换届	—
		（五）传达学习省委七届十一次全体会议精神	—	—
		（六）传达学习《浙江干部是如何跟企业打交道的？》	营商环境	—
		（七）书面学习《知识产权强国纲要（2021—2035）》精神	—	—
		（八）听取白沙黎族自治县“四风”典型案件情况的通报	党风廉政	—
		（九）审议《中共白沙黎族自治县委贯彻落实〈中共海南省委关于坚持以党建引领海南自由贸易港建设的意见〉分工方案（审议稿）》	自贸港	党风廉政
		（十）审议《白沙黎族自治县“十四五”高标准农田建设规划（2021—2025年）》	—	—
		（十一）审议关于投放9辆新能源公交车（中型）承接牙叉镇至细水乡、牙叉镇至元门乡等三条公交客运服务工作实施方案	—	—
		（十二）审议干部人事事宜	人事	—
168次	2021年11月23日8:30	（一）审议干部人事事宜	人事	—
		（二）审议中共白沙黎族自治县第十三届委员会常务委员分工（送审稿）	—	—
		（三）审议《白沙黎族自治县第十四届县委委员、候补委员、县纪委委员候选人预备人选提名工作方案》	—	—
		（四）审议县委提名出席中国共产党白沙黎族自治县第十四次代表大会代表候选人	—	—
		（五）审议出席中国共产党白沙黎族自治县第十四次代表大会代表候选人预备人选名单	—	—
		（六）审议《关于召开中国共产党白沙黎族自治县第十三届纪律检查委员会第七次全体会议的请示》	—	—
		（七）审议中国共产党白沙黎族自治县第十三届纪律检查委员会第七次全体会议《工作报告》	—	—
		（八）审议《白沙黎族自治县中小学生校内课后服务工作实施方案》	—	—
		（九）审议《解决水景花都二期项目拆迁安置历史遗留问题实施方案》	—	—

续表

期数	召开时间	会议议题名称	议题类型一	议题类型二
169 次	2021 年 11 月 29 日 19:30	（一）审议干部人事事宜	—	—
		（二）审议《白沙黎族自治县第十一届政协委员（含常委）建议人选请示》	—	—
170 次	2021 年 12 月 10 日 8:10	（一）传达学习习近平总书记关于巡视工作的重要论述，听取十三届白沙黎族自治县委巡察工作情况汇报，研究部署下一步工作	巡视巡察	—
		（二）传达学习中办发文件精神	—	—
		（三）传达学习省生态环境保护督察整改工作领导小组会议精神	生态保护	—
		（四）听取全县安全生产工作情况汇报	安全生产	—
		（五）听取 2021 年意识形态工作情况报告	意识形态	—
		（六）听取白沙黎族自治县信访工作情况汇报	信访工作	—
		（七）审议《白沙黎族自治县 2021 年重点项目调整计划》	—	—
		（八）审议《白沙黎族自治县 2022 年省重点项目投资计划》	—	—
		（九） 审议划拨 134.3571 公顷国有建设用地用于白沙快速出口路项目（白沙段）建设问题	—	—
		（十） 审议办理白沙黎族自治县 2020-BSQF-08 地块农转用手续问题	—	—
		（十一） 审议办理白沙黎族自治县 2018-BSBX-05 地块农转用手续问题	—	—
		（十二）审议收回白沙农场集团有限公司 16082.61 平方米国有土地问题	—	—
		（十三） 审议收回白沙黎族自治县饮食服务公司 519.34 平方米国有土地问题	—	—
		（十四）审议收回海南农垦龙江有限公司 3593 平方米国有土地问题	—	—
		（十五）审议收回海南希望建设开发有限公司 33179 平方米闲置土地问题	—	—
		（十六） 审议收回海南希望建设开发有限公司 25133 平方米闲置土地问题	—	—
		（十七）审议白沙黎族自治县西部地区供水工程（一期）项目市县总体规划调整与林地征（占）用问题	—	—
		（十八）审议《白沙黎族自治县总体规划（空间 2015—2030）》白沙橡胶厂项目用地调整方案	—	—
		（十九）审议《白沙黎族自治县医疗集团建设实施方案（送审稿）》	—	—
		（二十） 审议增加县人民医院人员经费问题	—	—
		（二十一）审议 2021 年度农村公路项目建设地方财政资金配套问题	—	—

续表

期数	召开时间	会议议题名称	议题类型一	议题类型二
170 次	2021 年 12 月 10 日 8:10	（二十二）审议《关于召开县第十六届人民代表大会第一次会议的请示》	—	—
		（二十三）审议《关于成立白沙黎族自治县第十六届人民代表大会第一次会议临时党委和临时党支部的请示》	—	—
		（二十四）审议《关于提名推荐王秀程等同志为县第十六届人民代表大会第一次会议主席团成员和符秀琼同志为秘书长人选的请示》	—	—
		（二十五）审议《关于提名推荐王桂厅等同志为县第十六届人民代表大会常务委员会组成人员人选的请示》	—	—
		（二十六）审议《关于提名推荐符健友等同志为县第十六届人民代表大会社会建设委员会组成人员人选的请示》	—	—
		（二十七）审议《关于召开政协白沙黎族自治县第十一届委员会第一次会议有关事项的请示》	—	—
		（二十八）审议《关于成立中共政协白沙黎族自治县第十一届委员会第一次会议临时党委的请示》	—	—
		（二十九）审议《关于成立政协白沙黎族自治县第十一届委员会第一次会议提案审查委员会的请示》	—	—
		（三十）审议出席中国共产党白沙黎族自治县第十四次代表大会代表候选人预备人选名单（第二批）	—	—
171 次	2021 年 12 月 14 日 15:00	（一）听取白沙黎族自治县巩固脱贫攻坚成果后评估迎检准备工作情况汇报	乡村振兴	—
		（二）传达学习习近平在中央政治局第三十五次集体学习的重要讲话精神	法治建设	—
		（三）传达学习中央经济工作会议精神	—	—
		（四）传达学习 2021 年全国宗教工作会议精神	—	—
		（五）传达学习 2021 年党外人士座谈会议精神	—	—
		（六）传达学习关于党的百年奋斗重大成就和历史经验的决议	党史学习	—
		（七）传达学习中央人大工作会议和中共中央办公厅文件精神（《关于新时代坚持和完善人民代表大会制度加强和改进人大工作的意见》）	—	—
		（八）传达学习沈晓明、冯飞在全省作风整顿建设年暨“查堵点、破难题、促发展”活动第三次推进会上的讲话精神	党风廉政	—
		（九）传达学习全省排查整顿农村发展党员违规违纪问题工作会精神	—	—

续表

期数	召开时间	会议议题名称	议题类型一	议题类型二
171 次	2021 年 12 月 14 日 15:00	（十）书面学习《中华人民共和国监察法》和《〈中华人民共和国监察法〉实施条例》（县委理论中心组）	—	—
		（十一）书面学习中共海南省纪委办公厅《容错纠错等典型案例系列通报之三 国有资产不容侵犯 是非曲直自有公断》精神	—	—
		（十二）听取党史学习教育“我为群众办实事”实践活动情况报告	党史学习	—
		（十三）听取白沙黎族自治县 2021 年义务教育、中小学思政课及“双减”工作情况汇报	—	—
		（十四）听取 2021 年少先队工作情况汇报	—	—
		（十五）审议干部人事事宜	—	—
172 次	2021 年 12 月 22 日下午	（一）传达学习中央人才工作会议和省委人才工作会议精神	—	—
		（二）传达学习省委经济工作会议精神	—	—
		（三）听取县委 2021 年落实全面从严治党主体责任情况汇报，研究部署下一步工作	党风廉政	—
		（四）听取白沙黎族自治县党支部建设工作情况汇报，研究部署下一步工作	党风廉政	—
		（五）听取县 2021 年政治生态评价报告，研究部署下一步工作	巡视巡察	—
		（六）听取县人大常委会党组 2021 年工作报告，研究部署下一步工作	—	—
		（七）听取县政协党组 2021 年工作情况报告，研究部署下一步工作	—	—
		（八）听取白沙黎族自治县 2021 年政法（平安综治）工作汇报，研究部署下一步工作	—	—
		（九）听取白沙黎族自治县 2021 年公安工作汇报，研究部署下一步工作	—	—
		（十）听取县人民法院 2021 年工作汇报，研究部署下一步工作	—	—
		（十一）听取县人民检察院 2021 年工作情况报告，研究部署下一步工作	—	—
		（十二）听取白沙黎族自治县 2021 年生态环境保护工作情况汇报，研究部署下一步工作	生态保护	—
		（十三）听取白沙黎族自治县 2021 年农村工作情况汇报，研究部署下一步工作	乡村振兴	—
		（十四）审议《白沙黎族自治县人民政府 海南省农垦投资控股集团有限公司关于进一步加强垦地融合发展工作实施方案（送审稿）》	—	—
		（十五）审议划拨邦溪木材检查站、元门林业站国有土地使用权问题	—	—
		（十六）审议收回白沙农场集团有限公司 23610.34 平方米土地问题	—	—

续表

期数	召开时间	会议议题名称	议题类型一	议题类型二
172	2021 年 12 月 22 日下午	（十七）审议拨付 2021 年牙叉镇新高峰村委会共享农庄项目启动资金问题	—	—
		（十八）审议 2021 年巩固拓展脱贫攻坚成果和乡村振兴项目库调整新增项目资金问题	—	—
		（十九）审议拨付脱贫劳动力（含监测户）外出务工奖补及一次性交通补贴资金问题	乡村振兴	—
		（二十）审议继续招募巩贫兴村志愿者问题	乡村振兴	—
		（二十一）审议县政协第十一届委员会秘书长候选人预备人选问题	—	—
		（二十二）审议干部人事事宜	—	—
173	2021 年 12 月 26 日 8:10	（一）传达学习海南省出席党的二十大代表暨省第八次党代表大会代表选举工作部署会议精神	—	—
		（二）传达学习王鸿津在制定巡视工作规划专题辅导会议上的讲话精神	巡视巡察	—
		（三）审议中国共产党白沙黎族自治县第十四次代表大会相关材料	—	—
		（四）审议《中国共产党白沙黎族自治县第十三届委员会工作报告（送审稿）》	—	—
		（五）审议《关于全县党费收缴、使用和管理情况的报告（送审稿）》	—	—
		（六）审议《中国共产党白沙黎族自治县第十四次代表大会议程（草案）》	—	—
		（七）审议《中国共产党白沙黎族自治县第十四次代表大会日程（草案）》	—	—
		（八）审议《中国共产党白沙黎族自治县第十四次代表大会列席人员建议名单》	—	—
		（九）审议《中国共产党白沙黎族自治县第十四次代表大会代表团组成和代表团团长、副团长建议名单》	—	—
		（十）审议《中国共产党白沙黎族自治县第十四次代表大会代表资格审查委员会成员建议名单》	—	—
		（十一）审议《中国共产党白沙黎族自治县第十四次代表大会主席团常务委员会建议名单》	—	—
		（十二）审议《中国共产党白沙黎族自治县第十四次代表大会主席团成员建议名单》	—	—
		（十三）审议《中国共产党白沙黎族自治县第十四次代表大会秘书长和副秘书长建议名单》	—	—
		（十四）审议《中国共产党白沙黎族自治县第十四次代表大会执行主席建议名单》	—	—
		（十五）审议《中国共产党白沙黎族自治县第十四次代表大会秘书处机构设置及其工作职责》	—	—
		（十六）审议《中国共产党白沙黎族自治县第十四次代表大会总监票人、监票人建议名单》	—	—

期数	召开时间	会议议题名称	议题类型一	议题类型二
173	2021 年 12 月 26 日 8:10	（十七）审议《中国共产党白沙黎族自治县第十四次代表大会筹备工作情况报告》	—	—
		（十八）审议《中国共产党白沙黎族自治县第十四次代表大会代表资格审查情况报告（草案）》	—	—
		（十九）审议《中国共产党白沙黎族自治县第十四次代表大会选举办法（草案）》	—	—
		（二十）审议《中国共产党白沙黎族自治县第十三届委员会第十次全体会议方案》	—	—
		（二十一）审议《中国共产党白沙黎族自治县第十三届委员会第十次全体会议决议（草案）》	—	—
		（二十二）审议《关于召开中国共产党白沙黎族自治县第十四次代表大会的通知》	—	—
		（二十三）审议《2022 年县政府工作报告（送审稿）》	—	—
		（二十四）审议《白沙黎族自治县 2021 年国民经济和社会发展计划执行情况与 2022 年国民经济和社会发展计划草案的报告（送审稿）》	—	—
		（二十五）审议《白沙黎族自治县 2021 年预算执行情况和 2022 年预算（草案）的报告（送审稿）》	—	—
		（二十六）审议《政协第十一届白沙黎族自治县委员会第一次全体会议选举办法（草案）》	—	—
		（二十七）审议干部人事事宜	—	—

组织工作

【概况】2021 年以来，在县委的坚强领导和省委组织部的精心指导下，县委组织部坚持以习近平新时代中国特色社会主义思想为指引，深入贯彻落实党的十九大和十九届历次全会精神，切实践行新时代党的建设总要求和党的组织路线，围绕建设“三区一地一园”目标，聚焦县委中心工作，推进党的组织体系建设，培养忠诚干净担当的高素质干部队伍，聚集爱国奉献的各方面人才，推动各项工作取得新突破，为巩固拓展脱贫攻坚成果助力乡村振兴、推进海南贸易港建设、强化党建引领等提供坚强的组织保障。

【基层党组织建设】2021 年，县委组织部强化基层党组织建设，推动党建引领海南自贸港建设的工作目标，全面夯实战斗堡垒，为高标准、高质量建设海南自贸港提供坚强组织保障。积极开展庆祝中国共产党成立 100 周年系列活动。组织开展“两优一先”评选表彰工作，坚持好中选优，向省委分别推荐 3 名党员、3 名党务工作者和 3 个基层党组织获得全省“两优一先”表彰；向县委推荐评选表彰 50 名优秀共产党员、30 名优秀党务工作者、30 个先进基层党组织，以先进榜样激励全县各级党组织和党员在新时代奋勇争先。在建党百年之际，向全县 599 名老党员颁发“光荣在党 50 年”纪念章，对获得党内功勋荣誉表彰党员、生活困难党员等共计 685 人开展走访慰问，让党员干部深切感受到关怀和温暖。强化对海南自贸港建设的政治引领。建立健全党对海南自由贸易港建设工作的领导机制体制，构建县委党建工作上下联动的领导格局。切实落实党组织书记抓基层党建述职评议考核、各级党组织书记落实

白沙黎族自治县抓党建促乡村振兴会议暨乡村振兴工作队例会召开

向上级党委述职制度、“三会一课”和双重组织生活会制度。周密部署，扎实推进，圆满完成村级组织换届工作。坚持加强党的全面领导，选举产生新一届村（社区）“两委”干部592名，实现党组织书记和主任100%“一肩挑”，村“两委”班子呈现学历升、年龄降、综合能力强的“一升一降一强”特征。建强基层组织，筑牢农村基层党组织战斗堡垒。开展农村（社区）“五星党支部”考评活动，对在2020年度“五星党支部”考核中评选出的16个“五星党支部”和59个“四星党支部”在全县范围内通报表扬。加大发展村级集体经济力度，2021年全县75个村级集体经济累计收入625.17万元，20个村级集体经济收入达10万元以上。加强乡村振兴队伍建设，建强乡村振兴一线力量。继续选优配强乡村振兴工作队，共选派234名乡村振兴工作队员（其中75人为第一书记）组建85个乡村振兴工作队，实现11个乡镇和74个行政村全覆盖。扎实开展驻村工作队和帮扶联系人考核，全县考核评定为“优秀”等次的驻村工作队16个、驻村工作队长32人、工作队员23人、帮扶责任人440人，进一步激励基层干部担当作为。抓实抓好“双学历双轮训”教育工程，积极鼓励符合条件的村干部、农村党员参加再教育，其中参加大专学历教育58人，中专学历教育144人，切实提高村组干部的综合素质，推进农村服务型党组织建设。

【干部队伍建设】2021年，县委组织部认真开展干部人才队伍建设工作。高质量完成乡镇领导班子换届。研究制定工作方案，成立换届工作领导小组，明确责任分工、统筹指导到位、注重基层导向，优质高效完成11个乡镇换届工作任务。新一届乡镇党政正职和领导班子成员平均年龄分别为41岁、36.3岁，较上届分别下降2.4岁、2.3岁；大学以上学历占乡镇领导人数的88.4%，35岁以下占50.9%，具有2年以上乡镇工作经历者占83.9%，领导干部人员结构呈现能力素质高、年轻的特征。统筹科学调配，不断提升干部队伍整体活力。2021年共提交县委讨论干部21批次，调整干部273人次，其中，提拔重用139人次，平职交流63人次，任免挂职锻炼干部8人次，其他63人次。倡议县直机关优秀年轻的44名干部踊跃报名到基层一线工作，已有13名干部被提拔或重用；选派2名优秀年轻干部到省直单位挂职锻炼、6名优秀干部赴重庆自贸试验区跟班学习。积极拓宽渠道，不断提升选任工作水平。进一步畅通事业单位优秀人才进入公务员队伍，2021年，提拔22名实绩突出的事业单位优秀干部、1名优秀村支部书记到行政机关任职。严谨务实高效，扎实开展干部日常管理。稳步推进公务员职务与职级并行工作，2021年累计晋升职级35人次。严把公务员调动审核关，规范干部人事调动工作审批程序，2021年，共办理党政机关干部调动258人。开展股级干部任免备案工作，累计审核备案85人次。

【人才保障与服务】2021年，县委组织部持续做好人才保障与服务工作。规划先行，招贤纳才，共建白沙。编制《白沙黎族自治县“十四五”人才发展规划》，印发《白沙黎族自治县人才工作委员会及成员单位职责》《白沙黎族自治县2021年人才工作要点》《白沙黎族自治县人才工作考核办法（试行）》《白沙黎族自治县2021年急需紧缺人才岗位目录》《白沙黎族自治县“我为群众办实事”人才服务月系列活动方案》等10余项制度，整体布局高质量发展人才事业。广泛招才引智，打造人才高地。白沙黎族自治县紧扣产业发展方向，围绕自贸港建设需要，加大招才引智力度，让人才工作融入白沙经济社会发展大局。为填补白沙黎族自治县教育卫生人才缺口，引进教育卫生人才131人。以柔性引进高端人才的方式，引进4名高级专业技术“候鸟”人才。为扩充乡村卫生室村医队伍，聘用乡村医生93名。创新云面试招聘急需紧缺人才，成功引进生态环境、农业、城乡规划、体育等领域的紧缺高层次人才；通过“政府＋企业＋高校”等抱团的方式，让中国拳击协会、郑州大学体育学院、成都体育学院运动医学与健康学院等高校机构的实践基地落地白沙。积极响应海南自由贸易港招才引智活动，在云平台发布岗位812个，开设“聚四方之才 共建自贸港”专栏，成功签约367人。2021年共新增各类人才3154人，其中新增党政人才112人，企业经营管理人才19人，专业技术人才178人，农村实用人才29人，技能人才6人，其他人才2810人。加强教育培训，助推乡村振兴开新局。通过“培训教学＋竞赛选拔”的方式，不断提高人才素质。全年开展各类培训班430期，培训党政人才、技能人才、专业技术人才22994人次，其中技能培训187期，受训13231人次，通过培训实现就业2150人。举办青年创业大赛、职业技能大赛，实现以赛促学，以赛提能，其中5个青年创业项目获得省级奖项，20人通过职业大赛获得高级职业技能证书，42人获得中级职业技能证书，74人获得初级职业技能证书。选派54名科技特派员深入44个贫困村进行技术指导，重点开展“包村联户”扶贫服务。深入开展“双学历双轮训教育工程”，其中参加大专学历教育58人，中专学历教育144人，切实提高村干部的综合素质；接续实施“万名中专生”培养计划，组织10名优秀农业技术专家下沉助农，开展实操指导，及时解决生产技术问题。强化服务水平，落实配套政策。办理人才落户26人，安排1名人才子女就近入学，安置配偶就业3人，发放引进人才公租房14套，发放住房补贴37.5万元。为2名高层次人才（含1名外籍人才）减免税额4.15万元。为白沙黎族自治县D类人才购买商业健康团体保险9份。组织优秀人才和县委联系服务专家25人体检。

【干部教育培训】2021年，县委组织部不断提升干部教育宏观统筹水平，高质量开展干部教育培训工作。注重理论学习，夯实思想基础。举办白沙黎族自治县学习贯彻党的十九届五中全会精神暨党史学习教育网络专题班，把学习贯彻十九届五中全会和习近平总书记系列重要讲话精神作为重要培训内容，参训人员2580人。多形式开展学习培训，强化履职能力。联合县委党校在福建省古田干部学院举办2021年白沙黎族自治县领导干部“坚定理想信念与提升党性修养”专题培训班暨党史教育培训班，接受革命传统教育，锤炼忠诚干净担当的政治品格；联合干部室、公务员室做好2021年44名新招录公务员任职培训，提高政治觉悟，提升业务能力；利用白沙干部在线学习平台举办白沙黎族自治县公务员素质能力提升网络专题班，对全县1622名在编在岗的公务员开展培训，营造良好的学习氛围；举办为期5天的“我为加快推进海南自由贸易港建设做贡献”暨优化营商环境专题研讨班，近50人参训，为海南自由贸易港建设和白沙经济社会又好又快发展提供人才保证和智力支持；通过“白沙黎族自治县干部在线学习中心”网络学习平台，举办白沙黎族自治县村（社区、居）“两委”干部综合素质能力提升网络专题培训班，598名村“两委”干部参训；在浙江大学举办“乡村振兴与美丽乡村建设”专题研修班，在海南大学举办白沙黎族自治县“乡村振兴和生态文明建设”专题进修班，把学习习近平新时代中国特色社会主义思想、习近平总书记关于“三农”工作重要论述及生态文明建设思想、《民法典》等内容纳入培训班课程，深刻理解其内涵精髓，全面理解和把握乡村振兴的战略，推进巩固拓展脱贫攻坚成果和乡村振兴的有效衔接，不断提高干部能力素质水平，受训人数达120人。

【老干部服务工作】2021年，县委组织部用心用情做好老干部服务工作，协调搭建平台发挥正能量。坚持在重要纪念日、重大庆典和节日期间开展走访慰问活动。春节期间走访慰问离退休干部及遗孀、县处级退休干部70人，向每人发放春节慰问金800元和200元慰问品。做好抗美援朝期间参加革命工作的离休干部的走访慰问工作，对1名符合条件的老干部送去2000元慰问金。在庆祝中国共产党成立100周年之际，对白沙黎族自治县17名离休干部，每人送去慰问金2000元，共34000元。通过实地走访慰问、微信视频问候等方式，传达党和政府的关怀。积极发挥老党员的独特优势和作用。邀请退休干部作为“白沙黎族自治县党史学习宣讲团”成员，先后到县委办、县老年大学、青松乡拥处村委会和12所学校做党史宣讲15场次，听众达7800多人次。举办“践银辉初心·贺百年华诞”作品展。发动老干部老同志参加海南省书画摄影展，收到老干部参展作品55幅，通过评比，共有4名老同志的书画作品参加海南省书画摄影展；组织退休人员和“候鸟”老干部、老同志参加白沙黎族自治县“重阳节”老干部书画展，参展作品达100多幅，其中50幅作品得到表彰。

【干部选拔任用监督】2021年，县委组织部严管厚爱，党管干部更加有力，不断督促干部队伍担当作为，促进事业发展。从严抓好换届风气监督，严格落实“六必谈”“四必学”“四必看”，严守“十严禁”换届纪律，切实把严肃换届纪律、加强换届风气监督各项措施落到实处，2021年共开展“四必学”活动1031人次、“四必看”活动2315人次、“六必谈”活动1408人次。利用“12380”综合举报受理平台，及时受理违反换届纪律问题和考察人选问题举报，无违反换届纪律情况发生，同时办理“12380”举报电话和举报网站上群众举报件14件，并已办结备案。严格执行任前事项报告制度，从严审核把关，做到防范在先。已向省委组织部监督处上报3人的处分影响期满任职报告，自2021年换届以来，重新使用受处理处分干部13人次。认真落实干部选拔任用工作纪实办法，紧盯关键环节和重要情况，确保能够追溯和倒查，已对新提拔的122名领导干部、平职交流的56名领导干部实行全程纪实。

【公务员管理】2021年，县委组织部持续做好公务员管理工作。按季度收集汇总公务员平时考核情况，认真落实公务员平时考核制度，及时发现、培养、使用干部。充实公务员队伍，认真贯彻落实全省公务员考试录用工作，2021年新招录公务员33人，同时配合县人社局做好县融媒体中心招录7名干部的工作。严把公务员队伍进口，依法依规开展公务员登记工作，全面梳理全县公务员及参公人员共1400余人的身份信息，2021年报送省部组织部完善公务员登记83人，参公登记59人，调任登记11人；完成职级晋升13批次97人。认真落实《公务员考核规定》《公务员及时奖励办法（试行）》文件精神，2020年白沙黎族自治县年度考核优秀等次267人，其中239名干部予以嘉奖，28名连续三年优秀等次干部记三等功，并颁发奖励证书。

宣传工作

【概况】2021年，中共白沙黎族自治县委宣传部坚持以习近平新时代中国特色社会主义思想为指导，全面贯彻落实党的十九大和十九届历次全会精神和省委、县委全会，省第七次党代会和七届省委历次全会精神，胸怀“国之大者”，紧扣庆祝中国共产党成立100周年这条主线，积极推进党史学习教育，牢牢把握“举旗帜、聚民心、育新人、兴文化、展形象”的使命，主动呼应大局、服务大局，坚持守正创新，为全县实现“十四五”良好开局提供了思想保证、舆论支持和精神动力。

【党史学习教育】2021年，县委宣传部坚持以习近平新时代中国特色社会主义思想为指导，全面贯彻落实党的十九大、十九届历次全会和省委、县委全会精神，坚持和加强党对意识形态工作的全面领导，紧紧围绕县委县政府中心工作，坚持守正创新，高举思想旗帜，推动各项工作取得新进展、新成效。着力抓好集中学。紧抓“关键少数”，充分发挥领导干部以上率下的“领头雁”效应，年初制定印发了《中共白沙黎族自治县委理论学习中心组2021年学习计划》，将学习宣传习近平新时代中国特色社会主义思想列为主要学习内容，以习近平总书记“七一”重要讲话和十九届六中全会精神为重点，2021年县委理论学习中心组共组织集中学习41场次，确保领导干部学在前、悟更深，有效发挥示范引领作用，以上率下加强党员干部的学习。着力强化党员个人自学。订购发放《习近平谈治国理政（第三卷）》《中国共产党简史》等理论书籍上万册，切实增强干部职工理想信念、丰富政治素养。有效拓展了干部理论学习网上阵地。主动适应新冠肺炎疫情防控新形势，将部分干部理论培训班次搬到线上，同时积极引导广大党员干部充分利用“学习强国”学习平台开展学习，持续推进习近平新时代中国特色社会主义思想入脑入心。

【实践活动】2021年，县委宣传部围绕党史学习教育，营造浓厚的知史爱党、知史爱国氛围。着力开展党史学习教育。全县按照学史明理、学史增信、学史崇德、学史力行的要求，立足实际、守正创新，精心组织实施、有力有序推进党史学习教育。举办了“百年礼赞，声入人心”主题配音比赛、“赓续红色血脉 争当白沙好少年”红色故事进校园、“永远跟党走 书香伴小康”全民阅读和“百部红色电影放映”等系列丰富多彩的学习活动，并通过组织开展专题报告会、红色教育基地现场体验学习、观看党史题材影片、交流研讨等学习形式，引导全县广大党员干部从百年党史中汲取力量和智慧，弘扬伟大建党精神。打造了“小故事 大道理”“了不起的共产党员”等宣讲品牌，由领导干部带头深入基层开展党史学习教育宣讲活动400余场次，覆盖干部群众4万余人次，推动党的光辉历史深入千家万户。举办庆祝中国共产党成立100周年系列文艺文化文体活动30余场次，极大地激发了广大群众热爱党、热爱祖国、热爱社会主义的热情。深入开展“我为群众办实事”实践活动，推动解决了一批群众“急难愁盼”问题，达到学党史、悟思想、办实事、开新局的目的。着力扩大社会宣教面。通过户外广告、LED显示屏、灯杆刀旗、景观小品、环卫宣传车、村村通广播等载体，大力刊播习近平总书记“七一”重要讲话精神、十九届六中全会精神，营造浓厚学习氛围。卓有成效的理论学习、丰富多彩的学习活动、春风化雨的理论宣讲、富有气势的社会宣传，使党的光荣历史和创新理论“飞入寻常百姓家”，凝聚起强大精神合力。

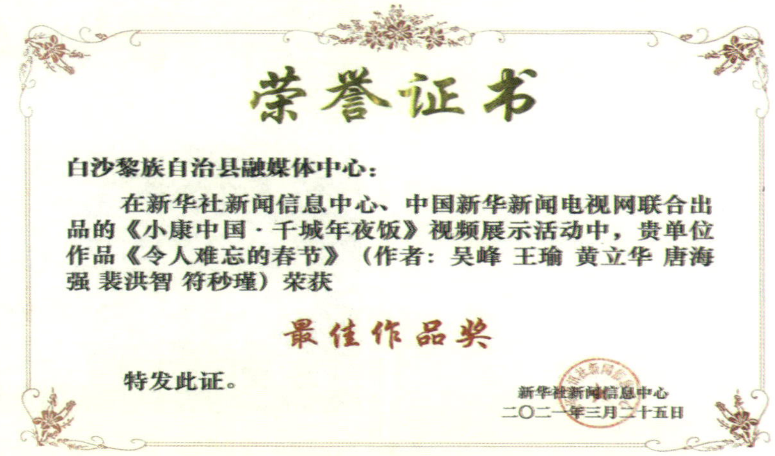
荣誉证书

白沙黎族自治县融媒体中心：

在新华社新闻信息中心、中国新华新闻电视网联合出品的《小康中国·千城年夜饭》视频展示活动中，贵单位作品《令人难忘的春节》（作者：吴峰 王瑜 黄立华 唐海强 裴洪智 符秒瑾）荣获

最佳作品奖

特发此证。

新华社新闻信息中心
二〇二一年三月二十五日

2021年5月6日，白沙黎族自治县融媒体中心作品荣获国家级大奖

（县融媒体中心 供图）

【新媒体成果】围绕中心工作，做好新闻宣传。围绕县委县政府中心工作，通过县融媒体中心平台开设“咱们的小康路”“我为群众办实事”“疫情防控”等各类专题专栏，大力宣传报道全县各项工作动态与亮点，投放自制短视频作品340个，刊发新闻信息和短视频12865条（含转载），总阅读量达1000万+。县融媒体中心制作的视频作品《令人难忘的春节》，荣获由新华社新闻信息中心和中国新华新闻电视网联合出品的《小康中国·千城年夜饭》视频展示活动最佳作品奖，在新华社客户端、中国新华电视新闻网（CNC）、百度App等平台播放量超过500万+。采编作品《小小致富鸽 大大脱贫梦》《春暖花开 英雄归来！白沙援鄂医疗队凯旋》等作品获得第31届海南新闻奖三等奖。借力主流媒体资源，广泛传播“白沙好声音”。围绕“三月三”“啦奥门”等大型民俗文化活动，结合全面建成小康社会、文体山城建设、国家热带雨林公园建设等重点工作，邀请国家级、省级媒体到白沙挖掘采访先进典型、工作亮点。省内外媒体共刊发有关白沙经济社会发展的信息1007条，“学习强国”平台推送白沙新闻256条。其中，《海南白沙黎族自治县高峰村村民——住进联排房 村里有球场》等报道被《人民日报》头版刊发，《深呼吸，在白沙》等报道被《中国县域经济报》头版头条刊发。一系列有力度、有温度的新闻宣传提升了白沙的知名度和美誉度。

【文明行动】扎实开展新时代文明实践志愿服务活动。充分利用13支新时代文明实践“8+N”志愿服务队伍，组织开展义务植树、禁毒宣传、文明交通、爱心助学、移风易俗等新时代文明实践志愿服务活动252场次。深化思想道德和群众性精神文明建设。组织开展“未成年人道德讲坛”活动8场次，引导广大未成年人树立良好道德品质。以《海南省文明行为促进条例》、社会文明大行动等为主要内容，开展文明创建知识线上有奖竞答活动，7608人参与答题，切实提高群众参与度与知晓率。2021年创建县级文明单位3个、文明村镇16个，并常态化开展“四爱”卫生健康大行动，贯彻落实环境卫生整治长效工作机制，形成齐抓共管、共建共享的良好格局。管好用好爱国主义教育基地，广泛开展“清明奠英烈”等主题教育活动，切实加强爱国主义教育。持续推进移风易俗活动，涵养乡村文明新风。打造了“赛·新风”移风易俗主题宣传品牌，以群众喜闻乐见的活动形式在各乡镇开展移风易俗志愿服务活动11场次，进一步教育引导群众摒弃陈规陋习。同时，充分发挥村规民约、红白理事会、道德评议委员的引导和激励作用，2021年白沙黎族自治县开展乡村道德评议110次，评选红黑榜760人次，及时发现劝导有大操大办趋势的红白喜事229起，形成弘扬新风正气、抵制歪风陋俗的良好氛围。大力选树表彰先进典型。组织评选表彰了李艳林等10组、30位“第三届白沙黎族自治县道德模范”，并举办了隆重的颁奖仪式。七坊镇高石老村村民王日芳被评为第八届海南省道德模范，并获得第八届全国道德模范提名奖，这也是白沙黎族自治县首次获得全国道德模范

2021年12月6日，在县委常委楼三楼会议室，召开白沙黎族自治县意识形态工作联席会议

（中共白沙黎族自治县委宣传部 摄）

提名奖。通过树立先进典型引领社会文明风尚，推动社会主义核心价值观落地生根。

【意识形态工作】组织召开白沙黎族自治县意识形态工作联席会议等意识形态工作会议，研究部署相关工作，并推动全县各级党委（党组）将意识形态工作纳入重要议事日程，进一步强化主体责任意识。2021 年全县未出现意识形态领域重大问题。组织开展网络安全宣传周活动，向群众广泛宣传网络领域法律法规，发放宣传资料 3000 余份，进一步引导群众知法、守法。推进网络安全应急指挥中心规范化建设，成立白沙黎族自治县新时代文明实践和网络舆情服务中心，进一步强化网络舆情应急处置能力。加强农家书屋建设，对全县农家书屋补充更新了 11189 册图书。同时，2021 年农村公益电影放映 1218 场次，进一步满足人民群众多层次、多方面精神文化需求。

统战工作

【政治理论学习】2021 年，在白沙黎族自治县十三届县委常委会第 140 次（扩大）会议上，县委常委、统战部部长组织学习了《中国共产党统一战线工作条例》（以下简称条例），并对《条例》进行深入解读。为切实抓好《条例》的学习宣传贯彻，县委统战部印制了 11000 册《条例》发至各乡镇党委、统一战线成员单位和统战对象，在县城区三角路口利用 LED 显示屏播放《条例》宣传标语，并向县政府申请 77.6 万元作为《条例》的宣传工作经费，切实抓好《条例》的学习宣传工作。同时将《条例》纳入县委党校、县委组织部培训内容，扎实推进《条例》学习。强化理论学习三步走，加强组织领导。结合《白沙黎族自治县党史学习教育实施方案》，制定了《白沙黎族自治县统战系统党史学习教育实施方案》，成立了以县委常委、统战部部长为组长的党史学习教育领导小组，领导小组办公室下设协调组、秘书组、宣传组、督导实践组 4 个工作组，明确各级工作职责，形成工作合力。明确学习目标。明确党史学习教育“时间表”“任务书”，做到“规定动作”做到位、“自选动作”创新多彩。截至 12 月 31 日，县委统战系统共开展集中学习 22 次，开展主题党日活动 7 次，举办党史学习教育培训班 1 次、专题宣讲活动 2 次、专题读书班 4 次。同时明确“我为群众办实事”清单 6 件，已全部完成。学习形式多样。由县委常委、统战部部长率先垂范，在“七一”和十九届六中全会后等重要时间节点，到分管领域、分管部门和帮扶联系点开展党史学习教育宣讲活动。同时联合儋州、五指山等 4 个兄弟市县统战部门共同开展党史学习教育，加强与近邻的党建联创工作，切实推进党史学习教育走深走实。

【政协换届】根据政协章程和《中共海南省委办公厅关于认真做好市县乡领导班子换届工作的通知》精神以及《关于市县政协换届人事安排有关问题的说明》的工作要求，县委统战部制定了《政协白沙黎族自治县第十一届委员会换届工作方案》，经酝酿推荐、组织考察、民主协商和各方面征求意见，完成 127 名第十一届政协委员的推荐考察和民主协商工作，其中常委 25 名，党外委员 78 名，共设置界别 19 个，结构符合《条例》规定及政协委员结构的要求。

【扶贫助学】探索政企合作发展高效特色产业的模式，持续壮大村集体经济发展。创新出台《关于巩固拓展脱贫攻坚同乡村振兴有效衔接期间政企合作发展特色产业的实施意见(2021—2025 年)》，投入 7000 万元同 3 家本土具有较强经济实力和带动效益的企业合作发展橡胶、绿茶、共享农庄等高效特色产业，保障村集体经济可持续增收。开展助力乡村振兴活动。2021 年 9 月“万企兴万村”海南行动启动大会在白沙召开，省工商联联合省农业农村厅、省乡村振兴局等 6 家部门组织 150 名民营企业家到白沙参加“共建自贸港 投资到白沙”招商推介会，助力白沙乡村振兴。同时组织 21 家民营企业参加海南冬交会，现场交易额共20.44万元，签订合同订单363.8万元，意向订单130万元。引导企业履行社会责任。组织江苏富厚电器有限公司在全县11个乡镇74个行政村开展无偿捐赠活动，共捐赠空调70台、电视机6台，总价值23.56万元。在省委统战部的支持下，争取海南金海浆纸业有限公司向打炳村村民委员会捐赠10万元产业发展资金和价值5000多元的生活用纸。同时组织36家民营企业“爱心助学·圆梦行动”活动，共捐款58.39万元，资助125名贫困学子圆了大学梦。

【对台工作】认真贯彻落实中央、省委对台各项方针、政策，加强对台胞、台属和台商的联系工作。建立健全台胞、台属基本情况信息库。通过走访调研，对全县台胞、台属进行调查摸底，建立了台胞、台属基本情况信息库，全县共有台胞台属24人、台资企业3家。积极开展“送温暖”活动。2021年春节走访慰问24名台胞台属，共计19200元。结合“我为群众办实事”实践活动和“查堵点、破难题、促发展”活动，统筹协调各有关单位，为台胞陈郁蓉解决16套房子的不动产权发证问题，受到台胞一致好评。

【侨务工作】2021年，积极实施“归侨侨眷关爱”工作，慰问归侨侨眷58户，发放慰问金及慰问品共352000元。通过开展印支难民信息的摸底统计工作，与海南省越南柬埔寨老挝归侨联谊会开展2021年金秋助学活动，资助4名大学生1.2万元。积极开展侨法宣传工作。全年共发放宣传资料300余册，解答涉侨政策咨询500余人次。坚持“热情服务，真心为侨”的服务思想，为5名“三侨生”办理高考加分工作。推动基层侨务组织建设，在龙江农场挂牌成立了龙江雅谷红“侨胞之家”。

【民族团结工作】2021年，在加强民族团结方面，主要做了如下工作：将民族团结进步宣传月活动摆上重要的议事日程，结合全县工作实际，制定《白沙黎族自治县2021年民族团结进步宣传月活动实施方案》。活动期间，开辟宣传栏16个，制作宣传牌24块，悬挂宣传标语350条，电子广告屏宣传图片56幅、LED显示屏全天候滚动播放宣传标语126条。协调组织举办庆祝海南黎族苗族传统节日“三月三”活动，组织县民族事务局制定《2021年海南黎族苗族“三月三”节庆白沙分会场总体方案》，促进各民族交往交流交融。投入29.9万元建设县民族中学的全国民族团结教育示范基地黎陶培训工作室，为白沙非物质文化遗产传承教学与实践打下基础。举办黎族苗族传统服饰设计制作及缝纫技艺培训班，扩大了农民增收致富渠道，推动黎锦专业合作社发展壮大，促进白沙黎族自治县黎锦苗绣手工艺产业健康发展。举办3期黎族传统竹藤编技艺培训班，进一步加强对少数民族传统竹藤编技艺的传承和保护，推动振兴乡村建设与地域文化相结合。协同省民宗委联合举办4期民歌、民舞、民族文学创作培训班，对来自全省各市县的115名有关文艺团体和民族中小学校音乐专业骨干教师开展培训指导。备战第十二届全国少数民族传统体育运动会。在省民宗委的指导下，做好白沙黎族自治县少数民族传统体育项目板鞋竞速、高脚竞速、毽球、陀螺和秋千5个项目72名教练及运动

龙江雅谷红“侨胞之家”挂牌成立

员日常训练工作。认真做好少数民族发展资金项目的跟踪监督，充分发挥少数民族发展资金在乡村振兴中的作用。

【宗教管理】2021 年，县委统战部组织乡镇分管宗教的领导、村（居）委会宗教工作三级网络信息员以及各居委会分管宗教工作人员共 120 人举办了 2021 年白沙黎族自治县宗教事务管理干部培训班，培训班邀请海南省委统战部的符彦还以“紧跟形势，把握政策，加强新时代农村宗教治理”为题进行授课。为防范化解宗教领域重大风险，维护国家政治安全和社会稳定，白沙黎族自治县结合工作实际，制定了《白沙黎族自治县开展专项整治非法宗教活动、遏制宗教渗透蔓延工作实施方案》，并对专项整治工作的重点任务进行分工，明确各单位的工作职责。截至 2021 年 12 月底，白沙黎族自治县没有发现存在非法宗教活动和宗教渗透蔓延现象。基督教是白沙唯一的宗教，全县共有信教群众 210 人，有基督教家庭聚会点 14 个。县内没有宗教团体，没有合法的宗教活动场所，没有宗教教职人员，没有私设点，没有宗教财产。

【依法管理宗教事务】充分发挥基层党组织的作用，开展横到边、纵到底管理措施，村党支部书记作为宗教工作信息员负责对本村信教群众的管理。县宗教事务局负责管理全县宗教工作，乡镇成立宗教工作领导小组，乡镇党委书记任组长，领导小组下设办公室，办公室设在乡镇综治办，由乡镇党委副书记或党委委员任办公室主任，负责日常工作，同时还设立了乡村级宗教工作网络形成党委统一领导，乡、村、组三级联防的工作格局。

教育引导信教群众依法信教，明确家庭聚会只能有家庭成员参加，不能召集家庭以外人员举行非法聚会。

开展爱国主义教育，争取团结大多数信教群众。抓好“宗教政策法规宣传月”活动。悬挂横幅 190 个，开辟宣传栏 86 个，发放宣传折页 5000 册。

提升基层宗教管理干部的业务水平，加强对基层宗教事务管理干部的宗教知识培训。选派宗教工作干部参加省宗教局业务培训。2021 年 10 月 22 日举办全县宗教事务管理干部培训班，县委统战部机关干部职工、乡镇分管宗教的领导、村（居）委会宗教工作三级网络信息员、各居委会分管宗教工作人员共 120 人参加培训。

【专项整治非法宗教活动】2021 年 6 月 7 日，县委统一战线工作领导小组组长刘蔚主持召开了县委统一战线工作领导小组 2021 年第一次全体（扩大）会议，研究审议了专项整治工作的进展情况及下一步工作计划。制定《白沙黎族自治县开展专项整治非法宗教活动、遏制宗教渗透蔓延工作实施方案》，部署实施的步骤措施，并对专项整治工作的重点任务进行分工，明确各单位的工作职责。成立由县委书记刘蔚担任组长的专项整治非法宗教活动遏制宗教渗透蔓延工作领导小组，副书记李广清和分管统一战线工作的县委常委符会从任副组长，成员单位由县委办、县委组织部等 15 家单位组成。领导小组设办公室，办公室设在县委统战部，主任由县委分管统战工作的常委符会从担任，县委统战部宗教事务局人员任办公室成员，同时设立 3 个专项整治工作组协调做好专项整治非法宗教活动遏制宗教渗透蔓延工作。

（供稿人　张质珍）

【民主党派建设】为引领白沙黎族自治县民主党派成员深入学习贯彻习近平新时代中国特色社会主义思想，以实际行动为建设美丽新白沙贡献力量，结合全县工作实际，成立了民盟白沙黎族自治县支部筹备组和农工党白沙黎族自治县支部筹备组。2021 年 10 月，为了更好地促进民盟盟员和农工党员履行参政党职能，经过酝酿、发展和考察，白沙正式成立了民盟白沙黎族自治县支部和农工党白沙黎族自治县支部，其中民盟白沙黎族自治县支部设主委 1 名，副主委 1 名；农工党白沙黎族自治县支部设支部主任委员 1 名，支部副主任委员 2 名，支部委员 2 名。

【民营经济统战工作】2021 年白沙黎族自治县市场主体总量

为 8447 户。其中，民营企业 1532 家，个体工商户 6915 户，民营企业纳税额占全县税收总额的 80% 左右。县委统战部领导班子以《海南省市县工商联换届工作实施意见》为抓手，制定《白沙黎族自治县工商联（总商会）2021 年换届工作方案》，指导白沙黎族自治县工商联（总商会）顺利完成换届工作。

2021 年组织 25 名民营企业家参加“白沙黎族自治县统战系统“学党史、铭初心”专题培训班，投入 30.8 万元建设了“白沙网上工商联”平台，在“i 白沙”官方新闻客户端上线运行，成为全省第二个建成“网上工商联”平台的市县。在开展优化营商环境调研工作中，推动了“一枚印章管审批”“一件事”集成办理、企业开办“大礼包”等制度创新。2021 年县工商联获得全国工商联“2021 年度民营企业调查点工作先进示范单位”和“2020—2021 年度全国‘五好’县级工商联”两项荣誉。

【组织队伍建设】加强统战干部队伍建设。以持续深化习近平总书记系列讲话精神和十九届历次全会精神为出发点，举办白沙黎族自治县学习贯彻党的十九届五中全会精神暨党史学习教育网络专题班，培训人员 2580 人。同时组织 50 余名党员干部赴福建省古田干部学院举办“坚定理想信念与提升党性修养”专题培训班暨党史教育培训班，锤炼忠诚干净担当的政治品格。紧紧围绕海南全面深化改革开放和自贸港建设开展能力培训。为强化领导干部自贸港专业化能力，着力提升政务服务水平，举办为期 5 天的“我为加快推进海南自由贸易港建设做贡献”暨优化营商环境专题研讨班，近 50 人参训，为海南自由贸易港建设和白沙经济社会又好又快发展提供人才保证和智力支持。

加强工作对象队伍建设。组织 59 名统战干部、民营经济人士、统战对象赴湖南大学举办“学党史 铭初心”专题培训班，为统一战线工作打下坚实基础。结合省委统战部印发的《海南省归侨侨眷权益保护若干规定》《海南省华侨权益保护条例》等侨务法规政策，联合县侨联赴白沙黎族自治县金波乡开展侨务法规政策专题宣讲活动，加深广大侨胞侨眷对侨务法规政策的了解。结合党史学习教育，邀请县委党校副校长到龙江农场开展“知党史、感党恩、听党话、跟党走”党史学习教育专题宣讲活动，教育引导党员干部、侨界群众学好百年党史，为白沙黎族自治县统一战线工作凝心聚力。

政法工作

【概况】2021 年，在县委、县政府的坚强领导下，县委政法委认真贯彻落实习近平新时代中国特色社会主义思想和习近平总书记系列重要讲话精神、党的十九届历次全会精神，以平安创建、维护建党 100 周年大庆为主线，深入开展扫黑除恶、新一轮禁毒三年大会战、矛盾纠纷排查化解、特殊重点人员教育管控等工作，为推动平安白沙建设和服务海南自由贸易港建设做出积极贡献。

【社会治安】以庆祝中国共产党成立 100 周年安保维稳为主线，组织开展涉稳风险整治攻坚专项行动，针对排查发现的 47 个问题进行化解，已化解 39 个，化解率 83%。关注县“中扬联众”、海航集团投资受损人员和水利建设兵团等涉众型群体；持续保持对邪教组织的严打高压态势，未发生邪教案（事）件，持续保持“三个零”指标。建党 100 周年大庆以及全国全省两会、博鳌亚洲论坛年会、春节等重要活动、重大节庆期间，全县社会大局稳定，实现了“六个坚决防止、三个确保”的工作目标。组织各相关部门紧紧围绕影响人民群众安全感的突出治安问题，深入推进扫黑除恶常态化、新一轮禁毒三年大会战等工作，全县人民群众安全感、幸福感明显增强。

2021 年，共立刑事案件 541 起（含补立年前案件 141 起），破案 199 起，破案率 36.8%，抓获犯罪嫌疑人 289 名；受理治安案件 485 起，查处率 485 起，查处率 100%，受理数同比下降 11.2%，查处违法

2021年10月22日，在县政务服务中心四楼召开白沙黎族自治县平安建设暨新一轮禁毒三年大会战推进会

人员655名；发生现行命案2起，均在24小时内破案，连续9年保持现行命案全破的纪录。深入推进扫黑除恶常态化工作。省扫黑办转办5条线索均全部办结；聚焦信息网络、交通运输、工程建设、自然资源四大行业领域开展整治，共破获盗窃案件46起、诈骗案件7起、帮助信息网络犯罪案件6起，冻结涉案账户120个，涉及资金362.46万元；打掉收贩卡团伙4个，抓获违法犯罪嫌疑人17名，协助外省公安机关破获案件4起，缴获摩托车、电动车、电脑等赃物折合人民币34.836万元；查获货车非法改装165起，客运货车超载116起，货运车辆遗撒、飘散载运货物14起；对全县22个房地产项目进行检查，对发现的8个问题要求整改，约谈房地产企业4家，纳入住建领域黑名单2家；整治乱圈、乱挖和偷卖土地等破坏土地违法犯罪行为，立案80起，处罚金额146.79万元，营造了良好市场营商环境和生活环境。全力打好新一轮禁毒三年大会战。2021年，共破获毒品刑事案件3起，抓获犯罪嫌疑人8名，超额完成省下发的刚性指标；查获吸毒人员4名并采取强制措施，强制隔离戒毒执行率达100%。从“海南省涉戒涉康人员精准智能服务平台”分出“新时代白沙创建无毒县”平台，为社会治安管理工作提供科学、可靠、有效的支撑。截至2021年年底，全县登记在册的吸毒人员共494人，有吸毒人员65人，占全县户籍人口的0.3‰，与2020年同期相比下降0.45‰，且低于新一轮禁毒三年大会战1.8‰的任务目标值。严厉打击“黄赌毒”。共查处涉黄行政案件11起，抓获违法人员26名；侦破涉赌刑事案件3起，抓获犯罪嫌疑人3名；查处涉赌行政案件36起，抓获违法人员105名，收缴赌资43303元；侦破“私彩”赌博刑事案件3起，抓获涉案人员3名。严厉打击电信新型经济犯罪。配合外省市公安机关办理非法吸收公众存款案2起，本地未发生金融犯罪案件；同时，组织各部门各乡镇开展防范和打击非法集资宣传活

2021年6月8日上午，在县政府二楼会议室召开白沙黎族自治县庆祝建党100周年安保维稳工作动员部署会暨信访工作联席会议工作部署会

动，未发现有涉嫌非法集资的相关案件线索。

【综合治理】筑牢人民调解防线。充分发挥人民调解工作化解矛盾、维护社会稳定“第一道防线”的作用，共受理调解各类矛盾纠纷案件343起，调解343起，调处率100%，调解成功326起，成功率95.04%。加强对特殊人群管理服务和稳控工作。对107名在册矫正对象实行手机定位监控，实时掌握动向，防范重新犯罪；为全县1000余名0~5级精神障碍患者及100名社区戒毒康复人员购买第三方责任险，对全县551名3级以上肇事肇祸严重精神障碍患者逐一建档并录入管理系统进行统一管理，与监护人签订有奖监护协议，落实监护人以奖代补政策，有效防范肇事肇祸案事件发生。加快立体化、信息化社会治理体系建设。总面积1300余平方米的县社管平台指挥大厅已建设完成并投入使用，全县11个乡镇、92个村（居）综治中心均建设完成并投入使用，实现县、乡镇、村级综治中心的联动工作机制。积极探索数字平安乡村建设。在牙叉镇对俄村、牙港村等率先推进数字平安乡村联防联控智能平台建设，为乡村治理及综治、安防等工作提供保障。此外，以“三无”船舶管理整治为契机，制定出台《白沙黎族自治县乡镇船舶管理办法（试行）》，强化白沙黎族自治县船舶安全管理；积极开展铁路周边安全及矛盾纠纷排查活动，加强对铁路沿线“五类”重点人员的摸排管控，未发生危及铁路运输的违法犯罪案件和铁路交通事故。

【普法宣传】2021年，县委政法委以“6·26”国际禁毒日、反邪教宣传、“4·15”国家安全教育日、铁路护路等专题活动为契机，先后开展各类活动6次，发放禁毒宣传材料1300份、《反邪教知识读本》（小学版）14900本、“套代购”宣传手册1200余份、铁路护路宣传资料2500多份。同时，通过“白沙无毒县创建在行动”抖音号发布禁毒宣传作品共43个，并转载到南海网进行宣传，取得良好成效。在各乡镇开展平安建设巡回演出8场，通过群众喜闻乐见的节目形式，充分调动社会力量参与平安建设的积极性，提高居民群众对平安创建的知晓率、参与率、满意率，进一步净化社会环境。

【教育整顿】组织县政法各单位严格按照学习教育、查纠整改、总结提升三个环节要求开展教育整顿。在学习教育环节，全县政法系统共开展集中学习161次、警示教育38次、红色资源革命传统教育14次，召开英模教育报告会15次，县委书记和政法单位“一把手”走上讲台为政法干警讲党课10次，引导全县政法干警进一步筑牢政治忠诚。在查纠整改环节，引导132名政法干警主动向组织说明问题；共受理各类问题线索223件，办结223件，实现清零目标；评查案件4561件，发现存在问题579件，均全部完成整改；巡查政法各单位党委（党组）的队伍建设情况，发现存在问题41个，已全部落实整改；政法各单位梳理

2021年3月1日下午，在县政府二楼会议室召开白沙黎族自治县政法队伍教育整顿动员部署会暨县政法队伍教育整顿领导小组第一次（扩大）会议

的415个顽瘴痼疾均已全部完成整改。在总结提升环节，先后制定、完善了69项工作制度，巩固深化了教育整顿成果。此外，政法各单位深入开展“我为群众办实事”活动，得到人民群众的充分肯定。如县委政法委积极协调解决卫星居十七队与浪烈村饮水纠纷问题，县公安局联合驾校、机动车监测站等单位成立“流动车管所”等。

【基础党建】认真落实党建工作责任制。严格履行“一岗双责”，坚持把党建工作和政法工作结合起来，形成党支部书记和委员齐抓共管的责任体系，做到年初有部署、半年有督促检查、年终有总结。

着力强化理论武装。通过主题党日、党员大会专题学习等形式深化党史理论学习，组织党员干部集中学习《论中国共产党历史》《中国共产党简史》等内容，共开展集中学习31次，召开党支部书记上党课1次。同时，积极引导党员干部利用“干部在线平台学习”“学习强国”等平台载体开展自学。

严格落实“三重一大”制度。认真执行民主集中制，2021年共研究重要事项6次、重大项目9次、重要人事问题2次、大额资金使用17次，充分保证了决策的民主性和科学性。

做好支部换届选举和发展党员工作。2021年8月，支部严格按照选举办法，选举产生新一届支部委员3人，并明确了支部委员责任分工。同时，按照党员标准和发展程序，培养1名入党积极分子。

强化作风建设。组织全体党员观看全县党员干部警示教育典型案例展，观看《蜕变的初心》和《代价》等警示教育片，结合政法队伍教育整顿，组织全委干部开展自查自纠，引导全体党员干部坚定理想信念，进一步筑牢拒腐防变的思想道德防线。

做好抓党建促乡村振兴工作。安排11名领导干部职工联系挂钩帮扶七坊镇高地村44户建档立卡脱贫户，积极组织进村入户落实脱贫户信息采集及各类惠农政策宣传、农村医疗保险参保缴费、开展节日慰问、帮助申请产业及务工补贴等各项帮扶联系工作任务。

【意识形态工作】2021年，全县未出现社会热点事件。筑牢政法综治维稳意识形态安全防线。在全国全省两会、庆祝中国共产党成立100周年活动、十九届六中全会等重要节点组织开展舆情研判分析，加强安全监管，2021年涉及白沙黎族自治县的5005条重点舆情信息（包含转载），均及时协调有关部门处理，在主流媒体正面发声，确保了全县社会舆情的稳定。牢牢把握党对政法工作的绝对领导。加强学习习近平新时代中国特色社会主义思想以及习近平系列重要讲话精神、党的十九届历次全会精神，不断强化全委领导干部思想政治教育，引导其坚定理想信念，始终牢固树立“四个意识”，坚定“四个自信”，做到“两个维护”。始终坚持正确的舆论导向。通过白沙新闻在线、白沙黎族自治县政法在线微信公众号等新媒体，广泛宣传综治、维稳、反邪教典型案例71篇，传播政法工作“正能量”，有效增强了政法宣传工作的传播力、影响力。

机构编制管理

【概况】2021年是中国共产党成立100周年，是“十四五”开局之年，中共白沙黎族自治县委机构编制委员会办公室（以下简称“县委编办”）坚持以习近平新时代中国特色社会主义思想为指导，紧紧围绕县委县政府中心工作，扎实推进各项机构编制工作，取得良好成效。

【机构改革】做好推进基层整合审批执法力量改革后半篇文章。推动制定《白沙黎族自治县乡镇行政处罚事项清单》《白沙黎族自治县赋权乡镇行政许可事项清单》《白沙黎族自治县赋权乡镇公共服务事项清单》，共赋权乡镇103项综合行政执法事项、12项行政许可事项、18项公共服务事项，进一步深化推动基层整合审批执法力量改革工作，将乡镇管理迫切需要且能够有效承接的

县委编办党支部庆祝建党100周年

经济社会管理权限依法赋予乡镇，让乡村治理更加高效。

调整森林公安机关管理体制。根据省委、省政府关于森林公安机关管理体制调整工作部署和要求，将县森林公安局及邦溪林区派出所整建制划转县公安局管理。原县森林公安局更名为县公安局森林分局；邦溪林区派出所更名为县公安局森林分局邦溪林区派出所。将有关森林、野生动植物资源保护、林业生态安全的职责调整到县公安局。

做好省相关部门国省干线公路路政执法职责划转市县承接工作。为了落实好省公路管理局所属市县公路局（分局）涉及路政执法职能和人员编制划转市县工作部署和要求，将省公路管理局白沙公路分局原负责的国省干线公路路政执法职责调整到县综合行政执法局，接收省公路管理局白沙公路分局划转相应事业编制和在编在岗执法人员。

优化配置机构编制资源。整合基层医疗机构资源。为优化基层医疗卫生机构，将原15个基层卫生院以及原9个农场医院进行资源整合，重新组建13个基层卫生院。将原县卫生院财务管理中心职责撤并，组建县卫生健康事务中心。整合农业服务机构资源。为加强现代农业发展提供技术服务和保障，撤销了原县农业机械服务中心、原县农科所2个事业单位，将有关职责划入县农业技术推广服务中心，并将县农业技术推广服务中心更名为县农业技术与机械服务中心。整合社会管理服务机构资源。为了优化提升民政社会服务管理职能，撤销了县民政局婚姻登记处和低保办2个事业单位，将有关职责整合组建县民政事务服务中心。调整优化部分事业单位职能。为适应新时代新形势事业发展，重新梳理调整了一批事业单位的职能并更名。为了加强自然资源资产的审计服务工作，将原县政府投资审计中心的职责进行撤并，组建县自然资源资产和公共投资审计中心。为了加强老干部服务职能，将原县老年人活动中心更名为县老干部服务中心。为了加强检验检测机构的职责，将原县质量技术监督技术所更名为县计量检测所。为了落实省政府有关全省职业学校布局调整的决策部署，撤销了县中等职业技术学校。设立了服务保障重点领域的机构。为加强新时代文明实践与网络舆情服务、社会综合治理服务以及“四

2021年11月12日，县委编办召开第二次白沙黎族自治县机构编制核查会暨2021年度机构编制年度统计培训会，动员部署白沙黎族自治县机构编制核查工作

大办”综合服务保障工作，设立了县新时代文明实践与网络舆情服务中心、县党政综合服务中心、县社会综合治理服务中心、县人大信息综合保障中心、县政协社情民意研究中心5个事业单位。

【探索编制创新管理】制定出台了《白沙黎族自治县教育医疗卫生事业编制总量管理实施细则》，探索教育卫生领域编制统筹，服务民生事业发展。将省下达的1796名中小学校教职工编制和205名公办幼儿园教职工专项编制，以及县卫健委管理的19家医疗机构和下属事业单位使用的578名事业编制，分别下放县教育局和县卫健委集中管理和统筹调剂，简化和规范教育医疗卫生领域内干部人事调配和编制管理工作，促进教育卫生队伍结构优化。推进公办幼儿园人员总量管理。根据《海南省公办幼儿园人员总量管理办法（试行）》，结合实际，制定《白沙黎族自治县公办幼儿园人员总量管理实施方案》，探索推进公办幼儿园实行人员总量管理。幼儿园以班级数和班额数为主要参数核定幼儿园教职工人数，人员总量包括原核定的编制数和核增的员额数，员额数不计入事业编制总量，推进学前教育领域编制管理创新，促进学前教育事业发展。2021年机构编制部门批准16名员额数，用于招聘公办幼儿教师，不断加强学前教育教师队伍建设。制定了《白沙黎族自治县重点领域人才专项事业编制使用管理办法（试行）》，在县级事业编制存量中单列100名人才专项事业编制，专用于医疗卫生、教育、旅游、文化、新闻媒体、体育、环境保护、农业技术、城乡规划、工程建设、信息技术、法律、审计、会计等重点领域事业单位，为因满编或超编无法聘用的紧缺专业技术人才提供编制保障，实行“专编专用、人退编收”，解决旅游、文化、新闻媒体、农业技术等重点领域人才紧缺问题，为人才引进提供保障。2021年，共有县土地开发整理储备中心、县环境监测保护站等单位申请使用人才专项编制2名，引进国土空间规划、生态环境监测方面的专业性人才。

【机构编制核查】为深入贯彻《中国共产党机构编制工作条例》精神，按照省委编委的部署，认真组织开展第二次全县机构编制核查工作，对全县247家机关单位进行机构编制信息核查。严格按照“机构清、编制清、领导职数清、实有人员清”的目标要求，建立了组织、编制、财政、人社等部门联动机制，从单位自查、群众监督、数据比对、实地核实、问题整改、数据更新6个工作环节入手，对照机构编制审批文件、任免职文件、工作发放花名册、人社参保信息等资料，比对实名制信息系统数据是否真实准确，及时查缺补漏，校正勘误，完善数据库信息。通过审核比对，共修改完善机构和人员信息3593条，清理核减了因死亡、退休、调离、辞职等情况没有及时办理手续的192人，进一步加强和规范了机构编制管理，为推进各项机构改革和机构职能体系建设提供支撑和保障。

【事业单位登记管理】加强培训，提升登记工作规范化。举办“白沙黎族自治县2021年度事业单位登记管理培训班”，组织全县各有关事业单位进行培

2021年12月26日，县委编委主任邓伟强主持召开2021年中共白沙黎族自治县委机构编制委员会第2次会议，研究机构编制事项

训，进一步提升事业单位登记管理工作规范化。全面推动事业单位登记规范化。梳理近年来因机构改革撤销调整后法人设立、变更、注销不及时的事业单位，完善和规范事业单位登记工作。共办理事业单位法人设立登记 3 家，变更登记 30 家 42 项，注销登记 4 家。加强对事业单位的监督管理。审核完成 125 个单位的年度报告书，并在事业单位在线网站进行公示，加强事业单位法人事中事后监管，促进事业单位健康有序发展。

2021 年 6 月 10 日，县委编办党支部召开主题党日学习活动

2021 年 7 月 14 日，县委编办到挂钩联系村开展宣传秸秆焚烧条例志愿服务活动

【党建工作】认真开展党史学习教育。重点学习了党史、新中国史、改革开放史和社会主义发展史，深入学习习近平总书记系列重要讲话精神，特别是习近平总书记在庆祝中国共产党成立 100 周年重要讲话精神、党的十九届六中全会精神，努力做到学史明理、学史力行，不断增强“四个意识”、坚定“四个自信”、做到“两个维护”。2021 年，县委编办支部共集中学习 29 次，学习讨论 100 多人次。

严格党内政治生活。按照支委换届要求开展换届选举，选出支委班子，并对人员进行分工，明确职责。严格落实“三会一课”制度，一年来共召开支委会 24 次、党员大会 6 次、支部书记上党课 2 次，开展组织生活会 1 次、民主生活会 1 次、民主评议党员 1 次。加强对党员的培养和发展，预备党员转正 1 名、培养入党积极分子 1 名。

组织党员开展系列活动。组织党员深入挂钩联系点开展《秸秆焚烧条例》政策宣传志愿服务工作，提高群众对秸秆焚烧等相关法律法规和政策的知晓度。与挂钩单位益条村党支部联合组织党员干部参观革命遗址，重温入党誓词，考察牙叉镇高峰新村产业发展，拓宽党员的学习方式。

落实党风廉政建设主体责任。制订《县委编办 2021 年党风廉政建设工作计划》。支部书记与班子成员，班子其他成员与党员签订党风廉政责任书，进一步提升党员廉政责任意识。深入学习十九届中纪委五次全会、七届省纪委五次全会、十三届县纪委六次全会精神，学习县纪委印发的作风典型案例文件精神，进一步筑牢廉政思想防线和干部队伍纪律作风建设。

【作风建设】根据县委部署，结合县委编办实际，认真开展作风整顿建设年、“查堵点、破难题、促发展”和“我为群众办实事”活动，对照白沙黎族自治县作风整顿建设年实施方案三大方面12种作风突出问题、对照“查堵点、破难题、促发展”三个特征要求、对照群众“急、难、愁、盼”的原则，结合工作岗位和实际，认真进行查摆形式主义、官僚主义等作风问题，切实找准作风转变存在的突出问题、工作堵点和群众“急、难、愁、盼”工作事项，共排查13条作风转变存在的突出问题、3项工作“堵点”和2项“我为群众办实事”事项，建立整改台账，限期整改，进一步转变工作作风，解决了一批堵点、难点问题。

【巩固拓展脱贫攻坚成果】按照县调整选派巩固拓展脱贫攻坚成果帮扶联系人实施方案要求，县委编办对27户脱贫户重新调整帮扶联系人，选派帮扶联系人7名，帮扶联系27户115人，派驻驻村工作队1名。一年来，共走访召开家庭会议81次，共召开巩固脱贫攻坚成果工作专题会议12次，投入资金67844.5元，解决脱贫户16个具体问题，帮助转移劳动力48人，落实32名在校生教育补贴政策，帮扶联系户的城乡居民基本医疗保险参保率达100%，脱贫户的总体收入较2020年有所增加，脱贫户满意度有所提升。

（县委编办：羊昌忠）

县委直属机关工委工作

【概况】县委直属机关工委是县委工作机关，统一领导县直机关部门党的工作，为正科级单位，2021年有人员编制5名，均为行政干部编制，内设机构有综合岗、宣传和调研岗、组织和培训岗。2021年，在县委的领导下，统一组织、规划、部署县机关党的工作，大力加强党的思想、组织、作风、纪律、制度建设和反腐倡廉工作，充分发挥了基层党组织协调监管作用，促进了各部门各项工作任务的落实。

【思想建设工作】以加强队伍建设为目标，制订年度计划，扎实有效推进书记进讲堂、微党课进基层、纪律教育和红色教育进支部三项活动，引导机关党员认真学习党的创新理论，不断推进理论武装深入开展。抓好党员干部政治理论学习，将党史学习教育同推动理想信念教育常态化制度化相结合，开展了《社会主义发展简史》《中国共产党简史》《改革开放简史》《毛泽东邓小平江泽民胡锦涛关于中国共产党历史论述摘编》《习近平新时代中国特色社会主义思想学习问答》等党的政治理论书籍专题学习，认真学习领会党和国家领导人讲话精神，做到个人学习、集中学习和思想研讨同步推进，提高学习效果和实践运用水平。2021年，县委直工委多次组织各机关党组织开展各种学习教育活动，累计开展集中学习400余次、开展思想交流91次、书记上党课230次、专题辅导35次、座谈讨论50次、党员干部撰写心得体会1000多篇。此外还协调组织开展党史学习教育和“七一”重要讲话知识竞赛，引导县直属机关全体党员干部重温党史，凝聚奋进力量，积极推进党史学习教育活动走深走实，取得实际成效，党员干部的思想政治素养明显提高。抓好党性教育。为了进一步坚定党员干部“不忘初心、牢记使命”信念，在加强理论学习的同时，组织党员干部向先进学习、向模范学习、向典型学习，学习“七一勋章”获得者王书茂、周永开的先进事迹，以及海南“全国优秀党务工作者”称号获得者陈华强、海南“全国优秀党务工者”称号获得者黄丽萍的先进事迹，通过学习先进榜样汲取奋进力量，立足岗位做贡献。通过指导各机关党组织，进一步完善党性教育工作机制，把抓好党员干部的思想政治工作作为重要政治任务，开展书记上党课、党日主题活动，结合学习宣传教育，在深学细悟中自觉运用党内法规指导实践，不断增强“四个意识”，坚定“四个自信”，做到“两个维护”，“不忘初心、牢记使命”，激发广大党员干部热爱党、热爱社会主义的热情。抓好意识形态工作。成立白沙黎族自治县海南自由贸

白沙黎族自治县县直机关党组织党史学习和教育及“七一”重要讲话和知识竞赛活动

易港建设思想作风懈怠风险防控专项工作组，制定了《白沙黎族自治县海南自由贸易港建设思想作风懈怠风险防控专项工作实施方案》和《风险等级界定制度》，加强全县各单位特别是各级党组织意识形态阵地建设和管理。进一步落实定期分析报告制度，开展专题调研，发挥督导平台作用。

【组织管理】县委直属机关工委认真履行工作职责，年初制定年度具体工作方案，扎实推动机关单位组织建设工作有效开展。完善了工委联系机关党组织的党建工作制度，建立了党组织、党员工作台账，规范了党费收缴、党费管理使用、党员组织关系转递工作程序，完成党组织书记和入党积极分子、培养对象的培训学习，下发党建调研通知文件，对在党50年的党员情况进行统计管理，开展了基层党组织专题组织生活会和民主评议党员、党员年终统计、基层党组织建设突出问题专项整治、党史学习教育、破解“查破促”难题、党员思想作风懈怠风险防控等工作，并实行了生活困难党员专项管理，成立了2个离退休党支部，建立健全基层党组织建设考评和党员发展及流动党员管理等工作机制，确保了各机关党组织的高效运转。一年来，按年度发展党员计划，积极抓好发展党员工作，取得明显成效。2021年审批正式党员84名、吸收预备党员130名。

抓好基层党组织书记述职评议工作，做到各个基层党组织及时召开年度党组织书记抓党建工作述廉评议会，书记现场述职，其他机关党委、党总支部、党支部书记书面述职，进一步规范了述职程序，切实提高了机关党组织述职质量。

抓好机关党组织换届选举工作，按照《中国共产党章程》《中国共产党农村基层组织工作条例》，组织开展党代会代表候选人选推荐和代表人选选举工作。顺利完成党的二十大、海南省第八次党代会、白沙黎族自治县第十四次党代会代表候选人推荐和代表选举任务。集中开展基层党建调研工作，落实工委分管领导协调有关党组织解决问题的责任，采取多项督导和提醒待办等办法，做好基层党组织换届选举工作。3年来20个未及时换届

2021年白沙黎族自治县县直机关入党发展对象培训班

的机关党组织（1个机关党委、3个党总支部、16个党支部）已全部完成到期换届选举工作，确保了基层党组织党建工作顺利开展。在推进基层党组织建设工作中，根据县委人事调整情况和实际工作需要，督促调整了多个党组织班子，充实配齐党组织书记、副书记58名，其他班子委员76名；新成立机关党支部4个，分别是县粮食局离退休干部党支部、县民政局离退休干部党支部和县委政研室党支部、县电商服务中心党支部。

抓好新时代基层党组织标准化规范化建设。持续开展基层党组织规范管理工作，组织党务工作者党建业务培训和新党员政策理论知识学习，不断完善党组织工作制度，实行入党流程审批，执行“三会一课”审签和民主生活会、组织生活会请示报告制度。完成2个基层党组织支部标准化规范化项目建设，实现年度项目建设计划，在县直机关党组织中发挥了示范效应作用。

【党风廉政建设】严格按照县委、县纪委监委的部署要求，以高度的政治责任感、严肃的工作态度和求真务实的作风，认真抓好年度党风廉政建设工作。以机关作风建设年工作为目标，研究落实年度工作方案，明确任务要求和具体工作措施，持续在“力行”上作出成效。抓好机关党建述职评议查摆存在问题和县委巡查发现问题整改工作。“一把手”亲力亲为，召开专题书记办公会议，研究解决存在问题。4月中旬，存在的问题经整改已全部落实到位。其中2020年推进支部标准化项目建设存在问题整改取得较快进展，已责令施工方按原来预算清单逐一整改上墙，部分流失资金已全部追还到位。对于发展党员和党费收缴工作中存在的问题，经过认真地基数核准，已形成发展党员工作流程范本和党费收缴基数清单，进一步提高了审批时效和工作质量。

把党史学习教育、“查堵点、破难题、促发展”和“大学习、大调研、大抓落实”活动同对照现实、推动工作结合起来，通过聚焦作风建设问题，形成学习整改、“我为群众办实事”、纪律教育、严于律己等几个重要工作事项。一年来，围绕“确保节日风清气正、建立疫情防控机制”“优化营商环境，助力清廉自贸港建设”“习近平总书记‘4·13’重要讲话”“一把手纪律教育和廉内助家风教育”等主要工作要求，组织专题学习会、专题讨论会、集中学习交流会，通过学习分析、查摆问题，建立了作风整顿建设年动态问题台账。对发展党员审批程序把关不严，基层党支部标准化建设力度不大、文风不实等8个问题逐项进行整改，年底前已全部整改落实到位。

落实“我为群众办实事”行动。紧紧抓准群众“急难盼愁”的作风问题，规定推进时限，落实责任到人，集中精力开展专项行动，做到立竿见影，落实见效。县直机关普遍存在退休重度困难党员党费缴纳困难、支部活动经费困难等难点问题，通过落实长效强化措施，都已全部整改到位。积极开展纪律教育和反腐倡廉工作。突出抓好纪律教育活动月宣传和《中华人民共和国监察法》《〈中华人民共和国监察法〉实施条例》和《党风廉政

白沙黎族自治县2020年度党（工）委书记抓基层党建工作述职评议会召开

建设规定》的贯彻落实，尤其注重将反腐倡廉要求和监督制约机制贯彻到各项工作之中，采取各种措施，执行中央八项规定，完善党组织党内监督的六项制度，加强对权力运行的有效监督，进一步端正党风、政风。

【社会文明行动】实施社会文明大行动是推进机关单位工作的有效载体和抓手。2021年以开展社会文明大行动为工作目标，认真组织抓好爱国卫生、“巩卫创文”和病媒生物防制工作。按照制定的方案和工作计划要求，做到常态化、制度化管理，坚持每季度组织一次爱国运动宣传活动，落实科普知识培训、辅导制度，进一步提高干部职工思想认识，不断增强做好爱国卫生工作责任心。坚持每日开展无烟单位创建工作，做到及时签订无烟单位责任书和无烟单位承诺书，确保控烟巡查员职责到位、控烟制度有效落实。

政策研究

【概况】2021年，在县委坚强领导下，县委政策研究室紧紧围绕县委中心工作，集中精力做好文稿起草、调查研究、全面深化改革、定点帮扶联系等工作，为加快推动白沙融入海南自由贸易港建设，走深走好“两山”实践之路，实现经济社会高质量发展做出政研贡献。聚焦以文辅政，切实当好参谋助手，全年高质量起草文稿300余篇，撰写对县委决策有参考价值的调研报告4篇。坚持党建引领，提升政研队伍凝聚力，成立县委政策研究室党支部，选举谢浩任党支部书记，曹进基任党支部副书记，谢浩被评为白沙黎族自治县优秀共产党员。

【综合研究】聚集主业主责，扛起政研担当。把县委主要领导对全县工作的统筹安排融入文稿中加以体现，准确表达县委主要领导对重点工作的部署要求。高质量完成县委主要领导重要会议讲话稿、表态发言稿，重要场合新闻采访稿和向省委书记沈晓明等省领导调研白沙时的重要汇报材料共110余篇。围绕党史学习教育、生态保护、审计工作等重点工作，撰写综合性材料190余篇，切实做到以文树立白沙形象，展示白沙亮点、经验，其中《中国共产党白沙黎族自治县第十四次代表大会报告》得到县委主要领导表扬和各位与会党代表点赞，《白沙黎族自治县橡胶产业发展报告》获得省委高度评价，省委书记沈晓明作出“请平治同志阅，白沙做了不少工作，请予以关注和支持”的批示。

【调查研究】当好参谋助手，强化调研成果运用。准确把握中央、省委精神，县委主要领导关心的重点和群众关注的热点，以开展“查堵点、破难题、促发展”活动为契机，深入基层看实情，走出白沙找差距，围绕产业发展、生态治理等重点工作前往青松、南开、七坊等乡镇和琼中、屯昌等外县进行专题调研11次，完成《南药产业发展情况调研报告》《茶产业调研报告》2篇专题调研。此外，创新调研方式，联合省社科联专家组完成《努力实现从生态立县、生态兴县到生态强县的伟大跨越——白沙建设自贸港“两山”理念践行示范区实现路径研究报告》《产业导向、项目为王、打造“生态体育+”融合发展的白沙模式研究报告》2篇调研报告，提出试点建设“两山银行”、发展特色有机农业、提升农村污水处理效能、垃圾分类处理等59条意见建议得到县委主要领导的充分肯定，大部分调研成果被吸纳到《中国共产党白沙黎族自治县第十四次代表大会报告》中。

【自贸港建设】全面推动政策落地，深改任务扎实推进。坚持以目标为导向，跟踪落实自贸港重点任务涉及白沙事项，对标《贯彻落实〈推进海南全面深化改革开放“十四五”实施方案〉任务清单》和《省委深改办（自贸港工委）2021年工作要点》《自贸港建设2021年重点任务》三个工作台账，梳理出涉及白沙生态环保、自然资源、行政审批、热带雨林国家公园、民生事业、干部建设等重点工作事项50项，针对涉及事项制定了明确的任务清单和责任分解，并采

2021 年 6 月 1 日，县委常委何劲松与县委政研室干部等一行前往琼中县的海南湾岭农产品加工物流园进行考察学习　　（县委政策研究室　供图）

取“月跟踪、季调度”的方式跟踪督办 10 次。坚持以问题为导向，从严抓好省“4・13”专项督查反馈问题的整改落实工作。扎实推进制度创新工，结合“查堵点、破难题、促发展”活动，推动“一件事”集成改革，将 1~13 批已发布的自贸港制度创新案例汇总梳理并推送至全县各职能部门学习、复制、推广，印发了《关于报送制度集成创新案例线索的通知》，收集汇总制度创新线索 13 条，跟踪梳理 3 条。

【农村工作】聚焦乡村振兴，做出政研贡献。认真审改《白沙黎族自治县三农工作开展情况报告》，展示白沙乡村建设、基层治理、村庄规划、农村人居环境整治等工作积累的有益经验。白沙黎族自治县打安镇、牙叉镇对俄村被评为 2021 年“全国乡村治理示范村镇”。助力做好巩贫兴村“后评估”迎检工作，高质量起草《白沙黎族自治县 2021 年巩固脱贫成果工作情况汇报》，为顺利通过国家巩贫兴村“后评估”检查提供有力保障。特别是抽取精干力量，配合开展全县巩贫兴村“后评估”检查工作，协助县委有关领导下沉到元门、邦溪等乡镇完成督查任务。结合开展党史学习教育，深入推动落实“我为群众办实事”，扎实完成定点帮扶工作，做到情系基层、心系群众，衔接做好打安合流 12 户脱贫群众帮扶联系工作，确保不因人员调动出现帮扶空当。向打安合水村委会捐赠“三农”工作技术图书 31 册，并认真梳理该村集体经济发展情况，共同探讨研究抓好“三农”工作的务实举措，为做好村集体经济打下基础，推动巩固脱贫攻坚成果和乡村振兴有效衔接。

2021 年 11 月 24 日，县委政策研究室到挂钩点打安镇合水村委会，与村“两委”干部开展党史学习教育专题读书班　　（县委政策研究室 供图）

县委党校

【概况】2021 年，在省委党校精心指导和县委的正确领导下，白沙黎族自治县委党校以习近平新时代中国特色社会主义思想为指导，坚持“党校姓党”，认真贯彻落实《中国共产党党校（行政学院）工作条例》，加强理论研究，狠抓干部教育培训，努力为自贸港建设提供思想保障。

【基础培训】根据党校主责主

业及干部教育培训计划，2021年，县委党校集中力量，精心组织，共举办了2次主体培训班及2期网络培训班，协助县委组织部完成3个培训班工作。

主体培训班：6月20—26日，举办“坚定理想信念与提升党性修养”专题培训班暨党史教育培训班，组织科级领导干部46人前往福建古田干部学院进行集中培训。11月24日—12月3日，举办2021年白沙黎族自治县领导干部学习贯彻习近平新时代中国特色社会主义思想专题培训班，对全县科级单位领导班子成员进行轮训，参训人数达400余人，分两期进行。网络培训班：创新培训模式，充分利用新媒体对领导干部“充电”，联合县委组织部于6—7月举办了白沙黎族自治县公务员素质能力提升网络专题班、白沙黎族自治县学习贯彻党的十九届五中全会精神暨党史学习教育网络专题培训班。

协助培训班工作：5月31日—6月4日，选派1人协助白沙黎族自治县选派第二批乡村振兴工作队员培训班工作，担任教学主持及管理工作；11月8—12日，选派1人协助2021年白沙黎族自治县驻村第一书记专题培训班做好跟班管理工作；12月4—17日，为白沙黎族自治县2021年新任村（社区、居）“两委”干部能力提升专题培训班设置教学内容，邀请授课教师，同时在办班期间选派2人为“两委”干部授课、讲解白沙起义第一枪历史，做好现场教学。

【基层宣讲】充分发挥党校作为全县理论宣传阵地的作用，结合党史学习教育和学习习近平总书记“七一”讲话精神，组织人员成立宣讲小组。党史学习教育期间，共开展党史宣讲32场次，授课对象约1500人次。围绕习近平总书记“七一”讲话，共开展宣讲52场次，授课对象约2800人次。圆满完成党史学习教育宣讲及习近平总书记“七一”讲话精神宣讲工作。

【理论研究】2021年，县委党校充分发挥咨政咨询作用，积极向省委党校、县委县政府工作建言献策，报送庆祝中国共产党成立100周年论文5篇、乡村振兴论文1篇、以党建引领海南自贸港建设论文3篇，其中《浅谈党同人民群众的血肉联系》一文在省委党校“庆祝中国共产党成立100周年”理论研讨会征文中，被评为优秀论文，并刊登在《新东方》杂志。联合县委组织部，在原有课程的基础上加以完善，利用本土红色资源，将《一起走进白沙起义》打造成特色精品课，并作为2021年精品课报送给省委党校，参加第四届精品课程评选。

【培训红色讲解员】开展党史学习教育期间，派出3人在元门乡向民村白沙起义第一枪旧址纪念园担任讲解员，负责为其他市县及白沙黎族自治县各个单位提供讲解服务，讲解场次超50场。根据“红色村庄”建设中培养本土红色讲解员的任务安排，结合“查堵点、破难题、促发展”活动，县委党校每月至少到村一次，对两委干部、讲解员候选人员进行集中指导、培训，教授语言表达、肢体动作等讲解技巧，已培养一名讲解员并上岗工作。

【党史学习教育】通过开展主题党日活动、专题学习会、微党课等形式，深入开展党史学习教育。组织党员进行党史专题学习26次，收看各类电视节目4次，党支部书记上党课2次，微党课3次。组织党员到海口中共一大会址、白沙起义第一枪旧址纪念园参观学习，开展慰问老党员活动1次。召开党史学习教育专题组织生活会1次，交流学习体会，查找差距与不足，针对专题组织生活会列出的问题清单，坚决履行起严抓整改落实的主体责任，已将3个方面8条问题清单全部整改完毕。同时根据要求，已完成支部换届选举工作，产生新一届支部委员会，不断推进党支部标准化规范化建设。

【查堵点、破难题、促发展】结合党史学习教育“我为群众办实事”活动，县委党校认真查找“堵点”，根据实际情况，每月至少一次利用周末时间到白沙起义第一枪旧址纪念园为群众提供志愿讲解服务。同时，考虑到学龄前儿童和小学生语言储备不丰富，无法理解讲解词，讲解人员准备两套讲解词，针对以上情况转变讲解方式和语言，用讲故事、提问等方式和通俗的语言让孩子能听懂，快速了解白沙起义第一枪历史。

【作风整顿】根据要求认真查找作风整顿建设存在问题，建立自查自纠问题台账，共查摆出 2 个方面、5 条问题，并针对问题制定了相对应的整改措施和整改期限。同时，干部个人也对自身作风问题进行了查摆，严格落实整改。县委党校每月按时报送作风整顿建设情况报告及干部个人动态问题台账，确保及时反馈整改情况。干部个人作风问题和单位作风整顿建设自查自纠问题已全部整改完毕。通过开展作风整顿建设，县委党校举一反三，成功解决了与李国现合同纠纷案的历史遗留问题，进一步提高履职尽责的能力。

【帮扶联系】坚持“脱贫不脱政策”“摘帽不摘监管”的原则，组织帮扶联系人进村入户，认真做好信息大排查工作，仔细核算脱贫户收入，配合做好脱贫户缴纳医疗、养老保险等工作，向脱贫户残疾党员符炳增开展送教上门、帮扶慰问的关心关爱志愿服务。及时了解脱贫户的生产生活情况和需求，竭尽所能给予帮助，2021 年共投入 10000 元，为脱贫户改建户厕。

【意识形态工作】坚持党校姓党根本原则，办好党校培训班，做好宣讲活动，落实好课题调研工作，培训好红色讲解员。明确专人，实时掌控网上意识形态动向，按时撰写网评弘扬主旋律，传播正能量,2021 年共报送网评 9 篇。在课程安排中，坚持正确导向，规范授课专题，严把课堂教学内容关，将做好新形势下意识形态工作、马克思主义基本理论教育、习近平总书记系列讲话精神、社会主义核心价值观教育、党性修养、党风廉政建设教育等作为意识形态教育的主要课程纳入班次，确保授课内容符合党章、党规和政策法规，符合社会主义理论、符合核心价值观。在培训班的管理工作中，明确要求学员在党校学习期间遵守政治纪律、遵守课堂纪律，不得发表不当言论，不得对教师授课内容曲解评价和恶意揣摩。在进行现场教学和考察时要自觉维护党员干部的形象，不做有损党员干部形象的事，不说有损党员干部形象的话。

【阵地建设】注重与县委主要领导和党校校长的沟通，保持县城投公司的联系，进一步联合推进县委党校基础设施建设工作。新校区建设主要采取“新建 + 改造”的方式进行，建设多功能报告厅一个，截至 2021 年年末，建设进度达到 50%；宿舍楼和食堂已达到使用条件，可容纳 200 人就餐、140 人住宿；教学楼的改建也正在规划设计中。

白沙黎族自治县人民代表大会

综 述

【县人大常委会工作概况】2021年，聚焦落实习近平总书记“4·13”重要讲话、中央12号文件精神和自贸港建设总体方案等，持续提升依法履职的水平和成效。全年组织召开代表大会2次，召开常委会会议10次，先后听取和审议“一府两院”专项报告7项，作出决议、决定8项，组织开展执法检查2次、专题调研6次、省人大代表专题调研1次、省县人大代表联合视察1次，监督工作取得明显成效。依法任免国家机关工作人员69人次，其中任命51人次，免职18人次；补选省人大代表2名。

【县人大常委会执法检查】2021年，白沙黎族自治县人大常委会组织开展2次执法检查。

一、对白沙黎族自治县贯彻实施《中华人民共和国固体废物污染环境防治法》和《海南省生活垃圾管理条例》情况开展执法检查。

时间：2021年6月23日—7月4日。

检查单位：县生态环境局、县农业农村局、县发改委、县卫健委、县住建局、县财政局、县资规局、县交通局、县邮政分公司、县人民法院、县人民检察院、打安镇、七坊镇。

6月25日，县人大常委会开展《中华人民共和国固体废物污染环境防治法》贯彻实施情况执法检查。

检查重点：

1. 法律法规学习宣传普及，配套规划制订情况。

2. 城乡生活垃圾分类制度落实情况；电子商务、快递、外卖等行业包装的设计、制造及回收利用等情况；医疗废物和医疗垃圾处理处置情况；危险废物处置管理情况；工业固体废物、建筑垃圾、农业固体废物回收利用及处置管理等情况。

3. 执法监管及法律法规责

6月25日，县人大常委会开展《中华人民共和国固体废物污染环境防治法》贯彻实施情况执法检查

任落实等情况。

4. 法律法规实施中存在的主要问题，深入推进法律法规实施的意见和建议情况。

二、对白沙黎族自治县贯彻实施《中华人民共和国村民委员会组织法》和《中华人民共和国城市居民委员会组织法》情况开展执法检查。

时间：2021 年 2—6 月。

检查单位：11 个乡镇。

检查重点内容：在全面了解“两法两办法”实施情况的基础上，重点检查以下内容：

1. 村（居）“两委”换届选举过程是否符合“两法两办法”规定。

2.“两法两办法”的宣传教育情况。

3. 村务公开特别是财务公开推进情况，村委会公信力情况。

4. 选举公开、行使民主权利情况。

5. 村（居）委会班子结构情况，村级干部积极性情况。

6. 村（居）委会民主管理情况，为民办实事情况。

7. 村民会议召开情况。

8. 建立健全村（居）委会工作制度情况，村务档案情况。

9. 村务监督情况，村务监督委员会建立情况。

10. 村集体经济情况。

11.“两法两办法”实施过程中存在的问题及建议。

【县人大常委会审议报告】2021 年，白沙黎族自治县人大常委会听取和审议专项工作报告 22 个。

1 月 15 日，听取和审议了县人民政府关于县人大常委会反馈养老服务工作审议意见整改落实情况的报告以及省县人大代表联合视察情况的报告。

3 月 11 日，听取县人民政府关于县人大常委会反馈《中华人民共和国英雄烈士保护法》执法检查审议意见研究处理情况的报告；县人民法院关于县人大常委会反馈优化诉讼服务和完善多元化解纠纷机制审议意见研究处理情况的报告；县人民检察院关于县人大常委会反馈未成年人刑事检察审议意见研究处理情况的报告；县公安局关于县人大常委会反馈交通安全管理工作审议意见研究处理情况的报告。

5 月 27 日，听取和审议县人民政府关于 2020 年度法治政府建设情况的报告；县人民政府关于 2020 年环境状况和环境保护目标完成情况的报告；县人民政府关于 2020 年度政府性债务管理情况的报告；县人民政府关于本届以来国有资产管理情况（综合）的报告。

7 月 28 日，听取县人民政府关于县人大常委会反馈省县人大代表联合视察审议意见研究处理情况的报告；听取和审议县人民政府关于 2021 年上半年国民经济和社会发展计划执行情况的报告；县人民政府关于 2020 年财政决算及 2021 年上半年财政预算执行情况的报告；县人民政府关于 2020 年财政预算执行及其他财政收支审计情况的报告。

8 月 6 日，听取和审议县人民法院关于乡村法治服务中心工作报告；县人民检察院关于落实认罪认罚从宽制度的报告；县公安局关于新一轮禁毒三年大会战工作情况的报告。

11 月 13 日，听取县人民政府关于县人大常委会反馈《中华人民共和国固体废物污染环境防治法》和《海南省生活垃圾管理条例》执法检查审议意见研究处理情况的报告。听取县人民政府关于县人大常委会反馈《中华人民共和国村民委员会组织法》《中华人民共和国城市居民委员会组织法》等法律法规执法检查审议意见研究处理情况的报告；县人民政府关于县人大常委会反馈本届以来国有资产管理（综合）研究处理情况的报告。县人民政府关于县人大常委会反馈 2020 年度政府性债务管理审议意见研究处理情况的报告；听取和审议县人民政府关于县十五届人大七次会议代表提出的建议办理情况的报告；县监察委员会关于开展扶贫领域腐败和作风问题专项治理工作情况的报告。

【代表建议、意见办理】县十五届人大七次会议期间共收到代表提出的建议、批评和意见 122 件。34 件已解决或基本解决，52 件正在解决或列入计划逐步解决中，36 件因当时条件限制或其他原因留待以后解决，答复率为 100%。省人大六届四次会议期间，代表团共提出 8 件建议。

【信访工作】2021 年，常委会坚持对群众反映强烈的信访问题开展重点监督，认真研究解决涉及群众切身利益的合理诉求。一年来，共受理群众来信来访 9 件、16 人次，做到登记翔实、交办及时、督办到位，妥善解决了群众诉求，促进了社会和谐稳定。

【帮扶联系】2021 年，根据省县印发的《关于巩固拓展脱贫攻坚成果同乡村振兴有效衔接的实施方案》精神，县人大常委会坚持把巩固拓展脱贫攻坚成果同乡村振兴有效衔接作为政治任务来抓，积极作为，认真抓好脱贫攻坚工作，积极贡献“人大力量”。加强挂钩乡镇巩贫兴村工作的指导。班子成员坚持亲临一线，主动深入各自挂钩乡镇了解工作开展情况，为乡镇巩贫兴村工作谋全局、把方向，既当好“指挥员”，又当好“战斗员”。充分发挥协调和指导作用，广泛调动县直挂钩单位的积极性和主动性，形成巩贫兴村的强大合力。此外，从人大常委会机关经费中节约出部分资金，对红旗村的巩贫兴村工作给予扶持。抓好机关的帮扶联系工作。不仅在 1—7 月继续做好红茂村和邦新村巩贫工作，确保脱贫成果持续巩固提升，还在 8 月重新调整挂钩村及脱贫户后，持续做好巩固拓展脱贫攻坚成果各项工作，为巩贫兴村有效衔接打好基础。机关结对帮扶的元门乡红旗村 20 户脱贫户均无返贫现象。

【规范乡镇人大工作】深入贯彻落实《全国人大常委会党组关于加强县乡人大工作和建设的意见》和《海南省乡镇人民代表大会工作条例》文件精神，主任会议成员以交叉的方式到各乡镇联系指导，推动乡镇人大工作规范化建设，提高乡镇人大履职水平。

重要会议

【白沙代表团出席海南省第六届人民代表大会第四次会议】2021 年 1 月 24—28 日在海口召开，由 12 名省人大代表组成的白沙代表团赴海口参加省第六届人大四次会议。白沙代表团推选中共白沙黎族自治县委书记刘蔚为团长，县人大常委会主任王桂厅、县人民政府县长胡翔为副团长。白沙代表团的代表围绕大会议题，会前深入调研、思考，会上仔细审议各项议案和建议，提出关于建设白沙牙叉镇至 G9811 琼中什运互通规划高速公路的建议、关于支持白沙热带雨林国家公园一般管控区内建设旅游基础设施的建议、关于统筹全省农业产业一盘棋高质量发展的建议、关于支持白沙置换军队土地的建议、关于解决白沙西部地区供水工程建设资金和环境影响报告的建议、关于提高经济欠发达市县中小学校和幼儿园生均公用经费标准的建议、关于建设九架岭路段隧道的建议、关于进一步加强珠碧江水环境综合治理的建议等 8 个建议。

【白沙黎族自治县第十五届人民代表大会第七次会议】2021 年 2 月 3—5 日，白沙黎族自治县第十五届人民代表大会第七次会议在县城召开。大会应到会的县十五届人大代表 159 人，实到 152 人，符合法定人数。会议听取和审议县人民政府工作报告、县人大常委会工作报告、县人民法院工作报告、县人民检察院工作报告。审查和批准《白沙黎族自治县国民经济和社会发展第十四个五年规划和二〇三五年远景目标纲要》；审查和批准白沙黎族自治县 2020 年国民经济和社会发展计划执行情况与 2021 年国民经济和社会发展计划草案的报告，白沙黎族自治县 2020 年预算执行情况和 2021 年预算草案的报告。批准白沙黎族自治县 2021 年国民经济和社会发展计划、白沙黎族自治县 2020 年预算执行情况和 2021 年预算草案的报告、2021 年白沙黎族自治县预算。审议《白沙黎族自治县秸秆露天禁烧和综合利用条例（草案）》。县第十五届人大七次会议收到代表提出的建议、批评和意见共 122 件，其中，有关饮水照明方面的 12 件，有关农田水利建设方面的 18 件，有关交通建设方面的 37 件，有关生态直补方面的 5 件；有关基础设施方面的 15 件；有关农业农村方面的 10 件；有关其他方面的 25 件。列席本次会议的有：不是县十五届人大代表的现任县四套班子领导及非领导，不是县十五届人大代表的驻县的省六届人大代表，部分离退休老干部，县委各部门负责人，县人民政府各部门负责人，县人大常委会各工委室成员，部分省属单位、企事业单位和农垦主要负责人，各乡镇政府主要负责人，军、警主要负责人等。

【白沙黎族自治县第十五届人民代表大会第八次会议】2021年6月28—29日，白沙黎族自治县第十五届人民代表大会第八次会议在县城召开。大会应到会的县十五届人大代表158人，实到153人，符合法定人数。会议补选县人民政府县长；补选县第十五届人民代表大会常务委员会委员。会议决定补选卢胜为县人民政府县长，郑群、邢武、周昌龙为县十五届人大常委会委员。列席本次会议的有：不是县十五届人大代表的现任县四套班子领导及非领导，不是县十五届人大代表的驻县的省六届人大代表，部分离退休老干部，县委各部门负责人，县人民政府各部门负责人，县人大常委会各工委室成员，部分省属单位、企事业单位和农垦主要负责人，各乡镇政府主要负责人，军、警主要负责人。

【白沙黎族自治县第十五届人民代表大会常务委员会第三十八次至四十七次会议】2021年，白沙黎族自治县第十五届人民代表大会常务委员会共召开10次会议。

第三十八次会议 1月15日在县城召开，会期半天。县人大常委会主任王桂厅主持召开，19名常委会委员出席会议。会议听取和审议了县人民政府关于县人大常委会反馈养老服务工作审议意见整改落实情况的报告以及省县人大代表联合视察情况的报告，审议并表决通过了县人大常委会工作报告（草案）和人事任免案。决定任命符慧为白沙黎族自治县人民法院审判员。县人民政府副县长陈扬洲，县人民法院院长纪明杰，以及县纪委副书记、监委副主任简艳春，县人民检察院副检察长麦文忠，县人大常委会机关有关负责人，县政府办、县发改委、县农业农村局、县民政局、县交通局、县资规局、县旅文局、县水务事务中心、县残联等单位主要负责人，各乡镇人大主席列席会议。

2021年6月28—29日，白沙黎族自治县第十五届人民代表大会第八次会议在县城召开

第三十九次会议 3月11日在县城召开，会期半天。县人大常委会主任王桂厅主持召开，常委会委员出席会议。会议审议县人大常委会2021年工作要点（草案）；听取县人民政府关于县人大常委会反馈《中华人民共和国英雄烈士保护法》执法检查审议意见研究处理情况的报告；听取县人民法院关于县人大常委会反馈优化诉讼服务和完善多元化解纠纷机制审议意见研究处理情况的报告；听取县人民检察院关于县人大常委会反馈未成年人刑事检察审议意见研究处理情况的报告；听取县公安局关于县人大常委会反馈交通安全管理工作审议意见研究处理情况的报告；审议人事任免案；审议代表辞职案。会议任命王秀程为县人力资源和社会保障局局长；邓成耀为县农业农村局局长；陈巨雄为县交通运输局局长；陈柏战为县扶贫工作办公室主任；王颢达为县人民法院七坊人民法庭副庭长。免去林金妹的县农业农村局局长职务；郑群的县人力资源和社会保障局局长职务；陈巨雄的县审计局局长职务；邓成耀的县扶贫工作办公室主任职务；黎思慧的县人民法院审判员职务。接受王秀程辞去县第十五

届人民代表大会代表职务的请求，其代表资格于2021年3月11日终止。同时，依照《中华人民共和国全国人民代表大会和地方各级人民代表大会选举法》的有关规定，王秀程的县第十五届人民代表大会常务委员会委员职务相应终止。县人民政府副县长王志铮，以及县监委委员王水良，县人民法院副院长陈杰，县人民检察院副检察长麦文忠，县人大常委会机关有关负责人，县旅游文化局、县财政局、县教育局、县公安局、县民政局、县退役军人事务局、县市场监督管理局等单位主要负责人，各乡镇人大主席列席会议。

第四十次会议　5月27日在县城召开，会期半天。县人大常委会主任王桂厅主持召开，19名常委会委员出席会议。会议听取和审议县人民政府关于2020年度法治政府建设情况的报告；听取和审议县人民政府关于2020年环境状况和环境保护目标完成情况的报告；听取和审议县人民政府关于2020年度政府性债务管理情况的报告；听取和审议县人民政府关于本届以来国有资产管理情况（综合）的报告；听取和审议县第十五届人大常委会代表资格审查委员会关于个别代表出缺和补选代表的代表资格审查情况的报告；审议人事任免案；审议代表辞职案。会议决定任命卢胜为县人民政府副县长、代理县长；王志远为县市场监督管理局局长；林超先为县审计局局长。免去林超先的县市场监督管理局局长职务。接受胡翔辞去县人民政府县长职务；接受王志远辞去县第十五届人民代表大会代表职务的请求，其代表资格于2021年5月27日终止，同时，依照《中华人民共和国全国人民代表大会和地方各级人民代表大会选举法》的有关规定，王志远的县第十五届人民代表大会常务委员会委员职务相应终止。县人民政府副县长何方长，县人民法院院长纪明杰，县人民检察院检察长胡俊东，以及县纪委副书记、监委副主任简艳春，县人大常委会机关有关负责人，县政府办、县财政局、县生态环境局、县司法局、县国资中心等单位主要负责人，各乡镇人大主席列席会议。

第四十一次会议　6月10日在县城召开，会期半天。县人大常委会主任王桂厅主持召开，20名常委会委员出席会议。会议审议县人大常委会关于召开白沙黎族自治县第十五届人民代表大会第八次会议的决定（草案）；审议白沙黎族自治县第十五届人民代表大会第八次会议议程（草案）；审议白沙黎族自治县第十五届人民代表大会第八次会议主席团和秘书长名单（草案）；审议白沙黎族自治县第十五届人民代表大会第八次会议主席团常务主席名单（草案）；审议白沙黎族自治县第十五届人民代表大会第八次会议副秘书长名单（草案）；听取和审议关于白沙黎族自治县第十五届人民代表大会第七次会议以来代表出缺及补选代表的代表资格审查情况的报告。县人民政府副县长赖道传，县人民法院院长纪明杰，以及县纪委副书记、监委副主任简艳春，县人大常委会机关、县人民检察院有关负责人，各乡镇人大主席列席会议。

第四十二次会议　7月28日在县城召开，会期半天。县人大常委会主任王桂厅主持召开，20名常委会委员出席会议。会议听取和审议县人大常委会执法检查组关于开展《中华人民共和国固体废物污染环境防治法》和《海南省生活垃圾管理条例》执法检查情况的报告；听取和审议县人大常委会执法检查组关于开展《中华人民共和国村民委员会组织法》和《中华人民共和国城市居民委员会组织法》等法律法规执法检查情况的报告；听取县人民政府关于县人大常委会反馈省县人大代表联合视察审议意见研究处理情况的报告；听取和审议县人民政府关于2021年上半年国民经济和社会发展计划执行情况的报告；听取和审议县人民政府关于2020年财政决算及2021年上半年财政预算执行情况的报告；听取和审议县人民政府关于2020年财政预算执行及其他财政收支审计情况的报告；审议白沙黎族自治县人民政府关于提请审议《2021年白沙黎族自治县财政预算调整方案（草案）》的议案；审议人事任免案；审议代表辞职案。会议决定，接受孙冰、王永珍辞去县第十五届人民代表大会代表职务的请求，其代表资格于2021年7月28日终止。同时，依照《中华人民共和国全国人民代表大会和地方各级人民代表大会选举法》的有关规定，孙冰、王永珍的县第十五届人民代表大会常务委员会委员职务相应终止。县人民政府副县长赖道传，县人民法院院长纪明杰，县人民检察院检察长胡俊东，县纪委副书记、监委副主任简艳春，以及县人大常委会机关有关负责人，县政府办、县发改委、县资规局、县旅文局、县生态环境局、县农业农村局、县财政局、县卫健委、县公安局、县民政局、县住建局、县交通局、县审计局、县水务事务中心等单位主要负责人，县巩卫创文办领导，各乡镇人大主席列席会议。

第四十三次会议　8月6日在县城召开，会期半天。县人大常委会主任王桂厅主持召开，19名常委会委员出席会议。会议审议县人大常委会关于设立县乡人大换届选举委员会的决定（草案）；审议县乡人大换届选举工作实施方案（草案）；审议县人大常委会关于县乡人大换届选举时间的决定（草案）；审议县人大常委会关于白沙黎族自治县11个乡镇新一届人民代表大会代表名额的决定（草案）；审议人事任免案。各乡镇人大主席列席会议。

第四十四次会议　9月30日在县城召开，会期半天。县人大常委会主任王桂厅主持召开，19名常委会委员出席会议。会议听取和审议县人民法院关于乡村法治服务中心工作报告；听取和审议县人民检察院关于落实认罪认罚从宽制度的报告；听取和审议县公安局关于新一轮禁毒三年大会战工作情况的报告；审议乡镇人大换届选举委员会组成人员调整事宜；审议县人民政府关于提请审议《2021年白沙黎族自治县财政预算调整方案（草案）》的议案；审议人事任免案；学习《中国共产党章程》。县人民政府副县长赖道传，县人民法院代理院长王伟良，县人民检察院检察长胡俊东，以及县人大常委会机关有关负责人，县财政局、县公安局、县司法局等单位主要负责人，各乡镇人大主席列席会议。

第四十五次会议　10月21日在县城召开，会期半天。县人大常委会主任王桂厅主持召开，21名常委会委员出席会议。会议审议人事任免案；审议代表辞职案；学习习近平总书记在中央人大工作会议上的重要讲话。县纪委副书记、监委副主任简艳春列席会议。

第四十六次会议　11月23日在县城召开，会期半天。县人大常委会主任王桂厅主持召开，19名常委会委员出席会议。会议听取县人民政府关于县人大常委会反馈《中华人民共和国固体废物污染环境防治法》和《海南省生活垃圾管理条例》执法检查审议意见研究处理情况的报告；听取县人民政府关于县人大常委会反馈《中华人民共和国村民委员会组织法》《中华人民共和国城市居民委员会组织法》等法律法规执法检查审议意见研究处理情况的报告；听取县人民政府关于县人大常委会反馈本届以来国有资产管理（综合）研究处理情况的报告；听取县人民政府关于县人大常委会反馈2020年度政府性债务管理审议意见研究处理情况的报告；听取和审议县人民政府关于县十五届人大七次会议代表提出的建议办理情况的报告；听取和审议县监察委员会关于开展扶贫领域腐败和作风问题专项治理工作情况的报告；审议县乡人大换届选举委员会组成人员调整名单；审议人事免职案；审议省人大代表辞职案。县监委代理主任符传德，县人民政府党组成员梁定雄，县人民法院副院长陈杰，县人民检察院专职委员王山，以及县人大常委会机关有关负责人，县政府办、县发改委、县财政局、县资规局、县旅文局、县生态环境局、县农业农村局、县乡村振兴局、县民政局、县住建局、县卫健委、县水务事务中心、县国资中心等单位主要负责人，各乡镇人大主席列席会议。

第四十七次会议　12月20日在县城召开，会期半天。县人大常委会主任王桂厅主持召开，20名常委会委员出席会议。会议听取和审议县十五届人大常委会代表资格审查委员会关于县十六届人民代表大会代表资格审查情况的报告；审议县人大常委会关于召开白沙黎族自治县第十六届人民代表大会第一次会议的决定（草案）；审议白沙黎族自治县第十六届人民代表大会第一次会议议程（草案）；审议白沙黎族自治县第十六届人民代表大会第一次会议主席团和秘书长名单（草案）；审议白沙黎族自治县第十六届人民代表大会第一次会议主席团常务主席名单（草案）；审议白沙黎族自治县第十六届人民代表大会第一次会议副秘书长名单（草案）；审议白沙黎族自治县第十六届人民代表大会第一次会议国民经济、社会发展计划和财政预算审查委员会主任、副主任和委员名单（草案）；审议白沙黎族自治县第十六届人民代表大会第一次会议议案审查委员会主任、副主任和委员名单（草案）；审议白沙黎族自治县第十六届人民代表大会第一次会议列席人员范围（草案）。审议白沙黎族自治县第十六届人民代表大会第一次会议选举办法（草案）；审议白沙黎族自治县人大常委会工作报告(草案)；审议人事任免案；补选省人大代表。县人大常委会副主任候选人符健友，县监察委委员钟少勇，各乡镇人大主席列席会议。

监督工作

【概况】2021年，县人大常委会依法行使监督职权，围绕中心，突出重点，着力增强监督实效，有力推动县委重大决策部署的贯彻落实。全年组织召开代表大会2次，召开常委会议10次，先后听取和审议“一府两院”专项报告7项，作出决议、决定8项，组织开展执法检查2次、专题调研6次、省人大代表专题调研1次、省县人大代表联合视察1次，监督工作取得明显成效。

【经济监督】2021年，县人大常委会致力聚焦经济社会健康开展监督。依法履行审查监督职责。在审查调研的基础上，听取和审议2021年上半年国民经济和社会发展计划执行情况报告、2020年县财政决算和2021年上半年预算执行情况报告、2020年度预算执行及其他财政收支审计情况、2020年度政府性债务管理情况和2020年度国有资产管情况（综合）报告等，并及时听取县政府关于县人大常委会反馈以上报告审议意见的研究处理情况报告，进一步把好白沙黎族自治县经济社会发展计划关口，维护好财政预算的严肃性。加强国有资产管理监督。深入贯彻省委关于建立县级以上人民政府向本级人大常委会报告国有资产管理情况制度的重大部署，组织人员对县国有资产管理情况开展调研，听取和审议报告并反馈审议意见给县政府及有关部门，进一步规范了国有资产管理工作，提高了资产配置使用效率。推进预算联网审查监督。通过预算资金支出联网系统强化监督，不断提高财政资金预算管理水平。

【生态环境监督】2021年，县人大常委会聚焦打赢污染防治攻坚战。组织县人大常委会组成人员对《中华人民共和国固体废物污染环境防治法》和《海南省生活垃圾管理条例》（以下简称“一法一条例”）贯彻实施情况开展执法检查，听取和审议县人民政府关于白沙黎族自治县贯彻实施“一法一条例”情况汇报，并形成审议意

6月25日，县人大常委会开展《中华人民共和国固体废物污染环境防治法》贯彻实施情况执法检查

见，要求县政府制定适合白沙黎族自治县生活垃圾分类的管理模式，确保法律条例的有效实施。听取和审议县政府关于2020年度环境状况和环境保护目标完成情况的报告，督促县政府严格践行“两山”发展理念，在注重经济效益的同时，更加注重生态效益和社会效益。继续跟踪监督农村生活污水处理设施建设重建轻管问题整改落实情况，开展调研，并形成报告报送县委，助推落实全县农村生活污水处理设施的管护责任。

【民生监督】2021年，县人大常委会紧紧抓住人民群众最关心、最直接、最现实的利益问题，始终做到民有所呼、我有所应。听取和审议县人民政府关于县人大常委会反馈养老服务工作和《中华人民共和国英雄烈士保护法》执法检查审议意见研究处理情况的报告，督促政府提升全县养老服务和管理水平，持续推进烈士纪念设施保护和烈士褒扬工作。对白沙黎族自治县红色旅游资源开展调研，并成立考察组赴省外考察，形成调研报告报送县委，为深入挖掘整理白沙黎族自治县红色资源、发展白沙黎族自治县红色旅游出谋划策。组织白沙黎族自治县的省六届人大代表对全县公共医疗卫生状况开展专题调研，要求相关部门健全完善基本公共卫生服务体系，进一步提升基本公共卫生服务能力和水平。

【法治建设监督】听取专项工作报告。常委会将法治政府建设纳入监督计划，在常委会会议上听取和审议县政府关于法治政府建设情况的专项工作报告，要求县政府认真总结经验，补齐工作短板，开创法治白沙新局面。此外，还听取和审议了县人民法院关于乡村法治服务中心工作的报告、县人民检察院关于落实认罪认罚从宽制度的报告、县公安局关于新一轮禁毒三年大会战工作报告，深化司法监督，为打造“平安白沙”建设提供保障。开展执法检查。组织常委会组成人员对《中华人民共和国村民委员会组织法》和《中华人民共和国城市居民委员会组织法》等法律法规贯彻实施情况开展执法检查，并形成审议意见，督促县政府及有关部门要加大宣传力度，提高干部队伍整体素质和专业能力，促进基层自治水平不断提升。

人事任免

【概况】2021年，白沙黎族自治县人大常委会共召开常委会会议10次，依法任免国家机关工作人员73人次。其中任命51人次，免职18人次；补选省人大代表2名；依法选举产生县十六届人大代表176名、乡（镇）人大代表615名。严格落实宪法宣誓制度，组织宣誓51人次，教育和激励国家工作人员忠于宪法、遵守宪法、维护宪法，进一步增强工作使命感和责任感。

【重要任免】2021年1月15日任命符慧为县人民法院审判员。

2021年3月11日任命王秀程为县人力资源和社会保障局局长，邓成耀为县农业农村局局长，陈巨雄为县交通运输局局长，陈柏战为县扶贫工作办公室主任，王颢达为县人民法院七坊人民法庭副庭长。免去林金妹的县农业农村局局长职务，郑群的县人力资源和社会保障局局长职务，陈巨雄的县审计局局长职务，邓成耀的县扶贫工作办公室主任职务，黎思慧的县人民法院审判员职务。

5月27日任命卢胜为县人民政府副县长、代理县长，王志远为县市场监督管理局局长，林超先为县审计局局长。接受胡翔辞去县人民政府县长职务。免去林超先的县市场监督管理局局长职务。

7月28日任命孙冰为县旅游和文化广电体育局局长，王永珍为县教育局局长，徐世红为县卫生健康委员会主任，陈柏战为县乡村振兴局局长，符静开为县综合行政执法局局长，王哲为县人民政府办公室主任。任命黄启富、黄虎、李日慧、吉丽春、林城、彭丽娜、曾泽花、高海翔、于玲、符永慧、羊翰士、王梅丽、张哲、孙如林、王文宇、罗枫、王岸、徐世江、陈永山、羊冠明、符学松、黄荣范、王韩校、符明海、黄文良、麦文远、农有志、刘秋利、符积军29人为县人民法院人民陪审员。免去林斯胜的县林业局局长职务，吴强的县教育局局

县人大常委会主任王桂厅到细水指导人大换届选举工作

长职务，符爱芳的县人民政府办公室主任职务，赖伟的县旅游和文化广电体育局局长职务，陆志干的县卫生健康委员会主任职务，陈柏战的县扶贫办公室主任职务，孙吴峰的县综合行政执法局局长职务。

8月6日任命符志慧为县林业局局长，王伟良为县人民法院副院长、代理院长。接受纪明杰辞去县人民法院院长职务。免去林白浩的县人民法院审判委员会委员、审判员职务。

9月30日任命文耀珠为县人大常委会法制工作委员会主任。

10月21日任命符传德为县监察委员会副主任、代理主任；韦恩文为县人大常委会法制工作委员会副主任。接受秦晓宏辞去县监察委员会主任职务。

11月23日免去符文亮的县人大常委会办公室主任职务。

12月20日任命章家程为县监察委员会副主任；陈华为县监察委员会副主任。免去王民的县监察委员会副主任职务；简艳春的县监察委员会副主任职务；孙衍尚的县监察委员会委员职务。补选邓伟强、黄聪为海南省第六届人民代表大会代表。

视察与调研

【省六届人大代表开展公共医疗卫生专题调研】

时间：2021年9月16—18日

调研方式：

1. 实地查看。

2. 走访相关医疗机构，查看资料。

3. 召开汇报会，听取有关工作汇报。（调研组成员及县政府办、县卫健委、县医保局、县疾控中心负责人参加）

4. 召开座谈会，听取相关医疗机构负责人意见建议。（县人民医院、县中西医结合医院、县妇幼保健院、乡镇卫生院负责人参加）

指导思想：要坚持以习近平新时代中国特色社会主义思想为指导，全面贯彻落实党的十九大和十九届历次全会精神，深入学习贯彻习近平总书记关于海南工作的系列重要讲话和指示批示精神、中央12号文件和《海南自由贸易港建设总体方案》，围绕学习贯彻《中华人民共和国海南自由贸易港法》、省委七届十次会议精神，坚持以人民为中心的发展思想，突出问题导向，深入基层、深入一线，广泛开展调研，广泛听取人民群众意见，积极回应人民群众关切，密切代表同群众的联系，推动省委重大决策部署的贯彻落实，为加快推进海南自贸港建设和海南高质量发展贡献智慧力量。

调研内容：公共医疗卫生（重点调研基础设施、发展规划、人才队伍、体制机制建设等方面工作情况）。

调研单位：县政府办、县卫健委、县医保局、县疾控中心、县人民医院、县中西医结合医院、县妇幼保健院，牙叉镇、元门乡卫生院及部分村卫生室。

【省县人大代表联合视察】

时间：2021年12月21日

视察方式：

1. 召开座谈会，听取县政府工作汇报，视察组成员提出意见和建议。

2. 组织视察组实地视察。

3. 走访群众，查看资料。

指导思想：紧紧围绕学习贯彻习近平总书记在中央

县人大常委会组织驻白沙黎族自治县的省六届人大代表对白沙公共医疗卫生进行专题调研

人大工作会议上的重要讲话精神、关于海南工作的系列重要讲话精神，聚集海南自由贸易港建设、营商环境、乡村振兴、重点项目推进以及重点民生问题，充分用好法律赋予人大的监督权开展代表视察，实行正确监督、有效监督、依法监督，做到接地气、察民情、聚民智、惠民生，为代表出席省六届人大五次会议和县十六届人大一次会议审议各项工作报告、提出议案和建议做好充分准备。

视察内容：重点民生工程项目进展情况。

视察单位：县政府办、县发改委、县住建局、县水务事务中心、县城投公司、白沙农场、打安镇、海峰飞碟射击俱乐部（海南）有限公司。

白沙黎族自治县人民政府

综 述

【概况】经济运行总体平稳。面对持续加大的经济下行压力和突如其来的新冠疫情，县政府领导班子始终坚持“一手打伞、一手干活”，统筹推进疫情防控和经济社会发展。一方面，抓严抓实常态化疫情防控，切实筑牢生命防线，截至2021年年末，白沙黎族自治县无一例确诊病例。另一方面，扎实做好各项重点工作，主要经济指标保持在合理区间，全县地区生产总值实现62.57亿元，同比增长8%，三次产业结构调整为40.6 ∶ 12.4 ∶ 47.0，第三产业对经济增长贡献率达54.4%；地方一般公共预算收入1.87亿元，同比增长3%；社会消费品零售总额19.09亿元，同比增长15%；城镇居民人均可支配收入35216元，同比增长10.2%；农村居民人均可支配收入15599元，同比增长11.6%。

重点项目成效显著。坚持项目为王，狠抓重点项目建设。全年实施49个省县重点项目，开工率达100%，完成年度投资25.24亿元，年度投资完成率101%，顺利完成项目开工率和年度投资完成率“双百”目标，其中，国家体育训练南方基地（海南白沙·综合）综合体能训练中心项目、白沙安居型住房二期（亨通·南湖花园）等一批项目开工建设；白沙垦区连队人居环境整治、白沙黎族自治县农村生活污水项目等一批项目竣工；白沙黎族自治县西部供水工程（一期）、白沙黎族自治县第一小学建设工程等一批项目超额完成年度投资计划。与全省同步举办4次集中开工活动，纳入项目16个，完成年度投资4.36亿元，年度投资完成率105%。编制《2021年白沙黎族自治县产业发展需求清单》，举办白沙黎族自治县“共建自贸港 投资到白沙”招商推介会，招商引资态势良好。

城乡环境持续优化。不断探索拓宽“两山”实践路径，入选国家“绿水青山就是金山银山”实践创新基地。深入开展蓝天、碧水、净土保卫战，提前完成全年新能源汽车推广任务，装配式建筑面积达18.36万平方米，年度空气质量优良天数比例保持在99%以上。科学编制国土空间总体规划“一张蓝图”，实行建设用地总量和强度“双控制”，盘活存量用地500余亩，累计依法拆除“两违”建筑14宗。完成128个村队生活污水处理工程建设，提标改造11个建制乡镇污水处理厂。推行城乡环卫一体化，完成县城主城区和3个乡镇垃圾分类试点工作，全县公共机构垃圾分类实现全覆盖。打造“五网”基础设施“升级版”，完成41宗水库信息化建设，城乡电网改造、天然气管网建设等投资力度不断加大，农村公路实现“村村通”，光纤宽带和高速移动通信网络实现全覆盖。

乡村振兴有效衔接。率先建立困难群众和集体经济薄弱村长期稳定收益的保障机制，建立健全常态化防返贫动态监测帮扶机制，坚决守牢不发生规模性返贫底线。深化实施“橡胶十条”“菜篮子十条”“一抗三保十条”等举措，累计完成高标准农田建设4.59万亩，“两个万亩六个千亩”特色产业种植面积达15万亩。成功举办“万企兴万村”、黎族大白茶封茶仪式等活动，“白沙山兰米”获国家农产品地理标志登记保护。邦溪园区工业总产值完成约1亿元，第二产业实现增加值7.75亿元，同比增长7.2%。扎实推进“文化+”“体育+”“美丽乡村+”生态旅游业，出台扶持民宿业发展指导意见，新建和巩固提升21个美丽乡村，打安镇、牙叉镇对俄村获评“全国乡村治理示范村镇”，白沙体育训练南方基地列入全国六大重点样板示范基地，承办10场国家级、省级体育赛事，白沙起义第一枪旧址纪念园获批国家AA级旅游景区，“山水黎乡·绿韵白沙”品牌彰显。全年预计接待游客107万人次、收入6.1亿元，比2019年分别增长54.2%、65.58%。电商产业发展再提速，全年完成电子商务交易额6.22亿元，增长16.2%。

民生福祉持续改善。8个为民办实事项目完成投资超1.55亿元。大力推进“两校一园”，引进海南师范大学托管邦溪镇中心学校，全面提升基础教育水平。完成13个“改薄与能力提升”项目，新增公办幼儿园学位1890个。完善基础医疗机构及配套建设，七坊镇社区医院配套用房投入使用，严格落实“县管乡用、乡管村用”人才管理机制，充实基层医护力量，基层医疗水平进一步提升。落实各项就业政策，城镇新增就业2303人、农村劳动力外出务工4万余人。常态化开展扫黑除恶专项斗争、新一轮禁毒三年大会战、“无毒县”创建、打击治理反电信诈骗等工作。强化食品药品监管，全年无食品药品质量安全事故、无重大食品药品安全事故发生。畅通信访渠道，受理群众来信来访204件，办结184件，办结率90.2%，按期办结率100%，无人员到省进京上访。大力实施文化惠民工程，举办“三月三”黎族苗族文化节、“啦奥门”山兰文化节等活动，丰富百姓精神文化生活。社会保障体系逐步完善，养老、住房、医疗等民生保障标准持续提高，社会大局和谐稳定。

重要会议

【政府常务会议】2021年，县政府共召开了19次常务会议。

1月31日，县长胡翔在县政府六楼会议室主持召开县十五届政府第60次常务会议。会议听取有关工作汇报，研究审议相关工作方案和其他事项等问题。

2月25日，胡翔在县政府六楼会议室主持召开县十五届政府第61次常务会议，传达学习省政府有关文件精神，研究工作方案和其他事项等问题。

3月18日，胡翔在县政府六楼会议室主持召开县十五届政府第62次常务会议，传达学习中央、省委有关会议和文件精神，研究工作方案、土地使用和经费划拨等相关问题，并安排部署近期工作。

4月9日，胡翔在县政府六楼会议室主持召开县十五届政府第63次常务会议，传达学习有关会议和文件精神，研究工作方案、土地使用和经费划拨等相关问题。

5月14日，胡翔在县政府六楼会议室主持召开县十五届政府第64次常务会议，传达学习有关会议和文件精神，研究相关工作方案、土地使用和经费划拨等相关问题。

6月8日，代县长卢胜在县政府六楼会议室主持召开县十五届政府第65次常务会议，传达学习省委主要领导近期批示精神和省委有关文件精神，研究审议一批工作方案、土地使用和经费划拨等重点工作。

7月1日，代县长卢胜在县政府六楼会议室主持召开县十五届政府第66次常务会议，传达学习习近平总书记在庆祝中国共产党成立100周年大会上的重要讲话精神，传达学习省长冯飞在省安委会2021年第二次会议上的讲话精神和《海南省安全生产委员会办公室关于开展安全生产专项整治的紧急通知》。研究审议相关工作方案，并安排部署近期工作。

7月16日，卢胜在县政府六楼会议室主持召开县十五届政府第67次常务会议，传达学习冯飞在七届省政府第八次全体（扩大）会议上的讲话，研究审议一批工作方案、土地使用、项目实施方案和招聘计划等重点工作。

7月21日，卢胜在县政府六楼会议室主持召开县十五届政府第68次常务会议，传达学习文件精神，听取有关工作汇报，研究工作方案、土地出让和项目经费相关问题。

7月26日，卢胜在县政府六楼会议室主持召开县十五届政府第69次常务会议，传达学习文件精神，研究项目经费和政府采购服务人员相关问题。

7月29日，卢胜在县政府六楼会议室主持召开县十五届政府第70次常务会议，集中学习党史学习教育书目，研究工作方案、土地出让和购买服务等相关问题。

8月13日，卢胜在县政府六楼会议室主持召开县十五届政府第71次常务会议，传达学习《防范和惩治统计造假弄虚作假重要文件选编》等文件精神，听取有关工作汇报，研究调整规划和经费划拨等问题。

8月20日，卢胜在县政府六楼会议室主持召开县十五届政府第72次常务会议，传达学习会议精神，听取有关工作汇报，研究工作方案、土地出让和项目经费相关问题。

9月1日，卢胜在县政府六楼会议室主持召开县十五届政府第73次常务会议，传达学习文件精神，听取有关工作汇报，研究审议工作方案、项目经费等相关问题。

9月8日，卢胜在县政府六楼会议室主持召开县十五届政府第74次常务会议，传达学习《“反对形式主义、官僚主义”系列通报——整改不实的图斑为何能够一路过关》文件精神，听取有关工作汇报，研究有关工作方案、土地出让、项目经费及招聘人员等问题。

9月15日，卢胜在县政府六楼会议室主持召开县十五届政府第75次常务会议，传达学习省委书记沈晓明在省委审计委员会第七次会议上的重要讲话精神，听取有关工作汇报，研究相关工作方案、土地使用问题和工作经费等问题。

9月29日，卢胜在县政府六楼会议室主持召开县十五届政府第76次常务会议，传达学习文件精神，听取有关工作汇报，研究审议工作方案、土地出让、预算调整和招聘人员等相关问题。

10月22日，卢胜在县政府六楼会议室主持召开县十五届政府第77次常务会议，传达学习会议精神，听取有关工作汇报，研究审议实施方案、工作经费和招聘人员等相关问题。

10月29日，卢胜在县政府六楼会议室主持召开县十五届政府第78次常务会议，传达学习会议精神，研究工作方案、工作经费相关问题。

【2020年度民主生活会】2月7日，县政府党组班子在政府六楼会议室召开2020年度民主生活会。胡翔、陈文强、王志铮、何方长、陈扬洲、林金妹、赖道传、符志辉等县政府党组班子成员出席。县政协副主席王小雄列席会议。会议邀请了县纪委、县委组织部有关负责人到会指导。会议由胡翔主持。会议对2019年度民主生活会整改落实情况、民主生活会会前准备情况进行了通报。胡翔代表县政府党组班子作对照检查，班子成员依次发言，紧扣主题进行个人对照检查，开展了严肃认真的批评和自我批评。胡翔在讲话中要求，班子成员要在狠抓问题整改上作表率、在深化理论学习上作表率、在干事创业担当上作表率、在廉洁从政为官上作表率。胡翔强调，要以此次民主生活会为契机，狠抓整改、狠抓落实，不断增强发现和解决自身问题的能力。要坚决防止对照检查就是“闯关”“考试”的思想，结合班子检视剖析材料，按照责任分工和个人实际逐条逐项认领问题，逐条逐项议定措施，确保整改取得实际成效。要把同志们的批评意见当作改进工作的“催化剂”、修正缺点的“清洁剂”，从谏如流、闻过即改，真正达到“红红脸、出出汗、排排毒”的效果。

【第五次廉政工作会议】5月14日上午，十五届县人民政府第五次廉政工作电视电话会议在县政府二楼会议室召开，再次传达学习和贯彻落实国务院和省政府第四次廉政工作会议精神，总结2020

年、部署2021年政府系统党风廉政建设和反腐败工作。县委副书记、县长胡翔出席会议并讲话，他强调，全县各级各部门要认真贯彻落实好国务院和省政府第四次廉政工作会议精神，并结合县政府系统实际，高标准、严要求推进廉洁政府建设，确保“十四五”规划顺利开局。县政府副县长王志铮、符健友、陈扬洲、何方长、林金妹、赖道传、符志辉出席会议。县委常委、纪委书记、监委主任秦晓宏受邀参会。会议由王志铮主持。胡翔指出，过去一年，在县委的正确领导下，全县政府系统深入学习贯彻习近平总书记关于全面从严治党的重要论述，认真落实党中央国务院、省委省政府和县委决策部署，严格履行管党治党政治责任，不断巩固“不忘初心、牢记使命”主题教育成果，坚持把廉政建设摆在重要位置，党风廉政建设和反腐败斗争扎实推进，为统筹抓好疫情防控和经济社会发展提供有力保障。胡翔要求，全面加强政治建设，始终心怀“国之大者”，政府系统要紧绷“高站位”之弦，紧绷“守规矩”之弦，紧绷“做表率”之弦。要切实强化源头防范，健全完善监督制约机制，精准使用资金，加强资源监管，严格审计监督。要深化“放管服”改革，大力优化改善营商环境，行政审批局要会同发改委、政务中心等有关部门继续抓好这一块工作，此外，市场监管局要继续深化“双随机、一公开”市场监管，财政、人社、税务等相关部门要抓好已出台的保市场主体一揽子政策的贯彻落实，提高落地效应。胡翔强调，要持之以恒正风肃纪，夯实从严治党主体责任，落实“一岗双责”，严肃追究问责，坚决惩治腐败。要全面贯彻“作风整顿建设年”活动，持续纠正“四风”，坚持改革创新、扛起责任担当。

【县政府党组（扩大）会议暨县政府党组理论学习中心组学习会议】8月18日上午，2021年第11次县政府党组（扩大）会议暨县政府党组理论学习中心组学习会议在县政府办公楼二楼会议室召开，会议以深入学习贯彻习近平总书记“七一”重要讲话精神为主题，邀请省委党校常务副校长王和平讲授专题党课。县委副书记、县政府党组书记、县长卢胜主持会议，县委常委、县政府党组副书记、常务副县长陈文强，县政府党组成员王志铮、陈扬洲、何方长、林金妹、赖道传、王哲出席，非党员副县长符健友列席。会上，省委党校常务副校长王和平讲授了以“学习习总书记‘七一’重要讲话，牢记初心使命，开创美好未来”为主题的专题党课，党课围绕回顾党的百年光辉历程、展望民族复兴光明前景两个板块，系统阐述了习近平总书记“七一”重要讲话的重大意义、丰富内涵和实践要求，讲述了中国共产党成长奋进历程，解答了马克思主义为什么“行”，进一步加深了全县党员干部对党的最新理论成果的把握和理解，推动白沙高质量发展。卢胜要求，党员干部务必做到“五不忘”，坚持做“五种人”。不忘党性，做政治过硬的明白人，做到在党爱党，在党言党，在党护党，在党忧党，在党为党；不忘学习，做与时俱进的践行人，在“先学”上带好头，在“深学”上下功夫，在“活用”上见实效；不忘宗旨，做人民群众的贴心人，做到“四个心”：虚心、爱心、公心、尽心；不忘自律，做崇德尚廉的高尚人，树立道德高线、筑牢法纪防线、严守廉洁底线；不忘责任，做干事创业的带头人，在从严管党治党、加快乡村振兴、守好生态底线、壮大产业发展、推进改革创新、维护社会稳定等方面勇于担当责任。卢胜强调，要以此次会议精神为动力，自觉把学习成果贯穿到各自的本职工作中去，并转化为加快全县经济社会发展的强劲动力，为谱写新时代高质量发展白沙新篇章做出应有贡献。

【2022年投资项目计划专题会议】11月25日上午，白沙黎族自治县2022年投资项目计划专题会议在县政府六楼会议室召开。县委副书记、县政府党组书记黄聪，县委常委、常务副县长陈扬洲参

加。会议解读了《白沙黎族自治县政府投资项目监督管理办法》《白沙黎族自治县政府采购管理办法》，并听取2022年白沙黎族自治县政府投资项目计划起草情况汇报，与会人员围绕2022年投资项目计划进行讨论交流。黄聪指出，做好项目谋划及储备工作，是白沙经济高质量发展的重要支撑，事关全县经济发展大局。要立足白沙实际和发展需要，认真研究，科学谋划2022年投资项目，切实增强经济发展后劲。黄聪强调，要准确把握白沙发展定位和项目谋划要领，坚持投资项目建设跟着城市设计规划走，聚焦产业发展、乡村振兴、环境保护、民生保障、交通、水利等重点领域，科学精准谋划建设一批必要的、具备现实可行性的好项目，同时，在谋划项目时要广泛听取各层面、各领域的意见和建议，通过投资项目为经济高质量发展提供有力支撑，让白沙高质量发展的后劲更充足、步伐更加坚实。此外，要结合白沙实际和发展现状，修改完善《白沙黎族自治县政府投资项目监督管理办法》《白沙黎族自治县政府采购管理办法》。

施政纪要

【卢胜为政府系统各单位党员领导干部上专题党课】7月1日下午，县政府党组书记、县长卢胜在县政府二楼会议室为政府系统党员领导干部上专题党课。县委常委、公安局局长马琼才，副县长王志铮、符健友、何方长、赖道传、符志辉和县政府系统的党员领导干部，各乡镇政府领导班子成员聆听了党课。党课上，卢胜以“学史以明智，鉴往而知来，奋力谱写白沙高质量发展新篇章”为题，从中国共产党团结带领全国各族人民取得的伟大贡献，深刻理解和把握伟大发展历程中的经验与启示，以史为鉴，学懂贯通党史，不折不扣抓好年度重点工作落实等三方面为大家上了一堂生动的党课。卢胜强调，政府系统各单位要提高政治站位，扎扎实实地加强党史学习，从学习历史中进一步坚定我们不忘初心、牢记使命的决心和信仰，从学习历史中总结经验、汲取智慧。要解放思想、统一思想、聚力发展，为白沙发展做更多大事、更多实事。要统筹兼顾，大干快上，齐心协力推动白沙经济社会健康快速发展。要切实增强廉洁自律意识，牢记“手莫伸，伸手必被捉”的道理，在各种诱惑面前要把持得稳、经受得住，自省、自警、自励，做到守得住清贫、耐得住寂寞、稳得住心神、经得住考验。要更加紧密地团结在以习近平同志为核心的党中央周围，坚持以习近平新时代中国特色社会主义思想为指导，全面贯彻落实中央和省县决策部署，不忘初心、牢记使命，拼搏竞进、开拓创新，齐心协力推动党史学习教育走深走实，确保“十四五”开好局、起好步，奋力谱写白沙经济社会质量发展新篇章，以优异成绩庆祝建党100周年。

【卢胜率队调研珠碧江流域（白沙段）水生态环境综合治理工作情况】9月9日下午，县委副书记、县长卢胜率队实地查看了阳翔规模化养猪场及周边养猪场，调研水产养殖情况，并前往龙伟溪河口、珠碧江水水库坝头等地调研，详细了解水库周边农业养殖污染源、流域水体富营养化及省控地表水和水功能区监测断面情况。现场调研结束后，卢胜在七坊镇政府会议室主持召开座谈会，进一步听取珠碧江流域（白沙段）水生态环境综合治理工作落实情况、存在问题及下一步计划。卢胜强调，各相关部门和乡镇要正确认识当前珠碧江流域（白沙段）水生态环境综合治理工作的严峻性，要提高站位，认清形势，积极进取，进一步夯实白沙良好生态环境基础，坚决维护好白沙生态环境。要持续加大源头治理力度，摸清各类污染源情况，强化政策法规运用，制定出台配套规范性文件，争取中央政策和项目资金支持，确保水环境治理工作有效推进。要综合施策、分类治理，提升治理的针对性和实效性，在维护老百姓合法权益的同时，严守生态红线。同时，要明确职责分工，齐抓共管，全面加强珠碧江流域（白沙段）水环境治理，构建白沙水生态环境治理新格局。

【黄聪到荣邦乡宣讲党的十九届六中全会精神】12月18日上午，县委副书记、县政府党组书记黄聪深入荣邦乡岭尾村宣讲党的十九届六中全会精神，并就如何贯彻落实全会精神提出具体要求。报告会上，黄聪从党的十九届六中全会概况、深刻认识十九届六中全会的重大意义、准确把握十九届六中全会精神的核心要义、深刻理解“两个确立”的决定性意义、认真学习贯彻十九届六中全会精神等方面对全会精神进行详细解读，并通过当今国际和国内形势分析，对“四个自信”进行了深入阐述。他强调，广大党员干部要认真学习贯彻党的十九届六中全会精神，进一步增强做好新时代意识形态工作的政治自觉、思想自觉、行动自觉，把坚定“四个自信”体现到具体工作中，引导群众在学懂弄通做实上不断取得新成效，不断带领群众共同创造美好生活。黄聪要求荣邦乡积极部署，把认真学习、深刻领会党的十九届六中全会精神作为当前的一项重要政治任务紧紧抓在手上，切实掀起学习热潮，确保入脑入心。要抓好宣传宣讲，荣邦的各级领导干部要在学深悟透的基础上带头讲党课，把全会精神讲清楚、讲明白，切实将全会精神落实到推动发展、为民服务、乡村治理上。要坚持学以致用，结合实际把学习成果转化为攻坚克难、干事创业的实际成效，把学习贯彻全会精神同抓好当前各项工作紧密结合起来，统筹做好当前工作，认真谋划明年工作思路。

【黄聪到白沙展馆推介“白沙良食”】12月17日上午，县委副书记、县政府党组书记、县参加2021年冬交会组委会主任黄聪来到2021年冬交会白沙展馆，参观了解农特产品展销情况和产业规模，并接受海南广播电视总台采访，推介“白沙良食”品牌。黄聪指出，现代种业和数字农业是增强农产品品牌影响力和市场竞争力的重要保障。要抓好种苗这个源头，提升“白沙良食”地理标志农产品品质，抓好绿色这个底色，彰显海南中部热带农业生态颜值，抓住有机农产品发展趋势，创建特色农产品体系，促进农业农民增值增效，抓好市场这个主线，打造本土化、大众化的名优品牌。要坚持良好生态培育优质产品的理念不动摇，全力实现巩固拓展脱贫攻坚成果同乡村振兴有效衔接，借力2021年冬交会平台，共创市场机遇，稳中求进，夯实三农事业这个基本盘，做活白沙这篇山水文章。

【上海期货交易所调研组到白沙调研“保险+期货”等项目】9月16日，上海期货交易所调研组来到白沙，就“保险+期货”等项目进行实地调研。当天上午，调研组一行在县政府六楼会议室与县有关部门举行座谈，介绍此行调研的目的及调研工作的具体要求，了解白沙近几年开展橡胶“期货保险”和“价格收入保险”取得的成效。县委副书记、县长卢胜，县政府副县长何方长出席座谈会。座谈会由何方长主持。卢胜代表白沙黎族自治县委、县政府对上海期货交易所调研组一行的到来表示热烈欢迎，也代表白沙广大胶农对省保监局、上海期货交易所、人保财险海南省分公司大力扶持白沙农业产业的创新扶贫义举表示衷心感谢。卢胜表示，白沙将结合此次会议精神，持续深化与上海期货交易所和省人保公司的合作，继续完善橡胶“保险+期货”品种及其配套政策，提升天然橡胶生产技术，完善天然橡胶科技推广服务，制定天然橡胶林下经济发展规划，巩固拓展期货市场，保障白沙广大胶农权益成果。双方还就加强合作进行了深入交流。

【白沙黎族自治县政府与农行海南省分行签订全面战略合作暨支持乡村振兴发展合作协议】11月25日上午，白沙黎族自治县政府与中国农业银行海南省分行在县政府二楼会议室举行全面战略合作暨支持乡村振兴发展合作协议签约仪式，这标志着白沙黎族自治县政府与海南农行的政银合作迈上新台阶。县委副书记黄聪，县委副书记、政法委书记陈文强，县委常委邢展与中国农业银行海南省分行党委书记、行长吴金铎，中国农业银行海南省分行党委委员、副行长张红梅共同见证协议签署。根据协议，双方作为战略合作伙伴，将发挥各自优势，通过政策引导、市场建设、融资推动等方式，着力在乡村产业发展、乡村基础设施和生态环境及其他重大项目建设方面展开深入合作。

【“一把手”纪律教育暨“廉内助”家风教育专题班】10月19日，白沙在县政府二楼会议室继续举办2021年“一把手”纪律教育暨“廉内助”家风教育专题班。县委副书记、县长卢胜以“清廉好家风：树立清廉家风，清正党风政风”为题，从什么是家风、党员干部为什么要树立“好家风”、党员干部应如何在推进清廉自由贸易港建设中建设好家风三个方面，形象讲述了什么是家风，详细指出了党员干部要深刻认识到树立良好家风的重要意义，要本着对自己负责、对家人负责、对党负责的态度，树立良好家风，构建和谐家庭，让家庭成为自己坚强的后盾。卢胜指出，清廉家风是传统家风的核心内容，各级领导干部要带头自觉抓好家风，在思想上强化廉洁意识，学习为官清廉的典范，筑牢拒腐防变的思想之基，严于律己，自觉抵制各种不良风气；要率先垂范、以上示下、以身作则，教育好、督促好家里人、身边人，谨防滋长贪图享乐安逸的心理，要与家人和亲属多交流，统一思想，达成共识，在廉洁齐家上，发挥党员干部的“头雁效应”。

卢胜强调，全县广大党员干部要“树美德”，身体力行、言传身教，把小家作为弘扬美德善行的大讲堂，培育子女正直的品质和出众的能力，培育家庭良好的道德氛围；要“守官德”，时时处处自重、自省、自警、自励，严守党的政治纪律和政治规矩，时刻保持清醒的头脑，恪守官员职业道德，保持政治操守；要“讲政德”，突出政德建设的重要性和必要性，明大德、守公德、严私德，恪守立党为公、执政为民理念，严格约束自己的操守和行为，不负党和人民的期望；要在立德修身中不断自我监督，以自己的德行影响、感染、教化家里人、身边人，学思悟践，让德行合一成为拒腐防变的“法宝”。卢胜希望，全县广大党员领导干部要以清正廉洁的作风，给家人留下些终生受用的精神财富，让自己的本职工作，真正为人民谋福祉、谋幸福，让立功为民、廉洁奉公成为自己从政的“护身符”，同时也要注重家庭教育，管好家人和亲属，在严格遵守党纪国法的同时，从严要求、从细约束、从实规范家人的言行举止，为推动清廉海南自贸港建设扛起责任担当。

县政府办工作

【机关党建】强抓班子理论学习不松懈。办公室班子坚持把思想政治建设摆在首位，拧紧全面从严治党的“总开关”，高度重视意识形态工作，通过县政府办党组会议、县政府办党支部会议和办公室全体干部职工会议，深入学习贯彻习近平新时代中国特色社会主义思想、党的十九大精神和十九届历次全会精神、中央12号文件精神，以及习近平总书记关于海南的系列重要讲话和重要指示精神，深刻把握“两个确立”，牢固树立“四个意识”，不断坚定“四个自信”，坚决落实“两个维护”，在政治立场、政治方向、政治原则、政治道路上同以习近平同志为核心的党中央保持高度一致。全年参加各类学习70余次，有效提高了班子成员的政治素养和思想理论水平。创新载体学教结合重实效。大力推行“领导干部带头学+支部堡垒深入学+网络平台云自学”的集成学习模式，围绕习近平总书记七一重要讲话、海南自由贸易港建设等主题，开展党史学习教育集中学习30余次，集中研讨活动1次。11月主要领导带头给全体党员上党课，组织全体干部职工开展“破除‘不会为、不愿为、不想为’难题”大讨论，同时邀请分管办公室的县领导参加专题研讨学习会。依托“学习强国”平台、微信等媒体，自主学习时政信息、上级文件精神，通过丰富多彩的答题模式增加学习的积极性和主动性，县政府办在全县党史学习教育“七一”重要讲话知识竞赛荣获优秀组织奖。民主决策选人用人风气正。坚持把发扬党内民主、完善民主集中制作为加强领导班子建设的重要内容，严格执行“三重一大”集体决策程序，凡属全局性的问题，县政府办领导班子都坚持集体讨论解决。全年召开办公室党组会14次，研究议题46个，班子成员提出了许多很好的意见建议，不断提高科学决策水平。树立担当作为、以绩择才的选人用人导向，建立健全发现培养考察使用干部机制，全年先后有4名干部受到提拔重用，着力打造“有情怀、有血性、有担当”的干部队伍。

【办文办会】认真严谨，办文办会显水平。坚决按照错误“零容忍”要求抓好办文工作，完善了《办文程序和规则》《公文制发基本程序》等16项制度公文办理制度，进一步规范公文拟发程序和公文传递程序，提高了工作质量和效率。从文稿的起草、审核、制发3个环节，层层把关和审核，全年共印发各类文件292份，收传上级文件7036份，签收、分办各乡镇、各部门请示报告2803份。坚决按照环节“零遗漏”要求抓好办会工作，办公室从班子成员到干部，明确分工、密切协作，从方案编制、安排部署到细节把控都有专人负责，确保各项会议、活动、接待圆满完成。全年高质量承办各类会议500余次，圆满完成“三月三”庆典活动、“啦奥门”山兰文化节等重大活动10余次，圆满完成省各级领导考察、检查、调研等接待任务200余次。

【建言献策】多参善谋，以文辅政增能力。聚焦县委、县政府中心工作，坚决做到辅助重大决策有力，全年累计起草各类重要文稿300余篇、100余万字。高效起草省部级领导调研汇报稿、新闻发布会发布词等材料，全面参与“万企兴万村”“共建自贸港投资到白沙”招商推介会、黎族大白茶封茶仪式等重大活动筹办，撰写调研点介绍材料。政府办领导班子始终高度重视信息报送工作，紧紧围绕省委省政府重大部署和县重点工作，注重把握选题、严格报送实效，不断提高信息办理报送质量，充分发挥信息工作对提供决策参考、反馈工作落实和服务改革发展方面的积极作用。全年累计编发政务信息报告50篇，被省办公厅采用9篇，总得分较上年翻三番。其中，第四季度信息报送率及采用率均有较大提升，《白沙践行“两山”理念实现全面禁塑，切实巩固拓展蓝天碧水净土保卫战成果》《白沙“课上+课后”“兴趣+专业”方面入手，有效推进“双减”工作走深走实》等4篇信息被采用，得到省政府办公厅的充分肯定。

【综合协调】聚焦巩固脱贫攻坚成果，狠抓帮扶工作。按照县委、县政府的安排部署，县政府办公室充分发挥模范带头作用，积极投身巩固拓展脱贫攻坚成果帮扶工作。始终把巩固脱贫成果和乡村振兴工作作为一项重要政治任务来抓，安排16名干部定点联系帮扶白沙荣邦乡俄朗村27户脱贫户，精心选派2名干部长期开展驻村帮扶，全办帮扶干部每月至少下村走访4次以上，提供措施引导27户贫困户46名劳动力外出务工，平均每人每年收入超7000元。全力配合荣邦乡俄朗村做好迎接国家巩固脱贫成果后评估等工作，全年累计从办公经费中划拨11.65万元给俄朗村，用于推进乡村振兴补短板工作，帮扶成果得到群众认可，县政府办公室被评为海南省脱贫攻坚先进集体。

【督查督办】聚焦民生，督查督办抓落实。坚持“聚焦重点”督要事、“关注民生”督实事、“紧扣问题”督难事的工作方向，完成了民生实事、环保督政问题整改、审计整改、“菜篮子”工程、人大建议政协提案督办等各项工作任务。严格按照“县政府中心工作开展到哪里，督查落实就跟进到哪里”的要求，实行“清单式”管理、销号式督查，坚持把目标考核作为促进各部门全面履行职责的重要手段，将督办工作与考核奖惩紧密结合，既督进度也督结果。建立问题清单，实行跟踪督查，采取日报销号，全年开展专项督办12次，编发《督查通报》2期，下发催办督办单12份，完成122件人大建议、76件政协提案的交办、督办工作，满意率达100%。

【政务公开】聚焦“两化”，政务公开规范合理。认真对照《中华人民共和国政府信息公开条例》文件精神，围绕标准化规范化要求，做好政府门户网站全面改版提升、重要政策解读、政务新媒体管理、建立健全依申请制度等工作。白沙黎族自治县政府网全年的网站访问量达510万余次，发布各类信息4866条。

【作风建设】拧紧主体责任“总开关”。办公室党支部高度重视党风廉政建设，坚持主要领导负责制，坚持“一岗双责”，重要工作亲自部署、重大问题亲自过问、重点环节亲自协调。按照“量身定制”要求，结合年度工作重点和上年度问题反馈，坚持问题导向，制定个性化责任清单，提出具体工作举措，明确完成时限，形成“一级抓一级、层层抓落实、责任全覆盖”的工作格局。全年，县政府办召开了2次党风廉政建设专题会议，领导班子参加“一把手”纪律教育暨“廉内助”家风教育专题班、廉政提醒集体谈话会议等各类活动3次，没有发生违规违纪问题，切实维护了办公室勤政廉洁的良好形象，县政府办被评为“白沙黎族自治县先进基层党组织”。晾晒机关管理“阳光簿”。严格遵守“三重一大”事项决策程序，全面贯彻落实了集体决策、民主决策、科学决策和依法决策原则，有效形成“正职监管，副职分管，集体领导，民主决策”的权力运行制衡机制。本着“厉行节约、从严控制、鼓励节支、上限控制”的原则，所有经费开支实行“一支笔”审批制度，单笔经费开支金额5000元（含）以上的开支，均由办公室党组会议审定；加强了对车辆、水电、文印等事务的管理，对办公用品购置、设备更换进行严格审批，大幅缩减日常办公费用开支，严格控制“三公”经费支出，努力建设“节约型”机关。

【党史学习教育专题组织生活会】7月29日晚，白沙黎族自治县政府办党支部在县政府7楼会议室召开党史学习教育专题组织生活会。县委副书记、县长卢胜，县委常委、常务副县长陈文强，县人民政府副县长王志铮、何方长、林金妹、赖道传、符志辉以普通党员身份参加。会议报告了政府办2021年上半年党支部工作情况，特别是党史学习教育开展情况，政府办党支部班子成员检视了存在的问题，党员同志围绕贯彻习近平总书记“七一”重要讲话精神、党史学习教育的目标要求，谈体会、找差距、明方向、抓落实，逐一开展批评和自我批评。卢胜在点评时表示，这次组织生活会，既是一次自身缺点的诊断会，又是一次加油鼓劲的动员会，大家在自我批评的基础上，互相进行坦诚的批评，有所悟、有所得，达到了“团结—批评—团结”的目的，使白沙黎族自治县政府办公室这个集体和全体同志，进一步明确了方向、激发了活力，增强了凝聚力、战斗力和创造力。卢胜强调，对党绝对忠诚、对白沙事业忠诚是办公室的生命线，是做好办公室工作的根本点。大家要对照自身存在的共性问题和个性问题，深入系统地学习习近平总书记系列讲话重要精神，要与以习近平同志为核心的党中央保持高度一致，认真落实县委、县政府的各项决策部署，把实现个人价值与白沙事业统一起来。卢胜要求，办公室的工作必须紧紧围绕大局、时时聚焦大局、处处服务大局，要把各方面新情况新问题、贯彻落实县委县政府的意见和建议、干部群众关注的热点焦点问题等及时收集上来，归纳综合，分析研判，为县委、县政府科学决策提供重要依据。要围绕大局出谋划策、贡献智慧，多出大主意、好主意；围绕大局加强督办、促进落实；围绕大局统筹协调、搞好保障，发挥办公室运转中枢作用，形成做好的工作整体合力，为县委、县政府提供优质高效服务。要坚持担当负责的工作作风、无怨无悔的奉献精神、坚持廉洁自律的道德操守，团结一致，推动办公室工作再上新台阶。

【白沙黎族自治县政府办党支部到保家纪念旧址开展“学党史 知党情 强党性”主题党日活动】7月9日，县政府办党支部组织全体党员、预备党员和入党积极分子及其他干部职工到阜龙乡保家战斗旧址开展

"学党史 知党情 强党性"主题党日活动，以重走红军路、倾听红色故事、重温入党誓词等方式，感悟红色精神、锤炼红色意志，进一步凝聚党组织战斗力。县委副书记、县长、县政府党组书记卢胜，县政府副县长、党组成员陈扬洲、何方长、赖道传、符志辉以普通党员身份参加活动。在解说员的带领下，县政府办全体党员干部职工从阜龙乡文头村出发，伴随着飘扬的中国工农红军旗帜和党旗，沿着红军足迹，先后走过红军路牌、芭蕉村、保家战斗纪念广场等革命旧址，并聆听解说员讲述保家村琼崖纵队第一总队第二、三支队战士英勇作战的革命故事，重温革命先辈们当年的历程。通过此次主题党日活动，县政府办全体党员干部职工磨炼了意志、锤炼了党性，更加深刻地感受到革命胜利来之不易，纷纷表示要以更加饱满的热情和昂扬的精神投入到工作中，为推动白沙高质量发展做出积极贡献。

行政审批服务

【概况】 白沙黎族自治县行政审批服务局（简称县审批局）承接县发改委、住建局、资规局、市监局、农业农村局、教育局、旅文局等19个职能部门划转的296项审批大项，涉及业务办理子项678项。县审批局内设办公室、政策法规和行政效能监督室、工程建设审批室、农林水利审批室、社会事务审批室、现场踏勘室6个内设机构，有行政编制16名，设局长1名，副局长3名。2021年有在编在岗人员14名。

【一枚印章管审批】 根据省政府办公厅《关于深入推进实行"一枚印章管审批"改革的实施意见》要求，2020年11月9日，县行政审批局正式承接县发改委、住建局、资规局、市监局、农业农村局、教育局、旅文局等19个职能部门划转的258项审批事项，开启"一枚印章管审批"改革。2021年6月，县政府同意将省级部门下放县级部门的38项审批事项继续划转至县审批局集中实施。截至2021年年末，县审批局共认领各职能部门296项审批大项，涉及业务办理子项678项。县审批局2021年共受理审批申请10053件，办结10025件，开展评价19985次，评价率达120.79%。其他待办件均在办理的法定期限内。2021年，《海南日报》《海南新闻联播》、人民网等省级媒体宣传报道县审批局审批工作亮点累计13篇。

【政务服务事项梳理】 县审批局根据2021年版《海南省市县政务服务事项目录清单》，牵头组织县直各职能部门按时完成白沙黎族自治县海南省政务服务网"6+1"政务服务事项（即行政许可、行政确认、行政给付、行政奖励、行政裁决、其他权力和公共服务）的认领和关联。截至2021年年末，全县48个职能部门，共认领和关联标准化库事项1731项，其中行政许可797项、行政确认189项、行政给付61项、行政奖励34项、其他行政权力255项、公共服务395项。

【行业综合许可"一业一证"改革】为深化商事制度改革，提升政务服务能力和便利化水平，完成制定《白沙黎族自治县开展"一业一证"改革实施方案》，在全县范围内全面推广"一业一证"改革。首批选择10个行业30个业态纳入"一业一证"改革试点，即：将市场主体进入特定行业涉及的多张许可证整合为一张"行业综合许可证"，选取关联度高、办理频次高的事项，分批分步组织实施，优化准入环节，聚焦市场准入多头审批、市场主体关注度高的行业，对一个行业现有的多个许可证实行打包审批，通过再造行业管理架构、审批流程、审批导引方式、行业审批条件、许可审核程序，实现"一次告知、一表申请、一同核查、一证准营"。

【推出企业开办"大礼包"】 出台《白沙黎族自治县企业开办"大礼包"工作方案》，整合优化市场监管、公安（印章中心）、税务部门的企业登记、印章刻制、发票申领三个环节业务，提供"一站式"服务，新开企业1个工作日办完注册、刻章、领取税票业务。实现企业办事一次跑，缩短了办事时间，降低企业开办成本，对在白沙黎族自治县境内首次注册的企业，免费赠送企业开办“大礼包”一份，包括营业执照、企业公章、财务章、发票章、法人章、合同章和税票。2021年3月15日开始实施，截至2021年年末，累计为147家企业免费发放735枚印章“大礼包”，为企业节省174930元开办成本。

【深化工程建设项目审批改革】建立三张服务表单的服务机制。坚持以服务员的方式服务好重点项目、扶贫项目及重要民生项目。成立工程建设项目审批服务小组，建立了“三张服务表单”（即靠前服务清单、园区服务清单、重点项目服务清单）等服务制度，将项目分解到每个审批服务人员，对跟踪服务项目每周进行一汇报，围绕项目推进目标，进一步明确要解决的事项、解决的部门等阶段性服务计划。实行一企一册（策）的服务。县审批局编制项目服务手册，将项目审批涉及的基本流程、需要办理的审批事项、申办各事项需要提交的材料、申请条件等内容编制成项目服务手册，跟踪项目时，针对各个项目的特点量身定制审批流程，在项目服务手册中勾选审批事项，提升项目审批速度。推行规划许可“零审批”事项清单。县审批局聚焦审批关键环节和重点事项，分别在“立项用地规划许可、工程建设许可、施工许可、竣工验收”等四个阶段的审批事项进行深度整合，2021年3月15日印发了《白沙黎族自治县建设工程规划许可及乡村规划许可“零审批”事项清单》，对未涉及增加建筑面积的改造整治项目，包括小区内部综合整治、屋顶整治（含“平改坡”）、农贸市场整治、环卫基础设施（包含污水处理设施、公厕、道班房、清洁楼、车场）整治等19类项目均实行“零审批”。优化项目施工许可证办理，推动项目提前动工。为推进白沙黎族自治县项目快速开工、早日见效，2021年8月底，印发《关于进一步优化房屋建筑工程办理施工许可证手续的通知（试行）》。白沙黎族自治县以“快”为出发点，破除开工难的难点堵点，改革新模式，优化办理施工许可证。采取提前介入指导服务、优化农民工保证金缴纳、简化施工图审查意见、调整审批流程，以及推行承诺制办理等方式，推动建设项目“加速跑”，可先行申报“基坑支护和土方开挖”阶段的施工许可证，实现“拿地即开工”。县审批局2021年共核发8个“基坑支护和土方开挖”阶段施工许可证。

【公共资源交易管理】2021年，县审批局进一步提高公共资源效率，降低交易成本。截至2021年年末，完成政府采购审批项目433宗，总采购预算金额79430.69万元，其中已完成招投标373宗，中标金额65189.40万元，节省财政资金713.28万元。完成预算单位申请的自行采购项目1592宗，总预算金额为19702.52万元。完成进场交易项目29宗。

（县审批局 李著）

政务服务

【概况】2021年以来，在县委县政府的坚强领导下，县政务服务中心坚持以习近平新时代中国特色社会主义思想和党的十九大精神为指导，紧紧围绕“五型”政府建设和“四最”营商环境目标，深入推进“放管服”的改革，不断提升政务服务工作效率，持续优化政务服务环境，切实增强人民群众的改革获得感和满意度，为全县经济社会实现高质量发展提供优质高效的政务服务保障。

【加强行政权力监督】将各部门的行政审批、公共服务、行政收费等权力行使的重点环节集中到政务大厅，公开、规范地在阳光下操作，从运行机制和运行方式上加强了对行政权力的监督；2021年1—12月，全县办件91853件，办结90455件，办结率98.48%，提前办结率84%。

【推进“不见面审批”制度改革】为深化行政审批制度改革，白沙黎族自治县实施全流程“不见面审批”改革工作，2021 年 1 月至 12 月，全县各部门通过海南省行政审批系统“不见面审批”方式办理业务，共受理办件 26188 件，在办 194 件，办结 256994 件。

【实行免费送刻章服务】县审批局、县政务服务中心与县市场监督管理局、县公安局、县税务局协调沟通，再造审批流程，进一步压缩企业开办办理时限，实现新开办企业 1 个工作日内办结注册、刻章、银行开户、领取税票业务。同时，2021 年 4 月起，为新开办企业送上“大礼包”，内装企业公章、财务专用章、发票专用章、法定代表人印章、合同章 5 个印章，提供免费邮寄等服务，刻章和邮寄均由政府“埋单”，激发市场主体活力，降低企业开办成本。已给企业送上“大礼包”135 件，实现企业开办“零跑动”。

【成立“办不成事”协调窗口】为推进海南自由贸易港建设，优化营商环境，县政务服务中心立足本单位职责职能，切实解决群众难事。企业线上线下提交申请材料后，仍未能办理审批，或办事群众多次到行政审批服务大厅未能解决问题，针对这些疑难杂事，成立“办不成事”协调窗口。创建“办不成事”协调窗口以来，已解决好或“办成事”13 件事项，涉及购买新能源车补贴、上牌慢、有房产无土地证、入驻未通过竣工验收等事项。畅通了政府与群众和企业互动渠道，倒逼行政审批服务窗口进一步提升政务服务能力，持续优化营商环境，不断增强群众和企业的获得感和幸福感，得到省、县领导的好评。

【建立大厅巡查制度】为进一步规范服务大厅的管理，提高服务水平，为民办实事，优化营商环境；从周一到周五都由班子领导带头坐班接待，每天带领审批局人员和政务中心人员巡查各个窗口服务仪容仪表、服务态度、工作纪律、工作作风、环境卫生、考勤情况，并了解窗口工作人员及办事群众在开展工作、办理手续中遇到的困难，需要解决的问题。

通过上下班打卡和日常巡察相结合，规范工作人员行为，提高了为民办实事效率。

【行政审批一张网建设工作】2021 年县政务服务中心在县、乡镇使用“一张审批网”的基础上，推进“一张审批网”向村（居）纵向延伸，8 月份对全县 11 个乡镇、83 个村（居）便民服务站和 9 个居，开展为期 2 天的全省“一张审批网”应用培训班。截至 2021 年 12 月，全县各乡镇便民服务中心、83 个村（居）及 9 个农场改制居便民服务站办件 34745 件，办结 34745 件，办结率 100%。

【乡镇赋权工作稳步推进】根据分工安排，县政务服务中心负责 11 个乡镇审批平台规范化建设，2021 年 11 个乡镇有 10 个乡镇审批平台已具备办公条件，下一步将进一步完善制度和办事流程，确保规范运行。

【村居级示范点】改造提升行政村服务站点建设，对全县 11 个乡镇 15 个村（居）便民服务站软硬件设施进行改造、配齐，打造“一站式”综合便民服务站，指导乡镇便民服务中心整合服务事项，根据事项设置受理窗口，并统一制作审批专用章来审批事项。全面完善网络环境、监控、办公电脑等基础设施配备，为办事群众提供复印机、休息椅、饮水机、纸张等便民设施；建成一批更加规范、便民、高效的便民服务站，改善群众办事环境，提升群众满意度。

【12345 政务服务便民热线】根据海南省 12345 平台的工作要求，2021 年 8 月，县政务服务中心于 2021 年 9 月正式接管 12345 热线白沙黎族自治县分平台；12345 政务服务便

2021 年 9 月 6 日政务中心主任曾永军、副主任冯丽莎深入 12345 热线白沙分平台指导工作

民热线是搭建企业、群众和政府之间沟通的桥梁，是反映党委、政府工作能力和水平的“窗口”，是缓和干群关系、化解社会矛盾的“润滑剂”“消防栓”和“减压阀”。白沙于 2021 年 1 月 12 日开通话务平台，实行 7×24 小时工作制度。

截至 2021 年年末，海南 12345 热线白沙分平台热线呼入量 15179 件，话务前台直接办结量 9316 件，直接办结率 61.37%；形成工单与接收省平台转派的工单共 5863 件，已办结 5862 件，办结率 99.99%，正在处理 1 件。回访综合满意度 98.68%。派发至各职能部门 5863 件工单诉求类型情况为：投诉类为 4027 件，咨询类为 1257 件，求助类为 299 件，举报类 122 件，意见建议类 109 件，其他类 49 件。从中可以看出 2021 年的诉求工单以投诉类为主，12345 政务便民服务热线已成为百姓诉求的渠道之一。

【新冠疫情防控情况】县政务服务中心在疫情防控期间，根据县政府的要求，为了做好疫情的防控工作，中心购买两台测温人脸识别门禁产品。要求保安严格对来往办事群众进行体温检测，保洁人员加强保洁工作，在每日进行 2 次清洁工作的基础上，对中心大厅采取酒精进行消毒，阻断病毒传播途径。

【帮扶联系】2021 年，县政务服务中心联合“新兴村小组”开展卫生环境专项整治”主题党日活动，开展“我们的节日”慰问脱贫户主题党日活动。在 2020 年春节、2021 年中秋节和 2021 年元旦节前夕，对脱贫困户进行慰问。中心前后共拨付 24920 元开展慰问活动，并购买衣柜、桌椅等物品，有效改善了贫困户的生活质量，提升了贫困户的满意度。

政协白沙黎族自治县委员会

综述

【概况】2021 年是中国共产党成立 100 周年，也是十届县政协任期届满之年。在中共白沙黎族自治县委坚强领导下，十届县政协及其常务委员会全面贯彻中共十九大和十九届历次全会精神，坚持人民政协性质定位，坚持团结和民主两大主题，自觉服从服务于全县中心工作大局，团结组织政协各参加单位和各族各界人士，认真履行政治协商、民主监督、参政议政职能，着力推进制度创新、工作创新，有效发挥统一战线组织和协商民主重要渠道、专门协商机构作用，助力应对疫情防控、打赢脱贫攻坚战、融入自贸港建设“三个大考”，为推动白沙经济社会发展和社会主义民主政治建设做出了积极贡献，续写了白沙黎族自治县人民政协事业的新篇章。

【理论学习】把强化党的领导贯穿于政协工作的全过程、各方面，自觉把思想和行动统一到中央、省委和县委决策部署上来。深入开展党史学习教育，认真学习规定书目，重点学习了党的十九届六中全会精神、习近平总书记“七一”重要讲话精神，进一步强化政协委员党史思维，推动党史学习教育持续走深走实。以党史学习教育为契机，组织在上海复旦大学参加政协委员履职能力提升培训班的委员和政协系统领导干部到中共一大会址——嘉兴南湖红船进行现场教学；在清明节来临之际，组织开展“清明祭英烈”活动缅怀革命先烈等，切实强化政协委员和政协系统领导干部党性教育。以庆祝中国共产党成立 100 周年为契机，举办“贺百年华诞 颂锦绣中华——庆祝中国共产党成立 100 周年”书画作品展，重温党的历史，凝聚正能量。开展委员履职考核，为新一届委员考察推荐提供参考。做好新一届委员培训。对 127 名白沙第十一届政协委员进行了岗前培训。

【协商议政】在县“两会”期间，组织全体委员列席人大全体会议，听取和讨论政府工作报告及其他报告，提出意见和建议。邀请县政府领导向政协常委会通报全县半年经济运行和社会发展情况，让委员全方位了解全县政情信息，为他们准确履职提供帮助；利用政协常委会、季度协商会、政情通报会向政协常委、委员通报政情信息和提案办理情况，就一些重要工作与相关部门进行面对面的协商，为委员协商议政、建言献策搭建平台，促进重点工作的有效推进。

【民主监督】结合党史学习教育、“大学习、大调研、大抓落实”和“我为群众办实事”实践活动，组织各专委会就“优化营商环境”“白沙黎族自治县菜篮子工程建设”“珠碧江流域生态环保治理”3 个课题开展监督性调研，形成调研报告 3 篇，提出了一些有建设性的意见和建议，为有关部门推进工作提供参考。持续监督全县生态环保工作，配合省政协各季度开展的“六个严禁两个推进”、水环境质量治理和生态环保及以农业农村、水务、住建等部门作风建设民主监督工作，跟踪督促有关部门秸秆露天禁烧监控平台建设工作，强化工作落实。以“查堵点、破难题、促发展”活动为契机，配合党组深入乡镇调研，查找出5个方面问题并配合协调解决。积极组织委员参与公、检、法等部门行业的监督、陪审、听证、座谈等活动，2021年共组织50名政协委员参加社会监督活动10多场，助力社会公正、公平、和谐、稳定。

【帮扶联系】持续选派骨干干部任驻村工作队队长，驻村干部符克民工作表现突出，于2021年6月荣获“海南省脱贫攻坚先进个人”荣誉称号。轮换政协机关党支部副书记谭宏文到村继续开展工作，传好驻村接力棒，助力乡村振兴工作。发挥党支部党员带头作用，增加政协机关帮扶联系人至7人，共联系金波乡白打村脱贫户20户，组织开展好各项帮扶联系工作。

【团结联谊】充分尊重和保障民主党派、工商联、无党派人士的民主权利，搭建履职建言平台，形成良好的合作共事氛围。加强与各族各界人士的团结联谊。提高与各族各界人士的协商能力，发挥桥梁、纽带作用。加强同党外知识分子和新的社会阶层人士的团结联系，积极做好台胞台属和归侨侨眷服务工作，多渠道、多形式加强与非公经济人士的交流交往。积极配合省政协在全县开展各项调研视察活动，广泛与兄弟市县政协联谊交流，组织委员外出到兄弟市县交流联谊，在各种交流活动中相互学习，宣传、推介白沙良好的生态和投资环境。指导和推动建立政协委员会客厅，为各界别委员交流联谊创造条件。

【基层协商民主建设】继续探索政协工作向基层延伸的有效途径和方式，组织11个委员履职小组下沉到乡村基层，在各乡镇成立政协工作联络站和基层协商议事会，实现乡镇、村（居）试点全覆盖，通过协商民主议事解决群众的实际问题。以村级“两委”换届工作为契机，同步配齐县政协委员担任全县93个村（社区、村居）村务协商会副会长。

【机关自身建设】从严从实抓好党的建设，发挥政协党组和机关党支部的领导作用，认真组织开展党史学习教育，不折不扣抓好专题学习研讨和问题整改。始终把纪律和规矩挺在前面，严格落实中央八项规定精神和省委、县委有关规定要求，深入推进党风廉政建设，支持县纪委派驻组监督执纪。加强委员队伍建设，在上海复旦大学举办委员履职能力提升培训班。加强委员履职服务管理，开展委员履职综合评价。建立健全政协领导及专委会分工联系界别小组工作机制，完善界别活动组织和服务保障机制。深入推进机关党的建设和思想作风建设，保持抓好作风整顿建设和“查堵点、破难题、促发展”活动的定力，努力破除“不会为、不愿为、不真为”作风顽疾。热情主动地为委员服务，提高政协机关服务能力和水平。

重要会议

【政协常务委员会会议】2021年1月18日，在县政协会议室召开政协白沙黎族自治县第十届委员会第十五次常委会会议。会议审议通过了关于召开政协第十届白沙黎族自治县委员会第六次会议的决定、政协第十届白沙黎族自治县委员会常务委员会工作报告和提案工作情况报告报告人名单（草案）、政协第十届白沙黎族自治县委员会第六次会议主持人名单（草案）、政协第十届白沙黎族自治县委员会常务委员会工作报告（草案）、政协第十届白沙黎族自治县委员会常务委员会关于县政协十届五次会议以来提案工作情况的报告（草案）、政协第十届白沙黎族自治县委员会第六次会议列席人员范围、政协第十届白沙黎族自治县委员会第六次会议编组及召集人名单（草案）、县政协2020年委员调研报告、县政协2020年委员视察报告。会议还审议了有关人事事宜。县政协主席符英兰主持会议，副主席李永铭、孙小旧、王小雄、王宪，秘书长陈建邦及政协常委参加会议。不是县政协常委的政协专委会主任、县委统战部和县工商联负责人列席会议。

2021年3月31日，在县政协会议室召开政协白沙黎族自治县第十届委员会第十六次常委会会议。会议传达学习习近平总书记在党史学习教育动员大会上的讲话精神、全国政协十三届四次会议精神、省党史学习教育动员大会精神、县党史学习教育动员会精神、县开展“大学习、大调研、大抓落实”活动暨优化营商环境行动动员会精神；审议通过了县政协常委会2021年工作要点；通报白沙黎族自治县“完善上下联动，推进基层协商民主建设”工作情况和县政协十届六次会议提案交办情况。县政协主席符英兰主持会议，副主席李永铭、孙小旧、王小雄、王宪，秘书长陈建邦及政协常委参加会议。不是县政协常委的政协专委会主任、县委统战部和县工商联负责人列席会议。

2021年7月29日，在县政协会议室召开政协白沙黎族自治县第十届委员会第十七次常委会会议。会议听取副县长符志辉通报全县2021年上半年经济运行和社会发展情况；开展政协十届六次会议重点提案面对面办理协商；审议2021年度常委会有关调研报告；讨论有关人事事宜；传达学习习近平总书记在庆祝中国共产党成立100周年大会上的讲话、全国政协十三届常委会第十七次会议精神、全国政协宣传思想工作座谈会会议精神、海南省委七届十次会议精神、省委书记沈晓明在学习习近平总书记“七一”重要讲话精神座谈会上的精神。县政协主席符英兰主持会议，副主席李永铭、孙小旧、王小雄、王宪，秘书长陈建邦及政协常委参加会议。非县政协常委的政协专委会主任、县委统战部和县工商联负责人列席会议。

2021年11月30日，在县政协会议室召开政协白沙黎族自治县第十届委员会第十八次常委会会议。会议审议了关于召开政协白沙黎族自治县第十一届委员会第一次会议的决定（草案）、政协白沙黎族自治县第十届委员会常务委员会工作报告（送审稿）、政协白沙黎族自治县第十届委员会常务委员会关于提案工作情况的报告（送审稿）、关于授权政协第十届白沙黎族自治县委员会主席会议决定县政协第十一届委员会第一次会议事项的决议（草案）、十一届政协委员和常务委员建议人选。传达学习中共十九届六中全会精神、中共中央召开党外人士座谈会精神。县政协主席符英兰主持会议，副主席李永铭、孙小旧、王小雄、王宪，秘书长陈建邦及政协常委参加会议。非县政协常委的政协专委会主任、县委统战部和县工商联负责人列席会议。

专题调研与视察

【调研协商】结合党史学习教育、“大学习、大调研、大抓落实”和“我为群众办实事”实践活动，组织委员就“县茶产业发展情况”“推进乡村旅游产业发展，助力乡村振兴”“黎药挖掘传承”等课题开展实地调研，就相关问题组织讨论，形成调研报告，使委员能够充分表达意见，提出解决建议，形成良好的议政氛围。组织各专委会就“优化营商环境”“菜篮子工程建设”“珠碧江流域生态环保治理”等课题开展监督性调研，形成调研报告，推动有关工作落实。

【提案协商办理】组织各界别委员围绕工作实际，深入一线调研，撰写提案。提案及时交办，并通过主席会议成员领衔督办、面对面协商办理和上门催办等形式，加大提案的督办力度，有力促成提案建议的成果转化，助力经济文化、教育卫生、社会管理等方面工作的有序推进。十届六次会议共收到提案77件，立案76件，已全部办复。2021年，驻县的省政协委员共向省政协全会提交提案6件。

（县政协文化文史学习委　符克民）

纪委监委

综　述

【概况】2021年，在省纪委监委和县委的坚强领导下，全县纪委监委机关增强“四个意识”、坚定“四个自信”、做到“两个维护”，弘扬伟大建党精神，持续深入推进党的自我革命，推动全面从严治党、党风廉政建设和反腐败斗争向纵深发展，始终忠诚于党、忠诚于人民、忠诚于纪委监委事业，牢牢把握纪委监委机关在党的自我革命中的职责任务，充分发挥监督保障执行、促进完善发展作用，以高质量纪委监委工作推进清廉白沙建设。

【重要会议】2022年2月25日，中国共产党白沙黎族自治县第十四届纪律监察委员会第二次全体会议暨全县领导干部警示教育大会在县政府二楼会议室召开，会议深入学习贯彻十九届中央纪委六次全会和省纪委七届六次全会精神，贯彻落实中央、省委全面从严治党最新决策部署，回顾总结全县2021年纪委监委工作，部署安排2022年工作任务。会议要求，各级纪委监委机关干部要深刻把握好党的自我革命在百年党史中的重大意义，将这一百年来管党治党的重要法宝传承好、使用好，为党和人民的事业发展不断注入新活力。要始终坚持严的主基调不动摇，下大力气刹住歪风邪气，让白沙政治清明、政府清廉、干部清正、社会清朗。要积极推进清廉白沙建设，筑牢清廉思维，探索清廉路径，让清廉文化深入人心。

【体制改革】出台《关于进一步加强乡镇纪委监委组织与村务监督委员会沟通协作和有效衔接机制的意见》，发挥村务监督委员会“探头”作用，着力解决乡镇村务监督委员会基层监督断层、监督无约束力、同级监督不够等问题，将监督触角延伸至基层末梢。该项工作获省纪委书记陈国猛及省纪委监委其他领导的批示肯定。探索建立社会监督员制度，制定社会监督员工作暂行办法，聘请15名社会监督员，进一步拓宽干部监督渠道，健全监督体系，相关做法被人民日报网海南板块、海南廉政网、《法治时报》数字版等媒体纷纷刊载。

主要工作

【监督工作】着力探索破解“一把手”和同级监督难题。深入落实《中共中央关于加强“一把手”和领导班子监督的意见》《中共海南省委办公厅〈关于加强对“一把手”和领导班子监督的分工方案〉》，积极研究破解“一把手”和同级监督难题，协助县委研究起草《关于加强“一把手”和领导班子监督的实施方案》，初步细化监督措施71项。结合白沙实际，探索乡镇纪委监督同级党委及其领导班子成员工作办法。注重发挥监督检查室、派驻组作用，通过多种形式监督，压实各级党组织履行好管党治党政治责任。强化意识形态领域监督。成立县纪委监委意识形态工作领导小组，召开专题会议研究纪委监委机关意识形态工作。将意识形态工作与纪委监委工作相结合，着力把意识形态工作列入政治监督清单，各监督检查室、派驻组将意识形态监督纳入日常监督范畴，共开展意识形态监督3次，有效引导全县领导干部切实从思想上认识到意识形态工作的重要性，打好主动仗、强化阵地战。综合运用监督执纪“四种形态”处理106人次，其中，第一种形态处理60人次，占56.6%；第二种形态处理31人次，占29.2%；第三种形态处理13人次，占12.3%；第四种形态处理2人次，占1.9%，惩治震慑、惩戒挽救、教育警醒、标本兼治的功能得到充分发挥。

【调查工作】积极探索清廉白沙的实现路径。认真落实中央政治局常委、中央纪委书记赵乐际关于建设清廉自贸港的工作要求以及省纪委书记陈国猛在白沙调研的指示精神，围绕“优化营商环境，助力清廉自贸港建设”这一主题，对全县41家单位开展监督调研，深入14家企业实地调研，共发现12个方面53个问题，向县委提出工作建议5条，为推动构建一流营商环境，建设清廉白沙提供坚强保障。加强换届纪律监督。2021年是县乡村换届年，县纪委监委紧盯“十个严禁”，制订印发《白沙黎族自治县村（社区）“两委”换届纪律监督工作方案》，深入11个乡镇开展换届摸排，走访村居、社区累计93个，重点对“两委”班子成员491人和后备干部535人进行排查，杜绝拉票贿选、宴请送礼等违规违纪行为。认真落实“凡提四必”要求，严把选人用人廉洁关，回复党风廉政意见15批219人，核查选举信访件8件、7人，确保基层选举平稳有序，杜绝“带病提拔”。

【巡察工作】高质量完成巡察全覆盖任务目标。

坚持政治巡察定位，2021年开展3轮巡察，覆盖19家单位，共发现问题628个，推动问题整改395个，整改率63%。截至2021年年底，共开展14轮巡察，对全县74个单位党组织、83个村居和9个农场党组织开展巡察，高质量完成十三届县委巡察全覆盖任务，为加快美丽新白沙建设提供坚强政治保障。深化“纪巡审一体化”监督体系。落实《关于进一步推进“纪巡审一体化”监督工作的实施意见》，开展“纪巡审一体化”监督以来，对全县各单位落实县纪委专项监督检查、审计和巡察发现问题整改情况进行联动监督4次，对3742个问题整改落实再监督，推动3228个问题整改落到实处。完善巡前情况通报与信息共享、巡中专业力量支持配合、巡后成果共享等机制，推动监督力量贯通融合。“纪巡审一体化”工作经验做法获得省纪委和省委巡视办高度肯定，并形成经验交流材料向全省各市县推广。抓好巡察成果运用。把落实县委书记“点人点事”事项作为深化巡察整改工作的有力抓手。每轮巡察结束后，精准提炼和归纳，并形成反映被巡察单位党组织总体情况、存在问题、问题线索和意见、建议的综合报告，及时提请县委书记专题会议听取综合报告并跟进整改督办。2021年县委书记讲话点出具体问题9个，完成整改5个，正在整改4个，点出具体人6人及相关线索3件，已处置完成2件、3人。

【专项治理】紧盯重点领域强化监督。结合工程领域腐败易发多发的特点，以工程项目和土地出让项目跟踪监督为抓手，对照全县投资项目、土地出让项目进行跟踪监督检查，发现问题29个，督促整改29个，有效保障廉洁项目建设。聚焦习近平总书记“4·13”重要讲话精神的贯彻落实，开展一轮县级“4·13”专项监督，压实各级党组织整改主体责任，省纪委2020年度“4·13”专项监督检查反馈白沙黎族自治县的26个问题已全部完成整改，整改完成率100%。深入整治粮仓“硕鼠”。深入开展粮食购销领域专项整治，并将粮食购销领域腐败专项整治作为一项重要的政治责任来抓。通过推动专项巡察、自查自纠等监督检查，发现问题55个，立行立改14个，完成整改6个。对涉粮问题线索实行单件处置，直查快办，坚决清除粮食购销领域“硕鼠”。专项整治以来，处置涉粮问题线索2件，立案1件，涉及2人。配合开展政法队伍教育整顿。聚焦群众反映强烈的政法队伍建设问题，联合县政法队伍教育整顿领导小组办公室开展专项监督检查，在自查刑事行政案件中发现有案不立、压案不查、有罪不究的案件共296件，73名干警主动向组织说明问题。全年共受理问题线索11件，立案4件，涉及4人。会同县公安局党委、县人民法院开展集体提醒谈话80人、诫勉谈话22人，强化以案释纪，增强震慑，增强政法队伍为民服务的宗旨意识。

【作风建设】推动作风整顿建设走深走实。结合县委破除“不会为、不愿为、不真为”活动深入开展作风整顿建设工作，查处作风问题46起，处理50人。常态化开展明察暗访，对作风不严不实、党员酒驾醉驾以及上下班不守纪律等方面问题进行点名道姓通报，全年通报作风问题典型案例8期25起，在全县上下形成有效震慑，有力地将作风整顿建设引向深入，各级党政机关的党员干部作风得到明显好转。

同时，为把作风整顿建设各项任务落实落细，切实解决党员干部在作风建设方面存在的突出问题，县纪委监委对全县35家单位开展作风整顿建设工作专项监督检查，以专项监督检查压茬推进作风整顿建设工作，持续深化作风建设，以优良作风推动形成良好的营商环境和风清气正的政治生态。此次监督检查共发现问题79个，推动完成整改62个，17个持续整改中。此外，为切实防止“两张皮”，减轻基层负担，在县委的统一部署下，县纪委监委牵头，县委办、政府办、县委组织部、县委宣传部等部门配合，对全县82家单位“学党史、转作风、查堵点、抗疫情”等方面工作落实情况开展专项监督检查，通过专项监督检查全面检视、精准查找重点工作存在的顽疾，此次监督检查共发现问题293个，推动立行立改220个。拓宽工作思路，营造活动人人参与社会氛围。作风整顿主动向社会公开、请群众监督，以良好的监督氛围确保群众满意。坚持标本兼治，从体制机制上去“顽”去“痼”、清“瘴”去“疾”，切实做到问题不改好不放过、作风不转好不放过、群众不说好不放过。利用电视、广播等传统媒体以及“白沙新闻在线”微信公众号等新媒体线上推送《关于征集白沙黎族自治县党员干部工作作风问题信访举报线索的公告》，进一步激发人民群众的积极性，积极参与到作风整顿建设工作中，营造良好的社会氛围；畅通群众投诉渠道，在县政府门户网站设立作风整顿建设和投诉举报专栏，在县广播电视台及“白沙新闻在线”“白沙廉政”公众号等媒介平台发布公告，公开来信、来访、来电、网络举报等方式，设立作风监督曝光台，提高公众知晓率，方便投诉举报。

【队伍建设】锻造高素质干部队伍。坚持律人者先自律，对30名新入职的纪委监委干部进行集体廉政谈话，对1名干部问题线索进行函询，开展常态化谈心谈话31次，提高自身拒腐防变的免疫力。按照“八项本领、七种能力”加强干部能力建设，通过举办纪委监委干部“大学习、大提升、大研讨”专题培训班和网络远程培训线上线下相结合的方式，着力打造政治过硬、本领高强、高素质专业化纪委监委干部队伍。2021年被省委、省政府评为“全省脱贫攻坚先进集体”“海南省先进基层党组织”，干部获县级以上各类表彰奖励23人次。

群众团体

县总工会

【工作概况】 截至2021年12月底，全县共有基层工会组织231个，工会会员13614人，其中农民工会员3594人。2021年新建基层工会9家，发展工会会员1413名。

【党风廉政建设】深入开展党史学习教育、“大学习、大调研、大抓落实”活动，采取专题辅导、座谈研讨、主题党日活动等方式，认真学习中央和省县重大决策部署和相关会议文件精神，共组织全体干部职工集中学习26次，完成4个指定科目的学习。观看《榜样5》等教育片3场次，开展党史教育活动8次，报送党史学习教育相关简讯49篇。

深入开展作风建设年活动，通过“查堵点、破难题、促发展”和“我为群众办实事”活动，协调解决“在档困难职工医疗报销比例达不到90%”“基层工会建设不规范”“居工会经费落实不到位”3个堵点、难点问题。

【工会组织建设】探索做好新时期基层工会工作，加强职工文化阵地建设。将职工文化阵地建设纳入“十四五”规划，以白沙农场工会、金波乡工会为示范点，通过完善规章制度，打造职工书屋、爱心妈咪小屋等活动场所，以点带面推进全县基层工会职工文化阵地规范化建设。

结合工作实际，深入推进“八大群体”建会入会工作，2021年11月成立了快递行业联合工会委员会。

【劳模选树和管理服务工作】做好劳模管理服务。走访慰问在册劳模42人次，发放慰问金7万元，慰问品折合人民币3200元。组织14名劳模参加红色教育培训、疗休养、健康体检活动。开展困难劳模帮扶活动，共为2名劳模提供医疗帮扶，协助在册劳模申请荣誉津贴、生活困难补助、特殊困难补助及春节慰问金。

组织做好评先推优工作，推送的候选单位、家庭及个人中，1家单位获得“海南省工人先锋号”称号，4个家庭被评为“绿色家庭”，1人被评为“最美农民工”，1人被认定为省部级劳模。

开展劳模宣讲活动，组织劳模宣讲队开展党史宣讲，较好地引领干部职工从党的百年伟大奋斗历程中汲取继续前进的智慧和力量，听党话、跟党走。

【职工权益保障】加强普法宣传教育。综合运用微信、小程序、网站等多种措施，结合“三八节”“禁毒日”“宪法日”等节日、节点开展普法宣传活动，共发放宣传资料4000余册；开展“法律大讲堂”活动2场，受训210人次，有效提高了干部职工法律意识。

拓展法律援助渠道。积极开展工会就业援助活动，举办春风行动招聘会2场。利用微信公众平台发布用工信息，缓解企业用工难、求职人员就业难的“两难”困境。聘请法律顾问，为职工免费提供法律问

2021 年 3 月 5 日，县总工会到阜龙开展普法·健康知识讲座

题咨询，受理咨询 118 人次。

充分发挥集体协商机制有效协调劳动关系的作用，进一步促进和谐劳动关系规范化建设。通过“工资集体协商集中要约行动”专项活动，有效维护了职工的合法权益。

【职工帮扶服务】加强困难职工的动态管理。摸清困难职工底数。深化困难职工分级管理，对已建档和新建档的困难职工进行全面复核和审查，建立完善困难职工档案。截至 2021 年年底，全县共有在档困难职工 85 户 331 人。加大医疗帮扶力度。2021 年共投入 7.6 万元，对 29 人次困难职工进行医疗帮扶。开展金秋助学。2021 年共计投入资金 17.4 万元，对 37 名困难职工和困难农民工子女进行助学帮扶。加大生活救助力度。2021 年共计投入资金 25.4 万元，对 307 人次在档困难职工进行了生活帮扶。

扎实开展工会品牌服务工作。加强职工队伍能力素质提升，举办厨艺培训班 1 场次，参加培训职工 100 余人。开展送清凉活动。2021 年共投入 15.3 万元对 2000 多名从事高温作业的一线职工进行了慰问。开展万名职工健康体检活动。共组织 321 名从事脏、苦、累、险行业一线职工进行健康体检，保障了职工健康权益。积极推进职工普惠工作。去年继续与家国体育公司签订职工游泳普惠协议，职工会员仅需 5 元便可游泳一次。组织开展疗休养及健康游活动。共组织 250 名一线职工、优秀工会干部、优秀脱贫攻坚个人参加疗休养活动和健康游活动。开展爱心公益活动。组织召开“99 公益日”线上募捐活动培训，发动干部职工线上捐款 4.1 万元。给打安镇中心学校困难学子捐赠爱心书桌椅 50 套。开展丰收节农民工慰问活动，走访慰问农民工 50 人次，发放慰问品、慰问金共计 2.5 万元。

【乡村振兴】2021 年，县总工会严格按照县巩固拓展脱贫攻坚成果和实施乡村振兴战略领导小组办公室及阜龙乡党委的工作要求，定期或不定期组织帮扶联系人深入脱贫户家中，帮助脱贫户梳理政策落实情况，及时解决“三保障”及生产生活中存在的实际问题，切实做好巩固拓展脱贫攻坚成果的各项工作，联系帮扶阜龙乡那查村村委会，挂钩帮扶脱贫户 61 户 302 人，选派 1 名第一书记和 2 名工作队队员

2021 年 7 月 20 日，县总工会关爱职工平安度夏慰问活动

长期进驻那查村村委会开展帮扶工作，在乡村振兴建设、脱贫攻坚、农村人居环境整治、安全生产等方面都能较好地完成任务。2021年共筹措资金4万元支持村委会购买图书和开展文化室建设，组织工会机关干部深入村委会开展主题党日活动和人居环境整治活动，为那查村村委会巩固拓展脱贫攻坚成果同乡村振兴有效衔接工作打下良好基础。

【文体生活】开展白沙黎族自治县“工会杯”羽毛球及乒乓球邀请赛，通过比赛活动给干部职工提供一个交流沟通的平台，增强职工凝聚力。

举办“巾帼共奋进 永远跟党走”——白沙黎族自治县“玫瑰书香”女职工阅读活动和朗诵比赛，全县女干部、女劳模、各行业优秀代表近100人参加活动，丰富了全县广大女性干部的文化生活，展示白沙广大女性干部的风采和魅力。

打造“工会佳缘”品牌宣传新时代婚恋观念，解决广大大龄未婚单身职工的婚恋交友问题，联合团县委和县妇联在邦溪镇南牙村举办“工会佳缘”交友活动，全县各行业青年近70人参加，活动成功牵手3对青年。

【禁毒宣传教育】扎实推进《白沙黎族自治县总工会禁毒三年大会战工作方案》工作，深度参与禁毒宣传活动。通过举办知识讲座、电影巡演、文艺汇演等方式，利用“6·26”“12·4”等宣传日加大禁毒宣传力度。2021年共投入禁毒宣传工作经费14万余元，开展禁毒知识讲座1期，发放禁毒宣传手册9000余份、物品6500余件，播放禁毒电影5场、举办禁毒文艺汇演2场。

2021年9月2日，县总工会举办白沙黎族自治县“玫瑰书香”女职工主题阅读活动

共青团

【概况】2021年，共青团白沙黎族自治县委（以下简称团县委）下辖基层团委18个（其中学校团委7个），团工委1个，团总支5个，团支部263个，团员总数为3791人，其中学校962人，机关事业单位267人，非公企业32人，城市社区395人，农村2135人。团县委自2021年7月起办公地址搬迁至县政府综合楼五楼。

【专题学习】2021年，团县委以党史学习教育为抓手，全年共开展团县委专题学习会28次、党史学习测试3次、专题党课2次、红色主题教育活动9场次；以“青年大学习”网上主题团课、“红领巾爱学习”系列网上主题队课为载体，全年线上学习共推送93期，参与学习达11.9万余人次，其中“青年大学习”网上主题团课参学率5次排名全省第一，18次排名全省前五以内；依托白沙起义第一枪旧址纪念园、热带雨林公园、保家战斗旧址等地，开展离队入团、经典诵读、青少年研学旅行等主题教育活动50余场次，参与人次近6000人；党史学习教育青年宣讲团和红领巾巡讲团共40余人在全县范围内共开展宣讲40场次，线下活动覆盖1.2万余人次，充分营造了庆祝建党100周年的良好氛围。

【新媒体宣传】2021年，“白

2021 年 4 月 28 日，团县委主办“诵读百年经典，践行初心使命”经典诵读比赛暨五四表彰大会。（县融媒体中心 供图）

2021 年 10 月 30 日，白沙黎族自治县团代表联络站挂牌成立（陈晓茜 供图）

2021 年 10 月 15 日，县人社局、县农业农村局、县退役军人事务局、团县委、县妇联主办 2021 年白沙黎族自治县创业大赛比赛（刘欣琪 供图）

沙青年”微信公众号共发布 992 篇推文，总阅读量 15.2 万人次；微博共发布 314 条，点击阅读数超过 33.6 万人次；“白沙青年”视频号及抖音账号共发布短视频 21 部，推荐观看量达 3.1 万人次；其中，“白沙青年”微信公众号的粉丝关注量较 2020 年增加近 700 个，在市县团委微信公众号综合影响力排行榜中最高排名全省第五。

【党、团、队一体化建设】 2021 年，完成全县村（社区）团组织换届工作，共选举产生团组织班子成员 247 名，确保专人负责团组织工作；白沙黎族自治县团代表联络站挂牌成立，积极搭建团代表的“履职平台”和对团员青年的“联系平台”；召开白沙黎族自治县少工委第二届二次全体（扩大）会议，增补委员、选举少工委主任，聘任少先队总辅导员；召开 2021 年青年工作联席会议第一次全体会议，审议了《2022 年白沙黎族自治县青年发展规划重点工作实施方案》，构建青年工作新格局。

【青年创业就业工作】 2021 年，团县委围绕就业创业、志愿服务、乡村治理三大平台，推动全县 11 个乡镇成立乡村振兴青年联盟，积极发动 20 余名青年参加各类创新创业活动，共有 11 名青年的项目获奖，其中，陆纪成的阳光助残环卫制品厂项目获得 2021 年青农品牌精品项目奖，郑云的牛气冲天

9月15日，团县委召开2021年白沙"爱心助学·圆梦行动"助学金发放仪式　（县融媒体中心 供图）

牛油果助农脱贫圆梦想项目和陆纪成的阳光助残环卫制品厂项目获得2021年首届青年梦想季·海南自贸港青年创新创业大赛暨"创青春"中国青年创新创业大赛海南赛区选拔赛乡村振兴组三等奖和优秀奖，郑云的牛气冲天牛油果助农脱贫圆梦想项目和符小芳的五里路有机茶项目分别获得2021年海南自贸港女性创新创业大赛创新组的三等奖和手工组的优秀项目奖。

【维护青少年合法权益】2021年，团县委围绕防欺凌、防性侵、防溺水、用电安全、交通安全、毒品预防等内容，在各乡镇、全县中小学校持续开展青少年自护宣教、"青春助力禁毒大会战""轻松备考·12355与你同行""重见阳光帮扶行动"等活动，共计170余场，覆盖青少年6万余人次；动员青年积极参与海南省青少年模拟政协提案征集大赛，共收到提案12个，其中，邦溪初级中学的朱天满、吴万如、朱雅微同学和牙叉实验学校的李颖老师的提案荣获优秀模拟提案奖。

【融入"筑梦大道"平台建设】2021年，团县委联合白沙黎族自治县委人才发展局在茶乡源商务大酒店设立白沙青年（人才）筑梦驿站，旨在为到白沙就业的青年人才提供临时住宿、就业指导、政策宣讲、城市融入等一站式服务；举办6期青少年"国兴筑梦"健康成长训练营活动，共440余人参与，获得青少年及家长的一致好评。

【创建青年文明号】2021年，团县委组建指导小组对白沙申报的11家县级青年文明号创建集体进行实地指导，加强对创建集体工作的管理和指导，进一步优化白沙黎族自治县营商环境。县人民检察院第一检察部成功入选2019—2020年度全国青年文明号，这是该集体连续三次获此殊荣，为白沙青年文明号创建集体树立了良好学习榜样。

【助力乡村振兴】2021年，团县委继续招募111名乡村振兴志愿者，服务白沙23个单位（含11个乡镇），开展乡村振兴、基层青年团建、志愿服务、社会治理等工作，吸引更多高校毕业生为白沙打造"三区一地一园"出谋划策，充分展现青年在推动白沙经济社会发展中的积极作用。

【爱心助学·圆梦行动】2021

年，团县委通过各渠道累计募集爱心善款66.0698万元，共有299名学生申请“爱心助学·圆梦行动”助学金，经活动领导小组会议通过，决定资助学生174名，其中49名为省希望工程有关助学项目认捐资助，125名由县爱心助学活动领导小组资助，有效减轻贫困学子上学负担重的情况。

【“返家乡”社会实践】2021年，白沙作为全国“返家乡”社会实践重点开展市县之一，团县委共联系80余家单位为300余名返乡大学生提供社会实践岗位，充分体现“返家乡”社会实践的效力，引导白沙籍大学生在实践中更加了解白沙、热爱白沙、服务白沙。

【生态文明建设】2021年，团县委组织开展“3·12”植绿、爱鸟周宣传、“河小青”志愿服务、垃圾分类知识宣传等活动共15次；依托热带雨林自然教育学校（元门中心学校、青松中心学校），联合海南热带雨林国家公园管理局鹦哥岭分局开展自然科普教育进校园宣讲活动；推报海南热带雨林国家公园管理局鹦哥岭分局参评第十届“母亲河奖”，并荣获优秀组织奖，成为全国20个荣获该奖项的单位之一。

【志愿服务活动】2021年，团县委开展学雷锋志愿服务、文明交通、关爱弱势群体、新冠疫苗接种、“三月三”“啦奥门”

2021年12月4日，团县委联合县新时代文明实践中心、县文明办、县妇联、县青少年希望公益服务中心等单位举办白沙黎族自治县“文明实践、志愿同行”12·5国际志愿者日志愿服务活动。（县融媒体中心 供图）

重大活动等各类志愿服务306场次，志愿者参与人次5863人，志愿服务时长20713小时。其中，以“12·5”国际志愿者日为契机，发起“为爱益起来”互动义捐倡议，累计募捐68人次，募捐到爱心善款1364.5元，所得善款将全部用于开展白沙黎族自治县各类公益事业活动。

（团县委 刘欣琪）

妇女联合会

【概况】2021年，在县委县政府的坚强领导和省妇联的有力指导下，白沙黎族自治县妇女联合会（以下简称县妇联）以习近平新时代中国特色社会主义思想为指导，认真学习贯彻党的十九大、十九届历次全会精神和省委七届历次全会精神，深入贯彻落实习近平总书记关于海南工作的系列重要讲话和指示批示、关于妇女和妇女工作的重要论述精神，突出庆祝建党百年主题，以党史学习教育为主线，以作风整顿建设年活动和“查堵点、破难题、促发展”活动为契机，把引领服务联系的各项工作落实在基层、覆盖到家庭，做了大量卓有成效的工作，全县妇女工作呈现新局面，妇女儿童事业跃上新台阶。

【机构队伍】县妇联内设4个机构：办公室、组织部、宣传部、儿童工作部（挂牌妇女儿童工作委员会办公室）。县妇联参照公务员事业编制6名：领导职数1正2副，年末在编在岗人员5名。

【强化妇女思想政治引领】2021年，县妇联通过开办专题集中学习会30次、读书班8次、举办妇联执委履职能力提升培训班等方式，扎实开展党史学习教育，带动各级妇联干部及时跟进学习习近平总书记系列重要讲话精神和党的十九届六中全会精神等内容。组建“巾帼宣讲团”，开展“了不起的共产党员”宣讲活动20场，在妇女和家庭中唱响爱党爱国主旋律。

【聚焦家庭家教家风建设】常态化开展寻找“最美家庭”工作，发动妇女和家庭成员积极建设好家庭，推荐评选海南省“最美家庭”4户，以家庭和美促社会和谐。开展家庭家教家风宣传活动7场、“百万家庭共成长”家庭教育宣讲活动27场，推进家庭教育指导服务。举办防溺水和禁毒安全教育宣讲活动20场，营造守护儿童的浓厚氛围。

【开展女性创新创业就业系列服务】举办2021年海南自贸港女性创新创业培训班，进一步提高全县女性创业者的创新创业能力及整体素质。积极发动和组织全县女性创业者参加2021年海南自贸港女性创新创业大赛，分别荣获大赛创新组三等奖、精神风貌奖、优秀奖、社会价值奖，进一步激发妇女干事创业热情，提升创新创业能力。联合县人社局、农业农村局、退役军人事务局、团县委等单位举办2021年白沙黎族自治县创业大赛，引导更多创新创业人才投身白沙建设，推动创业，带动就业。

2021年9月15日上午，由海南省妇女联合会组织开展的凤凰商学院创业培训活动第八期在白沙黎族自治县五里路有机茶园举办。此次培训活动目的是帮助当地巾帼创业者了解2021海南自贸港女性创新创业大赛，鼓励非遗技艺传承人通过参加本届大赛更好地展示白沙特色，同时学习电子商务相关专业知识，优化传承人队伍。海南省妇女联合会发展部一级调研员杨娟、县妇女联合会主席吴海英，创业导师蔡丽娟、曹同军出席，现场齐聚近百名创业女性参加培训

【深化推进乡村振兴巾帼行动】巩固拓展脱贫攻坚成果同乡村振兴有效衔接，组织24名农村困难学生就读“乡村振兴巾帼励志中专班”，帮助农村困难家庭解决子女教育问题。推荐评选全国巾帼文明岗1个、全国巾帼建功标兵1人、全国巾帼建功先进集体1个，全国妇联系统先进工作者1人，动员各行各业女性立足岗位建功。

【开展巾帼“禁塑”和垃圾分类宣传】2021年，白沙创建省级“绿色家庭”80户、县级“绿色家庭”示范户200户，开展“禁塑”、垃圾分类、节能降碳等宣传活动3场，发放宣传折页1200余份、发放生态环保布袋等宣传品900余份，让环保理念传入家家户户，助力国家生态文明试验区建设。海南省2021年绿色家庭创建工作推进会于10月25—26日在白沙召开，白沙黎族自治县工作成效得到省妇联充分肯定。

【扎实做好维权维稳工作】开展妇女维权普法宣传、知识讲座、培训班等活动22场，累计发放宣传资料5500余册、宣传品3500余份等，覆盖人数达1800人次。共接待和处理妇女信访诉求9例，调解9例，调解率达100%，及时化解家庭矛盾纠纷，以小家和谐维护社会稳定。

【推动“我为妇女儿童办实事”】在春节、儿童节等节日

5月9日正值母亲节之际，县妇联和县新时代文明实践中心联合主办的母亲节亲子活动在县文化广场妇女儿童之家举行，活动吸引了许多亲子家庭前来参加

期间开展慰问活动，2021年累计慰问444人，发放慰问品和慰问金共20.14万元；实施海南省关爱农村贫困妇女宫颈癌和乳腺癌救助计划，救助13名贫困妇女，发放救助金24万元；开展中国海油“同舟工程——‘救急难’行动”，救助困难妇女儿童32人，发放救助金29万元。创新开展暑期托管公益课堂，共有176名儿童报名参加，解决家庭暑期“看护难”问题。打造县级“妇女儿童之家”党史学习教育示范点、服务妇女儿童阵地1个，依托示范点开展红色电影展播等活动共18场，覆盖人数达850人次。通过印发实施方案、举办管理员业务培训班、定期开展活动等举措，不断增强基层“妇女儿童之家”阵地活力，全县13个村（居）“妇女儿童之家”累计开展活动325场，惠及人数2907人次。

【强化妇联组织自身建设】县妇联党组专题研究部署党建和党风廉政建设工作，落实全面从严治党，层层压实责任；推进强化政治教育、廉政教育、作风整顿成果，严格落实“三会一课”等组织生活制度，组织集中学习30次。指导推进妇女进村（社区）“两委”和村（社区）妇联同步换届工作，93个村（居）妇联完成换届，选举产生主席、副主席、执委820名。全面实现村（社区）妇联主席100%进“两委”的目标任务。

【获奖情况】2021年，县妇联及有关单位获得多项省级及以上奖项和表彰。

1. 集体：

县妇联荣获2021年海南省巾帼“禁塑”和垃圾分类宣传季广场舞大赛优秀组织奖、2021年海南省自贸港女性创新创业大赛优秀组织奖、2021年“学党史 颂党恩 唱支赞歌给党听”海南自贸港女性合唱比赛活动优秀组织奖、2021年“99公益日”活动优秀组织奖。

县检察院未成年人检察部被评为2021年全国维护妇女儿童权益先进集体。

白沙灿然黎锦手工艺专业合作社被评为2021年全国巾帼建功先进集体。

海南白沙农村商业银行股份有限公司营业部被评为2021年全国巾帼文明岗。

县老人合唱团荣获2021年“学党史颂党恩唱支赞歌给党听”海南自贸港女性合唱比赛优秀奖。

绿韵广场舞队荣获2021年海南省巾帼“禁塑”和垃圾分类宣传季广场舞大赛三等奖。

2. 个人：

周春花（县妇联副主席）被评为2021年全国妇联系统先进工作者。

符彩花（县老促会副会长兼妇工委主任）被评为2021年全国巾帼建功标兵。

3. 家庭：

吉亚才、李艳林、罗娟、易娟等4户家庭被评为2021年海南省“最美家庭”。

陈科、李日慧等2户家庭被评为2021年度海南省禁毒宣传教育模范家庭。

归国华侨联合会

【概况】2021年，县归国华侨联合会（以下简称县侨联）以习近平新时代中国特色社会主义思想为指导，贯彻党的侨务政策及中央《关于加强和改进新时期侨联工作的意见》，围绕县委县政府和省侨联的工作部署，服务大局，在密切联系广大归侨侨眷、依法维护侨胞权益、传播中华文化、拓展联谊等方面，认真履行职能，扎实工作。

【侨联组织自身建设】2021年以来，县侨联把政治理论学习当作一项重要工作来抓，认真组织侨联干部学习贯彻党的十九届两次全会精神、习近平总书记“4·13”重要讲话精神、海南自由贸易港总体方案、关于进一步加强和改进新时期侨联工作的意见等重要思想，以开展作风整顿建设年和党员学习教育为契机，抓好学习。召开作风整顿建设工作部署会，传达学习县作风整顿建设年动员部署会议精神，结合本单位工作实际，制定了工作实施方案，认真查摆三大方面12种作风问题，建立问题整改台账，立行立改问题整改。抓好党史学习教育，一方面组织集中学习，组织单位全体干部党史学习教育集中学习8次，参加统战系统党史学习教育集中学习22次，观看红色影片1次，另外积极参加统战系统专题会、读书班、红诗朗诵，红色体验教育等活动。另一方面，开展党史学习教育宣传，加强政治引领。联合县委统战部、龙江农场公司在龙江农场开展“知党史、感党恩、听党话、跟党走”党史学习教育专题宣讲会。邀请县党史学习教育宣讲团成员为归侨侨眷作“中国共产党的百年征程——《中国共产党简史》”的宣讲。在5个侨队设立中国共产党成立100周年党史等内容的宣传栏，引导侨界群众听党话、跟党走。

【积极开展为侨服务】做好春节慰问，共慰问归侨侨眷58户，发放慰问金及慰问品价值共计352000元。开展印支难民信息的摸底统计工作，完成省委外事办下达的工作任务。与法院共建涉侨调解平台，由1名侨联工作人员和1名法院工作人员担任调解员，入驻人民法院调解信息平台。推动基层侨联组织建设，在龙江农场挂牌成立龙江“雅谷红”侨胞之家；完成卫星十七队生产生活工作会议室的房屋楼顶加盖铁皮项目，为建设卫星十七队侨胞之家打下基础。为联系和服务广大侨界群众提供活动场所。开展“四下乡”活动，举办信访条例知识讲座1期，邀请海南博才律师事务所主任李雅儒讲解信访的基本知识及主要规定和条例，并“以案说法”围绕日常和生活中的案例强调一些常见的非正常信访行为，引导职工群众正视所遇到的信访事件。受益归侨侨眷40多人。与统战部在金波2队联合举办侨务法规政策专题讲座1期，邀请海南博才律师事务所李雅儒律师作《中华人民共和国归侨侨眷权益保护法》《海南省归侨侨眷权益保护若干规定》《海南省华侨权益保护条例》等侨务法规政策的专题宣讲，受益归侨侨眷60多人。

【帮扶联系】召开扶贫工作部署会6次，对扶贫工作遇到的问题，召开班子成员会议研究解决，提出整改措施及时整改。对原帮扶15户贫困户家庭成员开展新型冠状病毒肺炎疫苗接种调查工作，宣传和动员贫困户家庭成员积极参加疫苗接种；开展防返贫监测对象入户摸排工作。选派陈廷祥参加县第二批乡村振兴工作队。做好从脱贫攻坚到乡村振兴工作的衔接工作，对新安排的10户建档立卡脱贫户开展入户帮扶联系工作。

（县侨联　邱永红）

县科学技术协会

【概况】县科协在省科协的指导和县委、县政府的正确领导下，以习近平新时代中国特色社会主义思想为指导，以建设海南国际岛为契机，紧紧围绕县委县政府的中心工作，全面贯彻实施《全民科学素质行动计划纲要》，深入开展全国科普示范县、海南省科普教育基地、海南科普示范基地创建工作。

【组织机构建设】积极推动《全民科学素质行动计划纲要》工作的实施，调整完善县全民科学素质工作领导小组，由县委副书记担任组长，分管科协工作的县委常委、分管农业的副县长为副组长，包括组织部、宣传部、农业农村局、科工信局、科协等 24 个成员单位。2021 年组织召开 4 次领导小组工作会议，研究部署全国科普日、科技者工作日、全国科普示范县、科协换届等工作。完成 2016—2020 年度全国科普示范县创建验收考核和 2021—2025 年全国科普示范县创建申报工作，2021 年 9 月被中国科协认定为全国科普示范县；完成海南省科普教育基地申报，2021 年 9 月被命名，在海南热带雨林国家公园鹦哥岭动植物博物馆挂海南省科普教育基地牌。支持海南热带雨林国家公园鹦哥岭分局、海南邦溪坡鹿管理站创建海南省科普示范基地。2021 年 3 月启动县科协换届工作，并报告县委，待县委同意即可召开科协代表大会，进行县科协换届工作。

【开展农村技术培训】举办实用技术培训 13 期培训班，培训农民 895 人次。主要以槟榔、益智、咖啡、茶树栽培、蜜蜂饲养技术等种养技术为主。

白沙黎族自治县 2021 年农村乡土人才实用技术培训——咖啡种植管理班

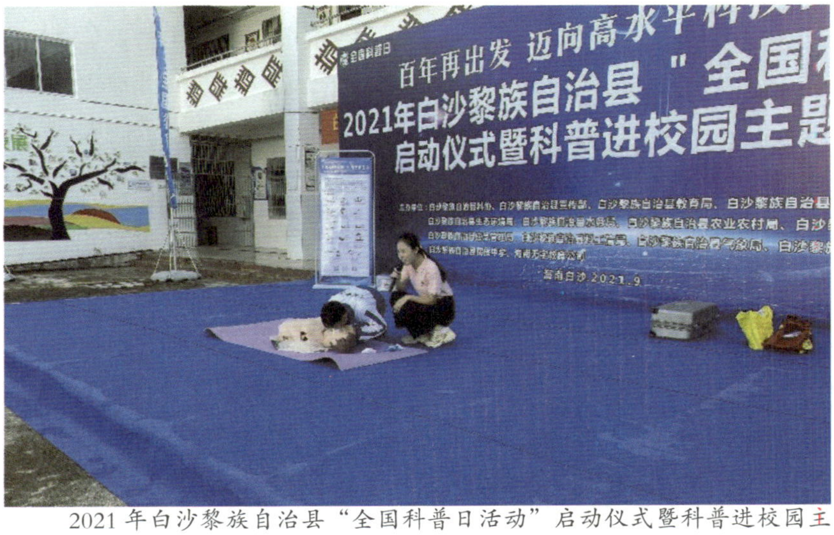

2021 年白沙黎族自治县“全国科普日活动”启动仪式暨科普进校园主题活动日

【科普宣传】联合县广播电视台开播《科普大篷车》电视栏目。创新栏目播放模式，以“科普一分钟”为重要推手，该栏目已连续开播了12年，播放信息主要来源为“科普中国”App。内容涵盖普法、食品安全、疫情防控、卫生健康、自然科学等。开设“科普白沙”公众微信平台，打造白沙科普微平台，加快科技普及力度。2021年推送有关科普宣传知识和报道共75篇，举办1期线上线下有奖知识问答、关注集赞送礼互动活动，促进公民科学素质提升。白沙融媒体中心开设科普频道。组织编写《农产品协会会员手册》《蜜蜂饲养管理实用技术》。印制科普宣传品围裙、保温杯，在全国科普日等活动中免费发放给群众，提高公众的科普知识，扩大科普传播途径。在打安镇兰花基地制作宣传栏，让更多的群众了解兰花知识及种植技术。围绕网络安全科普知识，制作科普宣传展板。制作网络犯罪宣传展板，进社区开展集中宣传活动，广泛宣传打击治理电信网络新型违法犯罪的法律法规、常见电信网络违法方式、警方提示以及防骗常识，提高广大群众参与意识和防骗意识。

2021-2025 年度第一批全国科普示范县实施抽查工作汇报会

【积极推动农技协建设工作】深入指导农产品协会、茶业协会等开展工作，协助农产品协会、农业技术协、白沙脐橙协会及白沙四季花果植物研究所开展年审工作。协助民政局办理九架槟榔协会的注销工作。2021年白沙黎族自治县茶叶协会开展茶叶技能比赛1次，开展茶叶技术培训2次；农产品协会开展沉香嫁接技术培训班、茶叶嫁接有机茶栽培技术培训。

【其他工作】积极开展最美科技工作者评选活动。海南热带雨林国家公园管理局鹦哥岭分局资源管理科科员、工程师刘季被评为2021年海南省“最美科技工作者”。创建鹦哥岭科普教育基地，并将邦溪坡鹿自然保护区纳入科普示范基地创建工作。

印发《白沙黎族自治县2021—2025年全国科普示范县创建工作方案》。组织举办2021年全国科普日（9月11—26日）活动，联合各乡镇人民政府，县委宣传部，县自然资源和规划局、县生态环境局、县农业农村局、县教育局、县卫健委、县应急局、县科工信局、县气象局、县水务事务中心、县电商服务中心等成员单位，以“百年再出发，迈向高水平科技自立自强”为主题，开展全国科普日系列活动。9月13日，在启动仪式活动现场，播放科普知识、开展应急演练、开讲灯塔文化科普课堂、表演空中飞行、展示生命救护、推出流动科技馆，学校广大师生踊跃参与，科技感十足的演练赢得师生阵阵喝彩。现场还发放了印有科普公众号二维码的礼品约600份，各主办单位发放科普宣传图册500余册。现场为参加活动的同学发放生态环境保护知识折页及台风科普知识等。9月19日，进行科普教育基地开放日活动，海南省热带雨林国家公园鹦哥岭动植物博物馆对公众开放。

全国科普日启动仪式暨流动科技馆巡展开馆活动，从9月17日至11月12日共有11所学校、11083人次参观学习。

（县科协　张月鸿）

工商业联合会（总商会）

【概况】2021年，县工商联（总商会）在县委、县政府的坚强领导和省工商联（总商会）的指导下，深入贯彻落实中共十九届历次全会精神、习近平总书记“4·13”重要讲话精神和中央12号文件精神，围绕县委、县政府的中心工作，把握“两个健康”主题，通过抓班子、带队伍、促发展，工商联（总商会）职能作用进一步加强，在民营企业中的认可度、归属感成倍增长。截至2021年9月底，全县市场主体总量8447户。其中，民营企业1532家，个体工商户6915户。民营企业纳税额占全县税收总额的80%。县工商联被评为“2017—2020年度海南省工商联（总商会）系统经济服务优秀奖”“2020—2021年度全国‘五好’县级工联”“全国2021年民营企业调查点工作先进基层单位”。

【政治引领】加强民营企业家的政治理论学习。通过执委会、常委会、专题讲座等方式，组织民营企业家深入学习中共十九届历次全会精神和习近平总书记系列讲话精神，特别是习近平总书记“4·13”重要讲话精神，进一步增强“四个意识”、坚定“四个自信”、做到“两个维护”。一年来，共开展专题学习10多场200多人次。

组织民营企业家到高校学习培训。2021年5月17—21日，联合县委统战部在湖南大学举办白沙黎族自治县统战系统“学党史、铭初心”专题培训班，组织25名民营企业家参加培训。通过学习培训，进一步强化民营企业家和工商联机关干部的担当意识，开拓视野，更新观念，提升能力。

开展“学党史、铭初心”党史学习教育。组织工商联机关干部和民营企业家学习党史教育，联合五指山市工商联、琼海市工商联、临高县工商联组织民营企业在白沙起义第一枪旧址纪念园进行学习教育，进一步增强白沙民营企业家的理想信念，坚定信心跟党走。

【队伍建设】完成2021年工商联换届工作。省委统战部把县工商联提供的工商联换届模板作为全省各市县工商联换届的统一模板。2021年10月28日，县工商联（总商会）顺利完成换届工作，选举产生第七届执委会54人，其中常委会18人。通过对新当选的主席、副主席、副会长进行分工，进一步明确工作职责，有力推动工商联（总商会）工作。

召开七届一次常委会。2021年12月16日，召开县工商联（总商会）七届一次常委会，审议通过了《七届白沙黎族自治县工商联（总商会）领导班子分工安排》《白沙黎族自治县总商会会费管理办法》《白沙黎族自治县总商会财务管理制度》。通过完善制度建设，进一步规范工商联（总商会）各项工作开展。

加强指导青委会工作。2021年11月，落实青委会办公场所，并开展青委会揭牌仪式，加强对青委会工作的指导，深化青年企业家对中国共产党、对中国特色社会主义的政治认同、思想认同和感情认同，更好地服务海南自由贸易港建设。

加强企业党建引领企业发展。聚焦提升“两个覆盖”，配合县两新组织通过摸底排查，指

工商联换届

导符合条件的企业筹建党组织并揭牌成立。全县民营企业党组织共成立9个，其中党总支1个，党支部8个。民营企业党员88人。全县“两个覆盖”率得到有效提高，民营企业党组织覆盖率达83.7%。在党建的引领下，阿罗多甘共享农庄游客络绎不绝，五里路有机茶、陨石岭咖啡远销海内外。

【服务企业】积极为民营企业搭建融资平台。借助海南省智慧金融综合服务平台，组织全县民营企业入驻该平台，并及时了解相关金融政策及法规，为民营企业融资助力。

配合县政协开展优化营商环境调研工作。积极配合县政协开展优化营商环境调研工作，通过走访和召开座谈会的形式进行调研，推动“一枚印章管审批”、“一网通办”、“一件事”集成办理、企业开办“大礼包”、“证照分离”、“一业一证”、“告知承诺”、帮办代办服务等制度创新，设立“办不成事”反映窗口，设立“公安局一门通办”窗口，积极优化营商环境，着力培育和激发市场主体活力。

主动解决企业诉求和困难。5月，县工商联配合省高院、省检察院、省工商联在白沙召开民营企业家调研座谈会，“面对面”倾听民营企业诉求，针对业主办证问题起诉民营企业情况，现场分析了客观原因和主观原因，对民营企业家代表提出的诉求和问题逐一进行回应，并协调县司法局跟进调解。

建设“白沙网上工商联”平台，服务民营企业发展。投入30.8万元建设“白沙网上工商联”平台，并在“i白沙”官方新闻客户端上线运行，成为全省第二个建成“网上工商联”平台的市县，第一时间发布相关政策服务民营企业发展。

【巩贫帮扶】开展定点帮扶，继续落实帮扶责任。工商联机关挂钩帮扶联系阜龙乡新村村委会脱贫户24户，继续巩固脱贫成果，针对个别脱贫户危旧房改造“五项直观”存在的问题，支持阜龙乡8万元进行巩固脱贫成果与乡村振兴工作。

推动“万企兴万村”海南行动启动大会在白沙召开。2021年9月，省工商联联合省农业农村厅、省乡村振兴局等6家部门组织150名民营企业家到白沙召开“万企兴万村”海南行动启动大会，并向全省民营经济人士发出“汇聚力量再出发，振兴乡村建新功”的倡议，引导广大民营企业和商（协）会投身乡村振兴工作。以启动大会为契机，组织开展“共建自贸港 投资到白沙”招商推介会，推介白沙乡村振兴招商项目，并组织与会代表实地考察乡村振兴示范点，为白沙今后的乡村振兴工作奠定基础。

组织民营企业助力乡村振兴。引导民营企业进行产业分红。海南家园生态农业公司发挥产业带动作用，2021年通过共享模式进行产业分红40余万元。组织民营企业认购扶贫农产品63万元。组织民营企业参加冬交会。2021年冬交会期间组织21家民营企业参展，现场交易额共20.44万元；合同订单363.8万元；意向订单130万元，助力乡村振兴。

【企业担当】民营企业积极参与“爱心助学·圆梦行动”募捐活动。组织36家民营企业参加“爱心助学·圆梦行动”，捐得爱心款58.39万元，资助白沙125个贫困学子圆大学梦，形成白沙爱心助学的公益品牌，得到社会的一致好评与高度认可。

组织民营企业捐赠电器，提升农民精神文化和生活质量。4月，县工商联联合县委统战部组织江苏富厚电器有限公司向全县11个乡镇74个行政村无偿捐赠空调70台、电视机6台，价值23.5万元。进一步提升了农民群众精神文化和生活质量。

【调查研究】开展民营经济智库建设。深入民营企业开展调研，并进行智库建设，2021年发布《白沙民营经济分析报告》4期，为县委县政府科学决策提供参考依据。

开展民营经济发展调研。通过实地走访和座谈等方式，详细了解民营企业发展计划及扶持政策落实等情况，征求民营企业家对优化营商环境的建议意见，撰写《2021年白沙黎族自治县民营经济发展报告》，供县委决策参考。

县残疾人联合会

【概况】2021年，县残联在县委、县政府的坚强领导和省残联的指导下，以习近平新时代中国特色社会主义思想为指引，齐心协力，勤勉工作，以带领残疾人奔小康、构建和谐社会为目标，维护残疾人的合法权益，改善残疾人平等参与社会生活的物质条件和精神环境，全面提高残疾人的生活水平、社会地位、自身素质、参与能力，残疾人康复、就业、教育、社会保障等各方面事业有新的发展。

【党史学习教育】自3月份启动党史学习教育活动后，严格按照县党史学习教育领导小组办公室的有关要求和工作部署，召开动员部署会，制定实施方案、成立活动领导小组，确保党史学习教育各项部署落实到位。全年按照学习书目，组织开展集中学习26次，组织干部职工观看党史教育片2次，组织开展“我为群众办实事”5次，组织集中收看海南省党史学习教育电视夜校《永远跟党走》节目1期，组织收看《作风整顿面对面》1期，组织收看《党课开讲啦》2期，到红色基地进行现场教学2次，邀请县宣讲团成员在残联系统开展一次宣讲活动。通过开展党史学习教育活动，残疾人工作者对于自身工作岗位职责的重要性和正确履职有了新的认识。

【作风整顿】按照《关于印发〈白沙黎族自治县作风整顿建设年实施方案〉的通知》和《印发白沙黎族自治县开展“查堵点、破难题、促发展”活动实施方案的通知》要求，认真组织开展相关工作。作风整顿方面，要求在编人员对三大方面12条表现，对照自查，并认真对查摆出来的作风整顿建设问题进行整改，本单位7人共查摆出16个问题，其中领导班子自查问题5个，完成整改5个；干部个人自查问题11个，完成整改11个。同时，将整改情况进行公示，接受群众监督。在“查堵点、破难题、促发展”活动方面，共查摆堵点问题1个（即残疾人家庭无障碍改造推进缓慢问题）。工作已于2021年11月底完成并通过验收。全县共完成实施278户，改造的项目有厨卫改造、洗衣机、热水器配置等，进一步改善了残疾人的居住环境。

【党风廉政建设】落实好管党治党的主体责任，狠抓党风廉政建设和反腐败工作，召开党风廉政建设工作部署会2次，组织干部职工收看警示教育片2次，组织学习传达节假日廉洁过节提醒会3次，及时传达违法违纪典型事例的通报，使干部职工受到警示教育，从而树立廉洁从政观念，进一步筑牢拒腐防变思想道德防线。

【残疾人康复】加快推动残疾人康复中心建设。投入3405万元建设县残疾人康复中心，其中，中央专项资金904万元，省专项资金2501万元。截至12月底，残疾人康复中心工程量已完成总工程进度量的97%，2021年年初即可建设完成。积极为有需求的残疾人发放辅助器具。在省残疾人康复指导中心的支持下，先后两批次为有需求的167名残疾人发放辅助器具。超额完成省下达的残疾儿童康复救助工作。2021年省残联下达残疾儿童康复救助任务指标0~6岁19人，7~17岁5人。共输送30名0~6岁、3名7~17岁残疾儿童到相应的康复机构进行康复训练。

【社会保障】为重度残疾人购买商业保险工作。投入资金18.31万元，为全县在册的重度一、二级残疾人购买商业保险。严格落实残疾人两项补贴制度，全年共发放重度残疾人护理补贴26163人次、394.058万元；困难残疾人生活补贴24194人次、193.568万元。开展“阳光家园计划”，为全县16~59周岁低收入、贫困户、低保户中的精神、智力和重度肢体残疾人开展居家托养服务，全年发放居家托养护理补贴780人、91.515万元。

【扶残助学】配合教育部门开展残疾学生教育工作，确保适龄残疾少年儿童义务教育入学率达到95%以上。2021年秋季学期共有180名适龄残疾儿童少年入学。抓好残疾学生教育补贴发放工作。经与教育部门比对信息，全年共发放22名残疾儿童和残疾学生教育补贴6.55万元。其中，学前教育阶段残疾儿童16人、4.8万元（每人3000元）、高中教育阶段残疾学生5人、1.5万元（每人3000元）、本科生1人、0.25万元。

【就业工作】为了确保每个贫困残疾人掌握1~2项农村实用技能，切实提高困难残疾人自我发展和创收增收能力，落实好智志双扶，根据省下达白沙贫困残疾人培训工作任务，县残联于6月在细水乡合口村、阜龙乡新村举办了2期实用技术培训班，培训内容为种植、养殖、农副产品加工和农村公共知识；在青松乡益条、元门乡南训、金波乡白打村举办3期培训，内容为与生产劳动相关的职业技能课，农业种植养殖和食品加工、农产品网络直播推广等。5期培训班共有250名残疾人参加，有效提升了参训残疾人的技术技能，增强他们的自我发展能力。落实扶持农村贫困村残疾人发展项目。投入10万元扶持牙叉、七坊等地的20名贫困残疾人发展生产，每户发放5000元的扶持资金，帮助他们解决实际需求和困难。

【组织工作】开展春节走访慰问。2021年春节期间，开展走访慰问残疾人活动，全县共计走访慰问残疾人家庭350户，为他们送去油、米、粉丝等慰问物品，总金额达21万元。抓好残疾人证办理工作。2021年共为548人办理残疾人证，其中变更48人，残损换新1人，到期换证190人，挂失1人，基本资料更换37人，迁移1人，新办269人，重新分配区划1人。此外，根据《省残联关于转发中国残联办公厅〈关于进一步做好为行动不便重度残疾人开展残疾评定上门服务的通知〉的通知》（琼残办〔2021〕10号），结合党史学习教育“我为群众办实事”实践活动，县残联于9月6日至10日，联合县卫健委、县人民医院，深入全县11个乡镇为行动不便重度残疾人提供残疾评定上门服务，投入6450元，先后为全县86名残疾人免费鉴定，其中视力残疾11人，肢体残疾60人，听力残疾12人，言语残疾2人，多重残疾1人。认真开展持证残疾人基本状况调查工作。全县共采集5590名持证残疾人信息，使用手机App采集率达到94.55%，已填表5209人，其中入户采集5018人，电话采集191人，入户率达96.33%；未填表381人，其中查无此人25人，已搬迁67人，空挂户24人，外出189人，注销76人。抓好落实村、社区（居）残疾人协会建设工作。根据《海南省残疾人联合会关于加快推进村、社区（居）残疾人协会建设的通知》（琼残字〔2021〕22号）要求，以残工委名义印发了《关于印发〈全县村、社区（居）残疾人协会换届实施方案〉的通知》（白府残工委〔2021〕3号），明确要求按相关要求完善或新建残协组织。截至1月11日，残协换届工作已全部完成，全县共产生了549名各级残协委员，经过推选，产生91名各级残疾人协会主席、143名副主席、91名专职委员。进一步完善残联基层组织，为残疾人事业的健康、持续发展提供了有力的组织保障。

【维权工作】完成发放2021年度残疾人机动轮椅燃油补贴工作，共发放369人9.594万元。加大残疾人法治宣传教育活动。根据省残联、省高院《关于印发2021年度全省残疾人权益保障法治宣传讲座系列活动方案的通知》（琼残字〔2021〕34号），为进一步了解残疾人法律援助需求，保障残疾人合法权益，拓宽法律服务领域，11月23日，县法院与县残疾人联合会在县信访局会议室联合开展残疾人普法宣传教育，县法院立案庭法官、县残联相关负责人及9名残疾人代表参加。县法院法官围绕残疾人政策、生活、法律援助等方面的问题，用通俗易懂的语言和生动的案例为残疾人普及了相关法律知识。并结合白沙残疾人就业现状，对《中华人民共和国劳动合同法》中劳动合同签订、权益保障、法律责任等方面做了详细的解读宣传，并为残疾人发放了相关普法宣传资料。活动过程中，残疾人代表纷纷就自身遇到的困难向法官进行咨询，法官重点对残疾人就业、劳动仲裁、劳动纠纷、维权等大家最为关切

开展残疾人普法宣传教育情况

的法律问题进行深入剖析，现场气氛融洽，让大家对残疾人保护的相关法律条款有了更直观的认识，进一步强化了法治意识，提高了残疾人依法维权意识和自我保护能力。完成2021年残疾人家庭无障碍改造项目。全县共完成278户的改造工程，改造的项目有厨卫改造和洗衣机、热水器配置等，进一步改善了残疾人的居住环境。认真做好残疾人法律服务工作。认真处理残疾人来信来访，及时为残疾人排忧解难，做到件件有回音，项项有结果，维护了残疾人的合法权益。全年，共受理信访21人次，其中接办12345政府服务热线工单11件，办公室来电3件，办公室来访7件（含集体上访2件）。积极为重度残疾人提供免费公共交通工具服务。为减轻重度一、二残疾人出行带来的经济负担，鼓励重度残疾人走出家门，积极为重度残疾人报销出行车费。全年，全县重度残疾人出行多人次，报销车票2.2万余元。

【宣文体育工作】利用重要残疾人活动日开展宣传活动。先后开展了第22次全国“爱耳日”、第31次全国助残日和全国第五次残疾预防日活动。通过开展活动，大力宣传残疾人事业，营造全社会扶残助残良好氛围。根据省残联工作安排，积极配合残疾人运动员集训与参赛工作。在全国第十一届残运会暨第八届特奥会上，海南代表团曾壹泽、王世冰、符振荣、李奕4名白沙籍残疾人运动员取得两枚金牌、一枚铜牌。根据《关于开展“第十一届残疾人健身周”系列活动的通知》精神，投入1万元，于10月21日开展第十一届残疾人健身周活动，组织22名残疾人开展发放一本励志健康养生书本、带残疾人游一次园、参加一次展览、看一场电影、参加一次文化活动“五个一”活动，让广大残疾人广泛参与，欢乐健身。

县红十字会

【概况】白沙黎族自治县红十字会设会长1名（县政府领导兼任）、专职副会长1名（副科级）、管理岗位人员2名。县红十字会主要为从事人道主义提供服务；根据《中华人民共和国红十字会法》开展人道主义救助；开展备灾救灾工作；组织开展社会募捐活动；协助政府做好社区群众的赈灾救灾工作；普及卫生救护和防病知识，开展群众性的初级卫生救护技术培训；组织会员和志愿者工作参加意外伤害和自然灾害的现场救护工作。

【党史学习】县红十字会全体党员干部矢志不移坚持党的领导，县红十字会在县爱卫中心党支部共参加了22次党史教育集中学习活动，在党史集中学习会上学习了《中国共产党简史》《中国共产党白沙历史》、习近平在“七一勋章”颁授仪式上的重要讲话精神等。

为热烈庆祝中国共产党成立100周年，激励全体党员深入学习贯彻习近平新时代中国特色社会主义思想和党史学习教育，引导广大党员回顾党的光辉历程、讴歌党的丰功伟绩、铭记党的光辉历程、弘扬党的优良传统，县爱卫中心党支部（爱卫中心、红十字会）全体党员及入党积极分子，于2021年6月25日开展以庆祝中国共产党成立100周年暨追寻红色足迹党史学习教育为主题的“七一”党日活动。

县红十字会结合“查堵点、破难题、促发展”活动、作风整顿建设，分别制定了“我为群众办实事”清单和“查堵点、破难题、促发展”实施方案及问题台账，并在相应时间节点完成工作。

【应急救护知识培训】为切实提高县机关单位人员防灾避险和自救互救能力，提高安全防范意识和溺水现场急救等应急救护知识技能，做好县机关单位应急救护工作，红十字会共开展两期机关单位员工应急救护知识培训，约420人参加。

为进一步普及和推广应急救护知识，提高基层社区及村民的急救处置能力，县红十字会分别在青松乡青松村、打松村开展应急救护培训，共51名村民参加培训。

为加强对学生的安全教育，提高学生安全防范意识和自救互救知识技能，县红十字会在首都师范大学附属海南白沙中学、民族中学、白沙思源实验学校、牙叉实验学校、白沙学校、元门乡中心学校、阜龙乡中心学校、南开乡中心学校开展了9期的溺水安全教育知识讲座，活动参与师生约1880人。

【积极推动无偿献血工作】无偿献血是每个公民应尽的一种社会义务，也是实行救死扶伤、实现革命人道主义、助人为乐的具体表现。每月15日、30日白沙红十字会都在医

2021年6月30日，白沙黎族自治县红十字会在县人民医院内献血屋举行无偿献血公益活动

院旁的献血屋开展组织无偿献血活动，积极宣传组织开展无偿献血工作。组织爱心人士和机关群众开展，至2021年年底，献血量58900毫升，献血人次119人，有力保障全县临床医疗用血的需要和安全。

【造血干细胞捐献工作】造血干细胞捐献是红十字事业的重要组成部分，是为和谐社会做出具体贡献的崇高事业，是向社会展示红十字宗旨的生命工程。2021年7月15日，白沙黎族自治县第2例、海南省第131例造血干细胞捐献在海口市人民医院采集成功。2021年新动员加入中华骨髓库人次有6人。

【宣传教育】充分利用世界红十字日、防灾减灾日等纪念

2021年7月15日，白沙黎族自治县第2例、海南省第131例造血干细胞捐献在海口市人民医院采集成功

日，在县城文明湖人流量大的路段开展防震减灾应急救护知识宣传活动，通过分发宣传手册及现场答疑的方式，大力普及红十字运动基本知识，广泛传播红十字人道理念。同时，在开展应急救护知识培训的过程中，积极宣传红十字会及红十字“三救”“三献”工作。以形式多样的宣传，提升红十字社会认知度和社会影响力。

【开展“红十字博爱送万家”系列活动】为深入贯彻落实党的十九大精神，大力弘扬“人道、博爱、奉献”的红十字精神，切实把人民群众的生活冷暖放在心上，县红十字会开展“红十字会博爱送万家”活动，开展人道救助工作。人道救助工作是红十字会面向困难群体开展的一项常规工作，是政府社会救助工作的重要补充。红十字会重点关注人的生命和健康，以弱势群体为主要工作对象，以特色项目为载体开展人道救助工作。

1月13日，县红十字会开展敬老院送温暖活动，分别给邦溪敬老院、七坊敬老院、七坊阜途村委会的大病救助户，牙叉镇农村中心敬老院发放营养粉270罐。

2021年5月12日，县红十字会在文明湖开展防震减灾、应急救护宣传活动

1月20日，省县两级红十字会整体联动，大力开展“博爱送万家”活动，在白沙黎族自治县七坊镇英歌村委会发放了包括米、油、家庭包等近3万多元的慰问款物，为100名群众送去党和政府的温暖。

1月22日，县红十字会将捐赠接收的10000罐奶粉按需分配给邦溪镇（300罐）、金波乡（1980罐）、七坊镇（4500罐）、牙叉镇（3220罐）。

同时，对6位特困病人给予5000元的经济救助，共计30000元，帮助他们渡过难关。

【帮扶联系】乡村振兴号角吹响以来，县红十字会2位工作人员在青松乡共帮扶18户脱贫户，根据县里的工作要求，到脱贫户家中了解其家庭、生产生活情况，宣传务工政策、宣传国家政策，为做好乡村振兴工作贡献力量。

（县红十字会　王婕昭）

法 治

公 安

【概况】2021年，白沙黎族自治县公安局（简称县公安局）紧紧围绕海南自贸港建设大局和中国共产党成立100周年安保维稳工作任务，以政法队伍教育整顿为抓手，组织开展各类专项整治行动，切实维护了全县政治安全和社会治安稳定。全年共立刑事案件541宗，破案199宗，破案率36.8%，抓获犯罪嫌疑人289名，发生现行命案2起，破获2起；受理治安案件485起，办结464起，办结率95.7%，查处违法人员655名。同时，在全年公安工作中涌现出一批先进集体和先进个人，其中1名民警被公安部、共青团中央评为“全国公安机关成绩突出青年民警”，1名民警被省委授予“扫黑除恶专项斗争先进工作者”称号，1名民警被省委授予“平安建设先进个人”称号，1个民警家庭被省委授予“第三届省文明家庭”称号，1名民警被评为“全省优秀人民警察”，7名民警荣立个人三等功，5名民警获得个人嘉奖，行政审批办公室被省政府评为“第七次人口普查先进集体”、被省公安厅评为“全省公安机关成绩突出青年集体”，牙叉派出所被评为“全省优秀公安基层单位”，交通管理大队荣立集体二等功，政工室、治安管理大队荣立集体三等功。同年，县公安局下设19个职能机构和24个派出机构。19个职能机构分别为指挥中心、政工室、纪委监委室、国内安全保卫大队、刑事侦查大队、经济犯罪侦查大队、特巡警大队、交通管理大队、治安管理大队、禁毒大队、法制大队、网络警察大队、情报中心、出入境管理大队、行政审批办公室、警务保障室、车管所、看守所、拘留所，24个派出机构分别为牙城分局、森林分局、牙叉派出所、桥南派出所、查苗派出所、打安派出所、邦溪派出所、城北派出所、茶城派出所、阜龙派出所、元门派出所、细水派出所、金波派出所、荣邦派出所、青松派出所、南开派出所、龙江派出所、卫星派出所、金海派出所、芙蓉田派出所、珠碧江派出所、邦南派出所、大岭派出所、邦溪林区派出所。

【安全保卫】2021年，县公安局加强重大节庆、重要会议和大型活动的安全保卫工作。及时制订安保方案及应急预案，确保敏感节点期间全县上下安全稳定。特别是全国“两会”、博鳌亚洲论坛年会、建党100周年庆祝活动期间，加强现场安保及巡逻防控，全面构筑安保防线，共出动警力2560余人次、车辆830余辆次，执行各类安保警卫任务22次，圆满完成了各项安保工作任务。

【新一轮禁毒三年大会战】2021年，县公安局多措并举，深入开展新一轮禁毒三年大会战。加强禁毒宣传。坚持每月开展5次及以上禁毒宣传活动，共开展禁毒宣传活动68次，其中联合其他单位、禁毒专干等开展活动35次，本单位开展活动33次。加强缉毒执法。共破获毒品刑事案件3宗，抓获犯罪嫌疑人8名，省下发移送起诉目标数为9名，已移送起诉11名，完成率122%，在全省市、县、区排名第一。查获吸毒人员5名，均已采取强制措施。加强吸毒人员的管理与戒毒康复。共强制隔离戒毒5人，强制隔离戒毒执行率100%；严格落实出所无缝对接工作机制，确保吸毒人员出所衔接和后续管控工作得到有效执行，社区戒毒、社区康复报到率和执行率100%。

【打击突出违法犯罪行为】2021年，县公安局组织开展了多个专项行动，打击突出违法犯罪行为。深入开展“控发案、多破案”“断卡”等专项行动。共破获盗窃案件78宗、电信网络诈骗案件6宗、帮助信息网络犯罪案件13宗，冻结涉案账户130个，涉及资金95万余元；打掉收贩卡团伙6个，抓获违法犯罪嫌疑人25名，协助外省公安机关破获案件18宗（其中部督案件1宗，涉案资金300余万元），缴获摩托车、电动车、电脑、手机等赃款赃物，折合人民币60.118万元。同时，广泛深入开展反电信诈骗宣传工作，发动各乡镇推广下载安装反诈App，建立21个“县局—派出所—社区”三级宣传防范电信诈骗工作群，及时传达防骗信息及发布预警，进一步提升群众防骗、识骗能力。组织开展打击“黄赌”违法犯罪专项行动。共查处卖淫嫖娼、介绍卖淫行政案件11起，抓获违法犯罪嫌疑人18名，行政拘留18名；侦破涉赌刑事案件3宗，抓获犯罪嫌疑人3名；查处涉赌行政案件37起，抓获违法犯罪嫌疑人73名，行政拘留72人，收缴赌资34236元，罚款11.48万元。组织开展整治枪支爆炸物品违法犯罪专项行动。加大对枪支弹药、爆炸物品的源头管控力度，大力收缴流散于社会的非法枪支弹药。共立涉枪案件10宗（其中非法持有枪支4宗、非法制造枪支6宗），破获11宗（含积案），抓获犯罪嫌疑人8名，缴获各类枪支10支、射钉弹8000颗、其他零部件一批。

2021年4月开始，县公安局组织开展集中打击整治飙车违法行为专项行动，秉持“打击为辅，教育为主”的工作理念，强化打击整治未成年人飙车违法行为，以最大成效回应老百姓关切，提升广大群众的安全感和满意度

【交通安全管理】2021年，县公安局加强交通安全管理，维护良好交通安全秩序环境。针对群众反映强烈的未成年人飙车及驾驶电动车问题，研究制订专项整治方案，在全县范围内开展专项整治行动，多措并举，整治未成年人飙车及驾驶电动车问题。同时，组织警力到各学校门口开展护学岗执勤，对未成年学生驾驶电动车行为进行宣传教育。共查处青少年飙车行为421起，未满16周岁者驾驶电动车497起。针对农村群众交通安全意识淡薄的情况，结合文明生态村建设，在牙叉镇对俄村试点开展了文明交通示范村创建工作。通过加大经费投入，加强交通设施硬件建设，改善村民出行环境。同时，民警进村入户面对面宣传，并与每个家庭签订“村民交通安全责任书”，在每个家庭张贴“村民交通安全公约”，随时提醒教育村民牢记交通安全，做到平安出行，该项工作受到省公安厅的表扬。开展道路交通安全专项整治新一轮三年攻坚战、道路交通安全整治百日攻坚行动、奋战40天重拳整治

酒驾醉驾等违法犯罪行为专项行动，成立工作专班，整合交警、特巡警及派出所警力，并将工作任务量化到各派出所，形成多警联动、同频共振的良好局面。共查处交通违法行为20078起，其中酒驾醉驾1029起、无证驾驶671起，行政拘留20人。发生道路交通事故719起，其中适用一般程序处理交通事故52起，死亡21人，受伤68人，直接财产损失57.41万元，同比分别上升48.6%、16.7%、112.5%、73.2%，未发生一次死亡3人以上的交通事故。

【政法队伍教育整顿】2021年，县公安局以开展政法队伍教育整顿为抓手，努力打造白沙公安“铁军”。坚持责任导向，狠抓“四个到位”，让组织部署“强”起来。成立由“一把手”任组长的教育整顿领导小组，抽调骨干人员成立4个工作组，召开扩大会议19次、专项工作推进会议39次。研究出台《白沙黎族自治县公安局政法队伍教育整顿工作方案》《白沙黎族自治县公安局政法队伍教育整顿查纠整改工作实施方案》等11项方案。实行挂图作战，责任到人，压茬推进，倒排工期。营造浓厚舆论氛围，联合各级宣传平台发布教育整顿信息751条，其中中央媒体61条、省级媒体65条、县级媒体150条、其他媒体475条。坚持学习导向，狠抓“四项教育”，让教育整顿“严”起来。狠抓“政治教育”，筑牢忠诚警魂。开展集中学习46场次，政治轮训2场次，全局性应知应会测试7场，覆盖1692人次。狠抓“党史教育”，凝聚红色警心。开展支部书记讲党史、讲党课27次，组织参加红色资源革命传统教育6场次。狠抓“警示教育”，锻造廉洁警营。组织开展全局警示教育系列活动、举办廉政党课8次，引导全警知敬畏、存戒惧、守底线，筑牢全警拒腐防变的思想防线。狠抓“英模教育”，树立良好警风。参加英模事迹报告会、集中观看爱国教育影片6次，并开展“身边的榜样”评选学习活动，广泛宣传县公安局民警颜胜展、王隆才先进典型事迹，用身边事感召身边人，大力弘扬英模精神。坚持问题导向，狠抓“三项措施”，让查纠整改“深”起来。以自查自纠“清障”，在思想发动上下功夫；以组织查处“立威”，深入开展案件评查；以专项整治“祛病”，组织全局民警填报自查报告表。共处理处分民警84人次，其中提醒谈话64人次、诫勉谈话18人次，党纪政纪处分2人；被从严政策处理1人，因涉嫌违纪违法问题被县纪委立案审查1人。坚持群众导向，狠抓“质效提升”，让为民服务“实”起来。推出缩短户口审批时限、六类业务“一日办结”；为偏僻山区群众送证上门、门牌检查和送牌上门、缩短居民身份证办理期限、户口纠错和送证“五项举措”。共办理居民身份证1000余张，户口登记项目纠错17个，送证、送门牌到偏远地区86个，并为群众解决了30年无户口、16年未入户问题。当好农民工的“护薪人”，为农民工追回被拖欠的劳动报酬123.92万余元。成立“警医联动救援救治联盟”，实现警医联合接警。联合驾校、机动车监测站等单位成立“流动车管所”，设立

2021年3月15日，白沙黎族自治县公安局召开队伍教育整顿动员部署会暨教育整顿领导小组第一次（扩大）会议

16个站点开展下乡上牌办证便民服务，全力打通公安交管服务“最后一公里”。聚焦问题清单，压茬整改到位，确保“回头看”工作不留死角。先后召开教育整顿“回头看”工作部署会4次，并对中央第十一督导组、省第六驻点指导组反馈意见整改工作再部署，研究制定《白沙黎族自治县公安局队伍教育整顿“回头看”工作方案》，对《省委约谈全省第一批政法队伍教育整顿查纠整改环节补课整改市县（单位）问题清单》进行专题研究。局领导班子成员及各相关部门对存在问题进行认领，压实领导责任，层层抓落实，做到责任到人、限时整改。

【案例举要】侦破“2021.2.6”故意伤害致死案。2021年2月6日20时许，荣邦乡的陈某元、陈某文等人到该乡地莆村陈某贵家中喝酒。在喝酒过程中，陈某明酒后来到陈某贵家欲一起喝酒，但陈某元、陈某文等人不同意，双方因此发生争执并引发互殴。在此期间，陈某明被陈某元、陈某文、陈某贵等人用拳头及持木棍追打，致其头部受伤倒地，后被送往荣邦乡卫生院进行治疗。2月8日，家人发现陈某明说不出话，后将其送往昌江县人民医院进行救治。2月23日17时许，因病情危重，家属放弃治疗，在将陈某明从昌江县人民医院接回村的途中死亡。该案发生后，白沙黎族自治县公安局民警迅速抓获犯罪嫌疑人陈某元（男，28岁，白沙黎族自治县荣邦乡地莆村人）、陈某文（男，34岁，白沙黎族自治县荣邦乡地莆村人）、陈某贵（男，25岁，白沙黎族自治县荣邦乡地莆村人）。经审讯，3名犯罪嫌疑人对其故意伤害致陈某明死亡的犯罪事实供认不讳。侦破“2021.4.18”故意杀人案。2021年4月18日凌晨3时许，罗某强、羊某晨、符某强等人在白沙黎族自治县牙叉镇一夜宵店喝酒后驾驶摩托车在街上闲逛，在途经县城品佳福超市旁一处毛坯楼房时，发现一名流浪汉睡在里面，罗某强、羊某晨、符某强等人遂以拳打脚踢等方式对其进行殴打并索要钱财，在此期间该流浪汉捡起地上的啤酒瓶进行还击，此举激怒罗某强、羊某晨、符某强等人，他们更加疯狂地殴打该流浪汉，直至其死亡。在离开现场时，罗某强点燃了死者旁边的被子，后见火势越烧越旺，感到后怕，便拨打119报火警。该案发生后，白沙黎族自治县公安局民警迅速抓获犯罪嫌疑人罗某强（男，33岁，白沙黎族自治县牙叉镇人）、羊某晨（男，17岁，白沙黎族自治县牙叉镇人）、符某强（男，16岁，白沙黎族自治县牙叉镇人）。经鉴定，死者胡某明（男，48岁，白沙黎族自治县牙叉镇人）头部遭钝器击打，造成颅脑损伤致死。经审讯，3名犯罪嫌疑人对其故意杀害胡某明的犯罪事实供认不讳。

（县公安局 罗伟）

检 察

【保障民营经济发展】2021年县检察院着力服务重大项目建设，保障经济健康发展。继续依托“1个乡镇检察室+10个乡镇检察工作站”工作模式，充分发挥陨石坑国家地质公园等重大建设项目的派驻检察工作站和派驻工商联检察工作站的服务平台作用，做实涉产权案件的法律监督工作；积极主动对接县发改委和工商联（总商会）等单位，深入了解全县2021年重大项目建设情况及国有企业、民营企业发展建设情况，共为重大项目和相关企业提供排查化解矛盾纠纷、帮助补强管理短板等检察服务6次；以防控金融风险为重点，办理非法经营、串通投标、合同诈骗等各类危害民企发展、破坏市场经济秩序案件33件，涉案金额130余万元，综合运用多种手段依法加强法律监督，切实保护民营经济持续健康发展。

【帮扶联系】2021年，县检察院全力投入打好“三大攻坚战”，认真落实脱贫攻坚与乡村振兴各项任务，继续选派2名干警驻村开展脱贫攻坚与乡村振兴工作，组织22名干警到南洋、长龙村挂钩帮扶，帮助建档立卡脱贫户解决各类难题，其中帮助110户建档立卡脱贫户申请务工奖励；帮助84户申请生产经营性奖励；帮助24人办理户口、残疾证，申请低保等。县检察院先后投入21万元用于帮助发展产业，帮扶的南洋村酿酒产业已累计分红9万余元，连续4年稳定分红。挂钩村如期脱贫出列，县检察院被县委、县政府表彰为扶贫先进单位。

【未成年人权益保障】2021年县检察院全方位保障未成年人合法权益，严格落实最高检“一号检察建议”，严厉打击侵害未成年人犯罪，批捕4件11人，起诉9件16人。强化未成年人司法保护，发出“督促监护令”6份，督促监护人对涉案未成年人履行监护职责；委托司法社工机构对8名附条件不起诉未成年开展精准帮教；对1名被害未成年人开展心理测评、心理疏导；对4名被害未成年人开展司法救助，发放救助金3.2万元。常态化开展法治进校园活动，受教育师生约5000人。对某镇中学发生的一起校园欺凌案件受害人及其家长进行心理疏导和普法教育，制定《白沙黎族自治县人民检察院未成年人防治校园欺凌工作办法》，实现法治与教育融合并行。

【打击刑事犯罪】县检察院2021年共批捕犯罪嫌疑人51人，提起公诉112人，提出量刑建议111人，法院采纳量刑建议103人，生效判决的111人全部为有罪判决。认真落实认罪认罚从宽制度、“少捕慎诉慎押”刑事司法政策，在全省检察机关2021年1—11月的业务评价指标中，县检察院不捕率50.53%、不诉率36.53%、诉前羁押率34.91%、司法救助率9.09%、刑事抗诉率4.41%，以上5项指标数据列全省第一；认罪认罚适用率96.05%、侦查活动违法监督率12.12%，这2项指标数据列全省第二。

举办白沙思源实验学校2021年秋季预防未成年人犯罪专题讲座

【刑事诉讼和刑罚执行监督】2021年县检察院加强对刑事立案和侦查活动的监督，监督公安机关立案4件，监督撤案9件。针对公安机关执法不规范问题发出纠正违法通知书14份，均得到纠正回复。强化刑事审判监督，发出纠正违法通知书2份，提出抗诉1件，均获采纳。认真履行对刑罚执行、监管活动的监督职责，针对看守所拘押、监外执行、社区矫正、剥夺政治权利等刑罚执行环节违法情况制发书面检察建议书9份，纠正违法通知书17份，两项监督文书采纳率均为100%。

【民事行政监督】2021年县检察院共受理民事检察监督案件15件，办理民事执行活动监督案件6件，针对多宗执行案件未按规定送达文书发出检察建议4件，2件依法作出不支持监督申请决定；办理民事生效裁判监督案件线索1件，依法作出终结审查决定；办理民事支持起诉案件3件，发出支持起诉书3份，对涉及农民工讨薪支持起诉的2件案件，帮助9名农民工讨薪2.94万元；办理行政检察监督案件6件，化解行政实质性争议1件；办理行政非诉执行案件1件，法院已采纳并积极整改；办理社会治理类检察建议案件2件，相关部门均已采纳。

2021 年 6 月 17 日，举办白沙黎族自治县“护航自贸港—禁毒在行动”校园行宣传教育活动

【扫黑除恶与禁毒三年大会战】2021 年县检察院在扫黑除恶专项斗争“清零”攻坚中实现了举报线索清零、黑恶积案清零、目标逃犯清零三个“清零”目标，不断健全防范打击涉毒违法犯罪长效机制，强化对案件的引导侦查和移送起诉工作，批捕毒品犯罪嫌疑人 5 件 8 人，依法提起公诉 3 件 5 人。联合相关部门召开毒品犯罪专题座谈会，深入乡村走访了解辖区内涉毒情况 10 余次，开展禁毒流动课堂 4 次，受教育群众 2600 余人，不断增强群众防毒、拒毒意识。

【公益诉讼】2021 年办理各类公益诉讼线索 46 件，立案行政公益诉讼案件 43 件，向相关行政机关制发诉前检察建议 44 件；扎实开展检察建议整改“回头看”工作，成功督促县教育局完成错发教育扶贫资金 18.99 万元的追缴工作，有效避免国有资产损失；针对相关职能部门未采取有效措施追缴人防工程易地建设费用 300 多万元，依法提起行政公益诉讼，办案实现“三个效果”有机统一。针对饮水安全问题，县检察院主动介入调查，发现全县二次供水存在水质不合格情况，向相关职能部门发出检察建议，通过召开诉前圆桌会议加强整改，治理效果明显。县检察院办理的两个案件被省检察院评为全省公益诉讼典型案例。

【社会治理】践行新时代“枫桥经验”，创新群众工作方法，积极化解信访矛盾纠纷，帮助 15 名农民工讨薪 20 余万元，获得农民工高度赞誉并赠送锦旗。依托 12309 检察服务中心，畅通群众诉求反映渠道，受理各类信访 79 件，回复率 100%，以实际行动落实“群众信访件件有回复制度”。落实律师参与化解和代理涉法涉诉信访工作机制，保障和促进律师依法执业，共接待律师、诉讼代理人 152 人次，参与接访 16 次，参与化解涉法涉诉信访件 1 件。积极开展国家司法救助工作，全年共办理国家司法救助案件 11 件，发放救助金 10 万元，其中对 4 名帮扶对象发放救助金 4 万元。

【检察队伍建设】2021 年白沙黎族自治县检察院坚持从严治检，认真抓好人才队伍建设。纪律作风建设实现新拓展。深入开展廉政风险排查与防控、内控制度廉洁性审查，召开党风

2021 年 5 月 25 日，白沙黎族自治县检察院召开行政公益诉讼案件圆桌会议，促进二次供水监管工作开展

2021 年 1 月 29 日，县检察院在春节前夕帮助一名农民工追讨回劳动报酬

廉政建设联席会议 4 次，开办廉政教育专题党课 1 次，党组书记与班子成员、各班子成员与分管部门负责人签订《2021 年党风廉政建设责任书》；认真落实“三会一课”制度，开展各类主题党日活动 12 次。深入开展肃清流毒工作，全方位严守意识形态阵地；认真开展党史学习教育，扎实推进队伍教育整顿，排查整改六大顽瘴痼疾 63 个，建章立制 13 项，开展警示教育 22 次，为群众办实事 121 项；严格执行“三个规定”，记录报告有关事项 15 件，筑牢防范人情案、关系案、金钱案的坚固堤坝；坚持刀刃向内，自觉接受纪委监委和派驻纪委监委组的监督，常态化开展检务督察 4 次，严防“灯下黑”。素质能力建设实现新提升。以提高司法办案业务能力为重点，采取专题讲座、网络培训、检答网咨询等形式组织参加上级检察院和各级组织的相关培训 100 余人次，组织 32 人次到中国政法大学、国家检察官学院等高校参加刑事检察业务、综合业务专题培训；组织干警参加中国检察教育培训网络学院专题学习班 10 期，参训人次达 131 人次，撰写 5 篇调研报告、论文及案例，被《检察风云》杂志刊发表；积极开展具有检察特色的活动，增强干警创先争优的积极性，组织 3 名干警代表政法系统参加全县“践行初心使命，诵读百年经典”演讲比赛，荣获三等奖。一年来，县检察院获国家级集体荣誉 2 次，获省级集体荣誉 2 次。内外监督实现新突破。围绕保持法律监督力度、提升精度、拓宽广度原则，以队伍教育整顿为契机，开展重点案件交叉评查。采取多种评查方式，对 2018 年以来容易滋生司法腐败、司法不公的 237 件案件进行评查，形成一案一报告及问题台账，未发现本院干警违纪违法问题。清查 2018 年以来涉法涉诉信访案件 69 件，直接答复 40 件，转相关部门 29 件，无本院干警涉法涉诉案件。开展法律监督专项检查。制定《白沙黎族自治县人民检察院法律监督专项检查工作方案》，成立工作专班，建立工作台账，形成工作报告。对各相关部门开展案件专项检查，发现问题 19 个，制发检察建议并督促整改落实。主动接受外部监督，深化检务公开，邀请县人大代表、政协委员、各界代表参加检察开放日、公开听证等活动，运用门户网站及 12309 检察服务中心公开程序性信息 225 条，法律文书 54 份，保障人民群众对检察工作的知情权、监督权。开展走访人大代表活动 12 人次，记录人大代表提出的意见建议 10 条，并对提出的意见建议进行综合分析，形成改进检察工作的思路及措施。

（县检察院　陈文杰）

法　院

【概况】 白沙黎族自治县人民法院（简称白沙法院）内设办公室、政治部、立案庭、刑事审判庭、民事审判庭、行政审判庭、审判管理办公室、执行局，下设七坊人民法庭、邦溪人民法庭。单位负责人：纪明杰（2021 年 7 月 15 日离任），王伟良（2021年7月15日任职）。2021年，白沙法院坚持以习近平新时代中国特色社会主义思想为指导，坚持服务大局、司法为民、公正司法，忠实履行《宪法》法律赋予的职责，紧紧围绕“让人民群众在每一个司法案件中感受到公平正义”目标，全年共受理各类案件2738件（其中新收2628件），结案2498件，结案率91.23%，结案总数、人均结案数都有较大幅度的提高，审判质效稳中有升。2021年卓廷龙在扫黑除恶专项斗争工作中表现突出，被评为“全省扫黑除恶专项斗争先进个人”；陈兰兰、黄素才、周丽娟、王慧敏、许悦等人被评为“白沙黎族自治县2021年度政法队伍教育整顿先进个人”。

【刑事审判】2021年，白沙法院依法从重从快严惩各类刑事犯罪分子，充分发挥刑事审判在维护社会稳定的职能作用，妥善化解社会矛盾，维护社会公平正义，提升公众安全感，维护全县社会安全稳定。2021年白沙法院共审结刑事案件82件，结案率100%。

【民商事审判】2021年，白沙法院依法履行民商事审判职责，平等保护人民群众合法权益，营造法治化营商环境。审结各类民商事案件1305件，审结人身损害、教育医疗、劳动报酬、社会保障、住房就业、消费权益等涉民生纠纷案件145件，累计为136名农民工追回

2021年5月18日，白沙法院依法公开审理县人民检察院诉县住房和城乡建设局未按规定收取人防易地建设费公益讼案　　（符诚国　摄）

劳动报酬70.49万元。

【行政审判】2021年，认真贯彻落实行政案件跨行政区域异地管辖政策，有力地助推了白沙和乐东两地的法治政府建设。坚持平等保护公共利益、企业和个人权益原则，助推优化政务服务，促进法治政府、诚信政府建设。推动政府部门负责人出庭应诉常态化，有效促进行政争议实质性化解，共受理行政案件137宗，结案98宗；受理行政非诉案件18宗，结案18宗。依法公开审理县人民检察院诉某局未按规定收取相关费用即发放相关许可证一案，敲响了白沙黎族自治县行政公益诉讼第一锤。

【新一轮禁毒三年大会战】2021年，白沙法院认真贯彻落实县委、县政府打造“无毒县”的工作部署，累计审结毒品犯罪案件4件，并根据案件特点，有针对性地开展禁毒宣

2021年11月16日白沙法院公开审理“寄递物流百日攻坚”第一案
（符诚国　摄）

2021 年 3 月 29 日白沙黎族自治县人民法院少年法庭正式挂牌成立

（符诚国 摄）

传活动 7 次。11 月 16 日，在审理蒋某某利用快递贩毒案中，白沙法院联合县禁毒办邀请顺丰、京东、中通、韵达、车站快递等寄递物流行业从业人员 20 余人参与旁听，并讲解寄递渠道禁毒攻坚的知识。

【少年法庭揭牌】3 月 29 日正式挂牌成立少年法庭；组建未成年人审判工作领导小组，统筹推进未成年人审判工作，选派政治素养高、业务能力强、熟悉未成年人身心特点、热爱未成年人审判事业和善于做未成年人思想教育工作的法官，组建专门合议庭、专业化审判团队，负责审理涉未成年人案件。累计审理涉未成年人犯罪案件（包含被告人或被害人系未成年人）9 件，结案 9 件。

【乡村法治服务中心揭牌】2021 年 7 月 20 日，设立于七坊法庭的“乡村法治服务中心”正式揭牌成立，通过“乡村法治服务中心”主动延伸基层人民法庭职能，致力于将基层人民法庭打造成为普法宣传、答疑解惑、诉讼与调解对接的乡村法治服务中心，积极参与基层社会治理，着力建设“无讼村庄”。2021 年通过“乡村法治服务中心 + 网络化 + 信息化”手段，成功调解两件家庭纠纷，累计为人民群众节约诉讼成本约 3 万元。

【服务保障残疾人诉讼】5 月 7 日，白沙法院联合县残疾人联合会联合发布了《白沙黎族自治县人民法院 白沙黎族自治县残疾人联合会关于为残障人士提供司法服务和保障的实施细则》，通过完善诉讼机制和保障设施，切实保障残疾人参加各项诉讼活动、运用各项措施，切实加强对涉诉残疾人的援助和救助、优化工作模式，对涉残障当事人案件依法落实“三优”政策，强化沟通协作，不断健全维护残疾当事人权益的长效机制，明确了保障残疾人合法权益的方式和内容，形成全县助残合力。

【全省法院首例“临控”执行案件】2021 年 9 月 30 日，海南高院联合海南省公安厅印发《关于依法加强和规范协助执行问题的意见》后，白沙法院第一时间落实文件精神，并积极与公安机关沟通，2021 年 9 月，在执行（2021）琼 9025 执 400 号及 475 号两案中，白沙法院向县公安局申请对被执行人进行临时管控，并附上拘留决定书。2021 年 10 月 1 日，白沙法院干警接到澄迈县金江派出所民警电话，被执行人符某在辖区内某宾馆住宿，承办法官遂请金江派出所对被执行人采取临时管控措施，并立即从白沙出发，将被执行人带回法院，迫于法律威慑，被执行人家属积极筹款，两案合计 6 万元成功执行完毕。

【发展“枫桥经验” 服务乡村振兴】2020 年，白沙法院坚持“调解优先、调判结合”原则，坚持“能调则调、当判则判”的审判工作理念，妥善处理矛盾纠纷，最大限度地发挥调解的积极作用，全年调撤 757 宗，调撤率为 56.32%，调撤率连续多年保持全省前列。因白沙黎族自治县日常养殖有限公司未按时支付扶贫合作项目相关款项，判处阜龙乡人民政府、天堂村委会及符美年等 327 户贫困户与其解除《山鸡蛋鸡养殖分红合作协议书》，并要求白沙黎族自治县日常养殖有限公司返还投资款1613130元，支付分红款273130元，违约金54626元，保障了扶贫资金安全和群众合法权益。

【执行攻坚】2021年累计受理执行案件1073件，执结1009件，同比分别上升25.76%、22.48%。执行到位金额5996.42万元，各项执行核心指标均名列全省基层法院前列。不断推进执行联动威慑机制建设，完善与公安机关的执行联动机制，共向公安机关发出临时管控请求20人次，已控制10人次，公安机关合计派出警力200余人次协助执行。加强信用惩戒力度，在全县14个乡镇醒目位置公开曝光失信被执行人131人，全年对374人限制高消费，共司法拘留27人，对1780人采取信用惩戒措施，让"老赖"无处可逃。11月4日，白沙法院执行局干警在县人大代表、县政协委员、县检察院代表的监督下集体上阵，动手砍伐槟榔树苗，对一起排除妨害纠纷案件进行强制执行，用高效、经济、合理的执行举措最大程度降低对执行人生产生活带来的影响，获县人大代表点赞。

【司法为民】2021年，白沙法院坚持以人民为中心的发展思想，持续深化司法为民，充分发挥诉讼服务质效评估指标体系2.0+版的"指挥棒"作用，深度应用人民法院调解平台、律师服务平台、移动微法院等智慧平台，不断提升司法效率，在诉源治理、分调裁审、立案服务、审判辅助、涉诉信访上下功夫，提升整体诉讼服务质效。白沙法院诉讼服务质效评估指标体系2.0+得分连续多个月稳居全省法院系统第一。诉前调解、诉讼服务、信访接待水平进一步提高，当场登记立案率稳定在96%以上，绝大多数当事人申请立案"最多跑一次"，减轻了诉累。2021年白沙法院作为协助法院跨域立案民事案件14件，作为管辖法院立案13件，跨域立案反馈时间平均用时10分钟。收到网上立案申请102件，审核通过立案78件。2021年，通过人民调解平台音视频在线办理调解案件384件，音视频在线办理调解案件占比35.59%。诉前调解案件占一审立案数量比76.53%，调解案件成功率54.34%。

2021年9月24日，白沙法院"秋季执行风暴"首战告捷排除妨害案件
（符诚国 摄）

【司法公开】2021年，白沙法院强化司法公开，加强法治宣传，借助中国裁判文书网平台，公布426篇裁判文书，依法接受社会监督；在中国庭审公开网公开庭审直播735场，让大众更近距离感受庭审，借助实时案例强化大众对法律的认知，强化普法宣传成果；全年开展法治进校园、环境保护、禁毒宣传、国家宪法日、《民法典》宣讲等主题宣传活动29场次，受教育人数超4000人，提升全民学法、用法、守法氛围。

司法行政

【概况】2021年，县司法局坚持以习近平新时代中国特色社会主义思想为指导，认真学习中共十九大和十九届历次全会精神，全面贯彻落实习近平法治思想、习近平总书记"4·13"重要讲话和《中华人民共和国海南自由贸易港法》，在县委、县政府的正确领导下和省司法厅的指导下，紧紧围绕县委、县政府中心工作，扎实开展政法队伍教育整顿和党史学习教育；全面加强法治白沙和平安白沙建设；不断提升法治宣传效果和公共法律服务。

【荣誉与成绩】牙叉司法所所长李巍被授予“全国司法所模范个人”称号，党组书记、局长谢楚城被评为2019—2020年度海南省平安建设先进个人，李雅儒、陈吉波两位村（居）法律顾问被评为全省优秀村（居）法律顾问，两位律师报送的土地纠纷案例入选全省十大土地纠纷典型案例，法律援助中心收到群众赠送的锦旗3面。队伍建设得到进一步加强，同时，县司法局创新的“律师在线”普法新思路，在线解决群众的“急、难、愁、盼”问题，得到媒体和群众的赞扬，法治宣传效果得到进一步提升，公共法律服务体系得到进一步完善。

【队伍建设】深化队伍教育整顿和党史学习教育，强化作风建设。结合政法队伍教育整顿和党史学习教育，开展党员教育活动，狠抓思想建设，提高党员干部的党性修养，认真组织党员对照党章，对照党员条件和义务，对照群众提出的意见建议等，查找党员意识、担当作为、服务群众、遵守纪律、作用发挥等方面的差距和不足，并抓好整改；强化理论学习，2021年以来，共组织理论学习中心组学习14次，集中学习42次，其中党史学习教育29次，习近平法治思想专题学习3次，警示教育9次，向本单位先进学习1次；加强党支部建设。共组织开展以“学党史、强党性、跟党走”为主题的党日活动4次，局党支部书记上党课3次。积极开展“我为群众办实事”实践活动，不断提升人民群众的满意度。县司法局列出“我为群众办实事”重点事项3件，已完成3件。累计开展“我为群众办实事”活动1646件，其中关心留守儿童24人，法律援助案件390件，法律咨询980余人次，普法宣传230场，为群众提供远程视频会见22人次；创新工作方式方法，建设白沙普法在线平台+微信小程序，将普法知识以文章、视频、播报、线上答题等方式让群众直观、简单、方便、有趣味地学习法律知识。充分发挥白沙黎族自治县普法在线小程序线上服务优势，自“律师在线”模块开通以来，在线为群众提供250余条律师意见和建议。深入开展“查堵点、解难题、促发展”活动，贯彻落实“大学习、大调研、大抓落实”要求。及时召开会议研究部署，制定工作实施方案，层层抓好落实。深入开展调研。由分管领导带队，深入基层查找难点、堵点，了解群众需求，虚心接受群众的意见建议，共开展调研5次，收集到堵点、难点问题16条，经研究讨论，找出代表性、系统性、具体性的堵点3条，并报送活动办，已全部整改到位。

【法治白沙建设】统筹推进全面依法治县工作，深入推进法治政府建设。印发了《中共白沙黎族自治县委全面依法治县委员会2021年依法治县工作要点》《白沙黎族自治县党政主要负责人履行推进法治建设第一责任人职责情况列入年终述职内容工作实施办法》《关于切实加强党政机关法律顾问工作充分发挥党政机关法律顾问工作的实施方案》《白沙黎族自治县重大行政决策事项目录》等文件，并逐项落实各项工作任务；举办2021年度法治政府建设专题培训班，进一步提升干部的法治意识和法治素养。全面推进落实党政机关法律顾问工作，全县共有22个党政机构、11个乡镇，分别与39名法律顾问完成签约，党政机关法律顾问覆盖率约为72%。

全力推进行政执法协调监督工作。2021年完成梳理划转行政处罚权3049项、行政强制权119项至综合执法局的工作，进一步明确执法权限和执法界限，深入推进规范化行政执法建设；编制了103项《白沙黎族自治县乡镇和街道行政处罚事项清单》下放到基层乡镇，不断深化乡镇综合行政执法体制改革；加强行政执法监督，全面提高各机关依法行政能力。聚焦涉及群众利益和社会民生热点领域，深入行政执法机关开展案卷检查，深入11个乡镇围绕乡镇行政执法队伍建设开展监督指导，对乡镇综合行政执法中队建设存在的问题提出整改意见建议，不断加快推进乡镇综合行政执法改革取得实效；开展2021年度行政执法案卷评查，涉及全县23个部门的行政许可、行政处罚、行政征收、行政检查等行政执法案件，共检查了行政处罚案件、案卷共38件；举办2期行政执法人员资格考试考前培训班，提高执法资格考试的通过率，举办全县行政执法骨干专题培训班，提高行政执法水平和能力，对全县225名持证行政执法人员的证件进行资格清理工作，落实行政执法投诉举报措施和行政执法人员考核备案制度，不断优化执法队伍。

加强行政复议与应诉工作。2021年共受理行政复议案件11件，办结10件，均无不服行政复议决定而提起行政诉讼的情况，达到案结事了的目的；共办理新增的行政案件16件，办理上年度结转案件4件，共20件，已全部结案；共审查行政规范性文件3份，出具司法审核意见书3份，收到规范性文件备案申请1份，已办结1件，收到县政府转办和其他单位请求协助合法性审核件48件，按照法律审核的一般程序，在征求法律顾问意见的基础上，共办结出具法律意见书48件，为县政府决策提供法律保障。

【平安白沙建设】加强社区矫正工作。截至2021年12月20日，全县接收社区矫正对象76人，其中缓刑75人、假释1人。2021年因违反监管规定和法律7人受到训诫、警告3人,2人因严重违反治安管理法规受到行政处罚而提请撤销缓刑。期满解除53人，执行地变更3人；社会调查评估38次，出具《调查评估意见书》2份；全县在册的社区矫正对象104人，其中未成年人5人，其中漏罪羁押未宣判1人。在日常监管安全方面常抓不懈，在重要节点对监管安全工作进行部署。壮大社区矫正工作队伍的力量，动员所有从事社区矫正的工作人员学习《中华人民共和国社区矫正法》及其实施办法、实施细则等法律法规与规范性文件，为开展社区矫正执法工作夯实基础。与县人民法院、县人民检察院、县公安部门或异地执法部门积极沟通联合执法，加宽社区矫正安全监管工作的护城河。依照监管要求严格落实教育矫正、适应性帮扶、疫情防控、边控报备、扫黑除恶专项活动及未成年人社区矫正等工作。

扎实开展人民调解工作。截至2021年12月22日，在全县范围累计开展矛盾纠纷排查670次。村居委会专职人民调解员以“一案一卷”和“一案一补”的原则发放案件补贴共计79400元。共受理各类纠纷案件430件，调处430件，调处率100%，调处成功403件，调处成功率93.72%，申请司法确认79件，同比增加558.3%。

认真做好安置帮教等工作。截至12月20日白沙黎族自治县在册安置帮教对象644人，2021年累计接收刑满释放人员152名，其中社区矫正期满解除51人，省外刑满释放人员12人，省内刑满释放人员89人，省内监所刑满释放人员均由县司法局派工作人员接回。白沙成立了2个安置帮教基地，白沙玉禾田环境工程有限公司，牙港养鸽合作社，助力解决刑满释放人员就业问题。在对刑释解矫人员的帮扶工作中采取更具针对性的措施，比如向安置帮教人员宣传慢性特殊疾病待遇的申请认定部门及流程，为患有慢性特殊疾病的特殊人群普及政策，惠民便民；在2021年的医保缴费过程中，积极主动联系监狱、医保局、社保局了解服刑人员医保转入转出流程，向缴纳医保遇到转入困难的安置帮教人员提供帮助。

继续抓好疫情防控工作。严格贯彻落实县疫情指挥部工作部署，购买防护物资，制作疫情海报、折页，加大宣传力度，常态化抓好疫情防控工作；加强疫情防控期间社区矫正对象监管，每名社区矫正对象都发放疫情告知书，每月都开展防疫提醒，切实做好特殊时期对社区矫正对象的监管工作。严格执行请销假制度，充分利用定位监管平台和微信开展报到、抽查、教育学习、定位、轨迹查询等工作，防止社区矫正对象前往中高风险地区，2021年未出现社区矫正对象感染新冠肺炎或传播新冠病毒的案例。

【公共法律服务】充分发挥法

律援助社会职能。持续做好重点事项和重点人群的法律援助服务工作，通过“农民工服务专席”“妇女儿童维权岗”“军人军属和退役军人服务岗”等专门服务窗口，持续做好“四优服务”（即优先咨询、优先受理、优先审查、优先指派）。落实“五个一”的服务举措，做到三个“当天”服务。积极组织参与开展“法援惠民生·助力农民工”“送法进企业”等主题品牌法律宣传工作。全年组织开展宣传、讲座15场次，发放各类图文宣传资料3300余份，现场解答群众咨询150余人次。取得了良好的法律宣传效果。

提升案件数量和案件质量。根据省司法厅要求，白沙黎族自治县2021年法律援助案件任务量330件，接待来电来访咨询800人次，截至2021年12月20日，法律援助中心共办理案件390件，其中刑事案件251件，民事案件139件，完成年度任务量的118.2%，接待来电来访咨询980人次，完成年度任务量的122.5%，为390名困难群众和农民工挽回经济损失488万余元，收到群众赠送的锦旗3面。已办结案件经过“一案一评”评定，案件合格率达到100%，优秀率在95%以上。

优化法律服务资源供给。2021年全县设立公共法律服务中心1个，公共法律服务工作站24个，公共法律服务工作室93个。积极完善12348法律服务值班制度，进一步提升公共法律服务热线管理。采购11台法律服务终端机投放至全县11个乡镇的便民服务中心。同时利用白沙黎族自治县自主开发的“白沙普法在线”平台开设“律师在线”模块，由在线注册的45名村（居）法律顾问为村民提供线上法律咨询。通过加强公共法律服务实体平台建设、热线服务及网络平台服务，构建全业务、全时空的公共法律服务体系，为全县人民提供高效便捷的公共法律服务；推进村（居）法律顾问服务线上线下服务全覆盖。在全县范围内推广使用智慧村（居）法律服务微信小程序，让每个村（居）法律顾问都能对口服务辖区内的群众。截至2021年年底，通过平台为群众提供法律意见416人次、起草法律文书200份、代为参与诉讼18人次、举办法治讲座100场、参与调解122人次、提供其他法律服务180人次、累计服务群众4502人次。在线下，白沙黎族自治县村（居）法律顾问充分发挥法律服务职能作用，深入基层开展法律咨询、法治宣传、人民调解等工作，全年共开展依法治理服务130次、法律咨询1138人次、发放法治宣传资料24582份、开展法治讲座106场、举办普法宣传65场、参与人民调解155宗、提供其他法律服务20件。

【法治宣传教育】 提升领导干部法治思想和法治观念。推动落实县委理论学习中心组和部门领导班子定期学法制度，提升领导干部法治思想水平。2021年县委理论中心组学习习近平法治思想和相关法律法规共4次。组织全县直属部门、乡镇分管领导和业务骨干50多人举办法治政府建设业务培训班，提高领导干部法治意识及法治素养。

加强法治乡村建设。积极统筹推动牙叉镇、青松乡的民主法治示范村建设，一年来，将对俄村、高峰村、拥处村列为重点建设的民主法治示范村，将“两山”发展理论、乡村振兴和海南自由贸易港建设等内容列入法治文化建设项目，进一步完善法治文化阵地建设。强化普法责任落实。根据省2021年普法依法治理工作部署，并结合白沙实际，制定印发《白沙黎族自治县2021年普法依法治理工作要点》，细化普法内容、任务和时间节点，落实年度普法责任，确保全年法治宣传教育工作落到实处。

深入开展普法宣传。大力推广使用“白沙普法在线”，设立“律师在线”专栏，在满足人民群众学法用法需求的同时，整合全县93个村（居）的法律顾问，每天由45名驻村（居）法律顾问在线上坐班，在线上为群众及时解答涉法涉诉问题，切实解决广大群众“急、难、愁、盼”的法律需求，打通公共法律服务最后一公里；积极组织在重要时间节点开展法治宣传教育活动，形成遵法学法守法用法的浓厚氛围，不断提高广大群众的法律素养；深入开展《海南自由贸易港法》“五进”活动。围绕《海南自由贸易港法》，开展“打击离岛免税套代购走私”普法宣传活动。在11个乡镇巡回开展大型集中宣传13场次。做好“法治文艺进乡村”演出活动，“12·4”国家宪法日、禁毒、扫黑除恶、《民法典》“六进”普法宣传活动。在全县11个乡镇和中小学校巡回演出，共举办了13场；加快推进“法律明白人”工程。推动各基层司法所充分利用村（居）法律顾问和专职人民调解员，对乡镇“两委”班子成员和村小组长等“法律明白人”开展法律知识业务培训，已举办培训11场次356人。2021年以来，共开展各类普法宣传230场次，其中法治文艺演出15场次（2场省厅举办）、讲座70场次，147场次设立咨询台、悬挂横幅182条，发放宣传资料59008份(册),法治宣传品8207件,参与活动36948人。

（县司法局 林呈）

军 事

人民武装

【组织沿革】白沙黎族自治县人民武装部成立于1951年，1953年成立人民武装委员会。1955年9月，白沙黎族自治县人民武装部改为白沙黎族自治县兵役局。1961年7月，恢复白沙黎族自治县人民武装部建制。1986年6月，白沙黎族自治县人武部改归地方建制，定为副县级单位，其性质、任务不变，实行地方和军队双重领导。1987年白沙建立自治县，改称海南省白沙黎族自治县人民武装部。

1996年4月，县人武部恢复军队建制，全称中国人民解放军海南省白沙黎族自治县人民武装部，正团级建制，机关设军事、政工、后勤3个科。2017年7月，白沙人武部实行新编制，设部长、政委、副部长各1人，机关设军事科、政工科、保障科。

【概况】2021年，县人武部在省军区党委、首长机关的正确领导下，在县委、县政府的大力指导帮助下，深入贯彻新时代军事战略方针，坚持政治引领，聚焦动员主业，扎实练兵备战，从严正风肃纪，狠抓安全稳定，圆满完成了各项重大工作任务，人武部全面建设稳步提升。坚持学习贯彻党的十九届六中全会和习近平新时代中国特色社会主义思想特别是习近平强军思想，不断强化政治引领，官兵政治定力进一步增强。扎实开展经常性思想教育和党委理论中心组学习，用党的理论和部队重点学习内容武装头脑，确保人员思想不变质。着眼形势和任务变化，扎实抓好练兵备战、民兵整组和兵员征集等主责主业，积极推进国防动员和后备力量建设，遂行多样化任务能力进一步提升。牢固树立底线思维，紧紧守住安全工作防线，健全常态安全工作机制，严格落实安全制度，常态开展安全教育，扎实做好经常性安全管理工作，进一步夯实安全发展基础。充分发挥桥梁和纽带作用，主动协调落实拥军优属政策，持续参与脱贫攻坚，积极参与驻地经济社会建设，军政军民关系进一步密切。坚持聚焦中心抓后勤保障，坚持科学管理抓开源节流，加强财务、军需、后勤装备等保障，确保财力物力向备战打仗聚焦，综合保障能力进一步提高。狠抓国防动员、后备力量建设、兵役工作、非战争军事行动理论与法规的学习，开展相应训练，不断提高现役干部会指挥、能打仗的能力。

【机关训练与管理】县人武部按照省军区年度军事训练指示，扎实组织首长机关训练，按年、季、月制订训练计划，采取集中培训、参加演训和在岗训练等方式，有序开展基础体能和指挥技能训练，组织干部文职进行军事理论、要图标绘、指挥作业、体能等课目训练，提高军事综合素质。训练中，严格落实主官授课主体责任，部领导既是受训者，又担任授课教员，全程参与学习训练。年终省军区年度军事训练考核，个人总评合格，单位总评良好。4月，县人武部领导带队到琼山区人武部参观学习，并结合制订本部“四个秩序”建设方案，通过拉单列表、落实责任人等方式建立责任清单，严格落实“四个秩序”规定要求，各项秩序工作正常开展。安全管理上，以贯彻落实《军队安全管理条例》和《军队保密条例》为抓手，利用党委会、安全形势分析和交班会等时机，常议常抓；严格落实一日生活制度，规范上下班秩序；严格车辆动用审批，尽量减少公务用车；严格营院管理，控制闲杂人员随意进入营院，维护营院的正规秩序；定期开展制度落实、保密安全、枪弹管理、安全防卫等方面排查。新冠肺炎疫情发生后，严格落实防控制度，强化营院管理，确保内部“零感染”。

【民兵教育训练】县人武部结合任务实际，采取集中轮训、以勤代训、在岗训练等方式，提高民兵军事训练水平。全年组织基干民兵基地化训练2期，其中，组织民兵应急连训练12天，组织民兵应急分队参加县防汛抗洪应急救援演练，组织民兵应急分队与县应急管理局、县消防大队开展森林防火联合应急救援演练，开展情报信息员分队10人共同科目基地化训练，9月份对应开展在岗训练，进一步提高了民兵应急应战能力。3月份下发《民兵政治工作指示》和《民兵思想政治教育意见》，充分利用民兵整组、军事训练和重大节假日等时机，大力宣传国防法规，扎实开展形势战备、使命任务、理想信念、战斗精神和政策法规等教育；6月份，组织基干民兵在儋州集训期间到纪念园开展民兵誓词宣誓活动，组织120名基干民兵到儋州观看电影《守岛人》首映，有效激发了民兵的使命感和光荣感；10月份，组织民兵应急分队防汛抗洪排民兵迎战台风“狮子山”和“圆规”，连续作战，转移群众、疏通内涝、巡查水库、清理道路，发挥了基干民兵勇于担当的作风，突出县民兵分队“建在身边、抓在手中、能用好用、首战首用”的拳头力量作用。2次进行基干民兵分队拉动点验，接受省军区战备拉动检查抽查，组织指挥流程顺畅，各分队均按规定的时间节点完成应急动员筹划和分队集结。

【民兵整组】白沙民兵组织整顿按照有利于领导管理、提高质量、快速动员、执行任务的要求，优化布局结构，健全巩固组织，选准配强骨干，按编落实人员，清点补充装备。巩固“十三五”民兵调整改革成果，组织完善民兵调整改革工作领导小组，分配任务和筹划落实“十四五”民兵建设规划，协调军地有关资源，抓好民兵整组任务贯彻落实，确保按时间节点推进各项工作。编实建强应急、专业、特殊三类基干民兵队伍，其中应急力量编1个应急连、11个应急排，专业力量编5支分队，特殊力量编1支分队，党员占比45.57%，退役军人占比33.97%。经过组织整顿，各民兵分队的分布更趋合理，兵员素质和质量得到进一步提高，完成了年度民兵整组任务。5月份，以迎接军委国防动员部民兵调整改革落实情况检查考评为契机，对照考评细则，科学细化抓落实的具体措施，采取逐一检查过关的方式，组织对11个基层武装部及所属民兵分队进行检查，并对问题进行整改，确保民兵调整改革各项工作在基层落实。

【基层武装部建设】以省军区下发的基层武装部建设细则为依据，指导基层武装部完成正规化建设。4月，对各基层武装部统计等软件资料、“三室两库”等硬件设施使用管理情况进行检查，年底牙叉、邦溪、青松、打安4个乡镇完成达标建设。在持续抓好基层武装部硬件建设的基础上，突出专武干部能力素质培养，提升基层干部队伍能力素质。11月，组织新任职专武干部及任职不满两年的专武干部参加省军区专武干部集训，取得较好成绩，进一步强化了专武干部的军事素质，为武装工作的开展奠定了坚实基础。

【征兵工作】征兵工作坚持早准备、早筹划、早发动。1月20日召开全县春秋季征兵工作部署会议，传达学习军委、省军区春秋季征兵工作会议精神，统一思想认识，研究部署征兵工作。制订征兵工作实施计划，明确人员分工、标准要求，各阶段任务安排，确保了征兵工作顺利展开。利用微信、短信、悬挂横幅、宣传车宣传、县城垃圾车宣传、发放手册、张贴海报、部人员同大学生“一对一”宣传等手段发动适龄青年报名参军。着眼本地黎族群众聚居特点，深挖黎族文化根基，使用方言宣讲征兵政策，并先后筹划开展了“唱响黎歌送喜报”“黎乡大学生进军营”“国防教育进校园”“征兵宣传进黎寨”“应征青年祭先烈”等征兵系列活动。召开县委常委议军会，研究制定《白沙黎族自治县关于现役军人、军队文职人员、退役军人和适龄青年应征入伍优待政策暂行规定》，建立激励机制，从政策角度吸引适龄青年积极报名参军，较好完成了上级交办的征兵任务。征兵宣传的相关做法在《中国国防报》刊载，并在中国国防部官网国防动员首页滚动播放。严格遵守廉洁征兵规定，全年未收到一起违反廉洁征兵的情况举报，并实现连续49年无责任退兵。

【国防动员】县国防动员委员会在省国防动员委员会的正确领导下，坚定不移贯彻习近平强军思想，对照“战时应战，急时应急，平时服务”的要求，遵循“平战结合，军民兼容，快速转换，持续高效”的原则，高效开展国防动员各项工作。3月，调整了县国防动员委员会成员。4月，召开县国防动员潜力统计调查任务部署会，会议就国防动员潜力统计调查的相关内容进行部署，下发《关于做好2021年度国防动员潜力统计调查工作的通知》《国防动员潜力统计调查表格统计内容》。5月，紧紧围绕战区明确的“六个领域”潜力数据，开展潜力统计调查数据会审，重点摸清了国民经济、民用运力、重点潜力、科技信息和政治动员的潜力底数，全面核实更新了各项潜力数据。9月，参加琼西指挥协调区国防动员筹划演练，进一步探索辖区国防动员军地联合指挥方法路子，梳理本级遂行任务指挥流程，实现重组织筹划定决心，向全要素、全过程依案临战筹划、临机处置能力转变。8月中下旬，组织了县中学新入学的学生进行军训。县人武部抽调各乡镇综合素质过硬的民兵骨干担任教官，圆满完成了军训教学任务。9月30日，组织全县党政领导班子和各委办局200余人到解放纪念园重温革命先烈伟大事迹。

【党管武装】县委、县政府高度重视党管武装工作，认真落实党管武装工作制度，第一书记邓伟强定期到驻军单位现场办公，强化党管武装工作意识，积极解决驻军建设矛盾问题，着力破解专武干部整组业务不精、程序不清等难题。先后组织3期（1月份、4月份、10月份）全县专武干部集中培训，结合日常工作任务，每月组织专武干部交班，抓好专武干部队伍国防动员、兵役工作、国防教育、军民融合等业务训练。7月28日，召开党管武装述职暨议军会会议，牙叉、七坊、邦溪、金波4个乡镇书记上台述职，各乡镇自觉将武装工作纳入党委工作筹划，武装工作经费纳入政府年度经费预算。审议并通过了将党管武装工作纳入各乡镇年底绩效考评、出台《现役军人、文职人员、退伍军人和应征青年优待政策暂行规定》、在白沙中学开设国防班、配齐配强专武干部队伍、“四个秩序”经费和武警中队营区建设经费等10项议题，经费共计363.304万元，8月份，利用县乡（镇）换届时机，联合组织部对11个乡镇武装部部长进行考察，对3个武装部部长进行提拔任职，3个进行平职交流，极大提高了专武干部队伍素质，提高了工作积极性。换届结束后，县人武部领导到11个乡镇进行基层武装部政治教员和武装部部长的宣布任命，提高了乡镇党政领导干部对武装工作的重视程度。

【党的建设】认真学习贯彻《关于健全完善党组织的意见》《关于团以上单位贯彻执行好民主集中制度的实施意见》等文件精神，不断提升党委班子自身建设。5月8日，省军区动员局副局长陈晓刚指导本部召开党委专题民主生活会，围绕“四个讲清”和“五个带头”作对照检查，提升了党委班子依法决策、科学决策和民主决策的能力，团结共事、干事创业的氛围浓厚。9月18日，省军区召开巡视巡察反馈问题整改动员部署会，通报巡察反馈白沙人武部1个具体问题："2名文职人员培训结束后，报销在外滞留期间相关住宿费用和汽车票据"，部党委高度重视，立即派专人赴省军区保障局核查报账资料，党委书记带专班逐张票据核实情况，在规定的时限内高标准高质量完成整改任务。根据省委组织部、省军区政治工作局《关于预建基干民兵党组织的通知》精神，结合民兵组织整顿任务分配及白沙实际情况，预建5个连级单位党支部，应急排预建11个党支部。严格落实"三会一课"组织生活制度，党委书记、副书记带头讲党课，党委委员常态化参加党小组活动，组织生活正规有序。严格落实每季度一次议战议训，一次安全保密工作形势分析、预防犯罪形势分析、议管、议装、议教，每半年一次党风廉政建设形势分析等制度，把握全面建设方向四个秩序建设项目、征兵体检和民兵训练经费支出等大项经费使用、征兵和民兵调整改革先进单位先进个人表彰、干部文职职工评功评奖等事务，均由党委会集体讨论研究决定。根据省征兵办下发的廉洁征兵要求，利用全县征兵工作会议、体检系统培训和政治考核培训等时机，传达学习《大力纠治征兵"微腐败问题"的通知》等上级通知精神；聘请廉洁征兵监督员实施全程监督；设立举报电话、举报信箱，明确违规人员处理标准，提高了廉洁自律的自觉性。

【理论学习与政治教育】县武装部党委始终把思想政治建设摆在首位，以学习贯彻习近平强军思想和省军区党委扩大会议精神等为主线，强化理论武装为重点，及时跟进学习十九届四中、五中和六中全会以及全军思想政治教育工作会议精神。1月15日，召开白沙黎族自治县人武部党委全体（扩大）会议，传达学习省军区党委扩大会精神，并筹划部署好2021年度工作。3月初，部党委认真分析思想教育形势，合理制订党委中心组理论学习计划，采取导读、自学、集中讨论交流等方法，组织全体干部文职和职工同步参加省军区4个专题的党委理论中心组学习，统一思想认识，并把《习近平谈治国理政》《习近平论强军兴军》《习近平强军思想学习纲要》《习近平关于"不忘初心、牢记使命"论述摘编》、"四史"等纳入个人自学计划。按照军委明确的"七个方面"重点内容，在持续开展"不忘初心、牢记使命""传承红色基因、担当强军重任"主题教育基础上，结合本部实际，制定党史学习教育"十六个一"教育计划，到白沙起义第一枪旧址纪念园开展"过政治生日、瞻革命旧址""读革命故事、走红色路线"活动开展党员讲党课、党史知识测试、重温入党誓词和专题组织生活会等活动。全年，结合学习教育，组织撰写并发表稿件51篇（包括《中国国防报》2篇、《中国民兵》9篇，《海南日报》2篇、《海南国防》38篇）、较好地反映人武部全面建设成效，扩大了公众影响力，营造了良好的社会效果。

【纪检工作】部党委认真传达学习《军队纪委监委系统党员干部日常行为规范》《军队党风廉政审核工作规定》《中国共产党廉洁自律准则》《军队实施党内监督的规定》等文件，扎实开展党的纪律教育，组织党员干部收看《铁纪强军》纪录片，传达学习违规违纪通报，并开展讨论交流活动；根据上级统一部署，扎实开展了"弘扬优良传统，整顿作风纪律"活动，党员党纪法纪意识不断强化。

【双拥共建】认真学习领会军地融合发展要求，注重在思想上、工作上融合。搞好扶贫攻坚工作。县人武部负责帮扶青松乡打炳村委会5户25人的扶贫攻坚任务，全年累计投入近3.2万元，协调地方资金15万元参与扶贫建设，发放猪苗、鸡苗、槟榔苗、化肥等生产生活及产业扶贫物资。进一步巩固扶贫工作成果，10月份，政工科与青松乡委乡政府，在青松乡打炳村联合开展扶贫知识宣讲活动，引导全村党员干部、贫困户深化认识、吃透政策、统一思想，提升广大群众参与脱贫攻坚的主动性、积极性和创造性。协调党委政府走访慰问驻军。八一、春节协调退役军人事务局，由县领导带队对驻军单位进行走访慰问，发放慰问品；推进军人优抚优待工作。全年接收白沙黎族自治县转业士官并协调安排到各机关事业编制岗位，大大提高了全县退伍军人归属感、荣誉感和获得感。积极协调退役军人事务局，先后2次（5月份、10月份）召开退役军人和随军家属现场招聘会。为落实现役军人、退役军人和民兵优惠政策，营造良好拥军环境，县人武部积极与政府、企事业单位进行协调，推出相关现役军人、退伍军人、民兵优惠，如：免费乘坐县内公交、银行推出军人专属银行卡、三大通信运营商基础套餐7折优惠、大型超市购物9.2折优惠、饭店菜品8折优惠、旅店优惠等。

【国防教育】4月4日，带领县内中小学生200余人，开展清明节祭扫活动；5月10日，组织国防教育讲师到县民族中学和县高级中学开展国防教育进校园活动；9月30日，组织全县党政领导班子以及各委办局200余人到白沙解放纪念园重温革命先烈伟大事迹。通过形式多样的国防教育活动，极大激励了全县的爱国主义思想，增强了国防意识。

【保障工作】县2021年争取地方政府经费近460万元。规范经费审核报销管理工作，按照上级业务部门要求，进一步完善基建工程、物资采购、器材维修、差旅伙食等经费开支流程，强化经费开支的审核把关。9月份，联合县政府出台《白沙黎族自治县民兵事业费保障标准和管理使用暂行办法》，明确军事训练经费、训练补助、伙食费、住宿费、服装费、公杂费等标准，并将训练补助提升至每人每日220元。围绕中心工作，认真做好服务保障。根据《省军区资产大清查工作实施方案》和省军区首长指示，做好全年资产大清查工作，全面掌握资产底数。做好民兵整组和训练的后勤保障工作，投入经费用于基干民兵训练，发放民兵训练补助经费。围绕征兵工作做好保障，全年共投入经费用于征兵宣传、征兵体检、服装购置、伙食保障、交通运输等工作，确保征兵工作顺利完成。不断提高后勤综合保障能力。做好车辆运输保障工作，严格落实车辆派遣和维护保养制度，加强驾驶员日常教育管理工作；提升伙食保障能力，严格落实伙食管理制度，定期公布伙食账目，严格落实食品留样制度。坚持抓好保障科人员素质建设。持续推进后勤重点行业领域整肃治理攻坚自查验收工作，深化重点行业领域整肃治理，为进一步完善内控机制、优化业务流程、强化监督管理打下坚实基础，推动实现年度整肃治理目标。抓好保障科人员廉洁自律建设，通过收看反腐倡廉专题授课、警示教育片等形式，提高后勤人员法纪意识，坚决杜绝案件事故发生；扎实开展业务学习，定期组织人员学习部队后勤管理相关规章制度，积极向业务能力强的单位和个人虚心请教，提高了工作能力和水平。

武装警察

【概况】2021年，中队在支队、大队两级党委的指导下，在白沙黎族自治县各级领导的大力支持和帮助下，聚焦喜迎建党百年华诞，坚持“依法抓建、按纲抓建”的建队理念，按照“扬优势、补短板、提标准、重质效、固根基、蓄底蕴”的工作思路，走好“建强堡垒固根本、举旗铸魂强引领、苦练精兵保中心、建安保稳守底线、发扬民主正风气、历练队伍育人才、精细管理蓄内涵”的实践路径，确保部队高度集中统一和安全稳定。经过全体官兵的共同努力，中队各项工作稳步推进，全面建设呈现良好发展态势。

【抓班子建队伍，组织功能作用增强】2021年，中队党支部团结协作，支部堡垒作用强，按纲抓建思路清晰，七项组织生活制度落实质量高。大力开展党史学习教育，弘扬伟大建党精神，着力举旗帜、铸忠诚、谋打赢、强组织、正生态，深化政治能力训练，增强政治判断力、政治领悟力、政治执行力。党管党员、党管干部举措有力，干部事业心责任感强，党员模范作用好，士官工作热情高、任务完成出色。

【抓中心保安全，执勤任务圆满完成】 中队党支部着眼形势任务，提高备战基点，围绕“两个不经、一个保持”落实战备工作。战备教育演练经常，官兵熟悉方案，任务明确，遂行任务完成好。紧抓战备教育，做好形势分析，并定期进行战备常规检查，做到有问题立刻狠抓落实整改，确保中队“召之即来，来之能战，战之必胜”。为提高官兵情况处置能力，下大力抓好专勤专训，并把训练场搬到哨位上，模拟多种可能出现的情况对战士进行引导启发，从而提高哨兵情况处置能力。充分释放“智慧磐石”系统能效，哨兵欧盛康在凌晨执勤期间，成功处置一起人员走失事故，荣获三等功。中队全年圆满完成元旦、春节、七一、十九届六中全会等期间联勤武装巡逻任务和多起押解任务，多次受到上级检查组和地方领导的表扬。

战备演练活动

【抓教育统思想，团结和谐氛围浓厚】 中队党支部持续贯彻落实习近平新时代中国特色社会主义思想和习近平强军思想，深入开展年度“传承红色基因，担当强军重任”主题教育；官兵关系、兵兵关系密切，军政军民关系良好；经常开展兴趣爱好小组和育才学习活动，文体活动丰富多彩，官兵精神状态昂扬，编排中队特色节目参加比赛，取得“红心向党颂党恩 强军担当跟党走”歌咏比赛二等奖、“迎国庆、颂党恩、铸忠诚”板报评比三等奖、年度新闻报道先进单位等荣誉。

（县武警中队 陈焕鑫）

经济综合管理

宏观经济调控

【概况】2021年，白沙黎族自治县发展和改革委员会（简称县发改委）在县委、县政府的坚强领导下，坚持“稳字当头、稳中求进”的工作总基调，全面落实超常规举措，强党建、转作风、守纪律、讲担当，落实全省稳住经济大盘会议决策部署和稳经济助企纾困若干措施，实施主要经济指标“按季抓、月跟踪”工作举措，科学统筹经济社会发展和疫情防控，有序推动主要经济指标平稳增长。

【主要经济指标完成情况】2021年，白沙黎族自治县坚持双统筹工作，在稳妥做好疫情防控的基础上，千方百计拓宽就业渠道，推动经济稳步复苏。落实各项就业政策，城镇新增就业2303人、农村劳动力外出务工4万余人。城镇登记失业率控制在4%以内。作为全省“零确诊”“零疑似病例”市县之一，全面贯彻落实“中小企业八条”“复工复产七条”“旅游业六条”等惠企援企政策，全力推动43条超常规举措，在全省率先实现全面复工复产，为县内企业减免税费逾7000万元，新增市场主体1672户，同比增长23%。落实特困人员供养、残疾人补贴等救助政策，为9200名困难群众发放补贴金逾3000万元，基本生活得到保障。举办农产品帮扶团购行动、第二届美食购物嘉年华、新能源汽车展等系列消费活动，不断促进全县居民消费水平提升，全年居民消费价格涨幅控制在2.85%左右。做好交通能源运行调度，着力做好粮油等基本物资稳价保供，抓好市场价格监测调控，切实保障重点民生商品供应充足、价格稳定。经省统计局统一核算，全年全县完成地区生产总值62.57亿元，按不变价格计算，比上年增长7.5%。其中，第一产业增加值25.29亿元，增长5.8%；第二产业增加值6.49亿元，同比增长6.5%；第三产业增加值30.79亿元，同比增长9.1%。三次产业结构调整为40.4 ∶ 10.4 ∶ 49.2。全年固定资产投资额同比增长4.3%。全年社会消费品零售总额19.24亿元，同比增长15.9%。地方一般公共预算收入1.89亿元，同比增长3.9%。城镇常住居民人均可支配收入35088元，同比增长9.8%；农村常住居民人均可支配收入15767元，同比增长12.8%。

【重点项目建设】2021年，白沙黎族自治县坚持督项目、促投资，增强发展后劲。加大社会投资项目服务力度。加强投资建设委员会对招商引资项目准入审核把关，确保引进优质项目资本。做好投资企业在产业准入、选址用地、开工建设等方面的服务工作。全年共审核通过项目49个，计划总投资70.20亿元，49个省县重点项目已全部开工，开工率100%，已完工项目15个，完工率30.6%，累计完成年度投资25.2亿元，投资完成率101%，超额完成年度任务目标，较好地实现开工率和投资完成率“双百”目标。

【城乡基础设施建设】2021年，白沙黎族自治县坚持统城乡，强短板，加快推进城乡一体化升级改造建设。城乡规划更趋完善。开展县国土空间总体规划工作，完成24个村庄规划编制任务。全年出让土地15宗、408.48亩，分别15倍、72.35倍，土地出让金13594.9万元，为上年度的26.2倍。扎实推进5个土地整治和耕地开垦项目，有效缓解耕地“占补平衡”指标紧缺的状况。城乡功能日趋完备。建成提升电网供电保障的电力廊道建设工程等项目，维修车行道、人行道共2710平方米，疏通市政管道约1930米，绿化种植1500平方米。154个农村公路六大工程建设项目全部开工，实现村光网全覆盖和4G全覆盖，完成226户农村居民天然气建设工作，全县各项基础设施建设工作逐步显现成效。累计推广新能源汽车424辆和建设充电桩50个，已完成全省市县新能源汽车推广年度任务计划。稳步推进乡村振兴。完成高峰村生态搬迁工作，118户村民喜迁新居，成为全省首个村庄装配式建筑案例。深入开展农村人居环境整治工作，实施农村厕所粪污处理与资源化利用试点村项目，完成2618户农村改厕任务，加快打造19个美丽乡村建设项目，全县乡村振兴工作稳步推进，农村发展活力进一步激发。

【优化营商环境】2021年，白沙黎族自治县深化“放管服”改革，持续优化营商环境。强化营商环境建设，成立白沙黎族自治县优化营商环境工作专班，设立招商营商服务专员制度，制订开展海南自由贸易港投资新政三年行动实施方案，出台招商引资优惠政策，增强白沙招商引资和吸引优质高效项目落地力度，鼓励企业家兴业投资，助力吸纳优秀人才。创新招商方式，提供精准招商服务，创新推出《白沙招商画报》，推出一批产业需求清单和招商地块清单，同时在七坊镇鹭湖举行“共建自贸港投资到白沙”招商推介会，为各大企业到白沙观光考察、投资兴业架起合作的桥梁。不断深化“放管服”改革，精简办事流程，压缩审批时限。探索“一件事一次办”集成改革、开展行业综合许可“一业一证”改革、推出企业开办“大礼包”优惠政策，实行一企一册（策）跟踪服务、提供帮办代办。增设“办不成事反映窗口”“吐槽窗口”，解决群众“急难愁盼”问题。完成白沙第一批“零跑动”事项884项，“零跑动”实现率达50.77%。自“一枚印章管审批”改革启动至2021年年底受理办件11092件，已办结11048件，办结率99.6%。制度创新取得较好成果。印发《白沙黎族自治县建设工程规划许可及乡村规划许可“零审批”事项清单》，对未涉及增加建筑面积的改造整治项目，包括小区内部综合整治、屋顶整治等19类项目均可“零审批”。印发《关于进一步优化房屋建筑工程办理施工许可证手续的通知（试行）》（白工改办〔2021〕1号），简化施工许可证办理，实现“拿地即开工”“当天申报，当天领证，当天开工”。审批事务办理从咨询、申报到领证可在1天内完成。相对于传统审批，建设单位从土地招拍挂获得土地使用权到取得施工许可证，可缩短两个月以上时间。

【社会信用体系建设】2021年，县发改委按照《白沙黎族自治县社会信用体系建设总体实施方案》工作部署，加快推进社会信用建设，持续推进《白沙黎族自治县社会信用体系建设（2021—2025年）》编制工作，印发《白沙黎族自治县2021年版信用信息资源目录及双公示目录》和《白沙黎族自治县农村信用体系建设工作实施方案》，加大做好“双公示”工作力度和推进农村信用体系建设，加快推出告知承诺制事项，首创推出在县城范围上门办证的便利服务，加强诚信教育宣传，开展《海南自由贸易港社会信用条例》宣传、“诚信——金融知识进校园”、“文明诚信经营示范户”表彰仪式等信用宣传活动。

【科技管理】2021年，县发改委组织申报科技型中小企业和高新技术企业。阿罗多甘农业科技有限公司和海南顺景建筑工程有限公司入选2021年国家科技型中小企业，南大洋实业有限公司申报获批2021年度第一批高新技术企业。县发改委组织编制《白沙黎族自治县创建创新型县方案》并向省科技厅申报。县科工信局指导科技特派员深入开展科技服务。选派54名科技特派员深入44个贫困村进行种养指导，举办专题培训26场，科技下乡37次，线上提供技术服务1430条。县发改委组织“科技活动月”。举办科技大集1期，展示科技产品16件，展出科技发展图83幅，举办橡胶病虫害防治等技术培训14次，参训群众近1300人次，发放宣传资料近6500份。做好纳统企业研发投入统计和培训。组织12家纳统企业专题培训1期，并对研发经费投入进行测算，2021年全县研发经费支出为0。推进科技创新工作。草拟《白沙黎族自治县科技创新奖励办法（试行）》《白沙黎族自治县农业科技110服务站管理办法》《白沙黎族自治县科技创新创业平台管理办法》，并征求相关单位意见，同时，组织开展农业科技110服务站管理考核。

【工业及新能源建设】2021年，县科工信局积极依靠法治化、市场化方法并适当运用行政手段，集中化解存量拖欠，严防新增拖欠，健全防范和化解拖欠中小企业账款长效机制，帮助中小微企业纾困解难，促进中小企业平稳健康发展，助力稳定经济社会大局。能耗增量为5700吨标煤，在可控范围内（省定5900吨），能耗强度1.6%，未审查高耗能、高排放固定资产投资项目。同时，加快新能源汽车推广及充电桩建设工作，举办首届白沙黎族自治县新能源汽车推广暨充电桩展览会。落实光伏扶贫办公室责任，围绕光伏扶贫办公室的目标任务，强化责任落实，扎实有序推进光伏项目建设及运维等各项工作，12个村级光伏扶贫电站均正常运营，2021年全年总收益191.98万元，累计发电总量225.86万千瓦时，共开发256个公益性岗位安排贫困人员就业，发放公益性岗位工资81.9万元。

【信息化建设】2021年，白沙黎族自治县推进村光网建设，实现村光网全覆盖和村4G全覆盖，全县4G用户达172839户，互联网宽带用户59176户。截至2021年年末，已完成427个村、257个农垦居民小组的4G信号覆盖建设，426个村、255个农垦居民小组覆盖光网，全县20户以上的自然村、农垦居民小组光网4G覆盖率均在99%以上。全年5G基站共开通54个，5G基站铁塔改造完成54个，5G智慧教育和5G智慧医疗建设已完成施工，正在试运行。

【电子商务建设】白沙黎族自治县以县电子商务产业园为根据地辐射全县，开展电子商务工作，电商园区集运营管理、人才培育、网店开发、产业规划、产品挖掘、品牌打造、宣传推广于一体，吸引广大创业年轻人通过电子商务创业就业，鼓励县域企业转型升级，打造良好电子商务发展环境，引导和带动全县农村电子商务健康稳步发展。截至2021年年末，入驻园区企业24家，建设村级电商服务站57家，网商2109家，合作电商平台6个，成功引进京东、淘宝、乡村振兴网等大平台上线白沙农产品畅销全国，全县电子商务交易额6.22亿元，同比增长16.47%。

【市场体系建设】2021年，白沙黎族自治县积极促进消费，推进全县市场体系建设。做好疫情防控。为做好白沙黎族自治县商务领域新冠疫情防控工作，保持白沙黎族自治县“零”疫情发展态势，县商务局联合县疫情防控指挥部、县公安局、县综治执法局、县旅文局、县市场监督管理局，对元门乡、细水乡、打安镇、金波乡进行了疫情防控情况督查，并及时发文督促整改。抓好市场体系建设工作。白沙黎族自治县已建设投入使用3家公益性农产品批发市场，分别是白沙黎族自治县公益性农产品集散交易中心、白供平价专区农民自产自销街、白沙公益性农产品批发市场（凤凰城）。与凤凰城商业广场签订合作协议，设立30个摊位作为农民自产自销专区，约定市场责任与义务，给予30个摊位租金补贴，市场不再收取农民自产自销专区的摊位费。按时完成商贸流通样本企业的统计报送工作。及时督导监测样本企业按时完成日报、周报、月报、季报工作，确保监测数据全部按时报送，特别是元旦、春节等重大节日，及时启动日报制度跟踪监测，全部数据按时完成报送；抓好生活必需品保供企业上报商业库存统计情况，及时完成监测数据周报工作。积极配合省商务厅市场供应数据调查工作，在节日和台风等灾害期间，及时掌握应急商品动态，为加强主要生活必需品的储备和供应，提供了数据和应急商品保障，促进了白沙生活必需品市场的稳定。强化商贸领域管理秩序。加强成品油监管工作。切实加强成品油经营企业经营资格检查工作，做好2021年加油站成品油年审工作。持续优化“商务部业务系统统一平台”数据录入工作，组织县商务系统样本企业信息员、生活必需品及农产品流通系统信息员参加2021年海南省商务系统市场监测业务培训班，进一步提升信息员统计监测和分析工作水平。组织开展诚信兴商活动。2021年县委宣传部、县发改委（商务局）、县金融中心联合开展了“文明诚信经营示范户”表彰仪式，发放宣传折页近百份，利用网络和自媒体解读宣传，积极引导相关企业和个人依法经营、诚信兴商，营造诚信经营环境。开展安全生产工作。制定《白沙黎族自治县商务局生活必需品应急储备和投放实施方案》，并与各大商场超市签订《生活必需品应急储备和投放协议书》，贯彻落实“安全第一，预防为主”的方针，坚持事故灾难应急与预防工作相结合。召开安全生产工作会议2次，召集商贸企业参加会议，印发《企业安全生产承诺和报告制度》文件，传达安全生产、保供稳价工作思想，并与相关市场主体签订《安全生产承诺书》，做好常态下的市场运作、做好防台风工作措施，完善各种规章制度、预案演练等工作，确保做好应急救助工作，维护社会稳定。

发展改革管理

【概况】2021年，白沙黎族自治县坚持以习近平新时代中国特色社会主义思想为指导，全面贯彻落实中共十九大和十九届历次全会精神，深入学习贯彻习近平总书记“4·13”重要讲话和中央12号文件精神，坚决贯彻落实省委、省政府的部署要求，在县委的坚强领导和人大、政协的监督支持下，坚持稳中求进工作总基调，围绕“三区一地一园”新发展战略，扎实做好“六稳”工作，全面落实“六保”任务，统筹推进疫情防控和经济社会发展，认真执行2021年国民经济和社会发展计划，全县经济呈现稳中有进、持续向好的发展态势。全年地区生产总值增长8%；地方一般公共预算收入增长3.9%；投资、消费驱动逐步增强，社会消费品零售总额增长15%；城镇、农村居民人均可支配收入分别增长10.2%、11.6%；居民消费价格上涨3.06%；城镇调查失业率3.79%。

【应对下行压力】以橡胶产业为主导、“两个万亩六个千亩”为支撑的长短期互补型生态农业体系和“美丽乡村+”“体育+”“文化+”的多元化生态旅游模式逐步完善成型，三次产业比重由上年的41.5∶12.2∶46.3调整为40.6∶12.4∶47.0。特色高效农业提速加力。坚持以“稳胶扩茶扩药创特色”为主导方向，实施“橡胶十条”“菜篮子十条”等举措，统筹推进橡胶、茶叶、咖啡、槟榔、南药、百香果等重点特色产业高质量发展。完善现代农业基础设施，促进一产“接二连三”融合发展，实施白沙原生态茶园小镇、五里路茶园农庄、阿罗多甘农业示范区等项目，共建成椰级乡村旅游点10个、共享农庄2个。全年第一产业增加值增长6.6%。工业经济稳步运行。组织开展科技型中小企业和高新技术企业认定，阿罗多甘农业科技有限公司和海南顺景建筑工程有限公司先后入库2021年国家科技型中小企业，白沙南大洋实业有限公司被认定为2021年度第一批高新技术企业。积极推进邦溪园区基础设施建设，编制白沙黎族自治县邦溪园区“十四五”规划，优化园区审批流程，海南农产品拍卖交易中心、医用酒精灌装等项目审批进程取得成效。全年第二产业增加值增长7.2%。服务业经济加速回升。深入实施推进“文化+”“体育+”产业发展，签约并挂牌中国拳击学院、国际力量与健身学院，白沙国家体育训练南方基地被列入全国六大重点样板示范基地。以全域旅游示范区创建为目标，大力发展文化旅游业，五里路有机茶园获评省“四椰级乡村旅游点”，新建和巩固提升美丽乡村21个，全年预计接待游客107万人次，旅游总收入6.1亿元，比2019年分别增长54.2%和65.58%。建成57个电子惠农超市、57个村级电商服务站，开展30场消费活动，全年完成电子商务交易额6.22亿元，增长16.2%。全年服务业增加值增长9.4%。

【生态文明建设】白沙黎族自治县坚定不移践行“绿水青山就是金山银山”理念，以生态优先引领高质量发展。生态创建成果凸显。探索推动建立多元化生态保护补偿机制，成立了白沙国家生态综合补偿试点专家委员会，推进森林碳汇交易，开展生态产品价值实现的金融行动，不断推动“输血式”补偿转向“造血式”补偿转换。入选联合国《生物多样性公约》大会“两山”实践创新基地，为海南首个县域“两山”基地。绿色发展持续向好。全力打好蓝天、碧水、净土保卫战。开展空气质量提升整改专项整治行动，2021年以来PM2.5浓度下降到13微克/立方米，全县环境空气质量优良天数比例保持在99%以上。城镇集中式饮用水水质符合国家地表水Ⅱ类标准，水质达标率为100%。启动超标水体整治工作，全面加强水生态，主要河流湖库水质优良率稳定在91%以上，土壤质量总体保持稳定。落实“河（湖）长制”“林长制”累计开展巡河1004次，巡林3314次，制定林长公示牌93个，完成7000亩造林任务。加强森林防火工作，建设3条森林防火通道工程（累计约6公里），完成公益林移交热带雨林国家公园工作，选聘生态护林员556人，管护总面积约43万亩。人居环境不断优化。逐步开展全域垃圾分类工作，选取三个乡镇（打安、元门、金波）和县城主城区作为试点区域。实施14个城镇污水处理设施及配套管网项目，提标改造11个建制乡镇污水处理厂，完成128个村民生活污水治理设施建设，白沙农村人居环境质量全面提升。

【脱贫攻坚】挂牌成立乡村振兴局，全面落实“两不愁三保障”和饮水安全，建立健全政企合作发展机制，反哺行政村集体经济合作的利益联结机制，继续利用好“飞地发展”模式的宝贵经验。开发公益性岗位259个，落实森林生态效益直补，惠及268个村庄、5.6万名群众。投入46041.9万元实施乡村振兴项目146个，邦溪、阜龙高端水果产业和细水蛋鸡产业项目初见成效，乡村振兴内生动力进一步激发。城乡发展持续推进。编制国土空间总体规划“一张蓝图”，拆除“两违”建筑14座，改造3个城镇老旧小区，铺设完成105公里燃气管网，白沙黎族自治县高速路口至九架岭路灯改造工程等项目持续推进。加快推进“四好农村路”建设，投入1.04亿元用于17个农村公路六大工程建设和农村公路养护。投入1.07亿元实施16个高标准农田建设项目，完成1000户农村户厕防渗漏改造任务。全县城乡一体化发展协调推进。

【重大项目建设】坚持“项目为王”理念，贯彻落实海南自由贸易港投资新政三年行动方案，开展主要经济指标“按季抓、月跟踪”工作方案，狠抓项目谋划和建设，以项目扩投资，以投资稳增长，充分发挥项目建设对经济增长的拉动作用。项目建设稳步推进。2021年省县重点项目共有49个，年度计划投资25亿元，完成年度投资25.24亿元，年度投资率101%；与全省同步举办集中开工活动4批次16个项目，项目总投资11.58亿元，年度计划投资4.17亿元，已完成投资4.36亿元，年度投资完成率105%；年度政府投资项目87个，项目总投资20.63亿元，已完成投资2.3亿元。积极谋项目、争资金。2021年共申报21个中央资金项目8.42亿元及地方债资金7.3亿元，年度下达县资金约2.65亿元。做好政府投资项目的谋划储备，变“资金等项目”为“项目等资金”，计划明年开工项目55个，谋划政府投资项目81个，谋划重点项目15个。招商引资态势良好。组建优化营商环境工作专班及招商营商服务专员队伍，编制《2021年白沙黎族自治县产业发展需求清单》，举办白沙黎族自治县“共建自贸港 投资到白沙”招商推介会。

【重点领域改革】坚持以扩大开放促进改革深化，努力拓展发展新空间。营商环境更趋优化。持续深化“放管服”改革，成立优化营商环境工作专班。启动“一枚印章管审批”，推行承诺制办理等方式，推动建设项目“加速跑”，实现“拿地即开工”。减小重点生态功能区产业准入负面清单对邦溪园区的影响，经省政府同意，采用“一事一议”原则研究邦溪园区新增项目。设立人才服务“单一窗口”，实现人才“零跑腿”。为企业提供“大礼包”，压缩企业开办时间。推行规划许可“零审批”事项清单。实施“一业一证”改革、简化零星林木采伐审批。推出优化营商环境小程序，收集社会公众意见，完善各项营商服务措施。完成民营企业中小企业清欠工作，确保无新增拖欠中小企业民营企业账款，“旧账”不出新问题。构建信用激励约束机制。加强社会信用体系建设，印发《白沙黎族自治县社会信用体系建设总体实施方案》，运用“互联网+监管”，加强“信用白沙”网站的宣传及建设，营造守信受益、失信难行，“一处失信、处处受限”的信用惩戒格局。

【民生保障】始终保持财政民生投入只增不减、民生标准只升不降，有力保障各项民生支出需求。就业形势整体稳定。开展“春风行动”等就业服务活动，城镇新增就业2303人，农村劳动力外出务工4.02万人，发放创业担保贷款53万元。公共服务全面提升。引进海南师范大学托管邦溪镇中心学校，“两校一园”工作稳步推进。投入7565万元完善30所学校的基础设施及教育教学设备，新建、改扩建8所公办幼儿园，新增公办幼儿园学位1890个，义务教育阶段和高中教育阶段“大班额”基本消除。县级专科医院、七坊镇社区医院配套用房投入使用。打通医疗服务“最后一公里”，配置“村医通”结算终端设备，实现村卫生室直接就医结算。举办“三月三”乡村民俗文化旅游、“啦奥门”山兰文化节等民族特色活动，承办10场国家级、省级体育赛事，白沙起义第一枪旧址纪念园成功挂牌国家AA级旅游景区，白沙黎族自治县文化体育事业繁荣发展。民生保障不断完善。扎实推进全民参保，城镇从业人员基本养老、城乡居民基本医疗、工伤保险等工作稳步开展。积极推进常住困难群众社会救助试点工作，全力保障困难群众基本生活，发放城乡低保、高龄、临时救助等各类补贴资金3192.11万元。狠抓“菜篮子”稳价保供工作，全县常年蔬菜保有面积2171亩，蔬菜大棚面积107亩。全面保障粮食生产供给，遏制耕地“非农化”，管控耕地“非粮化”，增设粮油应急供应网点14家，粮食应急体系日趋完善。已开工建设滨河家园和亨通·南湖花园2个安居房项目共计1235套，住房保障进一步完善。社会大局和谐稳定。全力维护政治安全稳定，积极推进县域社会治理现代化建设，常态化开展疫情防控，深化民族团结进步创建，扎实开展安全生产专项整治，食品药品安全管理巩固提升。

价格管理

【概况】2021年，县物价部门强化监测监控，加强市场分析预判，全力维护价格稳定。在灾害天气、重大节假日、特殊时期，启动粮油、肉禽蛋菜日监测制度，密切跟踪价格走势，深入分析研究省、县各类商品价格状况并形成物价分析报告，为上级部门和领导充分掌握市场动态，部署调控措施提供依据。自1月1日起，累计形成分析报告合计350余篇。

【价格管理】2021年，县物价部门持续深化价格管理，完善和调整《白沙黎族自治县管道燃气销售价格》《白沙黎族自治县非营利性民办中小学收费标准》等，全力做好价格规范管理工作。完成下调保教费收费标准的非营利性幼儿园价格等备案2家次，商品住宅价格备案和调整12家次。

【稳定“菜篮子”价格】2021年，县物价部门制定印发《关于做好白沙黎族自治县2021年元旦春节期间“菜篮子”保供稳价工作的通知》《关于应对第22号台风“雷伊”做好蔬菜保供稳价工作的紧急通知》，起草《2021年白沙黎族自治县落实“菜篮子”市县长责任制工作方案》，组织相关部门召开“菜篮子”专题会议，统筹县相关部门推动农产品的生产发展、产销对接、市场调控、质量安全等各项工作的落地实施，积极应对疫情的严峻形势，保障“菜篮子”产品供应和价格稳定。

【农副产品平价监管】2021年，县物价部门加强农副产品平价专区监管工作，增强“菜篮子”产品价格调控能力，确保肉菜稳定供应，年度新增农副产品平价专区2家，平价专区的蔬菜销售价格原则上比农贸市场低15%以上；粮、油、肉、禽、蛋低于农贸市场价格销售，通过平价专区的运营来平抑市场物价，惠及县城及七坊镇、邦溪群众。

【价格规范】2021年，县物价部门全力做好价格规范工作。做好价格备案工作。完成非营利性幼儿园保教费收费标准备案2家次、春节期间宾馆酒店客房价格备案12家次、商品住宅价格备案和调整12家次。制定完善《白沙黎族自治县车辆停放服务收费管理实施细则》《白沙黎族自治县各类停车场车辆停放服务收费标准》，规范车辆停放服务收费行为，聘请第三方对全县车辆停放服务收费成本情况开展监审工作，组织相关部门、专家、消费者及利益相关方于7月召开听证会，广泛听取社会意见，为政府审定车辆停放服务收费提供科学依据。调整非营利性民办中小学学历教育收费标准，规范教育收费行为，在前期调研、成本监审的基础上，综合办学成本、市场供求状况、教育发展需求、社会承受能力等方面因素，起草《关于调整白沙黎族自治县非营利性民办中小学收费标准》，于11月召开听证会，广泛听取社会意见，为政府审定收费标准提供科学依据。提高供气、供水质量，规范管道燃气和农村供水工程水费收缴，委托第三方管道燃气、乡镇供水价格成本监审工作，于11月召开听证会，广泛听取社会意见，为政府审定收费标准提供科学依据。

【成本调查】2021年，县发改委价格收费和管理组开展槟榔、甘蔗直报专项调查工作，以及农户种植意向、农户存售粮情况和农户购买农资情况调查工作，到牙叉、七坊、邦溪、打安等乡镇，指导15户调查户开展工作，做好农本调查原始数据登记，检查调查样本的代表性，及时研究改进措施，为制定农产品价格政策提供了数据基础，为制定主要农产品最低收购价格、农业补贴政策、农业保险政策提供直接依据。

财政

【概况】2021年，白沙黎族自治县财政局（简称“县财政局”），坚持以中共十九大精神为引领，认真贯彻落实中共和全省财政工作会议、全县经济工作会议精神，紧紧围绕县委县政府的中心工作，坚持稳中求进工作总基调，立足新发展阶段，贯彻新发展理念，把稳增长、促改革、调结构、惠民生、防风险作为财政工作主线，以提高经济发展质量和效益为中心，继续实施积极的财政政策，助力改革发展，服务白沙“三区一地一园”建设，改善民生，进一步提高财政资金的运行效益，全力保障各项重点支出需要。

【财政收入与支出】2021年，全县地方一般公共预算收入18929万元，为预算数的100.6%，同比增收707万元，增长3.9%。其中，税收收入完成8558万元，同比增收324万元，增长3.9%，非税收入完成10371万元，同比增收383万元，增长3.8%。全县地方一般公共预算

2021年白沙黎族自治县一般公共预算收支表

表 6

收入		支出	
项目	2021年完成数（万元）	项目	2021年完成数（万元）
一、地方一般公共预算收入	**18,929**	**一、地方一般公共预算支出**	**331,594**
（一）税收收入	8,558	（一）一般公共服务支出	30,597
1. 增值税	3,624	（二）外交支出	
2. 企业所得税	911	（三）国防支出	455
3. 个人所得税	402	（四）公共安全支出	14,570
4. 资源税	225	（五）教育支出	55,000
5. 城市维护建设税	350	（六）科学技术支出	1,063
6. 房产税	485	（七）文化旅游体育与传媒支出	8,789
7. 印花税	287	（八）社会保障和就业支出	27,125
8. 城镇土地使用税	765	（九）卫生健康支出	24,643
9. 土地增值税	406	（十）节能环保支出	10,916
10. 车船税	254	（十一）城乡社区支出	6,387
11. 耕地占用税	240	（十二）农林水支出	126,397
12. 契税	528	（十三）交通运输支出	4,730
13. 环境保护税	14	（十四）资源勘探工业信息等支出	871
14. 其他税收	67	（十五）商业服务业等支出	740
（二）非税收入	10,371	（十六）金融支出	51
1. 专项收入	537	（十七）自然资源海洋气象等支出	4,817
2. 行政事业性收费收入	928	（十八）住房保障支出	4,942
3. 罚没收入	1,175	（十九）粮油物资储备支出	453
4. 国有资本经营收入		（二十）灾害防治及应急管理支出	597
5. 国有资源(资产)有偿使用收入	4,388	（二十一）其他支出	1,945
6. 政府住房基金收入	54	（二十二）债务付息支出	6,271
7. 其他收入	75	（二十三）债务发行费用支出	35
8. 捐赠款	3,214		
		二、预备费	
二、债务转贷收入	**33,136**	**三、债务还本支出**	**20,979**
（一）地方政府一般债券转贷收入	33,136	（一）地方政府一般债券还本支出	20,979
（二）地方政府向国际组织借款转贷收入		（二）地方政府其他一般债务还本支出	
（三）地方政府其他一般债务转贷收入			
三、转移性收入	**312,858**	**四、转移性支出**	**12,350**
（一）上级补助收入	304,222	(一)上解支出	6,671
1. 返还性收入	3,962	1. 体制上解支出	
（1）所得税基数返还收入	262	2. 专项上解支出	6,671
（2）成品油税费改革返还收入		(二)援助其他地区支出	
（3）增值税税收返还收入	1,007	(三)调出资金	676
（4）消费税税收返还收入	162	(四)安排预算稳定调节基金	160
（5）增值税“五五分享”税收返还收入	2,531	(五)年终结余结转	4,843
（6）其他返还性收入			
2. 一般性转移支付收入	285,960		
（1）均衡性转移支付收入	87,305		
（2）县级基本财力保障机制奖补资金收入	8,776		
（3）结算补助收入	1,858		
（4）农村综合改革转移支付补助收入			
（5）企事单位划转补助业收入			
（6）重点生态功能区转移支付收入	52,820		
（7）固定数额补助收入	33,099		
（8）革命老区转移支付收入	1,152		
（9）民族地区转移支付收入	13,727		

续表

收	入	支	出
项　　目	2021年完成数（万元）	项　　目	2021年完成数（万元）
（10）体制补助收入（2022年并入均衡性收入）			
（11）贫困地区转移支付收入	37,770		
（12）共同财政事权转移支付收入	48,462		
（13）其他一般性转移支付收入	991		
3.专项转移支付收入	14,300		
（二）上年结余收入	396		
（三）调入资金	8,124		
（四）动用预算稳定调节基金	116		
收　入　总　计	**364,923**	**支　出　总　计**	**364,923**

支出331594万元，为年度预算数的96.14%，同比减支51643万元，下降13.48%。全县收入总计364923万元，总支出364923万元。

【保障和改善民生】2021年，县财政局紧紧围绕“幼有所育、学有所教、劳有所得、病有所医、老有所养、住有所居、弱有所扶”，牢牢把握民生导向，调整优化支出结构，持续改善人民的生活水平。2021年，全县用于民生支出269382万元，占地方一般公共财政预算支出的81.2%。积极落实“社会保障卡一卡通”财政惠民补贴资金发放政策，确保各种惠民补贴项目资金都能通过“社会保障卡一卡通”发放。2021年，通过“社会保障卡一卡通”累计发放各类补贴项目资金22027万元，惠及城乡居民32万人次。补贴项目资金主要包括：发放城乡低保资金2849万元；发放耕地地力保护补贴资金910万元；发放销售鲜乳胶奖励和胶农割胶生产奖励2011万元；发放农村危房改造补助资金2348万元；发放困难、重度残疾人生活和护理补贴资金587万元；发放森林生态效益补偿资金3401万元；发放80岁以上高龄补贴资金500万元。

【保障乡村振兴】2021年，县财政局为贯彻落实巩固拓展脱贫攻坚成果同乡村振兴有效衔接政策要求，结合全县实际，加强乡村振兴补助资金的筹措和安排。制定了《白沙黎族自治县2021年统筹整合使用财政涉农资金实施方案》，持续巩固脱贫攻坚成果，确保全县乡村振兴衔接工作顺利开展。2021年全县共安排乡村振兴补助资金47678.45万元（中央资金投入20362万元，省级资金投入17408万元，县级资金投入6535万元，统筹整合资金投入3373.45万元），其中，产业项目投入22976.04万元、基础设施建设项目投入22023.86万元、培训项目投入917万元、雨露计划投入125万元、教育帮扶投入1006.55万元、就业帮扶投入630万元。为了更好统筹管理乡村振兴补助资金，充分发挥资金使用效益，县财政局组织开展乡村振兴补助资金业务培训，提高各乡村振兴补助资金使用单位的业务知识，进一步规范乡村振兴补助资金使用，保障乡村振兴补助资金安全。

【落实疫情防控资金保障】2021年，县财政局为贯彻落实习近平总书记对新型冠状病毒肺炎疫情防控工作作出的重要指示精神，按照中央、省和县委县政府的统一部署，全县财政部门统筹安排经费预算，用好上级转移支付资金和县级资金，确保疫情防控资金需求，切实履行好经费保障职能，2021年，全县安排疫情防控资金共计3123万元，为全县疫情防控工作提供强有力的资金保障。

【稳步推进预算管理】全面实施预算绩效管理工作以来，县财政局坚持以提高财政资源配置效率和使用效益，提高预算管理水平和政策实施效果作为目标。认真做好预算的编制工作。严格按照预算的编制原则，编制好全县的预算，通过将所有预算资金纳入财政部门统一分配，做到预算一个“盘子”、收入一个“笼子”、支出一个“口子”。切实加强激励约束，严格执行预算编制“四个挂钩”机制，即预算编制与预算执行挂钩机制、预算编制与绩效评价挂钩机制、预算编制与项目预算调剂挂钩机制、预算编制与违反财经纪律挂钩机制，进一步强化预算执行约束，努力做到优化支出结构，保障和改善民生。推进财政预算信息公开工作。按《中华人民共和国预算法》要求，进一步细化预算编制，及时批复部门预算，要求各预算部门严格按照公开的时间节点和格式公开本部门的财政预算。2021年，全县共有178家部门（单位）通过县政府门户网站向社会公开了本部门（单位）的部门预决算和“三公”经费预决算。

【资产清查及债权债务化解】2021年，为加强对全县各预算单位的国有资产监督管理，真实反映单位的资产及财务状况，实现资产管理与预算管理相结合，资产管理与财务管理相结合，实物管理与价值管理相结合。县财政局共对86家单位开展清产核资、债务化解等工作，全面核实全县各行政事业单位的人员、资产、债权、债务等情况，按会计准则进行债权债务化解；同时继续加强对全县长期使用的在建工程转固的工作，2021年县财政局共完成201个在建工程转固项目，转固金额66892万元，进一步全面提高财政管理规范化水平。

【财政投资评审】2021年，全县各单位送审124个项目，涉政府投资项目资金154753万元，已评审完成124个政府投资项目，项目总核减比例为3.03%，总核减资金为4682万元，评审内容涉及市政工程、城市绿化、民生工程、水利工程、农田基本建设工程等。通过财政评审，为全县财政节约了大笔资金，规范了全县政府投资项目，提高了财政资金的使用效益。

【财政监督检查】2021年，县财政局继续加强对财政资金的监督检查。开展财政资金专项监督检查工作。完成29家企业及行政事业单位的会计信息质量监督检查、5个2020年度扶贫资金项目自评抽查及2018、2019、2020年度预决算公开情况专项检查。开展绩效评价工作。完成20个项目绩效评价，涉及金额26331.1万元；完成5个2020年度扶贫资金项目检查，涉及资金6787.7万元；完成35个中央对地方专项转移支付评价项目，涉及资金3.9亿元；完成2个2020年度县保障性安居工程绩效评价，涉及资金1.14亿元；完成2020年度部门整体支出绩效评价单位83个；完成对2019、2020年度扶持的15个行政村绩效评价工作，涉及资金1288万元。完成2家采购代理机构的监督评价工作。通过加强财政资金监督管理，全面提升财政监督水平，确保财政资金管理更加规范、流程更加合理、支出更加科学。

【盘活财政存量资金】2021年，针对审计报告反映的全县发现个别预算开设多个资金账户、资金结余结转两年以上未按照相关规定及时回收盘活使

2021年11月19日，县政府办会同县财政局召开研究白沙2022年为民办实事项目申报专题活动

用的问题，县财政局高度重视，并积极开展整改，务求实效。县财政局积极与各预算单位进行沟通，并下发了《关于规范清理预算单位银行账户和收回实有账户结转结余财政性资金的通知》（白财〔2021〕75号），并专门下发给相关单位《关于督促及时清理盘活实有账户的函》要求各预算单位将实有账户财政性资金交回国库，全年预计共收回各预算单位实有账户资金和财政专户资金56004万元。通过全盘考虑，并将盘活资金冲抵预拨款，统筹用于具备实施条件的项目，进一步提高财政资金的使用效益，缓解财政收支矛盾，发挥财政资金“稳增长、促改革、调结构、惠民生”的重要作用。

（县财政局 陈兴蕾）

国有资产管理

【概况】截至2021年，白沙黎族自治县正常生产营业的县属国有企业共有9家，分别是：海南白沙农场集团有限公司、白沙黎族自治县城乡建设投资有限公司、白沙黎族自治县自来水公司、白沙黎族自治县乡村振兴发展有限责任公司、白沙黎族自治县食品公司、白沙黎族自治县兴林林业开发有限公司、白沙黎族自治县邦溪林场、白沙黎族自治县粮食储备管理库、白沙黎族自治县查苗粮食储备库。

2021年，白沙黎族自治县属国有企业国有资产总量不大，且部分企业规模小、资产质量差、经济效益低，市场竞争力弱。

【清产核资】聘请第三方中介机构开展清产核资工作，已于2021年1月24日完成9家县属国有企业的清产核资工作。经查，9家企业注册资本共计47.26亿元。截至2021年1月22日，9家县属国有企业合计资产62.09亿元（其中，流动资产10.69亿元，非流动资产51.4亿元），负债总额14.63亿元。通过开展县属国有企业清产核资工作，掌握第一手数据，做到了然于心。

【资产测绘】聘请第三方中介机构开展已完成改革企业名下资产测绘工作，已于2021年11月完成31家58宗资产（土地、房产）测绘工作。其中，土地面积约42万平方米，房产面积约7.4万平方米，并建立台账，列入国有资产管理，确保国有资产底数清、情况明。

【房屋安全鉴定】聘请第三方中介机构开展已完成改革的县属国有企业名下房屋安全鉴定工作，于2021年12月完成26宗186栋房屋的安全鉴定工作，并建立台账，对房屋进行管理，同时，对县食品公司、原县饮食公司、原县医药总公司、原县电影公司、原县农机供应公司、县对外贸易总公司等6家企业县城区域内的职工宿舍危房进行拆除，并协调县住房保障中心安置符合条件的9户拆迁户。排除了安全隐患，确保了群众生命财产安全，防止发生安全事故。

【产权登记】2021年6月，经县政府同意，将已完成改革的31家县属国有企业58宗资产产权登记在县国有资产事务中心名下。截至2021年年底，已完成3宗资产产权登记工作，分别是：县商业贸易总公司名下的民族商场产权、海口采购站（博爱北路105号）产权、县百货公司产权。通过开展产权登记工作，依法确认产权归属关系，切实加强国有产权管理。同时，通过法律途径，依法收回搁置了近20年的面积为2267.74平方米、位于海口市龙昆北路9号的山花酒楼土地使用权。

【资产市场价租赁评估】聘请第三方中介机构对已完成改革的县属国有企业名下房屋、土地等资产租赁合同已到期或即将到期的27宗资产开展市场租赁价评估工作，坚决防止国有资产流失。

【企业动态监测】开展国有企在线监管系统建设工作。根据省国资委的工作安排，为提升信息化、法治化、智能化监管，对各企业财务、人员、重大项目等实行在线监管。2021年，共举办企业在线监管培训5期，参加人数80人次，与儋州市国资委联合举办企业会计人才培训，参加人数8人次。开展国资统计工作。对正常生产的县属国有企业月报、年报统计后汇总上报省国资委。截至2021年12月，县属9家企业资产总额20.24亿元，其中流动资产6.34亿元，非流动资产13.9亿元，负债总额16.14亿元。

【招租盘活】2021年，县国资中心对外招租了41处房屋、场地等，合同总租金93.38万元。

【招拍挂盘活】海南元门城堡酒店投资有限公司以4222万元的价格取得原县白翔水泥厂9.25公顷土地使用权，用于建设海南元门城堡酒店项目。

【招商引资盘活】引进海南芸鑫商贸有限责任公司，以14.3万元/年的评估价出租原陶瓷厂部分厂房，开办农产品加工中心。通过加强产权管理、国资统计、资产清查、资产处置等工作，防止了国有资产流失，实现了国有资产的保值增值。

【解决企业改革后遗留问题】县国资中心将保障职工利益作为国企改革工作的出发点和落脚点。已完成改革企业有47家，由于历史遗留问题，部分职工安置工作未到位。2021年，县国资中心为符合补缴手续的县热作农场2名职工补缴单位欠缴部分社保费50041.17元，为县青年农场14名职工补缴单位欠缴部分社保费98859.96元，合计148901.13元。这一做法为上述职工办理退休提供了便利，维护了职工的个人利益。

重要节日期间，县国资中心对国企困难职工进行慰问，2021年共慰问国企困难职工25人，慰问金额合计7500元。

财政国库支付管理

【概况】2021年，白沙黎族自治县财政国库支付中心（简称“县财政国库支付中心”），为隶属县财政局的副科级事业单位。内设办公室、资金支付股、核算管理股、工资统发股、监督审核股、信息技术股6个职能部门；设行财一站、行财二站、行财三站、经建站、农财站、社保站、乡镇站7个县级会计核算站及11个乡镇核算站。核定财政全额预算事业编制75名，设主任（副科级）1名，副主任（正股级）2名；其他管理人员岗位72名。

【主要指标】2021年，县财政国库支付中心完成本年度183个预算单位财务集中核算工作，全年核算预算单位收入248082万元；全年预算单位支出243757万元；完成201个在建工程转固项目，转固金额66892万元。

【工资统发】财政工资网络统发工资应发50838万元，实发40994万元（其中：代扣失业保险121万元，养老保险2350万元，住房公积金4563万元，医疗保险712万元，职业年金1425万元，代扣个人所得税170万元）。工资统发单位183个，其中县本级单位157个，乡镇单位26个；统发人数4580人，其中行政单位1532人，事业单位3034人，离休14人。

2021年，省财政国库支付局资金支付处长处蒋京媛一行莅临县财政国库支付中心开展实地调研和业务指导

【国库集中支付改革】开展国库集中支付电子对账业务，进一步深化国库集中支付改革，提升财政资金支付安全性和效率性，解决纸质账单格式不统一、传递不及时、原财政支付对账单管理和使用不规范等问题，提升财务核算工作的准确性。

【加强和改进财政会计核算和管理水平】为更好地做好乡镇集中核算工作，县财政国库支付中心跟县编办、县财政局协商沟通，于2021年3月恢复乡镇集中核算站，从11个乡镇财政所划转22名编制到县财政国库支付中心，用于各乡镇会计集中核算工作，划转的人员派驻在各乡镇财政所工作，负责各乡镇会计集中核算工作。为进一步加强和改进乡镇财政会计核算管理水平，规范和强化乡镇财政资金管理，提高资金使用效率，更好地促进乡镇经济持续、稳定、健康发展，县财政国库支付中心定期组织乡镇核算站会计人员参加业务培训，增加会计、财务等专业知识，规范会计行为，加强会计基础性工作，切实提高会计核算管理科学化和精细化程度，为加快白沙实现财政账务管理做出贡献。

税　务

【概况】2021年，县税务局共组织各项税费收入72283万元，同比增长12.94%，增收8280万元。

【税收收入基本情况】县税务局共组织税收收入21132万元，同比下降6.43%，减收1452万元。其中：中央级税收收入8474万元，同比下降13.86%，减收1364万元；省级收入4224万元，同比下降5.14%，减收229万元；市县级收入8434万元，同比增长1.70%，增收141万元。

【社保和非税收入情况】共征收社保和非税收入50983万元，同比增长23.57%，增收9725万元。其中：社会保险费收入49994万元，同比增长22.94%，增收9328万元；非税收收入989万元，同比增长67.06%，增收397万元。工会经费168万元，同比增长4.35%，增收7万元。

2021年税务局组织收入完成情况表

表7　　单位：万元

项目	2021年	2020年	比同期+/–	比同期+/–%
总计	72283	64003	8280	12.94
一、税收收入合计	21132	22584	–1452	–6.43
其中：中央级	8474	9838	–1364	–13.86
地方级	12658	12746	–88	–0.69
省级	4224	4453	–229	–5.14
市县级	8434	8293	141	1.70
1. 增值税	9980	10432	–452	–4.33
其中：中央级	4990	5216	–226	–4.33
省级	1493	1565	–72	–4.60

续表

项目	2021 年	2020 年	比同期 +/–	比同期 +/–%
市县级	3497	3651	–154	–4.22
2. 其他收入（营业税）	191	0	191	0.00
其中：中央级	95	0	95	0.00
省级	29	0	29	0.00
市县级	67	0	67	0.00
3. 企业所得税	3253	3926	–673	–17.14
其中：中央级	1952	2356	–404	–17.15
省级	390	471	–81	–17.20
市县级	911	1099	–188	–17.11
4. 个人所得税	1435	1143	292	25.55
其中：中央级	861	686	175	25.51
省级	172	137	35	25.55
市县级	402	320	82	25.63
5. 土地增值税	1160	1616	–456	–28.22
其中：省级	754	1050	–296	–28.19
市县级	406	566	–160	–28.27
6. 资源税	225	221	4	1.81
7. 城镇土地使用税	957	539	418	77.55
其中：省级	192	108	84	77.78
市县级	765	431	334	77.49
8. 城市维护建设税	437	436	1	0.23
其中：省级	87	87	0	0.00
市县级	350	349	1	0.29
9. 印花税	287	193	94	48.70
10. 房产税	606	459	147	32.03

续表

项目	2021 年	2020 年	比同期 +/–	比同期 +/–%
其中：省级	121	92	29	31.52
市县级	485	367	118	32.15
11. 车船税	254	240	14	5.83
12. 契税	1509	1444	65	4.50
其中：省级	981	939	42	4.47
市县级	528	505	23	4.55
13. 耕地占用税	240	339	–99	–29.20
14. 环境保护税	18	13	5	38.46
其中：省级	4	3	1	33.33
市县级	14	10	4	40.00
15. 消费税	3	4	–1	–25.00
16. 车辆购置税	566	1573	–1007	–64.02
二、个人所得税代缴手续费	11	6	5	83.33
其中：中央级	7	3	4	133.33
省级	1	1	0	0.00
市县级	3	2	1	50.00
三、社会保险基金收入	49994	40666	9328	22.94
四、非税收入	989	592	397	67.06
1. 教育费附加	263	276	–13	–4.71
2. 地方教育附加	175	184	–9	–4.89
3. 文化事业建设费	0	0	0	0.00
4. 税务部门罚没收入	2	1	1	100.00
5. 国有资源有偿收入	30	51	–21	–41.18
6. 残疾人保障金收入	132	80	52	65.00

续表

项目	2021 年	2020 年	比同期 +/–	比同期 +/–%
7. 水土保持补偿费	276	0	276	0.00
8. 人防办收入	77	0	77	0.00
9. 垃圾处理费	34	0	34	0.00
五、工会经费	168	161	7	4.35

审 计

【概况】2021 年以来，在县委、县政府和省审计厅的正确领导下，白沙黎族自治县审计局认真贯彻落实中央、省委省政府和县委县政府的各项决策部署，依法全面履行审计监督职责，共组织召开县委审计委员会议 4 次、县政府常务会议 4 次、政府专题会 4 次、整改协调会 6 次，向县委审计委员会报送各类请示、报告和审计专报 30 份，县领导批示《审计情况专报》10 份，抄送纪委专报 6 份，纪委书记批示 6 份，向省委审计委员会报送落实会议精神情况报告 2 篇。组织实施审计项目 22 个，审计发现问题 391 个，查出违规资金 60 万元，管理不规范资金 113875 万元，提出审计建议 101 条，社保专项审计追回骗保资金 3.3 万元，罚款 12.64 万元。

白沙黎族自治县审计局领导班子到荣邦乡调研厕改

（县审计局 供图）

白沙黎族自治县审计局到白沙西部供水（一期）施工现场了解施工进度

（县审计局 供图）

【财政财务审计】 2021 年县审计局开展财政预算执行审计项目。完成 2020 年度县本级政府预算执行审计、编制县本级决算草案审计、县本级有关部门 2020 年度预算执行情况审计、2020 年度地方政府债券资金和政府隐性债务审计 4 个项目的审计工作。清理不规范使用资金 4401.75 万元，追回对外借出资金 741.7 万元，清理支付拖欠企业账款 113.3 万元，盘活财政存量资金 331.71 万元。

【经济责任审计】按照年度审计工作计划，结合省审计厅工作安排，2020 年 6 月 23 日，县审计局派出审计组与省厅上下联动，对县发改委主任薛开璧任职期间的经济责任履行情况及相关财务收支情况进行审计。围绕领导干部贯彻落实国家重大政策落实及重大经济决策情况、财务收支情况等进行审计。经过前期核查资料、现场审核、实施取证及发放征求意见稿、反馈意见核实等相关工作，结合省审计厅上下联动事项，对发改委下属单位（科工信局）实施的充电桩建设项目进一步深入调查。截至 2021 年 2 月完成对薛开璧任职期间的经济责任审计，并出具正式的审计报告；2020 年 8 月初，派出审计组对县妇女联合会原主席孙冰任职期间贯彻落实国家重大政策、经济责任履行情况及财务收支的真实性、合法性、效益性等实施审计调查。经过前期查阅资料、现场取证、征求意见反馈等工作，2021 年 1 月出具正式审计报告。

【专项资金审计】根据《海南省审计厅关于做好公共场所外语标识标牌建设资金跟踪审计的通知》要求，县审计局于 2020 年 12 月初派出审计组对白沙黎族自治县公共场所外语标识标牌建设资金进行跟踪审计。经过前期查阅资料、现场取证、征求意见反馈等工作，于 2021 年 1 月 29 出具正式审计报告。

【企业审计】2020 年，县审计局按照县委、县政府《关于开展公共工程和土地出让项目跟踪监督实施方案 》要求，及时成立了审计调查领导小组，并指派专人负责，及时制定了《白沙黎族自治县审计局关于开展公共工程和土地出让项目审计调查实施方案》，对公共投资在 500 万元以上的项目进行分工，对卫健委 4 个工程项目、水务服务中心 8 个项目、民政局 3 个项目、教育局 13 个项目共 28 个项目和白沙黎族自治县公共安全视频监控建设网应用项目，以及白沙黎族自治县 5 座乡镇污水处理厂和配套管网工程建设项目实施专项审计调查。截至 2021 年 3 月，已完成对教育局、渔业中心、县城投公司、阜龙乡人民政府、政法委等单位公共工程项目的现场取证、撰写工作底稿等前期工作，并根据反馈意见出具了审计工作报告。

县审计局到荣邦乡岭尾村百香果项目现场核实项目落实情况

（县审计局 供图）

【民生审计】1. 按照省审计厅的审计要求，2020 年度县审计局对新增财政资金直达市县基层直接惠企利民情况进行专项审计调查工作，前期开展新增财政资金跟踪审计工作，形成跟踪情况报告。并抓紧督促新增财政资金使用单位加快资金支出进度，提高资金使用绩效。截至 2021 年 1 月核实完成审计报告发现的问题，并反馈给省审计厅；2. 根据 2021 年度审计计划安排，2021 年 5 月，县审计局派出审计组对白沙黎族自治县农村生活污水治理项目进行跟踪审计。前期已完成现场审计工作，并制作好取证单及工作底稿，2021 年 9 月已出具正式审计报告。

（县审计局　符智强）

统　计

【概况】2021 年，面对复杂严峻的内外部环境，在县委、县政府的坚强领导下，全县各族人民坚持以习近平新时代中国特色社会主义思想为指导，深入贯彻落实省委、省政府系列重要决策部署，坚持稳中求进工作总基调，统筹疫情防控和经济社会发展成效，全面实施“三区一地一园”新发展战略，加快建设美丽白沙，经济结构持续优化，增长动能不断转换，经济和社会事业不断高质量发展。

全年城镇新增就业 2303 人，城镇登记失业率 1.86%。农村劳动力转移就业 7098 人。

全县户籍人口户数 5.07 万户，人口 19.35 万人，其中男性 10.20 万人，女性 9.16 万人。常住人口根据人口变动情况抽样调查推算，全县年末常住人口 16.43 万人，城镇化率为 20.02%；全县人口出生率 8.53‰，死亡率 6.70‰，自然增长率 1.83‰。

持续推进投资结构的调整。工业、服务业增加值占地区生产总值比重分别较上年提高 0.2 和 0.6 个百分点，产业结构持续转型升级。信息传输、计算机服务业投资占总投资比重较上年增长 8.0 个百分点，电力、热力、燃气及水的生产和供应业占比较上年增长 0.6 个百分点，投资结构持续优化。

【统计调查】2021 年，县统计局认真做好各项统计调查工作。做好核算、农业、工业、投资、商贸、服务业、城乡居民收支、劳动工资、能源、名录库、人口、投入产出调查等方面的统计工作及全面建成小康统计监测工作，各项数据按时上报、如期公布。按时完成每月统计月报编制工作。为县委、县政府提供城乡一体化住户调研、特色农业调研等统计分析报告 13 篇。

【统计服务】2021 年，县统计局提高统计服务水平，加强统计数据解读能力。着力提升综合研判能力。高度关注工业、投资、服务业、贸易、能耗等指标数据进度动态，切实做到未雨绸缪、心中有数，对 GDP 等指标做好预测，及时发现问题，制定行之有效的应对措施。着力提升监测预警水平。对各专业和部门统计指标数据进行深入分析，查找原因、联合评估，确保基础数据全面、客观、准确。着力提升精准指导力度。在做好日常报表的同时，到企业、基层收集第一手调查资料，及时了解企业的产品、产量、价格、库存、效益变化情况，对报表问题手把手指导培训，提高统计人员业务水平。

【统计法制】2021 年，县统计局采取多项措施持续推进全县统计法制工作。加强统计法律法规学习。将中共中央办公厅、国务院办公厅印发的《关于深化统计管理体制改革提高统计数据真实性的意见》《统计违纪违法责任人处分处理建议办法》《防范和惩治统计造假、弄虚作假督察工作规定》等纳入县委理论中心组、县政府党组及各相关局党组的学习内容。县统计局利用举办统计基础建设培训、统计年报会、统计业务培训会和日常走访企业等机会，抓好统计人员的普法工作。深入企业开展统计数据质量核查。通过统计执法检查，完成规模以上工业企业 3 家、贸易企业 8 家的数据质量核查工作。

市场监督管理

【概况】白沙黎族自治县市场监督管理局（简称县市场监督管理局）是主管全县市场监督管理工作的正科级政府工作部门，于 2019 年 3 月 22 日正式挂牌办公。全局内设部门 12 个、派出机构 11 个（基层乡镇市场监督管理所）、下属事业单位 1 个（海南省白沙质量技术监督所），行政编制 62 名（局行政编制 21 名、市场监督管理所行政编制 41 名）。截至 2021 年 12 月，全局实有公务员 74 人、事业编 2 人、工勤人员 6 人，共 82 人；机关党委下设党支部 7 个，党员 63 人（含退休党员 17 人）。

【机构改革】2021 年，县市场监督管理局稳妥推进机构改革工作。2021 年 3 月，根据县委机构编制委员会办公室《关于调整白沙质量技术监督技术所机构编制事项的通知》（白编〔2021〕16 号）要求，将县质量技术监督技术所更名为县计量检测所，隶属于县市场监督管理局，为不定级公益一类事业单位。

【市场监管队伍建设】2021年，县市场监督管理局加强党建引领，抓好市场监管队伍建设工作。抓班子带队伍，充分发挥班子成员的引领示范作用，增强单位凝聚力。从严从实，抓好党风廉政建设，层层落实党风廉政建设责任制，将党风廉政建设融入市场监管工作的各个环节。开展纪律廉政警示教育活动，组织党员干部集中学习、观看警示教育片和典型案例展、“廉洁从政大家谈”等，引导党员正确对待和行使手中的权力。一年来，全局没有领导干部因违法违纪受到处分。开展党史学习教育活动暨“大学习、大调研、大抓落实”活动，建设高质量干部队伍。全年开展党组理论中心组学习35场次、参学616人次，各党支部开展集中学习共124场次、参学578人次。

【帮扶联系】2021年，始终把巩固脱贫攻坚成果和推进乡村振兴工作作为一项重要的政治任务进行部署，安排48名帮扶联系人联系七坊镇4个村委会(打金、可好、拥阜、照明)，结对帮扶158户脱贫户；并选派6名政治素质过硬、业务能力强的优秀干部到乡镇、村委会驻村帮扶。

【疫情防控】做好疫情防控工作，稳定市场秩序。加强对农贸市场、商超、药店、冷链食品常态化疫情防控落实情况的监管。严把食品、药品、特种设备、产品质量安全关。加强监管，严厉打击哄抬物价行为。做好全县进口冷链食品的疫情防控工作。积极配合相关部门对冷链食品场所、环境、物品进行核酸采样。2021年共监测冷链食品2084份465场次，其中肉类490份114场次，水产品46份19场次，食品外包装165份42场次，环境641份116场次，冷链食品从业人员742人次174场次。未发现阳性标本。

【食品安全监管】开展学校校园及周边食品安全专项检查。发现存在食品安全隐患，下达责令整改通知书10份，移交食品案件线索2件。推广和督促餐饮服务单位使用“海南阳光餐饮”App。全县73家学校食堂已全部完成“互联网+明厨亮灶”工作，覆盖率达100%。开展食品安全抽检快检工作，食品安全快筛检测共34375批次，阳性9批次，合格率99.97%。不合格产品9批次，问题产品4批次，进行核查处置13批次，1批次正在处置中。开展“餐饮安全你我同查”活动，共开展“餐饮安全你我同查”活动12次，检查学校食堂5家、网红餐厅19家，针对发现的食品安全隐患立即下达监督意见书。

【药品、化妆品、医疗器械监管】开展2021年海南省药品抽检工作，已完成抽检33批次，完成率100%；开展2021年国家化妆品监督抽检工作，已完成抽检22批次，完成率100%；开展2021年“两品一械”不良反应事件监测工作，截至2021年年底，上报药品不良反应报告200例，上报医疗器械不良事件报告65例，化妆品不良反应报告11例；开展药品各专项检查工作，发现违法行为责令整改11个，移交违法线索13条。

【特种设备安全监管】2021年，全县特种设备运行良好，持续保持“零事故”。共检查特种设备使用单位165家次，特种设备617台(套)，发现隐患28个，已完成隐患整改28处，隐患整改率100%。制定全年工作计划。县市场监督管理局制定了《2021年特种设备安全生产工作要点》和《2021年度特种设备现场安全监督检查工作计划》，确定全县特种设备安全生产工作的总体要求和工作目标，计划细化到完成的时间节点、检查使用单位和设备的具体数量。督促各特种设备使用单位报送隐患排查情况。督促特种设备使用单位开展隐患自查，共124家特种设备使用单位按要求开展自查，其中锅炉使用单位14家，电梯使用单位77家，叉车使用单位27家，其他特种设备使用单位6家。开展中秋、国庆前特种设备专项检查。为落实全国安全生产电视电话会议精神、《海南省安全生产委员会办公室关于加强2021年中秋国庆安全防范工作的通知》和《市场监管总局办公厅关于做好2021年中秋节国庆节期间有关工作的通知》文件精神，特种设备安全监察室履职尽责，扎实开展中秋、国庆节前特种设备安全专项检查，共检查锅炉使用单位6家，供气站2家，电梯使用单位15家，出动执法人员25人次，保障了节假日期间特种设备安全。与省锅检所梳理辖区内电梯到期检验预警信息。督促省锅检所及时开展现场检验，并更新监管系统的检验信息，一共梳理到期检验预警电梯35台，及时消除安全隐患。加强特种设备执法队伍的建设。派出一名监察员到西安参加国家特种设备安全监察局组织的A类监察员考核取证学习并顺利通过，组织县市场监督管理局47名执法人员参加省特种设备监察局组织的B类监察员取证考试，其中有40名执法人员顺利通过。开展乘梯安全宣传工作。根据省市场监督局《关于开展“安心乘梯守护行动”的通知》的文件要求，开展乘梯安全宣传工作，此次共发放乘梯安全宣传册300余份。开展锅炉、压力容器、叉车和燃气安全现场监督检查。共检查锅炉10台、压力容器25台、叉车12辆、检查气瓶充装站2家、天然气公司1家。联合省锅检所继续加强对辖区分布散、规模小的木材加工、水泥砖生产小作坊领域使用叉车的检验工作，将叉车安全监管作为县市场监督管理特设工作的亮点推进，继续保持白沙黎族自治县叉车检验率和持证上岗率在全省领先。为减轻企业负担，县市场监督管理局主动商请省锅炉容器与特种设备检验所到辖区开展叉车检验工作，共检验叉车56台。

【抓好“菜篮子”工程】抓好“菜篮子”工程，维护商品交易市场的良好秩序。加强对农贸市场蔬菜、猪肉价格的监管，及时掌握市场供应和价格变动趋势，做到每周一报。制作明码标价牌和LED菜价公示屏，对菜价进行实时公示。加大执法检查力度，规范明码标价行为。截至2021年年末，共立案5宗，结案5宗，罚款1400元。

【开展“禁塑”工作监督检查】2021年，共检查经营户288家次，立案26宗，结案26宗，罚没款8.4万元；向县综合行政执法局移送违法线索68条。

【推进质量强县工作】开展民生计量专项行动。共检查眼镜配制场所6家，眼镜配制计量器具20台；检查农贸市场计量器具920台；检查企业压力表141个；检查各基层医疗卫生院血压计（表）90台（件）；检查企业、商户、超市、收胶点、水果摊等的在用计量器具502台（件）；检查加油站8家、加油机28台；检查加气站2家、电子秤及压力表32台（件）。通过检查，发现3台电子台秤未经检定及检定不合格，已立案3宗。配合省市场监管局开展产品质量监督抽查工作。配合省市场监管局开展全县烟花爆竹经销企业产品质量抽查，共抽查烟花爆竹经销企业2家，抽检的烟花爆竹均全部合格。开展摩托车、电动自行车及头盔专项整治工作。共检查摩托车及相关经营主体38家，检查查验摩托车（电动自行车）89辆，检查头盔203顶。推进外语标识牌建设。已完成公益类场所设置的公共信息导向系统标准化建设项目。

【知识产权保护】强化知识产权保护，严厉打击商标侵权。开展地理标志保护产品和地理标志商标申报工作。截至2021年年末，拟对陨石坑咖啡申报地理标志保护产品，对白沙大岭牛油果申报地理标志商标，已委托第三方开展申报工作。严厉打击商标侵权行为，对涉嫌侵犯商标专用权行为进行立案查处，共立案4宗，结案4宗，罚没款5500元。

【打击制售假冒伪劣商品违法行为】开展农村假冒伪劣食品专项执法行动。县市场监督管理局联合县综合行政执法局开展专项执法检查，检查农贸市场、校园周边小商店、小餐饮店、食品生产加工小作坊等食品生产经营单位867家次。开展打击整治冻品走私专项行动。为进一步严厉打击冻品走私、防范疫情输入风险，县市场监督管理局联合县综合行政执法局等部门开展打击整治冻品走私专项行动。共出动执法人员813人次，检查食品冻库、农贸市场冻肉经营者、超市、餐饮店等场所1732家次，发现1家经营者销售无标签的食品，已将案件线索交由县综合执法局进行查处。

【政策措施公平竞争审查和市县交叉抽查】 开展竞争政策宣传活动；组织召开公平竞争审查工作推进会，部署白沙黎族自治县2021年公平竞争审查工作；委托第三方评估机构对全县存量文件进行清理审查。为做好此次评估，于2021年11月24日举办公平竞争审查工作专题培训，县公平竞争审查联席工作会议各成员单位及其相关部门分管领导、联络员参加；做好公平竞争审查市县交叉抽查工作，已按要求对三沙市出台的30份政策文件进行审查，发现2份涉嫌违反公平竞争审查标准的存疑文件，并形成交叉初查报告，报送中国（海南）自由贸易试验区反垄断委员会办公室；向省垄断委员会报送2021年公平竞争审查自查工作报告1份。

【畅通投诉渠道】 畅通投诉渠道，维护消费者权益。2021年，县市场监督管理局共受理省政府12345综合服务热线投诉举报212件，已办结212件，办结率100%。受理全国12315互联网平台投诉举报60件，已办结60件，办结率100%。

【深化“放管服”改革】 深化“放管服”改革，打造更加便利的营商环境。持续推进企业登记注册行政审批制度改革。简化注册登记程序，压缩企业开办时间。2021年9月全县实现线上刻章服务；自2021年10月29日起，企业开办时间压缩至1个工作日。全面实行企业简易注销登记，注销登记只需3个工作日。深化推进“证照分离”改革工作，推动照后减证和简化审批。2021年，全县新增各类市场主体2338户，同比增长32%；全县注销市场主体共722户；全县有审批权限的涉企经营许可事项共101项，已有17项直接取消审批，7项由审批改为备案，48项实行告知承诺，29项实现优化审批服务。扎实抓好“双随机、一公开”工作。制定并印发了《白沙黎族自治县2021年度市场监管领域部门联合抽查计划》和《关于推进2021年度市场监管领域部门联合抽查工作的通知》。截至2021年年底，完成本部门双随机任务共302户，将地址不存在、无法联系当事人的20户企业，公示隐瞒真实信息、弄虚作假的53户企业列入异常名录；与其他部门开展联合双随机任务共27户，未发现问题。开展企业年报工作。2021年企业年报率为95.9%。同时，将一年未报企业年报的50家企业，将其列入异常名录；两年未报企业年报的70家企业，移入待吊销库；有51户企业在走吊销程序。

（县市场监督管理局 丁悦燕）

农 业

综 述

【概况】2021年，在县委、县政府的正确领导下，在省农业农村厅的指导和大力支持下，县农业农村局坚决贯彻落实中央、省、县关于农业农村工作决策部署，紧紧围绕全县“三区一地一园”发展战略，凝心聚力、狠抓落实，各项工作取得了明显成效。2021年，全县农业总产值39.83亿元，同比增长7.6%；农村常住居民人均可支配收入达15767元，同比增长12.8%。以橡胶为主导、“两个万亩六个千亩”为支撑的长短期互补型生态农业体系和“美丽乡村+”“体育+”“文化+”的多元化生态旅游模式逐步完善成型，经济质量持续向好。新农村建设取得成效。打安镇和牙叉镇对俄村先后被评为第二批全国乡村治理示范乡镇和全国乡村治理示范村。

【稳产保供】完成全县粮食种植任务6.9123万亩，其中水稻种植任务面积5.9801万亩，其他粮食作物种植任务面积0.9322万亩。完成常年蔬菜最低保有面积2171亩，蔬菜平均自给率达110.03%，超额完成省下达的任务目标。生鲜供应能力总体稳定，肉类产量达9983.86吨，渔业产量为965吨，捕捞量为138吨。2021年度累计完成高标准农田建设0.51万亩。

【发展特色农业】建成了益智、兰花、蛋鸡、和牛、肉鸽等一批特色农产品基地，扶持推动陨石茶、五里路茶等有机茶产业，第四棵树咖啡发展初具规模，形成种质资源、种植技术、种植面积、加工销售、品牌建设等咖啡产业发展链条，做大做强全县农业产业新业态。落实产业帮扶。加大推进热带特色高效农业落实进度，累计投入产业帮扶项目资金22976.04万元，占各级财政衔接资金的51.86%，共实施产业帮扶项目45个。重点推进邦溪、阜龙高端水果产业项目和细水非笼养蛋鸡产业项目。辐射带动75个村10769户44063人，脱贫户

调研农业产业

组织化帮扶实现100%。

【农村集体产权制度改革】完成全县11个乡镇、76个村（社区、居）委会、498个村（居）民小组、574个农村集体经济组织的集体资产清产核资工作，完成率100%，核准全县农村集体经济组织集体资产总额为1.87亿元，资源性资产94.57万亩。完成全县574个农村集体经济组织成员资格认定和信息数据录入工作，完成率100%。

【乡村建设方面】2021年，白沙黎族自治县开展农村厕所粪污处理与资源化利用试点村项目建设，省下达的38个整村推进示范村建设工作已全部完成，完成粪污清掏2500余户10800余立方米。畜禽粪污综合利用率达到89.33%。全县14家畜禽养殖规模场已完成畜禽粪污资源化利用改造工作，资源化利用率达到95%以上。完成农村裸露土地种草绿化44.57万平方米。2021年3月，农业农村部授予白沙黎族自治县"2020年全国村庄清洁行动示范县"荣誉称号。投入1.79亿元建设美丽乡村21个，大力推进美丽乡村提档升级工程，打造罗帅村、白准村等一批特色黎村苗寨。

【农村实用技术培训】在全县范围内累计开展橡胶实用技术、病虫害防治、茶种植等实用技术培训班94期，受训5268人次。以农药化肥减量增效技术、农产品绿色安全生产等专业课为主，举办"高素质农民教育培育项目专业生产型培训班"和为期15天的"2020年新型农业经营主体带头人培训班"，共培训500人。

县政府副县长、南渡江县级河长陈扬洲开展巡河工作

（县农业农村局 供图）

【农产品品牌建设】积极推进农业品牌建设，举办"三品一标知识培训班"，推进白沙山兰米、白沙咖啡、白沙红心橙3个地理标志申报工作。白沙山兰米已经通过农业农村部的审核，纳入地理标志名录，正在申报地理标志。全县共获得认证农产品"三品一标"17个，其中，获得无公害农产品认证9个；获得绿色食品认证4个，获得有机农产品认证4个。

【落实惠农补贴政策】2021年发放耕地地力保护补贴909.4万元，涉及农户14645户；发放种粮一次性补贴72.8万元，涉及农户12596户；发放淡季蔬菜种植补贴154.7万元，涉及农户886户；向全县建档立卡脱贫户和监测帮扶对象中非建档立卡脱贫户发放发展产业奖励819.8万元，涉及8198户。

【河（湖）长制工作】严格落实河湖长制工作，持续开展河长巡河行动，2021年以来，联合执法部门开展巡查108次，出动执法人员317人次，车辆123辆次。查处水事违法行为14起，累计执行到案款20.53万元。开展了两次河湖保护"净滩"志愿活动，进一步增进全民保护河湖的意识和责任感，积极营造"真爱河湖"的良好社会氛围。对全县380名河湖管护员开展年度培训，提升河湖管护水平。

【农村实用人才队伍建设】大力培养新型职业农民，不断壮大乡村振兴主体队伍，组织开展高素质农民培训10期，共培训500人。通过充分运用人才管理办法，激发各类农村实用人才在乡村振兴和海南自由贸易港建设中的干事创业热情。13名农村实用人才被评为"全县第二届优秀人才"，3位农民被评为"海南省第二届农村实用人才”。

（农业农村局 符龙娟）

特色产品选介

【打安五脚猪】五脚猪，又名香猪，为家猪与野猪的杂交品种，这是当地人民对本地原种猪的称呼。因其喜欢在野外到处拱土觅食，走起路来嘴巴贴着地，嘴不离土，从其后方看就像有五只脚，因此称之为“五脚猪”。打安五脚猪多采用散养方式，以牧草、灌木杂草、农作物副产品（秸秆）等为主要饲料，其个体不大，脚短小，重量轻，嘴尖且长，具有皮厚油少、瘦肉率高、肉质结实、鲜嫩爽口、味道芳香的特点。打安五脚猪以其优良的品质享誉省内外。

【大岭居牛油果】早在20世纪50年代初期，牛油果就已“落户”白沙黎族自治县大岭农场。白沙黎族自治县属热带季风性气候，高温多雨，光热充足，年平均气温21.9℃~23.4℃，非常适宜种植牛油果。特别是白沙黎族自治县大岭居种植出来的牛油果外皮翠绿，果实大，表皮光滑，肉质如奶油般滑润。大岭居主栽的牛油果品种为哈斯(Hass)，桂垦大2号、桂垦大3号和桂研10号也有少量种植。大岭居牛油果因为产品质量好，受到各地客商的青睐，产品供不应求。

【拥处山兰米】白沙黎族自治县位于热带和亚热带黄金交汇处，是海南生态核心区，得益于得天独厚的自然环境，孕育出独特的黎族珍品粮食——拥处山兰米。拥处山兰米具有独特的米脂芳香，米质软糯清香，米粒颗粒饱满，口感香甜，入口顺滑，细软微黏，冷却后仍能保持良好的口感，在当地极受欢迎。

【龙江红心橙】龙江红心橙于1998年引进种植，经过多年的本土化培育，龙江红心橙已成为白沙黎族自治县特色产业之一。白沙黎族自治县土壤肥沃，空气湿润，阳光充足，出产的龙江红心橙品质优良，果实饱满、色泽碧润、皮薄多汁、肉质柔软、香甜可口，含糖量高达18%~21%。与普通的橙子比起来，其纤维更纤细，果肉口感更好，果肉橙红，是橙类产品中难得一见的佳品。

【元门地瓜】元门地瓜始种于白沙黎族自治县元门乡，至今已有280多年的历史，是海南本土最原始的地瓜品种。由于白沙黎族自治县属热带季风性气候，日照长，光热充足；元门乡土壤有机质、碱解氮等含量高于其他土地，拥有地瓜种植的绝佳条件。元门地瓜个头细长小巧，煮熟色泽鲜美，口感清香，甘甜多粉，吃起来甜而不腻，深受市场欢迎。2018年4月，元门地瓜被端上了博鳌亚洲论坛年会宴会餐桌，并受到参会嘉宾的一致好评。

【白沙陨石坑咖啡】白沙黎族自治县具有悠久的咖啡种植历史，早在1982年，白沙农场农户就开始种植咖啡，经过40年的发展，种植范围已发展到陨石坑周边的元门乡、细水乡、牙叉镇等乡镇，规模达3500亩以上，年产量500吨，年产值超过900万元。白沙陨石坑咖啡因产自白沙黎族自治县陨石坑而得名。因陨石坑附近土壤肥沃，自然环境优良，富含矿物质，非常有利于咖啡生长，其产出的白沙陨石坑咖啡味道香浓，口感好，有着天然的奶香味和巧克力香味，其间还夹杂着淡淡的果酸。白沙陨石坑咖啡豆多年来是各大咖啡生产企业竞相收购的上等品。

【白沙陨石坑绿茶、白沙陨石坑红茶】白沙陨石坑绿茶、白沙陨石坑红茶因产自白沙陨石坑而得名。白沙陨石坑为距今约70万年前一颗小行星坠落此处爆炸而成，陨石本身所含各种矿物质渗透于这一片区的土壤之中，茶区土壤总计已测出矿物质达50多种。优良的地理环境造就了白沙陨石坑绿茶、白沙陨石坑红茶独特的品质。白沙陨石坑绿茶外形条索紧结、细直、匀整，色泽绿润有光，香气清高持久，且其茶汤色黄绿明亮，饮后回甘留芳；白沙陨石坑红茶经“萎凋、揉捻、发酵、干燥”等工艺过程精制而成，外形条索紧实，色泽乌黑油润、内质汤色红亮、香气高而持久、滋味浓厚甘醇。其均因品质上乘、知名度高而畅销全国各地。

【荣邦乡百香果】荣邦乡位于白沙黎族自治县西北端，这里高温多雨，光热充足，干湿季节明显，与全球百香果发源地巴西在年均温度、降雨量与光照时长方面相似，荣邦乡出产的百香果果皮亮泽，果肉饱满易爆浆，风味浓郁，芳香怡人。荣邦乡已成为海南百香果产业核心区，是全海南最大的百香果种植基地，专注精品果的荣邦乡百香果早已名声大噪。

【细水裸花紫珠】裸花紫珠为马鞭草科紫珠属植物，具消炎、解毒、收敛、止血功能。2008年，细水乡就开始引种裸花紫珠，近年来，细水乡裸花紫珠产业得到迅猛的发展，目前，细水裸花紫珠种植面积已超万亩。裸花紫珠喜水、喜阳光，细水乡的自然条件尤其适合种植，该地以山地为主，日照长，光热充足，土壤为风化石土地，受热均匀，渗水快，在此种植的裸花紫珠含药量高、质量优。细水裸花紫珠几乎年年供不应求。

【细水蜂蜜】白沙黎族自治县花草资源丰富无污染，蜜源供给充足，具有得天独厚的优质蜂产品资源，产出的细水蜂蜜口感清香浓郁，有百花之香，色泽深，在摄氏13度以下结晶后为黏稠的淡黄色，富含有多种能被人体直接吸收的微量元素，被誉为“蜜之珍品”。

【打安兰花】打安镇地处白沙黎族自治县中北部，地理位置优越，年均气温22.6-23.9℃，年均降雨量1760.9mm，雨量充沛，水质优良，光热资源丰富，整个区域山清水秀，自然生态环境优美，适合发展兰花产业，发展绿色食品有着得天独厚的条件。打安镇依托本地特色资源优势，自2018年9月，在省人大常委会副主任关进平的关怀指导下，创建了占地面积48亩的长岭村兰花种植示范基地，首次引进了兰花产业项目。立足省委的产业发展方向，实施乡村振兴战略为重要抓手，围绕白沙中部山区的实际，打安镇精心谋划了兰花产业发展之路，建设了13个标准兰花平顶荫棚及道路硬化、挡土墙、基地办公室、仓库、蓄水池等相关配套设施。

为打造“一镇一品”特色产业，有效促进农户增收，将兰花种植产业化、规模化、品牌化。在县委县政府的大力支持下，目前已建成104.44亩兰花种植示范基地，其中长岭兰花种植示范基地48亩，合水村兰花种植示范基地56.44亩。打安兰花品种主要为文心兰和石斛兰，品系分别为：柠檬绿、黄金三号、黄金天使、迷你石斛兰等品种。兰花项目采取“政府+党支部+合作社+公司+农户”的发展模式，通过党支部引领、党员带动、公司管理、农户参与的方式，促进产业振兴大力推动兰花种植发展，共计种植了大约58多万株兰花。截止2022年12月25日，累计销售金额320万余元，累计分红达112.1万元，其中2019年分红20万元，2020年分红26.4万元，2021年分红30.1万元，2022年35.6万元，惠及脱贫户796户3388人。同时，通过雇佣当地邻近农户参与兰花基地日常管理，吸引返乡大学生8人到基地就业，培育兰花种植人才，带动27名劳动力稳定就业，培养了22名大棚管理技术员，其中15名脱贫户。基地设施建设总用工量为6400余人次，每年切花及分苗等工作，吸纳农户2500人次以上到兰花基地务工，发放务工补贴累计150万余元，有效带动合水、打安等当地农户临近就业，促进农民增收，壮大村集体经济。

打安兰花作为乡村振兴产业兴旺的重要突破口，全力打造“一镇一品”兰花特色小镇建设，大力发展乡村特色产业。以长岭、合水村104.44亩兰花产业基地为核心点，通过以点带面的方式，逐步扩大兰花产业种植基地规模至500亩以上，将打安、合水、南达、田表、福妥、子雅、朝安等村庄连成一片，打造“宜居宜业宜游”的特色兰花产业小镇总体规划布局。辐射带动周边更多农户发展兰花庭院经济，促进农民持续增收，做大做强兰花特色产业，完善基础设施建设，建立科学、高效组织管理体制与运行机制，强化兰花基地日常管理，打造成经济效益高、辐射带动能力强、市场前景好的优质品牌产业，不断提升品牌市场竞争力，助推乡村振兴提质增效，发展成为白沙县乃至海南省特色产业的一张靓丽新名片。

【打金凤梨】白沙黎族自治县种植菠萝类产品历史悠久，早年种植的金菠萝声名在外。如今的打金凤梨，也备受市场好评。打金凤梨品种主要有芒果凤梨、金钻凤梨、手撕凤梨等。由于白沙黎族自治县日照长，光热充足，降水充沛，产出的打金凤梨品相好，甜度高，味道鲜美，果肉肥厚，富含维生素、纤维素、蛋白质等多种微量元素，深受消费者喜爱。打金凤梨主要销往北京、上海、广州等岛外各大城市。

【细水山茶油】油茶是世界四大木本油料植物。细水乡于1964年开始在福门村委会种植山油茶，经多年发展，现细水山油茶种植面积达1500亩，得益于细水乡优越的地理和气候条件，细水的山油茶质地上乘，其油茶籽经加工后的细水山茶油品质纯净，色清味香，不饱和脂肪酸含量高，营养极其丰富。山茶油现已成为细水乡的特色产业。

【打炳益智】益智是姜科多年生草本植物，海南岛特产的四大南药之一，喜生于林下阴湿处，具有温脾、暖肾、固气之功效。青松乡地处霸王岭东部山区，土质肥沃，非常适合益智生长。早在20世纪70年代，青松乡打炳村就有村民从山上移植益智种植，经多年的发展，打炳益智的种植面积已超1万亩，因其品质优、药性好的特点广受好评。

【细水竹笋】细水竹笋分为四季竹笋和麻笋两种，是竹的幼芽。白沙黎族自治县属热带季风性气候，日照长，光热充足，具有热带山区气候特征，产出的细水竹笋鲜嫩多汁，味甘。细水竹笋可直接食用，也可通过煮烫晒、腌制等简单处理，加工成细水竹笋干、酸笋、笋丝等产品，远销海内外，深受广大消费者的喜爱。

种植业

【持续优化产业结构】围绕稳胶扩茶扩药创特色发展思路，成功培育“两个万亩，六个千亩”特色产业种植面积超20万亩。其中橡胶种植104万亩、南药14.89万亩（益智6.62万亩、牛大力0.12万亩、裸花紫珠1.36万亩、槟榔6.79万亩）、茶1.02万亩、红心橙0.75万亩、百香果0.27万亩、咖啡0.35万亩、山兰稻0.39万亩、凤梨0.11万亩、地瓜0.2万亩。

【生态农业治理】持续加大农业面源污染治理力度，创建3个绿色防控示范区、1个化肥减量示范区、1个水肥一体化示范区，有效完成省下达的化肥、农药减量3%的目标。同时，建立完善农药化肥包装废弃物回收处理机制，共回收农药包装废弃物1.7吨。农用地膜回收处置任务20吨，完成21.4吨。实施牙叉镇和元门乡4000亩旱稻田秸秆机械化粉碎还田实验和示范推广，建立起可持续的水稻秸秆综合利用长效机制，全县秸秆腐熟还田覆盖土地面积2.8万亩，土壤肥力明显改善，秸秆综合利用率达87.1%，受污染耕地安全利用率达90%。

（农业农村局 符龙娟）

【橡胶产业发展概况】2021年，全县橡胶于4月6日开割，比2020年提前45天，全县橡胶开割面积52.7万亩，同比增加12.85万亩，割胶胶农约2.2万户，同比增加0.4万户。截至2021年年底，全县累计民营生产干胶3.933万吨，产值约4.577亿元，平均干胶价格11.64元/公斤，干胶总产量比2020年增加40.4%，平均亩产增加4.64公斤，平均干胶价格增加0.13元。

【白沙橡胶销售大数据平台建设】在县邮政储蓄银行的大力支持下，建成橡胶销售大数据平台。2021年9月1日开始，在该平台实行转账支付，为胶商和胶农带来便利，为橡胶两项保险的赔付和两项奖励的发放提供了数据支撑。以平台沉淀的数据形成的白沙民营橡胶生产数据分析报告——《一棵橡胶树的革命》，于5月14日作为2021年数字农业农村新技术新产品新模式优秀案例向社会推介。

【实施销售鲜乳胶两项奖励】2021年，全县共向12003户胶农发放割胶生产奖励1178.43万元，向20526户胶农发放鲜乳胶销售奖励1254.88万元，共计

2433.31万元。

【举办全省割胶技能竞赛】 2021年9月15日，在县电子商务产业园成功举办以“坚守初心.强胶有我”为主题的海南省第五届割胶技能竞赛，打安镇陆圣霞荣获二等奖，南开乡符海花、牙叉镇周丽桃获优秀奖，同时，陆圣霞被省农业农村厅推荐参加全国割胶竞赛，在第四届全国农业行业职业技能大赛中获第34名。

【橡胶产业项目实施】 2021年，投入中央资金150万元，主要用于白沙浦棉橡胶有限公司购置6台离心机和15立方米的液氨储罐，提升了地方乳胶加工产能。县政府向白沙浦棉橡胶有限公司投入2000万元以增加0.4万吨干胶储备能力，在解决乳胶销售难问题的同时，增强了企业市场竞争力。

【高标准农田建设项目实施】 2月26日，经县人民政府同意，橡胶产业发展中心作为2021年农田建设项目的法人，承担2021年农田建设项目实施工作。2021年财政资金高标准农田建设项目（5000亩），总投资1741.7万元。工程建安费1370.93万元。项目地址在红旗洋、朝供洋、照明洋、光村洋；2021年财政资金高标准农田补建项目（6000亩），总投资2102.773万元。工程建安费1802.279万元。项目地址在阜老洋、南达洋、打腰洋、高地洋、益条洋。

（县橡胶产业发展中心 管琼林）

畜牧业

【概况】 2021年以来，在县委、县政府和省农业农村厅的正确领导下，紧紧围绕畜牧兽医和渔业服务中心工作以保供给、保生态、促发展、惠民生为出发点和落脚点，以农业供给侧改革为抓手，按照稳中求进、进中求变的思路，积极推进畜牧渔业工作。据统计，2021年全县生猪存栏6.1951万头，出栏8.697万头；牛存栏0.9443万头，出栏0.3799万头；羊存栏1.6945万只，出栏1.4881万只；家禽存栏47.8678万只（其中鸡42.6701万只），出栏118.9093万只（其中鸡出栏95.5446万只）；受非洲猪瘟防控影响，2021年生猪出栏，存栏同比下降；肉猪出栏价同比下降，家禽出栏同比上升，牛出栏同比下降。肉类总产量9983.86吨（其中：猪肉7166.98吨；牛羊肉分别为357.68吨和218.42吨；家禽2240.78吨）；全县渔业水产面积为1428公顷，截至2021年年底，渔业产量为965吨，捕捞量为138吨。

【养殖专业户建设】 2021年，全县有12个年出栏500头以上的生猪规模养殖场，有2家常年存栏200头以上养牛场，有3家存栏200只养羊场；有2家年出栏5000只以上肉鸡场，有3家蛋鸡场。全县有372户养殖专业户生猪年出栏50头以上372户，有212户养殖专业户牛年存栏10头以上；有325户养殖专业户羊存栏10头以上。

【畜禽养殖粪污综合利用及防治宣传】 2021年以来，县畜牧兽医和渔业服务中心积极开展畜禽养殖粪污综合利用及环境污染保护工作，通过宣传培训、排查巡查及科技活动月等方式，广泛向养殖户宣传畜牧业环境保护的重要意义。组织培训粪污治理和资源化利用技术培训和宣传5次，参训人数156人次，发放《畜牧业相关法律法规》宣传册156份。通过加大对养殖户的宣传和培训力度，养殖户增强了环境保护意识。

【渔业养殖清退】 2021年，县畜牧兽医和渔业服务中心坚持依法依规、分类处置的原则，有序开展禁养区内渔业清退工作。对全县水源地展开全面调查，特别是对水库水产养殖进行排查。累计对全县11家水库水产养殖户开展排查清退工作，截至2021年年底，完成了2290亩水库水产养殖清退工作，清退率100%。

【畜禽养殖废弃物资源化利用】 为确保养殖废弃物综合利用及生态保护协调发展，全县完成21家规模养殖场废弃物的综合利用。通过对规模养殖场粪污处理进行配套扶持改造，加强畜禽养殖防治，强化畜禽养殖监管，全面推进养殖场废弃物资源的利用和标准化生产。全县规模养殖场已全部完成粪污资源化利用的相关设施配套。全县畜禽粪污综合

2021 年 9 月，县畜牧兽医和渔业服务中心组织开展水产养殖技术培训。图为水产养殖技术培训现场 （容朝明 供图）

2021 年 6 月，县畜牧兽医和渔业服务中心组织开展水产品检测工作。图为水产品检测抽样现场

利用率为 90.64%。

【重点项目建设】县城生猪定点屠宰厂建设项目。县城生猪定点屠宰厂是县民生重点项目，项目计划投资 3409.93 万元，用地面积 26.07 亩，总建筑面积 6230.91 平方米，负责县城、细水乡、元门乡居民生猪肉品的供应，项目规划日屠宰生猪 200 头、肉牛 10 头、羊 50 只。于 2019 年 11 月底开工建设，2020 年 3 月开始复工，到 2021 年年底工程已完成主体工程的 97%。县粪污处理设施建设项目。为确保养殖废弃物综合利用及生态保护协调发展，投入财政扶持资金 225 万元用于畜禽养殖场粪污综合利用改造项目建设，扶持宏业养猪场、陈家生养殖场、王选养猪场、罗宝养猪场、打安佛面山种养专业合作社 5 家养猪场进行养殖废弃物综合利用设施改造，截至 2021 年 12 月，已完成工程进度的 90%。

渔 业

【概况】2021 年，全县渔业水产养殖面积为 1428 公顷，渔业产量为 965 吨，捕捞量为 138 吨。

【水产品采样检测】2021 年，县畜牧兽医和渔业服务中心做好水产品采样抽样工作，全年开展现场检查 45 次。主要对牙叉镇、七坊镇和龙江农场所辖境内的养殖大户进行检查，在检查过程中没有发现使用违规药物的情况，也并未发现其他违规养殖的情况，合格率达 100%。

【渔业实用技术推广】2021 年，县畜牧兽医和渔业服务中心积极开展渔业实用技术推广，帮助养殖户提高养殖技术水平。通过举办培训、现场指导等多种形式，促进养殖水平提高。实行进村入户宣传指导。组织人员深入农户进行宣传指导，给农户传递市场信息，传授安全养殖技术和日常生产管理方式，与农户座谈和交流。开办培训班。结合特色养殖工作，开办培训班，于 9 月 29 日举办白沙黎族自治县 2021 年水产品质量安全病害防控暨水产养殖技术培训班，邀请有关专家共同参与活动，开

2021 年，白沙组织开展森林防火应急培训演练　（陈　凌　供图）

2021 年，南开乡森林风光　（陈　凌　供图）

2021 年 3 月 18 日，白沙开展义务植树活动　（陈　凌　供图）

展养殖现场指导，给养殖户现场传授安全养殖技术和日常管理方法，提高技术水平和生产管理水平。共组织 11 个乡镇、9 个农场的水产养殖从业人员、技术人员和扶贫对象 57 人参加培训。

【落实《养殖水域滩涂规划》】 2021 年，对全县水源地展开全面调查，特别是对水库水产养殖进行排查。对全县 11 家水库水产养殖户进行排查清退，完成 11 家 2290 亩水库水产养殖清退工作。

（县畜牧兽医和渔业服务中心
容朝明）

林　业

【工作机构】 县林业局行政编制 9 人，其中：设局长 1 名，副局长 2 名。内设办公室、生态保护修复岗、森林资源和湿地保护管理岗、生态公益林管理岗、林业改革发展岗、森林防护与植物检疫岗。

【概况】 白沙黎族自治县委、县政府不断加大对生态环境保护力度，狠抓植树造林，严厉打击破坏生态环境的不法行为，使白沙黎族自治县的森林资源得到较好的保护和迅速发展，根据第三次森林资源二类调查成果，全县森林面积达 261.9 万亩，森林覆盖率达 81.98%，其中天然林 109.3 万亩，人工林保护现状存在的问题立行立改。

【野生动物保护】县林业局联合有关部门开展了“平安建设行动”和“清风行动”，对非法出售、运输野生动植物等违法活动进行联合执法检查，有效预防了非法出售、运输野生动植物等违法案件的发生。全年共清缴铁夹105个、猎套35个、铁夹板41个、铁笼1个。2021年白沙无重特大案件发生。在野生动物救治方面，全年协同移送猕猴2只、蟒蛇2只、猫头鹰1只、画眉鸟1只至省野生动物救助中心进行救助。

【公益林管护】县林业局管护的公益林面积共63.16万亩，在白沙黎族自治县范围内招聘了254名管护人员，使每个山头地块都有人看护监管。利用卫星遥感监测技术和手机App巡护系统，提升管护效率，规范护林员的巡护工作。完成白沙公益林优化工作。

【落实森林生态效益直补政策】2021年生态效益直补涉及白沙8个乡镇的46个行政村268个村民小组。共向56002人发放3343.18万元(其中：脱贫户22505人,金额1346.83万元)。通过加大生态效益直补，提高广大农民群众保护生态积极性，促进农民持续增收。

【巡林工作】根据白沙森林资源分布状况，白沙共设立了县、乡、村三级林长185名（其中县级林长15名，乡级林长56名、村级林长114名）。2021

县林业局检查非法出售野生动植物等违法活动

152.6万亩，活立木总蓄积量达到1950万立方米，实现了森林面积、蓄积量的较大增长，是海南省典型的热带季雨林区和生物富集区，被誉为不可多得的动植物物种基因库，是海南森林资源保护较好、森林覆盖率较高的市县之一。

【森林防火】2021年，全县没有发生森林火灾，森林防火工作总体控制良好。启动了白沙黎族自治县第一次全国森林火灾风险普查工作，并开展了林区输配电设施火灾隐患专项排查整治和安全生产大排查行动。

【森林植物病虫害监测】县林业局进一步加强了产地检疫、调运检疫和执法工作，重点加强对调运林木种子、苗木和繁殖材料的检疫力度。同时，加强对椰心叶甲、椰子织蛾、松材线虫病等虫害及金钟藤、薇甘菊等有害植物的防治。2021年度全县“四率”成灾率为0，无公害防治率达100%，种苗产地检疫率达到100%，未发现松材线虫病等新传入检疫对象。

【造林绿化】2021年白沙黎族自治县的任务7000亩（指令性计划任务4500亩，指导性计划任务2500亩）。完成造林面积7373.61亩(含迹地更新)，其中老残林更新造林735亩，四边复绿造林350亩（含四旁零星植树1245株，折合面积约44亩），采伐迹地更新造林6288.61亩。完成花卉扩种300亩的任务。白沙黎族自治县发动党员干部群众踊跃参与义务植树约1.9万人次，义务植树造林20万株（含造林地块折算株数）。

【特定林木管护】县林业局完成2021年度特定林木考核工作。同时，组织开展古树名木整改行动，对白沙黎族自治县302株古树名木保护现状进行全面排查，并结合白沙黎族自治县实际情况制定整改措施，对年县级林长巡林16次，18个乡镇级林长巡林3562次，其中乡镇级林长巡林746次，村级林长巡林2816次，有效保护了白沙的森林资源。

【严厉打击毁林专项行动】县林业局聘请第三方对2021年省林长办下发白沙的1736个2013—2017年打击毁林疑似违法图斑进行全面排查复核，共核实打击毁林专项行动违法图斑301个，上报国家系统违法图斑85个，已完成85个图斑的查处及销号，申请销号比例100%；白沙自行整改的违法图斑有216个,已全部完成整改,整改完成率100%。

【督查违法图斑整改】2018—2020年白沙黎族自治县森林督查违法图斑共计59宗（其中2018年17宗，2019年28宗，2020年14宗），没有挂牌督办案件。在多部门的配合下，已全部完成整改，完成整改图斑，已向省林长办申请销号，销号完成率100%。

【森林督查】2021年省下发森林督查判读图斑529个，图斑判读面积1734.8677公顷。违法违规改变林地用途或采伐林木图斑35宗，面积31.4公顷。其中违法违规改变林地用途图斑13宗，面积13.6484公顷；无证采伐林木图斑22宗，面积17.7516公顷。35个违法违规图斑已全部移交县综合执法局进行查处。

【脱贫攻坚】县林业局安排有责任感、工作能力强的29名工作人员作为定点帮扶打安镇可程村66户脱贫户的帮扶联系人，并选派工作经验丰富、作风扎实的3人担任脱贫攻坚中队及乡村振兴驻村工作队队员。重点联系帮扶挂钩点可程村，扎实开展帮扶工作，帮助其解决实际困难，开展节日慰问，配合开展巩固脱贫成果大排查和防返贫动态监测工作，进一步提升脱贫户的满意度。

（林业局　陈　凌）

2021年2月，县畜牧兽医和渔业服务中心对疑似感染牛结节性皮肤病的牛进行采样

（林明江　供图）

动物疫病防控

【牛结节性皮肤病防控】2019年在新疆首次报告牛结节性皮肤病，之后在我国各地传播。2021年2月，在打安镇首次报告牛结节性皮肤病，在七坊镇、邦溪镇均有报告。该病主要通过蚊虫等传播病毒，严重损害牛的体表皮肤，影响牛皮的加工和销售。为及时有效防控牛结节性皮肤病，县畜牧兽医和渔业服务中心组织乡镇兽医工作人员对全县牛只进行排查，发现皮肤出现多发性结节、结痂等牛结节性皮肤病临床症状的活牛，立即将其隔离，限制病牛及同群牛移动，并采样送检；发放羊痘疫苗7万头（份），共免疫8911头牛；每月对辖区内的牛存栏情况及健康状况进行定期排查。

【布鲁氏菌病防控】2017年起，海南省布鲁氏菌病疫情报告数逐渐增多，以东方市为聚集区，向海南省各地辐射，涉及羊、牛、猪等易感动物，但以羊为主。2021年4月，县畜牧兽医和渔业服务中心对全县86户养殖户进行布鲁氏菌病监测，涉及种猪、牛、羊，2021年6月，检测出荣邦乡和邦溪镇羊感染布鲁氏菌病，扑杀共计94头黑山羊。

【其他重大动物疫病防控】2021年，县畜牧兽医和渔业服务中心压实重大动物疫病防控工作，建立健全县、乡、村三级动物防疫监督网络体系，2月印发《2020年动物疫病强制免疫计划实施方案》，开展口蹄疫、高致病性禽流感、小反刍兽疫强制免疫工作，发动全县113名村级动物防疫员及时投放动物疫苗，开展春秋防动物疫病免疫工作。全年累计完成免疫猪口蹄疫14.3320万头、牛口蹄疫1.8059万头；羊口蹄疫3.7414万头。免疫羊小反刍兽疫3.6991万头、鸡禽流感（H5+H7）98.2841万只、鸭禽流感（H5+H7）15.8471万只、鹅禽流感（H5+H7）2.4093万只。

【畜禽产品质量安全监测】2021年，县畜牧兽医和渔业服务中心加强对饲料及畜禽产品的质量安全抽样检测工作，完成饲料产品质量安全抽样工作，共计6份，并按时上送，经省兽药饲料监察所检验，样品全部合格，无任何违禁药物及添加剂添加。完成畜禽产品质量安全抽样共计20份，并按时上送检测，合格率100%。

【动物检疫】2021年全县开展生猪产地检疫5.7201万头、牛1.357万头、禽8.6034万只；生猪屠宰检疫4.2231万头、牛屠宰检疫0.1930万头，检出病害猪0.0128万头，无害化处理猪0.0128万头；屠宰环节“瘦肉精”检测，共抽样检测1216份，检测结果全部阴性；屠宰环节“旋毛虫”检测，共抽样检测562份，检测结果全部阴性。

（县动物疫病预防控制中心 林明江）

农业科技推广服务

【概况】白沙黎族自治县农业技术与机械服务中心（以下简称“县农技中心”）是隶属农业农村局的正科级事业单位。2021年，有编制23人，实际在岗21人；设主任1名，副主任2名。内设办公室、农技推广岗、土壤肥料岗、植保岗、种子管理岗、农业科研岗、农村能源岗、农机监理岗、农机培训与推广岗。

【农业产业建设】2021年，县农技中心加强产业建设，夯实农业科技工作基础，推进农业科技工作优化发展。开展基层体系改革与建设补助项目工作，创建农业科技试验示范基地2个（其中：在邦溪镇草头村创建160亩菠萝蜜示范展示基地，发放微生物有机肥38吨、安装太阳能杀虫灯4台；在牙叉镇营盘村海旺创建150亩槟榔示范展示基地，发放微生物有机肥38.6吨、安装太阳能杀虫灯4台），已竖立展示标牌。加强农业科技培训工作力度，推进农业技术实用化。2021年县农技中心共开展培训19期，培训1260人。其中，开展槟榔实用技术培训3期，培训人数216人；举办橡胶实用技术培训2期，培训149人；举办腐熟剂使用技术培训2期，培训149人；举办红火蚁防控技术培训2期，培训79人；举办秸秆禁烧和综合利用现场观摩会1期，培训48人；举办白沙瓜菜种植、创新及农药使用技术培训3期，培训199人；举办农药化肥减量增效及秸秆综合利用培训2期，培训135人；举办农药化肥减量增效及农作物栽培技术培训班2期，培训150人。农业先进适用技术推广应用情况。主要推广栽培技术、绿茶槟榔栽培技术、菠萝蜜栽培技术、绿色防控技术、增施有机肥技术等5项技术，推广到位率100%。农技推广队伍能力提升情况。2021年10月11—15日和11月22—27日，37名农技人员在海南大学继续教育培训学院集中培训。农技推广信息化建设情况。指导102名技术指导员通过安装使用中国农技推广App，使用率达87.25%，每月填报2条有效农业信息，实现网络化、推广服务信息化、工作考核电子化。创建白沙黎族自治县综合中心苗圃。县农业技术与机械服务中心计划在牙港上村建立白沙现代农业技术示范园项目320亩，承担全县新品种的引进、示范、繁殖、推广工作，白沙农场集团及牙叉镇政府对科技园面上的附属物进行清点及登记造册。

【地力提升化肥减量增效和秸秆综合利用】2021年，县农技中心抓好耕地地力提升和化肥减量增效、秸秆综合利用工作，促进农业增效、农民增收。耕地地力提升和化肥减量增效、秸秆综合利用工作。2021年县农技中心向珠碧江流域及白沙14个饮水取水点周边村庄和种植大户发放生物有机肥916吨、秸秆腐熟剂65吨（主要用于水稻秸秆腐熟还田），向全县11个乡镇发放30台秸秆粉碎机（大的乡镇3台、小的乡镇2台，主要用于相对较大的玉米、木薯等秸秆粉碎还田）。受污染耕地修复工作。根据白沙耕地土壤环境质量类别划分成果及安全利用类耕地土地利用现状核查成果，全县安全利用类耕地面积为4130亩，其中采取耕作制度调整等措施完成安全利用耕地2767.6亩，剩余1362.5亩耕地需采取农艺调控类安全利用措施。2021年12月，完成1362.5亩耕地安全利用任务，完成率100%。建设县县级地力监测点。县农技中心按照海南省要求，在打安镇打柄坡田洋设立一个县级地力监测点。测土配方手机数据平台的建设及耕地地力评价工作。2021年县农技中心在野外采样320个土壤样品，化验分析2240项次，结合2019年、2020年及2021年的采样分析结果对白沙耕地地力进行评价，已完成所有工作并汇编出《白沙黎族自治县2021年耕地地力评价报告》，对今后白沙指导农业生产奠定了坚实基础。农业废弃物回收处理及农业废弃物回收点建设工作。2021年省下达白沙农膜回收任务20吨，实际回收26.70吨。农药包装物回收处理任务5.9吨，实际回收2.3吨，运往天明公司进行无害化处理，余下3.6吨通过垃圾分类进行填埋处理。2021年县农技中心完成农业废弃物回收点10个并投入使用。其中，在牙叉镇3个、七坊镇1个、打安镇1个、金波乡2个、元门乡2个、细水乡1个。

【病虫害监测防控】2021年，县农技中心技术员积极深入各乡镇田间地头进行农作物病虫害调查、测报和防治工作，通过绿色防控，确保农作物健康发展。防寒御寒。在打安镇福妥村妥老村辣椒基地、细水乡福门村银板栗南瓜基地、细水乡罗任村南瓜朝天椒基地、白水港村朝天椒基地、金波乡牙加村辣椒基地、牙叉镇对俄村辣椒基地指导农户做好农作物防寒御寒措施，发放农药药剂0.093吨，冬季瓜菜防寒防病明白纸80份，防治面积2380亩。农作物病虫害防治。根据调查，全县全年水稻病虫害发生面积9437.09亩，主要发生病虫害：稻瘟病、稻飞虱、白叶枯病、稻纵卷叶螟等。防治面积9437.09亩（其中利用无人机在牙叉镇、打安镇等田洋进行防治，面积8527.09亩），发放药剂人工防治面积910亩，防治效果达88%以上。草地贪夜蛾监测与防治。根据调查，牙叉镇、金波乡、细水乡、元门乡、七坊镇、邦溪镇、青松乡、打安镇共普查面积2050亩，草地贪夜蛾病虫害发生面积1215亩，防治面积1215亩，防治效果达90%以上。红火蚁监测与防治。监测红火蚁经常发生地点，在牙叉镇牙港村那凡村、牙叉镇营盘村田洋、县文化公园、打安镇、阜龙乡、邦溪镇等地定点监测。2021年，全县普查面积4650亩，发生面积2015亩。根据普查、发生情况，农技中心技术员及时深入红火蚁发生地点，积极组织防治队伍，实地指导科学撒药防治，防治面积2015亩。开展红火蚁监测与防控技术培训工作。在牙叉镇牙港村那凡村、县文化公园举办2期红火蚁现场培训班，参加培训人数共82人，发放宣传资料100份，张贴宣传海报200份，发放防治药剂0.1吨。通过开展红火蚁监测与防控技术培训，进一步提高农民对红火蚁识别与防控防治技术水平。开展绿色防控。在牙叉镇五里路有机茶园、打安镇朝安村委会可情村菠萝蜜基地、邦溪镇南牙村燕窝果基地、牙叉镇海燕槟榔园等安装太阳能杀虫灯35台，防治面积875亩，发放黄篮板8000片，防治面积320亩。病虫测报工作。2021年发布病虫情报3期，暴雨天气后技术服务明白卡1期，瓜菜低温防寒技术指导1期。

【科技信息便民服务】2021年，县农技中心在充分发挥科技服务优势，狠抓科技服务工作。建立数据库信息平台，做好信息发布工作。在“海南农技通”微信公众号平台发布各个乡镇土壤地块养分、田洋配方、地块配方和土壤配方计算等信息，为广大群众提供土壤信息参考。利用农业现代信息平台做好信息发布工作。技术指导员通过安装使用中国农技推广App，每月填报有效农业信息，实现网络化、推广服务信息化、工作考核电子化，并利用信息平台发布农情信息。

【水稻品种调查】2021年，县农技中心开展水稻品种调查和备案工作。对全县25家不分装种子销售点进行现场检查，主要查看营业执照、委托代销合同、种子购销凭证，以及销售不分装种子的标签、使用说明、二维码等。通过现场检查,25家不分装种子销售点都符合销售要求。通过现场指导、电话沟通、微信示范操作等方式，指导经销商在手机App上备案或者在电脑上进行备案，自主完成账号注册、信息填报、材料上传、备案提交等，确保网上备案信息全面、真实、准确。

【创建“平安农机”】宣传农机安全，充分利用宣传车的流动作用，深入各个乡镇进行宣传，通过发传单、农机安全宣传T恤、“平安农机进校园”农机安全生产手册等方式，向广大机手、农民积极宣传《农业机械安全监督管理条例》及农机安全生产法律、法规，强化安全意识，认真开展农机安全月活动。健全完善农机安全生产责任制，开展农机安全生产“三项行动”“六个一”部署；强化农机安全隐患排查治理，对无牌、无证、未年检、改装拼装、违法载人、超载行驶、套外省籍的拖拉机进行整治。开展“道路交通安全专项整治三年攻坚战”活动。与公安交警、安监联合在辖区内通过路查路检对全县拖拉机进行执法，共出动执法车辆18次、人员87人次，查处道路交通违法行为45起。组织农机执法人员和公安交警开展为期7天的警农联合执法行动，出动农机执法人员47人次，查处农用车辆17辆，无牌无证驾驶行驶、违章载人、超载、脱检等违章行为19起，教育机手17人。举办农机驾驶考试。2021年举办拖拉机联合收割机驾驶员考试4期，共176人，合格169人、6人未参加考试、1人未通过、合格率96%。开展第20个安全生产月“6·16”宣传咨询日活动，接受群众安全生产咨询35人次、发放安全生产宣传手册200份、宣传广告衫200件、宣传广告袋200个。提高拖拉机的检验率和检验质量。严格按照章程落实农机年检工作，提高检审质量。2021年共年检拖拉机264台，年检率37.03%。在检验工作中，主动做好服务工作，农机监理员下村到户，将检验通知、宣传材料送到机手手中，并帮助机手做好拖拉机的维修保养工作。

【农业科研】林下养殖“生态循环养殖模式”。通过自产鲜木薯切条→发酵→喂养生猪及草鸭→粪便还田的模式，减少生猪及草鸭发病率，进一步加快木薯饲料化发展，确保农民稳定收入。2021年推广种养殖技术，出售商品猪三批次，共计42只，累计收益2.4万元。薯类科研项目。开展元门乡福才地瓜产量验收工作，组织技术员到元门乡南训村委会福才村小组福才地瓜基地对福才地瓜进行产量测算工作，本地品种商品薯产量达518公斤/亩；开展木薯产量验收工作，组织技术员到七坊镇龙江农场11队木薯基地进行产量测算工作，分别选取利民、SC1301、SC9等品种进行验收，平均亩产达2.4吨/亩。开展雷公笋高产栽培技术研发工作。雷公笋扦插育种：已完成3次试验，成活率达89%；开展元门乡翁村雷公笋基地雷公笋叶面肥试验，施用果用微量元素水溶肥及溶肥，试验效果较好，采收期可延长1个月以上。南药/经济作物种植情况、栽培措施及肥料试验。2021年对元门乡翁村四队王家政槟榔园进行标准化种植技术推广及肥料试验，经测算，试验区产量平均增加2.5公斤/株，效果较好。开展益智肥料试验测产工作。经长期观察及实地验收，益智施肥区（施用维尔C及农蔬果乐）果穗重量为1.48公斤/株，折合鲜果亩产115公斤/亩，对照区果穗重量为0.83公斤/株，折合鲜果亩产65公斤/亩，亩产增产约为43%，实验效果较为明显。开展山兰稻基地选种工作。对已种的山兰稻的各个品种整个生育期进行观察，已筛选出5个较好的品种。

工业

综述

【概况】白沙黎族自治县共有工业企业33家，其中规模以上企业10家，主要以农林产品加工为主。

【生态、发展双赢战略】加快基础设施建设，创造企业入驻的招商环境，为外来资本投资邦溪农产品产业片区提供产业栖息地，通过错位发展，有效承接省内外的产业梯度转移，迅速做大做强农林产品加工业。按照可持续发展要求，在“点状”开发的条件下，落实生态、发展双赢战略，确保经济与生态环境的和谐发展。

电力工业

【概况】2021年，白沙供电局全力保障电力生产安全，努力提高供电服务质量，2021年最高用电负荷5.7万千瓦，同比增长11.77%；售电量完成2.41亿千瓦时，同比增长6.74%；营业收入1.45亿元，同比增加0.11亿元，同比增长8.39%。安全生产、电网建设、营销服务、乡村振兴等工作成效不断提升，获省级文明单位、县级文明单位称号。

【单位介绍】白沙供电局现有9个机关职能部门，3个二级机构单位，5个供电所（分别为牙叉供电所、元门供电所、打安供电所、七坊供电所、邦溪供电所）。有员工183人，其中党员93人，有15个党支部。有3座110千伏变电站（打安站、南班站、白沙站）、110千伏主变6台，容量共180兆伏安；8座35千伏变电站（牙叉站、元门站、卫星站、七坊站、木棉站、金波站、青松站、邦溪站）、35千伏主变14台，容量共71.85兆伏安。10千伏公用线路53条，线路长度1060.21公里。公用变压器1066台，容量17.321兆伏安；专用变压器637台，容量17.316兆伏安；用电客户数7.11万户；统调最高负荷57兆瓦；累计电网安全运行3680天。

2021年7月14日，邦溪镇蕉农沈元璋为白沙供电局送来感谢信和锦旗，对白沙供电局“特事特办”给蕉农带来的“及时雨”表示感谢　（范远梅　摄）

【安全生产】2021年，白沙供电局加强安全生产管理，安全生产持续保持稳定，未发生电力四级及以上事故，未发生对社会造成重大不良影响的安全事件。大力推进涉电公共安全，防范采摘槟榔触电事件。与县安委办协商制订《白沙黎族自治县涉电公共安全隐患专项整治三年行动实施方案》，发放4万余份宣传资料，出动宣传人员385人次、宣传车辆126辆次，完成全部27处穿越槟榔林区裸导线改造。与乡镇党委共同排查，建立槟榔采摘计划台账，2021年未发生采摘槟榔涉电安全问题。圆满完成建党100周年、高考、“三月三”等保供电任务27次。

【电网建设】2021年，修编完善《白沙黎族自治县“十四五”智能电网规划》，将规划成果纳入县“多规合一”总体规划，让“十四五”智能电网规划有效落地。继续强化电网网架，完成业扩项目计划共4个批次34个项目，总投资600万元，投产率95%，解决了上千客户的用电问题，保障民生可靠用电。大力协助政府推进“碳达峰，碳中和”项目落地，协助县科信局开展公共充电设施电源接入工作，新建公共充电桩接入电源366台。

【营销服务】2021年，白沙供电局狠抓优化营商环境各项措施。累计压缩2517起业扩报装工单办电时长；2021年实现160千伏安以下非居民客户低压接入零成本，共降低客户接火成本37万元；与政府政务平台对接，建立政务数据和电子证照等共享机制，实现简单办电业务“无感报装”。对160千伏安及以下非居民客户低压接入“零成本”，低压用户免费安装电表及故障更换，并帮助高压用户减少投资，免费提供计量箱及带电接火。完成全县排查符合改造范围的20家存量小区10198户的户表改造工作，让住在小区的业主用电做到心中有数。“我为群众办实事”实践活动解决人民群众“急难愁盼”的用电难题47项，蕉农送来感谢信和锦旗。

【队伍建设】2021年，白沙供电局提升队伍素质，不断加强职工队伍建设。推动形成“能者上、庸者下、劣者汰”的导向，干部作风明显改善。注重培养青年人才，连续3年开办“青年夜校”，以多种形式培训青年员工，青年员工素质能力得到较好提升。落实人才培养设施建设，打造过硬一线人才队伍，在五家供电所建设装表接电实训场及低压配电实训场建设，实现一所一场全覆盖。

2021年11月5日，为确保白沙黎族自治县电视转播台在检修期间不间断供电，白沙供电局对10千伏电视台线路开展带电作业

（吴清炳　摄）

【帮扶联系】分别派2名干部在合口村、南达村驻点，确保帮扶点不出现规模性返贫，两人获“优秀帮扶责任人”称号。24名党员干部联动定点帮扶细水乡合口村65名联系户，为其解决思想、生活中存在的问题，确保帮扶联系点不出现规模性返贫，赢得帮扶联系户的认可和信赖。与合口村村委会开展“支部联建”，为其打造农家书屋并赠送书籍1.80万册，助力合口村村委会完善公共文化服务体系，为美丽乡村建设发挥良好的推动作用。继续巩固扶贫增收，为21户扶贫光伏发电用

户现场指导和解决相关光伏发电问题67项，累计接纳分散式上网电量7.8万千瓦时，实现用户收益3.37万元。

（白沙供电局　曾尚谟）

邦溪产业园

【概况】2021年，邦溪农林产品（南药）加工与交易基地管委会围绕“三地两区”战略定位，结合园区实际，对标目标任务，深入开展巩固拓展脱贫攻坚成果工作，稳步推进园区基础设施和项目建设，统筹抓好疫情防控和安全生产，全力提升园区经济水平，不断夯实园区发展各项基础。2021年实现工业总产值1.2亿元，实现税收收入263万元，同比增加固定资产投入1505万元。

【基础设施】2021年，邦溪产业园加快园区基础路网建设。推动了七号路1个在建项目、路网二期工程和支三路工程2个筹备项目的建设进度，其中，七号路已完成竣工验收，支三路和路网二期工程在落实相关前期工作，适时启动建设。

【进驻企业】截至2021年年底，园区规划边界内共进驻企业11家，其中，正常经营的有8家，入园企业涉及酒精生产、木材加工、南药加工、环保颗粒燃料制造、仓储物流等产业，共占地950亩，吸引就业人数约300人。代表企业有白沙南大洋实业有限公司、海南丰沐实业有限公司、海南申洲实业有限公司等。

【招商引资】2021年，邦溪产业园始终立足于园区发展实际，结合海南自贸港建设及白沙绿色崛起需要，有针对性地选择知名企业和实力企业到园区发展现代化产业，努力创建白沙本地知名品牌。一年来，与中洪熙景初农业科技发展（白沙）有限公司、万颂壹（邦溪）鲜活农产品项目公司等意向客商对接洽谈十余次。同时，积极落实项目跟踪服务，当好企业服务的“店小二”，协助企业办理项目建设各项手续、解决建设难题。

邦溪管委会人员到园区调研

【疫情防控】2021年以来，邦溪产业园深入学习领会各级各部门有关常态化疫情防控的重要部署要求，坚决贯彻党中央关于疫情防控各项决策部署，落实“坚定信心、同舟共济、科学防治、精准施策”总要求，统筹做好园区疫情防控工作。在园区管委会和企业的共同努力下，全园企业未出现因防疫原因导致的停工停产现象。邦溪产业园不断要求企业加强履行疫情防控主体责任，按要求做好防疫报备、疫苗接种、核酸检测登记、出入人员管理等工作。一年来，共深入企业排查32次，共排查362人，完成核酸检测预登记272人，累计完成核酸检测590人次，完成疫苗接种270人。

【安全生产】2021年，邦溪产业园区在企业安全管理上，始终坚持“管生产必须管安全”“安全具有否决权”及安全生产“三同步”原则，与园区所有企业签订安全生产责任书，强化企业负责人安全生产主体责任和安全生产意识，通过开展安全隐患排查、“安全生产主题月”活动、召开园区企业防范火灾暨安全生产培训会等，进一步提升企业从业人员防灾、救灾能力。一年来，共开展安全生

邦溪管委会定期组织企业员工开展核酸检测

产防范隐患排查12次、安全生产主题活动4次，召开安全生产培训1次，有效确保了园区安全生产形势总体平稳运行。

【巩固拓展脱贫攻坚成果】2021年，邦溪管委会高度重视定点帮扶联系工作，圆满完成了全年各项帮扶任务。一年来共召开单位帮扶联系工作会议12次，传达有关文件精神，研究部署各项帮扶联系工作，严格按照县、镇有关工作要求，举全委之力不打折扣地完成了各项工作任务。经过精准帮扶，定点帮扶的32户均无返贫现象，小康生活持续向好。全年多次组织干部职工通过爱心扶贫网、县级单位、乡镇组织的消费活动，积极向农户采购新鲜瓜果、禽蛋等农产品，累计爱心消费约2000元，以实际行动支持了农户的农产品销售。一年来，园区管委积极发动企业巩固拓展脱贫攻坚成果，各企业共提供54个务工岗位，用于支付工资等投入约125万元，用实际行动贡献了园区企业力量。

商 贸

综 述

【招商引资项目概况】2021年，积极对接有意向企业，梳理出符合白沙发展项目9个，投资额约31亿元，已报送投委会审议项目，投资额约31亿元，分别为：万颂壹（邦溪）鲜活农产品生产配送基地、国家体育训练南方基地科研医疗康复中心项目、拳击学院项目、麓湖康养综合项目、珍稀菌年产3万吨建设项目、白沙永兴木材加工项目、黎花酒厂项目、海南蓝城·春风源语生态旅游度假庄园项目、白沙青龙山旅游度假村项目、白沙君茂商业广场10个项目。

【社会消费品零售总额】2021年白沙黎族自治县社会消费品零售总额19.2365亿元，增长15.9%。

【贯彻落实超常规措施】认真贯彻落实省委、省政府关于《进一步采取超常规举措确保完成全年经济目标的实施意见》：强化白沙优化营商环境体制机制，出台《白沙黎族自治县人民政府办公室关于印发白沙黎族自治县招商引资优惠政策若干规定的通知》；为更好推进白沙招商引资工作，优化营商服务软环境，印发《白沙黎族自治县人民政府办公室关于成立白沙黎族自治县优化营商环境工作专班的通知》；为组建专业化的招商营商服务队伍，提升白沙团队招商能力和水平，印发《白沙黎族自治县人民政府办公室关于设立白沙黎族自治县招商营商服务专员的通知》。

（县招商营商服务中心　邢意）

【疫情防控】为做好白沙黎族自治县商务领域新冠疫情防控工作，保持白沙“零疫情”发展态势，2021年县商务局联合县疫情防控指挥部、县公安局、县综治执法局、县旅文局、县市场监督管理局，对元门乡、细水乡、打安镇、金波乡进行疫情防控情况督查，发现问题2项，并及时发文督促整改。

【市场体系建设】完成县农产品交易市场情况摸底调查，全县有农贸市场18家。公益性摊位建设工作。截至2021年年底，白沙已建设、投入使用3家公益性农产品批发市场，分别是白沙公益性农产品集散交易中心、白供平价专区农民自产自销街、白沙公益性农产品批发市场（凤凰城）。县商务局与凤凰城商业广场签订合作协议，设立30个摊位作为农民自产自销专区，约定市场责任与义务，县商务局给予30个摊位租金补贴，市场不再收取农民自产自销专区的摊位费。

【商贸流通样本企业统计报送工作】及时督导监测样本企业按时完成日报、周报、月报、季报工作，确保监测数据全部按时报送，特别是元旦、春节等重大节日，及时启动了日报制度跟踪监测，全部数据已按时完成报送。抓好生活必需品保供企业上报商业库存统计情况，及时完成监测数据周报工作。积极配合省商务厅市场供应数据调查工作，在节日和台风入境期间，及时掌握应急商品动态，为加强主要生活必需品的储备和供应提供了数据和应急商品保障，促进了全县生活必需品市场的稳定。

【强化商贸领域管理秩序】加强成品油监管工作。切实加强成品油经营企业经营资格检查工作，做好2021年加油站成品油年审工作。持续优化“商务部业务系统统一平台”数据录入工作，组织县商务系统样本企业信息员、农产品流通系统信息员参加2021年海南省商务系统市场监测业务培训班，进一步提升信息员统计监测和分析工作水平。组织开展诚信兴商活动。2021年县委宣传部、县发改委（商务局）、县金融中心联合开展了“文明诚信经营示范户”表彰仪式，发放宣传折页近百份，利用网络和自媒体解读宣传，积极引导相关企业和个人依法经营、诚信兴商，营造诚信经营环境。

【安全生产】县商务局制订《白沙黎族自治县商务局生活必需品应急储备和投放实施方案》，并与各大商场超市签订《生活必需品应急储备和投放协议书》，贯彻落实“安全第一，预防为主”的方针，坚持事故灾难应急与预防工作相结合。召开安全生产工作会议2次，召集商贸企业参加会议，印发《企业安全生产承诺和报告制度》文件，传达安全生产、保供稳价工作思想，并与相关市场主体签订《安全生产承诺书》，做好常态下的市场运作、做好防台风工作措施，完善各种规章制度、预案演练等工作，确保做好应急救助工作，维护社会稳定。

（供稿人　黄晓妹）

电子商务

【工作概况】2021年，白沙电子商务呈现良好的增长势态，电子商务交易额6.22亿元，同比增长16.26%，网络零售额1.64亿元，同比增长26.15%，农产品网络零售额1.07万元，同比增长39.80%，帮扶产品销售2497.8万元，同比增长53.99%。搭建消费帮扶专馆、专区、专柜助力帮扶产品销售1345.09万元，组织开展消费助农集市活动32场，帮助农户销售农产品190.07万元，通过服务站、淘宝店、微店等平台销售帮扶产品375.89万元，对接海南乡村振兴网销售帮扶产品，累计销售1861.06万元，排全省第一，带动10767名农户增收。

【工作机构】白沙黎族自治县电子商务服务中心（简称县电商中心）为县政府直属正科级事业单位，在业务上受县发展和改革委员会指导。编制6名，设主任1名，副主任2名，2021年在编在岗4人，主任：任重（2月任职）

【销售农产品】从做好电子商务进农村综合示范工作出发，结合白沙资源禀赋和现实基础，正努力探求改变以往小而散、多而乱的销售格局，化解农产品流通梗阻，打造产销紧密衔接的农产品供应链条，形成订单生产模式，支撑发展特色农产品产业的道路。搭建白沙农产品供应链信息平台，对全县农业生产及销售信息进行采集，打破产销数据壁垒。为指导全县农业生产和发展提供数据支撑，并通过数据分析提前为应季农产品宣传和销售营造良好的销售势头。已采集白沙黎族自治县81家企业和个体农户80种农产品信息，为保障白沙农业发展打下扎实基础。创新开展分销模式，以一个店铺为主体，整合县域可售货源上架销售，统一分拣、打包、宣传、售后等服务，并简化开店流程，降低创业门槛，帮助农户实现指尖创业，以一键开店、一键分销的模式吸引大众参与。已上架产品100余种，销售额超30万元，406人参与分销。创新打造涵盖黎族风情、红色追忆、绿色生态、体育健身的消费帮扶旅游路线。以“旅游+消费+帮扶”的模式满足大众旅游需求，通过丰富旅游元素，让游客深度体验旅游消费帮扶，同时，还结合传统节日和“6·18”等时段，开展不同主题的消费助农集市活动，引导和鼓励社会各界爱心人士消费帮扶产品，带动农户增收。2021年已开展32场集市活动，帮助农户销售农产品190.07万元，带动农户增收8504人次。建设消费帮扶专馆专区，拓宽农产品销售渠道，已建设省级专馆1个，县级专馆2个、专区2个，同时还新建8家服务站，为农户提供代买代卖、代收代缴等服务，2021年以来累计销售帮扶产品1720.98万元。对接各大电商平台，拓宽农产品线上销售渠道，成功入驻832、振兴网、淘宝网等平台，实现县域农产品全国触网直销。其中海南乡村振兴网累计销售1861.06万元，排全省第一，带动农户增收10676人次。发展订单农业。通过白沙电商供应链信息平台数据分析，提前为应季农产品销售造势，包括提前宣传预热、渠道对接等促进农产品订单销售，2021年已帮助农户销售红心橙75万余公斤，芒果52.5万公斤、毛薯15万公斤、福才地瓜5万余公斤、牛油果5万余公斤，有效避免出现农产品销售难的问题。

【培育电商人才】聘请专业的服务团队，提升电商培训服务质量，根据企业和农户的需求，提供针对性的服务，转变以往扫盲式的培训，开展网店开设、运营管理、网页制作、产品宣传、直播带货等实用性强的培训，提升电商从业人员综合业务能力，保障白沙电子商务发展。并建设本地电商导师人才体系，着力培育百名白沙本地电商培训导师，为全县电商从业人员提供相关技能培训服务，拓宽服务覆盖面，构建全新的电商人才培育体系。2021年以来开展针对性的培训25场，培训超1500人次，帮助农户开设网店71家，实现带动农户创业就业、增收致富的良好局面。

【开展乡村治理积分制工作】更新完善惠农超市系统模块，增加自助在线兑换和评分预警功能；为新增的8家村级服务站增加惠农超市功能；完成对各乡镇开办的乡村振兴电商惠农超市实操培训，参加培训人员近500人；针对部分乡镇评分员乱打分、错打分的情况，制定评分细则，明确各相关部门的职责，以此增强相关人员的责任意识，提升评分工作的质量，提高乡村治理水平。

（县电商中心　蔡瑞瑶）

粮油流通

【概况】2021年，白沙黎族自治县粮食和物资储备中心（简称县粮食和物资储备中心），隶属县发展和改革委员会，为正科级公益一类事业单位，在编在岗工作人员14名（不含2名自聘人员），其中：主任1名，副主任2名。非领导职务4名（四级调研员1名、一级主任科员2名、三级主任科员1名），其他工勤人员7名。内设：办公室，储备调运岗，社会粮食管理岗。

【粮食储备购销】2021年完成省下达县级粮食储备任务。2021年县级储备粮轮换采用静态轮换的方式，储备粮轮换采取网上竞价交易的方式公开进行，委托广东华南粮食交易中心或海口国家粮食交易中心在网上竞价销售或采购。轮出、轮入的底价由县粮食和物资储备中心及储备库会同县发改委、财政局、县粮食和物资储备局、物价局等相关部门在询价的基础上召开联席会议，根据粮食市场价格研究确定。2021年省粮食和物资储备局下达粮食轮换计划1000吨，完成轮出销售1000吨，完成采购新粮入库1000吨，完成粮食储备轮换计划的100%。

【军粮供应】将军供管理费纳入县级财政预算，2021年县财政落实补助经费25万元，经费得到落实，军供管理工作有了保障。严格执行军粮质量管理各项制度，按照“一批一检一报告”的要求切实落实质量管控措施，按省定点采购优质粮源，确保军粮不断供、不断档。加强检查指导，做好质量安全风险防范，决不让不合格粮食流入军营，确保粮食绝对安全。做好军粮财务、供应手续和军用购粮卡系统的管理，规范财务管理。经常组织有关人员对军粮质量、财务进行检查，确保军粮供应。

【粮食收购专项检查】按照海南省粮食和物资储备局关于做好2021年粮食收购专项检查工作的要求，为加强粮食收购专项检查工作的领导，县粮食和物资储备中心成立了以主任为组长、分管副主任担任副组长的粮食收购专项检查工作领导小组，召开专题会议，分析粮食收购市场形势，研究收购资金的筹措方法，明确收购政策和工作要求，精心安排部署全县粮食收购工作，确保白沙黎族自治县粮食收购市场有序运行。积极筹措资金，保障粮食收购工作。县粮食和物资储备中心把协调和筹措资金作为本年度粮食收购工作的重中之重，加大协调力度，指导粮食收购企业采取多种办法筹措收购资金。通过争取，从县财政安排储备粮收购资金 304.4 万元，确保全县国有粮食收储企业资金不断档，收购工作不停顿，保障农民售粮随到随收，未出现打“白条”现象。严格要求收购企业在收购场所显著位置张榜公布收购粮食品种、收购价格、质量标准、水杂增扣量方式、结算方式等信息；张贴 12325 粮食监管热线宣传海报；公示当地粮食和物资储备部门的监督举报电话 27722848. 认真贯彻“五要五不准”原则。为强化市场监管，切实履行监管职责，严格依法监管，规范粮食经营秩序，加强与相关部门的沟通协作，积极引导各类粮食经营主体入市收购，满足市场需求。把损害农民利益和干扰收购秩序作为监督检查的重点，加强对个体户、加工企业收购政策执行情况的监管。在秋粮收购这段时间里，县粮食和物资储备中心组成检查组，深入乡镇监督粮食收购者是否在收购地粮食部门备案，是否在收购场所显著位置公布粮食收购品种、质量要求、量价折扣规则、强化为农服务意识，满足售粮农民需要，让农民交“明白粮”“放心粮”“舒心粮”，是否执行国家粮食质量标准，验质检斤程序是否规范、公开透明，是否建立台账，是否及时向售粮者支付粮款，是否违反《粮食流通管理条例》规定的代扣代缴税费和其他款项。在 2021 年夏粮和秋粮收购专项监督检查工作中，共开展检查 10 次，出动检查人员 68 人次 。

【粮食应急体系建设】 完善粮食应急预案，完善应急供应保障系统数据。组织人员对全县粮食应急供应和应急加工企业名单进行造册登记，更新、完善粮食应急供应和应急加工网络，并报省局备案。2021 年全县共核定粮食应急加工企业 10 家、粮食应急销售网点 14 家、应急保障中心 1 家、应急储运企业 1 家。疫情期间，粮食储备部门建立全县粮食市场监测网点，进一步加强粮食应急加工、提高供应保障能力。对全县 11 个乡镇的粮食应急加工、销售网点进行调查核实，了解掌握应急企业动态，选择认定一些信誉好的粮食经营零售网点、连锁超市，与应急指定加工和供应企业签订书面协议，明确双方的权利、责任和义务，委托其承担应急粮食加工、供应任务。做好应急加工和供应企业名单登记，进行经纬度定位，同时，督促粮食经营企业按照《粮食流通管理条例》等法律、法规的要求，保持必要的粮食库存量，按规定履行最高、最低库存量义务。11 月 26 日开展白沙黎族自治县粮食应急供应保障演练。

【粮食库存和质量大清查】 粮食库存检查。白沙黎族自治县在企业完成自查的基础上，于

2021 年 11 月 26 日，白沙黎族自治县开展粮食应急供应保障演练

白沙黎族自治县粮食应急供应保障演练现场，各成员单位参加演练

2021年5月25—26日，组成县联合检查组，开展2021年全县政策性粮食库存检查，截至5月28日，圆满完成各项自查工作任务。经这次核查，全县政策性粮食库存稻谷2000.79吨。其中县级储备粮2000吨，商品粮0.79吨。承储企业2019年度库存稻谷1000吨，2020年度库存稻谷1000.79吨。实物检查。粮食实物检查主要采取人工丈量方法，对承储企业全部政策性粮食库存逐仓逐堆（厫）进行测量，仔细标明测量数据，认真计算粮堆体积，制作粮堆体积测算明细表，求出粮堆平均密度和修正系数，运用测量计算法进行测算，共测算了6幢仓库、26个粮堆（厫）的库存量，测算结果，所有粮堆差率均在±3%的范围内。通过对保管账数量与检查计算数比对，认定承储企业粮食实际库存数量与粮食库存实物对应相符。检查组根据各相关测量数据和计算结果，认真填写粮食实物检查工作底稿，签署备份。财务检查情况。以粮食实物检查结果为依据，认真对粮食库存保管账、统计报账、会计账、银行贷款台账、财政资金拨付情况的原始凭证和票据资料进行查阅、比对，验证库存粮食的真实可靠性。经县联合检查组核对，承储企业粮食库存实物与保管账、统计账、会计账、银行资金台账以及财政资金台账，账实相符、账账相符，粮食库贷挂钩平衡，无虚报数据套取补贴资金和挤占挪用财政资金及银行贷款的现象，清查时点的粮食实际库存数量真实可靠。检查组如实填写账务检查工作底稿，签署备份。库存粮食质量检查。在这次检查中，经感官鉴定，库存粮食色泽气味无异常，无发霉、虫害、结露、板结、局部发热、鼠雀害粮食等情况。通过对执行粮食定期质量检验、出入库质量和食品安全检验制度、质量档案管理等情况进行检查，库存粮食水分均在11.8%以下，粮食杂质除查苗库区9仓2、3、4堆2019年入库的284吨粮食微高外，其余均为0.2%~04%，粮食储存品质符合

省检查组在白沙黎族自治县开展政策性粮食库存数量和质量大清查工作

国家规定，粮食质量均达到国家标准，库存粮食经检测全部认定为“宜存”。根椐《2021年全省政策性粮油库存检查实施方案》，库存粮食质量扦样检验由省粮油产品质量监督检验站负责，县粮食部门配合。

【安全储粮和安全生产】安全储粮检查。储存粮食温度情况。经对7幢仓库26个粮堆(厫)的粮温进行测温检查，粮食温度均在26℃至33℃之间，粮食温度在安全范围值内。没有发现高水分粮、高温粮和发霉变质的粮食。粮食害虫情况。粮食已实施密闭杀虫，转入常规保管，库存粮食未发现虫粮。粮情检查情况。粮食保化人员能认真执行《粮油储藏技术规范》，做到安全粮每周检查1次，半安全粮每3天检查1次，危险粮天天检查，并将检查情况记录在卡簿上。粮食出入库制度和熏蒸作业记录、库存货位卡等，登记清楚，悬挂齐全。清洁卫生制度情况。粮食保化人员认真贯彻“以防为主，综合防治”的保粮方针，坚持库区每周一、三、五大扫除1次，做到仓内面面光、仓外“五不留”，仓内仓外、库区卫生干净整洁。安全生产检查。承储企业认真执行“一规定两守则”，作业比较规范，成立了安全生产领导机构，制定安全生产各项规章制度，落实人员岗位责任制，制订库区安全作业行为方案和防范措施，各规章制度比较健全，主要节假日安排人员24小时轮流值班，保证各项安全生产措施落实到位。承储企业库区内都有安全标识和防火标志，库仓周边沙池有沙、水池有水，每幢仓库都配有灭火器，并坚持做到每月检查登记1次，保证性能良好。遵守药剂管理和使用规定，有专用药房，做到双人双锁管理，领用有登记，使用规范，在仓库施药时，警示告知，确保施药安全。做好防雷防汛工作。2个库区安装了防雷设施，年度检测合格，防雷设施安全运行。库区排水设施良好，防风汛工作到位。

2021年10月22日，县粮食和物资储备中心开展“10.16”世界粮食日宣传活动

【粮食宣传活动】2021年10月22日，县粮食和物资储备中心组织开展“10·16”世界粮食日宣传活动，主题为“发展粮食产业助力乡村振兴”。在主要街道挂横额3条，发放宣传手册167本，张贴标语45幅，在宣传现场，工作人员通过发放宣传资料展示宣传板块和粮油样品、现场讲解等形式，向过往的群众讲解节粮减损、科学储粮和粮油食品安全知识等相关知识，进一步提高广大群众对粮油的识别能力，普及粮油安全科学知识，引导广大群众树立科学消费、健康消费的消费理念、增强公众爱粮节粮意识，形成“爱粮节粮，从我做起”的良好社会氛围。

（白沙黎族自治县粮食和物资储备中心　黄川育）

烟草专卖

【概况】2021年，白沙卷烟销量5956.59箱，同比增长1.44%；实现销售收入18843.73万元(含税)，同比增长1.15%；单箱价值3.17万元(含税)，对比上年的3.19万元/箱略有降低。

【自主品牌销售】2021年累计销售自主品牌卷烟385.64箱，同比增长25.76%。

【现代零售终端建设】在市局（公司）营销中心的大力支持下，结合往年工作经验和市场实际情况，向广大零售户宣传现代零售终端知识，引导意愿强、条件好的优质零售户参与到现代零售终端建设中。2021年共建有现代零售终端155户，其中“椰海金叶”加盟终端5户、中级现代终端42户、初级现代终端106户、合作终端1户、“椰海金叶”便民店1户。

【文明吸烟环境建设】对已设立的吸烟点和吸烟区的维护情况进行跟踪。主动与白沙黎族自治县委、县政府、县社保局，县档案局等单位进行沟通，对已不适用的14个烟头收集器进行回收，积极宣传文明吸烟等内容，引导公众正确认识烟草。

【打假打私】2021年以来，县商业局联合县公安局、市场监管局等部门先后开展了元旦、春节期间卷烟市场清理整顿，以及代号为“海南无假货”“守护成长”“国门利剑”的卷烟市场专项清理行动。截至2021年2月底，县商业局开展联合检查107次，非联合行动195次，出动1840人次（含公安、市监局、双打办出动人次），重点对1300余户零售户进行检查。共查获各类涉烟违法案件25件，其中真烟案件19件，假烟案件6件，其中破获5万元以上假烟案件1件，依法查处向未成年人销售卷烟案件1件；共查获卷烟13.44万支，其中真烟10.84万支，假烟2.6万支；案值合计11.55万元，其中真烟案值6.23万元，假烟案值5.32元。刑事拘留1人，取保候审1人。

【布局优化】认真开展《合理布局规划》修订工作。积极调研辖区社会经济状况、人口分布情况和烟草专卖零售许可证持有情况，结合省烟草局指导意见，采取数量模式及间距模式，严格参考零售点间距、学校周边距离、零售点数量等要素，于2021年5月启动了卷烟零售点布局规划的调整优化工作，2021年8月13日召开烟草制品零售点合理化布局规划听证会，新修订的合理化布局规划在2021年9月13日顺利实施。

【规范证件管理】县烟草局领导班子要求证件管理员加强许可证管理相关法律法规知识学习，努力提升证件管理人员的服务水平和管理能力，简化办证程序，缩短许可证办结时间，杜绝超期办证，逐步提高客户满意度。县烟草局持续开展县政务服务“好差评”工作。2021年9月，新办零售许可证8户，新办零售许可证明显下降。白沙黎族自治县烟草局共处理所有办件781件：新办申请124份（不予许可19户、准予许可100户、不予受理3户、撤回申请2份）、延续申请487份（不予许可1户、准予许可485户、不予受理1户）、变更申请15份、歇业申请84份、停业27户、恢复营业申请9份、补办申请2份、责令整顿停业4户、责令整顿恢复营业3户、收回注销1户、审批注销25户。

【法律法规宣传】加强重点区域监管。关注未成年人身心健康，主动联合县人民检察院、法院等部门开展中小学周边零售户违法违规经营卷烟专项治理行动，重点检查是否存在无烟草专卖零售许可证销售卷烟情况，以及向未成年人售卖卷烟等行为，并大力宣传《中华人民共和国未成年人保护法》和烟草专卖法律法规，引导中小学校周边商户诚信经营、规范经营、合法经营，为未成年人的健康成长创造良好环境。加强普法宣传。严格落实“谁执法谁普法”的普法责任制，组织专卖稽查人员利用日常市场检查和“3·15”专项行动契机，广泛宣传烟草专卖法律法规和《涉烟违法案件举报协办奖励办法》，引导卷烟零售户守法经营，鼓励群众举报涉烟违法行为，营造良好的法制氛围。同时，积极运用海南省智慧普法云平台学习《中华人民共和国民法典》《中华人民共和国国家安全法》《中华人民共和国保守国家秘密法》等相关法律，不断提高干部职工遵纪守法意识和依法办事能力。

【畅通举报投诉渠道】严格落实“12345”热线电话“7×24”管理服务要求，畅通举报投诉渠道，及时回应群众诉求，坚持“公开、协调、开放、共享、便民、高效”的原则，实行“一号对外、集中受理、按责转办、限时办结、统一督办、反馈回访”的运作机制，接受人民群众的投诉、举报和咨询。2020年1月至2021年2月，共受理“12345”政务服务热线工单31件，全部按时办结并将处理结果及时告知举报人，办结满意率达100%。

供销合作

【概况】2021年，全县供销工作在县委、县政府的正确领导和省供销总社的精心指导下，紧紧围绕县委县政府中心工作，紧紧围绕助推海南省自贸港建设的目标任务，坚持为“三农”服务的办社宗旨，按照年初既定的目标，加快和推进农村现代流通网络建设步伐，全系统上下齐心协力，克服各种困难，扎实工作，狠抓各项工作的落实。

【党史学习教育】为庆祝中国共产党成立100周年，贯彻落实中央、省外、县委关于党史学习教育的相关要求，县供销社积极推进党史学习教育工作，有序推进各项学习工作，主要学习习近平总书记关于党史学习的系列重要讲话精神、中央指定的四本党史学习材料、省委和县委推荐的重要党史学习材料、“四史”等。现阶段党史学习教育工作取得良好成效。

【平价蔬菜保供惠民】根据县委、县政府保供稳价工作部署和要求，县供销社积极应对新常态下价格工作的新形势、新要求、新任务，以提高人民群众满意度和获得感为根本，确保市场供应充足、居民消费市场稳定、价格稳定和社会稳定。

【“我为群众办实事”实践活动】在白沙农民自产自销街内设立25个白供平价专区，免租金摊位，自产自销区内提供28个免费摊位，持续推进开展平价蔬菜保供惠民行动，解决白沙农民自产自销蔬菜销售难问题，确保基本蔬菜稳中有降，提升白沙人民群众幸福感，提高满意度。

【“菜篮子”保供稳价】自2021年2月10日起，由县供销社牵头，白沙供销集团有限公司具体负责，白沙供销农产品运销有限公司每日投放平价蔬菜平抑市场价格。在县城农贸市场设立平价蔬菜销售摊区，与县城周边菜农建立产销对接关系，减少蔬菜流通环节，向市民投放政府平价蔬菜，确保销售蔬菜价格低廉，切实做到便民惠农。自2021年白沙供销系统开展保供稳价工作以来，全年采购蔬菜452.25吨，销售额77.73万元。

【脱贫帮扶】县供销社与县电商服务中心下乡调研全县电商惠农超市情况，探索双方业务联结，打造“县域电商+供销发展”的合作模式，将电子商务进农村与供销社服务“三农”的业务进行融合，力争开辟具有白沙特色的电商精准扶贫新模式。

2021年已在打安镇、元门乡建设了2家乡镇为农服务中心，在牙叉镇、打安镇、邦溪镇、元门乡建设了7家村级综合服务社，在农村综合服务

8月31日上午，在县电商办及县供销社的协助下，由南开乡人民政府组织，海南泰昌源电力工程有限公司到南开乡开展爱心扶贫消费活动。当天，消费扶贫集市销售额达50000元

社、乡镇供销为农服务中心设立平价蔬菜销售专柜，减少中间环节投放平价蔬菜，让群众在家门口就能购买平价蔬菜，助力乡村振兴打通“最后一公里”。

县供销社与县电商中心及各相关部门配合，积极开展爱心助农大集市活动，帮助农户销售农产品，带动农户增收，鼓励群众开展农副产品生产工作，丰富农产品种类，增强“自我造血”功能，解决农产品滞销问题，打通农产品销售渠道。截至2021年年底，已开展32场消费助农大集市活动，县供销社共投入活动成本14.44万元，帮助农户销售农产品189.68万元，带动其他消费2563.96万元。

【农产品组织展会】 2021年12月16—19日组织白沙富涵实业有限公司、海南省供销集团茶叶有限公司（白沙海供茶叶专业合作社）等企业海南国际会展中心参加2021年中国（海南）国际热带农产品冬季交易会，进行农产品市场推广。

2021年12月22—27日组织白沙供销农产品运销有限公司到广州市中国进出口商品交易会展馆参加第十九届中国国际农产品交易会，进行农产品市场推广。

2021年组织各企业、合作社、农户参与县内的消费助农大集市，进行农产品市场推广32场。

（县供销社　李胜隆）

2021年白沙黎族自治县消费扶贫活动情况统计表

表8

序号	日期	消费扶贫集市活动名称	扶贫产品交易金额（元）	参与单位（个）	受益贫困户（人次）	活动地点	备注
1	2021年2月1—6日	2021年年货节之社区团购活动	412822	72	1322	白沙黎族自治县	县级
2	2021.2.24	线下毛薯品鉴会	2369	35	45	白沙黎族自治县	县级
3	2021.3.19	徒步活动暨爱心集市	10141	26	68	高峰新村	县级
4	2021.4.7	邦溪镇消费帮扶爱心助农大集市活动	1200	5	2	邦溪镇文化广场	邦溪镇
5	2021.4.11	2021年挖地瓜暨爱心助农集市活动。	310400	35	225	元门乡	元门乡
6	2021.4.14	三月三爱心集市	180730	78	842	电商园	县级
7	2021.5.1	高峰村爱心助农大集市活动	17050.5	15	352	高峰新村	县级

续表

序号	日期	消费扶贫集市活动名称	扶贫产品交易金额(元)	参与单位(个)	受益贫困户(人次)	活动地点	备注
8	2021.5.2	白准村爱心助农大集市活动	4872	6	23	白准村	阜龙乡
9	2021.6.5	荣邦乡百香果采摘节暨爱心助农大集市活动	2595	35	80	大岭	荣邦乡
10	2021.6.6	2021 年海南美丽乡村绿色骑行暨爱心助农大集市活动	21721	18	120	对俄村	牙叉镇
11	2021.6.12	2021 年端午节爱心助农大集市活动	15073	78	560	文化广场	县级
12	2021.6.18	“6·18”爱心助农大集市活动	10802	12	60	南达村	打安镇
13	2021.7.9	邦溪镇消费帮扶爱心助农暨玉米接龙活动	1360	3	0	邦溪镇政府	邦溪镇
14	2021.8.31	南开乡消费帮扶爱心助农大集市活动	50000	6	138	南开乡	南开乡
15	2021.9.9	南开乡牙佬村消费扶贫活动	87841	8	103	南开乡牙佬村	南开乡
16	2021.9.15	“迎国庆，庆丰收”消费助农大集市活动	44751	82	531	县城电商产业园	县级
17	2021.9.17	“万企兴万村”消费助农大集市活动	14667	26	186	七坊镇鹭湖度假区	县级
18	2021.9.18	金波乡“迎国庆，庆丰收”消费助农大集市活动	36000	18	46	金波乡政府	金波乡
19	2021.9.18	阜龙乡“迎国庆，庆丰收”消费助农大集市活动	18500	14	63	阜龙乡政府	阜龙乡

续表

序号	日期	消费扶贫集市活动名称	扶贫产品交易金额（元）	参与单位（个）	受益贫困户（人次）	活动地点	备注
20	2021.9.28	元门乡“迎国庆，庆丰收”消费助农大集市活动	9181	13	31	元门乡政府	元门乡
21	2021年10月2—7日	庆祝中华人民共和国成立72周年暨“体育助农，赛事助力”系列活动	13254	6	185	白沙黎族自治县体育馆	县级
22	2021.10.4	白沙国庆乡村游活动	5644	6	6	南牙村	邦溪镇
23	2021年10月23—24日	2021年海南（白沙）水上运动嘉年华暨消费助农大集市活动	32730	8	185	文化广场	县级
24	2021.11.23	青松乡“啦奥门”爱心扶贫大集市活动	112845	36	283	拥处村	青松乡
25	2021.11.30	红心橙推介会暨消费助农大集市活动	157112	14	258	高石老村路口	县级
26	2021.12.3	2021年细水乡消费助农大集市活动	40425	12	1422	细水乡人民政府	细水乡
27	2021.12.8	金融服务乡村振兴战略暨党建共建促整村授信合作协议签约仪式暨消费助农大集市	27178	16	257	对俄村	牙叉镇
28	2021.12.10	“乡村振兴，扶农助农”消费帮扶集市暨圣女果认购活动	19802	6	65	金波乡牙加村委会篮球场	金波乡

续表

序号	日期	消费扶贫集市活动名称	扶贫产品交易金额（元）	参与单位（个）	受益贫困户（人次）	活动地点	备注
29	2021.12.10	打安镇爱心消费助农大集市	44338	8	150	打安镇人民政府	打安镇
30	2021.12.13	牙叉镇 2021 年移风易俗主题宣传暨消费助农爱心大集市活动	61082	24	580	新高峰村	牙叉镇
31	2021.12.17	邦溪镇“迎元旦爱心集市”集市活动	86274.5	12	226	邦溪镇文化广场	邦溪镇
32	2021.12.19	阜龙乡“迎元旦爱心集市”集市活动	44055	8	90	阜龙乡政府工作站门前	阜龙乡
	合计	32 场	1896815		8504		

说明：2021 年 1—12 月白沙黎族自治县消费扶贫爱心助农活动共举办 32 场次，其中县级 11 场，乡镇级 21 场

（县供销社　李胜隆）

金融

综述

【概况】2021年，县金融工作服务中心在县委、县政府的领导下，积极作为，全面完成农民小额信贷、天然橡胶保险和防返贫综合保险三大为民办实事项目，尽最大努力开展政策性保障农业保险业务，把金融维稳作为工作重点落实到位，按要求继续做好后扶贫阶段的各项帮扶工作。

【农民小额信贷】2021年通过财政贴息撬动全县向3276户发放50万元以下农民小额贷款和100万元以下农民专业合作社贷款，总计22625万元，完成目标任务10835万元的208.8%，其中10万元以下农民小额贷款和10万元以下农民专业合作社贷款13851.46万元，涉及2827户。建档立卡脱贫户5万元以下（含5万元）、3年以内、免担保抵押、财政贴息的扶贫贷款，向993户发放3531万元。

为了最大限度压低脱贫人口小额信贷逾期率，县金融工作服务中心组织召开了6次脱贫人口小额信贷专题会，对脱贫人口小额信贷对象全面摸排，同时建立贷款到期和逾期明细台账，下发通知到各乡镇，并通过县乡村振兴局，及时通知乡镇配合银行组织驻村工作队、帮扶联系人、村两委干部，依据明细，进行到期还款提醒和逾期风险研判。对受疫情影响或家庭突发状况造成无法按期还款的脱贫户，能展期的进行展期；对符合条件的，启动风险补偿金代偿；对恶意拖欠不还贷款的脱贫户，经办金融机构走法律程序追索。采取一切能采取的措施，把脱贫人口小额信贷逾期率控制在0.5%以下。

【天然橡胶保险】天然橡胶保险连续三年被列为县级为民办实事事项。

2017年天然橡胶“保险+期货”在南开乡试点，2018年天然橡胶“价格收入保险”在打安镇试点，两项保险连续三年实现全县全覆盖，成效显著。项目得到海南省委、省政府的高度肯定。天然橡胶“保险+期货”项目入选2018年中国期货业优秀案例。2021年天然橡胶“保险+期货”项目获评“第二届全球减贫案例征集活动”最佳减贫案例。天然橡胶“价格收入保险”项目入选海南自贸区制度创新第一批案例。

2021年县政府印发了《白沙黎族自治县2021年天然橡胶“价格收入保险”项目工作实施方案》和《白沙黎族自治县2021年天然橡胶“保险+期货”项目工作实施方案》。天然橡胶“价格收入保险”共为全县21375户胶农承保52.70万亩橡胶林，产量3.16万吨，其中脱贫户9125户，签单保费总计5059.72万元，实施理赔5600万元，实现户均增收2200元。天然橡胶“保险+期货”承保55万亩、3.05万吨，承保户数25081户，其中脱贫户10914户，保费共计2558.49万元，获利理赔2331万元，实现户均增收772元。

两项保险预计总理赔7931

万元，参与保险的胶农，可实现户均增收2972元。

【创新推进防贫综合保险】2021年为全县农户113965人投保，其中一般户62777人，重点户51188人，同比增加3104人，保费共计125.36万元，其中财政补贴112.81万元。实现理赔55人，累计赔付金额共111.32万元。已基本实现全县各乡镇全覆盖。

【继续推进金融扶贫保险】2021年，完成1607名县级帮扶责任人和驻村工作队队员综合人身意外保险的续保险承保工作，保费共65.7万元（409元/人），保期2021年6月13日至2022年6月12日；实现理赔2人，理赔金额30.15万元。

【政策性保障农业保险】完成3.92万亩水稻早造晚造保险承保，参保户数14118户，保费73.33万元，实现理赔313户，理赔金额8.71万元。

完成24.75万株橡胶树风灾保险承保，参保户数148户，保费87.8万元，实现理赔21户，理赔金额1.87万元。

完成5375亩森林综合保险承保，参保户数1户，保费3.22万元。

完成21398间农村住房保险承保，参保户数21398户，保费16.75万元。

完成50亩12户菜农瓜菜价格指数保险，保费1.2万元，已赔付1.54万元。

完成195单平价蔬菜零售价格保险，共承保58.94万公斤，保险费66.27万元，理赔22单，理赔金额41.91万元。

完成650头能繁母猪保险承保，1户，承保保费5.85万元，理赔1户，理赔金额7.35万元。

完成8173头育肥猪保险承保，参保户数2户，承保保费32.69万元，实现理赔2户，理赔金额25.1万元。

【乡村振兴】根据县巩固拓展脱贫攻坚成果同乡村振兴有效衔接工作要求，县金融工作服务中心对安排在荣邦乡的10户帮扶联系户（其中稳定脱贫户6户，相对稳定户4户），通过入户走访、电话联系等多种方式，准确了解掌握农户生产生活状况，认真做好信息采集、登记、粘贴帮扶责任牌等工作，做到“人清、事清、财清”，对脱贫户继续开展帮扶工作。

【金融维稳】白沙多年金融生态和谐，金融运行平稳有序，坚持以金融稳定为核心目标，积极开展常态化宣传工作。2021年县金融工作服务中心（县处非办）组织开展了以“学法用法护大家·防非处非靠大家”为主题的防范非法集资宣传月活动、涉嫌非法集资风险专项排查活动，还积极组织白沙黎族自治县打击和处置非法集资工作领导小组各成员单位、各金融机构参与了由省处非办（省金融监管局）主办的5场防范和处置非法集资线上培训会，会后各宣传单位持续利用自身优势，积极开展长效化宣传。

【其他业务工作】开展金融知识进校园和农村信用体系建设。以口为单位完成政府安排的其他工作。参加竹竿舞比赛和读书比赛；完成农行、农商行与政府的签约仪式，进一步明确战略合作关系。

中国人民财产保险股份有限公司白沙支公司

【概况】中国人民财产保险股份有限公司白沙支公司（简称人保财险白沙支公司）以“人民保险、服务人民”为使命，秉承“以人为本，诚信服务，价值至上，永续经营”的经营理念，弘扬“求实、诚信、拼搏、创新”的企业精神，充分发挥品牌、人才、产品、技术和服务等优势，为促进改革、保障经济、稳定社会、造福人民提供强大的保险保障。因努力拼搏，成效显著，先后荣获“2018年度农村保险先进单位”“2019年度费用管理奖”“2020年度先进集体奖”等荣誉。截至2021年12月31日，人保财险白沙支公司全年保费收入7190万元，同比增加1056万元，超额完成任务。

【政策性保险】2021年，人保

财险白沙支公司完成续签天然橡胶增极收入保险5059.72万元；完成续签全县水稻统保业务73.33万元；完成续签全县农房统保业务16.75万元；完成续签天然橡胶风灾保险87.8万元；签约全县帮扶责任人意外健康保险65.72万元；成功承保平价蔬菜零售价格保险66.27万元。

【温暖工程与宣传】2021年，为深入践行习近平总书记"以人民为中心"的发展思想，认真贯彻集团新时代"做有温度的人民保险"的使命和内涵，人保财险白沙支公司全面开展"暖心、诚心、省心、安心"四心温暖活动，将营业场所和服务柜面打造成客户身边的"暖心服务站"。同时组织员工开展主题为"学法用法护小家、防非处非靠大家"防范和打击非法集资宣传教育活动，在营业大厅设立宣传服务专区，安排专人负责开展防范和打击非法集资宣传教育和咨询解答工作。在营业厅外通过发放宣传册、宣传折页，普及保险业基础知识，有效加强对防范非法集资相关知识的普及和教育，提高民众的防范意识，累计受益200余人次。

【助力乡村振兴】2021年，天然橡胶增极收入保险签单保费5059.72万元，共承保52.7万亩，承保覆盖率为99.86%，为1.85万户胶农提供5.06亿元的保障额度，其中脱贫户9125户。天然橡胶"保险+期货"签单保费1793.49万元，共承保2.15万吨干胶，25081户胶农参与承保，其中脱贫户10914户。

（县人保财险　孙海琴）

中国建设银行股份有限公司白沙支行

【概况】2021年，中国建设银行股份有限公司白沙支行（简称"白沙建行"）内设办公室、客户部、营业部3个部门，有在职人员26人。

【业务经营】2021年，白沙建行经营稳定，业务经营情况如下：存款：截至12月31日，一般性存款日均为59619.56万元，比年初下降7856万元，一般性时点存款45891.17万元，比年初下降19374.92万元。其中，对公存款日均34048.6万元，比年初下降9620.51万元，对公时点存款18670.25万元，比年初下降20264.16万元；个人存款日均25570.96万元，比年初新增1763.85万元，个人时点存款27220.91万元，比年初新增889.24万元。

截至12月31日，白沙建行贷款余额11123.12万元，比年初新增1164.33万元。其中，对公贷款余额2186.21万元，比年初新增1746.73万元。个人贷款余额8936.91万元，比年初下降582.40万元；不良贷款余额仅有411.39万元，比年初下降了331.16万元，不良率从2020年底的7.46%下降至3.7%，下降了3.76个百分点。其中，对公贷款不良额现仅有0.14万元，不良率0.0064%；个人贷款不良额仅有411.25万元，不良率4.6%，比年初下降了3.14个百分点。

全年实现中间业务收入107.09万元，与2020年度相比减少5.71万元。

效益：全年实现税前利润873.35万元，比2020年减少232.9万元。

【代发工资业务】2021年，白

沙建行以代发工资业务为抓手，扩大企业开户总量和个人客户数量。找准重点目标客户，由行领导带队上门宣传营销，以事业单位、优质系统性企业等优势客户群体为重点，摸清客户规模，进行重点营销。对日均存款百万元以上的目标客户，组织营销团队，上门宣传代发业务好处，了解代发工资客户需求，一户一策制定服务方案，合理配置资源，全方位为重点客户服务。维护现有代发客户，提高客户认可度。通过走访、举办客户沙龙等形式，加强与代发工资客户的沟通，提高客户认可度和忠诚度。

【压降不良贷款】白沙建行2021年通过上门催收现金，压降不良贷款292.39万元，逾期贷款11笔，金额2.7万元；通过法律手段起诉49笔、210.92万元、共压降不良贷款31笔，331.16万元。

【帮扶联系】2021年，白沙建行认真履行社会责任，积极推进扶贫工作。“一把手”亲自带头组建和参与“裕农通”“三促三清”专项工作队，带队到白沙黎族自治县各行政村开展“裕农通”业务，为村民提供小额转账汇款、缴纳水费、电费、手机话费等“村口银行”便民服务。做好巩固拓展脱贫攻坚成果同乡村振兴有效衔接工作。精心选派党员干部赖伟雄到白沙黎族自治县牙港村委会担任乡村振兴工作队员，同时落实乡村振兴帮扶责任人，开展帮扶工作。2021年，驻村干部赖伟雄被评为“最美帮扶责任人”。

（白沙建行　林君山）

中国工商银行白沙支行

【概况】2021年，中国工商银行白沙支行（以下简称“白沙工行”）紧紧围绕中心工作，积极应对复杂的经营形势和激烈的同业竞争，主动担当，主动作为，攻坚克难，坚持新发展理念，追求高质量发展，深耕细作县域金融市场，不断提升核心竞争力，努力扩大存贷款市场份额，首次引进流动银行服务车，充分利用科技创新优势，为广大客户提供方便、快捷、安全、优质的现代金融服务。各项工作实现稳中有进。

【存贷情况】截至2021年年

中国工商银行白沙支行与白沙国家文化体育服务有限公司联合举办“全民健身　数币启航”数字人民币结算商户消费满减活动，白沙黎族自治县政府副县长赖道传现场体验数字人民币交易

末，白沙工行各项人民币存款40124.98万元，其中，储蓄存款22029.04万元，公司存款7228.35万元，机构存款10867.59万元。各项贷款13475.4万元。实现拨备前利润779.83万元，净利润747.85万元。全年实现中间业务收入188.78万元。

【数字人民币支付场景建设】白沙工行积极响应政府及中国人民银行号召，充分发挥品牌优势和资源优势，全力支持白沙家国文化体育有限公司数字人民币支付场景建设，与白沙家国文化体育有限公司联合举办“全民健身 数币启航”数字人民币结算商户消费满减活动，持续不断地为白沙当地提供更加坚实的金融支持，在民生领域树立行业标杆，推动消费新模式，助力数字人民币与白沙区域经济融合发展。

本次活动，得到白沙黎族自治县政府大力支持，县政府领导、发改委、审批局、金融办、人民银行以及家国文化体育有限公司等主要负责人到现场体验数字人民币交易过程，深入了解数字人民币发行背景和推广情况，就白沙工行推动数字人民币试点工作提出宝贵的意见和建议。白沙工行将以本次合作为契机，策划推出“数字人民币试点场景建设”畅购超值满减活动，创新打造一批商业数字化转型新场景，助力数字人民币与白沙区域经济融合发展，助力消费者获得更加便捷安全的支付体验。

【业务发展】2021年，白沙工行聚焦资产业务，借助县政府出台扶持民营中小企业七条措施，把握具有优势的中小企业扶持机遇，通过发力融e借、小企业经营快贷、税务贷等产品，打造白沙工行小微贷品牌，发展小微企业贷款户，发放金额13475.4万元。强化智慧抓手，抢占发展先机。充分发挥ECOS工程优势，全年营销“银校通”业务2户、“工银e政务”3户、“应急物资管理系统”上线1户、融e购扶贫商户1户，构建和完善智慧白沙工行业务拼图。

（中国工商银行白沙支行 苏有益）

白沙农商银行

【概况】海南白沙农村商业银行股份有限公司（简称“白沙农商银行”）2021年，白沙农商银行共有17个营业网点，共160人，其中白沙本地就业人员81人，在全县所有乡镇和国有农场均设有营业网点和自助银行，安装存取款机；在全县74个行政村和40个贫困村建有金融服务站和便民服务点，使农户在家门口就可以完成小额现金存取、转账、缴费等金融服务需求。为提供便捷、高效的金融服务，白沙农商银行各营业网点在周末及节假日均正常营业，是全县营业网点最多、营业时间最长、投入成本最高的金融机构。

【存款业务发展情况】截至2021年年末，白沙农商银行各项存款余额411734.3万元，比上年增加39112.16万元，占白沙黎族自治县市场份额的49.57%，位于全县同业首位。其中储蓄存款余额324406.17万元，占存款总额的78.79%，对公存款余额87328.13万元，占存款总额的21.21%。

【贷款业务发展情况】白沙农商银行各项贷款余额213554.71万元，比年初增加42416.21万元，占白沙黎族自治县市场份额的53.77%，位于全县同业首位。其中一般贷款余额192817.54万元，较年初增加21679.04万元。

【经营效益情况】截至2021年年末，白沙农商银行总收入18646.67万元，总支出15934.46万元，实现净利润2551.22万元，2021年累计缴纳税额1280.41万元。

【推进社保卡更换及应用】2021年白沙农商银行联合县公安局、图书馆等上线了9家酒店社保卡登记住宿、社保卡图书借阅，拓宽了社保卡应用渠道；同时白沙农商银行在全县布放社保卡自助智能机10台，基本满足群众办理社保卡业务的需求。截至2021

年年底，白沙农商银行社保卡全年新增发卡4293张，累计发卡200667张，完成发卡任务的169.42%；社保卡累计激活182884张，整体激活率91.14%；累计签约电子社保卡50897户，电子社保卡签发率为39.39%；累计换发三代卡108559张，整体换发率54.09%。

【发挥支农支小主力军作用】白沙农商银行发挥支农支小主力军作用，支持本土实体经济，积极履行金融扶贫等社会责任，做到政府有号召，农信见行动。截至2021年年底，白沙农商银行累计发放建档立卡贫困户贷款5087笔，占全县金融机构7302笔的69.67%，累计发放金额11451.52万元，占全县金融机构18602.64万元的61.56%。2021年白沙农商银行发放小微企业贷款24803万元，为受疫情影响的企业展期7036万元、变更还本计划5258.46万元。安排全行中层及以上领导干部17人，作为贫困村光雅照明村、那来村的帮扶责任人，完成了68户的脱贫攻坚工作。

【整村授信】为满足乡村振兴多样化、多层次的金融需求，深化乡村产业发展、信用体系建设等方面的合作，白沙农商银行与对俄村委会签订党建共建促整村授信合作协议，以党建共建为契机，推动整村授信工作全面开展，助力乡村振兴工作。截至2021年年底，白沙农商银行与17个单位签订党建共建协议，选定对俄村委会等17个村委会作为整村授信示范点。截至2021年年末，已完成授信户数1226户4546.5万元，完成10%行政村整村授信的目标。

交通邮电

交通运输

【概况】全县农村公路六大工程固定资产累计投资达59534.55万元，共新建农村公路47条86.7公里，改建农村公路42条237.44公里。其中，县道3条16.19公里，乡道32条195.4公里，村道7条25.85公里。农村公路硬化总里程由2015年初期的1199.77公里增加到1286.47公里。受益人口由2015年初期的11.82万人增加到约19万人。公路密度由56.6公里/百平方公里增加到60.76公里/百平方公里，全县已有74个村通了水泥公路，村通客车，实现了所有村通硬化路的目标。全县初步形成以高速公路、国道、省道为骨架，以县、乡、村公路为基础的干支相连、布局合理、四通八达的公路交通网络。从2016年起，持续加大农村公路的投入，计划投资59534.55万元，实施农村公路六大工程项目154个，其中，自然村通硬化路工程共47条86.7公里，项目总投资9018万元，窄路面拓宽工程共32条195.4公里，项目总投资11207万元，生命安全防护工程共30条72.63公里，项目总投资3681万元，农村公路桥梁建设及危桥改造工程共41座2413.8延米，项目总投资24549.55万元，县道改造工程共3条16.19公里，项目总投资6382万元，旅游资源路共1条11.085公里，项目总投资4697万元，切实解决农村公路制约农村发展的“瓶颈”，为脱贫攻坚和实现乡村振兴战略提供基础保障。如：打造了旅游资源路G225至大溪桥至大岭农场至西线高速海头立交公路改建工程项目，同时在风景优美的路段，设置了观景平台，供游客观赏风景。2016年投资3400.23万元新建了福才大桥、牙港桥、什庄一桥，福才村从一个贫困山村被成功打造为原生态休闲农业旅游村。

【加强班子建设】2021年，县交通运输局紧紧抓住思想理论建设，着力提高班子成员领导水平和决策能力。3月29日县交通运输局召开了党史学习教育动员大会，成立了党史学习教育领导小组并起草制订了《白沙黎族自治县交通运输局党史学习教育的实施方案》，定期开展相关党史学习教育13次，以高度的政治自觉、思想自觉和行动自觉抓好党史学习教育。同时按党史学习教育领导小组办公室要求，研究“我为群众办实事”清单，结合交通运输工作实际，找出当前群众“急难愁盼”的问题，经过修改完善，梳理出“我为群众办实事”清单内容2项，并按工作要求积极推进解决。同时，高质量开展“大学习、大调研、大抓落实”。把握学习内容、注重学习方式，突出一个“悟”字，按照年初有计划、有统筹的思路，研究梳理2021年农村公路重点项目“六个一”责任清单，明确各责任领导、责任单位、配合单位。加强班子的作风建设，班子成员分工不分家，支持不挑剔，补台不拆台，发挥了班子成员的主观能动性，提高了决策的民主性、科学性，增强了战斗力。

【六大工程续建】2021年续建项目8个，总投资11209万元，分别为：苗村大桥、什席桥、珠碧江大桥、方通桥、金波八队桥、金波农场至打松生命安全防护工程、窄路面拓宽工程金波农场至打松公路、白沙黎族自治县青松乡那堂至南开乡浪九村道路硬化工程。截至12月30日已完成4个项目，分别为：金波八队桥、方通桥、什席桥、白沙黎族自治县青松乡那堂至南开乡浪九村道路硬化工程，累计完成投资额10829万元，占总投资的96.6%。当年共完成投资6105万元，占年度投资的94%。

【第一批农村公路养护工程项目实施】2021年省交通运输厅下达县交通运输局实施的2021年养护工程项目有9个，分别为7座危桥改造项目和2条公路安全设施精细化提升工程，总投资5479.12万元，其中省级补助资金2059.94万元，地方政府配套资金3419.18万元，以上项目已开工建设。

【自然灾害综合风险普查】按照海南省人民政府办公厅关于开展《海南省第一次全国自然灾害综合风险普查》的通知（琼府办函发212号）及《关于进一步加强海南省第一次自然灾害综合风险公路承灾普查工作的通知》（琼交公路〔2020〕330号）等有关要求，县交通运输局迅速部署工作，并委托海南省交通规划勘察设计研究院作为技术支持的普查小组，对白沙11个乡镇开展自然灾害综合风险公路承灾体普查，截至2021年9月30日，共普查农村公路自然灾害风险点246处，其中滑坡灾害18处，占7.3%，高边坡4处，占1.6%，沉陷塌陷灾害44处，占17.9%，其他180处为水毁灾害点，占73.2%；境内高速公路、国道、省道总共普查自然灾害承灾体8处，均为滑坡灾害，目前以上风险点信息数据全部提交至交通运输厅审核。

【公路网规划编制及命名编号调整】根据海南省交通运输厅《关于发布海南省县、乡道及村道公路网规划编制及命名编号指导意见的通知》，针对白沙黎族自治县农村公路存在县、乡道路网规模不足，结构不合理，村道编码混乱等问题，县交通运输局拟将3条乡道、1条规划道路调整为县道，调入里程44.149公里。将1条县道调出，调出里程3.252公里，调整里程增加40.897公里；将61条村道、1条新建道路调整为乡道，调整里程增加86.84公里。5条乡道、36条新建道路调整为村道，调整里程减少124.980公里。

【交通工作】完成白沙黎族自治县2016—2018年交通运输行业成品油价格改革财政补贴发放工作，重新启动因2015年审计发现问题而停止发放的交通运输行业燃油补贴相关工作，就原有方案积极征求财政、审计等相关部门意见，重新编制《白沙黎族自治县2016—2018年交通运输行业成品油价格改革财政补贴资金分配方案》，涉及农村客运、出租车、城市公交车等行业补贴金额227.79万元。

持续推进投放12辆纯电动公交车工作。2020年12月31日原城乡公交公司退出白沙经营市场后，白沙周边城乡居民处于无公交可乘坐的状态，为此县交通运输局积极推动重新引进公交企业投放公交车辆工作，对运营线路、纯电动公交投放、运营成本等进行可行性分析，委托第三方机构编制可行性分析报告，为后续公交车投放提供理论支撑。根据《白沙黎族自治县人民政府常务会议纪要》（十五届74次〔2021〕16号）文件精神，会议原则同意投放9辆新能源公交车（中型）承接牙叉镇至细水乡、牙叉镇至元门乡等三条线路公交客运服务，并参照微公交运营模式，由县财政拨款给县城乡建设投资有限公司，通过政府采购方式购置9辆中型新能源客运公交车，委托有客运经营资质的企业进行托管。

【安全生产】圆满完成了2021年的春运工作；继续开展安全生产专项整治行动，突出抓好"两客一危"、农村客运、超限超载治理、营运安全整治，强化源头管理，严格落实道路运输"三关一监督、五不两确保"等安全管理制度，全面落实企业安全生产主体责任和行业监管责任；以安全生产监管执法为手段，全面开展行业检查、专项督查、综合督查等多种形式的安全生产监管，加强与县综合执法局沟通协调，开展联合执法行动，及时发现解决交通运输领域存在的安全隐患问题，处罚违法违规行为，截至2021年年底，县交通运输局共协调县综合执法大队出动执法人员1012人次，开展执法检查310次，检查各类运营车辆668辆，查处各类违章违规案件86宗，其中查处超限超载案件55宗，其他未盖帆布造成扬撒、班线车违规等案件31宗，处罚金额共计57200元，有效维护了交通运输市场秩序的安全稳定。

【其他工作】抓好交通运输行业新冠疫苗接种工作。2021年以来，县交通运输局认真落实县委、县政府、县疫情防控指挥部安排部署，全力推进新冠疫苗接种工作，安排专人落实，全面摸清底数，细化工作措施，切实把交通运输行业疫苗接种工作组织好、安排好、推进好、落实好。截至2021年12月底，县交通运输行业共有从业人员460人，已接种441人，接种率96%。

落实白沙黎族自治县平价菜保供惠民行动工作任务。县交通运输局作为平价菜保供惠民行动专班成员单位，第一时间成立了交通保障组，并结合工作职责开展工作。深入全县28个常年蔬菜基地调研道路交通顺畅问题，截至2021年年底，路面基本都是3.5米水泥路，不影响正常通车，此后按轻重缓急逐步进行道路拓宽，为全县瓜菜运输创造更好的出行条件。完成摸底调查超市运输成本和批发商运输成本工作，为进一步做好进县蔬菜运输、配送环节的成本测算提供依据。

公路管养

【概况】2021年，白沙公路分局设有纪检室、行政办公室、党建办公室、计财股、生产技术股、路政股、机料股、安全生产监督股、工会9个部门，管理11个道班、1个维修队，共有干部职工148人，已有养护机械：挖掘机3台、装载机2台、压路机2台、东风洒水车1台、平板车1台、路面清扫车1台、多功能养护车1台、养护机械江铃车17台，以及割草机、绿篱机、油锯、铣刨机、沥青撒布机等小型机械养护设备174台。

【公路日常养护管理】强化日常养护管理。每月由生产技术股下达生产工作任务，月底由考核小组进行综合考核。2021年，白沙公路分局共管养153.965公里（在建78.215公里），MQI值为93.44；其中国道102.215公里，MQI值为94.23，省道51.75公里，MQI值为92.65。

桥梁管理。认真落实桥梁养护管理制度，及时开展桥梁经常检查与定期检查。委托有资质的桥梁检测公司完成定期检查，2021年完成一类1座、二类15座、三类2座，共853.66延米桥梁的定期技术状况检测工作。

及时做好公路病害修补工作。根据日常养护工作及时发现病害，及时修复，确保公路的安全畅通。2021年修整水沟平台草1106.3公里、清理水沟403.32米、修补水泥路面498平方米、使用粘缝带修复裂缝470米。维修波形护栏136米，修补沥青路面742平方米，冷料修补路面360平方米，做好路面预防性养护83000平方米；消耗沥青混凝土3.5吨，乳化沥青15.28吨，混合料20立方米，石屑202立方米，碎石9立方米，砂30立方米。

G98珠碧江大桥绕行便道修复。G98海南环岛高速白沙段实施封闭管制后，白沙公路分局管养的海榆西线k185+200～k196+300路段交通量剧增，路面损害严重。为确保公路的安全畅通，白沙公路分局立即启动应急预案，及时修复路面病害，修复路面360平方米，共消耗沥青冷料10吨。

【“五化”公路建设】白沙公路分局主动向县委、县政府汇报白洋线公路绿化建设规划，县林业局支持约500万元的苗木，用于白洋线公路绿化建设，打造“一路美丽到白沙”的景观公路。

“五化”公路建设与党建相结合，突出党员元素，打造成美丽公路的标杆，在白洋线k13处、k22处、k28处以及邦海线k3+200处分别打造公路路徽、党徽和永远跟党走等景观点。2021年，多次在白洋线开展党日植树活动，发挥机关工作人员、道班工人的内在动力，激发党员的积极性、主动性和创造性，充分发挥党员的先锋模范作用和基层党组织的战斗堡垒作用。

2021年，共种植红花鸡蛋花166株、种植雨树1148株、种植红花木棉2885株、凤凰木35株、秋枫1420株，种植木芙蓉5900株、七彩扶桑6450株、红车7960株，种植小叶龙船花11428株、鹅掌柴10008株、巴西野牡丹2225株、红花夹竹桃2325株、大叶红草8750株、黄金榕4572株、变叶木3400株、大叶油草1425平方米、台湾草250平方米。

【规范养护工程管理】在公路养护工程建设管理中，严格执行《海南省公路养护工程项目管理》及相关规定，狠抓工程管理，严把目标责任和工程建设质量，确保工程合格率达100%。认真做好养护工程项目收尾工作，2021年上报审计项目共有6个；2020年前遗留未出具审计报告项目4个，2021年完成审计并出具审计报告项目7个，正在审计3个项目。截至12月底，白沙黎族自治县省道水毁修复工程完成100%；S310邦海线安全设施精细化提升工程完成30%。

【加强巡查保护路产路权】结合疫情防控新形势，主动联合相关部门开展路政宣传月，主动深入辖区内九队石场、七坊鹦哥石场等场所讲解法规政策，答疑解惑，做好政策宣贯，以服务促进宣传实效；本次路政宣传月活动共出动工作人员4人次，车辆1次，海报张贴25份，横幅18条，相关法律法规宣传材料共约260份。

2021年累计路产巡查119天，巡查里程13480公里，维护分局管养线路常年畅通无阻，确保路产路权不受侵占。共清理路障3起，制止私开路口行为9件，责令整改恢复违法19件，制止农户在公路平台种植物5次，共处理损坏路产案件9件，结案率达100%，收回赔偿款38474元；许可项目8件，赔（补）偿款209528.2元。

【安全生产工作常抓不懈】白沙公路分局以抓安全、保稳定、促发展的工作思路，做好安全生产工作。

抓好宣传教育工作，营造良好的安全生产氛围，向分局职工宣传安全基础知识和安全文化理念，倡导安全生活方式。

认真做好疫情防控工作，确保分局正常生产生活秩序。2021年2月3日至3月4日疫情防控期间，共出动车辆7台次，出动人员22人次，悬挂横幅15条、张贴海报54张、分发免洗消毒液36瓶、口罩470个、体温枪12个。

开展以“落实安全责任，推动安全发展”为主题的安全生产月活动，共出动车辆4辆次、人员20人次，悬挂横幅15条，发放宣传手册500份、宣传袋300个，制作海报展板4块，现场接受群众咨询200余人次。

坚持专项整治三年攻坚行动。对路面病害，沉陷、坑槽、断板、麻面等影响行车安全路段进行排查。2021年，发现国道、省道安全隐患313处，已完成安全隐患整改298处；汛期抢险清除塌方800立方米；清理枯死路旁树和路旁树倒伏95处、523棵（含台风期间抢险清理路旁树）。

认真做好应急抢险物资储备工作，2021年，储备河沙406.9立方米、碎石465.5立方米、编织袋4100条、三角钢桩300根、安全锥300个、安全柱500根、安全帽79顶、安全标识标牌142块。另外，县应急局拨付20万元的自然灾害风险普查资金及25万余元的应急物资。

（公路分局　符丽）

交通规费征稽

【概况】海南省交通规费征稽局白沙分局（以下简称白沙征稽分局）成立于1994年12月，为财政预算管理事业编制，公益一类单位，内设办公室、财务股、征收股、稽查股。

依照《海南经济特区机动车辆通行附加费征收管理条例》的授权，征收机动车辆通行附加费。白沙征稽分局管辖范围为白沙黎族自治县管辖的行政区域。

【工作指标】2021年白沙征稽分局主要业务指标：完成海南省交通运输厅与省交通规费征

参加路政宣传月活动

稽局下达的征费任务。

白沙征稽分局全年总任务为2334万元，截至12月25日已征收通行附加费2692万元，完成全年任务的115%。其中，汽油附加费1995万元，同比增长64.2%；柴油附加费697万元，同比增长10.9%。全年新增车辆299台、1626吨（数据统计从2020年度12月26日至2021年12月25日）。

截至12月31日，综合应用常态稽查、定点稽查等方式，加大对白沙逃漏费车辆的打击力度。出勤稽查天数154天，出动稽查人员478人次，查扣违规车辆22台、344吨，补缴规费52937.5元，罚款107700元，严厉打击车辆偷漏通行附加费行为，维护良好征稽秩序。

根据《海南经济特区机动车辆通行附加费征收管理条例》的有关规定，按照省交通厅相关工作要求，对2019年和2020年涉及交通行业的公益事业及工业、农业、渔业、旅游业等使用非车用汽油企业和个人进行补贴，为确保非车用汽油补贴发放到企业和个人，白沙征稽分局安排专人电话通知企业和个人，截至12月31日，共有43人办理11425升汽油的申请，金额共计11996.7元。

根据海南省交通规费征稽局发布《关于2021年重大节假日7座以下（含7座）小型客车机动车辆通行附加费退付申请的公告》（以下简称《公告》），白沙征稽分局切实做好重大节假日免收小型客车机动车辆通行附加费工作，进一步提升服务水平，为7座以下（含7座）小型客车（不包括使用汽油、柴油以外的能源作为动力的车辆和行政事业单位公务车辆及临时跨行海南省的外省籍汽油小客车）办理机动车辆通行附加费退付工作申请。

【业务办理】车主可在征稽分局征费大厅或网上申请办理，也可通过手机注册“海南通行费”App（当前仅限安卓用户，App可在海南省交通规费征稽局官网扫码下载）申请注册办理，微信小程序退费通道暂未开放，正在测试当中。车主申请一次后，只要提供的资料信息没有变更，以后都不需要重复申请，在机动车检验合格标志的有效期内都可连续使用。

白沙征稽分局积极宣传并做好重大节假日车辆申请退付的惠民政策，2021年共新增79台车辆申请。

【海汽白沙分公司概况】 2021年，海南海汽运输集团股份有限公司白沙分公司（简称“海汽白沙分公司”）内设综合部、计财办、经营发展部、安全质量部、车队、站务部6个部门，有员工59人（含劳务派遣人员8人）。有客运班线18条，有公车13辆、责任车35辆。客运站日均运输旅客约450人。

【安全生产】 2021年，海汽白沙分公司扎实开展安全生产工作，严格落实安全生产责任制。按季度召开安全专题会议，组织安全教育培训18次，开展应急演练1次，组织签订安全生产责任书。同时，加大安全监管力度，加强监控平台管理，做好值班抽查，对“三超一疲劳”及违规接打电话等隐患，进行排查整改。全年车辆累计安全行驶436万公里，没有发生安全事故，安全生产四大指标均为零，即责任事故频率、责任事故伤人率、责任事故死亡率、事故经济损失率均为零。

【生产经营】 2021年，受新冠肺炎疫情的持续影响，海汽白沙分公司完成客运量39万人次，完成全年计划的97.5%；完成客运周转量5960万人公里，占全年计划的79.4%；窗口售票额完成1365万元，同比增长170万元；实现营业收入1582万元，同比增长151万元。白沙海汽出租车有限公司由集团委托管理，共有14台，正常经营的出租车共计14台（其中2辆为公司公营车辆）；白沙微公交项目，由政府委托公司管理，有微公交车辆20台，从业人员56人。

【新客运站建设】 海汽白沙分公司老客运站地处县城中心地段，根据县城统一规划部署，通过对市场调研，新车站选址于浪崖村旁，面积约4公顷，计

2021年海汽白沙分公司客运班线情况表

表9

班线情况	台数（台）	经营情况	班线情况	台数（台）	经营情况
白沙—海口	12	公车	查苗—那大	2	责任经营
白沙—文昌	1	公车（11月份转责任车）	白沙—邦溪	12	责任经营
白沙—乐东	1	公车	白沙—芙蓉田	2	责任经营
白沙—三亚	1	责任经营	白沙—青松	3	责任经营
白沙—那大	3	责任经营	白沙—金波	1	责任经营
白沙—万宁	1	责任经营	白沙—南开	1	责任经营
白沙—琼海	1	责任经营	白沙—狮球	1	责任经营
白沙—金江	1	责任经营	白沙—八所	2	责任经营
白沙—昌江	1	责任经营	金波—海口	1	责任经营
白沙—五指山	1	责任经营			

划将该项目建成一个集商住、购物于一体的商业综合体。7月13日启动开工仪式，12月10日进行公开施工招标，海南逸涛建设工程有限公司中标，12月24日白沙新客运站开始施工，项目工期545天，项目已完成土方开挖、板房搭建、道路硬化、防尘降尘设施搭建等前期工作。

（海汽白沙分公司 陆玉春）

中国邮政集团有限公司海南省白沙黎族自治县分公司

【概况】中国邮政集团有限公司海南省白沙黎族自治县分公司（以下简称：白沙邮政）经营金融、函件投递、集邮、报刊发行、物流等业务。2021年，白沙邮政共有在职职工87人（寄递事业部6人），其中合同用工76人，劳务派遣用工11人；大专以上学历80人，中专及高中学历5人，初中学历2人。管理机构设有一室（综合办公室）一部（市场营销部），寄递事业部本部不设管理机构。

白沙邮政共有自营邮政网点17个（其中代理金融网点9个，纯邮政营业网点8个）、村邮站74个、便民服务站69个、邮乐购店69个；拥有邮运车辆3辆、投递车辆35辆（其中汽车7辆、三轮车24辆、摩托车4辆），共开设7条汽车邮路，总长550公里，32条投递段道共计1893.5公里。

【经济效益】2021年白沙邮政全年营业总收入2315万元，同比增长1.24%，完成省公司下达预算的92.99%，经营利润完成-72万元，完成计划的-27.15%；劳动生产率达26.61万元/人；邮政业务总量完成1892万元，同比增长-4.97%。

【经营管理】惠农合作项目落地见效。全年走访农民合作社364户、走访率101.11%，吸纳个体农户会员2425户，完成率121.25%，生成白名单170户，完成率340%，实现融资E放款236万元，帮助农民合作社实现农产品销售4.07万元，农产品寄递资费收入37.41万元。网点转型成效明显，叠加警邮合作、异业零售等项目，完成11个网点转型。严格落实好“一岗双责”安全生产责任制，从严、从细抓好安全生产管理工作。白沙邮政扎实开展安全生产专项整治三年行动工作，安全生产工作总体平安稳定。加强重大活动、重要会议和重要节日期间的安全管理工作。严格按照“全覆盖、无死角”的原则开展安全隐患排查整治工作，优化车辆停放和充电管理工作，有效改善车辆乱停乱放乱充电的问题。全力保障辖内所有网点全年不发生安全生产事故、火灾事故等。强化风控管理学习与培训，在2021年度代理金融资料现场会审工作中获得全省第6名。严格开展风险排查工作，强化员工合规意识，严防风险案件发生，提升案件风险防控能力。全面落实网点转型升级及人员定编配置工作，为9个金融网点配备了保安人员和理财经理，进一步优化人才队伍建设，助推业务发展；开展岗位公开竞聘工作，新提拔6人，优化调整9名优秀员工到关键性岗位，有效提高了管理效能；完善薪酬分配制度，出台并全面实施了金融网点人员绩效和计件薪酬管理实施细则，进一步激发员工创收积极性，更好地支撑企业持续健康发展。积极配合省分公司做好寄递专业环节成本管控工作，有效压降收寄单价、投递单价、陆运运输环节单价，为业务发展提供有力支撑。持续做好“小金库”专项治理检查工作，财务工作健康平稳。按照省分公司房产租赁的总体要求进一步盘活房屋资产，提升企业资产管理效能。充分运用财务标杆看板系统，聚焦报刊历史欠款、分销欠款、集邮库存等企业发展的主要矛盾和关键问题，有效压降欠款额度。

【通信建设】2021年完成芙蓉田营业所、金波营业所、七所营业所3个金融网点营业厅标准化改造，企业形象进一步提升。完成邦溪营业厅联动区域改造，提高防尾随安全系数。根据车辆使用年限，更新2辆通信生产车辆，提高邮运能力。

【企业党建】认真抓好全面从严治党主体责任和“一岗双责”

责任清单；严肃党内政治生活，严明党的政治纪律和政治规矩，落实好“三会一课”、谈心谈话、组织生活会等基本组织生活制度，健全完善主题党日制度，落实党建重点工作任务。扎实开展党史学习教育，精心谋划庆祝建党100周年系列活动，积极参与集团公司开展的“重温党史百年，传承红色基因”微课评选活动，白沙邮政推送的“白沙起义第一枪 红色精神传青史”微课荣获团体一等奖。深入开展党员“三亮三比三评”“我为群众办实事”和党支部领题破题活动，激发党小组的战斗堡垒作用，调动广大党员的先锋模范作用，开展“我是党员 我在一线”主题实践活动，党员累计揽储819万元。认真落实中央八项规定精神，持续纠治“四风”，做好重要节点的提醒教育和监督检查，全年组织开展节日廉政提醒谈话114人次。

精神文明建设。持续深化物质文明和精神文明建设工作，坚持以人为本，切实关心关爱职工，完成邦溪、大岭职工小家改造升级，提高小家舒适度。大岭职工小家在参加全省年度先进职工小家评比中，荣获省邮政工会先进职工小家三等奖。以活动为切入点，弘扬社会主义核心价值观，结合工作实际，先后组织开展了庆祝2021年春节系列活动、“三八”国际妇女节参观白沙起义第一枪旧址、“迎五一，庆五四”篮球比赛活动等；鼓励职工全民健身，增强体质，健康生活，积极组织职工参与县政府组织的“三月三竹竿舞”比赛，积极参加省分公司开展的海南邮政跨年度“抖音视频”比赛，邦溪邮政所的抖音作品荣获三等奖并在“海南邮政”抖音号中发布宣传，认真参与省分公司组织的“传承红色基因 建设美好邮政”海南邮政庆祝中国共产党成立100周年职工趣味运动会，并荣获“道德风尚奖”。七坊邮政所在全省代理金融网点“争先进位”劳动竞赛荣获争先进位奖第十名，邦溪邮政所在全省代理金融“掘金2021”财富客户提升专项营销活动中，获得“明星网点奖”荣誉称号。

（中国邮政白沙分公司 林碧婷）

通 信

【概况】2021年年末，全县有固定电话用户14118户，比2020年年末下降20.0%。年末，移动电话用户161313户，比2020年年末下降9.0%；互联网年末用户48972户，比2020年年末增长12.9%。固定电话普及率每百人7.23部，比2020年下降20.2%；移动电话普及率每百人82.66部，比2020年增长16.5%。城区光网覆盖率达100%，行政村光网覆盖率达100%。推广“宽带中国 光网城市”“互联网+”“5G商用”等工作，在各重要开发区、高端住宅小区提供光纤到家（FTTH）服务。

【信息化建设】白沙重点推进行政村和自然村光网建设，实现行政村光网全覆盖和自然村4G全覆盖，全县4G用户达13.8515万户，互联网宽带用户4.3352万户。完成427个自然村、257个农垦居民小组的4G信号覆盖建设，426个自然村、255个农垦居民小组覆盖光网，全县自然村、农垦居民小组光网4G覆盖率均在99%以上。5G基站开通34个，5G基站（室分系统）完成4个，5G基站铁塔改造完成23个，5G智慧教育和5G智慧医疗建设项目正稳步推进，全县信息化水平跨上新台阶。

（县科工信局 高明辉）

【中国电信股份有限公司白沙分公司概况】中国电信股份有限公司白沙分公司（以下简称中国电信白沙分公司）是中国电信股份有限公司海南分公司下辖市（县）分公司。设有5个部室、2个生产班组、2个城市支局和2个农村支局，产品及服务网点遍及白沙黎族自治县内各乡镇及农场。中国电信白沙分公司是技术密集、人才密集和知识密集型的现代运营企业，已建成高速率、大容量、多路由和具有多重保护功能的现代通信网络。中国电信白沙分公司通过完善内部管理机制，推进企业转型，实施精确化管理，规范内控流程，加快通信能力建设，综合通信能力进一步增强，网络规模不断扩大。

【经营服务】 2021年，中国电信白沙分公司聚焦客户信息化应用和全业务发展策略，努力创新发展模式，企业经营服务取得不俗的成绩。移动业务坚持高质量发展，净增出账用户超额完成任务目标，净增完成率160%，移动业务收入同比增长31%；宽带继续上规模发展，新增及净增用户均超额完成全年任务目标，净增完成率144%；iTV业务发展势头良好，新增及净增用户均超额完成全年任务目标，净增完成率120%，同比增长60%；全面推进网格承包，不断提高及完善网格团队的业务发展及存量保有能力。

【通信保障】 2021年，继续提高通信保障能力。开展优化全县传输网络成环工作，确保重要节点传输网络成环保护。制定应急通信保障预案，定期进行演练，增强应急通信指挥协调能力和抢修维护人员应急能力。全县光传输网遍布城乡，通达光缆的主要乡镇及农场达到100%。中国电信白沙公司建成以光缆通信为主，数字微波和卫星通信为辅的大容量、高速率、与国内/国际联网、安全可靠的通信传输网和相应的业务网、支撑网，可为用户提供有线和无线通信服务，为社会各界提供快捷、方便、准确、灵活的现代综合信息服务。

【网络能力建设】 2021年，中国电信白沙分公司全年投资2000多万元，加大县城设备改造和农村地区接入的投入，持续对移动通信、宽带接入和传输网络进行优化，积极推进农村光网建设，加快提高光网覆盖能力，满足全县人民的通信需求，县城和农村地区的很多突发性通信需求均能按时保质提供。2021年全面完成4G网络和光网建设工作目标，城区光网覆盖率达100%，行政村光网覆盖率达100%，自然村及农场连队光网覆盖率达98%；城区4G覆盖率达99%，乡镇4G覆盖率达99%，同时完成了26个5G基站和17个4G基站的建设并投入使用。2021年年底，中国电信白沙分公司积极推广“宽带中国 光网城市”“互联网+”“5G商用”“数字乡村—平安乡村”等工作，在各重要办公区及高端住宅小区提供光纤到户服务，为进一步打造白沙光网夯实了基础平台。

【加强党建工作】 2021年，中国电信白沙分公司进一步加强党建工作，认真组织和落实党的十九大精神“大学习、大宣传、大落实”工作，掀起理论学习的热潮，利用易信、微信、网上大学、党员天天学和阳光党建App等平台实时开展教育，营造良好的宣传氛围；持续对软弱涣散基层党组织开展整顿工作，建立健全党组织工作制度，确保党组织在日常生产经营工作中起到统领地位；继续加强党费收缴工作，确定每月第一个工作日为“党费缴费日”，并通过翼支付App缴交党费；坚持落实好“三会一课”制度、认真组织民主生活会和组织生活会；加强干部作风建设，深入剖析工作中存在的形式主义、官僚主义等突出问题；严格遵守中央八项规定，坚决反对“四风”，不断改善企业服务质量，建设勤政、廉洁、务实、高效的工作队伍；建立健全党建联系点和党建指导员工作制度；继续推进党史学习教育常态化、制度化、开展庆祝建党100周年活动、“勇当先锋、做好表率”主题党日、精准扶贫、党员入支局帮扶等活动，创建“翼起争先”支部品牌，进一步加强党支部建设，更好地发挥党支部的战斗堡垒作用和党员的先锋模范作用，增强党支部的凝聚力、战斗力和创造力。以“党建易联”为切入点，联合牙叉镇道埠村委会党支部，坚持宣传引导、严防严控，科学防控，携手共建一线防护网，以实际行动助力坚决打赢疫情防控阻击战。

【精神文明建设】 2021年，中国电信白沙分公司坚持以人为本，贯彻落实科学发展观，继续以培养“四有”职工队伍为目标，以创建一流企业为宗旨，致力诚信服务和职业道德建设，全面提升员工的整体素质，保持经济效益和社会效益稳步提高，“三个文明”建设取得一定成效。中国电信白沙分公司秉承“用户至上、用心服务”的理念，强化文明营业窗口建设，严格履行首问负责制，优化咨询、投诉处理流程和管理办法，形成服务的闭环管理。积极开展全员素质提高教育培训，使员工在熟练掌握各项电信业务的同时，具有良好的服务礼仪和营销技巧。同时狠抓服务短板整改，重点加强主营业厅基础服务能力建设，严格考核，狠抓落实。积极开展各种活动，培养团队精神，提高企业凝聚力。组织了庆祝“三八”妇女节休闲娱乐活动、员工户外郊游、三人篮球比赛、羽毛球兴趣小组等。同时，关心关爱员工，落实员工健康体检、休假、夏日送清凉、金秋助学等制度，动员员工加入帮扶基金会，组织女职工参加女职工安康互助保障活动，为员工构建多重保障体系，通过坚持不懈地落实各项关爱员工举措，及时送去组织的关怀和企业的温暖。开展“爱有天翼”志愿者服务活动，结合春节、国庆、五一劳动节、“学雷锋日”“3·15”“5·17”等重要节日、纪念日，深入小区、街道、学校等人员密集场所开展预防通信诈骗宣传活动，并现场解答群众提出的各种疑问，进一步增强群众的自身安全防范意识。2021年获得省电信公司先进单位荣誉称号。

【履行社会责任】中国电信白沙分公司积极履行社会职责，在白沙黎族自治县乡村振兴工作中全力以赴，攻坚克难，肩负起应有的担当，积极推进智力扶贫、网络扶贫、公益扶贫、信息化扶贫、就业扶贫、产业扶贫，以强烈的政治责任感和崇高的政治使命感，充分发挥企业自身优势，用好一切有利条件，扎扎实实完成好县委县政府交办的任务，受到县委县政府表扬。

中国联合网络通信有限公司白沙黎族自治县分公司

【中国联合网络通信有限公司白沙黎族自治县分公司概况】中国联合网络通信有限公司白沙黎族自治县分公司（以下简称中国联通白沙黎族自治县分公司）是中国联合网络通信有限公司海南省分公司下辖市（县）分公司。设有4个部门，产品及服务网点遍及白沙黎族自治县内各乡镇。

【经营服务】 2021年，中国联通白沙黎族自治县分公司坚持“移宽稳盘、创新增收、细分突破”的经营主线，聚焦细分市场，加强社区运营，全面推进全渠道数字化转型，实现高质量发展。积极推进改革，划分两个综合网格，激发有想法、有活力的人员积极竞聘小CEO。网格小CEO带领基层团队坚持“移宽稳盘、创新增收、细分突破”的经营主线，高质量发展能力持续提升。推进BTO建设，2021年12月前BTO建设456个端口，计划2022年建设3816个端口。持续开展社区宣传，利用免费上门测速，提高与用户接触率，实现融合业务规模发展。推进渠道复兴计划，提升实体渠道发展能力。优化实体渠道评星评级考核标准和存量店面补贴考核办法，规范渠道运营，促进规模效益良性发展。

【通信保障】 围绕聚焦“匠心网络”目标，推进网络转型升级，提升支撑保障能力。2021年白沙黎族自治县分公司有物理站点126个，逻辑站点231个。有专线127条，其中数字电路112条，互联网电路15条；宽带端口总数：10848个，用户数2287个；端口占用率21.20%，其中BTO端口数4008个，用户数为732个，占用率为18.26%；自建端口数6840个，用户数1555个，占用率为22.73%。4G在服率平均99.88%；3G在服率平均值99.8%；光缆中断率平均值0.109（目标值0.75）；光缆及时率平均值100%；专线故障处理及时率平均值100%。

【党建工作】 2021年，中国联通白沙黎族自治县分公司以政治建设为统领，深入学习贯彻党的十九大精神，全面推进党建工作和党风廉政建设的落地。制定党建工作计划及理论学习计划，进一步强化抓党建的主体意识和责任意识，坚持把党建工作与生产经营工作同部署、同落实、同检查、同考核，2021 年先后召开党支部党员大会 12 次。按学习计划，结合“三会一课”落实“两学一做”。支部书记带头讲党课 4 次，分别组织集中学习及主题党日活动 12 次，撰写心得体会 10 篇，并开展不忘初心、牢记使命系列主题党建活动。建立白沙党团之家微信群和钉钉群，及时推送党建方面学习材料给每一位党员。坚持警示教育常态化，围绕“不敢腐、不能腐、不想腐”的目标，完善廉洁风险防控体系。2021 年，每月定期开展廉洁风险防控工作自查，每月定期开展领导班子及 CEO 廉洁从业对照自查。

【履行社会责任】中国联通白沙黎族自治县分公司积极履行社会职责，在白沙黎族自治县脱贫攻坚工作中全力以赴，攻坚克难，肩负起应有的担当，积极推进智力扶贫、网络扶贫、公益扶贫、信息化扶贫、就业扶贫、产业扶贫，以强烈的政治责任感和崇高的政治使命感，充分发挥企业自身优势，用好一切有利条件，扎扎实实完成县委县政府交给的任务，受到县委县政府多次表扬。

（中国联通白沙分公司　尹　萍）

城乡发展

城乡规划

【概况】2021年，县自然资源和规划局坚持以习近平新时代中国特色社会主义思想为指导，始终把加强和改进干部职工的思想政治建设作为一项重大政治任务，严把政治方向、突出政治标准、强化政治属性，做到思想上求实、作风上务实、工作上扎实，全局干部思想政治建设全面加强，整体素质全面提高，自然资源保障和管理服务能力不断提升，为全县经济社会高质量发展提供了坚强保障。

2021年，县自然资源和规划局聚焦《白沙黎族自治县国民经济和社会发展第十四个五年规划和二〇三五年远景目标纲要》确定的重大指标、重大任务、重大项目，明确分工表、排出路线图、落实责任制，加快各项工作实施，形成全县上下抓落实、抓推进的强大合力，努力将美好蓝图转化为发展实效，2021年度白沙黎族自治县农村“房地一体”和国土变更调查工作进度在全省名列前茅。县自然资源和规划局重视干部职工的文体活动，组织干部职工参加2021年白沙“三月三”节庆活动竹竿舞互动大赛，荣获优秀奖。此外，还获得海南省爱国卫生运动委员会颁发的“海南省卫生先进单位”荣誉称号。

【机构设置】县自然资源和规划局下设办公室、政策法规和督察室、自然资源调查监测室、自然资源所有者权益室、国土空间规划室、国土空间用途管制室、自然资源开发利用室、国土空间生态修复室、耕地保护监督室、矿产资源勘察室、地理信息与测绘室。

【人员编制】白沙黎族自治县自然资源和规划局行政编制14名。设局长1名（兼任县总体规划总督察），副局长3名（其中1名副局长兼任县总体规划副总督察）。

核定牙叉自然资源和规划所事业编制5名，设所长1名（副科级），副所长1名。

核定七坊自然资源和规划所事业编制5名，设所长1名（副科级），副所长1名。

核定打安自然资源和规划所事业编制4名，设所长1名，副所长1名。

核定邦溪自然资源和规划所事业编制4名，设所长1名，副所长1名。

核定荣邦自然资源和规划所事业编制3名，设所长1名。

核定青松自然资源和规划所事业编制3名，设所长1名。

核定金波自然资源和规划所事业编制3名，设所长1名。

核定阜龙自然资源和规划所事业编制3名，设所长1名。

核定元门自然资源和规划所事业编制3名，设所长1名。

核定南开自然资源和规划所事业编制3名，设所长1名。

核定细水自然资源和规划所事业编制3名，设所长1名。

【干部队伍建设】2021年，县自然资源和规划局严格落实党员发展计划，注重加强年轻干部的政治理论教育和工作实践锻炼。年内提交入党申请书6

人，培养发展对象3人、预备党员3人，预备党员转正3人，并确定培养联系人对其加强跟踪教育。同时严格遵守《党政领导干部选拔任用工作条例》和《中华人民共和国公务员法》的有关规定，坚持正确用人导向，增强干部选拔使用工作的透明度，建立健全干部管理监督机制。经过充分酝酿和多方面考察，年内推荐培养年轻干部5人，提拔任用股级干部33人。

【构建国土空间规划体系】稳步推动国土空间规划编制工作，强化国土空间规划的战略引领地位，已形成国土空间总体规划初步成果。加快推进村庄规划编制工作，全县75个村，已完成74个村庄规划初步成果和初步成果公示，下一步待通过专家评审会后上报县政府审批。

【农民建房审批“零跑动”】根据《海南省农民建房审批“零跑动”试点工作方案的通知》和《关于进一步做好农民建房审批“零跑动”试点工作的函》等文件精神，结合实际，制订了《白沙黎族自治县农民建房审批“零跑动”试点工作方案》（代拟稿），并报至县政府审批。同时以邦溪镇和南开乡为试点乡镇开展农民建房审批“零跑动”工作，已提交建房申请29宗，已审批通过3宗。

【村庄规划】加强规划管理队伍建设，有效整合自然资源和规划、农业农村、住房和城乡建设、生态环境等部门力量，建立县乡村三级网格员全覆盖机制。充分发挥镇村两级网格员前置把关和监督管理双重作用。邀请省规划、建筑、市政等专家为村庄建设把脉。通过乡镇政府组织，集中村委会委员、驻村第一书记、乡村振兴工作队及各村民小组队长召开村庄规划专题会议，要求设计单位通过入户调研对村民意见进行收集整理，将合理的村民意见纳入本次村庄规划的考虑范围，充分体现村民的主体地位，并要求设计单位形成村规民约，为实施村庄规划建章立制。

【垦地融合发展】在国土空间总体规划工作中，多次与白沙农场及龙江农场对接，了解垦区的规划及用地需求。根据《海南省自然资源和规划厅关于印发全省耕地、永久基本农田、林地、建设用地布局暨指标预调整方案的通知》和龙江农场提交的《白沙垦区建设用地布局方案和三区三线调整方案》，省厅预下达垦区建设用地指标1155公顷，同时垦区提出拟新增开发边界900.49公顷，新增建设用地118.82公顷。

2021年根据垦区提供的具体项目红线图，初步划定了城镇开发边界，已将735.48公顷的新增开发边界纳入城镇开发边界范围，余下部分将进一步与垦区对接后，视情况而定。

将结合白沙建设用地总量，根据白沙5年内计划建设的项目，分析垦区拟新增建设用地的需求，合理划定垦区建设布局。

在各乡镇制订的控制性详细规划工作中，已将农场场部纳入控制性详细规划中编制，如白沙农场场部、龙江农场场部、芙蓉田农场场部、邦溪农场场部、金波农场场部和青年农场场部分别位于牙叉镇、七坊镇、荣邦乡、邦溪镇、金波乡和元门乡，均已整合纳入乡镇控制性详细规划中进行编制，其余位于乡镇区外的，如珠碧江农场、大岭农场及卫星农场单独编制控制性详细规划。

县自然资源和规划局副局长徐圆祺（中）到干村一队指导医保缴费工作

【帮扶联系】县自然资源和规划局帮扶联系人27人，定点结对帮扶邦溪镇地质村委会的王琴、干一、干二、地质一、地质二5个自然村，合计78户358人，局领导多次带队进村入户宣传帮扶新政策，帮助脱贫户申请应享受到的帮扶政策资助，在中秋、元旦节前开展走访慰问活动。组织帮扶联系人开展“两熟悉”知识培训2次、召开帮扶工作会议13次，帮扶责任人召开贫困户家庭会议156次，有效巩固和拓展脱贫攻坚成果，为乡村振兴工作的深入开展提供有力保障。

城乡建设

【概况】2009年12月30日，原白沙黎族自治县建设局更名为白沙黎族自治县住房和城乡建设局（简称县住建局）。2019年，白沙黎族自治县实施机构改革，地震局不再挂靠县住建局，城市综合执法局从县住建局下属单位中分离，人民防空办公室仍挂靠县住建局，原下属单位住房和房产管理局更名为住房和保障服务中心。县住建局内设办公室、人防岗管理岗、房地产市场监督与住房保障岗、村镇建设岗、城乡建设管理岗、城乡环境卫生管理岗、建设和科技管理岗7个行政岗，下辖县住房和保障服务中心、市容环境综合管理服务中心、生活垃圾处理填埋站、建设工程质量安全监督站4个事业编制单位。2020年因机构编制调整，划转1人至县行政审批局，原核定县住建局行政编制10名变更为9名。其中：局长1名，副局长3名。

【市政建设】开展市政设施监管、巡查和养护工作。2021年维修车行道约350平方米、人行道约2800平方米、疏通市政管道约4557米，更换市政雨污井盖、井座约39个，绿化种植约980平方米。完成基础设施建设工程。2021年完成旅游大道市政道路提升改造工程、南溪路市政道路工程、牙叉北路市政道路工程等4个基础设施建设工程，以及社会文明大行动项目包等项目，下一步将完成各项目竣工验收及竣工结算审计等工作。推进2021年在建市政基础设施工程建设。2021年在建市政基础设施工程：白沙高速路口—九架岭亮化工程项目，位于白沙黎族自治县城区内，建设内容含照明工程、电力通信工程等，于2021年11月开工建设，截至2021年年底工程建设进度60%，预计2022年7月完工。2021年新建市政道路。河北路延长线及上港路（一期）市政道路工程项目，项目总投资3183.33万元，道路总长660.884米，工程包括河北路延长线和上港路（一期），共2条道路。河北路延长线道路起点相接现状大桥桥头，终点相交上港路，道路呈东西走向，全长235.884米，红线宽18米；上港路（一期）道路起点相交河北路延长线，终点至屠宰场西北侧围墙角，道路呈南北走向，全长425米，红线宽12米，工程按城市支路标准修建。项目于2021年12月开工建设，截至2021年年底工程形象进度10%，预计2023年4月底完工；白沙黎族自治县学溪路、怡心南路延长线市政道路工程。项目总投资3050.88万元，由学溪路和怡心南路延长线2条道路组成，道路全长约797.53米，其中：学溪路段长457.23米，道路红线宽18米；怡心南路延长线段长340.3米，道路红线宽12米；道路等级均为城市支路，双向两车道，采用沥青混凝土路面，设计速度30千米/小时，项目形象进度10%，预计2023年4月完成；产业东路市政道路工程，项目总投资2618.43万元，拟建道路全长为860米，呈东西走向，采用城市次干道标准建设，道路红线宽度为18米，双向两车道，路面形式为沥青混凝土路面，项目形象进度20%，预计2023年5月完成。

【城市供气建设】燃气管网敷设。截至2021年已敷设完成75公里燃气管网，东抵南叉河带状公园、西达金沙小区、南至南湖小区、北至环城路阳光小区，县城区天然气主管网覆盖完成，完成中压管网建设4360.55米，低压管网建设5890.25米；通气小区58个、居民开通天然气6000多户，具备通气条件15000多户，商业用户开通天然气30多户，通气小区58个。2021年为新建保障性住房小区铺设天然气管道1946户，涉及碧绿小区、南湖一期、南湖二期、方亮小区、阳光小区5个小区，2021年10月动工建设，预计2022年6月完成。

【危房改造】2021年全县四类重点对象危房改造99户，竣工99户，竣工率100%；2021年共建共享农户406户，已开工406户，竣工192户，竣工率47%。完成全县农村房屋安全隐患排查25090户，系统录入率100%。

【厕所革命攻坚】问题户厕摸排工作。2021年5月30日完成动员部署及培训指导，各乡镇于6月1日开始逐户排查，同时启动摸排录入工作。截至2021年12月17日，共摸排2013年以来财政支持改造的农村户厕14557户，摸排问题厕所89户，已完成整改89户，整改率100%。完成省下达防渗漏改造任务。2021年省定1000户防渗漏改造，截至2021年11月30日，已开工1000户，竣工1000户，竣工率100%。

【农村人居环境整治】推进城乡环卫一体化。县城环卫园林一体化于2021年7月到期，经县委县政府同意，继续实施县城环卫一体化，于8月完成招投标工作，衔接县城环卫一体化。加强环境卫生整治力度。委托第三方企业对白沙黎族自治县城乡环境卫生开展督查暗访，2021年已完成十期城乡环境综合整治督查考评工作，督查范围覆盖11个乡镇、74个行政村，累计督查行政村740次、自然村1702次、居委会90次、连队882次。下发整改通知99份，共99篇，红黑榜99份。加快推进金波居、大岭居、狮球农场垦区连队人居环境整治，计划总投资2164.04万元，均已开工建设，预计2022年12月完成。

【创建农村生活垃圾分类和资源化利用试点】2021年，在11个乡镇29个行政村80个自然村开展垃圾分类试点创建工作，新建垃圾收集亭63座，改建26座，发放户用垃圾桶3000余套、公用垃圾桶250余组及电动三轮收集车70余辆，临时聘用垃圾分拣员92名、指导员51名，进村入户开展垃圾分类政策宣传、指导，监督农户进行分类，监督废品收购站回收利用可回收物等，形成网格化管理，初步实现生活垃圾资源化、减量化、无害化。同时，按照《白沙黎族自治县2021年生活垃圾分类试点工作实施方案》规定，2021年在打安镇、金波乡、元门乡和县城主城区开展生活垃圾分类试点，采取公开招投标政府购买第三方市场化运营服务方式，第三方运营企业已完成试点乡镇垃圾分类设施设备点位选取、地面硬化以及相关设施设备投入，各试点乡镇已配备相关督导员开展桶边督导及入户宣传工作；已完成县城区生活垃圾分类设施设备招投标工作并硬化点位及设施安装工作；生活垃圾分类宣传培训服务招投标工作，已完成10场宣传培训。

【垃圾处理】根据省住建厅工作部署和要求，自2020年12月28日起，生活垃圾填埋场全部停止使用。白沙黎族自治县生活垃圾填埋场于2021年1月1日起停止使用，全县生活垃圾集中转运至儋州生活垃圾焚烧发电厂进行焚烧处理，截至2021年12月31日共处理44840.05吨，城乡生活垃圾无害化处理率达100%，白沙黎族自治县生活垃圾零填埋。2021年完成生活垃圾填埋库区垃圾膜100%覆盖。推进生活垃圾填埋场渗滤液处理工作，2021年年底渗滤液处理达标排放42502吨，正常运行365天，日均处理116吨。有序推进白沙黎族自治县牙叉镇和邦溪镇两个生活垃圾转运站升级改造工作，截至2021年12月31日已完成总体工程量的80%，预计2022年4月中旬完工并投入使用。厨余垃圾处理。2021年4月30日，餐厨垃圾处理设备停运，根据《"十四五"海南省城镇生活垃圾无害化处理设施建设规划》规定，白沙黎族自治县餐厨垃圾统一运输至儋州餐厨垃圾处理厂进行处理，不再上马餐厨垃圾处理设备。

【建设管理】施工许可办理情况及事后核查。截至2021年12月31日，审批发放施工许可证53个，撤销许可证2个。落实农民工五项制度。截至2021年9月2日，根据《关于摸排建筑工人实名制管理等工作情况的通知》《2021年度白沙黎族自治县房屋市政工程建筑市场及保障农民工工资支付检查工作实施方案》等文件要求，共开展在建项目检查50余次，对落实情况不达标的项目共下达整改通知书40份。推进建筑领域诚信管理。截至2021年12月31日，在省住建厅公共监管服务平台上有企业不良行为记录5家（不含2020年招投标补扣记录）、企业良好行为记录42家、人员良好行为记录2家、人员不良行为记录8家。落实招投标问题专项整治。2021年第一季度至第四季度建设工程项目共计49个（纳入专项整治范围项目），其中房屋建筑和市政工程项目34个、水务项目8个、交通工程项目7个；第一季度责令改正6个项目，第二季度至第四季度尚未发现违法问题。推进装配式建筑项目。根据《海南省建筑产业现代化（装配式建筑）发展规划（2018-2022）》要求，2021年，原有3个装配式建筑项目，调整为2个装配式建筑项目。加强建设工程质量安全监管。2021年联合县执法局和县人社局，对建筑工地进行安全生产大排查，共检查28个项目，下达整改通知书133份，发现329条安全隐患，收到整改回复130份，整改安全隐患320条，整改回复率97%。同时每月对办理施工许可的项目进行评分。2021年共开展3次挂牌仪式，对累计获得两次“红牌”的工地进行约谈提醒。加大企业监管力度。根据《白沙黎族自治县住建领域建筑市场信用主体信用“红黑名单”管理办法》，2021年以来通报并纳入住建领域“黑名单”的企业21家、个人17位，纳入住建领域“红名单”表扬奖励的企业45家。创建标准化示范工地。2021年9月27日成功举办白沙黎族自治县2021年建筑施工质量安全标准化现场观摩交流会，以活动为平台扩大企业间交流渠道，推动全县建筑工地安全生产和质量管理水平整体提高。

【人防建设】2021年度共办理人防建设审批36宗，其中办理人防易地建设审批项目15宗；规划审批19宗；施工审批2宗，缴纳人防易地建设费772777.73元；加快通信警报建设。2021年新增9台防空警报器，主城区警报覆盖达100%。

【住房保障和房地产管理】落实限购政策，强化商品房购房网签备案工作管理。根据海南省房产信息统计分析系统显示，2021年1月至12月底，全县累计销售商品房449套。其中商品住宅223套（含限购率政策前交易，于2021年办理网签备案的商品住宅），建筑面积3.31万平方米，其中商品住宅建筑面积1.91万平方米；商品房销售均价为7299.37元/平方米，商品住宅销售均价5830.49元/平方米；商品房累计销售收入24186.88万元，其中商品住宅11116.76万元。二手房交易套数113套，交易面积1.31万平方米，交易金额3398.84万元。

推进基层教师和医务人员住房保障专项行动。加快推进滨河家园项目、亨通·南湖花园项目建设。滨河家园（安居房）项目由白沙农场承建，项目采用装配式建造方式，实行全装修交房，共建10幢住宅楼424套住房，销售指导均价5700元/平方米。项目于2020年9月19日开发建设，预计2022年6月底完工并交付使用；亨通·南湖花园项目由白沙亨通房地产开发有限公司承建，采用装配式建造方式，实施全装修交房，共建15幢住宅楼811套住房，销售指导均价为6875元/平方米。项目于2021年11月26日开发建设，计划2024年6月底前交付使用。优化安居房申请审核流程，实现“最多跑一次”甚至“跑零次”。县住建局会同县教育局、县卫健委联合印发了《白沙黎族自治县基层教师和医务人员安居型商品住房分配方案》，优化业务流程，精简申请材料，信息材料由部门间信息共享、联合审核，实现“最多跑一次”甚至“跑零次”，申请过程在工作单位、教育医疗系统内、政府网上进行三轮公示。截至2022年1月26日，共受理1195户，符合购房条件1063户，核发准购证930户，已抽签选房380户，经公示公告，其余未核发准购证或未抽签选房的，现为自愿放弃。

加强房地产市场监管。县住建局会同县综合行政执法局、县人力资源社会保障局、县市场监督管理局开展联合检查，并聘请第三方机构对全县在建在售、群众上访投诉较多的商品房项目进行暗访，共检查全县22家房地产项目，发现问题8个，下发整改通知书8份、问题线索移送县执法局6份、通报2份，涉及3家房地产开发企业，纳入住建领域“黑名单”的房地产开发企业2家。

【乡村振兴】完成监测户住房保障排查工作。根据县乡村振兴局、县民政局数据共享推送监测户名单，成立排查小组，协同乡镇工作人员入户排查其住房情况，建立台账。截至12月17日，核实完成573户监测户住房情况，其中，570户住房安全有保障，3户住房属D级危房，已纳入2022年改造计划并指导乡镇妥善安置。

开展结对帮扶工作。2021年，县住建局挂钩牙叉镇志道村委会，共帮扶联系脱贫户70户。

开展慰问工作。为强化帮扶成效。县住建局利用春节、中秋、元旦等节日开展慰问工作，2021年共慰问三次，慰问物资主要有米、油、月饼等，金额达50467元。

推动乡村振兴工作。2021年，县住建局联合爱心企业，推动实施白沙黎族自治县牙叉镇志道村委会（太早村、牙琼村）“千企帮万户”亮化工程，计划修建太阳能路灯50盏，总投资223000元，于2021年12月29日开工，预计2022年2月完工。

【疫情防控】落实住建领域疫情防控。2021年共检查项目工地近300次，悬挂张贴宣传标语、宣传画100余份，召开全县在建项目安全生产工作会议6次，印发实施《关于加强建筑工地新冠肺炎疫情防控工作的紧急通知》。

常态化开展环卫设施消杀灭菌工作。截至2021年年底，共对公厕、垃圾中转站、垃圾收集容器和垃圾运输车辆等环卫设施及环卫作业场所开展47450次消杀工作，出动人员49640人次，1871名环卫工人对白沙黎族自治县140.31万平方米面积开展日常清扫保洁，在县城区各个居民点、公园、小区等公共区域，共设置100多个有“废弃口罩桶”标志的废弃口罩专用垃圾桶，多点位悬挂疫情防控横幅720条、发放宣传册15000本，利用上门收集垃圾车辆流动广播新冠肺炎疫情防控音频。

推进住建领域新冠病毒疫苗接种，截至2021年年底，白沙黎族自治县建筑行业新冠病毒疫苗接种率达99%，物业行业新冠病毒疫苗接种率达98%，环卫行业新冠病毒疫苗接种率达99%。

（供稿人　郭高宇）

市容环境综合管理

【概况】2021年，市容环境综合管理服务中心清扫街道64条，长47870.5米，清扫面积1676997.79平方米。拥有垃圾清运车45辆、电动清运车16台、洒水车13辆、机扫4辆、电动保洁车163辆、平板车20辆等保洁设备，全年转运垃圾约45000吨。全县有建成并投入使用公厕32座（含乡镇），其中城区有公厕17所；有公园14处，面积53093.8平方米。

【城乡环卫与园林公厕监督管理】2021年，市容环境综合管理服务中心根据自身工作职责组建县城环卫监督组、城乡环卫监督组。其中县城环卫监督组分为桥南片区、城东片区、城西片区3个小组，严格依照环卫园林一体化服务合同中的作业标准，分别对白沙玉禾田公司的环境卫生保洁、园林绿化养护、公厕管理工作进行监督考核。城乡环卫监督组分为东部片区、西部片区，6人对11个乡镇的城乡环卫一体化服务质量进行监督考核。各监督组全年累计报送问题756条，玉禾田公司处理率为95%；治理卫生死角36处，加强引导背街小巷的住户和商铺环境卫生意识。截至年底，全县已建成并投入使用公厕32座（含乡镇），园林公厕管理组全年报送问题清单265条，玉禾田公司处理率97%。全年共投入115万元对县园林绿化、公园设施、公厕设施进行维修。

【垃圾处理费征管】2021年，市容环境综合管理服务中心受主管部门住建局委托，根据《县城镇生活垃圾处理费征收方案》，对全县商铺和各企事业单位征收生活垃圾处理费，2021年1—6月共征收生活垃圾处理费256720元，征收款全部上缴国库。2021年7月根据《国家税务总局 海南省财政厅 海南省自然资源和规划厅 海南省住房和城乡建设厅 中国人民银行海口支行 关于明确土地闲置费 城镇垃圾处理费划转有关征管事项的通知》的有关要求，生活垃圾处理费已由国家税务总局海南省白沙税务局负责征收。

【城市照明管理和维修】2021年，市容环境综合管理服务中心共投入116.3万元对全县公共照明设施进行维修和更换。每月对全县路灯照明系统进行检修，以确保公共照明设施正常使用，每周进行一次巡查，每天安排专人对各路段进行巡逻，记录各项数据，发现故障，及时给予修复解决；认真做好“一河两岸”景观照明工作，全年共维修及更换路灯362盏。

（市容环境综合管理服务中心 李承）

城乡供水

【概况】2021年，县自来水公司全年总收入796万元，年计划600万元，完成全年计划的132.67%。其中，全年供水销售674万元，比2020年增长15.21%；全年安装维修及其他收入122万元，比2020年减少0.82%；全年供水销售量320万吨，年计划供水销售量250万吨，完成年计划的128%，比上年增长18.65%；供水回收率72.8%，比2020年增长0.55%；上缴税率34万元；固定资产总额964万元，全年增加固定资产4万元。

【基础设施建设】2021年，县自来水公司为保障供水安全运行，制定了水厂安保监控系统整改方案，相应建设配套设施监控防护系统，投入资金19.2万元，重新更换改造原来已不能使用的监控设备，其中厂区、取水点各一套，厂区监控摄像头共19个，取水点监控摄像头共6个。由于厂区和取水点四周围墙安装了监控摄像头，保安人员24小时坚守岗位，保障了水厂安全生产及水质安全。2021年，投入资金15.2万元建设办公区和生产区隔离墙，严禁非工作人员进入生产区，确保水质安全。

【安全生产】2021年，县自来水公司为提高全体职工的安全意识，共组织安全知识培训、讲座6次，80余人次参加，组织预案应急演练4次。通过宣传栏、宣传横幅、微信公众号、专题知识讲座、应急预案演练、观看警示片、安全知识竞赛、安全生产例会等活动，增强全体职工安全生产意识，提高安全素质，传播了企业安全文化，营造公司安全生产文化氛围。以安全生产月活动为契机，逐级落实安全生产责任制，改进和完善安全设备设施，认真检查整改隐患，共组织公司安全生产检查5次，对检查中发现的问题逐一分解落实整改。共查出漏损85处，其中DN100mm以上27处，实现安全生产无事故发生。

【查堵点、破难题、促发展】2021年，县自来水公司开展“查堵点、破难题、促发展”活动，并结合开展的党史学习教育，切实把供水服务工作抓实抓细，落实到位。饮用县自来水公司自来水的乡镇共有48个自然村，其中牙叉镇38个，元门乡10个。这48个自然村抄表方式都是以总表计量，由于总表与村民分表存在用水损耗，村民水费增加。针对上述问题，县自来水公司与县水务事务中心反映沟通，经县政府同意，将48个自然村列入“抄表到户、一户一表”改造中。由县自来水公司负责实施改造工程。2021年7月30日完成营盘村委会什莫老村共32户“抄表到户，一户一表”改造，2021年9月25日完成新高峰村118户改造。解决了村民水价高的问题。让群众真正获得幸福感、满足感。

【供水保障服务】2021年，县自来水公司为应对县城突发供

2021年7月7日，县委书记刘蔚到县自来水公司调研　（林道驳　摄）

水问题，始终做到“随时有求，随时有应”。全力以赴确保供水管网设施完好，供水正常运行，全年管线共抢修76次，抢修及时率达到100%；处理各类供水服务问题218件，做到“有求必应、有应必答”；12345政府综合服务热线处理办件96件，处理办件率100%。

（县自来水公司　林道驳）

住房公积金管理

【归集和贷款】2021年县住房公积金管理局归集公积金18045.76万元，同比增加1968.47万元，完成年度计划的105.2%；2021年新增实缴人数1273人，实缴人数11853人，完成年度计划的101.23%；缴存余额73034.67万元，比2020年年末增加6482.46万元。提取公积金10341.11万元，其中还贷提取3724.84万元、退休提取3320.65万元、购建房提取2791.57万元，占比分别为36.02%、32.11%、26.99%。

发放贷款47笔，金额1699.5万元，完成年度计划的102.69%；贷款回收本金1554.44万元，利息317.49万元，回收本息合计1871.93万元；期末贷款余额9995.41万元，个贷率13.69%，个贷逾期率0.0163%。

【业务经营分析】提取率和个贷率较低。2021年有3847人提取公积金，占当年实缴人数的32.46%，当年提取额占归集额的57.30%，个贷率为13.69%。提取率与个贷率远低于全省平均水平，在资金全省统筹调剂的背景下，为个贷率高、资金结余少的市县局做出较大贡献。退休销户提取人数增多。2021年退休销户962笔3320.65万元，占提取额32.11%。笔均贷款金额较低。受省政府“两个暂停”政策影响，自2018年，白沙全县房地产施工面积、竣工面积和销售面积逐年减少，2021年县城新增商品房楼盘仅1个，平均销售价格为8000元/平方米。全年商品房笔均贷款金额为42.62万元，仅为全省商品房笔均贷款金额（68.4万元）的62.31%。

【党史学习教育】2021年，按照省住房公积金管理局党史学习教育实施方案工作部署，县住房公积金管理局深入开展党史学习教育，通过集中学习、个人自学、集中观看党史教育宣传片、党史学习教育中央宣讲团报告会、庆祝中国共产党成立100周年大会、党的十九届六中全会精神宣讲班等形式组织党员干部学习党的百年奋斗史，深化对“四史”特别是习近平新时代中国特色社会主义思想的理解。同时在联合党支部的指导下开展“送温暖”下乡、“清明祭烈士”、“我为群众办实事”等主题党日活动，引导广大党员干部不断增强“四个意识”，坚定“四个自信”，做到“两个维护”，不断提高政治素质，用使命和担当践行为人民服务的宗旨。

【催建催缴】2021前三季度，根据省住房公积金管理局下发的社保参保单位数据，结合系统中“公积金缴存单位参保信息查询”功能，为进一步推进催建催缴工作，县住房公积金管理局高度重视，及时部署，列入工作重点，落实工作职责，采取专人负责、建立台账、分析数据、核实宣讲、柜台引导等多项举措，开展有针对性扩面增存工作。主要核实催缴了公积金缴存与社保缴纳数据差异较大的19家单位，前台工作人员通过对前来开户的单位进行引导及政策宣传，要求为本单位缴纳社保的所有员工开户缴存住房公积金。第四季度，进一步加强对社保缺口数据的结果转化，开展催建催缴工作，积极与海南热带雨林国家公园管理局鹦哥岭分局、乡镇政府等财政拨款单位沟通协调，将未缴公积金人员纳入2022年预算编制，对私营企业开展电话核实催缴。经过多措催缴，取得明显实效，全年归集新增人数和归集额均实现突破性发展，同比明显增长，超额完成年度计划指标。

【逾期催收】县住房公积金管理局本年逾期率最高为2月，1.153‰。为了有效降低逾期率，针对逾期借款人的工作收入情况、还款意愿、逾期期数，采取电话催缴、上门催缴、诉讼的渐进式催收方式，对于逾期达4期的职工，要求委贷银行提前准备诉讼材料，逾期达6期的列入黑名单，并坚决提请诉讼。2021年司法诉讼3人，截至12月底，1人已强制执行退休金清偿贷款余额(11月23日完成贷款余额结清），2人经诉讼后偿还部分欠款，已降至6期以下，12月成功将逾期率降至0.163‰。但因县住房公积金管理局贷款余额较少，个别逾期职工失业无固定收入来源，多次催收无明显成效，仅能依赖最后的司法诉讼及强制执行，月均逾期率为0.438‰，已超省住房公积金管理局规定的逾期率控制线。

【提升服务水平】加强指导，纠错矫正，提高网厅自动入账率。针对个别缴存单位未按规范进行缴存登记导致系统无法自动入账的问题，县住房公积金管理局积极采取措施，多点发力，提高网厅自动入账率。加大培训指导力度，通过现场、微信、电话等方式对缴存单位专管员进行一对一的培训指导，帮助单位专管员熟悉业务操作；进一步规范单位缴存行为，限时清退不规范填写登记号的缴存资金，提高入账效率和准确率。通过以上措施，进一步规范住房公积金缴存业务，缴存资金自动入账率得到提高。主动作为，提前谋划，推进白沙安居房项目。县住房公积金管理局主要负责人2次前往白沙农场集团（白沙安居房项目业主单位），与有关负责人召开调研座谈会，详细了解安居房工程进度和贷款资金需求等情况。县住房公积金管理局制定相应工作计划，协助白沙农场集团做好楼盘备案等前期工作，提前与委贷银行做好沟通对接，做好业务联办应急准备工作，谋划好贷款政策宣传、一站式服务等便民服务，切实做到业务数量和服务质量双提升。靠前服务，合力破解财政拨款单位缴存的堵点难点问题。为扎实开展“查堵点、破难题、促发展”活动，进一步拓展党史学习教育，将作风整顿建设引向纵深，县县住房公积金管理局坚持目标导向、问题导向、服务导向，持续深化“放管服”改革工作，有效提升治理效能、协调和服务水平。2021年7月，前往县国库支付中心举办座谈会，通过与县国库支付中心聚焦财政汇缴公积金出现的堵点难点进行面对面的沟通，提出了解决堵点难点的具体举措，共同服务好白沙黎族自治县各公积金缴存单位。主动协调，提前行动，业务窗口进驻政务服务中心。为深入推进“放管服”改革，进一步优化营商环境，给广大缴存单位及职工提供更加便捷的一站式服务，根据省住房公积金管理局领导在各直属局指导调研的指示精神，县住房公积金管理局多次主动联系县政务服务中心协调业务窗口进驻政务服务中心工作，2021年11月16日，公积金业务窗口正式进驻白沙黎族自治县政务服务中心并正常受理业务，真正做到“一窗通办”。

【审计工作】县住房公积金管理局根据审计署的工作需要，安排各业务负责人在规定的时间内报送各类审计材料，积极配合提供历年来归集、提取、贷款等资料和报表，对于审计期间发现能立即整改的问题，均严格按照要求落实，立行立改。涉及的整改任务已全面完成。

【加强管理，提升效能】2021年8月，经省住房公积金管理局局务会议审议，同意白沙农商行承办住房公积金委贷业务。为进一步加强委贷银行管理，提高委贷银行公积金贷款业务质量和服务，确保银行准确理解和落实贷款政策执行标准，保证贷款资金安全，县住房公积金管理局组织开展对原委贷银行及新委贷银行贷款业务的培训，从住房公积金贷款政策、业务办理条件、办理流程、需核查的资料要件和贷后管理等相关贷款业务规定等方面进行讲解。并重点学习省住房公积金管理局《关于“存贷挂钩”政策有关事项的通知》文件，针对“存贷挂钩”政策中差别化贷款利率的联系和区别等重难点内容，对委贷银行人员进行专项讲解，以案例示范、交流解疑等多种灵活方式提高委贷银行工作人员对政策的把握理解。通过培训，委贷银行公积金贷款业务人员加深了对公积金贷款业务规程和“存贷挂钩”政策的理解和把握。

【打击诈骗】2021年11月，县住房公积金管理局工作人员在审理网厅业务时，发现某国企职工陈某某提交的异地购二手房提取业务，配偶信息与联网查询信息不符，发现其异地登记的结婚证有明显伪造痕迹，立即通过“跨省通办”系统发函给相关公积金管理中心，请求协助核实陈某某配偶张某某的购房信息、婚姻信息以及公积金缴纳情况。随后当地公积金中心复函确认张某某购房行为不真实，张某某名下不存在该房产，且婚姻状况不真实，县局已按相关规定对陈某某进行了严肃的批评教育，并将其列入住房公积金黑名单管理，及时将相关线索移送当地公安机关调查处理。

【扶贫攻坚】2021年，县住房公积金管理局高度重视定点扶贫工作，严格按照县巩固拓展脱贫攻坚成果和实施乡村振兴战略领导小组的工作部署要求，积极开展各项帮扶工作，多次深入帮扶联系的农户家中，对脱贫质量、政策落实、生活环境、就业生产情况进行核查，详细了解脱贫群众近期的生活状况以及2021年的收入情况等，查看是否存在因疫情、自然灾害、疾病等原因造成收入减少情况，耐心听取他们遇到的困难和诉求，并在春节、中秋、国庆等节日到来之际，对农户开展节前慰问活动，进一步拉近与农户的距离，强化帮扶责任，巩固帮扶成果，继续保持帮扶力度，确保白沙黎族自治县各项帮扶联系工作落到实处。

乡村振兴

【概况】白沙县位于海南岛中部偏西，是黎、苗等少数民族聚居的山区县、革命老区县。全县辖11个乡镇，84个村（居）委会和9个居，共437个自然村，总面积2116.74平方公里，总人口19.51万人，其中农业人口12.08万人。由于地处生态核心区，山地、盆地、丘陵占总面积的89%，产业发展受限，2002年白沙被确定为国家重点扶贫县，2017年底被列为海南省唯一的深度贫困县。脱贫攻坚战打响以来，全县上下把脱贫攻坚作为头等大事、第一民生，以高度的政治责任感，强思想、强担当，用啃“硬骨头”、攻坚拔寨的勇气决心和善始善终、善作善成的思路举措，强力推进扶贫工作，实现全县44个贫困村（含14个深度贫困村）全部出列，4.4万建档立卡贫困人口全部脱贫，贫困发生率由2016年的20.6%降至0%，于2020年2月正式脱贫摘帽，在2018—2020年连续三年在省脱贫成效考核中排名全省前列。2021年，白沙立足新起点，继续贯彻执行“四个不摘”要求，聚焦“三区一地一园”的新发展定位，保持思想不乱、工作不断、队伍不散、干劲不减，延续伟大脱贫攻坚精神，持续巩固拓展好脱贫攻坚成果，着力打造乡村振兴奋进样板。

【产业扶贫】2021年，受新冠肺炎疫情影响，建立持续巩固增收机制，以“抗疫情 防返贫 保增收十五条措施”和“扩种养 促务工 增收入十六条措施”为抓手，围绕“稳胶扩茶扩药创特色”主线和“两个万亩六个千亩”特色产业规划，以布局集约化、产业链条化、品质高端化、功能多样化等为重点，加快热带特色高效农业发展，推进邦溪、阜龙高端水果产业项目和细水蛋鸡产业项目，深化农业品牌建设，实现茶叶、咖啡、槟榔、百香果、畜牧业等产业产值同比显著增长，筑牢高质量产业振兴根基。继续做大做强传统橡胶主导产业，实行“双保险”“双奖励”覆盖全县胶农，大大提高胶农割胶积极性，橡胶产值同比增长93%，增速创近五年新高。2021年全县农村居民人均可支配收入15767元，增速达12.8%，位列全省第2。

【就业扶贫】2021年，开展农村劳动力就业务工“四个一批”专项行动，新开发公益性岗位259个，24家扶贫基地（车间）吸纳就业305人。落实外出务工奖补，发放2021年外出务工奖补和一次性交通补助4548人次，金额864.27万元，其中2021年一次性交通奖补3237人次，金额115.62万元，有效激发脱贫群众外出务工积极性，实现全县外出务工稳中有升，脱贫劳动劳动力务工人数19381人，比2020年增加449人。

【消费帮扶】2021年，采取线上线下消费帮扶相结合，通过设立帮扶专区、专馆、专柜、电商平台以及开展系列爱心助农消费帮扶活动等举措，全县网络交易额6.22亿元，同比增长16.26%，其中利用海南乡村振兴网平台帮助农户销售农产品累计交易额超1800万元，排全省第一，带动农户增收10676人次。

【小额信贷帮扶】2021年，持续推动落实小额信贷帮扶政策，提前完成100万元以下小额信贷发放任务，逾期率低于0.5%，确保应贷尽贷、应还尽还。

【资金项目安排】2021年，保持资金投入力度不减，坚持“集中财力办大事”和“缺什么补什么”的原则，进一步优化项目库建设调整，全年谋划并执行规范程序入库项目共99个，涉及资金68404.01万元。全年统筹整合投入涉农资金46041.9万元，实施项目145个，其中产业项目45个，投入资金22976.04万元，占三级衔接资金44305万元比例为51.86%。

【强化扶贫项目资产后续监管】2021年，组织开展扶贫资金、项目、资产“回头看”，进一步摸清全县2016-2020年1074个扶贫项目资产权属，涉及资金159127.46万元。制定了《白沙黎族自治县扶贫项目资产后续管理办法》《白沙黎族自治县扶贫项目资产收益分配管理办法》，进一步明确扶贫项目资产后续运营管理、收益分配等各项工作管理机制，有效强化扶贫项目资产后续监管。

【教育帮扶】2021年，运用自主研发教育资助系统，落实各类资助政策，2021年累计发放学前到中职阶段教育补助16975人次，涉及金额2636.045万元，其中春季学期发放10041人，发放金额1763.83万元；秋季学期发放6934人，发放金额872.215万元，做到“应发尽发”。

【医疗保障】2021年，全县建档立卡脱贫人口44048人和监测对象2209人（含脱贫监测对象1241人）均参加城乡基本医疗保险，参保率为100%。落实了各项医保政策帮扶，确保全县脱贫人口就医费用报销比例达标，脱贫人口住院报销7060人次且报销比例均达到90%，其中特困人员住院报销287人次且报销比例均达到100%；脱贫人口慢性病门诊报销9116人次且报销比例均达到80%，其中特困人员慢性病门诊报销106人次且报销比例均达到100%。组织全县88个家庭医生签约服务团队开展上门随访服务脱贫人口、监测对象、低保户、困难户患4种慢性病有2696户2992人，不断提高了农村基本公共卫生服务。

【住房安全保障】2021年，为全面贯彻落实中央、省有关巩固拓展脱贫攻坚成果和实施乡村振兴战略部署，统筹推进全县巩固拓展脱贫攻坚成果，推动乡村振兴全面发展，全面组织开展排查农村危旧住房，重点排查对在脱贫攻坚期间，原住房有安全保障的，现因灾受损的房屋、且未享受过补助的建档立卡脱贫户、四类重点对象住房进行改造。2021年全县完成改造99户四类重点对象住房，完成改造331户一般户农村住房，极大消除房屋安全隐患，彻底改变村容村貌，让群众拥有更加实实在在的获得感、幸福感、安全感，为脱贫攻坚和乡村振兴战略目标任务实现提供坚强保障。

【饮水安全保障】2021年，全县将445宗农村饮水工程集中委托运维，并及时开展工程隐患排查、设备管道维修，确保了全县农村饮水干净、卫生、安全。

【社会兜底保障】2021年，全县低保、特困供养人员共3045户7299人，档内低保、特困供养1883户4709人（低保1717户4536人、特困供养166户173人），档外农村低保、特困供养655户1574人（低保565户1481人、特困供养90户93人）。累计将242户681人纳入低保、特困供养范围进行保障，其中建档立卡脱贫户86户272人纳入最低生活保障、8户8人纳入特困供养。未解除风险防返贫致贫监测对象317户1136人纳入最低生活保障、23户23人纳入特困供养；33户147人认定为低收入家庭，低收入家庭中重病、重残单人纳保22户22人。共发放临时救助293户1197人实施临时救助，发放金额352.2995万元，其中建档立卡脱贫户65户246人，发放金额76.816万元；低保对象65户260人，发放金额98.9425万元。全县发放24194人次困难残疾人生活补贴193.568万元，其中建档立卡脱贫4082人受益。

【问题整改"清零"】2021年，全县开展2020年成效考核反馈、国家媒体暗访等各渠道反馈问题整改工作，各行业部门、各乡镇、各行政村开展"举一反三"排查整改，并以作风整顿建设为抓手，组织县纪检监察部门分组下沉督察巩固脱贫成果问题整改，及时公开曝光并通报问责2名在国家媒体暗访时指出问题的具体涉事责任领导、责任人，坚决查处精神懈怠、思想麻痹典型问题，防止"两张皮"，促进"三落实"。全县对照国家2020年考核反馈海南省的2大类6个问题和本省自查发现问题，共认领查摆10个问题，已全部完成整改。针对国家媒体暗访指出的4个问题，结合市县交叉督查反馈，共查摆12个问题，已全面完成整改。

【防止返贫监测和帮扶集中排查方面】2021年，全县把防止规模性返贫作为头等大事，进一步健全防止返贫监测帮扶机制，每月推动行业部门数据信息比对筛查。先后组织力量进村入户开展三轮覆盖全县农村人口的大排查，不仅高质量完成了全县10758户脱贫户分类管理任务，还做到对全县建档立卡监测对象573户2209人的返贫致贫风险早发现、早干预、精准帮扶，确保不漏一户，并及时消除风险15户70人。同时，全县结合实际创新出台了《白沙县防止极端特殊条件下规模性致贫返贫工作机制》，对年内可能出现极端特殊情况造成群众致贫返贫的风险，利用政府扶持龙头企业、合作社每年产生的效益分红实施应急救助帮扶，确保不发生规模性返贫。

【探索"五大振兴"衔接路径】产业振兴方面，围绕"稳胶扩茶扩药创特色"主线和"两个万亩六个千亩"特色产业规划，以布局集约化、产业链条化、品质高端化、功能多样化等为重点，加快热带特色高效农业发展，推进邦溪、阜龙高端水果产业项目和细水蛋鸡产业项目，深化农业品牌建设，实现茶叶、咖啡、槟榔、百香果、畜牧业等产业产值同比显著增长，筑牢高质量产业振兴根基。生态振兴方面，持续推动村庄环境综合治理，加快构建城乡环卫一体化、水务管理一体化，实现城乡生活垃圾无害化处理，行政村污水处理覆盖率达90%以上。探索打造"一轴两核三圈四线"旅游发展路线，梯次推进美丽乡村标准化建设，以邦溪镇芭蕉村、元门乡罗帅村、阜龙乡白准村、高石老村为代表的首批143个美丽乡村基本成型，还衍生了邦溪镇南牙村、打安镇打安村等特色民宿、田园风光靓丽品牌，打造高品质生态宜居环境。文化振兴方面，始终盯紧"志智双扶"，继续深入开展文化下乡，不断满足广大农民的精神文化需求。发挥农家书屋和村规民约道德评议红黑榜导向作用，结合党史学习教育、十九届六中全会、系列普法宣讲活动，深化"六治"行动转化指导，实现246人有效治理；依托元门乡向民村"白沙起义第一枪"旧址红色资源，集红色文化、少数民族文化、乡村旅游文化融为一体，建设“白沙起义第一枪”青少年研学实践基地，点亮红色革命文化振兴之路。人才振兴方面，设立人才服务“单一窗口”工作平台，创新人才服务“一件事”集成改革，打通人才服务“最后一公里”，努力构建以“一次办好”“零跑腿”为目标的人才服务优势。推进“南海系列”育才计划，深度挖掘优秀本土“三农”人才，首批促成5名南海乡土人才、农业领域南海工匠和13名农村实用人才、203人新型职业农民，为全县人才振兴发展奠定了良好基础。组织振兴方面，树立鲜明的用人导向，延续脱贫攻坚精神选优配强村“两委”班子，实现全县93个村（社区、居）支部书记、主任“一肩挑”，年轻干部配比明显优化。着力抓党建促乡村振兴，完善村级配套组织建设，实行农村“网格化”管理，建立集人民调解、行政调解、司法调解为一体的矛盾联调中心，持续推动“雪亮工程”互联共享运营，不断织密扎牢服务群众网络，提升高水平乡村治理格局。

城镇管理

【概况】2021年，县综合行政执法局领导班子顺利完成交接工作，主动作为，迅速推动进驻新办公区工作，协调解决因职能增加而产生的内部外部矛盾，主动承担各项工作任务，各项工作取得良好成效，推动综合行政执法工作开创新局面。全年共办理案件509件，办结447件，收缴罚款598.81万元，办理、回复各类举报投诉和信访件875件，回复率100%，办公地址由金沙广场迁至牙叉东路75号。

【工作机构】2021年度县综合行政执法局行政编制6名，事业编制129名，共有在编在岗人员105人，其中公务员15人，参公人员4人，事业编制86人，劳务派遣人员40人。

【班子交接】2021年，县综合行政执法局进一步配齐领导班子，深化规范行政执法，推动各项执法工作成效再上新台阶。2021年7月27日，新任党组书记符静开正式报到，2021年8月20日，党组成员曾勇武正式报到。

【深化规范行政执法】2021年，县综合行政执法局参加省、县各类培训46次，自行举办法律、法规培训5次，参加人数270余人。处理行政复议案件6件，处理应诉案件14件，涉及行政诉讼案件6件。撰写执法宣传报道、文章365篇。

【推进乡村振兴】2021年，县综合行政执法局将单位职工74人分配到牙叉镇营盘村，与208户结对帮扶，同时外派驻村干部11名参与乡村振兴驻村工作。开展春节走访慰问、人居环境整治活动，共同整治村容村貌，为帮扶联系户送去了米、油等物品，共计14755.8元，帮助申请务工奖励、产业奖励和各类补贴43万余元。

【助力疫情防控】2021年，县综合行政执法局开展疫情防控巡查、检查1140次，将落实好群众疫苗接种工作列为“为民办实事”和维护社会稳定的重要事项，2021年4月20—26日共发放疫情防控宣传手册和免费接种疫苗倡议书2000份，出动人员80人次，动员接送1417人接种疫苗。

【推进“全面禁塑”】2021年，县综合行政执法局联合相关部门

2021年7月26日，白沙黎族自治县综合行政执法局查封大量一次性不可降解塑料制品

对全县范围内生产、销售、运输、存贮和使用等环节开展执法大检查，全年没收一次性不可降解塑料制品2000余公斤，劝导教育经营主体近3000家次，立案106件，结案106件，收缴罚款5.75万元。

【旅游文化和城市管理行政执法】2021年，县综合行政执法局依法开展“禁塑”行动、校园周边整治、净化文化市场专项整治行动，整治占道经营、噪声扰民、违规停车、户外广告、工地扬尘和焚烧秸秆等影响市容环境、空气质量的违法行为，极大改善全县市容市貌，有效维护社会稳定。全年劝导教育商户、摊贩、个人违法行为7000余起，共立案106件，结案105件，收缴罚款13.32万元，没收一次性不可降解塑料制品1491.11公斤。

【自然资源和规划建设行政执法】2021年，县综合行政执法局严厉打击违法建设和违法用地，彻底整治乱圈、乱占、乱挖、乱偷土卖土等破坏土地的行为。全年共立案98件，结案62件，共拆除建筑面积11720.5平方米，落实处罚金额为245.259万元，暂扣大卡车、运输车、挖机、货车、铲车65辆。

【生态环境保护行政执法】2021年，县综合行政执法局严厉打击非法采砂等违法行为，非法破坏环境的势头得到有效遏制，有力维护松涛库区、珠碧江流域等水域环境安全。全年共立案45件，结案27件。收缴罚款563270.84元，捣毁违法采砂设备2台，暂扣违法车辆13辆，没收砂石249.4立方米。

【市场监管和卫生健康行政执法】2021年，县综合行政执法局开展食品药品专项检查，保障全县人民饮食用药安全和卫生健康。全年检查食品、药品、供水和医疗等经营主体978家次，共立案110件，办结107件，罚没款1796442元。

【农业行政执法】2021年，县综合行政执法局严厉打击各类违法违规行为，整顿规范农资市场秩序，净化农资市场，保护农民利益，确保全县农业生产安全，全年检查各类农资店、生产主体241家，整顿农资市场3次，接待群众咨询75人次，印发相关宣传培训资料1890份，横幅55条，警农联合执法20次，共立案查处25件，结案25件，收缴罚没款172404.9元，没收猪肉产品976.5公斤，并全部作无害化处理。

【交通运输行政执法】2021年，县综合行政执法局严厉打击非法超限、非法超载和非法运营等交通运输违法行为，消除交通运输安全隐患。共检查各类运输车辆1530余辆次，立案处置案件113件，收缴罚款8.52万元。

【劳动保障和应急管理行政执法】2021年，县综合行政执法局进一步规范劳动用工，保障劳动者合法权益。全年共为农民工654人追回工资636.46万余元，累计协调解决不符合立案条件的欠薪案件26起，涉及金额67.24万元，涉及人数127人，回复“12345”市民投诉热线215起，处理答复信访事项6件，检查各类用人单位96家，涉及劳动者4559人，发放劳动保障法律法规读本400余本，为63家企业办理工程项目缴纳保证金670.74万元，为59家企业办理退还农民工工资保证金业务，退还农民工工资保证金363.48万元。开展安全生产监督检查，全年立案6件，结案6件，处罚金额78.5万元，重点检查相关企业及经营主体79家，共收缴各类烟花爆竹170余件。

【国家公园执法】2021年，县综合行政执法局与热带雨林国家公园管理局鹦哥岭分局、海南省公安厅森林公安局鹦哥岭保护区分局建立了执法联合机制，积极配合热带雨林国家森林公园鹦哥岭分局开展巡护工作，联合核查海南热带雨林国家公园鹦哥岭分局、霸王岭分局移交案件线索5件。

（供稿人　张清宇）

应急管理

【概况】县应急管理局行政编制9名。设局长1名（兼县地震局局长），副局长3名；县消防大队1名主要负责人兼任副局长，不占领导职数。内设办公室、应急指挥岗、安全生产岗、防汛防风抗旱岗、火灾防治和地震地质救援岗、综合减灾和物资保障岗。县应急管理局单位负责人：局长周壮（党委书记），副局长陈明群（党委委员）、王雄（党委委员）、吉训霞（党委委员），符伯志（党委委员、应急保障服务中心主任）。县应急保障服务中心隶属于县应急管理局。2021年，全县共发生适用一般程序处理的交通事故53起，死亡21人，受伤69人，财产损失57.46万元，比2020年分别上升51.43%、16.67%、115.63%和73.33%，未发生死亡3人以上的交通事故。发生建筑施工高处坠落事故1起，死亡1人，较同期上升100%；发生工矿商贸行业事故2起，死亡2人，较同期上升100%；消防火灾60起，零伤亡，直接经济损失22.10万元，与2020年相比，火灾起数上升42.85%，财产损失减少84.15%。森林火灾1起，零伤亡，过火面积合计96.5亩。全年共防御热带低压4次、台风4次（康森、查帕卡、狮子山、圆规），启动防汛防风Ⅳ级应急响应2次、防汛防风Ⅲ级应急响应1次，积极采取领导带队检查、视频会商、值班值守等方式落实“三防”责任，做到防汛防风期间“三个不发生”（不发生重大生产安全事故、不发生大面积停水停电停气停网等影响人民群众生活事件、不发生重大地质灾害等次生灾害）。

【消防救援】县消防救援大队有消防救援人员65人（干部15人、消防员18人、政府专职消防队员20人、消防文员12人），主要负责人为大队长王文建、教导员林姜文。有车辆13辆，其中公务行政车2辆、消防水罐车2辆、泡沫消防车3辆、城市主战车1辆、抢险救援车2辆、登高平台车1辆、细水雾巡防车1辆，应急指挥车1辆，各类器材1723件（套）。2021年，县消防救援大队深入贯彻落实县委县政府的重大决策部署，忠诚履职、锐意进取，圆满完成各项灭火、抢险救援和重大安保任务，全县消防安全形势保持总体平稳态势，为白沙的经济发展创造了良好的消防安全环境，为海南自由贸易港的建设发展贡献消防力量。

【思想政治】2021年，县消防救援大队党委认真组织学习习近平总书记系列重要讲话精神和党的先进理论知识，全年围绕党史学习教育，开展12次集中学习，专题研讨交流18次，不断强化“四个意识”，坚定“四个自信”，做到“两个维护”。2021年，对牙叉站党支部进行改选，年内1人获评“优秀共产党员”，1人参加省直单位处级公务员培训班，1人参加白沙黎族自治县基层团干部能力提升培训班，新发展党员2名。

【灭火救援】2021年县消防救援大队接警207起，其中火灾58起，抢险救援36起，社会救助87起，公务执勤25起，其他1起，比2020年的137起增长51%，出动消防车360辆次，出动消防救援人员1876人次，营救被困群众54人、疏散群众96人，抢救财产价值10.97万元，直接财产损失28.35万元，保护财产22.3万元，直接财产损失下降70.53%，全年未发生有影响和亡人火灾事故。

县委副书记、县长胡翔赴现场指挥“2·7”山岳搜救工作，常务副县长、县公安局局长马琼才率队联合县消防救援大队开展“10·13”细水乡牛角岭台风救援工作。县消防救援

5月18日，牙港农家乐附近消防救援人员扑灭草地火

大队成功处置“3·1”元门交通事故、“3·6”元门机场跳伞救援、“3·12”凤凰商业城网吧火灾等，协助配合县公安局开展“4·18”纵火刑事案件调查工作。与公安、交通、应急等部门建立预警联动、灾情获取、信息发布机制，建立120与119救援联运机制，提升“灭火、救援、救护”三位一体应急救援能力。

按要求建立大队应急救援作战力量六大体系，结合实际做好人员分工调配和采购装备工作，每月召开推进会，分析存在的问题，提出下一步工作措施。结合实际开展各力量体系训练和拉动演练，总结不足，不断提升队伍专业处置能力。已初步建成高层建筑、地下建筑、大跨度大空间建筑、石油化工、山岳、水域、台风抗洪、地震、公路隧道、森林10类重点灾害专业救援队伍。9名指战员参加舟艇驾驶、急流救援、潜水、无人机等专业技术培训，并取得相应专业资质证书，力量体系建设已取得初步成效。

【火灾防控】提请政府召开消防工作专题会议3次。县委书记、县长及分管领导等党政主要领导带队检查消防工作6次。圆满完成了各级“两会”、“三月三”、博鳌亚洲论坛年会、“啦奥门”等重大活动消防安保任务。2021年，县消防救援大队以坚决防止较大以上火灾为目标，加强对社会单位的隐患排查整治工作，确保全年火灾形势平稳。2021年，检查单位537家次，发现火灾隐患或违法行为390处，下发责令改正通知书277份，下发行政处罚决定书5份，执法营商环境向好发展。

【消防宣传】2021年，县消防救援大队深入高层建筑、住宅小区、教育、医疗、娱乐场所、商超等场所开展消防安全培训，共发放宣传材料22000余份，组织6次大型宣传活动。联合县相关部门开展教育机构、社会单位消防安全培训活动100场，培训30049人。在安全生产月、“5·12”全国防灾减灾日、“3·15”国际消费者权益日、“4·15”全民国家安全教育日、“科技月”、“起义第一枪文艺活动”、“三月三”、中秋、国庆节、元旦等重要节点向广大群众发送手机提示短信，利用社会单位LED显示屏滚动播出消防提示，进一步提升群众消防意识。推送新闻素材200余条，省级媒体发稿50条，消防宣传普及面不断扩大。通过《“2·7”燕子山搜救》《“10·13”细水乡牛角岭33名群众被困》《农科所宿舍电动自行车火灾》等报道，第一时间发声，让外界群众了解白沙黎族自治县消防救援大队救援和处置的相关信息。

（白沙黎族自治县消防救援大队　唐威）

2021年11月9日，县消防救援大队在文化广场举办习近平总书记授旗训词三周年暨白沙黎族自治县2021年度“119”消防宣传月启动仪式

【安全生产】强化重点领域治理，全力推动专项行动“扎深扎细”。把安全生产三年专项整治、道路交通新一轮三年专项整治、中小学生生命安全防护专项行动、防风险降事故专项行动等工作，作为应急管理工作的头等任务来抓，强化领导责任，层层抓好组织实施。先后制定《白沙黎族自治县中小学生生命安全教育和防护能力提升工程实施方案》《白沙黎族自治县道路交通新一轮三年专项整治工作实施方案》《白沙黎族自治县防风险降事故工作方案》，明确任务清单，责任落实到人。全力做好节假日期间安全生产工作。按照省委、省政府和工作部署，确保元旦、春节、博鳌亚洲论坛、全

国“两会”、十九届六中全会等重点时段安全生产形势稳定。全县共开展各类安全生产执法检查2228家次，累计发现隐患1076处，下达各类执法文书368份。

【防汛防风抗旱】全面落实以行政首长负责制为核心的防汛工作责任制，县、乡镇、村（居）三级共落实防汛责任人103人。开展汛前安全隐患检查督查，累计排查水库41座、危房13处、漫水桥（路）36处、塔吊3处、地质灾害隐患点5个。印发了《白沙黎族自治县三防指挥部关于做好水库蓄水保水、节约用水的通知》，有计划地抓好水库蓄水保水、节约用水工作，科学制定2021年春耕用水计划和供水方案，全力确保农业春耕用水需要。与县水务事务中心等部门联合在牙港村芭蕉村举办了2021年度山洪灾害防御暨水库应急抢险救援演练，通过贴近实战的抢险救援演练，进一步提高全县有效应对汛期水库遭受洪水或其他突发事件的能力。

【森林防灭火】2021年，全县森林防火形势整体保持稳定。全县共有11个公益林管护站，共设置41个防火检查站（含临时卡口），每个站点有2至4名工作人员值班值守。全县共安排585名护林员上山巡逻，加大重点部位巡查、重点人群管控，确保万无一失。

【地震工作】高质量完成白沙基于遥感影像和经验估计的区域房屋抗震能力初判工作，累计判别了5.17万余栋建筑的房屋抗震能力。为实施地震灾害风险普查和地震易发区房屋设施加固工程提供数据支撑。

【应急物资保障】2021年，县应急管理局采取措施，摸清全县救灾物资储备能力底数，建立台账，加强对县救灾物资储备仓库物资的管理，按需增加应急救灾物资储备品种和数量。已有救生衣370件、救生圈260个、编织袋55700条、土工布1000平方米、土工膜576平方米、救生抛绳器12个、油锯16把、冲锋舟12艘、橡皮冲锋舟2艘、抽水机（抽水泵）107台、发电机32台、打桩机6部、卫星电话7部，架设九架岭、鹦哥岭防汛通信中转台2个等。进一步做好防汛及防溺水工作，分别下拨1230件救生衣及410个救生圈至各乡镇，基本做到每艘渔船都能配备至少1个救生圈、3件救生衣，有效填补各乡镇在防汛物资方面的缺口。

【应急预案】2021年，县应急管理局不断完善白沙黎族自治县突发事件应急预案体系建设，建立健全社会预警机制和突发事件处突应急机制，迅速、有效地开展应急救援工作，最大限度地减轻各种突发事件造成的损失，保障人民生命财产安全，维护社会稳定。年内修订印发《白沙黎族自治县突发事件总体应急预案》和《白沙黎族自治县防汛防风防旱应急预案》。稳步推进《白沙黎族自治县破坏性地震应急预案》《白沙黎族自治县森林火灾应急预案》《白沙黎族自治县突发地质灾害救援应急预案》《白沙黎族自治县自然灾害救助应急预案》等预案的编制工作。

2021年9月29日上午，县委书记邓伟强率相关部门前往县城区部分重点区域，开展国庆节前安全生产、疫情防控等工作检查

10月9日上午，县委常委、常务副县长陈文强带领县应急管理局、县水务局等部门人员到邦溪镇、荣邦乡检查指导抗击“狮子山”台风抢险救灾工作

【自然灾害风险普查】完成第一次全国自然灾害综合风险普查的招投标工作，确定由珠江水利委员会珠江水利科学研究院作为白沙的技术支撑单位。修编白沙黎族自治县第一次全国自然灾害综合风险普查工作方案和实施细则，明确各部门的任务分工，建立普查联络机制，加强各单位之间的工作沟通和协调。组织召开第一次全国自然灾害综合风险普查业务培训，组织培训各单位、各乡镇严格按照清查技术规范要求开展清查工作，扎实推进综合风险普查工作，确保填报数据准确有效。

【教育培训】组织开展全国防灾减灾宣传周活动，多部门联合开展2021年防灾减灾宣传周科普宣传活动，通过现场摆摊，设置展板、悬挂横幅等形式向过往群众普及防灾减灾知识。认真组织第20个全国“安全生产月”活动，着力推动安全文化知识进企业、进校园、进社区、进农村、进家庭，充分利用各类宣传手段，广泛传播安全知识，扩大宣传教育覆盖面，提高群众安全防范意识。组织集中学习观看《生命重于泰山——学习习近平总书记关于安全生产重要论述》电视专题片，强化“人民至上、生命至上”理念，推动工作开展，引导社会各界关心安全生产、参与安全生产。

【应急值守】在春节、博鳌亚洲论坛等重要节点以及台风、汛期等时期，严格要求各乡镇、各有关部门加强应急值班值守工作，采取部门领导带班干部专人值班值守制度，落实24小时值班和值班电话24小时随时有人接听的工作要求，认真做好值班值守记录和交接班工作，各类突发信息都能得到及时处置，没有一起事件演变为重特大突发事件。

6月16日上午，在县城文明湖前开展“安全生产月”宣传活动

生态环境

综 述

【工作机构】2021年，县生态环境局内设办公室、生态环境监督岗、水环境管理岗、大气环境管理岗、自然生态与土壤环境管理岗。行政编制9名，其中局长：罗智仁，副局长3名：陈伟业、吴凌姗（女）、韦林（2021年7月调离）。下属事业单位1个：县环境保护监测站。

【工作概况】2021年，全县环境空气质量优良天数占比为99.7%，其中优级天数占比84%。$PM_{2.5}$浓度为14微克/米³、PM_{10}为23微克/米³。白沙黎族自治县14个地表水断面水质优良率为92.8%，城镇内河湖水质达标率100%，农村污水治理覆盖率97%。

县生态环境局大力推进生态文明创建工作，以全海南省唯一一个以县为单元申报"绿水青山就是金山银山"实践创新基地，并于10月14日在联合国生物多样性大会生态文明论坛上正式授牌。在全国的县域生态考核中，白沙黎族自治县是全国26个生态环境保护管理较好的市县之一，也是全省唯一的市县，获得国家生态转移支付资金约5.3亿元，为全省第一。控制温室气体工作有成效，在2020年度和"十三五"市县政府考核中获得优秀等次。

【环保督察】第一轮中央生态环境保护督察反馈问题整改已全面完成。第二轮中央生态环境保护督察反馈问题涉及白沙黎族自治县的有17个问题38项措施，已完成16个问题37项措施，1项措施将于2022年完成。38项整改措施中，省督改办要求整改销号的8项，已完成7项。生态环境保护百日大督察反馈问题涉及全县突出生态环境问题18个，已全部完成整改。

【大气污染防治】编制《白沙黎族自治县"十四五"空气质量提升专项规划》，科学确定大气污染防治目标。开展空气质量提升整改专项整治行动，对白沙城市扬尘、固定源排放企业以及秸秆、垃圾露天焚烧等大气面源污染排放情况定期进行巡查，确保空气环境质量得到持续改善。2021年，全县15家企业使用的46台工业炉窑均全面达标排放，18家列入治理范围的涉挥发性有机物排放企业全部安装治理设施并正常运行；累计投入780万元在3个入城路口各建设1套机动车尾气遥感监测设备，实施黑烟车电子抓拍，开展路检路查，开出尾气超标罚单5张；累计完成非道路移动机械编码登记314台、上牌218台，对11起不达标排放行为进行处罚；推进白沙黎族自治县加油站三次油气回收和在线监测系统安装、联网工作；压实职能部门责任，推进施工工地和餐饮油烟规范化管理；加强烟花爆竹燃放管控，春节元宵期间，白沙空气质量优良天数100%。推进改善大气环境质量督导问题整改工作。2021年10—12月，海南省污染防治工作领导小组在各市县开展改善大气环境质量专项督导工作。第一轮在白沙检查106个污染源，发现存在问题的污染源69个。2021年12月6—8日在白沙开展第二轮督导工作，对第一轮反馈问题整改情况进行“回头看”，整改率为89.4%，排名全省第一。全力推进秸秆焚烧高位视频系统建设。在11个乡镇设有秸秆禁烧高位监控摄像头13个，实现白沙辖区内农耕地全覆盖。在全省的综合评分及排名中，白沙与琼海并列第一名，且覆盖面积完成率为118.18%。

【水生态环境治理和保护】编制白沙黎族自治县水生态环境保护和农村生活污水治理“十四五”规划，扎实推进水生态环境保护各项工作。针对河流湖库水质超标问题开展全面排查和分析，出台2021年水环境质量不达标问题整治方案，启动超标水体整治工作。编制《珠碧江流域（白沙段）水生态环境综合治理方案》，推进农业面源、生活源等治理工作，同时，完成珠碧江流域（白沙段）水环境综合治理项目立项及可研报批。完成县级和乡镇级及以下集中式饮用水水源地环境评估和调查及基础信息更新，全部完成全县12个饮用水水源保护区的规范化建设。完成全县499个村队生活污水的治理，村治理覆盖率达97%，超额完成省下达村治理覆盖率不低于50%的任务目标。

【土壤环境综合治理】编制《白沙黎族自治县“十四五”土壤环境保护规划》，多举措确保全县土壤环境质量保持稳定。深入宣传《中华人民共和国固体废物污染环境防治法》，加强固体废物和危险废物环境监管，实行工业固体废物申报登记。完成重点监管企业土壤污染隐患排查并报省生态环境厅，开展邦溪镇矿区废弃场地及周边潜在污染源环境质量调查，强化风险防控。持续加强土壤环境违法行为排查检查，督促企业承担污染防治责任。规范汽修行业危险废物管理，全县20家汽修企业已签订危险废物处置协议。将辖区内医疗机构产生的医疗废物集中转运至三亚光大环保能源有限公司处理，实现危险废物全过程监管。

【开展“禁塑”行动】出台白沙黎族自治县《2021年全面禁止生产销售使用一次性不可降解塑料制品工作重点任务》，以白沙黎族自治县各级党政机关单位、事业单位、国有企业等单位食堂，主要旅游景区、超市、商场、学校、医院等场所，以及政府相关单位主办的大型会议、会展等为试点，率先实现全面“禁塑”。以“禁塑宣传月”为抓手，在《白沙新闻在线》栏目、抖音号“绿韵白沙”等媒体发布“禁塑”宣传报道和短视频130余条，与经营企业签订“禁塑承诺书”，利用村宣传栏、动员村委会利用广播喇叭播放宣传标语和口号，将“禁塑”的声音延伸到“最后一公里”。推进“禁塑执法月”行动，2021年，对全县的农贸市场、大型超市、商贩等进行检查，检查货运物流企业7家次，发现2家货运物流企业涉嫌运输一次性不可降解塑料制品，立案134宗，其中结案128宗，罚没款13.48万元，涉案物品数量约1.83吨。

（白沙黎族自治县生态环境局）

土地资源管理

【不动产登记】创新提升窗口服务质效。县自然资源和规划局不动产登记窗口积极推进“互联网+不动产登记”，2021年以来，共颁发不动产登记证书20267件，不动产登记证明606件。针对雅居小区、金土小区业主“办证难”的历史遗留问题，县自然资源和规划局主动作为，开通历史遗留问题专项业务“绿色通道”，成功为金土小区48户业主、雅居小区61户业主办理不动产权证分户小证。已初步制订《白沙黎族自治县不动产登记历史遗留问题处理工作专班方案》，为加快处理全县不动产登记历史遗留问题提供有力保障。

【矿产管理】认真履行国土空间生态修复职责。积极推进矿山恢复治理，投入约610万元，矿山地质环境恢复治理面积9.67公顷，完成自然资源部下发的86个历史遗留矿山图斑核查任务，经实地核查，初步认定为无历史遗留矿山。

【耕地保护】2021年白沙黎族

自治县收到自然资源部下发图斑81个，涉及面积91927.67平方米，其中60个图斑涉及占用永久基本农田，面积为59181.55平方米。按乡镇划分，七坊镇有16个图斑，涉及面积28280.49平方米；荣邦乡有12个图斑，涉及面积12248.13平方米；邦溪镇有5个图斑，涉及面积4952.71平方米；金波乡有4个图斑，涉及面积3736.85平方米；细水乡有3个图斑，涉及面积1919.2平方米；元门乡有5个图斑，涉及面积6779.78平方米；打安镇有11个图斑，涉及面积8490.89平方米；阜龙乡有17个图斑，涉及面积17214.95平方米；牙叉镇有7个图斑，涉及面积7464.19平方米；青松乡有1个图斑，涉及面积840.48平方米。经过外业核查、内业整理、上报汇总和情况说明等阶段，已对自然资源部下发的81宗耕地卫片图斑完成摸底调查，完成整改16宗。

【国土变更调查】根据省里下发的白沙黎族自治县监测变更图斑总共有1033个。需要开展外业调查举证的有543个图斑，截至2022年1月底已完成举证369个，提交省级核查167个，省级已完成核查162个。剩余未举证174个，占32.04%，全省排名第7。

【土地执法监察】“两违”整治任务、农村乱占耕地建房工作完成情况。省下达任务为：白沙黎族自治县“两违”图斑总数为5573宗，涉及违法建筑面积94.316万平方米，涉及违法用地面积130.73公顷。白沙黎族自治县通过“两违”信息化管理系统完成图斑办理销号5042宗，建筑面积79.655万平方米，占完成整治任务量的90.47%。2021年3月以来省下达农村乱占耕地建房违法图斑159个，白沙自查发现2个，全部已完成实地核查和系统上报161个，其中核查上报合法图斑102个，存量违法图斑57个，新增违法图斑2个。整体拆除处置并销号2个。

【土地供应】2021年白沙黎族自治县已上报的新增建设用地项目共7个，总面积17.1277公顷。其中5个项目（海南中部白沙生态运动休闲旅游区项目、白沙人才安居房项目、邦溪鸿辉混凝土搅拌站项目、金波康养度假中心项目和白沙南开乡高峰村生态移民搬迁建设项目）已获省政府批准，新增建设用地面积11.7706公顷。

2021年已完成供地15宗，总面积44.5公顷，其中划拨1宗（县第一小学项目），面积8.41公顷；挂牌出让14宗，面积36.09公顷，出让金额21588万元。

白沙实施土地整治项目5个，其中：已竣工项目2个，建设规模331.69公顷，总投资1874.41万元，正在进行新增耕地初步核实，预计补充耕地面积22.99公顷；正在实施的土地整治项目2个，建设规模65.07公顷，总投资2562.39万元，预计补充耕地面积36.45公顷；高峰村生态移民搬迁耕地开垦项目，建设规模9.35公顷，预算总投资830万元，预计补充耕地面积8.18公顷。

【土地纠纷调处】全县范围内农垦遗留问题土地权属争议19宗，面积900.87公顷，已经完成调处11宗，正在调处8宗，其中6宗规划林地占50%以上，面积91.33公顷，已移交县林业局，2宗非林业地，面积58.25公顷，正在调处中。

跨市县土地权属争议1宗，面积109.47公顷，争议主体为打安镇朝阳、推星、和巷、和局、阜巴5村与儋州市八一总场。已完成朝阳村和推星村的权属测量，村集体对测量的权属界线无异议，正在与儋州市自然资源和规划局、八一总场核实权属界线，核实无误后开展签章工作。

【自然资源统一确权登记发证】自然资源统一确权登记工作已发布通告，以不动产登记成果为基础，核查自然资源登记单元权属状况、界址、登记单位内所有权、相关不动产权利及许可等信息，完成进度83%；核查自然资源的位置、空间范围、面积、类型以及数量、质量等自然状况，完成进度83%。

【农村房地一体及集体建设用地统一确权登记】全县总宗地数32853宗，完成底图测量32853宗，完成率100%；完成权属和宗地界线实地调查32853宗，完成率100%；完成权利人权属资料收集32853宗，完成率100%；完成公示32853宗，完成率100%；完成乡镇签章32821宗，完成率99.90%；完成录入不动产登记审批系统权籍调查库25174宗，完成率76.07%；完成正式登簿21384宗，完成率78.87%；已打印不动产权证书18259本，完成率67.34%，2021年白沙黎族自治县农村“房地一体”工作进度全省排名第4。

【打安镇6个退场队农村集体土地确权登记发证】打安镇力孝等6个退场队农村集体土地进行确权登记发证工作。该工作于2015年开展，已制定工作方案，选定了测绘公司。2015年龙江农场和6个退场队按现状完成指界，形成图件，2021年6月已将图件送达龙江农场和6个村进行确认，并召开了调处会，统一了双方思想，采取先易后难的工作方法，针对无争议的地块，尽快完成指界签章、公示公告等工作，收集完善确权登记材料，落实确权登记发证，以保障村集体经济组织的合法权益。存在争议的地块继续组织召开土地纠纷调处会，逐宗调处，逐宗解决。

【全县46所中小学校土地确权登记发证】经查询白沙黎族自治县土地历史登记档案、2004年土地权属数据，全县中小学校共确权登记28所，其中1993—2005年确权登记27所，2021年确权登记1所。

（县自然资源和规划局　韩　冰）

科学技术

科技服务

【概况】2021年，全县继续推进农业科技110服务站点建设，实施科技副乡（镇）长派遣计划，落实科技扶贫示范“百村千户”创建工作，推进贫困地区、边远地区、少数民族地区科技人才选派工作，发挥科技特派员作用，强化行业科技服务功能，助推全县经济、社会发展。

【科技申报】2020年，县科工信局积极组织开展科技型企业和高新技术企业申报工作，阿罗多甘农业科技有限公司入选2020年第一批科技型中小企业、入选2020年第三批高新技术企业，双双实现零的突破。向省科技厅推荐的“白沙地区热带果茶绿色精准高效种植技术应用与示范”项目，被列入“科技助力经济2020”重点专项。

【科技服务】2020年，县科工信局加强科技110服务站建设和服务工作。新增白沙卫星科技110服务站。同时，组织科技特派员开展“推成果、强服务、保春耕”工作。印发《红心橙种植管理技术》等实用手册5000多份，举办山兰稻、五脚猪养殖等专题培训39场次，开展科技下乡活动58次，技术服务群众3581人次。利用“百村千户”服务平台线上提供山兰稻春播、朝天椒种植等技术咨询服务2566条，组织科技特派员开展农资供应、春耕备耕、技术需求情况核查、指导、宣传。

【科技副乡（镇）长申报科技派遣计划】2020年，县科工信局组织科技副乡（镇）长申报科技派遣计划专项。3名科技副乡（镇）长分别申报“橡胶林下香露兜种植及综合利用技术示范与推广”“澳大利亚坚果种植示范与推广”“雷公笋高产种植技术示范与推广”3个科技派遣计划专项。

【科技信息便民服务】2021年，县农技中心在推进科技工作中，充分发挥科技服务的优势，狠抓科技服务工作。建立数据库信息平台，做好信息发布工作。在“海南农技通”微信公众号发布全县各个乡镇土壤地块养分、田洋配方、地块配方和土壤配方计算等信息，为广大群众提供土壤信息参考。利用应用农业现代信息平台，做好信息发布工作。技术指导员通过安装使用中国农技推广App，每月填报有效农业信息，实现网络化、推广服务信息化、工作考核电子化，并利用信息平台发布农情信息。

（县科工信局　高明辉）

文化·旅游

公共文化设施

【县民族博物馆概况】2021年，县民族博物馆以“保护为主、抢救第一、合理利用、加强管理”的16字方针为工作指南，扎实开展各项文博工作。全年实施免费开放政策，累计接待观众26150人次，其中未成年人参观25745人次。截至年底，收藏的藏品有瓷器、陶瓷、石器、骨雕、黎苗服饰、饰品及琼崖纵队使用过的武器等共计1068件（套），其中有馆藏定级文物89件（套），包含一级文物11件、二级文物13件、三级文物65件。

【文博队伍建设】2021年，县民族博物馆强化基层文博队伍建设。组织工作人员到五指山参观海南省民族博物馆的“寻找救星——海南少数民族革命斗争史展”，派出馆内干部到北京参加“北京大学2021年度海南全省文博工作培训班”，提高馆员综合业务素质，开阔视野，拓宽思路。举办白沙黎族自治县2021年文物保护和文博知识培训班，结合全县可移动文物和不可移动文物内容及政策进行授课，具有很强的针对性和实用性。培训既达到宣传文物保护与利用的重要性的目的，又提高文物保护队伍专业素质，此次培训共计28人参加。

2021年10月26日，县民族博物馆举办白沙黎族自治县2021年文物保护和文博知识培训班　（孙小晴　供图）

【展馆免费开放】2021年，县民族博物馆扎实推进展馆免费开放工作。疫情期间，博物馆结合有关要求，执行限流措施，对于进入展厅内参观的人员，进行实名登记、体温测量，要求全程佩戴口罩，2021年累计开放260天(周一至周五开馆、周末闭馆、法定节假日开馆），基本陈列展厅常年免费开放。开展活动29场次，共惠及群众25200人次。每日对陈列文物展厅进行巡查，做好开馆前和闭馆后的文物安全、消防检查和清馆净场工作，加强安全防范工作，进行24小时视频监控。截至2021年年底，博物馆网上虚拟展厅浏览143950次，微信公众号阅读量3885次。

【文博宣传】2021年，县民族博物馆积极开展文博活动，促进文化惠民工作。围绕“5·18”国际博物馆日开展系列活动，开展2021“学党史 赓续红色基因 听故事 传承革命精神”专题讲座。营造“学党史、学理论、学政策、学业务”的大学习氛围，激励广大党员干部继承和发扬党的光荣传统和优良作风，当天参加讲座的各单位党员代表共计100人。举办白沙黎族自治县庆祝建党100周年“讲好革命故事，传承红色基因”主题演讲比赛。参赛学生有90多人，小学组、初中组通过初赛分别选出11名选手共22人进入决赛。比赛最终分别选出小学组、初中组一等奖1名，二等奖2名，三等奖3名，优秀奖5名。在文化和自然遗产日举办2021年文化和自然遗产日活动，现场展示黎族竹木乐器20余种，让群众更直观地了解黎族竹木乐器。拍摄《白沙黎族自治县民族博物馆》宣传片，通过县民族博物馆网站和微信公众号、白沙旅文体公众号等宣传媒体，大力宣传，展示文物风采，凝聚保护共识。精选县民族博物馆馆藏革命文物共计19件（套）助力联合展览，分别借展协办海南省博物馆“二十三年红旗不倒——琼崖纵队文物史料展”、海南省民族博物馆“寻找救星——海南少数民族革命斗争史展”。馆际合作联展，突破场地限制，有效地整合文物资源，发挥各博物馆优势，实现资源共建共享，这也是提升县民族博物馆公共文化服务能力的有效途径。在全县25所中小学进行巡展，约25000人次参观，充分展示白沙革命斗争发展历史，进一步讲好红色故事，传承好红色文化。

2021年5月29日，县民族博物馆举办白沙黎族自治县庆祝建党100周年“讲好革命故事，传承红色基因”主题演讲比赛活动颁奖现场
（孙小晴 供图）

【县文化馆概况】县文化馆成立于1952年12月20日，位于牙叉镇牙叉南路12号，场馆面积3064平方米。2021年，有编制7人，实际在岗6人，聘用工作人员3人，全馆共9人；设正、副馆长各一名，内设文学戏剧岗、美术书法岗、音乐舞蹈岗、摄影岗、综合类群众文化岗、非物质文化遗产保护中心。配有美术室、电子阅览室、音乐室、舞蹈厅、美术书法基地、展览厅、传习馆、陈列馆等，常年免费开放场所，每周开放时间不少于56小时，全年接待3000余人次。

【群众文化活动】2021年，县文化馆持续推进文化惠民工程，进一步满足广大群众文化需求，组织开展文化艺术沙龙系列主题活动7期，积极搭建白沙非遗、音乐、舞蹈、摄影、美术、礼仪、健康等领域的人才交流平台，助力白沙人才工作建设；开展文化下乡惠民演出活动2场，累计惠及群众1000余人次；开展“我们的中国梦——文化进万家”文化大讲堂活动6期，把党史学习教育、海南自由贸易港建设、白沙乡土文化等内容带进校园、社区；开展竹竿舞互动大赛，丰富黎族苗族“三月三”活动内容；开展“绘山水林云·印象白沙”美术采风写生活动，以美术绘画的形式记录白沙新时代建设成就；同时，精选采风写生精品画作，先后在海南省博物馆、县青少年校外活动中心举办画展，不断提升白沙文化影响力；举办“向党献礼——庆祝中国共产党成立100周年”——叶运昌美术作品展，以党史为题材，以国画和油画为形式，展现在中国共产党领导下，白沙不断取得新时代建设的伟大成就；开展2021年美术书法巡展活动11期，累计惠及群众5万余人次；选送白沙美术人才羊才会书法作品一幅、美术作品一幅，入选海南省“群星奖”作品展；推出馆办内部交流刊物《白沙文艺》1期，推出《欢迎你到白沙来》歌曲，进一步提升白沙文化软实力。

【群众性免费培训】2021年，县文化馆举办海南特色广场舞培训班4期、暑期少儿培训班1期、“优化营商环境，助力白沙人才发展”民歌民舞培训班4期，培训445人次。通过举办群众性免费培训班，进一步提高群众综合素质，丰富市民文化生活，共享文化惠民成果，有力推动了群众文化发展。

【新媒体宣传】2021年，县文化馆充分发挥“互联网+”的辐射带动作用，利用文化馆微信公众服务平台、美篇等新媒体，加大宣传群众文化活动力度，普及非物质文化遗产知识。全年发布消息179条，阅读量38824次。

【文化志愿活动】2021年，县文化馆先后开展文化艺术沙龙系列主题活动、文化下乡惠民演出活动、“我们的中国梦——文化进万家”文化大讲堂活动、竹竿舞互动大赛、“绘山水林云·印象白沙”美术采风写生活动、美术书法巡展活动、“向党献礼——庆祝中国共产党成立100周年”——叶运昌美术作品展、海南特色广场舞培训班、暑期少儿培训班、“优化营商环境，助力白沙人才发展”民歌民舞培训班、黎族传统纺染织绣技艺培训班、老古舞培训班、黎族泥片制陶技艺培训班、“万企兴万村”非遗印象展、“啦奥门”庆丰收习俗山兰旅游文化节非遗印象展等文化志愿活动。参加志愿服务达500人次，志愿服务时间累计2830小时，惠及群众7万余人次。

【县图书馆概况】县图书馆新馆于2017年度破土动工，2018年12月15日落成揭牌并投入使用。县图书馆位于白沙文化体育中心，建筑面积3600平方米，内设有总服务台、文学图书阅览室、少儿阅览室、幼儿阅览室、自修室、报刊阅览室、公共电子阅览室、地方文献及中文工具书查阅室、综合图书阅览室、报刊库、典藏室、办公室、资料复印室等。截至2021年年底，纸质书刊总藏量14万余册，已录入系统图书13万余册。图书馆为了更好地服务读者，馆内配置了自助借还书设备、图书检索机、电子书自助借阅机等，开通移动图书馆，为广大读者提供海量的数字资源，读者可以不受时间空间的限制，获取图书馆免费提供的图书、报刊等的数字资源。县图书馆不断完善各项设施设备，提升服务能力，实行全免费、零门槛、无障碍服务，馆内书刊全开架开放。每天开放8小时以上，周六、周日及节假日均开放，最大限度保障广大读者的阅读需求。馆内编制数7人，实有5人。馆内设有馆长、副馆长各1名。

【图书服务】2021年，县图书馆利用新馆的优势，加强和完善各项业务工作，最大限度地满足广大读者的需求，加强读者服务工作，全年到馆读者70126人次，书刊文献外借61876册次，送书下乡流通量达

县图书馆于2021年12月19日在县图书馆一楼举办“少儿悦读成长会之童言无忌”活动，全体成员就养成良好的读书习惯进行交流。图为参加活动成员合影

（符儒文 供图）

10000 余册。

【图书编目加工】2021 年，县图书馆抓紧抓好图书业务工作，为读者做好图书借阅的前期准备，确保读者能够顺利借阅本馆书刊。全年完成 9525 册新图书的编目加工任务，并投放至文学图书阅览室、少儿阅览室、幼儿阅览室、综合图书阅览室。

【全民阅读推广】2021 年，县图书馆除做好传统的读者服务工作外，还积极深入基层开展阅读推广活动。深入青松、金波、南开、七坊、阜龙等乡镇、村委会开展阅读推广活动 21 场次，服务群众 3000 余人次；开展禁毒宣传图片展览活动，服务群众 2000 余人次；派出 1 辆移动图书车，配备 2000 余册图书供读者借阅，设置图书馆服务宣传资料，现场发放资料 4000 余份，解答咨询 300 余条，赠书 500 余册。

（县图书馆　符儒文）

县民族歌舞团于 2021 年 12 月 23 日在县牙叉镇高峰村举办“学党史 感党恩 听党话 跟党走”白沙黎族自治县党史学习教育文艺宣讲暨 2021 年文化助力乡村振兴演出活动，开展文化惠民演出不仅丰富了城乡人民群众的业余文化生活，同时也让群众实实在在感受到县委、县政府惠民政策的成果。图为演出活动合影（周垣杏　供图）

县民族歌舞团于 2021 年 9 月 30 日在县文化公园举办“奋进自贸新时代 振兴白沙新征程”2021 白沙黎族自治县庆祝国庆 72 周年暨弘扬尊师风尚文艺晚会活动（周垣杏　供图）

县民族歌舞团

【概况】县民族歌舞团（前身为毛泽东思想宣传队，成立于 1965 年），1990 年重组为白沙黎族自治县民族歌舞团，2012 年因文化体制改革工作需要，按“人随编走”方式划转到县文化馆，成立黎族歌舞展演团，为重新盘活展演团发挥作用，2015 年 11 月，县政府批准展演团从县文化馆脱离出来，成立县民族歌舞展演团，2021 年 5 月根据《白沙黎族自治县民族歌舞展演团长效发展思路报告》，更名为白沙黎族自治县民族歌舞团，是全县唯一的专业文化艺术表演团体，隶属县旅游和文化体育广电局管理，属公益二类事业单位，核定事业编制数 23 名。有演职人员 36 人（男 21 人，女 15 人），其中，在编人员 18 人，编外聘用演职人员 18 人。

【惠民演出服务】2021 年开展“学党史 感党恩 听党话 跟党走”白沙黎族自治县党史学习教育文艺宣讲暨 2021 年文化助力乡村振兴演出 28 场，观众人数 1 万多人次，丰富了广大基层群众的精神文化生活。为满足群众才艺展演需求，该团为群众安装舞台及演出设备，成功举办庆祝中国共产党成立100周年2021年白沙黎族自治县文化助力乡村振兴“我为群众办实事”“百姓大舞台”群众才艺展演活动5场，群众自导自演节目70多个，观众人数1万多人次。

【主题演出宣传】2021年主题演出活动：协助县旅文局举办2021年春节联欢晚会1场；举办“三八妇女节”联欢会1场；开展2021年白沙黎苗“三月三”开幕式暨丰收祭典巡游活动、巡游快闪节目表演及长桌宴水上舞台民歌对唱活动，共编排节目15个，为白沙黎苗“三月三”增添亮点；开展“五一”红色之旅乡村民俗文化游活动文艺展演；参加央视“喜上加喜”演出活动，编排演出节目8个；举办2021年“全民健身日”暨“永远跟党走”庆祝建党100周年广场健身操（舞）比赛选拔赛3场，共有35支广场舞队参加，总决赛1场，共有15支广场舞队参加；组织编排4个新节目参加“永远跟党走”——第18届海南省东西南北中广场文艺会演（中部片区）比赛；协助开展白沙黎族自治县“玫瑰书香”女职工主题朗诵比赛；协助开展“奋进自贸新时代 振兴白沙新征程”2021白沙黎族自治县庆祝国庆72周年暨弘扬尊师风尚文艺晚会；举办2021年“山水白沙·绿色氧吧”国庆乡村游2场；协助开展海南（白沙）少数民族水上运动嘉年华2场；开展2021白沙“啦奥门”山兰文化节欢迎仪式、开幕式、赶山演出、稻田实景演出、榕树舞台演出等；举办2021年央视白沙杯“全国男子、女子拳击冠军赛暨中国职业拳王赛”开幕式演出及2021年“全国女子拳击冠军赛”开幕式演出各1场。

文化遗产保护

【文物藏品管理与修复】2021年，县民族博物馆开展馆藏文物分类细化工作，完善馆藏藏品信息，推进博物馆馆藏藏品信息化管理，为未来博物馆可移动文物数字化保护夯实基础。做好藏品档案细化分类，推动精细化管理。对馆藏品重新进行总登记账、分类账和珍贵文物台账的登记。重新整理馆藏文物总登记账1本，馆藏文物分类账3本，馆藏珍贵文物台账3本，并以电子版和纸质版的方式，进一步提高馆藏品台账管理工作，确保账实相符。完善文物编号工作，对展厅内的文物进行清点、重新编号管理。接收雷公墨玻璃陨石标本入藏馆内。7月26日，海南雷公墨陨石博物馆向县民族博物馆捐赠一套（5件）雷公墨玻璃陨石标本。雷公墨玻璃陨石标本入藏县民族博物馆，填补了白沙无陨石坑出土之标本的空白，也丰富了馆内藏品的内容。对馆藏文物进行低氧杀虫工作。根据《海南省文物局关于白沙黎族自治县民族博物馆馆藏品情况的报告》文件精神，针对馆藏文物虫蛀严重的情况，对馆藏品进行低氧杀虫处理，对残缺件加强保护。因为馆内无专业的消杀设备对馆藏文物进行消杀，特委托海南省博物馆对馆藏文物进行低氧杀虫工作，本次消杀文物藏品71件（套）。

（县民族博物馆 孙小晴）

【非物质文化遗产保护和传承】2021年，白沙有非遗代表性项目32个，其中1个项目列入联合国科教文组织急需保护名录，3个项目列入国家级名录，4个项目列入省级名录，25个项目列入县级名录；被命名国家级代表性传承人1人（已故），省级项目代表性传承人6人，县级传承人87人；传承人传授徒弟10000余人；征集到代表性实物有龙被3件、双面绣24件、筒裙11件、麻布衣1件、树皮衣2件、锦布2条、渡水葫芦2件、陶器5件；初步建立了非物质文化遗产保护项目及传承人资料库；有固定的传习场所，其中传习馆1个，陈列馆1个，面积共410平方米，能举办100人的传习活动。有传习所2个，面积360平方米。

举办“非物质文化遗产法”培训班，召开“非物质文化遗产法”座谈会。2021年6月，依托“文化和自然遗产日”平台，先后举办“非物质文化遗产法”培训班，召开“非物质文化遗产法”专家座谈会，进一步向传承人普及非遗保护的法律、法规，进一步了解白沙非遗保护和传承工作的难点、堵点，优化非遗保护和传承方式。举办非遗培训班。为巩固非遗工作成果，培养非遗传承人群，普及非遗技艺，举办4个非遗项目培训班，涵盖国家级、省级项目。其中，黎族泥片制陶技艺培训班1期，为期10天，参训学员30人，学员作品50多件；黎族传统纺染织绣技艺文创产品开发培训班2期，每期5天，每期参训学员30人，每个学员能独立掌握产品创作的培训目标；黎族民歌培训1期，参训学员30人；老古舞培训1期，参训学员40人。选派传承人群参加研培、对外交流活动。选派传承人参加2021年海南非遗学习交流会、2021年五指山“文化和自然遗产日”黎锦技艺比赛，并获得二等奖2个、三等奖2个；派人参加2021年基层非遗保护工作队伍网络培训班、“中国非遗传承人群研培计划2021年黎锦技艺研修班”、2021年海南省非遗研修班。扎实推进非遗传承人考核，通过实地走访、考察11个乡镇非遗传承人，深入了解非遗传承人工作、生活环境，收集非遗传承人考评资料，量化考核非遗传承人年度工作绩效，进一步优化白沙黎族自治县非遗传承人队伍建设。

【非遗文化宣传】2021年，县文化馆组织开展“文化和自然遗产日”非遗宣传展示展演系列活动、黎族苗族“三月三”节日暨非遗印象展得到南海网、新浪网等主流媒体报道；此外，依托“文化和自然遗产日”非遗宣传展示展演系列活动，累计发放非遗成果宣传册3000余份，持续推进非遗宣传走进基层、走进千家万户。

【传承保护】举办白沙黎族自治县少数民族手工艺文创作品有奖征集展销活动。2021年3月30日至4月29日在县电商产业园举办白沙黎族自治县少数民族手工艺文创作品有奖征集展销暨白沙黎族自治县关爱教育发展基金会现场义卖及募捐活动。本次活动共征集到60个作品，其中黎锦苗绣类作品24个，竹藤编类13个，骨器泥陶23个。为县关爱教育发展基金会募集到的教育基金42041元，

举办黎族苗族传统服饰设计制作及缝纫技艺培训班。2021年5月25日至6月8日举办黎族苗族传统服饰设计制作及缝纫技艺培训班，为期15天，主要培训白沙黎族自治县织锦手工艺者、黎锦专业合作社成员和非遗传承人33人。

举办黎族传统竹藤编技艺培训班，2021年5月24日至6月30日深入七坊镇高地村委会、可好村委会、英歌村委会和长龙村委会举办黎族传统竹藤编技艺培训班3期，培训学员93人，培训对象主要是建档立卡的脱贫户和竹编技艺爱好者。

协同省民宗委联合举办举办2021年海南省少数民族民歌民舞培训班、全省少数民族文学创作培训班和少数民族文化创意研修班。2021年9月25日至30日在县文化馆举办2021年海南省少数民族民歌民舞培训班，全省各市县有关文艺团体和经营单位业务骨干、民族中小学校音乐舞蹈专业骨干教师共33人参加培训。2021年9月26日至30日在元门乡罗帅天涯驿站举办全省少数民族文学创作培训班和少数民族文化创意研修班，全省各民族市县手工艺品、文创产品、民族文化旅游和民宿等从业者以及文化场馆、院校文学创作辅导工作人员、民族文学爱好者和自媒体经营者共45人参加培训。

完成《海南民族白沙专辑》编撰项目。《海南民族白沙专辑》以报道白沙民族工作、传递民族信息、普及民族知识、增强民族团结、促进民族发展、介绍白沙民族文化为宗旨，以白沙民族文化研究和民族文学、艺术创作为主体，集学术性、知识性、趣味性于一身。《海南民族白沙专辑》包括《文化白沙》（上册）、《生态白沙》（中册）和《奋进白沙》（下册）。

建设白沙黎族自治县民族中学全国民族团结教育示范基地黎陶培训工作室。黎陶培训工作室由省民宗委和县民族事务局共同投资29.9万元建设，工作室面积155.58平方米，能容纳40名学生进行学习、培训。工作室分设教学区、展示区、烧陶区3个功能区，9月23日起开始正式交付县民族中学使用。

（县文化馆：董明玉、黄阳、符朝妃、王小玲、何声良、王晨）

2021年白沙黎族自治县非物质文化遗产项目代表性传承人

表10

姓名	性别	民族	类别	备注	姓名	性别	民族	类别	备注
钟朝良	男	黎族	国家级	已故	胡玉琴	女	黎族	县级	
符秀英	女	黎族	省级		王慧敏	女	黎族	县级	
王瑞妹	女	黎族	省级		王莉缤	女	黎族	县级	
符春连	女	黎族	省级		符杏香	女	黎族	县级	
刘玉华	女	黎族	省级		王娜娜	女	黎族	县级	
王有春	男	黎族	省级		符红英	女	黎族	县级	
符小兰	女	黎族	省级		符丽花	女	黎族	县级	
王仁召	男	黎族	省级	已故	符丽容	女	黎族	县级	
王启敏	男	黎族	省级	已故	钟进江	男	黎族	县级	
王少姑	女	黎族	县级		王成全	男	黎族	县级	
吴小燕	女	汉族	县级		刘桂梅	女	黎族	县级	
符继珍	女	黎族	县级		符彩玲	女	黎族	县级	
吴小燕	女	黎族	县级		蓝亚周	男	黎族	县级	
符继珍	女	黎族	县级		符朝兴	男	黎族	县级	
王少姑	女	黎族	县级		符朝光	男	黎族	县级	
符玉兰	女	黎族	县级	已故	符菊英	女	黎族	县级	
符玉琴	女	黎族	县级		文亚开	女	黎族	县级	
符永珍	女	黎族	县级		刘德英	女	黎族	县级	
符秋珍	女	黎族	县级		李桂花	女	黎族	县级	
符玉琼	女	黎族	县级		李胜远	男	黎族	县级	已故
符金兰	女	黎族	县级		卢 君	男	黎族	县级	
王爱花	女	黎族	县级		符爱琼	女	黎族	县级	已故
董金女	女	黎族	县级		张桂英	女	黎族	县级	
陈 娟	女	黎族	县级		符进警	男	黎族	县级	
符玉琼	女	黎族	县级		王启敏	男	黎族	县级	已故
符波兰	女	黎族	县级		柯业海	男	黎族	县级	
王美金	女	黎族	县级		王明全	男	黎族	县级	
符爱琼	女	黎族	县级		王成彬	男	黎族	县级	
符亚叉	女	黎族	县级		王玉凤	女	黎族	县级	
符祝美	女	黎族	县级		王玉梅	女	黎族	县级	
符玉荣	女	黎族	县级		王升	男	黎族	县级	
谭妹莲	女	黎族	县级		符文林	男	黎族	县级	
王洪利	女	黎族	县级		张潮瑛	女	黎族	县级	
符丽敏	女	黎族	县级		符亚文	女	黎族	县级	
符玉甘	女	黎族	县级		符桂兰	女	黎族	县级	
王翠霞	女	黎族	县级		韩蓉	女	黎族	县级	
符丽娥	女	黎族	县级		陈金莹	女	黎族	县级	
符凤云	女	黎族	县级		马玉梅	女	黎族	县级	
王玉梅	女	黎族	县级		麦文入	男	黎族	县级	
廖桂花	女	黎族	县级		王泽秋	男	黎族	县级	
陈玉兰	女	黎族	县级		羊美珍	女	黎族	县级	
陈彩香	女	黎族	县级		王进从	男	黎族	县级	
罗丽英	女	黎族	县级		王柳娟	女	黎族	县级	
李朝英	女	黎族	县级		符少梅	女	黎族	县级	
符亚汉	女	黎族	县级		符慢娜	女	黎族	县级	

姓名	性别	民族	类别	备注	姓名	性别	民族	类别	备注
符亚代	女	黎族	县级		符明庄	男	黎族	县级	
符金英	女	黎族	县级		符明清	男	黎族	县级	
符荣英	女	黎族	县级		陈玉跟	男	黎族	县级	
符永英	女	黎族	县级		符继珍	女	黎族	县级	
符爱英	女	黎族	县级		王桂华	男	黎族	县级	
符玉萍	女	黎族	县级		陈娟	女	黎族	县级	
符金霏	女	黎族	县级		符美英	女	黎族	县级	
谭丽玲	女	黎族	县级		吉金芳	女	黎族	县级	

广播电视

【概况】县融媒体中心（原县广播电视台）位于金沙南路，于2019年12月25日挂牌成立，是县委直属公益二类事业单位，归口县委宣传部管理。办公大楼占地近4000平方米，总建筑面积4775平方米，设编辑室、录音室、播出机房、多功能演播厅、电视演播室、指挥大厅等功能区，并拥有网络化、智能化配套设施。广播电视发射台位于九架岭，海拔700米，塔高118米，配置发射机房、发电房等基础设施。

【平台建设】县融媒体中心有广播本地频道FM92.0，电视本地频道59频道《白沙新闻》，转播节目有广播节目3套，电视节目17套，共20套节目，全省率先试行的县应急广播系统收听站点有830余个，覆盖到行政村和自然村一级。新媒体平台有"i白沙"新闻客户端、微信公众号、微信视频号、抖音、今日头条等，实现线上多个平台和端口统一报道、统一发声，并与"学习强国"、南海网以及政务窗口等平台互通、共享数据，相互融合、一体发展。

【队伍建设】县融媒体中心有主任（正科级）1名、副主任（副科级）2名，全体人员共54人。中心内设综合岗、总编岗、记者岗、播控发射岗和民生服务岗5个职能部门。以派出去、走进来等方式，全年组织人员参加全省意识形态和舆情信息业务培训班、海南省互联网新闻信息服务单位内容管理从业人员培训班、2021年海南省广播电视和网络视听新闻采编业务培训班等30班次，97人次；还组织业务骨干到省和其他市县交流学习，提升了新闻宣传人员政治思想理论和采编宣传业务知识水平。

白沙融媒体中心办公大楼

【新闻宣传】2021年，县融媒体中心充分利用广播、电视、微信公众号、客户端等媒体平台，全方位、多角度围绕海南省和白沙黎族自治县"两会"、党代会、庆祝中国共产党成立100周年、换届选举、作风整顿建设年、"三月三"黎苗传统节日等大事，聚焦党史学习教育、疫情防控、乡村振兴、生态环保等重大主题，开设了《咱们的小康路》《抵御疫情》《我为群众办实事》《学党史 转作风 查堵点 促发展》《聚焦"两会"》等专栏，全年通过"白沙新闻在线"微信公众号、"i白沙"App等媒体平台完成各类白沙本地原创新闻报道 1358 篇，原创短视频作品 340 条，刊播新闻 12525 条，公益片播放 9990 次。编发白沙本地原创新闻报道 1247 篇；“i 白沙”客户端共完成 5844 篇新闻稿件推送；“绿韵白沙”抖音号共发布 329 个原创短视频作品，“白沙新闻在线”视频号共发布 340 个原创短视频作品；“白沙新闻”电视广播栏目共制作 835 条新闻；全年累计总阅读量达 1000 万 +。

2021 年 10 月广播电视演播室正式启用，完成《白沙一周要闻》电视新闻节目的录制，结束了白沙黎族自治县没有主持人出镜电视新闻的历史；节目于每周六和周天更新上线，并且在“i 白沙”客户端和“白沙新闻在线”微信公众号同步播发。电视新闻播放画质由原来的 mpg 格式升级为 mp4 高清模式，提升了受众体验感；运用新华社“现场云”平台现场报道白沙经济社会发展、决战全面建成小康社会等热点议题，得到群众的高度认可，通过“i 白沙”客户端开通现场云直播渠道 8 次，直播总点击量近 20 万人次。

2021 年来，央广网、中经网、《海南日报》等央媒、省媒报道关于白沙的新闻 1007 条，向“学习强国”平台推送报道 256 篇。选送的《令人难忘的春节》荣获新华社新闻信息中心和中国新华新闻电视网组织的“小康中国·千城年夜饭”视频展示活动最佳作品奖，播放量超 500 万 +；《海南白沙组建拳击运动队、攀岩运动队》获得新华社客户端海南频道采用市县融媒体中心稿件 8 月榜冠军，总阅读量破 140 万；采编的《小小致富鸽 大大脱贫梦》《春暖花开 英雄归来！白沙援鄂医疗队凯旋》获得第 31 届海南新闻奖三等奖。

【安全播出】2021 年，健全完善了《安全播出制度预案管理手册》等各项制度 25 项，其中管理制度 14 项，应急预案 11 项，新增技术档案管理制度、综合防控预案、网络安全工作制度和网络信息安全突发事件应急预案。完成播出系统三级等保备案、编辑系统二级等保备案，九架岭发射台增加自动信号切换器和应急编码器，更换白沙台调频广播主备发射机 1 千瓦等。在 2021 年春节、“全国两会”、亚洲博鳌论坛、庆祝中国共产党成立 100 周年大会等重要节点，坚持领导带班 24 小时值班制度，实现安全播出零事故。

（融媒体中心　刘增茹）

档案管理

【概况】2021 年是中国共产党成立 100 周年，是党和国家历史上具有里程碑意义的一年，也是“十四五”全国档案发展事业规划开启之年。一年来，县档案馆工作在县委县政府的正确领导下，在省档案局（馆）的具体指导下，馆党组带领全体干部职工认真开展党史学习教育，深刻领会习近平总书记对档案工作重要批示精神。积极开展档案业务工作，深入各乡镇、各单位加强档案业务指导，抓好收集、归档、移交和整理等档案综合管理工作，提升馆藏数量，丰富馆藏内容，较好地完成全年工作。

【档案收集和数字化】信息化程度是当今衡量档案管理工作效率的标准，信息技术在档案工作中广泛应用，有效提高了查阅档案工作效率，使得以往烦琐的纸质查阅方式变得更加规范和标准。为了更好地体现档案馆的服务宗旨、提高服务质量，通过购买服务对档案资料进行整理和数字化扫描，全年共整理 704 盒、30714 件，著录 30714 件、扫描 286274 页。

【档案利用】通过接待查阅、电话代查、档案咨询等服务方式，先后接待档案利用者 710 人次，提供档案 1581 件，复印和出具档案证明共 9186 页，为全县经济社会发展提供了翔实的第一手材料。

【档案安全管理】2021 年，以开展“党史学习”，主题教育为契机，结合工作实际，认真对照检查，增强工作责任感。对消防设施和库房照明设施进行全面检查。

【档案法制宣传】为进一步普

及档案知识，营造档案文化氛围。县档案馆以庆祝中国共产党成立100周年为契机，开展第十四个“6·9国际档案日”宣传活动，到打安镇中心学校以“档案话百年，档案见证中国共产党光辉历程”为主题开展系列宣传教育活动。通过手机短信发送宣传信息共10704条，提高全民档案意识。悬挂横幅，发放档案知识宣传册100本、中国精神册子100本、红色文化彩页160余张，印制有档案宣传口号环保袋200个、围裙200条、雨伞30把。向广大师生宣传档案基础知识。让更多人关注档案、了解档案知识。

史志工作

【概况】2021年，中共白沙黎族自治县委史志编纂中心（简称“县委史志编纂中心”）以习近平新时代中国特色社会主义思想为指导，深入学习党的十九大和十九届历次全会精神，贯彻落实习近平总书记关于海南系列讲话和重要指示批示精神，围绕中心，服务大局，突出抓好党史学习教育及“大学习、大调研、大抓落实”活动、作风整顿建设年及“查堵点、破难题、促发展”活动，全面贯彻新时代党的建设总要求和新时代党史县志工作方针，提高政治站位，紧扣全年工作目标任务，切实做好“十四五”时期白沙黎族自治县史志工作，根据《中共海南省委办公厅 海南省人民政府办公厅关于印发〈海南省史志事业发展规划（2021—2025年）〉的通知》精神，结合白沙实际，起草《白沙黎族自治县史志工作发展规划（2021—2025）》（征求意见稿）；聚焦主责主业，履行“为党立言、为国存史、为民修志”职责，党史及地方志编纂工作取得丰硕成果。

【党史编纂】《白沙党史三卷》完成评议稿。《白沙党史三卷》重点记述白沙黎族自治县委带领全县人民群众自1978年12月十一届三中全会召开至2012年4月海南国际旅游岛建设期间进行改革开放和建设具有中国特色社会主义的奋斗历程和经验教训。《白沙党史三卷》（评议稿）积极向老领导、县直相关单位、党史专家征求意见，对书稿进行再修改、再完善，做好后续的统稿工作，争取早日形成送审稿。

《中国共产党白沙黎族自治县组织史资料》经县委同意印刷后，于2021年3月印刷出版。全书收录时限为1996年1月至2018年12月，记述了白沙黎族自治县各级党政机关、人民武装、群众团体、司法机关及其所属的副局级以上单位的建立、发展、合并或撤销及人事变动情况；国有农场的建立、撤销及人事变动情况；各乡镇的主要领导变动情况。

《写在白沙大地上的党史》及《白沙起义主要人物事迹集》编辑出版。根据中共白沙黎族自治县委印发《白沙黎族自治县党史学习教育实施方案》及《白沙黎族自治县关于推动向民村组织振兴、建设红色美丽村庄试点工作方案》的工作要求，坚持以习近平新时代中国特色社会主义思想为指导，贯彻落实中国共产党成立100周年、党史学习教育及海南自贸港建设相关部署，深入挖掘白沙红色资源，讲好群众身边红色故事，传承红色基因，激扬奋斗精神。2021年11月，《写在白沙大地上的党史》及《白沙起义第一枪主要人物事迹集》印刷出版并交付使用。

【年鉴编纂】2021年，县委史志编纂中心严格落实“一年一鉴”工作目标，按照《地方综合年鉴编纂出版规定》，严把年鉴编辑“四关”，促进年鉴编辑工作常态化、规范化。1月20日向县委请示后，向全县印发《白沙年鉴（2021）》编纂工作方案，对年鉴编纂工作进行统一部署，明确撰稿业务规范和标准，规定交稿时限，并从编务基础上狠抓质量，组织编辑采取主动上门的方式，积极与撰稿人沟通交流，指导撰稿人在内容、图片等方面组织优质稿件；4月中旬，邀请省委党史研究室（海南省地方志办公室）年鉴工作处对中心干部职工进行年鉴业务知识授课，增强年鉴编辑人员解决问题、推动工作的能力。《白沙年鉴（2021）》通过更新特载内容、挖掘各单位的年度工作亮点设立专题条目等方法，使年鉴内容更丰富。注重把握年度大事、要

图为 2021 年度白沙年鉴业务培训班现场

事，突出白沙地域特色，特设图片专题“红色白沙·纪念海南解放 70 周年”“砥砺奋进‘十三五’共圆辉煌小康梦”“抗击新冠肺炎疫情”，准确反映白沙 2020 年经济社会发展的脉络和轨迹。《白沙年鉴（2021）》全书彩色印刷，共 73 万字，于 2021 年 12 月由南海出版公司出版。该年鉴制作精美、内容丰富，全面、系统、翔实地记载了白沙黎族自治县 2020 年经济、社会发展情况，为社会各界人士了解和研究白沙提供准确、全面的地情资料。

【乡镇志编纂】2021 年，县委史志编纂中心继续推动乡镇志编修工作，《七坊镇志》《元门乡志》《牙叉镇志》《邦溪镇志》4 个乡镇志进展顺利。2021 年 6 月，《七坊镇志》《牙叉镇志》由南方出版社出版，其中《七坊镇志》记载了本地乡镇撤并、打造美丽乡村及特色产业小镇等经济社会发展历程，记载了白沙第一个党支部成立等重要历史事件；《牙叉镇志》重点记载发展生态旅游、民族风情特色旅游和开发爱国主义教育基地等内容，全面记载世界最大的无颗粒陨石坑等自然景观、“牙叉会议”等革命遗址，以及黎族民族舞蹈等地方特色。乡镇志设政区、自然、人口、党政群团、经济发展、社会事业、文化传承及人物等篇（章），记述各乡镇的自然、政治、经济、文化、社会等的历史和现状。志首设概述、大事记，志末附村规民约、工作实施方案等。

【部门志编纂】制定《白沙人大志》编纂工作方案，经向县委请示同意后，全面铺开乡镇志、人大志编纂工作。截至 2021 年 12 月，《白沙人大志》已完成前期资料汇编。

根据海南省委党史研究室（省地方志办公室）《关于开展〈海南扶贫志〉编纂工作的通知》及县委批示精神，确定一名分管领导及工作人员，具体做好资料搜集编写及整理上报工作，多次征求县领导、县乡村振兴局、县教育局、县委政策研究室等各相关部门意见建议，以确保志稿的真实、系统、翔实，为《海南扶贫志》高质量、高品质编纂提供必要保证，也为《白沙扶贫志》编纂工作提供先期准备。

旅游

【概况】2021 年 4 月 21 日在网上公开征集白沙黎族自治县茶园旅游景区创建概念规划设计方案项目资格预审公告。5 月 5 日已完成白沙黎族自治县茶园旅游景区创建概念规划设计方案项目资格预审工作，规划设计公司已开展规划设计方案编制工作。

【旅游经营】2022 年 1—4 月，共有 28.39 万人到白沙黎族自治县旅游，接待游客过夜总数 17.27 万人·日，候鸟游客 4.31 万人次，旅游总收入 2.32 亿元。其中，乡村游接待游客人数 74205 人次、旅游收入 232.71 万元。有登记注册的民宿 3 家、宾馆酒店 76 家，有 AA 级旅游景区两家：圣哒哒湖畔公园旅游景区、白沙起义第一枪旧址纪念园；有 8 个椰级乡村旅游点：五里路茶韵农庄、知青文化乡村旅游点、阿罗多甘乡村旅游点、芭蕉村乡村旅游点等。

【旅游服务】能够为游客提供门票并告知如何使用、配备相关指引，让游客在景区内快速有效地找到自己要去的地方和想看到的景点。

卫生健康

综 述

【医疗卫生基本情况】2021年白沙黎族自治县拥有各级各类医疗卫生机构117家，其中县级二级综合医院1家、妇幼计生机构1家、疾控机构1家、皮肤性病与精神卫生防治机构1家、社区医院1家、乡镇卫生院11家、社区服务中心1家、村卫生室67家、民营医疗机构33家。全县有编制床位970张，开放床位1144张，每千人口床位数6.95张。其中：二级以上综合医院1家，实有床位295张；未定级医疗机构112家，实有床位849张。公立医疗卫生机构84家，实有床位1045张，民营医疗卫生机构33家，床位99张。2021年县人民医院拥有1.5T核磁、全进口飞利浦16排螺旋CT、全进口飞利浦四维彩超以及飞利浦数字X线成像系统等大型设备，医疗设备资产超过3000万元。各乡镇卫生院配备生化分析仪、血液细胞分析仪、尿液分析仪、心电图机等“大三件、小三件”设备共62台。全县共有671名专业技术职称人员，正高职称人员7人，副高职称人员48人，中级职称人员114人。县级在岗专业技术人员352人，其中正高6人、副高35人、中级63人；乡镇卫生院在岗专业技术人员319人，其中正高1人、副高13人，中级职称51人，初级职称254人。此外，通过2021年引进卫生专业技术人才暨“县属乡用、乡属村用”考核招聘工作和2021考核招聘医学院校毕业生工作，招聘卫生专业人员17名，医学毕业生10名。全县共有11家乡镇卫生院、1家社区卫生服务中心以及1家社区医院，其中牙叉社区卫生服务中心设置全科，各乡镇卫生院除常规诊疗科室外均设置妇科、儿科，9家乡镇卫生院设置中医科。

【医疗服务情况】2021年全县医疗机构117家，总诊疗50.29万人次，出院人数1.30万人，病床使用率为55.31%，门诊病人人均诊疗费用234.7元（含核酸检测费用）、住院病人日均费用863.7元。

【主要卫生健康指标】2021年每千人口医疗机构床位数6.29张，每千人口拥有执业（助理）医师数为2.37人。

【人事薪酬制度改革】2021年全县卫生事业人员编制536人，空编70人，编制使用率86.9%。出台《白沙黎族自治县基层卫生专业技术人才激励机制改革试点暨“县属乡用”“乡属村用”的实施方案》，发放人才激励工作补贴612.78万元；下派“县属乡用”人员10人次到乡镇卫生服务机构；全县基层医疗机构实行“公益一类财政保障，公益二类绩效管理”。

【疫情防控和疫苗接种】2021年，全县开展重点地区人员排查，共排查管控11228人，人员中无中高风险地区人员，核酸检测结果均为阴性。2021年，18岁以上人群接种新冠疫苗第一针次115924人，第一针次完成率93.1%；接种第二针次111763人，第二针次完成

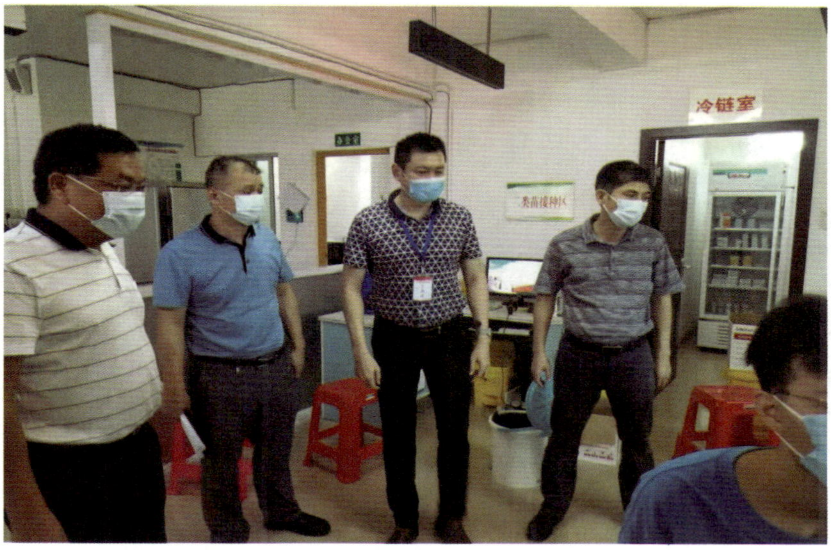

7 月 27 日，副县长何方长（左一）到牙叉卫生服务中心检查疫苗接种和疫情防控情况

率 96.55%；接种加强针 54084 人，接种率为 58.55%。12~17 岁人群接种第一针剂 16235 人，完成率 117.30%，接种第二针剂 15753 人，完成率为 97.03%。接种 3~11 岁人群第一针剂 19878 人，完成率为 92.63%，接种第二针剂 17929 人，完成率为 90.20%。完成“应检尽检”重点人群核酸检测人数 91951 人，检测结果均为阴性。2021 年卫生健康系统共储备医用外科口罩 266077 个，N95 口罩 23705 个，医用防护服 15938 件，医用隔离面罩 9707 个，防渗一次性隔离衣 17983 件，医用防雾护目镜 13196 副，基本满足满负荷运转 30 天的要求。

【健康产业重点项目】2021 年，顺利完成县人民医院 2×1250 千伏安高低压配电工程、县卫生防疫检验综合楼能力提升项目、县人民医院负压隔离病房改造项目、中西医结合医院综合楼配套设施建设项目、应急物资保障体系建设医疗救治设备储备等。乡镇卫生院基础配套设施项目共16个，主要包含卫生院配套污水处理、院内环境改造、医疗废弃物暂存间等，已完工 7 个，正在施工 7 个，剩余 2 个（金波乡卫生院、芙蓉田门诊部）已移交县城投公司。基层医疗机构室内配套项目已完成，标牌标准化建设项目正在有序推进中。

【公共卫生体系建设】2021 年白沙黎族自治县不断完善公共卫生体系建设，逐步提高医疗服务水平。开展基层医疗卫生机构“达标年”活动。印发《2021 年度基层医疗卫生机构“达标年”活动方案》，组织召开专题部署会和工作推进会，适时进行开展督导，于 11 月 9 日起开展县级评估，推进达标年活动，经过评估，达标的单位有 1 家社区卫生服务中心、1 家乡镇中心卫生院、5 家乡镇卫生院和 18 家村卫生室。12 月 7 日，省卫生健康委对白沙黎族自治县进行实地评估验收工作，全县基层医疗卫生机构“达标年”活动评估情况得分 92.21 分，名列全省第五。实施“优质服务基层行”活动。组织和动员辖区内所有基层医疗机构对照机构设置标准和评价指南开展自评自查，积极推动金波乡、打安镇、邦溪镇、细水乡、阜龙乡和牙叉社区卫生服务中心逐步达到

2021 年 12 月 3 日，县卫健委组织召开 2021 年白沙黎族自治县基层医疗机构“达标年”活动现场会

基本标准，牙叉镇卫生院逐步达到推荐标准。抓好基本公共卫生服务项目。省卫健委于 2021 年 3 月组织相关项目专家对全县 2020 年度基本公共卫生服务项目实施情况进行绩效评估，白沙排名全省第 7 名。开展老年人、高血压、糖尿病健康管理工作。截至 2021 年年底，全县完成对 11952 名老年人的健康管理，完成率为 110.1%，高血压健康管理 10968 人，完成率 115.37%，糖尿病健康管理 4536 人，完成率为 100.71%，此三项工作排在全省靠前位置。

【县域医共体建设】2021 年，县卫健委根据省医改办统一安排，参照相关文件，结合本地实际，草拟了《白沙黎族自治县构建县域医共体建设实施方案》（征求意见稿），着手组建以县人民医院（县中西医结合医院）为龙头，辖区内 11 家乡镇卫生院、1 家社区卫生服务中心和 1 家社区医院为成员单位的县医疗集团，实行人事、财务、医疗服务与质量控制、公共卫生与健康管理、信息化管理、后勤保障六统一的运行模式。为加快工作进程，9 月 7—8 日县卫健委组织考察交流组到保亭、琼海等试点市县进行交流学习，根据考察学习成果以及各部门反馈意见继续完善上述方案，11 月 4 日组织召开医共体建设专班扩大会议，再次细化该方案后报省卫健委审核修改。12 月 7 日县政府党组（扩大）会议审议通过《白沙黎族自治县医疗集团建设实施方案（送审稿）》，12 月 10 日县委常委会（扩大）会议审议通过《白沙黎族自治县医疗集团建设实施方案（送审稿）》。12 月 30 日以县委县政府名义印发实施《白沙黎族自治县医疗集团建设实施方案》。

（供稿人　朱慧勤）

2021 年 11 月 30 日，县政府专题会审议医疗集团建设方案

2021 年 12 月 7 日，县政府党组扩大会审议医疗集团建设方案

妇幼保健

【概况】白沙黎族自治县妇幼保健院（简称“县妇幼保健院”）是县卫健委直属的一类公益事业单位，为县级非营利性一级医疗保健机构，担负着全县妇女儿童医疗、保健、康复、公共卫生、基层保健培训和检查指导任务。2021 年，内设妇产科、妇女保健科、儿童保健科、护理科、医技科（含医学影像、医学检验）、信息科、宣传教育科、供应科、医务科和行政办公室，有人员编制 17 个，实际在岗 14 人，其中在岗在编 12 人，编外聘用人员 2 人；床位编制 6 张。

【孕产妇健康管理】2021 年，白

沙全县产妇总数1212人，活产数1210人。孕产妇死亡1例。早孕建册人数1163人，建册率96.%；产前检查5次及以上的孕产妇有1168人，检查率96.4%；妊娠风险评估分级为“黄色”的孕产妇453人，“橙色”孕产妇74人，“红色”孕产妇1人，“紫色”孕产妇63人；高危孕产妇591人，其中“橙、红”发生率13.6%。“橙色”产妇19人，其中孕期产检≥5次的有10人，“橙色”产妇孕期产检≥5次率52.63%，“红色”产妇1人，其中孕期产检≥5次的有1人，“红色”产妇孕期产检≥5次率100%。产后42天访视产妇1210人，产后访视率100%。

【0~6岁儿童健康管理】新生儿听力筛查。2021年全县助产机构活产数711例，完成新生儿遗传代谢病筛查711 例，筛查率100%(目标要求为98%)；听力筛查完成711例，筛查率100%（目标要求为98%）。听力损伤高危儿24例，初筛通过654例，复筛总数57例，通过54例，未通过3例，确诊轻度患儿1例。新生儿遗传疾病筛查。助产机构活产数711人，遗传代谢病筛查710人，筛查率99.86%；遗传代谢病初筛阳性TSH11人、G6PD 68人；召回可疑阳性复查后遗传代谢病确诊患儿G6PD缺乏57例，TSH 0人，PKU 0人。新生儿先天心筛查。2021年全县出生活产人数711人，新生儿先天性心脏病筛查完成709例，筛查率99.72%，高危儿0人，县内转诊人数98人；筛查阳性心脏超声检查25人，筛查阳性心脏超声检查率100%，筛查阳性确诊人数25人，转诊人数0人。(四)新生儿心肺复苏。落实《全国出生缺陷综合防治方案》和《新生儿先天性心脏病筛查项目工作方案》，县妇幼保健院购买新生儿复苏教具，培训医务人

2021年白沙黎族自治县中小学生眼疾病筛查现场

（县妇幼保健院 供图）

员熟练掌握新生儿心肺复苏操作演练，如何通过心肺复苏急救技巧，使生命得以维持。营养包管理发放。为改善贫困地区婴幼儿营养和健康状况，提高儿童家长科学喂养知识水平，自2020年5月起，开展贫困地区儿童营养改善项目，为贫困地区6~24月龄婴幼儿补充辅食营养补充品(简称“营养包”)，普及婴幼儿科学喂养知识与技能，降低项目地区婴幼儿贫血率和生长迟缓率，改善贫困地区儿童营养和健康状况。全年应发儿童人数1655人，实发人数1416人，发放率85.6%。营养包发放5882人次，营养包有效服用率达到95%以上，儿童看护人婴幼儿科学喂养知识水平和对营养包的知晓率、看护人接受咨询指导率均达到90%。

【三网监测】儿童死亡监测。按照监测方案开展0~4岁儿童死亡监测工作，加强对邦溪镇、七坊镇、光雅乡、狮球乡4个监测点的指导，4个检测点5岁以下儿童死亡5例，死亡率4.13‰；婴儿死亡5例，婴儿死亡率为4.13‰；新生儿死亡3例，新生儿死亡率为2.48‰。新生儿出生缺陷监测。2021年新生儿出生缺陷4例，腭裂1例，髋关节脱位1例，多指1例，并趾1例，出生缺陷医院监测围产儿数689例，出生缺陷上报4例，出生缺陷发生率为145.14/万。孕产妇死亡监测。建立孕产妇死亡个案报告制度，制定印发《白沙黎族自治县孕产妇和新生儿死亡评审实施方案》，成立白沙黎族自治县孕产妇和新生儿死亡评审工作领导小组及孕产妇、新生儿死亡评审专家组。全县有产妇人数1212人，孕产妇死亡1例。

【妇幼重大公共卫生项目】孕产妇增补叶酸预防神经管缺陷项目。为农村准备怀孕和已怀孕妇女免费增补叶酸，2021年目标为700人，2021年新增应服用叶酸孕妇745人，叶酸服用依从310人，调查216人，知晓213人，死胎死产8人，神经管缺陷人数0人。“两癌”筛查。妇女常见病及宫颈癌筛查任务6000人，乳腺癌筛查任务4000人，妇女常见病检查6000人，全年完成妇女常见病及宫颈癌筛查6008人，完成率100.13%；乳腺癌筛查完成4120人，完成率103%。孕产妇“艾乙梅”项目。2021年接受HIV检测、梅毒检测、乙肝表面抗原检测孕妇612人，其中HIV检测阳性0人，梅毒感染孕妇数10人，乙肝表面抗原阳性孕妇66人。全年接受HIV检测、梅毒检测、乙肝表面抗原检测产妇669人，其中HIV检测阳性产妇0人；梅毒感染产妇10人，梅毒随访10人，治疗10人，乙肝表面抗原阳性产妇87人，全年乙肝随访100人。

【例会培训及督导】2021年，县妇幼保健院镇对乡镇卫生院进行培训3期，举办乡镇卫生院医务人员妇女常见病及“两癌”筛查、高危孕产妇管理、0~6岁儿童管理、孕期地贫管理、“艾梅乙”母婴传播专项管理等培训班共6期，参加人员有卫生院院长、妇幼保健人员，共950人次，培训内容有妇女常见病及“两癌”知识、妇女保健、儿童保健、电子版母子健康手册操作等；对全县卫生院、医院、社区服务中心进行2次季度督导。

【中小学生眼疾病筛查】2021年，县卫健委组织县人民医院与县妇幼保健院对48所幼儿园、39所公私立小学、11所中

“两癌”筛查现场

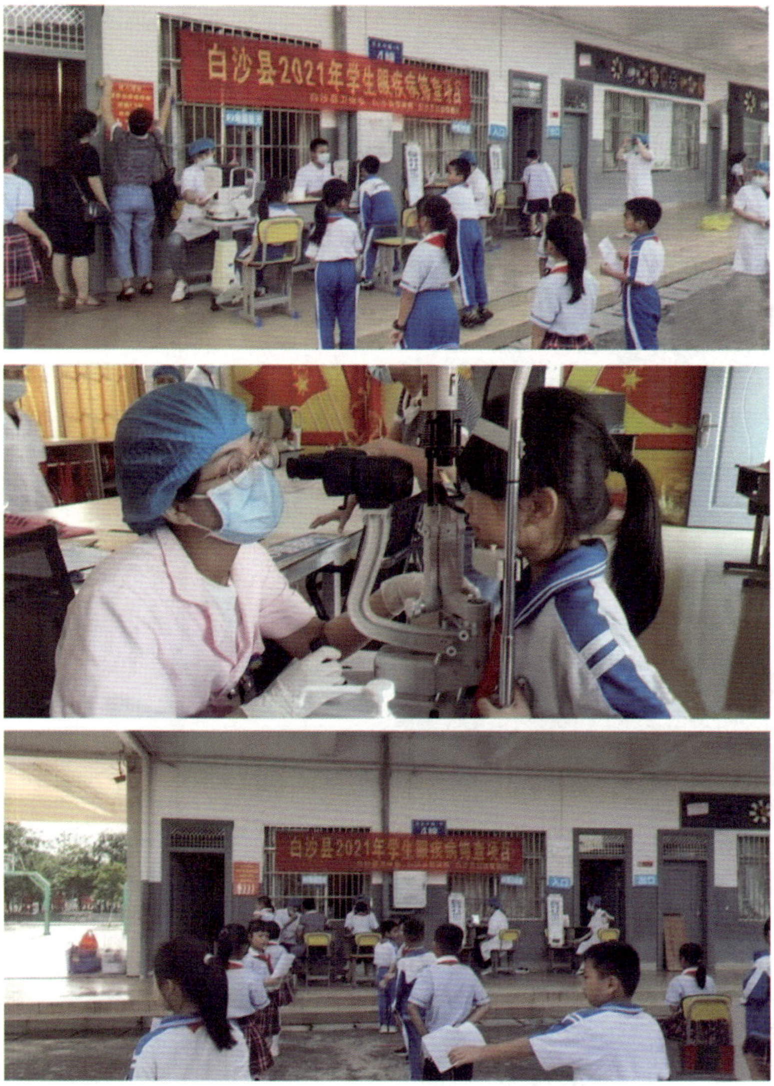

白沙黎族自治县儿童生长发育和营养状况检查

学的98个班级开展学生眼睛疾病筛查工作。初筛项目有视力检查、屈光度、33cm眼位、裂隙灯等，复筛项目包括小瞳验光、生物测量、眼底、眼压检查。7327人完成初步筛查（省级下达的任务6000人），初筛完成率122%；疑似异常人数1100人，屈光不正1083人，近视855人，远视181人，散光517人，斜视7人，弱视8人，眼球震荡及其他10人，疑似异常率15.01%，完成随访人数1062人，已完成阳性个案的复筛和随访。

疾病防控

【概况】县疾控中心前身为白沙黎族自治县卫生防疫站，于2007年12月由县卫生防疫站、县结核病防治所、皮肤性病防治所和新开田医院合并而成。设立急性传染病防治科、结核病防治科、艾滋病防治科等12个科室，主要承担全县疾病预防与控制、突发公共卫生事件应急处置、疫情及健康相关因素信息管理、健康危害因素监测与干预、卫生检验检测与评价、健康教育与健康促进等职责。编制32个，在岗人数35人，专业技术人员26人，其中副高职称6人、中级职称4人。2021年12月县疾控中心实验室通过海南省检验检测机构资质认证。

【传染病控制】2021年全县无甲类传染病报告，共报告乙类、丙类传染病16种1471例，年发病率839.11/10万，全县暴发疫情4起，其中手足口病3起，诺如病毒感染性腹泻1起。

新冠肺炎疫情防控。密接、次密接现场个案调查56人，“十五类”重点人群核酸检测5556份；举办各类业务技能培训班24期，覆盖2241人次，重点部门、重点场所技术指导100多场次；参与和点评乡镇全员核酸采样应急演练10余次；开展新冠疫情处置演练1次，参加全省疫情处置大比武1次；启动全县3岁以上人群接种新冠疫苗，两针累计接种率为97.2%；继续保持“零感染”“零疑似”“零确诊”的良好态势，巩固抗疫成果，保障白沙百姓健康。疟疾及其他寄生虫防治。全年无疟疾病例报告，全县发热病人血检943人次，主动血检433人次，被动血检510人次，结果均为阴性。对鼠、蚊、蝇、蟑螂进行密度调查和监测，其中按蚊调查60次，共捕捉到按蚊132只，其中，中华按蚊109

2021 年 2 月 5 日，县疾控中心党支部与省疾控中心党委、省传染病防治所党支部到白沙起义第一枪开展互联共建活动

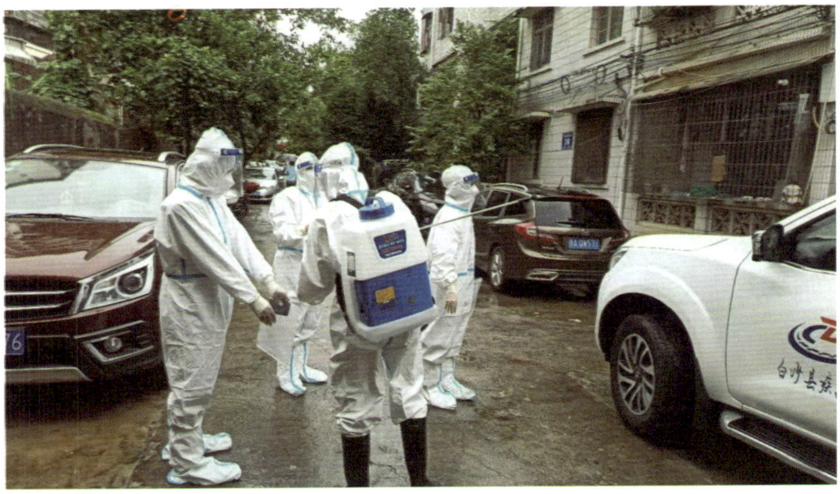

2021 年 10 月 29 日，县疾控中心流调组和消杀组开展密切接触者流行病学调查处置工作

2021 年 10 月 28 日，在县政府二楼会议室召开省级慢性病综合防控示范区现场调研会

只，其他按蚊 23 只。登革热防治。开展 48 个流动监测点布雷图调查，对 148 只成蚊种类进行鉴定，蚊种均为白蚊伊蚊，无埃及伊蚊。采集 5 人份血标本送检，结果为阴性。布鲁氏菌病防控。全县报告确诊病例 3 例，采集密切接触者血清 58 份，阳性 10 份，均开展流行病学调查处置。结核病防治。2021 年县医院共登记治疗 110 例肺结核病人，均按新《规划指南》要求，每季度督导一次，按规定督促患者按时复查和取药，保证病人按时、规律、足量服药。艾滋病防治。全县报告现存活 HIV/AIDS 40 例。2021 年全县新报告 HIV/AIDS 9 例（其中 HIV5 例，AIDS 4 例），无死亡报告病例；均按要求完成随访管理工作，完成 14652 人次重点人群监测和检测。

【地方病与慢性病防治】 坚持新时期卫生工作方针，以科学发展观统领全局，本着对党和人民高度负责的态度开展各项地方病与慢性病防治工作。碘缺乏病防控。对全县 17 个碘缺乏病现症病人进行体检，采集了孕妇 100 份、学生 200 份尿液和食用盐开展尿碘、盐碘检测，合格碘盐覆盖率为 94.65%。慢病综合防控示范区建设。经过白沙黎族自治县慢性病综合防控示范区创建单位多年不懈努力，于 2021 年 10 月以高分通过省级慢性病综合防控示范区评审，使白沙黎族自治县慢性病防治工作进入新时期，由政府主导、多部门协作、专业机构支持、全社会参与的慢性病综合防控工作机制初步建成。心血管病及其危险因素调查。完成心脑血管疾病危险因素调查1239人，在《关于国家基本公共卫生服务（老年人健康管理）项目进展情况（第三期）的通报》中，白沙黎族自治县基本公共卫生老年人健康管理项目取得全省第一名的好成绩。

【免疫规划实施】儿童常规接种入册1025名，基础接种率高达99.22%，加强免疫接种率为98.87%，均达到省及国家≥95%的要求；全年累计全冷链运送354160支疫苗，及时有力地保障了疫苗安全。

【环境卫生监测】为深入贯彻落实环境卫生监测要求，筑牢全县公共场所卫生安全屏障，定期开展饮用水卫生监测及公共场所健康危害因素监测。饮用水卫生监测。对农村饮水安全工程水质、乡镇集中式供水、市政供水、邦溪镇水质进行了监测，共采集了164份水样进行检测，合格126份，合格率76.8%。公共场所健康危害因素监测。选取旅店、美容美发店、游泳池、超市、歌舞厅、候车室6类重点公共场所中的32家单位开展监测，采集样品98份，合格73份，合格率74.5%。

【食品安全监测与评估】始终坚持“预防为主，防治结合”的方针，探讨食品安全的风险监测情况及评估方法。食品安全风险监测。随机抽取全县11个乡镇农贸市场和万家惠超市、品佳福超市作为本县食品污染及食品中有害因素监测的样品监测点。共采集了81份样品进行检测，并进行了质量控制管理。学校卫生监测。完成儿童青少年近视调查工作，共现场调查6~18岁学生1904人。

【健康教育与健康促进】紧紧围绕提升全县居民健康素养水平这个工作中心，开展健康教育与健康促进工作。健康素养调查。抽取牙叉镇、细水乡、七坊镇、阜龙乡、邦溪镇5个乡镇10个监测点15~69岁居民470人，开展居民健康素养调查，调查结果显示，白沙黎族自治县居民健康水平为13.0%，该指标为制定全县卫生政策提供科学依据。健康巡讲。全县共开展各类卫生主题宣传活动182场次，覆盖7549人次；举办健康知识讲座250场次，覆盖7199人次；开展健康素养巡讲活动37场，覆盖各类人群2582人，设立健康教育宣传栏92个，更新健康宣传栏内容537次。

【实验室能力建设】聚力提升县疾控中心实验室能力。样本检测。检测盐碘、尿碘各300份；核放射性物质及食源风险监测样品120份；检测HIV抗体、梅毒抗体、丙肝抗体共362人，CD4检测61人次；新冠核酸检测5556份。实验室检验检测机构资质认证。PCR实验室4月建成，5月26日通过新冠核酸盲样考核，12月2日通过检验检测机构资质认证，从此，结束县疾控中心实验室不能出具法定报告的历史。

（白沙黎族自治县疾病预防控制中心　李发仁）

卫生监督

【公共场所卫生监督】2021年，县卫生健康事务中心对全县43家宾馆酒店、游泳池、超市等公共场所进行监督检查，下达卫生监督管理告知书12份。

【医疗服务监督】2021年，县卫生健康事务中心出动人员39人次，对全县42家医疗机构和计划生育服务机构执业情况开展监督检查，坚决打击非法行医、非法采供血、非医学需要的胎儿性别鉴定和非医学需要选择性别的人工终止妊娠行为，对2家疑似利用非卫生技术人员开展诊疗工作的机构进行警告提醒，全县无一例“两非”案件发生。

【生活饮用水卫生监督】2021年，县卫生健康事务中心对各卫生院摸底调查提供的88家供水单位逐一开展现场核查，共排查出全县二次供水单位54家，其中25家已办理二次供水卫生许可证，2家许可证过期，27家未办理二次供水许可。向2家证件过期单位和27家未办证单位下达卫生监督管理告知书，责令其限期办证。

【学校卫生监督】2021年开展学校卫生监督检查，出动人员82人次，检查全县中小学校、幼儿园以及校外培训机构共97家，下达卫生监督存在问题整改意见书20份。

【传染病防控监督】开展传染病日常监督检查。2021年对全县所有医疗机构和学校开展预防接种管理、传染病疫情报告、消毒隔离措施落实、医疗废弃物管理、检验室生物安全管理等传染病防治工作，共检查医疗机构93家、学校43家；开展常态化疫情防控督导，2021年出动人员88人次，对全县93家医疗机构开展医疗机构疫情防控督导检查，促进疫情防控措施有效落实，下达整改意见书15份，责令停业整改2家。

【放射卫生监督】县卫生健康事务中心对全县4家放射诊疗机构开展卫生监督检查，针对执行规章制度、技术人员健康检查、个人防护等方面问题下达卫生监督整改意见书3份。

【“双随机、一公开”】开展国家“双随机、一公开”检查，抽检、学校、医疗机构等单位48家，完成检查44家，有4家医疗机构合并或关闭。

【卫生监督协管】2021年，根据《海南省卫生监督协管管理办法（试行）》和卫生监督协管服务项目要求，全县14家卫生监督协管单位开展卫生监督协管巡查2715次，发现问题线索29起，报告29起。县综合执法局和县卫生健康事务中心针对问题线索开展联合监督执法，查处非法行医案件1起，处置乱弃医疗垃圾事件1起，责令整改28家单位。

【重大活动及节假日卫生安全保障】2021年，为确保高考、国庆、“两会”等重大活动、节假日期间公共场所卫生安全，县卫生健康事务中心开展公共场所卫生监督检查和疫情防控专项检查，出动人员28人次，检查单位89家，为重大活动参加人员及广大游客提供了卫生安全保障。

【开展专项工作】开展不合理医疗专项检查及“回头看”工作，共检查全县各级医疗机构28家，并就发现问题进行通报，列出整改清单，要求各单位采取有效措施，认真落实整改。组织开展医疗机构依法执业自查，全县13家公立医疗机构按时完成自查并提交自查报告。开展打击医疗美容专项行动，重点对个别医疗机构和生活美容美发场所进行明察暗访，全县排查医疗机构3家、美容美发机构26家，未发现非法医疗美容行为。开展密闭场所通风专项检查，共检查KTV、酒吧等密闭场所8家。

（供稿人　陈志文）

教育·体育

教　育

【概况】2021年，县教育局以办好人民满意教育为宗旨，认真贯彻落实党的教育方针政策，积极改善办学条件，积极落实“双减”工作，深入开展合作办学，促进“两个比例”达标，强化教师队伍建设，提高全县办学水平和教育教学质量，扎实推动全县教育事业各项工作持续健康发展。截至年末，全县有各级各类学校、教学点、幼儿园98所，其中完全中学1所、初级中学3所、九年一贯制学校8所、完全小学22所、教学点14所、幼儿园50所。全县中小学在校生总人数24728人，其中小学14856人，初中7434人，高中2438人，义务教育阶段入学率99.9%，高中阶段毛入学率90.38%。学前在园幼儿5854人，公办幼儿园在园占比52.39%，普惠性幼儿园覆盖率96.38%，学前三年毛入园率90.22%。全县中小学、幼儿园教职工总数2051人，其中在编在岗教职工1832人、特岗教师141人、购买支教教师服务63人。

【扎实开展党史学习教育活动】2021年，县教育局以“庆祝中国共产党成立100周年”为契机，在教育系统广泛开展党史学习教育活动。县教育局制定印发《白沙黎族自治县教育系统党史学习教育实施方案》，抓好组织，重点部署，明确目标，统筹推进全县教育系统党史学习教育活动，引导教育系统党员干部和广大师生从党的百年伟大奋斗历程中汲取继续前进的智慧和力量。教育系统全年累计集中开展党史学习教育486次，14580余人次参加学习。开展各类党史宣讲活动176场，涉及师生、党员群众51040余人次，在全县教育系统弘扬社会主义核心价值观和爱国主旋律，引导党员干部和师生汲取红色智慧力量。

【积极开展“双减”工作】2021年，县教育局多措并举，积极开展双减工作。严格按照《海南省培训机构专项整治工作方案》部署，通过全面停止学科类线下培训、暂停学科类校外培训机构审批、开展校外培训

2021年11月25日，县教育局召开2021年白沙黎族自治县中小学“双减”背景下学校教育与管理专项培训。图为培训现场　（县教育局　供图）

机构专项整治、校外培训机构预收费摸排、教师有偿补课专项整治等措施，对校外培训机构进行全面整治和清理。经各部门密切协作，联合执法，集中整治了3所学科类校外培训机构，“压减”工作指标达到省定目标。出台白沙黎族自治县课后服务工作实施方案，向县财政申请拨付课后服务经费223.9095万元到全县24所义务教育阶段学校，惠及义务教育阶段中小学生21198人，实现义务教育全覆盖，保障了全县各学校课后服务的有力开展。

【学前教育】2021年，白沙黎族自治县学前教育基本普及。成功引进海南师范大学托管县第二幼儿园和打安镇中心幼儿园，不断优化学前教育资源；投入4920万元用于新建、改扩建牙叉镇第二幼儿园等8所公办幼儿园；通过政府购买保育服务，招聘保育员81名，配足配齐“两教一保”，提升了公办幼儿园办学和服务水平。全县“两个比例”均达到国家要求。

【义务教育】2021年，全县义务教育基本均衡。“十三五”期间投入约3.5亿元改扩建学校43所，学校办学条件得到极大改善，义务教育阶段“大班额”基本消除，顺利通过教育部对白沙黎族自治县义务教育发展基本均衡县的评估认定，实现了县域内义务教育基本均衡发展。2021年8月，引进海南师范大学与邦溪镇中心学校合作办学，提升基础教育质量，至此，全县“一市（县）两校一园”引进工程全面完成。

【高中教育】2021年，全县高中教育稳步发展。2017年以来共投入5000万余元用于白沙中学科技楼、艺术楼等的建设，改善高中学校教育教学环境，高中办学规模由2016年的1904人增加到2021年的2438人，办学规模增长28.05%。2019年，成功引进首都师范大学，与白沙中学合作办学，合作办学初见成效，2021年全县参加高考考生770人，本科分数上线368人，比2020年增加55人。近五年来白沙黎族自治县连续实现平安中考、高考目标。

【教育信息化建设】2021年，县教育局投入300万元推进智慧校园建设及局域网扩建设备采购项目、多媒体教学设备采购项目，实施乡村小规模学校同步/专题课堂全覆盖建设，推进教育信息化。

【创新教育教学管理体制】2021年，为提升全县教育教学质量，通过出台《白沙黎族自治县中小学品质课程建设项目实施方案》《白沙黎族自治县深化教育教学改革全面提高义务教育质量实施方案》《白沙黎族自治县区域化教研方案》等文件，强化课程建设和教育质量提升目标化管理。稳步推进区域化教研工作在6个片区（小学4个，初中2个）学校开展，通过以强带弱、资源共享的方式促进师资力量、教学资源与教学质量均衡化发展。

【深化教育督导体制改革】2021年，县教育局为优化教育管理体制、完善运行工作机制，以教育督导的导向和激励功能推动工作落实，县教育局制定了《白沙黎族自治县深化新时代教育督导体制机制改革评价实施细则》《白沙黎族自治县深化新时代教育督导体制机制改革工作方案》等方案，努力建成全面覆盖、运转高效、结果权威、问责有力的教育督导体制机制，切实推动教育督导“长牙齿”、树权威，规范实施教育评估监测，引导学校办出特色、办出水平，促进学生德智体美劳全面发展。

【教育人事制度改革】2021年，县教育局为进一步规范人事管理体制机制，激发教师内驱力，提高教师工作积极性，通过出台《白沙黎族自治县中小学教师“县管校聘”管理改革实施工作方案（试行）》，深化教师管理体制改革；出台《白沙黎族自治县继续实施教育专业技术人才激励机制改革工作方案》，激发农村学校教育活力；出台《白沙黎族自治县公办中小学（幼儿园）备案制教师管理办法（试行）》，推动建立中小学教师管理新机制；出台《白沙黎族自治县教师退出教学岗位改革工作方案（试行）》，争取实现教师“能进能出”“优师优教”。通过推进教师人事制度改革，科学配置教师资源，优化教师结构，确

2021 年 8 月 16 日，白沙黎族自治县与海南师范大学在海南师范大学（龙昆南校区）综合办公楼三楼会议室举行邦溪镇中心学校托管签约仪式。图为签约仪式现场（县教育局 供图）

保教师队伍高素质、高水平发展。

【教师队伍建设】2021 年，县教育局多措并举，全面提高教师队伍水平。及时补充教师队伍，缓解教师结构性缺编问题，2021 年白沙黎族自治县共招聘教师 100 人，不断强化教师队伍建设。充实强化白沙黎族自治县教研队伍，通过全县遴选挂职锻炼教研员 5 名，充实教研队伍，提升教研队伍工作水平。加大培训交流，强化业务能力。继续通过开展国培、省培等项目，提高教师业务能力水平。2021 年白沙黎族自治县投入资金约 250 万元开展教师培训项目 104 期，涉及 5037 人次，教师覆盖率达 100%。强化师德师风建设工作，开展师德师风建设风险防控专项整治，健全师德建设长效机制。开展奖教奖学工作，联合教育发展基金会发放奖励资金 181 万元，表彰教育系统金波实验学校等 4 个先进集体和 218 名先进个人，激发教师工作积极性。

【认真做好乡村振兴教育衔接工作】2021 年，白沙黎族自治县教育局通过印发《白沙黎族自治县教育局关于实施巩固拓展教育脱贫攻坚成果同乡村振兴教育衔接工作方案》《白沙黎族自治县教育局落实海南省 2021 年市县党委和政府巩固脱贫成果后评估工作实施方案》等文件，定期到各乡镇开展指导工作，确保教育保障工作稳步推进和落实到位。2021 年全年累计发放学前到中职阶段教育补助 16975 人次，涉及金额 2636.045 万元，做到符合条件的学生资助全覆盖。持续落实控辍保学“双线”和“七长负责制”工作机制，持续巩固拓展义务教育控辍保学成果。派出白沙黎族自治县教育局、研训中心、青少年活动中心干部 44 人担任帮扶联系人，挂钩联系 135 户脱贫户，助力巩固脱贫攻坚。

【白沙与海南师范大学签约托管邦溪镇中心学校】2021 年 8 月 16 日，白沙与海南师范大学在海南师范大学（龙昆南校区）综合办公楼三楼会议室举行邦溪镇中心学校托管签约仪式，开启县校合作新篇章。海南师范大学党委委员、副校长史海涛，县政府副县长何方长出席并见证签约。何方长对海南师范大学一直以来对白沙教育事业的关心支持表示衷心感谢。何方长表示，白沙高度重视教育发展，紧抓全省“一市(县)两校一园”优质教育资源引进工程，白沙黎族自治县教育底子薄，质量有待提高，而海南师范大学具有高端的管理人才、优质的师资和先进的办学理念，白沙将倍加珍惜这次合作机会，主动做好各项服务工作。同时，希望海南师范大学能为白沙教育出一份力，联手打造具有典范意义的新型县校合作模式，全力开创互利双赢、县校共荣的良好局面。史海涛对白沙重视教育的远见表示赞赏，他指出，海南师范大学始终坚持为海南教育事业、为地方经济社会发展服务的办学宗旨，努力为海南自由贸易港建设提供人力资源和科技支撑。同时，海南师范大学将加强力量、尽心尽力做好托管的各项工作，此外，希望白沙黎族自治县委县政府在推动教育发展各项工作中给予大力支持，做到加强沟通、互相联动，为共同培养海南自贸港和教育人才贡献力量。签约仪式上，白沙黎族自治县教育局负责人与海南师范大学教育发展管理办公室负责人签订了《白沙黎族自治县邦溪镇中心学校托管签约协议》。

体　育

【开展少数民族传统体育工作】备战第十二届全国少数民族传统体育运动会。开展少数民族传统体育项目板鞋竞速、高脚竞速、毽球、陀螺和秋千等5个项目备战工作，监督指导72名教练及运动员的日常训练工作。

社会生活

劳动就业

【概况】2021年，白沙黎族自治县城镇新增人数2303人，城镇失业人员再就业503人。新增失业登记143人，失业登记率为2.78%，控制在4%以内。就业困难人员就业人数103人，完成省定目标100人的103%。新增农村劳动力转移7099人，完成省定目标5000人的141.98%。全县农村劳动力外出务工人员40243人，完成县定目标4万人的100.61%。全县参加失业保险人数为25344人，省定目标24796人，完成占比102.21%。组织参加职业技能培训7722人次，完成省定目标4700人次的164.30%。

【落实就业政策】进一步优化外出务工奖补发放流程，采取县、乡、行政村、自然村四级同步公示，缩短审批公示流程。2021年，发放2021年度外出务工奖补和一次性交通补助4548人次、864.27万元。发放见习基地补贴17.02万元，以工代训补贴3家企业5.58万元，就业帮扶基地（车间）一次性奖励补贴5万元，受理灵活就业社保补贴业务145人，发放补贴59.9万元。

【落实失业保险政策】2021年，受理失业金业务1126件，累计发放失业金5746人次、944.48万元，代缴医疗保险费370.97万元；受理失业补助金业务1419件，累计发放失业补助金1009人次、102.18万元；受理职业技能提升补贴业务31件，符合并发放补贴14人、2.45万元；受理退休人员档案移交业务203件；2021年新增失业登记139人。

【提供就业岗位】通过举办专场招聘会、“点对点”输送、开发公益性岗位等措施促进白沙黎族自治县农村劳动力就业。2021年，组织开展就业宣讲会、“春风行动”等招聘会共24场，参加企业218家次，提供岗位12253个，入场求职2025人，初步达成就业意向177人。通过“点对点”输送农民工171人（脱贫劳动力85人）。新增公益性岗位259个，有效解决了白沙黎族自治县低收入群体的就业问题。根据本地特色，建设就业帮扶车间5家，2021年累计建设海南明仕物业服务有限公司、海南丰沐实业有限公司等28家就业帮扶车间（基地），带动377人（脱贫劳动力310人）就业。

【职业技能竞赛】举办职业技能竞赛，挖掘优秀技术人才。为激励企业职工技能成才、技能报国之路，加快培养行业高技能人才队伍，2021年9月举办第一届自贸港技能大赛暨白沙黎族自治县职业技能竞赛。通过举办竞赛，白沙黎族自治县晋升中高级职业资格（其中，晋升高级职业资格35人），为推动白沙黎族自治县实现高质量发展提供人才支撑。

【创业大赛】举办创业大赛，树立自贸港就业创业典型。为造浓白沙黎族自治县“大众创业、万众创新”的创业氛围，10

月中旬举办主题为“自贸海南共享未来”的2021年白沙黎族自治县创业大赛，大赛总奖金达14.4万元，单项奖金最高达1.2万元，吸引了一批大中专院校（含技校）毕业生、返乡创业人员、退役军人等前来参赛。大赛在引导更多创新创业人才投身白沙建设、促进创业带动就业等方面起到积极作用。

【创业担保贷款】做好创业担保贷款工作。积极宣传《海南省创业担保贷款管理办法（试行）》等相关就业创业政策。2021年白沙黎族自治县新增贷款数4笔，新增贷款53万元，惠及4人。

收入消费

【居民收入】2021年，全县居民人均可支配收入22477元，比2020年增长11.2%；其中城镇居民人均可支配收入35088元，增长9.8%;农村居民人均可支配收入15767元，增长12.8%。

【居民消费】2021年全县居民人均消费支出17314元，增长20.9%；其中城镇居民人均消费支出23926元，增长20.4%；农村居民人均消费支出13796元，增长21.3%。全县居民恩格尔系数为40.0%，比2020年下降7.3个百分点。

社会保险

【概况】截至2021年12月底，全县参加城镇职工基本养老保险人数为44837人，从业人员基本医疗保险参保人数为38491人；城乡居民医疗保险参保人数为143146人，工伤保险参保人数为16752人。

【城镇从业人员基本养老保险】截至2021年12月，全县城镇职工基本养老保险参保人数44837人，全县基本养老保险基金收入12579万元，支出15209万元，累计结余2609万元。

【养老金发放】2021年，全县发放养老金148520人次，发放金额28730834.19元。

【医疗保险】截至2021年12月底，全县从业人员基本医疗保险医疗费结算30307人次，医疗费10705.09万元。从业人员基本医疗保险个人账户发放

白沙黎族自治县2021年城乡居民基本养老保险发放统计表

表11

月份	金额（元）	人数（人次）
1月	2340827.77	11591
2月	2326574.35	11572
3月	2394815.91	10767
4月	2272838.27	11296
5月	2334430.29	11467
6月	2687397.25	22263
7月	2348691.83	11377
8月	2393065.55	11488
9月	2170261.72	11610
10月	2456870.66	11656
11月	2494714.48	11593
12月	2510346.11	11840
合计	28730834.19	148520

9月28日，白沙黎族自治县人力资源和社会保障局组织工作人员到牙叉镇白沙村委会兴业村、和荣村、什空苗村3个自然村，为城乡居民养老保险待遇领取人员开展人脸识别认证，切实打通服务群众的“最后一公里”

（符冠婕、符春霞 供图）

2021年6月24—25日，白沙黎族自治县人力资源和社会保障局到琼崖工农红军云龙改编旧址、琼崖“一大”旧址、解放海南战役烈士陵园、冯白驹故居、母瑞山革命根据地纪念园，开展“弘扬红色精神、追寻红色记忆、传承红色基因”主题党日实践教育活动

（符春霞 供图）

389464人次，金额3716.06万元。公务员医疗补助结算3326人次，医疗费377.19万元。公务员医疗补助个人账户发放184343人次，金额4782.29万元。城乡居民基本医疗保险医疗费结算209892人次，医疗费10985.32万元。离休干部医疗保险医疗费结算58人次，医疗费499.73万元。

【工伤保险】截至2021年12月底，全县工伤保险支出523.66万元，发放457人次。其中，工亡支出278.81万元，支付3人次；工伤医疗费62.73万元，支付34人次；一次性伤残津贴支出55.45万元，支付14人次；工伤定期支付120.66万元，支付405人次；工伤辅助器械6万元，支付1人次；一次性伤残津贴支付医疗费。

【生育保险】截至2021年12月底，全县生育保险费用支出426.23万元，发放待遇784人。其中，生育医疗费123.7万元，支付555人

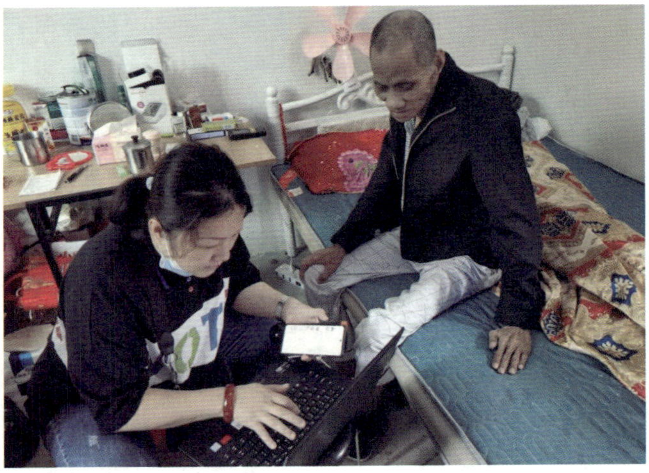

开展上门人脸认证工作

推进落实综合股员制

电子档案扫描

次；生育津贴302.53万元，支付229人次。

【社会化管理服务】截至2021年12月底，全县新增退休人员549人，完成退休认证21730人。死亡人数590人，其中退休人员死亡512人，在职人员死亡78人；完成退休死亡材料收集530份。

【社会保险关系转移】截至2021年12月底，县社保服务中心已办理城镇职工基本养老保险关系跨省转入191人次，转出55人次；转入金额766.23万元，转出金额76.19万元；本地建立临时缴费账户人数253人次；城乡养老保险制度衔接办理制度转入3人次，办理制度转出4人次；制度衔接转移资金转入金额2.62万元，转出金额2.13万元；流动就业人员基本医疗保险关系跨省转入136人次，跨省转出8人次，跨省转入金额8.21万元。

【社会保障卡工作】截至2021年12月底，县社保服务中心完成社会保障卡制卡3263张，其中城镇职工社保卡169张，城镇居民医疗社保卡436张，户籍人员2346张，城乡养老312张。发卡4360张。

【脱贫人口基本医保情况】2021年，县社保服务中心建档立卡脱贫人口44048人，医保参保率100%；其中44014人参加县内城乡医保，20人参加县内从业医保，10人参加县外城乡医保，4人参加县外从业医保。

【脱贫人口医疗费用报销情况】2021年1—12月，全县脱贫人口住院报销6945人次，医疗费总额515.53万元，符合基本医疗费用469.28万元，城乡医疗报销365.13万元，大病保险支出40.12万元，商业补充保险报销0.28万元，医疗救助支付55.92万元，扶贫专项救助（政府兜底）6.60万元，经“三道防线”报销468.06万元，实报比90.79%；全县脱贫人口慢性病特殊门诊报销8635人次，医疗费总额67.03万元，符合基本医疗费用65.03万元，城乡医疗报销47.03万元，大病保险支出5.60万元，医疗救助支付6.68万元，扶贫专项救助（政府兜底）2.89万元，经“三道防线”报销62.20万元，实报比92.79%。

【推进落实综合柜员制】为贯彻落实《海南自由贸易港建设总体方案》要求，创新社保医保经办服务新模式，县社保服务中心聚焦社保医保经办服务难点堵点痛点，大力推进综合柜员制改革工作。按照“全省一盘棋、全岛同城化”的要求，通过业务流程再造、优化与整合，合理调整设置服务窗口，建立社保医保公共服务事项“前台综合受理、后台分类审核、统一窗口反馈”的服务办理新模式，实现一个窗口“一站式”办理，持续改善群众办事体验，不断优化白沙营商环境。

【优化服务体系】2021年，县社保服务中心对经办服务大厅进行标准化建设，完善经办服务场地功能。设置咨询引导岗、自助服务区、非现金柜台、金融服务区等功能区，放置了医保自助一体机、社保金融自助一体机、社保卡自助智能机、政务便民服务机和社保缴费机等多个便民自助机，将自助网上办理、自助查询打印和便民服务整合到一个区域，为群众自助办理社保医保业务提供智能设备支持和引导服务，持续改善群众办事体验，打通社保服务工作“最后一公里”，使群众办事真正实现“仅跑一次”或“不用跑腿”。

【档案管理】建立健全档案管理制度，完善档案管理体系，不断提高业务档案风险管理水平。按照海南省人社厅《关于农垦退休人员档案管理有关问题的通知》（琼人社发〔2015〕24号）文件要求，县社保服务中心完成全县退休人员人事档案接收与建立电子索引工作，整理入库离退休人员人事档案，完成档案数字化工作。2021年，共完成档案扫描：人事档案320203页，共9361盒；社保业务档案123032页，共516盒；历年老卡档案31536页，共467盒；文书档案36201页，共19盒。

（白沙黎族自治县社会保险服务中心　林潇雨）

社会事务

【概况】2021年是巩固拓展脱贫攻坚成果、实现同乡村振兴有效衔接的起步之年，是海南自由贸易港建设关键之年，县民政局深入推进民政各项工

2021年12月11日，县民政局组织工作人员到县农村中心养老院指导疫情防控和防寒保暖工作
（钟起鑫　供图）

作，县儿童福利院工作在全省儿童福利工作业务培训班上作经验交流。同年，县民政局下设办公室、社会救助室、基层政权与区划地名室、儿童福利与社会事务室、社会组织与养老服务室5个科室，低保办公室、婚姻登记处、县殡葬管理所3个股级事业单位。全局有干部职工20人，其中行政编制8人，事业编制11人，机关工勤人员1人。

【疫情防控】2021年以来，县民政局认真贯彻落实省民政厅要求，做好敬老院、儿童福利院等民政机构疫情防控工作，加强指导各村居委会做好疫情防控工作，严格执行信息报告制度，动态掌握疫情防控形势，及时向省民政厅上报疫情及全县捐赠资金、物资情况。针对县委、县政府统筹做好疫情防控和加快推进经济社会平稳健康发展实施方案中涉及民政事项，制定具体方案，细化措施，责任到人。

【社会救助】2021年，根据省民政厅、省财政厅《关于提高农村最低生活保障标准的通知》(琼民通〔2021〕18号)要求，从5月1日起，调整农村最低生活标准，从每人350元/月提高至425元/月；累计为5956户12585人发放城镇低保金535.1998万元；累计为26725户70052人发放农村低保金2314.15289万元；累计为3480户3586人发放特困供养金247.434万元；累计为943人次失能、半失能特困供养护理人员发放护理补贴80.3624万元；为306户1245人发放临时救助金364.5885万元；通过向社会购买服务的方式，委托第三方对全县所有在保人员进行年度核查，全年新增低保、特困对象242户681人。

【基层政权】2021年，县民政局严格依据《中华人民共和国村民委员会组织法》《海南省村民委员会选举办法》，指导荣邦乡、元门乡、邦溪镇、牙叉镇、阜龙乡补选村民委员会成员，加强对新补候选人的背景审查，严把补选“入口关”，严防黑恶势力向基层政权渗透。制定白沙黎族自治县参加村（社区、居）疫情防控人员补助方案，关心关爱城乡社区工作者。调研居委会工作情况，起草《居委会工作人员薪酬待遇实施方案》。

【地名工作】2021年，县民政局协调相关部门，采集2015—2020年地名标志、居民点、交通运输设施、建筑物等各类地名信息，完成796条地名信息采集，清理整治不规范地名，做好地名成果转化工作，编制白沙黎族自治县乡镇行政区划图。制定《第一轮乡镇级行政区域界线联合检查工作实施方案》，完成第一轮11个乡镇级行政区域界线联检工作。

【儿童福利】2021年，县民政局为177人次的孤儿发放养育金30.005万元；为3461人次的困境儿童发放生活补贴80.05万元；为276人次的事实无人抚养儿童发放生活补贴26.7768万元。开展儿童福利信息动态管理精准化提升年活动，摸清服务对象和工作力量底数。全县开展农村留守儿童和困境儿童关爱保护“政策宣讲进村(居)”活动106场，累计有1562人次参加该活动。积极开展“两法一规定”未成年人权益保障工作，发放各类宣传手册资料3360册，在全县18个村建立了18家儿童之家，儿童之家配备了儿童书籍、各种儿童玩具等娱乐设备，在寒暑假和周末期间，极大地促进了儿童身心健康发展。

【社会事务】2021年，县民政局共为26163人次发放重度残疾人护理补贴394.062万元；共发放24194人次困难残疾人生活补贴193.568万元，其中建档立卡脱贫户4082人，发放建档立卡脱贫户困难残疾人生活补贴32.656万元。加强婚姻登记机构行风建设工作，全县共办理婚姻登记1334对，其中结婚874对，离婚228对，补发结婚证219对，补发离婚证13对。办理收养登记5件。制定印发《白沙黎族自治县长期滞留无户籍流浪精神病人落户安置工作实施方案》，积极开展救助流浪乞讨人员工作，共救助19人。继续做好清明节期间疫情防控作工，避免扎堆祭扫，倡导文明祭扫和鲜花祭祀先人，截至12月底，全县65名身故者安葬在公益性公墓，15座“三沿七区”坟墓迁移，8座坟墓符合发放迁坟补偿款要求，共发放补偿款9270元。

【社会组织管理】2021年，组织开展2021年社会组织等级评估工作，共评选出1家AAA级社会组织。开展社会组织登记工作和年度检查工作，新增6家社会组织。开展2021年白沙黎族自治县社会组织负责人培训，70余名社会组织负责人参加培训。开展“我为企业减负担”专项行动，共为全县企业减免会费0.42万元，切实减轻企业负担。投入29万余元推进购买社会工作服务，推动社会工作发展。组织2021年社会工作者职业水平考试培训，全县有1人通过考试，取得助理社会工作师证书。

【养老服务】2021年，县民政局出台《白沙黎族自治县养老服务中心公建民营工作实施方案》，组织赴广东省、浙江省和山东省等先进地区考察学习养老服务工作经验。不断完善敬老院适老化设施，组织护理员培训，提高入住率，敬老院入住老人为40人。为全县3945名80~99岁高龄人员发放高龄补贴500.065万元；为10名百岁老人发放长寿补助金9.815万元。2个居家养老服务点的2名服务人员对10名孤寡老年人每月提供22小时的上门服务，共发放服务费6.952万元。

【为民办实事】2021年，县民政局组织全县67名养老护理员参加2期养老护理专业化培训，每期时长5.5天。通过开展专业化培训，加强老年在护理、营养、心理等方面的专业知识学习和职业技能培训，提高养老工作人员的知识水平和服务意识。

（县民政局　钟起鑫）

县关心下一代工作委员会

【概况】2021年，白沙黎族自治县关工委驻会成员9名，主任1名，常务副主任3名，副主任5名。内设爱国主义教育团、法制教育团、科技教育团、家庭教育辅导团、关爱工作团。

2021年，白沙黎族自治县关工委教育引导全县各级关工委和广大“五老”，珍惜白沙黎族自治县2020年荣获“全国关心下一代工作先进集体”的荣誉，增强责任感，提升执行力，积极开展各项工作和活动。县关工委获海南省关工委、省教育厅关工委授予的新时代好少年、红心向党主题教育读书活动优秀组织奖。

【政治理论学习】3月19日，县关工委会同县教育局在县第一小学多媒体教室举办全县关工委系统骨干党史学习教育培训班，参加培训的有县关工委全体驻会成员、各乡镇关工委和各学校关工委有关成员，共60多人。县关工委主任董元培主持并作小结讲话，县关工委常务副主任陈德基传达中国关工委《关于开展党史学习教育的通知》和省关工委的相应布置要求，县关工委常务副主任兼县教育局关工委常务副主任符云汉以“学党史、颂党恩、促工作、创佳绩”为题作宣讲报告。

5月14日，县关工委协同有关方面为离退休干部举行党史学习宣讲报告会，县关工委常务副主任兼爱国主义教育团团长符云汉作题为“学党史、感党恩、奉余热、做贡献”的宣讲报告，100多名离退休干部参加报告会。

7月7日上午，县关工委在县委办公大楼二楼会议室举行学习习近平总书记在庆祝中国共产党成立100周年大会上重要讲话精神座谈会，董元培主持座谈会并作小结讲话，县关工委全体驻会成员和牙叉镇、元门乡关工委有关负责人参加座谈会，座谈会安排县关工委常务副主任符云汉先就习近平总书记“七一”重要讲话精神作了系统解读，随后，县关工委领导成员陈德基、林世欣、王亚国、符国建、李维帅和牙叉镇关工委符亚本也分别作了发言。

11月7日县关工委举行学习党的十九届六中全会精神座谈会，董元培主持并作小结讲话，座谈会安排符云汉作中心发言，系统解读了六中全会精神，随后，常务副主任陈德基、林世欣作了重点发言，其他与会人员也分别作了简短发言，省关工委网站和县广播电视台作了报道。

县关工委常务副主任、兼爱国主义教育团长符云汉先后到元门乡中心学校等 20 所学校作学习党史暨党的十九届六中全会精神宣讲报告。图为他在邦溪初级中学学习六中全会精神暨党史宣讲报告会上作报告

【开展宣讲专题活动】3 月 10 日下午，县关工委在元门乡中心学校率先举行首场党史学习教育宣讲报告会，报告会的美篇推送后，获得省关工委、省教育厅关工委有关领导热情点赞。尔后，县关工委又受邀先后到首都师范大学附属海南白沙中学、阜龙乡中心学校等 20 所学校做专题宣讲报告。6 月 24 日、25 日，还受邀在县委办、青松乡拥处村作党史学习宣讲报告，共作 25 场次宣讲报告，聆听宣讲的有 11000 多人。上述宣讲报告均由符云汉主讲，得到广泛好评，获推荐参加中国关工委全国百名五老讲党史故事。邦溪镇关工委副主任、离休干部谭亚楚也在邦溪镇各个支部宣讲关于琼崖纵队革命斗争的故事，共计 9 场次，听众 804 人。

【开展主题教育读书活动】县关工委会同县教育局关工委认真贯彻教育部的部署要求，悉心布置，加强督导，在全县各中小学开展“新时代好少年·红心向党”主题教育读书活动，参加活动人数占学生总数的 85.1%，征文、演讲、朗诵比赛、报告会、主题班会等活动内容都得到较好落实。县关工委、首都师范附属海南白沙中学，县第一小学、龙江中心学校获省关工委、省教育厅关工委授予的“读书”活动优秀组织奖，阜龙乡中心学校董先超等 6 人同时被评为“读书”活动先进个人，龙江中心学校学生曾广皓（指导老师魏迎凤）等 6 位学生及指导老师参加读书活动线上演讲朗诵，获二等奖和三等奖，另有 150 篇征文的学生和指导老师分别获得一、二、三等奖。

此外，县关工委、县教育局关工委还将上届主题教育读书活动中的获奖征文汇编成《美好生活·劳动创造》一书，印刷数千册，发至各学校和征文作者及指导老师。

【推进家庭教育和家长学校工作】组织开展 2021—2022 学年新生家长第一课活动。县关工委、县教育局关工委认真贯彻省关工委、省教育厅关工委的有关通知。组织收看线上《新生家长第一课》收看率达 95% 左右。

承办海南省家长学校骨干教师（白沙）培训班。12 月 7 日下午，海南省家长学校骨干教师(白沙)培训班在白沙黎族自治县第一小学多媒体教室举办。本次培训班由海南省关工委、省教育厅关工委主办，由县关工委、县教育局关工委承办，省关工委常务副主任李幼伍、省教育厅关工委常务副主任陈晓携同刘玉春、罗丽丹两位主讲老师作家教讲座。参加培训班的有全县各中小学、幼儿园的负责人和教师共 90 人。《中国火炬》对培训班作了报道。

【开展大调研】为贯彻落实中共海南省委组织部、海南省关工委《关于建立健全以党建带动关工委建设工作机制的意见》，县关工委于 7 月中旬至 9 月 1 日，到全县 11 个乡镇开展“党建带关建”工作机制情况大调研。调研内容包括：乡镇党委对关工委工作领导的情况；各乡镇、村（居）委及中小学校关工委组织建设的情况；近期开展工作与活动的情况；存在的主要问题与解决问题的意

7—9月，县关工委到全县11个乡镇开展"党建带关建"工作机制大调研。图为在牙叉镇召开"党建带关建"调研座谈会现场

见与建议。

这次调研由县关工委主任董元培、常务副主任陈德基带队，全体驻会成员参加，每到一个乡镇，召开座谈会，听取乡镇关工委、中小学校关工委领导汇报有关情况，同时阅看有关资料，进行实地考察，并有针对性地提出建议和意见。

这次大调研，有效推动"党建带关建"工作机制和关工委的工作开展。推送的6篇调研活动美篇，得到省关工委领导的肯定和推介。

【科技教育】加强对农民的培训，协同有关部门在元门、打安、牙叉、七坊等乡镇举办槟榔、益智、瓜菜、地瓜、毛薯等农业技术培训60课次，由林世欣主讲，受训人员近5000人次。

在培训班的农民中建立了微信工作群。共建了15个工作群。群里人员有2000多人，群内农民在日常工作中遇到技术难题，均有技术人员给予解答、指导。

建立实验基地，引导农民科学地进行生产。2021年建立了翁村地瓜示范基地、向民毛薯基地、打安南药示范基地等。

开展产业发展调研，为县委、县政府提供有价值的意见和建议。

【关爱工作】11月30日，县关工委协助省总工会、省关工委在青松乡中心学校举行捐赠爱心课桌椅活动，共捐赠200套。省总工会副主席符有信，省关工委常务副主任郑有基、副主任林梅，省关心下一代基金会秘书长黄循梁等领导和县关工委全体驻会成员参加捐赠活动。《中国火炬》杂志、县广播电视台做了报道。12月17日，县关工委在元门乡中心学校举行捐赠133套爱心课桌椅活动，县关工委全体驻会成员参加活动。12月23日，县关工委协同县总工会在打安镇中心学校举行捐赠50套爱心课桌椅活动，县总工会主要领导、县关工委主要领导董元培、陈德基等参加捐赠活动。此外，县关工委还对全县失依少年儿童进行全面调查摸底，现共有失依少年儿童432人。

【法制和禁毒宣传】县关工委通过召开会议和下发文件等方式对法制宣传工作作出布置；各学校每个学期都邀请法制副校长上法制课；县关工委法制教育团会同邦溪镇关工委下农村和学校开展法制和禁毒宣传。

（县关工委　符云汉）

民族事务

【少数民族经济工作】做好少数民族发展资金项目建设跟踪监督工作。2021年海南省民族宗教事务委员会、海南省财政厅共下达县少数民族发展资金1159万元，县民族事务局跟踪监督少数民族发展资金项目建设情况，充分发挥少数民族发展资金在乡村振兴中的作用。

县民族事务局开展少数民族特色村寨建设情况和2021年度少数民族发展资金管理情况调研。

【落实少数民族优惠政策工作】做好享受民族地区政策照顾加分的白沙少数民族考生资格审查工作，完成679名少数民族高考考生资格审查工作。完成263名少数民族中考考生资格审查工作。

落实《关于考上“双一流”建设高校和攻读研究生毕业的海南籍少数民族学生奖励办法》,完成39名白沙籍学生享受考上“双一流”建设高校和攻读研究生毕业的海南籍少数民族学生的资格审查工作。

（供稿人　张质珍）

县机关事务服务

【概况】县机关事务服务中心主要负责办公用房管理、公务用车管理、公务接待、公共机构节能、后勤服务保障、会务服务保障等项工作。

【办公用房管理】引进物业统一服务保障，2021年，集中完成对县委常委楼、县政府办公楼等15栋办公楼的引进物业管理服务。抓好资产划转权属统一工作。2021年完成县委办公楼、县委调干楼、县综合行政执法办公楼、县社保办公楼、县应急物资储备仓库5栋楼的资产划转，逐步推进权属统一。做好办公用房维修维护。完成县综合行政执法局办公楼和县应急物资储备仓库改造工作，解决了因综合行政执法改革后执法局办公用房不足和县应急局无应急物资储备仓库难题。及时对政府1号办公楼、周转楼宿舍损坏（凸起、爆裂）的地板砖进行维修。全年累计组织维修5次，涉及面积达380平方米。

【公务用车管理】规范制度建设，守牢纪律“高压线”。坚持严管和厚爱相结合，完善公车平台管理的各项规章制度，制定考核评价体制。规范公务用车使用，持续巩固公务用车制度改革成果。加大公车平台使用管理力度，共举办3期公务用车管理信息平台系统使用培训会，逐步实现车辆线上派遣、车辆信息维护管理、车辆监管等功能。累计完成224辆公务用车安装北斗定位系统（除涉及保密、机要、办案等特殊用车）工作。积极做好车辆的更新配置工作。2021年更新配置公务用车15辆，均为纯电动清洁能源汽车，有效解决了乡镇通信机要用车老旧、新成立部门有编无车等问题。加强安全驾驶教育。跟进车辆的管理、检查工作，及时消除安全隐患。加强驾驶人员的思想安全教育，灌输“安全第一、预防为主”工作思想，开展安全驾驶教育，提醒驾驶员时刻紧绷安全驾驶弦，不断提升安全意识。全年公车平台共保障公务出行650余次，安全行驶40余万公里，无责任事故和重大安全事故发生。

【公务接待】2021年共顺利完成317批次活动（不含省疫苗接种督导和“三月三”庆典等大型活动）。重点完成省换届风气巡回第五督导组进驻白沙的督导活动、生态搬迁专项督导活动、巩固脱贫成果第三方评估组的后勤保障任务。高效完成省疫苗接种督导组在白沙督导期间的后勤保障工作。顺利完成“三月三”、少数民族水上运动嘉年华等大型活动的公务接待保障工作。

【公共机构节能】2020年“三项”指标完成率较好，完成省下达的单位建筑面积能耗和人均用水两项下降指标任务。顺利完成全县2020年度8家节约型机关创建工作，创建比例为20%，超过省定标准要求。全力推进垃圾分类工作，县机关各办公区域、楼道和机关食堂等已投放分类垃圾桶149个、垃圾分类标示牌51个，县机关事务服务中心集中管理的楼堂馆所实现投放范围全覆盖。公共机构全面落实“禁塑”要求。职工食堂试点成效明显，县委办公大楼、县委常委楼、政府办公大楼、综合楼等办公楼公共区域垃圾桶全部使用可降解垃圾袋，为全县“禁塑”工作起到带头示范作用。

【后勤服务保障】餐饮服务满意度有所提升。注重日常管理，努力提升餐饮质量，通过合理搭配、饭菜品种多样化，最大化满足干部职工的饮食需求。2021年办理餐卡干部职工309人，累计办卡人数达1700人，食堂全年保障机关单位干部职工用餐达87756人次（不含早餐和晚餐），未发生一起食品安全事故。常态化开展“制止餐饮浪费活动”，引导干部职工文明用餐。会务服务规范化运行。及时对接会议服务对象，高标准提供会务服务，全年保障会议达2887场。

（撰稿人　曾翠玲）

退役军人事务管理

【概况】2021年，县退役军人事务局坚持以习近平新时代中国特色社会主义思想为指导，认真开展党史学习教育，学习习近平总书记“4·13”重要讲话精神和中央12号文件精神，学习习近平总书记关于退役军人重要论述和讲话精神。引导广大党员、退役军人深入学习党史、新中国史、改革开放史和白沙解放史。统筹安排，狠抓落实，较好地完成思想政治和拥军优抚、纪念褒扬、就业创业和移交安置等退役军人事务工作，获评“2019—2020年度海南省平安建设先进集体”。

【建党100周年纪念活动】为庆祝中国共产党成立100周年，按上级有关工作部署，开展了“老兵永远跟着党”系列活动。征集演讲比赛作品、小视频、书法作品；开展“把党的关爱送到老兵心中”主题慰问活动，发动全县退役军人和系统工作人员参与活动；展风采，征集关于军旅情、写忠诚的微视频；组织党员干部、退役军人开展缅怀先烈、重走红色路主题党日活动，重温革命先烈的英雄事迹，学习革命烈士精神。

机关事务服务中心党史学习教育暨“大学习、大调研、大抓落实”活动动员部署会

【拥军优抚褒扬】做好节日慰问工作。在春节、“八一”建军节，走访慰问海南省军区、省消防救援总队、1武警儋州支队和驻白沙部队，共赠送慰问品47万元；开展走访慰问重点优抚对象、现役家属、困难退役军人、烈属军属，发放慰问金119.53万元。做好各类优抚资金发放工作。发放大学生入伍奖励金57万元；发放义务兵家庭优待金186.45万元；发放优抚对象死亡一次性补助16.51万元，发放重点优抚对象（三属、伤残、复员军人、农村籍60岁老兵、带病回乡退役军人、参战老兵、老党员）生活补助478.43万元；为2名优抚对象建房资助5万元。做好优抚对象健康体检和医疗救助工作。在牙叉、七坊、阜龙3个乡镇设点为全县优抚对象进行免费体检。对重点优抚对象住院后报销医疗补助金14.78万元。做好烈士祭祀和敬献花篮仪式活动。以党史学习教育为契机，在清明节和烈士纪念日开展大型献花篮仪式活动，县“四套”班子成员，县直、省属各单位主要领导，少先队代表、民兵代表、群众代表等600多人在白沙解放纪念园、保家战斗烈士陵园和付俄岭烈士纪念园开展大型献花篮仪式活动，表达对英雄烈士的敬仰，营造爱国主义教育氛围。

【安置工作】2021年全县接收退役士兵中符合政府安置政策的退役士官安置到事业编管理岗。做好待安置期间生活补助金和退役军人一次性补助金发放工作。发放士官待安置期间生活补助金6.784万元，发放自主就业退役士兵一次性补助金99万元。举办欢迎退役军人返乡座谈会暨退役军人暨随军家属专场招聘会。县退役军人事务局利用退役军人返乡契机，举办欢迎退役军人返乡座谈会。宣传《中华人民共和国退役军人保障法》和《白沙黎族自治县退役军人就业创业贷款财政贴息实施方案》相关政策。做好部分退役士兵社会保险接续工作，缴费率达96.5%，居全省前列，较好解决部分退役士兵养老保险现实利益问题。

【就业培训】举办退役军人暨随军家属就业专场招聘会。通过微信平台转发企业招聘退役军人就业信息，为退役军人提供众多求职方向，满足求职期望。做好退役军人就业创业财政贴息贷款工作。贯彻落实《白沙黎族自治县退役军人就业创业贷款财政贴息实施方案》，2021年退役军人成功申请贴息贷款600万元。加强职业技能培训和学历教育。组织退役军人参加就业技能培训，组织退役军人企业负责人参加创业培训。宣传贯彻落实高职院校对退役军人单招政策，引导他们参加高等学校继续教育。

【积极参与基层社会治理】注重发挥退役军人优势，引导退役军人积极参与基层社会治理。推荐退役军人依法参与村（社区）“两委”换届选举。在2021年村（社区）“两委”班子换届选举中，退役军人在村（居）委会任职占比17.06%，比上届提高10.2%。让退役军人积极投身到脱贫攻坚和乡村振兴的工作实践中。组建退役军人志愿服务队。组建1个县级和11个乡镇级退役军人志愿者服务队，充分发挥退役军人先锋模范作用，让广大退役军人融入社会志愿服务事业中，积极参与新冠疫情防控和抢险工作。

【维护退役军人合法权益】开展“最美退役军人”学习宣传活动。开展形式多样的宣传活动，利用微信、短信发布“争当我为加快推进海南自由贸易港建设做贡献‘排头兵’活动”等相关报道，营造关心关爱退役军人的良好社会氛围。开展《中华人民共和国退役军人保障法》宣传活动。到驻白沙部队和街道人群集中地点开展宣传活动，发放《中华人民共和国退役军人保障法》宣传手册2000多份，挂横幅12条，设置咨询台3个，安排人员现场对《中华人民共和国退役军人保障法》解答释疑。开展常态化走访活动。学习推广“枫桥经验”，摸清全县退役军人底数。对困难退役军人进行建档立卡，开展常态化结对子帮扶活动，给困难退役军人发放慰问金6万元，帮助2户困难退役军人建房，发放建房资金5万元。省退役军人事务厅走访困难退役军人并发放慰问金1.2万元。联合社会团体携手帮扶救助困难退役军人。积极联系社会团体给予退役军人多元化、个性化帮扶援助。省新时代关爱退役军人基金会为困难退役军人发放7.5万元救助金；县慈善总会救助困难退役军人10.5万元。县老区建设促进会向困难退役军人发放7500元慰问金。移动通信公司白沙分公司为一名困难退役军人的女儿每月资助1000元生活费，直至读完大学。

【烈士纪念设施管理保护】2021年，县退役军人事务局认真做好烈士纪念设施管理保护工作。投入852万元，对保家战斗烈士陵园进行提质改造，园区面积扩大到1.28万平方米，改造纪念广场、烈士墓，新建大门、停车场、入口路，增加园区绿化等。投入608万元，建设阜龙乡爱国主义教育基地，建成一栋二层的陈列馆建筑，改造爱国主义教育广场和渡海先锋营欢迎大会纪念碑。投入378万元建设打克岭等7处战斗革命遗址。加强对白沙起义第一枪遗址的建设和管理，2021年获评为AA级景区。

（退役军人事务局　羊　宁）

水　务

【机构】县水务事务中心是县政府直属正科级事业单位。2021年编制数为19人、在编人数为17人，设主任1人，副主任2人。内设办公室、城水股、农水股、水资源股、建设防御股。

【重点水务项目】1. 白沙西部供水工程，2020年9月28日开工，总投资43298.71万元，完成18%的工程进度；2. 实施12项建制镇污水处理设施及配套管网工程（七坊镇污水处理设施PPP项目由七坊镇实施除外），总投资16821.15万元，除七坊镇污水处理厂在建，其余11座污水处理厂均已建成，处于试运行阶段。3. 建设4座乡镇供水设施，总投资9675万元，完成75%的工程进度。

【农村饮水安全】 2021年实施20项农村供水保障工程，总投资1804万元，惠及人口54608人，全部通过竣工验收投入使用。

【水库管护培训】 2021年，县水务中心组织全县水库管护人员培训，培训82人，管理水库41座，提升水库管理操作能力。

【中小河流域治理】 金波小溪河道治理工程。计划总投资1374.86万元，本工程治理河道长约671米。已完成河道两岸护岸建设及河道内淤泥、垃圾等污染物清理。七坊镇查苗溪河道治理工程。计划总投资2111.43万元，项目治理河道长度为1172米，设计河道宽度9~12米。施工单位对河道内淤泥垃圾等污染物清理，正加紧对河堤两岸护岸建设。

乡镇·农场

牙叉镇

【概况】牙叉镇位于白沙黎族自治县中部偏东，东邻细水乡，南连南开乡，西接青松乡，北靠打安镇、阜龙乡，境内有海白高速、邦（溪）南（训）公路，是白沙黎族自治县委、县政府驻地，也是白沙黎族自治县的政治、经济、文化中心。牙叉镇属热带季风气候，高温多雨，年均降雨量近1900毫米，南叉、南开两条河流经镇境，水资源充足，全年日照2000多小时。全镇土地面积2334128.34亩，水旱田面积约1.28万亩，其中种植水稻9552亩，番薯豆类1200亩，常年蔬菜1100亩。橡胶种植面积9.2万亩，开割面积6万亩。槟榔种植面积3.08万亩，其中挂果面积约0.44万亩，茶叶种植面积约0.8万亩（含农场），水面面积约0.2万亩。因明代有牙叉村而得名，解放战争时期曾召开过著名的“牙叉会议”。

【区划】牙叉镇于2002年9月由原牙叉、白沙、南叉3个乡镇合并组成，下辖14个行政村、3个社区及2个居，共有100个村民小组和52个居民小组，人口5.2万人，其中农村人口23472人，占总人口的45.14%。

【旅游资源】牙叉镇有穿山甲、金钱龟、猕猴和桫椤、花梨等多种国家重点保护动物和珍贵植物，还有鸡血藤、益智、槟榔等大量中草药材，具备发展木材和开发药材种植的条件。牙叉还有世界最大的无颗粒陨石坑、江排碧波、九架木棉、万亩生态茶园等景观和“牙叉会议”旧址、白沙解放纪念园、那凡革命老区等革命纪念地，发展生态旅游、红色旅游、民族风情特色旅游的潜力较大。

【疫情防控】牙叉镇筑牢“零疫情”防线，疫苗接种常态化，外防输入取得实效。全镇3岁以上人群第一针剂累计接种51653剂，第二针剂累计接种48814剂，第三针剂累计接种13255剂。排查中高风险地区返乡人员260人，完成核酸检测260人529人次，非重点地区返乡人员1708人，核酸检测735人786次。制定核酸演练预案，创建桥南社区核酸演练试点，完成桥南社区人口核酸信息采集登记和预登记6116人。

【基础设施建设】牙叉镇改善基础设施，提升公共服务。2021年针对方平村牙和新村生产道路、南仲村委会入户路、牙港村委会入户路、白沙村委会入户路无硬化设施问题，已按照程序申报入库，由县城乡投资建设有限公司作为业主单位实施，加快推进方平村、南仲村、牙港村及白沙村等村道路面的铺设进度，保障群众生活、生产出行安全；全镇有12家村卫生室，均为标准化建设，聘用14名乡村医生，常用的药品如止咳类、退热类、消化类、降压类、抗生素类等均配备齐全，确保正常开诊。

【乡村振兴】牙叉镇于2021年8月正式成立“牙叉镇巩固拓展

脱贫攻坚成果和实施乡村振兴战略大队”，并完成人员轮换，抽调了147名干部组建并配齐驻村队伍，配备县、镇两级结对帮扶人员621人，充分发挥驻村工作队及帮扶联系人生力军作用。组织开展2次防止返贫致贫监测大排查，对全镇农村常住人口开展返贫监测识别摸排工作，纳入监测对象74户273人，制定《牙叉镇建档立卡重点人群防范返贫致贫动态管理工作台账》，因户施策，有针对性地制定帮扶措施，采取产业帮扶、就业帮扶、综合保障等措施进行保障。

【产业发展】大力提高传统产业橡胶、槟榔的管护水平，全力支持发展特色咖啡、毛薯、肉鸽等产业。2021年，牙叉镇天然橡胶“保险+期货”参保4955户，投保的数量为3554.7吨；天然橡胶价格收入保险，全镇参保3137户，参保面积41500.8亩，发放一般户胶农割胶生产奖励补贴1964户190.12万元，发放销售乳胶奖励补贴3406户156.8万元。创建6万羽“新海府生态鸽”养殖基地，捆绑带动11个村（居）委会的建档立卡户864户3305人开展养殖产业，该项目在运营管理中，每期3个月为一轮，吸纳当地建档立卡脱贫户12人边务工边学习养殖技术，为发展庭院经济养鸽产业提供农村技术人才。

【基层党建】牙叉镇聚焦党建引领，以党史学习教育、大学习大调研大抓落实、头脑风暴等活动为契机，引导全镇党员干部以习近平新时代中国特色社会主义思想武装头脑，召开理论中心组学习23次，举办各类理论宣讲29次，组织党员到红色教育基地学习300人次。完成村级党组织标准化设施配备，修建党组织活动场所22个，实现全镇22个党组织活动场所全覆盖。圆满完成村“两委”换届、县乡两级换届工作，19名村（社区、居）党组织书记通过法定程序当选为村主任，全面实现“一肩挑”。2021年以来，共发展党员51人，储备和培养党组织后备干部81名。

【土地制度】牙叉镇对俄村创新农村零星土地流转模式，进一步整合盘活闲置零星土地，由村集体主动流转农户土地，以土地与企业合作发展产业项目，在保农户增收的同时也增加村集体收入。土地流转已完成第一期86户226亩的预定目标，已进入签署意向合同书阶段；第二期200亩的基本农田土地流转任务正在进行中，115户农户已同意土地流转并签署意向合同书。

【环境保护】牙叉镇聚焦生态发展，持续开展农村人居环境整治工作，坚决打赢污染防治攻坚战，以村庄清洁、垃圾分类、厕所革命为抓手，切实改善人居环境。垃圾分类工作围绕“减量化、资源化、无害化”的目标，以对俄村、营盘村等18个村小组为试点向全镇辐射，覆盖1067户4470人，建立了垃圾分类长效机制，有效解决了垃圾池、垃圾房脏乱臭问题。持续推进厕所革命，完成2021年110个农村户用厕所化粪池防渗漏改造任务，均已完成无害化改造，有效解决了农村生活污水排放问题。建立常态化环境保洁机制，扎实开展爱国卫生活动，配备垃圾分类箱、垃圾清运车，满足全镇垃圾日常转运。倡导健康文明生活新风尚，人居环境卫生持续向好，荔枝村、牙港中村等被评为“海南省卫生村”。

【文化事业】牙叉镇厚植文化底蕴，助力文化振兴。强化对农村非法宗教活动和境外渗透活动的打击力度，推动形成文明乡风、良好家风，推进新时代文明实践中心建设，深入挖掘、继承创新优秀传统乡土文化，促进乡村文化兴盛，持续推动农村移风易俗，及时更新镇、村文化站的宣传栏、制度牌、标识牌，组织各村文化协管员开展业务培训，提高文化服务水平。

【安全生产】牙叉镇扎实做好安全生产工作，维护人民群众生命财产安全。通过宣传、摸底、排查等进一步落实渡口“三无船舶”安全管理责任制，严厉打击非法载客行为。截至2021年年底，牙叉镇登记造册船舶383艘（其中牙港村208艘，南仲村90艘，方香村21艘，志针村23艘，牙叉居委会 35 艘，白沙居委会 6 艘）；7 月 9 日邀请消防专家对全镇各村（居）书记及分管安全生产的委员、镇全体干部职工、企事业单位和个体工商户的安全员共 130 人进行消防安全知识和消防技能培训；入户排查本辖区内电动自行车停放充电场所、仓储场所、厂房等场所火灾隐患的消防工作，每月汇总消防安全排查情况。2021 年牙叉镇安全生产形势总体平稳，没有发生较大以上安全生产事故和火灾亡人事故，其他各类事故较往年均处于平稳态势。

七坊镇

【概况】七坊镇位于白沙黎族自治县西北部，北纬 19° 17′，东经 109° 14′，东邻打安镇，南与金波乡、青松乡接壤，西靠邦溪镇，北与儋州市交界。2021 年度全镇总户数为 13177 户，总人口 52869 人；共有 14 个村，2 个社区，1 个镇属企业，2 个居。行政辖区总面积 642.46 平方公里，其中耕地面积 68509 亩，共播种 19926 亩，水旱田面积 11826 亩。农业是七坊的支柱产业，主要以橡胶、甘蔗、木薯等经济作物为主，特色产业有竹编、黄牛养殖、红心橙、粽叶、香米等。2021 年七坊镇一般公共预算收入为 10823.83 万元。

【党务工作】2021 年，七坊镇共有 21 个基层党组织，有党员 1744 名，其中预备党员 50 人。七坊镇党委始终坚持党建引领，坚持全面从严治党。基层组织建设常态化。选优配强村（居）“两委”班子成员，共选举产生“两委”成员 118 人，18 个村（居）全部实现书记、主任“一肩挑”，选出了一批政治素质过硬、群众基础好的班子，不断夯实乡村发展的后劲；以科学规范的工作程序选举产生了七坊镇第十五次党员代表大会代表 110 名，为全镇经济社会发展提供了坚强的组织保障；给 18 个村（居）拨付了 100 万元，用于党组织服务群众工作，投入 35 万余元用于 4 个村（居）的组织活动阵地配套建设；协助完善龙江居委会、珠碧江居委会党总支，改善居民委员会的基础设施建设，不断夯实基层党建基础。做好党员教育管理活动的日常化。对党员的发展进行审核把关，对入党积极分子和发展对象进行集中培训 2 次，共转正党员 29 名，为党员队伍增添新鲜血液；强化党员日常管理，督促党员按期足额自觉缴纳党费，共收缴党费 80654.3 元，让党员在履行党员义务中增强党员意识；组织全镇党员凝聚在党旗下开展农村环境卫生整治、防风救灾、疫情防控等工作，不断增强党的凝聚力和向心力；有序开展庆祝中国共产党成立 100 周年拔河比赛、演讲比赛等系列活动；在春节、七一等节日慰问离任村干部、老党员、老干部、生活困难党员等 100 余人，使他们感受到党的温暖和关怀。全面推动全镇党史学习教育有序高质量开展。通过集中学习、专题学习会、专题党课、学习宣讲会、读书班、观看电视夜校、外出学习等形式，引导全镇党员干部学史明理、学史增信、学史崇德、学史力行。2021 年共开展学党史专题宣讲 11 次、读书班 7 期、专题党课 3 场，全镇 21 个党组织开展党史集中学习 452 次；围绕党史学习教育，梳理出 3 项镇级“我为群众办实事”任务清单，已全部完成。有效推动党风廉政建设责任化。召开党风廉政专题会议暨廉政教育专题党课 2 场次，签订《党风廉政建设目标责任书》20 余份；组织党员干部参观廉政教育基地，进一步树牢拒腐防变思想防线；严肃村（居）两委换届纪律，广泛听取党员和群众的意见，确保选出为民服务的好干部；换届结束后组织全镇各“两委”班子成员开展任前集体廉政谈话；在镇各党支部设立监督举报牌 21 张，公开信访举报电话。

【农业产业发展】2021 年，全面推进开展“一村一品”战略，大力引导和支持村民进行红心橙、粽叶等特色产业的种植，共种植红心橙 2271.06 亩、粽叶 5903.66 亩；全镇种植橡胶 110388.4 亩，开割面积 91447.4 亩，完成水稻种植 10183.57 亩；全年生猪存栏 30021 头、出栏 28061 头，牛存栏 3230 头、出栏 483 头，羊存栏 3995 只、出栏 2369 只，“三鸟”存栏 144057 万羽、出栏 322293 万羽。累计发放耕地地力补贴1711872.24元，惠及农户2605户；累计发放橡胶“两项奖励”共计462.242万元，激发农户种植橡胶的积极性，持续巩固七坊镇橡胶主体产业地位。在南洋、高地、英歌、长龙4个行政村建设扶贫车间，开展技术培训208人次，不断拓宽农民增收渠道。

【城乡建设】2021年，七坊镇持续推进老村庄客栈、麓湖中合商业广场项目、白沙黎族自治县国家热带现代农业公园项目（阿罗多甘）、一溪两岸项目及供水、污水一体化PPP项目等项目建设，打造镇墟“黎苗古镇”风貌，推进古韵七坊特色小镇建设。2021年累计投入5425.37万元建设完成18个乡村振兴项目；完成木棉一二队、高石尔信、高石孔八、可好村、英歌南珠村、高石新村、南洋三队7个美丽乡村项目的建设；8个2020年的扶贫基础设施项目已建设完工，分别为高地村、查英村、可好村、那来村、照明村、打金村、牙旺村、拥阜村基础设施建设项目。截至2021年12月，镇区零星项目：完成综治中心建设项目和尔信村饮水项目建设。镇区重点项目：有序推进环卫综合处理中心项目、老村庄客栈项目、干部周转房项目、七坊中路施工项目、龙江段环境整治施工项目、第一个党支部纪念园项目、常吉路建设项目、市政二路项目、七彩路项目；持续跟踪湿地公园项目建设、PPP水厂污水厂一体化项目。

【乡村振兴】2021年七坊镇按照《白沙黎族自治县开展建档立卡脱贫户分类工作实施方案》的要求，将全镇1895户脱贫户细分为脱贫监测户54户、相对稳定脱贫户887户、稳定脱贫户954户。

全面强化责任落实。2021年七坊镇挂牌成立了1个乡村振兴大队和14个中队，共有乡村振兴工作队员162人，定期召开大队例会，研究部署巩固脱贫攻坚成果和实施乡村振兴战略工作，并及时解决存在的困难和问题。全镇共有建档立卡脱贫人口1895户8121人，新识别监测对象101户368人，共安排了省定点帮扶单位、县帮扶单位、镇各机关及企事业单位帮扶责任人493人。2021年获得海南省脱贫攻坚先进集体荣誉。

扎实推进政策落实。2021年以来，完成建档立卡贫困户危房改造2户，共建共享危房改造已开工41户，其中封顶18户，确保农户住房安全。落实全镇脱贫家庭学生1773人100%入学，发放教育补贴114.31万元，对6名重度残疾儿童开展送教上门服务。全镇脱贫户、低保特困户共有大病（重病）患者242人，已全部落实大病救治工作；为256人办理慢性病证。2021年累计完成脱贫人口住院报销补偿1689人次、特殊门诊报销补偿1594人次，贫困群众住院、慢性病特殊门诊费用报销比例分别达到90%和80%以上。对全镇75个农水供水点进行全面抽样水质检测，建立农村饮水日常巡查管理制度，全镇范围内无饮水困难、饮水不安全等情况。七坊镇坚持“双向纳入”原则，及时把低保户412户937人、特困户56户57人纳入兜底保障范围，做到应纳尽纳、应保尽保。

严抓监测工作落实。七坊镇先后开展三轮大排查，覆盖全镇农村常住人口23317人，对有返贫、致贫风险的农户，及时履行程序，纳入监测范围，并安排帮扶联系人对其制定帮扶计划，落实帮扶措施，对各类返贫致贫风险做到早发现、早干预和精准帮扶。深入贯彻落实《白沙黎族自治县2021—2023年防贫综合保险工作实施方案》文件精神，为全镇原脱贫人口8134人购买了防贫综合保险，同时加大宣传力度，发动一般农户12395人自主购买，农户防范返贫、致贫风险能力进一步提高。

持续巩固脱贫攻坚成果。积极落实“橡胶十条”各项措施，全镇共5034户办理橡胶“期货+保险”、橡胶价格增值保险和鲜胶补贴，共发放保险理赔736.83万元。2021年开发保洁员、绿化员等公益性岗位55个；落实外出务工奖励补贴，激发贫困群众外出务工积极性，2021年务工人数3721人，比2020年多31人。

【民生保障】扎实推进保障民生工作。2021年共办理结婚证

162件，补发结婚证47件，办理离婚证40件，补发离婚证4件。“八一建军节”慰问退役军人，发放慰问金。开展支出型、急难型临时救助235人，并发放救助金8.27万元；小额临时救助（备用金）112人，并发放救助金0.97万元；发放残疾人两项补贴共222人3.08万元。完成新型农村合作医疗保险参保人数31822人（含龙江和珠碧江），确保医疗救治有保障；完成新型农村合作医疗保险参保人数31822人，比2020年增长33.6%；养老保险正常参保人数为15567人，比2020年减少0.9%。

严控新冠疫情防控工作。2021年七坊镇共投入42.9万元用于疫情防控和疫苗接种工作。有序组织镇领导干部、各村（居）干部及群众，开展全员核酸检测应急防控演练活动5场次。有效推进新冠病毒疫苗接种工作，进村入户动员责任片区适龄人员接种疫苗，同时采取多种形式宣传和引导群众自觉接种疫苗。截至2021年12月底，七坊镇12岁以上接种第一针次疫苗31486人，接种第二针次疫苗29609人，完成第三针疫苗加强针13977人。通过疫情防控和疫苗接种，确保人民群众生命安全和身体健康。

【教育与文体活动】教育方面：2020—2021学年，七坊镇共有初级中学1所，教学班36个，学生1787人，教职工146人；有中心小学3所，完小、教学点11个，教学班60个，有学生2446人、教职工158人；有公办幼儿园1所、教学班6个，有学生202人、教职工28人。2021年中招升学考试中，七坊中学650分以上有60人，占全县考生人数的39.22%，李樱珞在中招考试取得790分、全县第二名的好成绩（全县最高791分）。七坊镇政府投入15.71万元，支持各学校教育工作，不断完善各学校基础设施和校园文化建设。对符合资助条件的七坊镇户籍考取本科批次的学生给予资助，共资助贫困学生100人，发放助学金18.5万元。开展教师节表彰活动，表彰一批“教育先进单位”“优秀校长”“优秀班主任”和“优秀教师”。

文体活动方面：在丰富群众文化生活方面，举办了“三月三”活动和各类文化下乡等文化惠民活动；为增强党员干部职工体质，陶冶情操，激发工作热情，举办了庆祝中国共产党成立100周年拔河比赛、演讲比赛等系列活动。全镇开展新时代文明实践活动47期，开展移风易俗活动，提倡婚事新办、丧事简办，倡树文明新风尚。按时开展道德“红黑榜”评比工作，提升乡风文明水平，七坊镇基层党员王日芳获得第八届全国道德模范提名奖。完善19支志愿服务队伍，持续开展“小手拉大手”环境整治活动21期；邀请第八届全国道德模范提名奖获得者、基层党员王日芳开展孝老爱亲事迹巡回宣讲报告会，传播道德模范的榜样力量。

【人口管理】2021年本期出生286人（含龙江和珠碧江）；完成免费孕前优生健康检查191对，完成率达104%；办理生育服务证187本；共慰问32户计生困难特殊家庭。2021年七坊镇城乡低保保障对象有91户144人，小额临时救助112人，留守儿童118人，困境儿童57人。2021年共有80~89岁高龄1045人、90~99岁高龄115人。

【环保（含河湖长制工作）】七坊镇坚持生态立镇、生态兴镇思想，持续加大“两违”查处力度，完成违法图斑整治销号1034宗，打击非法采砂3次，扣押运输车4辆，捣毁简易抽砂机3台，查处非法采砂行政案件2起。全面推行“河长制”，境内29条河流和5座水库全部列入河湖长制管理，33名河长、47名河道管护员常态化开展巡河工作。全镇垃圾清理实现“村收集，镇转运，县处理”的工作机制；创新开展21期“小手拉大手、卫生齐动手”活动，群众常态化参与人居环境卫生整治。积极实施复绿工作，2021年共投入2.09万元，绿化裸露土地总面积达72687.994平方米，绿化占比达100%，全面提升乡村绿化水平。积极推进厕所革命，共完成防渗漏改造180户，改善农村群众居住条件。2021年七坊镇被评为省级卫生乡镇。

【社会治安】2021年，七坊镇被评为海南省平安建设(2019—2020）先进集体。七坊镇紧紧围绕影响人民群众安全感的突出治安问题，持续深入推进扫黑除恶专项斗争常态化、新一轮禁毒三年大会战等行动，全镇呈现无群体性事件、无恶性案件的良好局面，社会治安状况保持平稳态势。2021年全镇共立刑事案件57起，刑拘12人，全镇无现行命案；受理治安案件193起，查处180起，查处率93.26%。严厉打击整治私彩违法犯罪，在全镇范围内做好打击私彩的专项整治活动，全镇“私彩”猖獗势头得到一定遏制，2021年全镇共打击“私彩”赌博刑事案件1起，破案1起。加强人民调解力量建设，共受理各类纠纷案件80件，调处80件，未发生一起因调处不及时导致的“民转刑”和上访事件，很好地发挥了综治维稳第一道防线作用。积极做好群众来信来访工作，维护农民工合法权益，2021年全镇信访总量7件7人次，已办结7件，同时全面贯彻“执法就是服务”的理念，加大对农民工讨薪纠纷的处理力度，累计受理相关案件36宗，协调解决31宗。强化未成年人保护和预防犯罪工作，突出抓好教育引导，2021年镇综治中心联合各派出所、司法所深入各中小学校开展普法宣传活动38场，发送家长告知书15000余份。强化重点法律法规的宣传工作，继续深入推进“八五”普法和依法治理工作，2021年共开展各类法治教育宣传活动38场次，发放各类宣传海报980张、宣传资料12760份，为推动全镇普法依法治理工作和全镇社会治安综合治理工作的顺利开展奠定良好基础。紧紧围绕平安建设、巡防体系、综治平台三大建设，以整合资源、畅通渠道、提高效率为手段，有效整合各类社会管理资源，在镇村分别成立了综治中心，镇级综治中心有综治、信访、司法等部门入驻，建立了接待群众“一条龙”服务、解决问题“一竿子”到底的基层社会服务管理新机制。

【安全生产】2021年七坊镇持续深入辖区，对容易存在安全隐患的商场、学校、加油站、医院、农贸市场、建筑施工场所、餐馆、宾馆和人员密集场所排查10次，共排查出一般隐患15起，已整改15起。对辖区内食用盐、猪肉及其肉制品、学校食堂及周边食品店等开展专项检查，共检查食品经营户216家次、农村小食品店86家次，检测各农贸市场及超市农产品2880批次，为群众创造了良好的食品卫生环境。

（七坊镇　董小凤）

打安镇

【概况】打安镇位于白沙黎族自治县西北部，地理位置优越，处在白沙黎族自治县东西部两大中心城镇中间，东靠牙叉镇、西邻七坊镇，北部与儋州市连接，镇墟处在九架岭山脚下，距离白沙黎族自治县城15公里，国道361横穿过镇墟，交通便利。打安镇是原打安乡与狮球乡于2002年8月合并而成，全镇下辖打安、合水等8个村，以及狮球居委会和卫星居、1个镇农场，共有60个村民小组和31个垦区居民点。全镇总人口5549户21221人，其中建档立卡脱贫户1213户5094人，脱贫出列村4个。

打安镇辖区总面积168平方公里，其中林地面积25.89万亩，耕地面积1.09万亩。产业主要以种植业为主，其中橡胶种植面积9.4万亩（其中开割约7万亩），种植槟榔2495亩、益智4946亩。截至2021年年底，农村居民年人均可支配收入达14773元，略高于全县农村居民人均可支配收入水平。

打安镇居民有黎族和汉族，主要方言为黎语、儋州话和海南话，有可雅老村、可程、合水等43个革命老村，民风淳朴，群众务实勤劳，先后有羊风极、符焕明、符照邦等3人荣获“全国劳动模范”称号，是白沙黎族自治县全国劳模人数最多的乡镇（全县有5个全国劳动模范），其中羊风极还是党的十九大代表、全国政协委员。

打安镇拥有丰富的旅游资源，包括九架云雾、九架木棉、大高瀑布群、可情对歌石、南九石壁、娥童岭、浪烈瀑布七彩虹、打安古榕等自然景观，以及脱贫攻坚战役打造的乡村旅游资源，已先后建成长岭村、可

打安镇2021年工作图片

打安镇深入开展防返贫动态监测工作。通过开展大排查和“大走访”活动，年内确定脱贫监测户90户378人，并确定帮扶联系人，制定帮扶计划和帮扶措施，建立动态管理台账

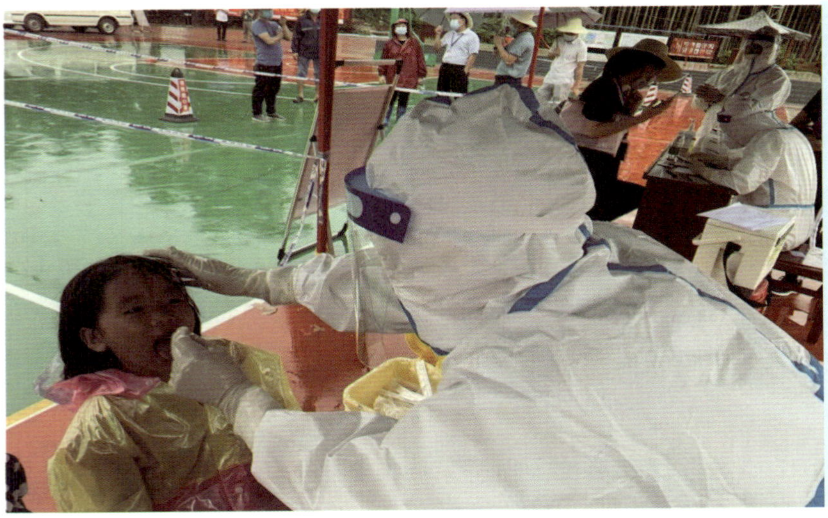

新冠疫情持续以来，打安镇始终把人民群众的生命安全和身体健康放在第一位，保持措施不松、力度不减，全面落细落实各项防控措施，常态化防疫工作取得显著成效。3月27日全面开放新冠疫苗接种工作后，共接种疫苗37011剂次，其中18岁以上成人接种29680剂次，18岁以下未成年接种7331剂次，举行全员核酸检测演练1次，提高全镇疫情防控应急处置能力，全年共投入疫情防控工作经费97万元

全力抓好兰花、蜜蜂养殖等特色产业，2021 年实现产业分红 33.1 万元。2021 年实施产业项目 7 个，资金规模 2887.40 万元，全部已开工建设。资金拨付率达 89% 以上，其中 3 个项目已竣工验收。在产业增收上，打安镇持续拉动消费助农，共组织或参加各级消费助农活动 6 场，累计销售金额达 86.08 万元。通过“以购代捐”“以买代帮”的形式助农增收

“赛·新风”白沙黎族自治县移风易俗主题宣传志愿服务活动（打安镇站）现场

全面落实好农村低保、临时救助等惠农政策，全年共发放低保金345.87万元、五保金23.18万元；累计开展临时救助65户309人，救助金额达59.37万元；为保障群众基本生活，城乡养老保险征缴率达83.7%。2021年继续加大医保征缴宣传和收缴力度，全镇医保缴纳脱贫户全部完成收缴比例，一般农户征缴达到97.05%，有效解决了农民就医难、看病贵的问题

持续深入推进“八五”普法、安全生产、民政、计生等工作，“平安打安”建设和社会治安动态防控体系不断深化，人民群众安全感和幸福感得到提高

雅老村、南九村、可情村、浪烈村等12个美丽乡村，其中长岭村、南九村已成为打安镇美丽乡村示范点。

【乡村振兴】2021年，打安镇聚焦“三保障”、产业帮扶、就业帮扶等方面，巩固提升全镇1211户5087人脱贫户脱贫成果，持续在巩固拓展脱贫攻坚成果上发力，多措并举，推进脱贫攻坚与乡村振兴有效衔接。开展预防返贫动态监测工作。通过排查和走访，确定脱贫监测户90户378人，制定帮扶计划和帮扶措施，建立动态管理台账。聚焦就业促进，农户持续增收。通过引导外出务工、公益性岗位安置等方式，确保家庭经济收入持续稳定，全镇共开发公益岗357个（其中保洁员109名，护林员62名，河道员37名，渠道员36名，饮水员60名，光伏保洁员53名），确保有劳动力就业需求的家庭都有务工人员。截至2021年12月，落实外出务工奖补2043人次387.52万元，落实新冠肺炎疫情外出务工交通和生活补助1653人次212万元，切实提高群众外出务工积极性，多举措巩固脱贫成果，防止返贫致贫。加强实用技术培训促进就业。2021年以来组织开展橡胶种植技术和母婴护理、挖掘机、水电等务工技能培训23期，累计培训1872人次，帮助有务工意愿的家庭掌握至少一门实用技能，拓宽增收致富渠道，提升脱贫户种养水平。强化金融助力产业发展的作用。协助脱贫及监测对象申请小额信贷，无逾期还款现象。2021年小额信贷新增贷款83人次，贷款总额270.52万元，小额信贷贷款余额568万元，高于2020年的331.29万元。累计还款1908.82万余元，确保有贷款需求的脱贫户、监测户应贷尽贷。巩固饮水安全和“三保障”成效。医疗卫生保障方面：针对城乡医疗缴费政策优化调整，发动脱贫户100%缴纳城乡医疗保险，实现脱贫户、监测户应保尽保；继续保持“先诊疗后付费”“一站式结算”“慢性病家庭医生签约服务”等政策稳定；加大临时救助力度，为65户309人安排救助金59.37万元，最大限度减轻突发困难群众家庭负担。全面完成乡镇卫生院和村卫生室标准化建设，全部配齐基本诊疗设备和退烧类、降压类、急救药类等常规药品。全镇2021年共救治30种大病195人，四种慢性病患者375人。住房保障方面：2021年实施危房改造47户，已全部开工。饮水安全保障方面：对全镇60个村民小组饮水点水质进行安全检测，对每个村庄选聘一名饮水安全管理员，采取培训上岗，常态化开展饮水安全管理，确保饮水安全全覆盖。兜底保障方面：启动双向纳入保障，对符合保障条件的一般户、脱贫户、监测户启动纳保程序，对低保户中符合纳入监测的家庭列入监测帮扶对象。截至12月，全镇低保户291户804人。全镇625名残疾人补贴全部发放到位，累计发放重度残疾人护理补贴31.47万元，发放困难残疾人生活补贴19.45万元。累计为65户309人发放临时救助金59.37万元。

【农业发展】2021年，打安镇全面落实县委、县政府振兴橡胶产业“十条”措施，按照“统保统管统销”三统一原则，2021年，为全镇3277户胶农进行投保，全年参保总费用677.29万元，期货理赔3334户224万元，保障胶农收入。森林生态效益直补4583人，补贴272.73万元。此外，耕地地力保护补贴、农民种粮一次性补贴等惠农补贴，4个行政村的生态直补、橡胶价格保险和期货保险、橡胶销售补贴等各项惠农政策全部落实，做好特色产业文章。全力抓好兰花、蜜蜂养殖等特色产业，2021年实现产业分红33.1万元。2021年实施产业项目7个，资金规模2887.40万元，已全部开工，资金拨付率达89%以上，其中3个项目已竣工验收。在产业增收上，打安镇持续拉动消费助农，共组织或参加各级消费助农活动6场，累计销售金额达86.08万元。通过“以购代捐”“以买代帮”的形式助农增收。

【生态环境保护】2021年，始终把水环境治理作为生态环境保护工作的重中之重，科学制定治理目标，狠抓各项问题整治工作。坚持问题导向，突出关键重点，规范污水处理设施建设运行管理，新增备用水源地，强化统筹，整治违法排污，确保精准治水，守护好打安的绿水青山，坚决打赢打好"六水共治"攻坚战。

【疫情防控】2021年，打安镇始终把人民群众的生命安全和身体健康放在第一位，保持措施不松、力度不减，全面落细落实各项新冠疫情防控措施，常态化防疫工作取得显著成效。2021年3月27日全面开放新冠疫苗接种工作后，共接种疫苗37011剂次，其中18岁以上成人接种29680剂次，18岁以下未成年接种7331剂次，举办全员核酸检测演练1次，提高全镇疫情防控应急处置能力，全年共投入疫情防控工作经费97万元。

【社会治安综合治理】2021年，打安镇紧紧围绕影响人民群众安全感的突出治安问题，深入开展禁毒三年大会战、扫黑除恶等专项行动，进一步促进社会治安稳定。截至2021年12月底，全镇共排查各类矛盾纠纷56起，调解56起，调解率100%，调处成功40起，调处成功率达到71.4%。2021年共收到来信来访来电129件，审核受理129件，答复129件，其中12345政府服务热线123件，上访6件，成功化解129件。持续开展"扫黑除恶"行动，深入开展"无毒镇"创建，巩固禁毒三年大会战成果。将打安村作为"无毒村"创建工作示范点，以点带面，逐步扩大示范点建设覆盖面，推动整体工作开展。在"4·15"国家教育安全日、"6·26"国际禁毒日等重点节点期间，将青少年、流动人口、无业人员作为禁毒宣传教育的重点人群，共开展禁毒宣传活动10次，发放宣传资料4500余份，悬挂横幅60条。

【民生保障】2021年，打安镇持续推进民政、计生、安全生产工作，人民群众安全感和幸福感得到提高。社会保障水平不断提升。全面落实好农村低保、临时救助等惠农政策，全年共发放低保金345.867万元、五保金23.184万元；累计开展临时救助65户309人，救助金额达59.368万元；为保障群众基本生活，城乡养老保险征缴率达83.7%。2021年继续加大医保征缴宣传和收缴力度，全镇脱贫户完成医保缴纳比例100%，一般农户征缴比例达到97.05%，有效解决了农民就医难、看病贵的问题。计划生育服务质量不断提高。持续提高计生服务质量，依法推进人口与计划生育工作，提升出生人口素质，促进人口长期均衡发展。全年完成孕优对象91对（超额完成县的任务数76对），妇女"两癌"筛查665人，办理准生证119个。安全生产工作平稳推进。2021年，全镇共举办各类培训2场次,200余人参加培训。开展交通安全现场巡查，发现违规上路车辆50辆，有效规范打安镇道路交通秩序，保障人民群众的生命财产安全。组织开展消防技能培训会暨应急演练1次，参与人员100余人次，提升安全生产知识和防范意识。全年共开展大检查8次，加强对学校、商铺、旅馆等重点领域的安全隐患排查，排查隐患30多处，已全部整改完成，发出整改通知12份。全年共投入经费约100万元，全镇安全生产形势持续稳定。

【社会文明大行动】2021年，打安镇广泛开展"绿色家庭"等评选活动，评选出15户县级绿色家庭，树立村民绿色、环保、生态的理念。持续开展红黑榜评议，评出红榜156户，宣传推广好典型、好经验、好做法，努力营造全社会关心支持农村人居环境整治的良好氛围。组织开展"永远跟党走·扬帆自贸港"2021年白沙黎族自治县打安镇喜迎建党一百周年华诞暨脱贫攻坚表彰颁奖文艺晚会，表彰先进集体和先进个人，丰富群众文化活动。开展父母姐妹手牵手禁毒宣传活动，提升禁毒意识和防毒能力。开展"赛·新风"移风易俗主题活动1次，倡导文明乡风，推动移风易俗。2021年9月打安镇被评为第二批全国乡村治理示范乡镇。

【教育文化事业】2021年，打安镇持续抓好"一对一"关爱和控辍保学工作，签订镇村控辍保学目标责任书，成功劝返2名厌学学生，为4名残疾学生送教上门。符合条件的1141名（其中705人享受特惠性教育补贴）学生2021—2022学年教育补贴全部发放到位，资金134.61万元；继续抓好“两后生”2021年秋季入学中职计划，为140名中职教育学生发放补贴24.5万元。实现全镇适龄儿童义务教育全覆盖。

邦溪镇

【概况】邦溪镇地处白沙黎族自治县西北部，位于北纬19°25'51"~19°17'52"，东经109°1'58"~109°9'34"。东南距白沙黎族自治县城53千米，南距昌江县城约20千米。境内东邻七坊镇，南部与西部接昌江县石碌镇，北靠荣邦乡，东北毗连儋州市雅星镇。距西线高速公路7千米，距昌江核电厂15千米、八所港70千米、洋浦港70千米。225国道（海榆西线）穿境而过，环岛西线高速公路邦溪出口路、225国道、邦什公路在此交会，是白沙黎族自治县的西大门。2021年，邦溪镇下辖邦溪、邦新、南班、大米、孟果、地质6个行政村，1个中心社区和邦溪居，65个村（居）民小组。全镇有3928户14762人，其中农业人口有3285户12052人。全镇土地面积140.40平方公里，林地53030亩，耕地17256亩，其中水旱田6039亩，旱地11217亩，全镇水稻播种面积3155亩，总产量1025.38吨。养老保险参保人数3905人，参保率72.9%。城乡医疗保险征缴目标人数11483人，完成征缴11208人，参保率97.61%。

【乡村振兴】2021年，邦溪镇投资4107万元实施工程项目2个，技能培训1个。投入4014万元完成禾牛产业项目，新建牛舍15000平方米、综合车间4000平方米，养殖基础母牛400头，育肥牛200头；投入43万元开展斑斓叶林下种植项目，采购种植斑斓叶10万株并建设配套设施；投入50万元开展技能培训项目，500人通过技能培训增强了就业能力，提高了内生动力。逐步压实各级各部门责任，聚集帮扶力量，精准施策。落实工作例会。2021年以来共召开17次大队会议，研究部署巩固拓展脱贫攻坚成果和实施乡村振兴工作。落实“三保障”、饮水安全工作。发放2020—2021学年教育补贴652人79.75万元，为监测户38户136人代缴90%的城乡居民基本医疗保险费，落实慢病门诊报销34人次，住院报销103人次。对四类重点对象房屋质量开展排查，确保全镇脱贫户的住房安全。稳步推进消费帮扶。通过春风大行动、消费展销、主动联系收购商等各种形式，共组织参加线下消费帮扶活动7次，销售金额1.04万元。通过产业帮扶，和牛（二期）产业扶贫项目分红资金60万元，按照每个行政村10万元的标准，分别拨给大米、孟果、南班、地质、邦溪、邦新6个行政村，该资金主要用于发展壮大村集体经济、巩固脱贫攻坚成果和乡村振兴战略相关事宜。至此，邦溪镇6个村委会2021年度的村集体经济收入均达到10万元以上。探索就业帮扶新业态，截至12月，1896名脱贫户外出“就业务工”。开展10次职业技能培训，共培训1267人。2021年度申请补贴人数924人，共199.82万元。同时通过宣传引导等工作，脱贫人口人均可支配收入超过1600元，较2020年的1300元增加率23%，群众满意度达98%以上。

【农业发展】2021年，邦溪镇不断推动各项农业产业健康有序发展，大力推进农民增收工作。粮食种植规模逐年增大。2021年共种植水稻5557亩、番薯等1316亩，农民“米袋子”健康发展。橡胶产业健康发展，种植规模不断扩大。2021年，共有橡胶57496.9亩、开割1349492株；同时，严格落实“橡胶十条”政策，理期货保险赔1553户，理赔金额79.18万元；价格收入保险累计理赔945户，理赔金额200.69万元，进一步扎紧农民“钱袋子”。“菜篮子”保供工作顺利推进，不断加大常年蔬菜基地建设工作。截至2021年，共建设常年蔬菜基地4座、面积290亩，瓜菜零星种植1875亩。养殖业持续健康发展。截至2021年，家畜存栏量约8000头，家禽存栏量约16万羽。

【生态环境保护】2021年，邦溪镇在县委、县政府的正确领导下，在县生态环境局的业务指导下，高度重视生态环保，继续推行“林长制”“河长制”。镇、村两级林长、河长对境内22条河流、9.69万亩林地开展常态化巡林、巡河工作，完成全镇入河排污口的调查，组织河湖、渠道管护人员61人清理河湖约22公里。大力推进农村人居环境综合整治，全年累计清理垃圾7920吨，镇村环卫实现一体化、全覆盖。2021年厕所防渗漏改造85户，大大提高群众生活质量。

【疫情防控】2021年，邦溪镇压紧压实“四方责任”，坚持外防输入、内防扩散相关要求健全防控体系，落实防疫物资储备。针对市场、超市、酒店等人群密集场所加强督查，镇委主要领导亲自带头开展暗访，对发现的问题第一时间进行整改。镇执法中队、城管及社区干部针对镇墟各经营业主进行疫情防控督查，督促农贸市场、超市、酒店宾馆等重点区域，落实进门测体温、佩戴口罩经营等防控措施。据统计，共发放1200张宣传单页，粘贴海报200多份，印发健康码、行程码500多份、为群众及业主发放口罩1200多个。

【社会治安综合治理】2021年，邦溪镇紧紧围绕影响人民群众安全感的突出治安问题，强力推进禁毒三年大会战、扫黑除恶等专项行动、打击赌博整治行动，进一步促进社会治安稳定。截至12月20日，共立刑事案件44起，破案25起，破案率56.82%，刑事拘留9人；受理治安案件70起，查处41起，查处率58.57%，行政拘留57人。积极开展扫黑除恶宣传活动。充分利用各种舆论宣传工具，打造“扫黑除恶”专项斗争宣传舆论，广泛宣传“扫黑除恶”专项斗争的目的和意义。通过标语宣传，安装大型户外宣传牌9幅，各村（居）安装宣传栏共41处，在镇区利用路灯杆安装宣传标语78条，利用镇政府、银行、财政所等单位LED宣传屏进行滚动宣传，制作宣传横幅15条，分发各村（居）悬挂，张贴宣传海报80张。通过定点设台、入户开展扫黑除恶宣传，发放宣传单1200余份。重拳打击毒品违法犯罪。全面推进新一轮禁毒三年大会战，组织开展禁毒“两打两控”暨“夏季攻势”专项行动。在全镇范围内开展内容丰富、形式多样的禁毒宣传活动25场次。如在“6·26”国际禁毒日，举办禁毒图片展览，开展毒品知识咨询，发放禁毒宣传手册和禁毒知识讲座入校园，不断推动禁毒三年大会战的深入开展。对全镇吸毒人员全部详细登记造册，建立档案，做到底子清、情况明。已有登记在册吸毒人员36人（含已死亡），其中戒断三年未复吸30人，正在社区戒毒0人，社区康复3人，在押1人，死亡2人。专职工作人员对社区戒毒、社区康复对象开展定期访谈，了解其生活状况，按时验尿，确保不发生复吸情况。矛盾纠纷多元化解工作。全面开展社会矛盾纠纷排查调处工作。建立健全镇、村两级矛盾纠纷排查调处零报告制度。同时，抓好司法调解、行政调解、人民调解“三调”联动，切实提高调解工作水平。2021年全镇共受理调解各类矛盾纠纷案件92件，调解92件，调解率100%，调解成功43件，调解成功率为46.74%，很好地发挥了综治维稳第一道防线作用。

【民生保障】2021年，邦溪镇共有城乡低保户226户596人，其中农村低保户204户548人（其中1—12月份已脱贫户纳入低保2户11人、未消除风险监测对象纳入低保16户47人），城镇低保户22户48人。特困户16户17人，其中城镇特困户1户1人，农村特困户15户16人；（档内低保户158户432人，档内特困户9户10人）。2021年全年共发放城乡低保金242.81万元，共发放特困供养金13.39万元。防止返贫致贫监测对象共纳入低收入家庭5户18人；兜底保障到位，帮扶对象精准，确保不漏一户、不落一人。完善城乡居民临时救助制度。2021年共开展临时救助346人次，发放救助金额52.31万元（其中：2021年镇内临时备用金救助44户223人，救助资金22.72万元；上报县救助29户123人救助资金29.59万元）。扎实开展工作，统筹推进残疾人工作。2021年12月份：发放重度残疾护理补贴163人、2.50万元/月（一级重度残疾人91人，二级重度残疾人72

人）；发放低保及建档立卡残疾人困难补贴 164 人、1.31 万元 / 月（一、二级重度残疾 105 人，三四级残疾人 59 人）。做好孤儿、事实无人抚养、困境儿童、留守儿童工作。制定探访制度，定期做好探访。2021 年全镇共有孤儿 1 名，监护困境儿童 7 名、自身困境儿童 19 名，留守儿童 23 人。做好老龄工作，关爱留守老人、留守妇女。做好全镇高龄老人台账，对年龄达到办理高龄补贴老人及时通知办理。关心关爱留守老人、留守妇女，制定探访制度，定期做好探访。共发放高龄补贴 252 人 2.69 万元，其中：（80~89 岁高龄老人 219 人，发放高龄补贴 2.19 万元；90~99 岁高龄老人 33 人，发放高龄补贴 0.50 万元）。做好敬老院特困人员照顾护理工作。邦溪敬老院以集中供养特困人员和退休孤寡老人为主，原建床位 40 个，管理人员 3 人，2021 年共有特困户 16 户 17 人，其中城镇特困 1 户 1 人，农村特困 15 户 16 人；2021 年，共入院 9 人，其中特困人员 4 人、退休孤寡老人 4 人，在县民政局和镇党委、政府领导下，逐步完善基础设施建设，对院内加强管理，做好消防、食品安全等工作，确保基础设施、人员安全。同时每月不定时地逐户走访散居特困人员，及时解决他们的安全隐患问题。认真贯彻《婚姻登记条例》，依法进行婚姻登记。2021 年结婚登记处共办理结婚登记 81 对：其中结婚登记 55 对，离婚登记的 13 对，补发结婚证 13 对。

【社会文明大行动】2021 年，邦溪镇持续推进文明创建工作，做到宣传到位、整治到位、管理到位。落实门前三包责任制，实施常态化村庄清洁行动，集中整治主次干道以及房前屋后等脏、乱、差现象，促进农村污水乱排乱放管控，持续改善农村人居环境。加强城管、环卫公司、市场物业等三支队伍的建设管理，推动环境卫生工作正常高效运转。芭蕉村获“全国文明村镇”称号，邦溪镇、付俄村获“全省文明村镇”称号，邦溪初级中学获“全省文明校园”称号。不断满足人民精神文化需求，激励广大干部主动投身自贸港建设。推进文化惠民下乡演出，在镇区、南班村、南牙村、大米村等地举办了 5 场演出活动。坚持发挥村规民约民主管理作用，组织党员群众共同参与制定村规民约，因地制宜完善各种集体议事流程，引导村民通过村民会议、村民代表会议等形式协商解决问题。进一步规范完善村务公开、“四议两公开”、村民代表会议等制度。坚持法治为本，通过村“两委”班子与镇司法所工作人员密切配合，充分利用农闲时间走村入户，开展普法工作 25 次，及时向村民一对一讲解国家大政方针，以及与基层群众利益密切相关的法律知识，确保法治宣传教育的时效性，建立联席会议制度，各村成立调解委员会，实行“一案一补”，积极拓展治安防控体系建设。坚持德治为先，村党组织通过建设宣传栏等方式，用群众喜欢看、看得懂的方式，进行道德文化宣传，使村民们变“被动看”为“主动看”，教育引导村民抵制各种封建迷信活动，让村民在潜移默化中受到教育，提高自身道德修养。组织开展评选道德红黑榜、“最美庭院”活动，共评议红榜 8 人、黑榜 30 人，评选出 13 户最美庭院，树立先进典型，引导向上向善的村风民风。

【教育文化事业】邦溪镇社会事业持续繁荣发展。2021 年，结合各种节假日举办各类文化惠民演出 5 场，开展演讲竞赛等活动 1 场，完成 1 个公共文化体育设施建设项目；加大教育投入力度，镇财政出资 15.44 万元，用于奖励优秀学生及教师等；全镇适龄儿童入学率达到 100%；增加学校教育经费和设施建设投入，切实改善办学条件，持续做好教育补助的发放，2021 年秋季至 2022 年春季教育补贴已发放 962 人 311.61 万元，其中，普惠性教育补助 802 人 38.88 万元。

【医疗健康事业】年初制定了《邦溪镇 2021 年健康教育工作计划》，并认真付诸实施，1—12 月，入户走访 150 天，完成健康教育宣传栏内容更新 2 版 6 期，组织开展健康教育咨询活动 13 期，受益 1325 人次；举办健康教育讲座 14 期，受益 627 人次，宣传内容为：基本公共卫生服务、家庭医生签约、4

种慢病、脑卒中、中医中药、传染病、地方病、季节性疾病。健康教育音像播放16种296次，播放时长为1157小时、受益群众2987人，开展个体化健康教育，受益人数180人，镇村两级医务人员积极开展住院患者教育与门诊健康教育工作，发放健康教育宣传品27种、9779份，覆盖率100%，完成2021年健康教育工作目标。

【党建工作】2021年在县委、县政府的正确领导下，邦溪镇党委坚持以习近平新时代中国特色社会主义思想为指导，团结带领广大党员和干部群众勠力同心，笃定前行，积极有效地推动基层党建工作。以政治建设为首要任务，全面加强党的领导。邦溪镇始终把党的政治建设摆在首位，牢固树立“四个意识”、坚定“四个自信”，在实际工作中践行“两个维护”，严守政治纪律和政治规矩，严肃党内政治生活。认真开展党委理论中心组学习，以政治学习为主线，分专题每月开展学习研讨、交流发言，不断深入学习贯彻习近平新时代中国特色社会主义思想。坚持民主集中制，充分保证科学决策；严格落实组织生活制度，常态化开展“三会一课”，谈心谈话，带头参加“主题党日”“党费缴纳日”等组织活动。以找差距、抓落实为落脚点，高质量开展党史主题教育。邦溪镇把学习贯彻习近平新时代中国特色社会主义思想作为首要任务，在全镇扎实开展党史主题教育等活动。党委坚持先学一步、学深一层，开展党史学习教育21次、上专题党课4次。结合党史学习教育，开展党的优良传统作风教育，邦溪镇10个基层党组织召开了党史学习教育专题组织生活会，开展主题党日活动15次，充分利用儋州市石屋村胡松纪念馆、临高县临高角解放公园、邦溪镇付俄岭烈士陵园等红色教育资源，组织广大党员干部到红色教育基地瞻仰学习，现场接受党性洗礼800多人次，把党的好传统好作风坚持下去、弘扬开来。以全面贯彻从严治党方针为指引，认真落实党风廉政建设责任制。注重廉政建设。全面落实党风廉政建设责任制，强化党委主要责任，落实纪委监督责任。深入开展党风廉政教育，从源头上预防和治理腐败。深化开展“作风整顿建设年”活动，认真纠正“四风”，加大各类违纪违规案件查办力度，努力保持风清气正氛围，发现问题8个，督促完成整改8个，自查出16条作风问题，均已完成整改，诫勉谈话1人，谈话提醒6人，全镇通报批评5人，责令作出书面检查1人。强力抓好督查和廉政建设工作。全年专题研究部署党风廉政建设工作4次，开展集体廉政谈话2次，持续开展节假日作风建设督查4次，全镇工作作风明显转变；在工作中，强化党建工作督查检查，镇党委领导分别确立了联系点，对各村党建工作进行督办检查，定期进行廉政教育，召开警示教育4场次，257人接受教育；开展提醒谈话42人次，以上党课、观看警示教育片、参加警示教育活动、结合典型违纪违法案件的方式，使全镇党员干部牢守纪律红线、法治的底线；建立健全务实管用的“三资”管理规章制度，并形成长效机制，有效杜绝腐败事件的发生。严肃换届工作纪律。为加强换届纪律监督和教育工作，制定换届纪律监督责任清单，督促村级换届督导组落实换届纪律“两个责任”，粘贴换届纪律海报100张，建立换届纪律信访举报核查“绿色通道”，镇村两级换届过程中未发生违纪违规问题。以全面加强党的建设为基础，不断强化组织建设。重视发展村级集体经济，整治软弱涣散村党组织1个，扎实推进基层党组织标准化建设，激活基层阵地党建元素，充分发挥村级组织活动场所辐射带动作用。2021年，邦溪镇开展8个村（社区、居委会）党组织活动场所标准化建设排查，新建1个居委会党组织办公活动场所，并对3个村级办公活动场所进行维修，改善了基层党支部的办公环境。规范村级党群服务中心建设，6个村完成便民服务大厅改造，实现面对面服务群众。各党组织“为群众办实事”35项事项，已全部完成。以党建目标责任书为抓手，落实党建工作主体责任。顺利完成镇党委、镇政府以及村两委换届选举，以村（社区）“两委”换届为契机，选优配强村（社区）“两委”班子。新一任“两委”干部中，平均年龄由46.2岁下降到42.2岁，大专及以上学历“两委”干部25人，占比由24.4%提升到52%，优化了村级“两委”班子结构，为各项工作的开展提供了强有力的组织保证。注重思想教育。以党的十九大精神、习近平新时代中国特色社会主义思想武装头脑，先后以镇村干部大会、党委会、党委中心组理论学习会等形式集中学习。成立“新时代文明实践所”，组织开展庆祝建党100周年活动，累计上党课15场次。

元门乡

【概况】元门乡位于白沙黎族自治县东南部，守护着白沙黎族自治县的南大门，东邻细水乡，南连南开乡，北与牙叉乡接壤。海榆中西线的邦（溪）南（训）公路及白（沙）什（运）公路经此，交通便利。乡政府驻地位于白什公路沿线附近南训村，距县城10千米。2021年，元门乡下辖红茂、红旗、南训、向民、翁村、元门6个行政村和白翔居委会。全乡有1720户6306人。全乡林地面积50867.8亩，全乡农业生产总值达7317万元，农民人均收入达10320.98元，比2020年增加675.2元。

【巩固脱贫攻坚成果和实施乡村振兴战略】2021年，元门乡扎实推进乡村振兴，脱贫攻坚成果进一步巩固拓展。严格落实“四个不摘”要求，健全防止返贫动态监测和帮扶机制，教育、医疗、住房、饮水等保障普惠性政策全面落实。定期开展饮水安全检测工作，建立饮水安全台账，按时对供水设施进行管理维护，制定饮水安全设施运维工作机制、管理责任牌、管理制度及农村饮水安全应急供水方案，确保全乡范围内饮水安全得到保障。选优配强驻村队伍，抽调62名干部在一线成立6个中队，派出6名“第一书记”和6支驻村工作队，充分发挥驻村工作队生力军作用。发展特色产业，助力乡村振兴。采取“专业合作社＋致富带头人＋贫困户”“专业合作社＋贫困户”发展模式，全力抓好黑山羊、益智等产业，培育元门福才地瓜、向民毛薯等一批特色农产品品牌。

【全面落实“三保障”政策】2021年，发放教育补贴880人次219.72万元，义务教育控辍保学保持“动态清零”，为2名残疾儿童开展送教上门活动。脱贫户、监测户等重点人员基本医疗保险参保率达100%，469人次住院报销比例全部达90%以上，467人次慢性病门诊报销比例全部达80%以上。住房安全均有保障，经多次排查，元门乡2021年无脱贫户、监测户、低保户、特困户、低收入人群等重点人群危房改造任务。

【党建工作】2021年，元门乡共有基层党组织7个。2021年有入党积极分子16名、发展对象19名，发展为预备党员18名，转为正式党员8名。元门乡党委始终坚持党建引领，坚持全面从严治党。不断完善基层组织建设常态化。选优配强村(居委会)“两委”班子成员，共选举产生“两委”成员42人，7个村（居）全部实现书记、主任“一肩挑”，选出一批政治素质过硬、群众基础好的班子，不断夯实乡村发展的后劲；以科学规范的工作程序选举产生元门乡镇第十四次党员代表大会代表102名，为全镇经济社会发展提供了坚强的组织保障；给7个村（居）委会拨付

2021年10月26日，元门乡召开2021年巩固拓展脱贫攻坚成果和实施乡村振兴战略大队第7次会议

35万元用于党组织服务群众工作，投入249.58万元，对元门、向民村委会新办公场所进行基础设施配套建设。做好党员教育管理活动的日常化。对党员的发展进行审核把关，对入党积极分子和发展对象30余人进行集中培训；强化党员日常管理，督促党员按期足额自觉交纳党费，让党员在履行党员义务中增强党员意识；在春节、七一等节日慰问离任村干部、老党员、老干部、生活困难党员等160余人次，使他们感受到党的温暖和关怀。全面推动全镇党史学习教育有序开展。元门乡严格按照“学史明理、学史增信、学史崇德、学史力行”的总要求，推动党史学习教育走深走实。通过专题讲座、网络在线等多种形式开展学习，全年开展乡党委理论中心组学习29次，党史学习32次。扎实开展“大学习、大调研、大抓落实”活动，在深入调研的基础上，列出“我为群众办实事”任务事项清单5项，已完成5项。组织各支部300余名党员到向民村“白沙起义第一枪旧址纪念园”等党员警示教育点开展体验学习，充分利用本地丰富红色资源，不断加强党员干部爱国主义和红色革命传统教育。开展破除“不会为、不愿为、不真为”大讨论活动，推动党员干部转变工作作风，解放思想，敢闯敢试，大胆创新。有效推动党风廉政建设责任化。念好“紧箍咒”，把作风整顿建设摆在突出位置。不断加强权力运行监督，深化警示教育。召开党员警示教育大会，组织乡级、村级观看警示教育片3场，共320多人次接受警示教育；针对村(社区)“两委”班子换届工作，乡纪委共开展监督检查21次、实地督导29次、换届纪律警示教育7次436人次、提醒谈话117人次，为换届工作提供了纪律保障。聚焦作风整顿，制定《元门乡作风整顿建设年实施方案》，成立以乡党委书记为组长的领导小组，明确职责任务。制作宣传栏1块，悬挂横幅200余条，张贴宣传海报20张，公布乡作风整顿建设投诉热线，接受广大群众的监督，提高了群众的知晓率，拓宽了群众的参与率，也进一步扭转了干部的工作作风，保证了各项工作任务有序推进。

【新冠肺炎疫情防控】常态化疫情防控成效显著。筑牢“零疫情”防线，疫苗接种常态化。全乡3岁以上人群累计接种10953剂新冠疫苗，有效筑牢“零疫情”防线。加强联防联控，落实网格化管理。做好返乡人员排查、落实“三天二检”及辖区内常态化精准防控措施，确保外防输入取得实效。对从低风险地区返乡人员进行居家健康观察，中高风险地区返乡人员要严格管控，实行3次核酸检测、21天隔离措施。共排查涉疫区返乡人员98人，完成核酸检测98人次，非重点地区返乡人员372人，核酸检测372人次。注重宣传引导，强化自我防范氛围。充分利用张贴海报、悬挂横幅、村广播等方式宣传疫情防控知识，提高村民疫情防控知识知晓率。同时制定核酸演练预案，做到分工明确，责任明确。

【教育事业】建立关爱体系和控辍保学制度，元门乡中心学校共有建档立卡、低保、特困学生136人，人人建立“一生一档”，认真落实每周“五个一”的工作要求；残疾儿童送教活动全铺开，全乡有残疾儿童7人，送教240节，参与送教教师5人。

【人口与计划生育工作】2021年，办理一孩生育服务证34本，二孩生育服务证36本，三孩生育服务证3本，农村二孩生育服务证1本，独生子女光荣证6本，再生育服务证5本。妇女宫颈癌、乳腺癌筛查人数198人。

【橡胶产业发展】元门乡2021年橡胶种植面积4.43万亩。实施橡胶生物有机肥扶持措施。投入80万元产业资金购买生物有机肥，帮助贫困户发展种植业，受益农户622户2419人。规范农民销售乳胶登记。引导收购商在各村设立乳胶收购点，就近收购农户鲜乳胶，并做好销售乳胶登记，为乳胶补贴提供依据。为胶农发放橡胶“期货+保险”理赔金约114万元，受益农户1459户；发放2020年橡胶价格收入保险理赔金约189.72万元，受益农户863户，大大缓解了因胶价回落造成的胶农损失。依托橡胶产业，大力发展林下经济。发展橡胶林下种植、养殖，因地制宜地发展林下套种益智、粽叶、土鸡、养蜂等特色产业。规划出100亩地，建设橡胶示范点，带动贫困户和非贫困户共103人。元门乡积极与上级部门联合开展电动胶刀技能培训、橡胶割胶及磨刀技术培训、橡胶及地瓜毛薯种植管理培训等，培训600余人次。

【农村“厕所革命”】2021年元门乡“厕所革命”防渗漏改造工作任务数为30户，开工31户，已下达资金12万元，已拨付资金14.2万元。

【特色产业发展】采取“专业合作社+致富带头人+贫困户”“专业合作社+贫困户”发展模式，全力抓好黑山羊、益智等产业，培育元门福才地瓜、向民毛薯等一批特色农产品品牌。为有效解决福才地瓜种植基地的灌溉问题，元门乡已将福才地瓜种植基地滴灌项目纳入2021年拓展脱贫攻坚成果和乡村振兴项目库，投入200万元衔接资金建设福才地瓜种植基地灌溉项目，项目实施预计可解决福才地瓜基地灌溉问题，实现群众增产增收。深度挖掘向民村“白沙起义第一枪”的红色故事，围绕红色美丽乡村+民宿的发展理念，投入约300万元衔接资金建设向民民宿项目，进一步丰富了元门乡红色旅游资源。强化技能培训。投入47万元开展种养技能培训，带动脱贫户476户参与培训，提升脱贫户种植、养殖技能，已完成该项技能培训，共有644人次参加。落实产业发展奖补政策。截至11月底，共发放2021年补助金47.5万元，惠及475户脱贫户及监测户。

【社会治安综合治理】综治平台建设持续完善，建成乡级综治中心1个，配备专人负责系统的运行与管理。2021年，元门乡受理行政案件发案率比2020同期下降11.2%，查处率比2022年上升3.5%；禁毒、反邪教等工作扎实开展，接收社区矫正人员工作顺利开展，重新犯罪率为零。充分发挥群防群治作用，严防邪教分子流窜作案，2021年元门乡未发现邪教组织活动。安全生产工作扎实推进。2021年开展安全生产大检查及专项检查活动以来，元门乡组织开展了10次安全生产大检查、7次专项整治检查和“安全生产月”活动。开展道路交通安全专项整治，出动警车86辆次，出动警力422人次，共查处无牌、未戴安全头盔驾驶机动车等75辆，查扣违法车辆22辆，查处无证驾驶5人、涉嫌酒驾人员21人，查扣各类车辆26辆；纠正未戴安全头盔驾驶电动车103人，杜绝各类安全生产事故的发生。

【生态环境保护】完善农村基础设施建设。投入249.58万元，对元门、向民村委会新办公场所进行基础设施配套建设，有效保障了基层党组织的硬件设施，增强基层党组织的凝聚力、战斗力。2021年，14名乡、村级河长，23名河道管理员对乡辖区27条河流巡查697次，累计开展集中清理活动10余次；9名乡、村二级林长，55名护林员开展巡林1373次。以村庄清洁、垃圾分类、厕所革命为抓手，助推农村人居环境整治工作。投入卫生经费75万元，投入人力4000余人次，清理生活垃圾13.8吨，清理各村乱堆乱放乱搭乱建现象，全乡人居环境得到明显改善。发动各村（社区）对裸露土地进行排查，并及时复绿，全年累计投入资金12.14万元，完成6.51亩裸露土地的“复绿”行动，绿化占比达100%。

金波乡

【概况】金波乡位于白沙黎族自治县西部，距离县城约53千米。全乡区域总面积116平方公里，乡区规划面积为47.99公顷，林地面积11.99万亩（其中橡胶面积27679.6亩），耕地面积3337.25亩。下辖白打、牙加、金波3个村和金波居，共19个自然村和31个居民小组，户籍总人数10204人。其中建档立卡脱贫户391户1509人，经排查纳入监测户26户118人。

金波乡坐落于一个四面环山的盆地之中，四周被海拔800~1400米的山岭环绕。金波乡水资源、土地资源和矿产资源非常丰富。金波乡的大小溪流、河流纵横交错，昌化江、石碌河均发源于金波山区，金波作为水资源保护区，不仅养活了下游近百万人口，也是金波乡未来发展水产养殖的宝贵财富；金波乡的土地肥沃，非常适合开发生态农业；金波乡的矿产资源非常丰富，分布较广，主要的矿产有金、钨、黄蜡石、水泥灰岩、饰面花岗岩、银、萤石、铁矿等。国家对金波乡的各矿种进行了初步勘探，还未进行开采。另外，金波的热带原始森林景观，珍稀动植物资源和生态旅游资源是发展旅游探险的优势资源。

【风险防控】持续抓好疫情防控。构建乡、村两级高效指挥应急体系，坚持常态化精准防控和应急处置相结合，推动网格化排查管理和"人物同防"，有序推进疫苗接种，核酸检测做到应检尽检，疫情防控实现无死角、全覆盖。截至2021年年底，已累计投入50余万元用于疫情防控，实现疫苗接种"应接尽接"，有效树牢群众生命安全防线。深入开展生态文明建设。全面落实河（湖）长制、林长制，安排25名河湖管护员、62名护林员开展巡河、巡林，实现管护全覆盖。加快污水处理设施建设，乡墟污水处理厂已试运行，水环境质量持续提升，农村饮用水源地水质达标率100%；空气质量保持稳定。以广播宣传、悬挂横幅、发放宣传品等方式加大环保宣传教育力度，常态化开展非法采砂、"禁塑"、秸秆禁烧等综合执法检查，采取农药减施措施，对地膜等农业生产废弃物进行回收，以实际行动践行绿色发展理念、推行绿色生产生活方式。落实生态直补266.55万元。严格落实主体责任。紧盯安全生产、消防安全、道路交通、食品安全等重点领域，扎实开展专项检查。截至2021年年底，未发生重特大安全事故。加强应急管理能力建设，完善应急预案，健全应急体系，防灾、减灾、救灾能力全面提升。在2021年的"狮子山"和"圆规"两次台风防御工作中，投入应急队伍、民兵队伍165人次，转移人员176名，发放救灾物资1.7万元。

【乡村振兴】强化责任落实。按照防止返贫致贫方案组建医疗、教育、住房、兜底保障等15个专班，定期研究部署工作，指导帮扶单位及联系人落实各项工作任务。统筹政策落实。完成本年度低收入人群危房改造计划；完成雨露计划等各类教育资助；割胶生产奖励等政策奖补均发放到位；住院门诊报销比例均达90%以上。狠抓工作落实。坚持面对面调查、点对点查看，先后组织开展3次大排查，按应纳尽纳的要求纳入监测户26户118人并开展日常监测，因户落实帮扶措施47条。持续加大产业发展力度，2021年产业投入409.2万元，比2020年增长468%；脱贫攻坚期间产业按计划分红。做好就业服务，组织脱贫户679人外出务工，发放务工奖励补贴、交通补贴合计91.71万元。推动成效巩固。聚焦各级督查检查中发现的问题，全面自查，建立台账，逐项梳理，制定13条整改措施，金波乡自查发现的13条问题中，已经完成整改12个，剩下一个需请第三方进行项目核算后即可完成。以消费扶贫为主抓手集中销售农产品，全年销售总金额达29.22万元，同比增长71.6%，全乡无农产品滞销情况。开展技术技能培训5场，受益人数584人，提升群众技能水平，助力群众务工和生产。通过努力，脱贫户、监测对象的帮扶满意度达99%以上，对乡村振兴工作队和村两委工作满意度达到99%以上。

【产业发展】产业态势稳定向好。全面落实"橡胶十条"，橡胶产业预计年产值将达3907.11万元，同比增长9.6%；落实橡胶生产奖励资金62.3万元，同比增加18.2%，销售鲜乳胶奖励金67.84万元，同比增加66.7%。槟榔、朝天椒等特色产业得到进一步发展，经济效益进一步提升，成为农民增收的重要组成部分。村集体经济不断发展壮大。2021年白打等3个村集体经济均达到5万元以上，其中白打村超过20万元。村容村貌提档升级。以农村垃圾、污水治理和裸露土地种草绿化为主攻方向，累计清理垃圾3200吨，栽植苗木3200株及花草32297平方米，移交5座村庄污水设施由第三方管理，同时新增乡村路灯178盏，完成农村危房改造 14 户、农村改厕 28 户，人居环境质量进一步提升，群众获得感、幸福感进一步增强。

【民生福祉】民生保障持续增强。2021 年金波乡财政民生支出达 839.4 万元，占乡本级财政支出的 23.3%。全面落实低保救助、大病救助、临时救助、残疾人补贴等政策，城乡居民基本医疗保险、农村养老保险覆盖面进一步扩大。坚持为民办实事。议定的24项"为民办实事"事项，已完成 21 件，累计投入 117.65 万元，有效解决了一批生产生活问题，受到群众好评。文教卫生事业不断推进。金波实验学校中考录取率在全县排名第二，比 2020 年提高了 17.7%；乡卫生院标准化建设有序推进，预计 2021 年年底全面完成整体搬迁。5 家农家书屋准备投入使用，电影公益放映 64 场次，组织开展"七一"男女篮球、拔河比赛，"我的书屋，我的梦"农村少年儿童阅读，"三月三"等活动，有效丰富了群众的文化生活。

【法治政府建设】坚持以习近平法治思想为指导，全面落实"七五"普法，带头遵法、学法、守法、用法，严格、规范、公正、文明执法。严格执行"三重一大"制度规定，健全完善法律顾问参与政府依法决策等重大行政决策机制，实现法律顾问乡、村（居委会）全覆盖，确保政府决策经得起法治考量、体现民意取向。积极推进政务公开，依法接受人大监督、工作监督，自觉接受群众监督，主动接受审计监督、社会监督等，让政府在阳光下高效运行。坚决落实全面从严治党主体责任，驰而不息纠治"四风"，厉行勤俭节约，抓实脱贫攻坚、审计等方面问题，切实提升政府效能。持续深化社会综合治理，社管平台建设实现村（居委会）全覆盖。2021 年信访事项化解率达 81.4%，矛盾风险得到有效化解。扫黑除恶、"无毒乡"创建等工作扎实开展。

【党建工作】带好头，履行好"第一责任人"职责。认真履行抓党建工作"第一责任人"职责，严格落实意识形态工作责任制，先后主持召开 4 次会议专题研究党建工作，组织开展集中学习 22 次，引导党员干部全面学习党史、党的十九届历次全会精神等，为全乡经济社会发展奠定理论基础。坚持乡领导班子成员包村责任制，推动各村（居委会）党组织领导树立抓党建是党委工作的主责主业的意识。利用下村调研和工作例会等方式督促各党组织晒成绩、亮特点、找问题，切实把党建扛在肩上、放在心上、落在行动上。

把好向，在党建引领工作中持续发力。遵循加法定律：党建 + 经济 + 社会 + 文化 + 生态 = 发展，不断探索党建与发展的契合点。全年常年蔬菜产量 2.25 万公斤，圣女果示范种植 50 亩，收购朝天椒 425 吨，产生共计 772.2 万元，逐渐形成产值不断增加的良好局面。全乡 3 个村集体经济收入均达 5 万元以上（其中，白打村集体经济 25 万元）。开展 3 轮大排查，纳入监测户 26 户 118 人。扎实开展"我为群众办实事"实践活动，24 个任务事项已落实到位。有效整治 3.2 万平方米的农村裸露土地，实施村级卫生流动红旗制，推动实现村容村貌从洁净整齐到美化"颜值"的再提升。发动 60 名党员干部投身常态化疫情防控工作，确保防控不松懈、发展不停步。积极探索农村党员积分制管理，提高农村党员的归属感、责任心。

理好事，以阵地建设激发党建工作活力。不断提高党支部建设质量，完善配套建设的白打等 4 个村（居）党支部活动场所。严格规范党员发展程序，认真开展排查整顿农村发展党员工作，新发展党员 16 名，择优择强选出新一届村（居）"两委"班子成员 25 名，村级班子凝聚力和战斗力明显提升。

正好行，聚力党建引领促整改。结合作风整顿建设年和"查堵点、破难题、促发展"活动，推动解决 3 个堵点难点问题。积极开展破除"不会为、不愿为、不真为"大讨论活动，促使干部解放思想、创新实干。此外，紧盯 2020 年党建述职指出的问题逐项整改。针对"政治理论学习质量有待提高"问题，抓理论学习，带头讲党课，提高全乡党员干部的凝聚力、战斗力；针对"抓党建力度不够"问题，把党建工作同乡村振兴等重点工作一同落实，以党建促发展，抓党建见实效，推进党建工作有效开展；针对“党建工作缺少创新举措”问题，扎实开展庆祝中国共产党成立100周年系列活动和“两优一先”评选工作，以村级事务党员负责制为抓手，通过表彰先进、树立典型，激励全乡党员干部勇担当、敢作为。

荣邦乡

【概况】荣邦乡位于白沙黎族自治县西北边缘地区，东、北、西三面依次与儋州市雅星镇、红岭农场、海头镇接壤，西南邻近昌江县石碌镇，南与邦溪镇毗邻，距县政府所在地牙叉镇67公里，是全县最偏远的一个乡，也是黎族聚居的乡镇。荣邦乡行政区域面积89.79平方公里，乡内下辖6个村：福英、俄朗、高峰、光村、岭尾、芙蓉；2个居：大岭居和芙蓉田居。有24个自然村，43个村民小组。2020年，荣邦乡内设党政综合办公室、党建办公室、行政审批服务办公室、经济发展办公室、社会事务服务办公室、农业服务中心、社会事务服务中心。

【基层党建】筑强堡垒，党的建设全面加强。2021年荣邦乡开展集中学习24次、外出学习、参观警示教育展各1次，统筹指导各党组织党史学习，邀请县委党校教师讲授“七一”重要讲话精神1次。乡理论学习中心组集中

2021年11月25日，召开中国共产党荣邦乡第十四次代表大会，选举产生新一届党委班子

2021年12月9—10日，召开荣邦乡第十七届人民代表大会第一次会议，选举产生乡政府领导班子、乡人大领导班子

荣邦乡村（居）“两委”换届工作动员部署暨换届选举工作培训会

新成立的芙蓉村党支部（芙蓉村村委会）举行揭牌仪式

举办2021首届荣邦乡黄金百香果采摘节

学习30次，通过“学习强国”“白沙干部在线”等平台，抓好党员学习“不掉线”。根据“我为群众办实事”任务清单。完成芙蓉田居街道景观改造工程、岭尾村委会卫生环境整治、俄朗村四组、地甫一组道路改造工程和高峰村内排水沟盖板工程项目。践初心，担使命，认真开展党史学习主题教育。荣邦乡认真落实“三会一课”、组织生活会、书记上党课、主题党日活动等制度，完成县、乡领导“千堂党课送基层”12场次。加强组织建设，提升党组织战斗力。成立芙蓉村委会。将芙蓉田居4个自然村整合成立芙蓉村委会，6月23日村党支部、村委会正式挂牌，设立芙蓉党支部，更好地实现村民自治，促进社会主义新农村建设。严肃开展换届选举工作。完成8个村（居）“两委”换届，共选举产生50名村（居）“两委”干部，其中退役军人进入村“两委”10人；书记、主任“一肩挑”比例100%，交叉任职率100%。举办村（居）“两委”任前培训，召开集体谈心谈话会议，提高“两委”干部政治理论水平和农村工作能力。严格按照选举程序，推选出91名乡级党代表。召开第十四次党代表选举，产生新一届党委委员8名、纪律检查委员会委员5名和县级党代表13名。严格落实好党员发展与管理。2021年发展党员27名，其中35岁及以下年轻党员11人，全年共收缴党费61987元。全面落实从严治党思想。落实主体责任。召开4次党风廉政建设专题会议，研究制定《荣邦乡党风廉政建设工作方案》，切实做到将党风廉政建设与基层换届、巩贫兴村、党史学习、疫情防控、人居环境整治等工作同部署、同安排、同落实。以作风整顿建设年为抓手，彻底整治党员领导干部作风问题。各级共自查问题58个，提出整改措施82条，已完成整改45条，长期整改13条。加强党风廉政教育。2021年共组织全乡党员干部133人次集中观看《蜕变的初心》《镜鉴》等警示教育片3场；在春节、中秋、国庆节假日期间，共召开党员领导干部廉政提醒工作会议3次，共65人次。

【乡村振兴】荣邦乡党委政府以乡村振兴为引领，加快农业产业发展，全力推动经济发展。精准识别、精准纳监。发动帮扶联系人、驻村工作队和村干部排查全乡，共排查2022户，精准纳入监测户37户155人。“三保障”等政策落实。发放秋季教育补贴581人7.31万元，全乡无辍学学生；为5名学生提供了送教上门服务；全乡完成脱贫户、监测户749户3169人的城乡基本医疗保险缴纳并实现家庭医生签约服务，全乡贫困户368人次住院报销比例达90%以上，贫困户252人次慢性病门诊报销比例达80%以上；配置安全饮水点管理员26名，对各集中供水点按规定进行定期消毒和清洁，既保障了群众安全用水，又提供了就业岗位；对纳保的18户脱贫户、监测的76人进行纳保兜底；2021年临时救助156人次。动态调整。人员增减情况。通过帮扶联系人入户核实脱贫户、监测户人员增减情况，全乡共新增28人，减少46人，切实做到精准纳入、退出。档案管理工作。各中队在乡大队的指导下建立脱贫贫困户一户一档档案，查缺补漏，进一步完善脱贫户、监测户一户一档档案。问题整改工作。按照2021年省第三方评估组要求，严格准备迎检材料，根据第三方评估组反馈问题清单，荣邦乡举一反三，认领3个问题，均已完成整改，实现问题整改清零目标。

【产业发展】(一)大力发展百香果种植产业。投入资金2693.3万元，种植面积1480亩，采取“合作社+农机出租”“贫困户+公司+合作社”“合作社+贫困户+运营管理团队”三种合作模式，成立乡农产品交易中心和乡电商联盟，负责百香果品牌推广、品控和销售。吸纳脱贫户318户1221人就近就业，百香果产业分红总金额31.43万元，受益脱贫户和监测户743户3143人。积极发展畜牧业。2021年引进海南新希望农业有限公司入驻运营合作，采取“政府+企业+脱贫户”的合作模式，投资1559.2万元建设60亩年出栏量万头的生猪育肥场。已投产使用，脱贫户就近务工，预计年底收益110万元。

【电商+消费帮扶】通过举办荣邦黄金百香果采摘节、“庆丰收颂党恩”活动，参加县级消费扶贫大集市5场次，解决农产品销路难等问题，全乡销售扶贫产品总额1392万元。采用“电商+消费帮扶”方式解决了11户脱贫户3000公斤芒果销路问题。

【电商惠农超市】2021年荣邦乡通过“惠农超市+社会治理”新模式，积极组织脱贫户、监测户参与政策问卷手机答题，激发农户在村庄卫生整治、发展生产、务工就业的积极性，充分运用道德红黑榜和“六治”等评比挣“文明积分”，受益农户达1866户。通过惠农超市，不仅减轻脱贫、监测群众的生活负担，同时激发了群众内生动力，有效遏制农村的陈规陋习，推动移风易俗。截至2021年年底，累计发放积分1096320分，可用积分53721分。

【疫情防控】各村(居)按照“属地管理”的原则细化村组干部“责任范围”，全乡实行在编在岗人员值班制度，24小时联络，全天候不中断。全乡党员干部走在疫情防控第一线，对回乡人员进行摸排，未发现风险管控地区返乡人员，涉疫区返乡23人，外省返乡1242人，没有出现一例疑似病例。通过广播、横幅标语、微信工作群等载体，宣传预防新型冠状病毒肺炎知识。发放疫情防控明白纸1462张，张贴宣传标语、海报、横幅800张。持续推进农贸市场、学校等重点场所的环境整治，落实清洁、消杀、通风和个人防护措施。分阶段有序推动18岁以上、12~17岁、3~11岁群众疫苗接种，各支部结合主题党日活动，开展分片包干农户接种疫苗工作，顺利完成荣邦乡疫苗接种“清零”行动。

【农业发展】落实各项惠农政策。2021年申报耕地地力补贴910户，发放补贴金额20.5万元；2021年共有橡胶54000亩、开割48000亩，帮助胶农申请割胶生产奖励、销售鲜乳胶奖励资金230.25万元；2021年报送一次性农民种粮补贴910户1640亩，协助农业农村局核发资金4.59万元。农业项目。2021年完成琼西北供水工程项目575.35亩土地征收工作，有效推进省内重点项目实施。畜牧业。存栏猪2642头、牛747头、羊1079只、鸡24718只、鸭3676只。

【生态环境保护】荣邦乡始终贯彻“绿水青山就是金山银山”的发展理念。开展“两违”工作情况。2021年办理“两违”销号216宗，涉及建筑面积4.47万平方米，完成“两违”信息化管理系统补正材料370宗，提交完成率100%。开展河水治理工作。每月全乡7名河长及14名河道管护员每月均按照巡河要求巡查，并使用微信签到落实工作责任，并记录河道巡查情况；投入巡河经费13.44万元，落实河道管护员工资，有效保障了河道管护工作开展；开展“清四乱”专项行动。组织10人对大岭河大岭农场段2公里境内水浮莲进行清理，共计开展清理活动5次，清除水浮莲1.8吨，通过清理后，大岭河大岭农场段—医院大桥河域环境得到改善。开展环保综合整治工作。农村裸露地块复绿整治。在全乡49866平方米裸露土地种植太阳花、三角梅、苗木等，有效解决村庄土地裸露、尘土飞扬问题，极大改善农村人居环境。持续开展“禁塑”宣传。通过张贴宣传海报、LED屏滚动播放宣传节目、悬挂横幅以及停止使用不可降解一次性塑料制品等方式，引导干部职工带头参与“禁塑”活动，营造良好的“禁塑”氛围，树立绿色环保的理念。

【社会治安综合治理】社会矛盾纠纷排查调处工作。2021年共受理调解各类矛盾纠纷案件43件，成功21件，促进和谐乡村建设，有效发挥了综治维稳第一道防线作用。加大整治工作力度，维护社会稳定。2021年荣邦乡共立刑事案件15起，破获2起，取保候审2人，起诉3人，移送起诉2人，受理治安案件41起，查结25起，行政拘留39人，救助群众百余人次，打击了违法犯罪分子的嚣张气焰，为全乡人民群众构筑起坚实的安全“防火墙”。开展扫黑除恶和禁毒禁赌普法宣传教育工作。全乡共悬挂横幅30多条，设固定宣传栏8个，发放宣传资料1200余份，让广大村民直观认识到扫黑除恶专项行动的意义和打击的对象，主动靠前指挥，切实做到有黑必打、有恶必除、有霸必纠。

（撰稿人：邱钧敏）

阜龙乡

【概况】阜龙乡位于白沙黎族自治县东北部，南与牙叉镇接壤，西与打安镇交界，北邻儋州市，总面积64.2平方千米。全乡有国有林地25000亩、集体林地31100亩、耕地5885亩（其中，水田2138亩、旱田545亩、坡地3202亩），地势西高南低，有可任河、南北吉河、查沟河3条河流，水源缺乏，土壤为砖红壤，赤红壤和山地黄壤，属热带季风气候，高温多雨，光势充足，适合种植各种热带作物和发展高效农业。2021年，阜龙乡下辖可任、新村、天堂、那查4个村委会，21个自然村；户籍人口1184户5198人。其中，一般户558户2515人，脱贫户626户2683人（稳定脱贫户306户1273人，相对稳定脱贫户279户1247人），未消除风险的监测户52户203人（2021年新增监测户49户194人，2020年未消除风险监测户2户5人，回退脱贫不稳定户1户4人），已解除风险的监测户3户13人。

【乡村振兴】2021年，阜龙乡始终把巩固脱贫攻坚成果同乡村振兴有效衔接工作作为“我为群众办实事”“查堵点、破难题、促发展”和“大学习、大调研、大抓落实”的具体行动，全力以赴落实好各项巩贫兴村工作。高频部署，贯彻落实工作机制。制定《阜龙乡巩固拓展脱贫攻坚成果同乡村振兴有效衔接工作方案》《阜龙乡建立健全防止返贫动态监测和帮扶机制工作实施方案》《阜龙乡监测户帮扶措施实施方案》《阜龙乡开展防止返贫致贫监测和帮扶集中排查工作实施方案》等文件，对标巩固提升、防止返贫致贫要求逐项逐条部署落实，圆满完成各项工作任务，辖区内未出现规模性返贫。完成各项巩固脱贫政策落实情况。2021年，统筹抓好教育医疗等保障政策，促进全乡巩贫兴村事业齐发展。落实教育保障政策，开展控辍保学工作，实现义务教育阶段学生全部入学；落实教育补贴发放，为符合条件的脱贫户发放2021年秋季特惠性教育资助金372人47.75万元，特惠性教育资助金全部发放到位。落实医疗卫生保障政策，为全乡脱贫户626户2683人、监测户52户203人落实城乡居民基本医疗保险、大病保险，实现全覆盖；全面落实了“先诊疗后付费”和“一站式结算”服务，脱贫户和监测户住院患者报销比例全部达到90%以上，慢性病特殊门诊患者医疗费用报销比例在80%以上。落实住房保障政策，根据农村房屋安全隐患排查整治工作要求，阜龙乡组织力量对全乡1184户农户的住房安全隐患进行全面排查，经排查，全乡农户住房均有安全保障，不存在脱贫户和监测户住危房的情况。落实饮水安全保障政策，制定《阜龙乡饮水安全检测监测制度》《阜龙乡农村供水应急预案》，委托第三方公司对全乡的水源水质进行安全检测，2021年全乡21个自然村的水源水质检测合格。落实金融扶贫政策，2021年共为脱贫户66人申请了小额信贷共计255万元，为监测户4人申请了小额信贷11.5万元。

【产业发展】2021年，阜龙乡全面落实“橡胶十条”政策，积极发动帮扶联系人和包村干部进村入户向农户宣传“橡胶十条”政策，鼓励农户多开割橡胶，2021年共种植橡胶3.62万亩，开割橡胶126.61万株，胶水产量678.13万公斤，干胶产量245.02万公斤，总收入2891.1万元；全速做好产业项目储备和入库管理工作。2021年共实施项目6个，涉及金额1277.74万元，产业发展项目5个，项目预算总额1247.74万元，财政本年度下达金额993万元，产业发展资金占资金总规模的97.65%，比2020年的56.68%高40.97%。

【就业帮扶】2021年，阜龙乡大力发动脱贫户、监测户家庭劳动力外出务工，共有脱贫户家庭劳动力1099人外出务工，比2020年增加34人，共输出监测户家庭劳动力20人外出务工，比2020年增加13人；落实就业奖励奖补政策，2021年发放外出务工补贴591人98.78万元，发放新冠肺炎疫情期间外出务工额外交通和生活费补贴79人57.06万元；开展职业技能培训，开展各类实用技能培训共13期1088人次，推动“输血式”帮扶向“造血式”帮扶转变；开发公益性岗位，全乡共137个公益性岗位（其中，保洁员26名、水利渠道管护员17名、河湖管护员7名、饮水管理员19名、护林员30名、光伏公益岗保洁员14名、光伏公益岗消杀员4名，光伏厕所、文化室管理员2名，光伏公路养护员4名，光伏保安兼保洁监督员1名，光伏人工湿地管理员1名，光伏栈道管理员2名，就业信息采集员3名，道路管护员7名）。

【新冠肺炎疫情防控】2021年，阜龙乡科学精准毫不放松，继续抓好新冠肺炎疫情防控工作。成立疫情防控领导小组，建立高效协调的指挥体系，落实上级关于疫情防控的会议精神，明确疫情防控的最新任务目标、工作措施和具体要求。先后召开党委会议3次、领导小组会议3次、工作推进会议5次，统筹安排部署疫情防控各项工作，传递疫情形势，传导工作压力，传达工作精神，传输工作目标。全面接种新冠疫苗，乡、村、组干部120余人进村入户，发动群众接种疫苗，全乡完成疫苗接种4091人。落实全民参与核酸检测。对全乡常住人口、暂住人口和流动人口开展全员核酸登记，确保核酸检测工作全覆盖，共计报送全民核酸登记4986人，其中：常住人口4876人，暂住人口和流动人口110人。做好域外返乡人员的排查统计上报工作，2021年，外省返乡40人，落实他们的核酸检测工作，核酸检测全部为阴性。4人由天津返乡，全部安排三天两检，并落实14天自我健康检测。根据疫情防控工作要求，购买、储备医用防护服150套，医用外科口罩5万个，酒精120

瓶，测温枪 20 支。

【优化产业结构】2021 年，着力优化产业结构，推动经济高质量发展。抓好复工复产工作。扎实做好“六稳”工作，落实“六保”任务，以“四个超常规”举措推动全乡经济实现持续健康发展。在巩固橡胶传统产业地位基础上，加快产业结构调整，打造光伏发电项目壮大村集体经济。结合特有区位优势和资源优势，创新固有模式，全力推进光伏项目建设，运用产业发展资金投入 1112.9 万元建设了 4 个村委会的光伏项目，投入 1000 余万元打造瓜果飘香的庭院经济、投入 80 万元建设道拉槟榔基地羊舍项目，为壮大村集体经济收入提供了重要渠道。抓好“菜篮子”蔬菜基地建设，投入 40 万元建设秀珍菇种植基地、树仔菜种植基地。

【城乡基础设施建设】2021 年，阜龙乡集中力量狠抓落实，推动城乡建设再上新台阶。全力推进基础设施建设，投入 900 余万元建设大村生产道路、南北吉村经济路、实施天堂、南北吉、那查、方印、那雅村路灯改造工程。加快红色旅游发展规划。编撰《阜红龙腾》红色故事汇，还原抗日解放战争年代的革命事迹，丰富红色文化内涵，扎实做好红色文化的宣传氛围，重点推进白准村美丽乡村“红色文化+生态旅游”模式，修建保家村战斗遗址，预建设游客接待中心，入乡景观道路改造工程已经进入招投标阶段，打造白准至保家人行栈道，集红色旅游、生态体验游、美丽乡村游于一体。巩固生态文明村建设，助推海南自贸港发展。一年以来对查村那培、方印、那也、新开和新村保家、天堂打腰等进行环境卫生整治工程，人居环境得到极大改善，群众满意度显著增强。打立、打堆、红岭、白准、新开 5 个村先后被评为县级“文明村”，其中白准村还被评为“三椰级”美丽乡村；可任村被评为“全国乡村治理示范村”。

【生态环境保护】2021 年，阜龙乡坚持不懈抓环保，持续探索新出路。实施城乡环卫一体化以来，不断加强对玉禾田环境有限公司的指导与考核，每月定期考核打分报送县住建局。乡墟环卫保洁、垃圾清运工作扎实开展，一年来共清运垃圾 2100 多吨。不定期组织各村小组开展卫生整治活动，促进全乡干部群众养成爱护环境、净化环境、美好环境的良好行为习惯。一年来共开展全民环境卫生整治 30 余次，参与人数 3000 多人次，村组自发组织开展环境卫生整治 200 余次，共计 6000 多人次。继续加大垃圾转运强度，增加农村生活垃圾收集点，满足农民群众生活垃圾收集需求。推进农作物秸秆、露天垃圾、烟花爆竹等禁烧禁放工作。持续强化河长制、林长制日常巡查工作，全乡水环境质量持续好转，森林资源得到进一步保护。开展农村裸露土地专项整治工作。共投入 160 万元针对 0.22 万平方米裸露土地进行绿化。

【安全生产】2021 年，阜龙乡全力抓好安全生产，确保社会稳定向好。强化部门监管，密切各方监管协作。组织执法中队、食药监所、派出所等开展消防、食品等安全生产检查 12 次，形成安全生产检查问题清单 8 张，发现安全隐患 12 处，并督促相关单位进行整改。开展“安全生产月”活动 4 次，参加人数达 135 人，张贴宣传标语 14 条、宣传板报 6 张、发放宣传册 230 本。落实安全生产责任和管理制度，扎实开展安

2021 年 12 月 25 日，县委副书记、县政府党组书记黄聪（左二）到阜龙乡白准村同心岛实地调研

（符小微 供图）

全生产大检查，狠抓森林防火安全、食品安全、校园安全、建筑工地安全及农业生产生活安全等，全乡安全生产形势持续稳定。成立阜龙消防安全工作领导小组，全面推行消防安全网格化管理，有效预防和遏制火灾事故，特别是重大火灾事故的发生。

【社会治安综合治理】2021年，阜龙乡抓好平安建设工作，为发展营造良好环境。始终坚持以人民为中心的发展思想，深入实施民生幸福工程，扎实办好民生实事，不断增强人民群众的获得感、幸福感。深入开展“扫黑除恶”专项斗争，禁毒三年大会战等专项行动。2021年共制作扫黑除恶宣传栏5个、悬挂横幅20条，发放扫黑除恶宣传单500余张；举办扫黑除恶知识专题学习3场次、禁毒知识讲座反邪教展板参观活动2场次；发放各类读本500份；调处各类纠纷14起，成功调处12宗，调处成功率85.71％。加大普法宣传，2021年在乡墟和各村委会设普法宣传栏2处，共悬挂横幅24条，滚动播放LED宣传标语3条，发放宣传单页1000余张，开展警示案例展板活动2次，开展宣传反邪教教育各类活动2次。加大社会矛盾调处。进一步整合法治资源，加强便民服务中心、乡村（居）综治中心等服务平台建设，努力做到社会矛盾纠纷“小事不出村，大事不出乡”，真正实现便民、安民。2021年1—10月，成功调解民事矛盾纠纷54起，充分发挥了调解、综治工作在维稳工作中第一道防线的作用，密切了干群关系，有效维护了社会稳定。2021年来，阜龙乡大力支持中心校及中心幼儿园发展，投入教育方向经费10余万元，共发放“爱心助学、圆梦行动”等各类资金9万元，表彰和资助优秀教师和学生。积极开展控辍保学工作，义务教育阶段学生全部入学。加强医疗健康工作。在上级部门的支持下，改建乡卫生院数字化接种门诊，完善基础设施设备；广泛开展健康教育宣传，全年累计开展健康公众咨询活动16场次，举办健康知识讲座9场次。完善社会保障体系，全面落实各项惠民政策，认真做好社会保障卡登记发放工作，全面完成城乡居民医疗保险和社会养老保险续缴费任务。

【党建工作】2021年，阜龙乡党委坚持全面从严治党，不断加强党的建设。突出理论武装，抓实思想政治建设。坚持把党的十九大精神和十九届历次全会精神、习近平总书记重要讲话和指示批示精神作为必学内容；把实施乡村振兴战略、海南自贸港建设等相关知识作为重点学习内容，以“三会一课”、党委理论中心组为抓手，深入开展党史学习教育、“为民办实事”“大学习、大调研、大抓落实”“查堵点、破难题、促发展”“不会为、不愿为、不真为”大讨论等主题教育活动，不断加强各级党组织党的政策理论学习教育，持续巩固学习教育常态化制度化。2021年以来共组织开展党委理论学习中心组12次，开展各类党员及干部学习培训72场次，党委书记及领导班子成员上党课16次，为民办实事5件、“查堵点、破难题、促发展”，自查问题8项，均已全部整改完成。严格执行民主集中制和“三重一大”决策制度。召开党委会议53次，提高了决策民主化，加强了班子成员的沟通，增进了团结，营造干事创业的良好氛围，充分发挥党的领导核心作用，各级党组织战斗力和凝聚力显著提升，“四个意识”明显增强。落实“一岗双责”，推进全面从严治党。领导班子成员围绕岗位职责，自觉增强履行“一岗双责”的自觉性和主动性，切实履行好分管领域全面从严治党主体责任，做到廉政责任与业务工作同考虑、同部署、同实施、同检查，真正做到“两手抓、两手硬”。一年来，乡纪委协助乡党委书记对班子成员落实“两个责任”情况，开展提醒谈话8人次，督促班子成员开展谈话提醒20人次，形成全面从严治党一级抓一级、层层压实责任的工作格局。推进基层组织建设，夯实党的执政基础。坚持以党支部规范化建设为抓手，围绕强组织、强队伍、强制度的基本要求，推进党建工作全面发展、全面进步。一年来，阜龙乡党委持续投入58万余元加强村级活动场所配套建设，满足党员、群众开展组织活动需求。认真落实“三会一课”、组织生活会和民主评议党员、主题党日等党建制度。一年来，各党支部召开组织生活会6场次，开展党建考核1次，推动基层党建工作有效提升。着力加强队伍建设，坚

2021 年 6 月 26 日，阜龙乡开展“6·26”国际禁毒日暨禁毒宣传月活动
（王晓晶 供图）

持质量为先，2021 年共发展正式党员 3 名，吸收预备党员 7 名，发展对象 6 名、积极分子 7 名，为巩贫兴村、人居环境整治、疫情防控等工作逐步注入新的力量。推进党风廉政建设，筑牢思想防线。阜龙乡党委牢牢把握意识形态的领导权，切实担负起反腐倡廉的主体责任，坚持用制度管人、管物、管事，认真落实党风廉政建设有关规定，不断加强思想道德教育，营造风清气正的发展环境。开展“作风建设年”活动，针对不作为、慢作为等问题进行专项治理，全乡干部自查问题 177 项均已整改完成，还与 4 个村党支部签订党风廉政建设责任书，组织 7 次节前集体廉政谈话，不断增强干部守纪律红线、法治底线意识。全面推进村级组织换届工作，顺利完成各项任务。完成村级换届选举工作，共选举产生 24 名村“两委”干部，全面实现书记、主任“一肩挑”，实现村干部学历、年龄“一升一降”，每个村最少 1 名妇女干部，每个村最少 1 名 35 岁以下干部，每个村最少 1 名退役军人，顺利完成各项换届任务。立足本职工作抓好乡镇换届选举工作。2021 年 11 月 23 日，阜龙乡第十二次党代会成功召开，选出新一届乡党委、乡纪委班子；新一届班子平均年龄 33 岁，结构进一步优化，干部素质进一步提高，为全乡经济社会的全面发展提供坚强的组织保障。聚焦党管武装，在管武装上下功夫。阜龙乡党委始终把加强对武装工作的领导作为党委的政治责任，把国防后备力量建设纳入年度财政预算，真正把武装工作落到实处。

（阜龙乡 吴青杏）

细水乡

【概况】细水乡位于白沙黎族自治县城东部，距县城 17 千米。东与琼中黎族苗族自治县接壤，南与元门乡交界，西靠县城牙叉镇，北与儋州市番加乡毗邻。下辖 4 个行政村、1 个居委会，37 个村（居）民小组，地势四周高、中间低，状似盆地，南湾河、南春河是细水乡两大水系，均由南向北贯穿境内，流入海南省松涛水库。民国 24 年（1935）置县后设小水乡（后改细水乡）。解放后，设细水、罗任两乡，属白沙黎族自治县一区；1956 年和 1957 年建立初级社和高级社。1958 年成立人民公社时属白沙公社。次年年初属牙叉公社，随即划出成立细水公社，同年下半年复并入牙叉公社。1961 年 6 月恢复细水公社。1983 年 9 月撤销公社建制，又改为细水区公所，1987 年撤区建乡，改为细水乡，并沿用至今。主要居住民族有黎族和汉族，黎族占总人口的 90%。

全乡土地总面积 36 万亩，耕地面积 1.7 万亩，林地面积 29 万亩，森林覆盖率达 83%。地貌以山地为主，地势四周高、中间底，状似盆地。气候属热带季风性雨林气候，海拔适中，雨量充沛，昼夜温差较大，年平均气温 21.9℃ ~ 23.4℃，年平均降水量为 1725 毫米，日照时数年平均 2000 小时以上。南湾河、南春河均由南向北蜿蜒贯穿境内，一同注入松涛水库，沿途接纳了很多细而长流的支流，因而得名“细水”。主要经济作物有橡胶、竹子、南药（裸花紫株、益智）、绿茶、山油茶等。主要特色产品有黑米、红米、竹笋、土蜂蜜、牛肉干、小鱼干、肉茶等。

细水乡有着非常丰富的旅游资源和民族文化。拥有松涛天湖、老周三黎寨、狮子岭、溶洞等景区景点，老周三黎寨被评为“2014 年海南最美乡村”

之一；老古舞、竹竿舞、八音舞等已被列入国家级“非物质文化遗产”名录。

【基层党建】细水乡召开党史学习教育暨“大学习、大调研、大抓落实”动员部署会。乡领导班子成员、驻村第一书记、各村（居）党支部书记、乡村振兴工作队、乡干部职工参加会议，会议由乡党委书记詹珍彪主持。召开乡党委理论中心组2021年学习暨党史学习教育会。细水乡组织各支部党员到阜龙乡保家村烈士陵园开展党史学习教育“清明祭英烈”主题党日活动，共有60余名党员参加此次活动。圆满完成村（社区）“两委”换届选举。为深入开展党史学习教育，缅怀革命先烈，鞭策全体党员继承和发扬党的光荣传统，细水乡党委组织党员干部赴母瑞山革命根据地开展“寻访革命足迹，重温红色记忆”党史学习教育主题党日活动。为庆祝中国共产党成立100周年，将红色基因根植于孩子们的内心，培养孩子们热爱祖国的意识，传承红色精神，凝聚奋进力量，结合党史学习教育活动以及“大学习、大调研、大抓落实”工作方案要求，细水乡新时代文明实践所、乡妇联联合开展以“祖国妈妈，我爱你，学党史，颂党恩，跟党走”为主题的亲子手工活动。召开庆祝中国共产党成立100周年暨“两优一先”表彰大会。组织收看庆祝中国共产党成立100周年大会。开展“学党史、颂党恩，建功岗位立榜样”党史学习教育主题活动。细水乡召开习近平总书记“七一”重要讲话精神专题宣讲辅导报告会，报告会由乡人大符晓晖主持，县委党校蒋佩莹进行授课。乡领导干部职工、驻村第一书记、乡直属单位负责人、乡村振兴工作队成员、村（社区）支部书记参加了此次报告会。中国共产党细水乡第十五次代表大会在乡政府三楼会议室召开。本次大会应到代表73名，实到代表73名，列席11人。会议由乡党委书记詹珍彪主持，选举产生细水乡新一届党委委员7名，新一届纪委委员5名，出席中国共产党白沙黎族自治县第十四次代表大会代表7名。组织观看第八届海南省道德模范颁奖仪式。细水乡成立3个考察组，与县委组织部派员共同对细水乡5个村（社区）党组织候选人预备人选进行了全面考察；细水乡召开2021年村（社区）“两委”换届工作推进会暨培训会，乡领导班子成员、驻村第一书记、乡直属单位负责人、各村（社区）党支部书记、乡村（社区）“两委”换届工作领导小组办公室内设机构组成人员参加会议，会议由乡党委书记、细水乡村（社区）“两委”换届工作领导小组组长詹珍彪主持；细水乡召开乡党委理论中心组2021年学习暨党史第1期集中学习会。乡领导干部职工、驻村第一书记、村（社区）支部书记、乡村振兴工作队成员、乡直属单位负责人参加会议，会议由乡党委书记詹珍彪主持；县委常委李锋到细水乡调研指导基层党建、乡镇换届等工作。乡党委书记詹珍彪，乡党委副书记、乡政府乡长欧立等领导班子成员陪同调研。座谈会上，李锋认真听取细水乡汇报当前主要工作的开展情况和党政领导班子构成情况，对细水乡当前取得工作成效和工作作风给予充分肯定。

【基础设施建设】开工建设细水乡中心水厂工程项目。

【乡村振兴】细水乡召开迎接

2021年5月14日上午，细水乡党委组织党员干部赴母瑞山革命根据地开展“寻访革命足迹，重温红色记忆”党史学习教育主题党日活动

（凌海生 摄）

国家 2021 年巩固拓展脱贫成果同乡村振兴有效衔接考核评估工作推进会，会议由乡党委书记詹珍彪主持，乡领导班子、各村（社区）支部书记、乡直属单位负责人参加会议；为深入开展党史学习教育暨“大学习、大调研、大抓落实”活动，县委书记刘蔚前往细水乡，就党史学习教育、巩固脱贫攻坚成果同乡村振兴有效衔接、开展防止返贫致贫监测和帮扶集中排查、新冠肺炎疫苗接种、特色产业项目、农村裸露土地种草绿化专项行动、农村饮水安全等工作开展情况进行实地调研。为推动白沙 2021 年巩固拓展脱贫攻坚成果同乡村振兴有效衔接各项工作落地落实，确保如期完成年度任务目标，完成各项督查考核工作。县委副书记、县长、第二指导组组长卢胜前往细水乡，指导巩固拓展脱贫攻坚成果同乡村振兴有效衔接工作；细水乡党委政府联合县供销社、县电商中心在乡墟举办“2021 年细水乡消费助农爱心大集市活动”。此次参展的产品是细水乡特色农产品，包括凤梨、沃柑、山茶油、蜂蜜、五脚猪、山养猪、寄生茶、小鱼干、鸡蛋等。

2021 年 6 月 16 日上午，细水乡召开乡村振兴青年联盟成立大会，县委常委何劲松出席活动，团县委、县农业农村局、县乡村振兴局、县电商办、县橡胶中心以及细水乡领导班子、青年干部约 90 人参加活动

（冯心欢　摄）

【**教育文化事业**】细水乡成立“乡村振兴青年联盟”，县委常委何劲松和乡党委书记詹珍彪一同为“乡村振兴青年联盟”揭牌；细水乡联合县文化馆组织开展琼州流动大学堂 2021 年第 14 场宣讲活动，此次活动邀请了海南大学教授宋增伟授课；为传承红色基因，让革命星火代代传承，第 12 期巾帼宣讲活动走进细水乡中心学校。活动由细水乡中心学校的王娟老师主持。白沙黎族自治县细水乡代表队的《快乐椰壳》，荣获由海南省政府妇女儿童工作委员会、海南省妇女联合会联合主办的 2021 海南巾帼环保广场舞大赛全省决赛三等奖；为推进平安建设工作，营造良好的社会氛围，中共白沙黎族自治县委政法委员会到细水乡举办 2021 年平安建设宣传文艺演出。

【**人口与健康医疗**】为进一步强化细水乡应对突发疫情的应急防控处置、医务人员检验检测核酸采样的实战能力和基层综合防控能力，细水乡政府联合卫生院在合口村委会开展疫情防控应急演练。县人大常委会副主任冯少波到现场指导，并强调本次演练的重要性。

【**民生保障**】为增强干部职工村（社区）“两委”换届法律知识，增强“两委”法制观念，3 月 23 日上午，细水乡组织召开

"大学习、大调研、大抓落实"活动——换届选举法律知识讲座，乡政府干部职工、村（居）选举委员会成员、乡（村）妇联执委成员参加讲座。为进一步推进公共法律服务全覆盖工作顺利开展，让基层广大人民群众切实体会到上门法律服务的高效和便捷。海南昌宇律师事务所杨贵佳律师到细水乡辖区的各村（居）开展法律顾问服务工作，为群众解答相关法律问题；细水乡组织县、乡帮扶联系人、各工作队开展"新年关怀暖人心"走访慰问活动，全力营造节日氛围和实施乡村振兴氛围；开工建设细水乡中心水厂工程项目，增进民生福祉。

【综治维稳与安全生产】在国际禁毒日即将到来之际，为营造浓厚禁毒氛围，切实提高人民群众自觉抵御毒品的能力，筑牢人民群众的禁毒防线。由县公安局主办的"禁毒三年大会战"禁毒宣传轻骑兵文艺巡演活动走进细水乡，用文艺会演的方式向广大群众宣传禁毒知识；省禁毒委检查验收第四组组长李勇一行到细水乡检查验收"无毒乡镇"创建工作。县政法委副书记杨志刚、乡党委书记詹珍彪等县乡相关人员参加评估验收会议；县生态环境局副局长韦林带领"烟花爆竹燃放管控"领导小组成员到细水乡开展元宵节前烟花爆竹执法检查，细水乡副乡长符绍弟陪同检查。

（细水乡　凌海生）

南开乡

【概况】南开乡位于南渡江的源头，北纬 19°，东经 109°。东与元门乡相连，南与五指山市毗邻，西与昌江县、乐东县交界，北与牙叉镇接壤，距白沙黎族自治县城 29 千米。全乡户籍总人口 4766 人，总户数 1094 户。全乡共有 4 个村，23 个自然村，其中 22 个为黎族村、1 个苗族村。南开乡总面积 322 平方公里，占全县总面积的近六分之一，林地面积 46.2 万亩，其中天然林 38 万亩，森林资源丰富，森林覆盖率 89%。南开乡山多地广，以什付村为起点，老高峰村为重点，沿途有南开河、南开石壁、原始森林等原生态自然风光，旅游资源丰富。这里四季如春，冬暖夏凉，气候宜人，环境保护完好。境内有花梨、母生、柚南、柚丹、见血封喉、金钱龟、水鹿、穿山甲、狗熊、眼镜王蛇、蟒蛇等珍稀动植物。主要农作物有水稻、番薯、玉米、山兰米等；经济作物主要以橡胶为主。

【经济发展】南开乡产业发展以橡胶为主，种植面积达 4.96 万亩，开割面积约 4.25 万亩，2021 年全乡橡胶销售总额达 2396.79 万余元；种植槟榔 10046.7 亩，种植水稻、玉米等农作物 1736 亩。做好特色产业增加村集体经济收入，采取"村集体 + 企业 + 农户""村集体 + 合作社 + 农户"的发展模式，全力抓好食用菌等特色产业种植，培育蜂蜜等特色农产品品牌。2021 年前已实施的 2 个生产经营性项目，共计分红 44898 元。2021 年新实施产业项目 2 个，资金规模 680 万余元，涵盖食用菌种植和蜂蜜成品加工建设项目等，有力完善村级产业发展布局。

【乡村振兴】建档立卡脱贫户 433 户 1918 人（其中稳定脱贫户 263 户 1176 人，相对稳定脱贫户 139 户 642 人，脱贫监测户 31 户 100 人），2021 年有监测户 43 户 157 人（其中边缘易致贫户 2 户 9 人，突发严重困难户 41 户 148 人），脱贫出列村 4 个。2021 年全乡已脱贫户年人均纯收入为 18610 元，同比增长 28.94%。在教育保障方面。符合条件的 480 名学生 2021 学年教育补贴全部发放到位（资金 44.14 万元）；继续抓好"两后生"中职计划，给 41 名中职教育学生发放补贴 7.87 万元，21 名大专教育学生发放补贴 3.67 万元。持续抓好"一对一"关爱和控辍保学工作，签订乡村控辍保学目标责任书，为 1 名残疾学生送教上门，实现全乡适龄儿童义务教育全覆盖。在医疗卫生保障方面。针对城乡医疗缴费政策优化调整，发动脱贫户 100% 缴纳城乡医疗，实现脱贫户、监测户应保尽保；继续保持"先诊疗后付费""一站式结算""慢性病家庭医生签约服务"等政策稳定；加大临时医疗救助力度，很大程度减轻突发困难户和脱贫户看病负担。全面完成乡卫生院和村卫生室标准化建设，全乡共有 30 种大病 131 人，四种慢性病患者108人。在住房保障方面。继续实施四类重点对象危房改造政策，确保四类重点对象住房保障全覆盖，切实提高了群众的满意度。在饮水安全保障方面。深入排查农户饮水安全情况，对全乡23个村民小组饮水点水质进行安全检测，为每个村庄选聘一名饮水安全管理员，培训上岗，常态化开展饮水安全管理，确保饮水安全全覆盖。在兜底保障方面。启动双向纳入保障，对符合纳保的一般户、脱贫户、监测户启动纳保程序，对低保户中符合条件的纳为监测帮扶对象。截至11月底，全乡188名（建档立卡105人）残疾人补贴全部发放到位，累计发放重度残疾人护理补贴8.45万元，发放困难残疾人生活补贴6.50万元。累计为55户257人发放临时救助金28.99万元。

【城乡建设】加大全乡基础设施建设，营造生态宜居美丽乡村。计划投入1300万余元，用于南开乡乡墟道路改造和力保村整村提升工程，将解决南开乡4000多名老百姓的出行难题，把力保村打造成休闲、观光和绿色养殖“三位一体”的特色村庄。同步谋划牙和村基础设施建设提升项目，结合乡村振兴重点村帮扶工作，依托产业振兴，营造生态宜居乡村。

【民生保障】抓好南开乡农村无害化厕所建设、污水处理全覆盖工作。2021年已完成84座渗漏化粪池改造工作，防渗漏改造开工数是84户，开工率100%，竣工户数84户，竣工率100%。南开乡23个自然村污水处理池全部建成，并移交县水务中心聘请的第三方管理。

【环保工作】2021年南开乡大力推进河长制落实，抓好河道管理，聘用河湖管理员29名，坚持每周巡河一次，切实加强水资源保护。并加大生态环境保护，深化推进生态效益补偿金全覆盖，加强监管巡查，严厉打击秸秆露天焚烧行为；环卫工作交由玉禾田公司进行负责，无缝对接白沙黎族自治县垃圾处理转运点，确保垃圾日产日清；全乡裸露土地1.42万平方米，已全部完成绿化，绿化率达100%。

【文体工作】通过乡风道德评议、红白理事会、道德红黑榜、开展“新时代好家风好家训”等方式，深入推进移风易俗，引导群众养成文明尚俭的生活方式。针对牙和村发生封建迷信活动事件，切实加强整改，大力开展移风易俗工作。号召广大党员干部广泛参与移风易俗活动，加强对村级党组织开展专项行动的监督管理，以开展“赛·新风”主题活动、入户宣传、悬挂横幅等多种形式加大宣传力度，健全长效机制，积极引导农民群众破旧立新、移风易俗，破除陈规陋习。

【医疗卫生与人口管理】2021年全乡出生8人，男孩6人，女孩2人。

【党务工作】2021年南开乡有党组织7个，有党员460人，发展预备党员13人。

【社会治安】2021年受理治安案件4起，结案1起，行政拘留1人，另外3起为盗窃案件；受理刑事案件3起，侦破2起，移交县局刑侦大队1起。治安案件发生率较上一年度下降42.85%，刑事案件发生率持平；全面推进“无毒乡镇”创建工作。联合乡派出所、司法所、中心校等部门开展多样化的禁毒宣传活动，营造“无毒”氛围，共开展禁毒知识讲座7场、文艺会演3场、禁毒普法咨询4次、宣传活动22次。2021年，南开乡无一名吸毒人员、无一例吸毒案件。

【安全生产】进一步健全工作责任制，签订安全生产责任状，加大对森林、河流、道路交通、易燃易爆物品等的安全监管力度，完成监督检查15起、落实隐患整改15次，全年未发生一起重大安全生产事故。

青松乡

【地理位置】青松乡位于白沙黎族自治县西南边缘山区。距离白沙黎族自治县城50千米，总面积24878.59公顷。西和西北面与金波乡接壤，东面与牙叉镇接壤，北邻七坊镇；全乡土地面积276.5平方公里，林业用地面积13.15万亩，耕地面积3.59万亩。以橡胶、益智、山兰稻为主要经济作物。

【区划】青松，因当地盛产南亚松得名，1935年置县时设霸王乡，因靠近霸王岭而得名，后于1968年将霸王公社改为青松公社。下辖6个行政村，1个乡办农场、28个自然村、38个村民小组，在2020年人口普查中，全乡共有2611户9984人。

【党务工作】青松乡设有9个党支部，共483名党员。2020年全乡吸收积极分子29名，发展对象34名，预备党员7名，转正党员17名。表彰优秀党支部2个，优秀共产党员19名，优秀党务工作者9名。

【党风廉政建设】落实责任制，完善机制，全面落实党风廉政责任制，及时签订了《2020年党风廉政建设目标责任书》。坚持正风肃纪，持续抓作风建设。认真落实中央八项规定精神，紧盯节假日，开展节前集体廉政谈话会3次，发送廉洁过节短信388条。开展不作为、慢作为突出问题监督检查，深入推进不作为、慢作为突出问题专项治理。坚持宣传教育，开展党政班子成员集体廉政谈话2次，开展党政班子成员谈心谈话6次。在公共工程项目实施前进行廉洁教育。深入开展党性、党风、党纪教育，引导党员干部培养高尚道德情操，抵制不良风气。先后集中组织观看廉政宣教片4次，召开党员警示教育大会1次，开展“以案促改”纪律教育专题党课1次，组织各支部集中观看电视专题片1次，组织党员干部参观警示教育巡回展1次，协助县级举办“脱贫靠奋斗 致富感恩党”主题宣讲活动1次。党委书记上廉政党课2次。聚焦问题抓整改。全年通报批评9人次，提醒谈话3人，诫勉谈话4人，集中约谈3次112人次，通报2人，1人由县纪委、监委处理（党内警告）。查处案件2起，2名党员被开除党籍，切实增强党员干部责任意识和担当意识，确保问题得到有效解决。召开党风廉政建设工作专题会议3次，召开脱贫攻坚工作提醒会2次，严肃责任抓整改，以扎实过硬的整改实效迎接各项检查验收。坚持勤廉为民，作廉洁表率，做到“三重一大”事项集中研究讨论。

【农业发展】2021年，全乡橡胶种植面积6.34万亩，开割面积3.92万亩。青松乡因地制宜，充分利用地方特色资源优势，种植特色产业包括山兰稻、益智和槟榔。2021年，山兰稻种植面积3800亩。利用橡胶林，发展益智产业，益智种植面积3.31万亩，收获面积达2.1万亩。为全力克服新冠肺炎疫情影响，各村结合实际情况，发展瓜菜、火龙果、蜂蜜等产业，取得一定成效，销售额达101万余元。2021年全乡生猪现存量1695头，已出栏量4312头；淡水鱼养殖62吨，产值62万元。2021年粮食种植面积1.3万亩，产量达3853吨，同比增长41.7%。

【财政收支】2021年全乡财政预算总收入5981.63万元，其中定补经费收入1443万元，比上年同期增长5.02%；专项经费2817.18万元，比上年同期增长42.27%；上解支出（工资类）533.46万元；2021年财政总支出4617.3万元，完成年初预算的73.6%。

【医疗参保】2021年全乡缴纳新型农村合作医疗保险8501人，其中正常缴费户4173人，贫困户3822人，优抚户20人，低保户472人，独生子女户11人，纯女户3人。

【乡村振兴】统一思想，强化责任落实。2021年以来，青松乡组织对建档立卡脱贫户1066户4266人、一般户989户4116人进行全面排查，并对排查出疑似人均收入低于6000元农户进行复核。对疑似问题户按照流程纳入脱贫监测户管理，并采取公益岗安置、兜底保障、产业帮扶等措施进行帮扶。努力克服疫情影响，巩固脱贫成果。多措并举，稳岗就业。利用入户、微信群、广播等形式宣传推送白沙南大洋实业有限公司、深圳比亚迪、珠海格力电器、海南口味王等单位招聘信息10余次，岗位2万余个。另组织驻村工作队、帮扶联系人入户宣传，鼓励脱贫户外出务工，如组织劳务输出赴深圳比亚迪务工33人，帮扶脱贫车间1个，招聘脱贫劳动力务工

18人。全乡建档立卡外出务工1789人，其中县内务工633人，县外省内942人，省外214人，外出务工人数比2019年增加106人，实现连续增长。2021年落实务工奖励补贴发放1489人，进一步提高务工积极性。稳岗拓岗，解决疫情时期就业问题。全乡生态护林员、河湖管护员、光伏公益岗等公益性岗位268人，其中2021年新增开发公益岗护林员38人，疫情防控公益岗20人，保洁员6人，光伏公益岗34人，解决脱贫户就业难题。组织培训，提升技能。2021年以来，共开展割胶、益智种植、家禽养殖、挖机操作等各类实用技术培训15场，培训1930人，持续提升群众劳动技能。开展消费帮扶，助力增收。2021年以来开展消费帮扶春风大行动、消费扶贫展销等活动共8次，帮助脱贫群众销售山兰稻、蜂蜜、黑灵芝、火龙果等30多种本地特色农产品，销售金额7万余元。同时，积极做好山兰稻、红香米、五脚猪、火龙果等扶贫产品的申报认定工作，做到应报尽报。稳步推进产业项目实施，促进扶贫产业落地。2021年实施5个产业项目，投入资金333.9万元，牙扩、益条庭院经济基础设施已基本完成。发放有机肥1万包，带动脱贫户1056户4259人，发放益智种苗20.6万株，带动脱贫户601户2465人；发放山油茶种苗7000株，带动脱贫143户624人。打炳菌菇产业已投放3万包菌包，带动脱贫户145户600人。2021年全乡产业分红14.06万元，累计受益户数275户。同时，各村因地制宜发展种养业，如拥处村发展养鸭项目，已销售500余只鸭，打炳村种植130亩红香稻，并与企业签订购销合同。2021年完成脱贫户家庭生产奖励发放工作，发放681户68.1万元。统筹各类保障措施，抓好综合性保障工作。2021年，全乡参加城乡居民养老保险人数6457人，全乡享受低保人数342人，特困兜底保障18户18人。全年领取高龄补贴人员157人，按月发放高龄补助。2021年以来组织民政办、各村开展摸底排查，对低收入家庭重残、重病人员全部纳入低保，做到“应保尽保、应纳尽纳”，有效推进兜底保障工作。发挥临时救助备用金救急解难作用，对符合临时救助条件的对象实施救助55户217人，发放小额临时救助345人22.4万元。

【基础设施建设】2021年，全乡投入资金996.63万元，建设牙扩村基础设施及配套工程、拥处村道路硬化及配套工程、益条村水利渠道建设工程和青松村基础设施及配套工程。截至2021年12月，4个基础设施建设项目已竣工并通过整体验收，项目资金完成支出744.09万元。由省委统战部支持的15万元建设打炳村标识牌及路灯项目已完成建设。

【民生保障情况】保障妇女儿童权益。慰问留守妇女2人、留守儿童3人，发放慰问品和慰问金共2500元。开展“守护儿童·牵手共成长”关爱留守、困境儿童慰问活动，走访慰问留守、困境儿童25人，送出书包25个。举办“爱心捐赠，衣暖人心”、纪念“五四”旧衣物捐赠活动，募捐衣物164件、书籍20余本。组织乡、村两级妇联51名执委开展禁毒宣传教育进家庭活动，构建“妇女姐妹手拉手，不让毒品进我家”联络网，实现全乡2281户家庭联络全覆盖。保障残疾人权益。全乡持证残疾人共281人，其中建档立卡残疾人180人，全年完成重度残疾人无障碍改造22户22人。建档立卡贫困残疾人补贴、重残护理、困残补贴等各类符合发放条件残疾补贴按时发放，发放覆盖率达100%，较好地保障了残疾人的正常生活。此外，完成2020年残疾人动态数据更新工作，并配合卫生院开展户内疑似精神病患者排查工作，完成5户疑似精神病患者的诊断。全力做好退役军人服务工作。持续推进退役军人服务站体系建设，全乡6个行政村陆续成立退役军人服务站，配齐村级退役军人服务站站长，武装工作和退役军人事务工作有序推进。“八一”建军节期间走访慰问优抚对象、困难退役军人，发放慰问品米、油；慰问现役军人家属16人，发放慰问金；慰问困难退役军人，发放空调棉被4件；慰问参战老战士7人，发放慰问金4200元。全力做好全乡35名优抚对象的服务保障工作。

【教育事业】青松乡中心学校在校学生300人，教职工41人（专任教师31人，工勤10人）；青松中心幼儿园共有16名教师、61名学生，2021年全乡教育支出30万元，小学入学率100%。

【卫生健康】2021年，全乡出生人口66人，出生率6.73‰，出生人口性别比112.9，符合法定生育率97%，综合避孕率86.1%，共有36对夫妇参加免费孕前优生健康检查，完成县下达任务的102%。加强孕前优生宣传动员工作，发挥孕前优生服务保障作用。做好高危人群的孕情跟踪服务工作，建立乡计生、卫生院、村委会联系机制，未发生孕产妇死亡事件，地中海贫血症患儿的发生率为0。服务好全乡26户“两户”家庭、13户奖扶家庭的帮扶工作，推进流动人口计生服务均等化，完成119名流动人口健康档案建档工作。开展关心关爱贫困留守儿童、“牵手圆梦”等各类节日走访慰问活动，给12名留守儿童送去学习和生活用品，送去慰问品、慰问金共计11200元。为3户“两户”家庭分别申请5000元危房改造资金补贴，解决危房改造资金困难问题。持续加强村级儿童福利服务平台力度，2021年累计向0～3岁儿童家庭发放奶粉1774罐，为贫困家庭儿童省去奶粉钱349478元，受益贫困儿童家庭达117户127人。

【社会维稳】青松乡结合扫黑除恶专项斗争、“4·15”全民国家安全教育日和“6·26”国际禁毒日等重要节日，深入开展“禁毒”活动，深入开展扫黑除恶专项斗争工作，组织开展法治宣传活动15次，开展送法进乡村活动1场，发放宣传册及宣传物资共2000多份，接受咨询人数600余人，协助县普法办举办“弘扬法治文化，传播法治文明”禁毒文艺演出1场。开展打击整治私彩专项法治宣传活动2次。按流程移交信访件4件，促进青松平安村庄建设。抓好矛盾纠纷排查调处工作。乡司法所共排查受理各类民事纠纷25件，调解成功22件，3宗已在协调解决。村级调解委员会排查各类矛盾纠纷37起，化解37起，矛盾纠纷化解率100%，矛盾排查调处纠纷数量同比往年持续下降。为充分解决农民最关心、最直接、最现实的利益问题，积极成立乡政协联络站，健全民主协商议事会制度，发挥村民协商议事会作用，乡级组织召开基层协商民主议事会议1次，村级组织召开协商会议2次。

【安全生产】青松乡认真贯彻安全生产法律法规，落实安全生产职责。在春节、中秋、国庆等节日开展安全生产专项大排查大整治行动，部署防御台风工作，加强对学校、商铺、旅馆、建筑施工、道路交通等重要行业、重点区域的安全检查，共检查20次，排查安全隐患3处，全乡安全生产形势总体稳定。

【森林防火】青松乡制定森林防火应急预案，与各村签订森林防火工作责任书，加大森林入口值班值守和村护林员的监管力度。充分利用广播、宣传单、墙面标语等宣传方式，加强森林防火宣传，提高群众防火意识。对新增上岗的公益性护林员开展培训演练，提高实战能力。加大资金投入购置防火装备，统一为护林员购买意外保险，建立健全护林员风险转移和保障机制，保障生态护林员人身安全。

【河道管护】2021年，青松乡持续推进河长制工作，落实属地责任，更换老旧和损坏的河长制公示牌，更加完善信息，提高河长制工作管理水平，积极配合上级部门做好非法采砂案件的线索排查工作。

【综合治理】2021年耕地图斑一期25宗，二期56宗，已全部完成摸排和图斑收集手续。生态环境六大专项整治方面，通过四级网格员队伍定期汇报违建数据，并向群众宣传农村土地建房“八不准”政策，指导农户按要求报建农业生产设施。积极组织干部群众参与社会文明大行动暨“周五行动日”“大手拉小手”“爱祖国、爱海南、爱白沙、爱家庭”、新时代文明实践“清洁家园我行动”志愿服务和村庄清洁行动冬季战役等活动共28次，分别整治清理村卫生死角、街道、农贸市场和清理排水沟等100余处。投入资金5万元，按照创建省级卫生乡镇标准，完成宣传板块制作 3 处，三防设施建设 10 处，已通过病媒考核，为申请创建省级卫生乡镇奠定基础。开展“厕所革命”，改造提升农村户厕 200 个。拆除危旧房 84 间，农村居住环境持续改善。

海南白沙农场集团有限公司

【海南白沙农场集团有限公司概况】2021 年，海南白沙农场集团有限公司（简称“白沙农场集团”）面对竞争日益激烈的市场环境，抓住海南自贸港建设契机，着力抓好茶产业、做实橡胶产业、稳步推进工程项目建设，持续深化改革，集团公司下设海南白沙陨石坑茶业有限公司等 4 个子公司，1 个青安橡胶分公司，1 个海南省陨石坑茶业研究所非企业单位。总部设置综合办公室、财务部、经营发展部、党群（人力资源）部、土地管理部、项目部等 6 个职能部门，其中财务部下设农产品营销中心和会计结算中心、经营发展部下设房屋管理办公室。有在册职工 219 人。

【打造白沙绿茶产业】2021 年，白沙农场集团扩大原料种植，新植标准化自主茶园 600 亩，取得 10 个茶叶加工实用新型专利，推出雾系、峰系、春系、鼎系、芽系、沐系、情意系、八边系、茶碎等 9 种系列的“薄沙茶”，其中，“福鼎大白红茶”荣获第十三届国际名茶评比优质产品奖，陨石坑茶业公司茶叶加工组荣获“海南省工人先锋号”称号，下属茶业公司荣获白沙黎族自治县职业技能竞赛茶艺和评茶项目优秀组织奖、2021 年保亭黎族苗族自治县职业技能竞赛斗茶行业优胜奖，全年发展经销商 4 家。同年，组织薄沙茶队参加 2021 年第一届“白沙杯”五一篮球公开赛，并荣获冠军。全年收购农户茶青 80.03 吨，比上年增加 18.53 吨；支付茶青款 86.68 万元，加工生产干毛茶 16.63 吨，比上年增加 3.93 吨，销售薄沙茶 10.67 吨，实现销售金额 203.98 万元。

【发展橡胶产业】2021 年，白沙农场集团通过提高胶工割胶技术、加大胶园抚管投入和病虫害防治等工作，加强橡胶生产，完成干胶 476.7 吨，比 2020 年同期增产 81.9 吨，完成计划任务的 114%，实现橡胶产业生产总值 569.19 万元，完成年初计划的 103.5%。胶工人均月工资 4281 元（含个人社保），比 2021 年增加了 33%，全年累计发放工资 539.09 万元，缴纳社会保险费 158.19 万元，缴纳住房公积金 22.2 万元。

【资产清理】经过全面清理，截至 2021 年 12 月 31 日，公司现有土地面积 19.84 万亩，其中已确权发证的 12.18 万亩，未确权发证的 7.66 万亩，有争议被撤销土地证的 1.71 万亩。现有土地中已出租土地 3.68 万亩，累计收到土地租金 170.10 万元，其中完成 2021 年应收租金 86.97 万元，完成年计划 87.74 万元的 99%；收到历年拖欠租金 83.14 万元，完成年计划 100.49 万元的 83%。

【项目管理】2021 年，白沙农场集团扎实项目管理，全年完成建设项目 5 个，其中完成民生工程项目 3 个；在建项目 4 个，其中在建的民生项目 1 个；完成竣工结算审核项目 10 个。白沙黎族自治县重点项目滨河家园项目总体形象进度已完成 75%。

【内部管理】2021 年，白沙农场公司全员签订劳动合同，维护员工合法权益；催缴富余人员社保费 11.48 万元，代收 8 家幼儿园承包费 21.3 万元、员工个人社保费和公积金 19.51 万元。加强内部督查，对集团公司分公司工作业绩、上下班纪律、环境卫生等进行督查，及时发现问题，及时督导整改。强化安全生产意识，全员签订安全生产责任书 207 份；加强安全生产检查，实现安全事故“零发生”。将小区物业交专业公司管理，为集团公司减负增收。

【企业党建】2021 年，白沙农场集团党委加强党组织建设，加强党支部建设，配齐在岗 4 个党支部支委，确定和培养入党积极分子 2 人，接收预备党员 3 人，预备党员按期转正 2 人，累

2021年4月30日，海南白沙陨石坑茶业有限公司茶叶加工组荣获“海南省工人先锋号”称号。图为加工组代表与县人大常委会副主任、县总工会主席符秀琼（右）合影　　（罗扬莹　摄）

计移交不在岗党员23人，与县国资中心、县委组织部和乡镇对接，报送35名不在岗党员的资料移交给乡镇管理；加强党员教育管理，深入开展党史学习教育、作风整顿建设年等活动，不断增强党员党性，提高履职尽责能力；落实党管干部原则，按照新时期选人用人标准，提拔任用9名年轻管理人员；加强党风廉政建设，制度化常态化推进企业党风廉政建设，营造风清气正的干事创业氛围；推进文化建设，投入近10万元打造公司文化，制度上墙，建设职工书屋和活动室，推进公司文化建设。同年3月，组织党员及部分骨干65人前往井冈山革命根据地开展学习“井冈山精神”党性教育培训，锤炼党性意识，坚定理想信念；6月组织在岗党员64人到白沙起义第一枪旧址纪念园开展“七一”活动，追寻红色历史、传承红色基因；通过组织收听收看建党百年庆祝大会、利用红色资源开展学习教育、“讲好红色革命故事”主题比赛，全面系统地培养党员群众，做到学史明理、学史增信、学史崇德、学史力行；贯彻落实十九届六中全会精神，结合党委理论学习中心组学习计划与各党支部学习情况，完成理论中心组学习12次，集中学习38次，党员自学40次，真正把党的创新理论知识入心入脑；以作风整顿建设年活动、“大学习、大调研、大抓落实”活动、“查堵点、破难题、促发展”活动等为契机，刀刃向内，管理人员自我查摆问题不少于1个，树立问题清单台账，逐项突破解决；开展关于公司产业发展研讨会3次，真正使公司员工的发展与公司的高质量发展融为一体，劲往一处使；持续抓好“学习强国”学习平台阵地作用，进一步发挥领学促学作用，全年积分在全县排名中名列前茅；贯彻落实“为民办实事”活动，方便胶工割胶道路出行，青安橡胶分公司组织党员管理人员下基层，到阜龙七队清理道路两旁杂草约1.8公里，提升员工群众出行效率。

【群团工作】2021年3月19日，召开集团公司一届二次职代会暨一届二次工代会。做好公司183名会员会费收缴和春节福利发放工作，发放职工福利0.92万元；做好春节期间困难职工和困难党员慰问，累计慰问70人，发放慰问金和慰问品价值0.17万元；做好在岗困难职工帮扶工作，做好困难职

2021年12月14日，副县长陈奕健（又一）到白沙农场集团滨河家园项目调研　　（罗扬莹　摄）

2021年6月28日，白沙农场集团组织在岗党员64人到白沙起义第一枪旧址纪念园开展“七一”活动。图为活动合影 （罗扬莹 摄）

工和生病住院、死亡职工慰问工作，累计慰问19人次，金额16300元；2021年向6人发放当年独生子女费，金额3800元；为公司在册在岗180名员工定制工作服（三件套），在岗180名员工每人1套T恤套装，在岗49名员工运动服49套；累计发放工会会员蛋糕福利177人，共约0.35万元；为公司基层一线员工133人“送清凉”，金额7200元；为滨河家园一线农民工380人“送清凉”，每人一箱王老吉，共计0.14万元；为177名职工发放中秋福利薄沙茶，计0.25万元。公司工会在“永远跟党走 奋进自贸港”2021年海南企业民主管理微视频大赛中荣获优秀组织奖，公司被县总工会命名为三星级职代会单位，下属青安橡胶分公司胶工洪丽花荣获2021年海南最美农民工提名奖。

【职工代表大会】2021年3月19日，海南白沙农场集团有限公司一届二次职代会暨一届二次工代会在集团公司五楼会议室召开。集团公司27名职工代表和32名列席代表参加会议，会议由集团公司党委委员、副总经理、工会主席要晖主持。会议听取了党委委员、董事长周怀胜所作的工作报告《突出工作重点统筹优化产业发展在乘势而上中推进公司高质量转型发展》；听取集团公司工会主席要晖所作的工作报告《推动新时代白沙农场集团公司工会工作高质量发展 以优异成绩庆祝中国共产党成立100周年》和《工会2020年经费审查报告》；大会审议通过《海南白沙农场集团有限公司2021年经营管理方案》《海南白沙陨石坑茶业有限公司2021年生产经营管理方案》和《海南白沙农场集团有限公司青安橡胶分公司2021年经营管理方案》3个经管方案，审议通过《人力资源管理暂行办法》和《总部机关事务管理办法（暂行）》2个制度修订方案，审议通过《海南白沙农场集团有限公司“三重一大”决策制度实施办法（暂行）》《海南白沙农场集团有限公司农业用地使用清理规范管理实施细则》2个制度，审议通过《海南白沙农场集团有限公司2021年度工资专项集体合同》。

（白沙农场集团 罗扬莹）

海南农垦龙江农场有限公司

【概况】2021年，海南农垦龙江农场有限公司（简称“龙江农场公司”）各项改革稳步推进，生产经营持续向好，实现经营总收入6569万元，完成集团下达目标6200万元的105.95 %；实现利润总额1060万元，完成集团下达利润总额目标660万元的160.6%。

【收费工作】2021年，龙江农场公司坚持“面对困难，攻坚克难，依法依规”的工作要求，开展专项治理，明确清欠目标，细化收款措施，压实工作责任，切实做到应收尽收，为农场公司可持续发展打下坚实基础。2021年，收缴地租609万元，占全年计划575万元的105.91%；房屋租金25.8万元，是全年计划21万元的122.86%；项目承包金134.3万元，是全年计划121.8万元的110.26%；其他应收款完成4.8万元；合计完成各项应收款773.9万元。

【土地运营管理】2021年，龙江农场公司积极与属地相关部门对接，明确责任分工，开展

2021 年 3 月 19 日，海南白沙农场集团有限公司召开一届二次职代会暨一届二次工代会。图为代表大会现场（罗扬莹 摄）

相关业务培训，土地运营工作卓有成效。2021 年度农场公司主营土地任务量为 14719.6 亩，完成 15938.53 亩，完成年度计划的 108.28%。在完成原 1506 宗违法图斑销号的工作任务量基础上，同时对新增的 169 宗的违法图斑也进行销号处置。共处置了“两违”面积 3098 平方米。如期完成第一期土地利用动态遥感监测外业调查工作 2118 宗。已完成未指认地认签工作实地调查 2550.6 亩，未指认地重新签订承包合同 349 宗，签订金额 1.83 万元。已处置鱼塘 62 口，收回资金 220 万元。

【白沙红橙产业】2021 年，龙江农场公司做大做强做优白沙红橙产业项目，红橙产业品牌与销售工作都有了新突破，果品销售实现“卖得好、卖得顺”的预期目标。累计产量达到 220.15 万公斤，销售收入 2000 多万元。农场公司自有红橙生产基地 500 多亩，2021 年是第一年投产，产量达到 20 万公斤，针对不同层面的消费人群及消费需求，按照白沙红橙自身的酸甜度占比情况进行“机选”分类，分为“清香、馨香、溢香”三种类型的标果进行销售，市场认可度极高，销售收入达到 200 多万元，实现当年投产、当年盈利的目标。

【大岭种苗产业】龙江农场公司大岭热带水果精品苗木培育项目是海垦集团集中开工的项目，同时也是省国资委和海南省自由贸易试验区第七批开工项目，纳入海南省农业农村厅 2021 年“三农”领域补短板项目库中，项目计划总投资 3000 万元，用地面积 1700 亩，按“一轴、二区、五园”的功能区进行规划布局；第一期基地预计总投资 773.90 万元，用地 419 亩。主要建设内容包括：种苗培育基地建设、苗木母本园打造、基础设施配套工程建设，第一期建设已完成；2021 年引进稀有苗木、新品种种苗 2 万余株，20 多个种类，极大丰富了海南苗木种类，增强了大岭种苗的竞争力；同时农场公司新培育芒果种苗 11 万株，菠萝蜜种苗 9 万多株。一年来，共销售各类种苗 122 万株，营业额 526.54 万元。重要的是带动了周边职工群众和周边村民共同致富，据不完全统计，2021 年大岭辖区内职工群众繁育苗木收入达到 4200 万元，户均收入超过 13 万元。

2021 年 12 月 21 日，龙江农场公司白沙红橙年度销售工作结束。图为各级管理人员参加白沙红橙总结座谈会（陈少波 供图）

【垦地融合】白沙黎族自治县人民政府与海南省农垦投资控股集团有限公司签订战略合作框架协议，并印发《白沙黎族自治县人民政府和海南省农垦投资控股集团有限公司关于进一步加强垦地融合发展工作实施方案》，建立垦地融合发展工作领导小组和工作专班，实行联席会议制度、会商会议制度，建立更加有效的区域协调发展新机制。由政府出资2500万元改善金波和大岭管理站共11个生产队的基础设施。投资建设金波、珠碧江、芙蓉田、大岭、卫星5个场部的中心水厂及污水处理厂等。在已将7个场部详规控规编制工作纳入白沙黎族自治县政府统一编制的基础上，将农场公司产业发展、生产队“五网”设施建设、居民点饮水排污设施改造等纳入白沙黎族自治县“十四五”规划当中。垦地融合达成共同打造红橙基地、果品管控中心以及大岭苗木产业园意向；与县政府协调推进金波山水康养度假中心项目建设等。在民生领域解决了职工建房审批报批程序多、环节烦琐等难题。白沙黎族自治县政府已出台并下发《白沙黎族自治县农村（场）居民建房管理办法》，将农场公司职工建房审批纳入属地政府统一管理。

【职工队伍】2021年，龙江农场公司积极发挥支部建设战斗堡垒作用和党员的先锋模范作用。农场公司有9个党支部，有党员146人。2021年，在党员干部考核中，优秀17名，占在册在岗党员干部的11.6%，被评为称职的人员达到100%，被评为年度先进个人的党员干部23名，占在册在岗党员干部15.75%；在省国资委和集团“两优一先”评比工作中，分别有2人获得优秀党员称号、2人获得优秀党务工作者称号；大岭管理站获得国资委和集团先进基层党组织称号；没有党员干部因违反规章制度受到上级党组织约谈或者其他纪律处分的情况，没有职工群众到集团、省委省政府集体上访，无群体事件发生。经营管理部、大岭管理站等6个单位（班组）被评为2021年度“先进集体”称号；焦俊、周继国等26人被评为2021年度“先进个人”。

【群团工作】2021年，开展以服务职工群众为中心的推进社会和谐建设信访活动。共接待来访职工群众26人次，受理职工群众来访事项6件，办结6件，办结率为100%。争取农场公司党委支持，安排12万元为173名职工做健康体检；同时开展了“夏送清凉”活动，在炎热的夏天给一线职工送去夏日的清凉。在重大节日，如春节、元旦、七一，给困难党员、困难群众、老干部、老专家送去党和政府的温暖。在庆祝中国共产党成立100周年之际，各部门和各单位纷纷组织开展庆祝活动，邀请老党员、老干部召开座谈会，为职工群众讲党史、农垦发展史。另外还开展了“巾帼心向党 建功自贸港”三八妇女节主题系列活动，通过召开座谈会，参观博鳌论坛会议中心、红色娘子军纪念园、周士第将军纪念馆等方式，激发凝聚力、向心力和职工的归属感。

【改善农场公司人居环境】2021年，龙江农场公司主动对接县政府各相关职能部门，争取各项政策支持，将农场公司“十四五”规划融入白沙黎族自治县“十四五”规划，县自然资源规划局主动对接农场公司，参与白沙黎族自治县国土空间规划编制工作，充分尊重农场公司产业发展及项目建设用地需求。与县农业农村局充分对接，达成合作意向，申请1000万元扶贫贷款资金。由白沙黎族自治县委牵头，作为白沙黎族自治县招商引资项目，建设金波山水康养度假中心。投入资金2735.7万元为辖区卫星居、芙蓉田居、邦溪居、龙江居32个生产队改善基础设施；为芙蓉田、邦溪、金波场部建设污水处理设施。成立“两违”整治垦地联动工作协调小组，配合县“六大”办完成农场公司1506宗“两违”图斑的销号工作和291宗乱占耕地调查工作；发现并拆除违法建筑9宗1800多平方米。协助调处收回被占地11399.3亩，在白沙黎族自治县法院支持下，强制收回农场公司商铺房2间。

【信息化体系建设】2021年，龙江农场公司按照省国资委和海垦集团目标要求，优化基础管理，完善信息化体系，实现无纸化、平台化、全程电子化办公，让公司各部门、管理站等单位办公流程24小时运行，信息互联互通、数据共享。

【党史学习教育】2021年，龙江农场公司充分发挥党建政治引领作用，组织全体员工集中学习29次，组织宣讲团到基层一线进行专题党课辅导18次，召开专题组织生活会9次，编辑党史简报20期，美篇154篇，龙江简报4期。共收到党史学习心得体会和学习“七一”讲话心得体会70多篇。组队到母瑞山革命根据地纪念园、毛公山红色文化教育基地、白沙解放纪念园、白沙起义第一枪旧址纪念园等开展实践活动，让大家铭记党的光辉历程，缅怀党的丰功伟绩。同时组织大家观看《建党伟业》《郭富山》《永远跟党走》等党史教育影片。

【查堵点、破难题、促发展】2021年，龙江农场公司扎实开展“查堵点、破难题、促发展，我为群众办实事”活动争取属地政府支持，为58户职工群众审办修缮住房资格许可证。帮助邦溪32户廉租房职工群众搭建防水大棚，解决住房楼顶渗水难题。其中解决“职工群众住房报建难堵点难题”被推荐作为省“查堵点、破难题、促发展”工作亮点。

【作风整顿建设】2021年，龙江农场公司在抓好作风整顿建设年活动工作中，重点围绕6个方面12种作风突出问题开展重点整顿工作。并对工程领域的重点部门单位人员进行廉洁谈话30人次，对财务部、综合管理部等部门进行廉洁谈话55人次，与新任职人员集体廉洁谈话17人次，对土地监察中队作风问题廉洁谈话12人次，签订党员干部作风建设承诺书86份。另外，还建立健全了包括《中共海南农垦龙江农场有限公司委员会全面从严治党主体责任清单》《贯彻落实“三重一大”决策制度办法（修订）》《海南农垦龙江农场有限公司廉政教育制度》《海南农垦龙江农场有限公司党风廉政建设制度》《海南农垦龙江农场有限公司关于加强干部职工日常监督管理办法》《关于制定工程建设领域三个“十不准”》《工程建设领域及其相关工作廉政承诺书》37项规章制度。

2021年6月7日，龙江农场公司参加海垦控股集团党史学习教育专题培训班（第二十期）　（陈少波　供图）

人物

2021年度白沙籍全国和省政协委员基本情况表

表12

序号	姓名	性别	民族	政治面貌	文化程度	籍贯	工作单位	职务	任职时间	备注
1	羊风极	男	黎族	中共党员	高中	白沙打安	白沙黎族自治县打安镇人民政府	副镇长	2016.9	全国政协委员
2	符英兰	女	黎族	中共党员	大学	白沙金波	政协白沙黎族自治县委员会	党组书记 主席	2017.1	省政协委员
3	符会从	男	黎族	中共党员	大学	白沙牙叉	中共白沙黎族自治县委统战部	县委常委、统战部部长、县政协党组副书记	2013.1	省政协委员

海南省第六届人民代表大会代表名册白沙代表团(12名)

表13

代表序号	姓名	现任(或原任)职务	性别	出生年月	民族	籍贯	学历	党派	参加工作时间
DB 341	王业侨	海南省农垦投资控股集团有限公司总经理、党委副书记、董事，海南省企业家联合会执行会长	男	1968.12	汉族	海南琼海	在职研究生	中共党员	1990.7
DB 342	王桂厅	白沙黎族自治县人大常委会主任、党组书记	男	1967.12	黎族	海南白沙	研究生	中共党员	1985.9
DB 343	邓泽永	海南省六届人大常委会委员、民族宗教工作委员会主任、机关党组成员，社会建设委委员	男	1962.12	苗族	海南乐东	在职研究生	中共党员	1983.8
DB 267	刘蔚	中共白沙黎族自治县委书记	男	1965.10	汉族	陕西西安	研究生	中共党员	1986.8
DB 344	刘心红	民进中央委员，海南省六届人大常委会委员，民进海南省委专职副主委，民进海口市委主委	女	1967.8	汉族	江苏靖江	研究生	民进	1988.8
DB 345	刘军利	中国交建海南区域总部总经理，中国交建海南分公司总经理，中交海洋投资控股有限公司党委书记、董事长	男	1969.4	汉族	山东莱西	在职研究生	中共党员	1991.9
DB 393	沈丹阳	海南省政府副省长、党组成员	男	1965.2	汉族	福建诏安	在职研究生	中共党员	1985.7
DB 348	林金妹	白沙黎族自治县人民政府副县长	女	1975.8	黎族	海南万宁	在职大学	中共党员	1997.7
DB 349	罗海生	白沙黎族自治县中西医结合医院副院长	男	1977.2	黎族	广东普宁	本科	无党派	2000.8
DB 350	周怀胜	白沙黎族自治县白沙农场集团有限公司党委书记、董事长	男	1971.1	汉族	四川开江	在职大学	中共党员	1988.12
DB 351	胡翔	白沙黎族自治县人民政府县长	男	1968.12	黎族	海南三亚	硕士	中共党员	1991.8
DB 353	符小芳	白沙黎族自治县牙叉镇白沙村妇联副主席	女	1977.4	黎族	海南白沙	中专	中共党员	1997.8

2021年中共白沙黎族自治县委领导名单

书　记

刘　蔚（任职至9月）

邓伟强（9月任职）

副书记

胡　翔（任职至5月）

卢　胜（5月任职至11月）

黄　聪（11月任职）

李广清（任职至11月）

陈文强（11月任职）

常　委：

秦晓宏（任职至9月）

张志群（任职至11月）

符会从（任职至11月）

马琼才（任职至8月）

王明干（任职至8月）

何　凌（11月任职）

符传德（9月任职）

陈扬洲（11月任职）

李　科（7月任职）

李　锋（8月任职）

邢　展（11月任职）

黄照儒（11月任职）

何劲松（挂职至12月）

2021年县人大机关领导名单

王桂厅	县人大常委会主任
冯少波	县人大常委会副主任、县人大社会建设委主任
韩　宇	县人大常委会副主任
符秀琼	县人大常委会副主任
高陈明	县人大常委会副主任
符文亮	县人大办公室主任
王洪流	县人大法制工作委员会主任
唐　崛	县人大民族宗教与教科文卫工作委员会主任
卢春玲	县人大选举任免联络工作室主任
罗育忠	县人大社会建设委员副主任委员
邢　武	县人大农村财经工作委员会主任

2021 年县政府班子领导名单

县　长：

胡　翔（任职至 5 月）

卢　胜（6 月任职至 11 月）

黄　聪（11 月拟提县人民政府县长候选人）

代理县长：

卢　胜（5 月任职至 6 月）

副县长：

陈文强（任职至 11 月）

王志铮

符健友（任职至 11 月）

陈扬洲

何方长（任职至 11 月）

林金妹

邢　展(11 月拟提县人民政府副县长候选人）

陈奕健(11 月拟提县人民政府副县长候选人）

王永珍(11 月拟提县人民政府副县长候选人）

梁定雄(11 月拟提县人民政府副县长候选人）

郭玉斌(11 月拟提县人民政府副县长候选人）

赖道传（挂职）

符志辉（挂职）

刘　磊（11 月拟提县人民政府副县长候选人，挂职）

2021 年县政协工作部门和领导班子

县政协主席会议成员

党组书记、主席：符英兰

党组副书记：黄照儒（11 月兼任）

副主席：李永铭

党组成员 副主席：孙小旧

党组成员 副主席：王小雄

党组成员 副主席：王宪

党组成员 秘书长：陈建邦

办公室

主　任：陈建邦（兼）

副主任：符晓娜

提案与法制委员会

主　任：无人员配置

文化文史和学习委员会

主　任：符克民

民族宗教与经济委员会

主　任：王明秀

农业和农村委员会

主　任：谭宏文

教科卫体委员会

主　任：无人员配置

先进人物

一、刘蔚

人物简介：刘蔚，海南省白沙黎族自治县委员会委员、书记，海南省五届人大代表，二级巡视员，2021 年被评为全国脱贫攻坚先进个人。

二、邓成耀

人物简介：邓成耀，男，农业农村局局长。2021 年 12 月被海南省总工会认定为省部级劳模。

三、邱瑞麟

人物简介：邱瑞麟，海南省白沙黎族自治县阜龙乡人民政府乡村振兴工作站站长，一级科员。2020 年被评为海南省 2019 年度打赢脱贫攻坚战先进个人，2021 年被评为全国脱贫攻坚先进个人。

白沙黎族自治县优秀共产党员、优秀党务工作者和先进基层党组织表彰对象名单

一、优秀共产党员（50 名）

韦昌发（黎族）
牙叉镇党委副书记、镇政府镇长、四级调研员

符晓晖（黎族）
牙叉镇党委副书记、政法委员

符永兴（黎族）
牙叉镇党委委员、镇政府副镇长

陈倩茜（女）
牙叉镇政府四级主任科员

魏　巍
七坊镇党委副书记

刘海丽（女、黎族）
七坊镇纪委专职副书记、监察室副主任

陈应照
七坊自然资源和规划所十二级专技员

李汉梅（女）
七坊镇珠碧江居党总支委员、居委会委员

符文婷（女、黎族）
打安镇政府一级科员

王恩栋
打安镇政府一级科员

符冠武（黎族）

打安镇可程村党支部书记、村委会主任

苏　丰
邦溪镇党委副书记、政法委员

沈启泰
邦溪镇大米村驻村第一书记、海南金林投资集团乡村振兴办副主任

李昌海（黎族）
邦溪镇政府四级主任科员

符锦云（女、黎族）
元门乡党委副书记、乡政府乡长

王永近（黎族）
元门乡元门村党支部书记、村委会主任

周　苗（女、壮族）
金波乡党委书记

刘远智
金波乡财政所所长

杨永鸿（黎族）
荣邦乡党委副书记、乡政府乡长

林　南（壮族）
荣邦乡芙蓉田居党总支副书记、居委会副主任

戴　艳（女）
细水乡党委副书记

李　山（黎族）
细水乡福门村党支部书记、村委会主任

符忘慧（黎族）
阜龙乡党委书记、四级调研员

刘冠陈（黎族）
阜龙乡天堂村党支部书记、村委会主任

韦恩文
南开乡人大主席

任向丽（女、藏族）
南开乡政府四级主任科员

王　旭（黎族）
青松乡党委副书记、乡政府乡长

李国文
青松乡人大主席

王永珍（女、黎族）
县委办公室主任、四级调研员

符文亮（黎族）
县人大常委会党组成员、县人大办公室主任

符爱芳（女）
县政府党组成员、县政府办公室党组书记、主任

徐瑞吉
县委宣传部常务副部长

何茂雄
县委政法委副书记

谢　浩
县委政策研究室主任

王志远
县市场监督管理局党组副书记、局长、四级调研员

羊其华（女）
县纪委监委二级主任科员

徐海军
县纪委监委党风政风监督室主任

梁云峰（黎族）
县纪委监委办公室主任

许云宇（女）
县卫健委党组成员、副主任

范高杰
县检察院第一检察部主任

林　强
县委组织部一级科员

陈树荣
县公安局金波派出所所长、二级警长

符德景（黎族）
县公安局交通管理大队副大队长、四级警长

冼小梅（女）
县国库支付中心资金支付股股长

王雨桃（女、黎族）
国家税务总局白沙黎族自治县税务局纳税服务股股长

符永伟（黎族）
南开乡中心学校校长

范文明
白沙思源实验学校小学部主任

李奕金
牙叉实验学校党支部组织委员、教师

何世龙（黎族）
县人民医院中医科医生

周益俊
海南白沙农场集团有限公司经营发展部副经理、海南白沙陨石坑茶业有限公司副总经理兼综合管理部经理

二、优秀党务工作者（30 名）

王智斐（女、黎族）
牙叉镇党委委员、组织委员

符永生（黎族）
牙叉镇白沙村党支部书记、村委会主任

王浩广
七坊镇党委副书记

曾勇武（黎族）
七坊镇党委委员、组织委员

汪乃甫（黎族）
打安镇党委委员、组织委员

吴李莉（女、黎族）
打安镇合水村党支部副书记、村委会副主任

谢卓飞（黎族）
邦溪镇党委委员、组织委员

麦永汉（黎族）
邦溪镇邦溪村党支部书记、村委会主任

符春川（黎族）
元门乡党委委员、组织委员

马权和
金波乡党委副书记、政法委员

李小嫚（女）
荣邦乡党委委员、组织委员

李　俊
细水乡党委委员、组织委员

唐国军
阜龙乡党委委员、组织委员

杨大志
南开乡党委副书记、政法委员

冯慎领（黎族）
青松乡党委副书记、政法委员

陈建邦（黎族）
县政协机关党支部书记、县政协党组成员、秘书长、办公室主任

杨晓琳（女、黎族）
县纪委监委机关党委宣传委员、案件审理室主任

彭凯燕（女）
县纪委监委第二党支部组织委员、一级科员

陈书娟（女）
县纪委监委第五党支部组织委员、县委巡察办副主任

符景兰（女、黎族）
县委组织部组织室主任、四级主任科员

杨前屏（女、土家族）
县农业农村局党支部宣传委员、农产品质量安全检验检测站站长

吴凌姗（女、黎族）
县生态环境局党支部组织委员、党组成员、副局长

杨瑞龙
县公安局机关党委纪检委员、第一党支部纪检委员、警务督察大队大队长、四级警长

丁悦燕（女）
县市场监督管理局党建办主任

杨锡平（瑶族）
县教育局机关党委委员、白沙思源实验学校党支部书记、校长

张　聪
白沙中学党总支书记、副校长

柏丽清（女、满族）
县第一小学党支部书记、校长

赖海生
县疾病预防控制中心党支部书记、主任

符　丽（女、黎族）
海南省公路管理局白沙公路分局机关党委副书记、第一党支部书记、办公室主任

柯宝中（黎族）
海南白沙农场集团有限公司党群（人力资源）部副部长

三、先进基层党组织（30个）

牙叉镇方平村党支部
牙叉镇道埠村党支部
牙叉镇牙叉居党总支
七坊镇照明村党支部
七坊镇打金村党支部
七坊镇龙江居党总支
打安镇福妥村党支部
打安镇子雅村党支部
邦溪镇南班村党支部
邦溪镇地质村党支部
元门乡元门村党支部
金波乡政府党支部
荣邦乡俄朗村党支部
细水乡福门村党支部
阜龙乡党委
南开乡南开村党支部
青松乡拥处村党支部
县纪委监委第一党支部
县委办党支部
县政府办党支部
县委组织部党支部
县委宣传部党支部
县农业农村局党支部
县旅文局党支部
县公安局桥南派出所党支部
县教育局党支部
县法院党总支
县检察院党总支
县国库支付中心党支部
县七坊中心卫生院第二党支部

附 录

政府工作报告

——2022年1月6日在白沙黎族自治县第十六届人民代表大会第一次会议上

中共白沙黎族自治县委副书记、县人民政府县长候选人　黄 聪

各位代表：

现在，我代表县人民政府向大会报告工作，请予审议，并请各位政协委员和其他列席人员提出意见。

一、过去五年和2021年工作回顾

2021年是建党100周年，也是本届政府任期届满之年。县第十五届人民代表大会第一次会议以来，在省委、省政府和县委的正确领导下，在县人大的依法监督和县政协的民主监督下，县政府团结带领全县各族人民坚持以习近平新时代中国特色社会主义思想为指导，深入贯彻党的十九大和十九届历次全会精神，认真落实习近平总书记“4·13”重要讲话和中央12号文件精神，以及习近平总书记关于海南工作系列重要批示指示精神，深入践行新发展理念，坚持以脱贫攻坚统揽经济社会发展全局，全面实施“三区一地一园”发展战略，坚决守住发展和生态底线，全力打好“三大攻坚战”，统筹抓好稳增长、促改革、调结构、惠民生、防风险、保稳定各项工作，经济社会发展实现新跨越，圆满完成了县十五届人大历次会议确定的主要任务，为开启白沙全面建设社会主义现代化新征程奠定了坚实基础。

——五年来，我们用坚韧破难前行、用刚毅扭转困局，呈现了跨越发展的“白沙奋斗”。

面对持续加大的经济下行压力和突如其来的新冠疫情，我们团结一心、艰苦奋战，统筹推进疫情防控和经济社会发展，全县经济社会实现平稳健康发展，各项经济指标处于合理区间。地区生产总值年均增长5.6%；固定资产投资年均增长15.2%，2018年、2019年增速连续两年位居全省第一；社会消费品零售总额年均增长6.1%；城镇常住居民人均可支配收入年均增长7.7%；农村常住居民人均可支配收入年均增长10.1%，增速连续5年排名全省前列；2019年在市县综合考核中获得优秀等次，高质量发展的基础更加夯实。

——五年来，我们用脚步丈量初心、用汗水浇灌使命，交出了精准脱贫的“白沙答卷”。

坚持以脱贫攻坚为统揽，县四套班子领导全员上阵、一线指挥，2743 名干部结对帮扶，840 名驻村工作队员扎根一线、突击攻坚，实施扶贫项目 1260 个，全面落实“两不愁三保障”和饮水安全，实现了 44 个贫困村全部出列，44146 名贫困人口全部脱贫，让广大群众看到了前所未有的变化，得到了真真切切的实惠，在脱贫摘帽考核第三方评估中以“零漏评、零错退、综合满意度 98.49%”的优异成绩位居全省前列，全县各族人民携手迈进全面小康。

——五年来，我们用绿色引领发展、用生态创造价值，贡献了“两山”实践的“白沙经验”。

编制完成“三线一单”，推进河（湖）“清四乱”和非法采砂专项整治，实现城乡垃圾统一收运及“零填埋”、城镇污水处理设施全覆盖，完成政府能源消耗总量和强度“双控”目标，森林覆盖率、综合生态环境质量评价常年保持全省前列。第一轮中央环保督察反馈问题整改全面完成。持续推进“六大专项”整治，深入开展“六个严禁、两个推进”和“全域禁烧、全城禁放”，全面实施河（湖）长制、林长制，环境空气质量优良天数比例年均保持在 98% 以上，主要河流湖库水质总体优良，土壤质量总体稳定。总结推广银坡村生态移民搬迁经验，出色完成高峰村——海南热带雨林国家公园首个试点生态扶贫移民搬迁工作，118 户 498 位村民全部入住全省首个村庄装配式建筑新房。为 268 个村庄 5.6 万人发放生态直补资金 1.45 亿元，共享生态红利。

——五年来，我们用坚守谱写芳华、用实干成就梦想，演绎了产业富民的“白沙路径”。

坚定走“稳胶扩茶扩药创特色”绿色发展之路，创新出台“橡胶十条”，在全国率先实施天然橡胶“双保险”“双奖励”扶贫模式，全面构建橡胶“三统一”体系，实现胶农户均年增收 4000 元以上。成功培育“两个万亩六个千亩”特色产业，发布全省首个县域农产品公共品牌“白沙良食”，打造了白沙天然、五里路等一批绿色有机产品，农业品牌化建设水平持续提升。农林产品加工业运行稳中有进，邦溪园区入驻企业 11 家，累计完成固定资产投资 1.2 亿元。成立全省首个电商精准扶贫运营中心，累计完成电商交易额超 19 亿元，是全省唯一两次被评为“国家电子商务进农村综合示范县”，电商产业走出“白沙特色”。以“文化 +”“体育 +”“美丽乡村 +”为抓手，成功挂牌国家体育训练南方基地，成功创建七坊圣哒哒湖畔公园 AA 级景区，一批国家级、省级精品体育赛事和训练基地陆续落地白沙，有效带动住宿、餐饮等服务业蓬勃发展，旅游发展实现量质并升。

——五年来，我们用规划引领建设、用品质彰显气质，绘就了城乡蜕变的“白沙画卷”。

强化城镇基础设施配套，一河两岸、文体中心、茶园小镇等建成投用，儋白高速、361 国道等重点项目相继建成，西部地区供水工程、城乡“气代柴薪”等一批项目稳步推进，电网改造三年行动计划全面完成，行政村光纤和 4G 网络实现全覆盖。持续开展“巩卫创文”，深入推进爱国卫生运动、健康城镇健康乡村建设工作，改造 7 个城镇老旧小区，白沙面貌更加靓丽。全面落实农村人居环境整治三年行动，持续推进“美丽海南百镇千村”建设，建成 68 个美丽乡村，3 个乡村获评“中国少数民族特色村寨”，10 个旅游点获评“椰级乡村旅游点”，1 个村庄获评“海南五星级美丽乡村”。白沙黎族自治县先后获评“国家卫生县城”“全国村庄清洁行动先进县”等荣誉称号。

——五年来，我们用创新抢抓机遇、用革新寻求突破，激发了改革动能的“白沙活力”。

政府机构、国有企业、党政机关公车及办公用房等改革陆续完成，不动产登记、综合行政执法、农村集体产权制度等改革成效明显。出台县乡政府财权与事权划分清单。“2 项制度创新”成果成功入选自贸港建设创新案例。高效完成农村土地确权登记颁证工作，获评全国农村承包地确权登记颁证工作典型地区。白沙农场集团公司制改革基本完成，农垦改革位居全省前列。“放管服”改革纵深推进，“一枚印章管审批”全面实行，“一业一证”改革覆盖 30 个业态（领域），创新建设工程规划许可“零审批”和房屋建设施工许可“拿地即开工”改革。商事制度改革成效明显，“多证合一”“一窗通办”全面实施，累计新增市场主体7399户，注册资金159亿元。减税降费力度空前，累计减免4.08亿元，税费改革红利直达市场主体和受益人。科技扶贫示范“百村千户”创建工作居全省前列。成立县投资建设委员会，出台优化营商环境、服务社会投资、扶持民企“七条”和招商引资等政策“大礼包”，营商环境持续优化，在全省民营经济发展软环境评价中排名第三，成功吸引社会投资项目21个，完成投资额达14亿元。

——五年来，我们用真心关爱民生、用真情温暖民心，彰显了保障民生的“白沙温度”。

财政民生支出占比每年保持在70%以上。49件为民办实事如期完成。城镇新增就业9012人，农村劳动力外出务工10.43万人次，城镇登记失业率低于全省平均水平。“一县两校一园”工程成效显著，建成54个“全面改薄”项目、21个中小学游泳池，新改扩建学校35所，顺利通过全国县域义务教育发展基本均衡县评估认证。县人民医院成功创建二甲医院，中西医结合医院茶园分院、71个村级卫生室陆续建成投用，11个乡镇卫生院标准化建设全覆盖，医疗条件明显改善。坚持人民至上、生命至上，有效应对新冠疫情，守住了人民“生命线”。社会保障体系逐步完善，养老、住房、医疗等民生保障标准持续提高。大力实施文化惠民工程，举办“三月三”黎族苗族文化节、“啦奥门”山兰文化节等活动，“黎族传统纺染织绣技艺”列入联合国教科文组织非物质文化遗产急需保护名录，“老古舞”等7项少数民族文化列入国家级、省级非物质文化遗产名录，获评“中国黎族双面绣之乡”“中国黎族舞蹈之乡”等称号。

——五年来，我们用忠诚坚守职责、用纪律牢守底线，体现了政治建设的“白沙担当”。

始终坚持党的集中统一领导，扎实开展“两学一做”“勇当先锋、做好表率”“不忘初心、牢记使命”“我为加快推进海南自由贸易港建设作贡献”等专项活动，树牢“四个意识”，坚定“四个自信”，践行“两个维护”，始终在思想上政治上行动上与以习近平同志为核心的党中央保持高度一致。认真落实“三重一大”制度，全面加强意识形态工作。扎实推进法治政府建设，创新“互联网+”政务，大力推进“网上督查室”，政府效能有效提升。自觉接受人大依法监督、政协民主监督，累计办理人大代表建议681件、政协委员提案304件，满意率均达100%。严格落实中央八项规定精神，强化财政预算管理，“三公”经费支出五年下降62.8%。认真履行全面从严治党主体责任，加强重点领域和关键环节的监管，大力整治形式主义、官僚主义等突出问题，持续推动政府系统党风廉政建设和反腐败工作向纵深发展。

过去五年，统一战线、民族宗教、应急管理、粮食安全、青年妇女儿童、红十字、社会科学、国防动员和后备力量建设、双拥优抚、老龄和残疾人等工作也取得新的成效。

各位代表，过去一年是“十四五”开局之年，也是自贸港建设的关键之年，我们团结和依靠全县人民，围绕“六稳”工作、“六保”任务，勠力同心，砥砺奋进，交出了“十四五”第一份优异答卷。

这一年，我们有效应对疫情考验，顶住经济下行压力，经济社会平稳发展。坚持“晴天带伞”“撑伞避雨”“打伞干活”，推动常态化精准防控和应急处置相结合，疫情防控全覆盖、见实效。大力开展“查、破、促”活动，落实税费减免、惠企资金超9000万元，49个省县重点项目完成年度计划投资25亿元，县卫生防疫检验综合楼等8个项目建成使用，预计全县地区生产总值增长8%，三次产业结构比为40.6∶12.4∶47.0，第三产业对经济增长贡献率达54.5%；地方一般公共预算收入同比增长3.9%；投资、消费驱动逐步增强，社会消费品零售总额增长15.0%；城镇、农村常住居民人均可支配收入增长分别达10.2%、11.6%，疫情防控与经济社会发展“两不误、双促进”成效显著。

这一年，我们认真践行“两山”理念，推进生态文明建设，城乡环境持续优化。不断探索拓宽“两山”实践路径，入选国家“绿水青山就是金山银山”实践创新基地。深入开展蓝天、碧水、净土保卫战，提前完成全年新能源汽车推广任务，装配式建筑面积达 18.36 万平方米，年度空气质量优良天数比例保持在 99% 以上。科学编制国土空间总体规划“一张蓝图”，实行建设用地总量和强度“双控制”，盘活存量用地 500 余亩，累计依法拆除“两违”建筑 14 宗。完成 128 个村队生活污水处理工程建设，提标改造 11 个建制乡镇污水处理厂。推行城乡环卫一体化，完成县城主城区和 3 个乡镇垃圾分类试点工作，全县公共机构垃圾分类实现全覆盖。打造“五网”基础设施“升级版”，完成 41 宗水库信息化建设，城乡电网改造、天然气管网建设等投资力度不断加大，农村公路实现“村村通”，光纤宽带和高速移动通信网络实现全覆盖。

这一年，我们加快衔接乡村振兴，全力扶持优势产业，发展动能加速积聚。率先建立困难群众和集体经济薄弱村长期稳定收益的保障机制，建立健全常态化防返贫动态监测帮扶机制，坚决守牢不发生规模性返贫底线。深化实施“橡胶十条”“菜篮子十条”“一抗三保十条”等举措，累计完成高标准农田建设 4.59 万亩，“两个万亩六个千亩”特色产业种植面积达 15 万亩。成功举办“万企兴万村”“共建自贸港投资到白沙”招商推介会、黎族大白茶封茶仪式等活动，“白沙山兰米”获国家农产品地理标志登记保护。邦溪园区工业总产值完成约 1 亿元，第二产业实现增加值 7.75 亿元，同比增长 7.2%。扎实推进“文化 +”“体育 +”“美丽乡村 +”生态旅游业，出台扶持民宿业发展指导意见，新建和巩固提升 21 个美丽乡村，打安镇、牙叉镇对俄村获评“全国乡村治理示范村镇”，白沙体育训练南方基地列入全国六大重点样板示范基地，承办 10 场国家级、省级体育赛事，白沙起义第一枪旧址纪念园获批国家 AA 级旅游景区，“山水黎乡·绿韵白沙”品牌彰显。全年预计接待旅游总人数 107 万人次、收入 6.1 亿元，比 2019 年分别增长 54.2%、65.58%。电商产业发展再提速，全年完成电子商务交易额 6.22 亿元，增长 16.2%。

这一年，我们致力增进民生福祉，强化社会治理能力，人民生活更加美好。8 个为民办实事项目完成投资超 1.55 亿元。大力推进“两校一园”，引进海南师范大学托管邦溪镇中心学校，全面提升基础教育水平。完成 13 个“改薄与能力提升”项目，新增公办幼儿园学位 1890 个。完善基础医疗机构及配套建设，七坊镇社区医院配套用房投入使用，严格落实“县管乡用、乡管村用”人才管理机制，充实基层医护力量，基层医疗水平进一步提升。落实各项就业政策，城镇新增就业 2303 人、农村劳动力外出务工 4 万余人。高质量完成村（社区）“两委”换届。常态化开展扫黑除恶专项斗争、新一轮禁毒三年大会战、“无毒县”创建、打击治理反电诈等工作，强化食品药品监管，信访事项化解率 90.2%，社会大局和谐稳定。

这一年，我们坚持全面从严治党，加强政府自身建设，行政效能不断提升。深入开展党史学习教育、作风整顿建设年等活动，落实全面从严治党主体责任和意识形态工作责任制，修订县政府常务会、县政府“两重一大”等议事规则，完善县政府民主决策等 16 项制度。自觉接受人大、政协和社会监督，办理人大代表建议 122 件、政协委员提案 76 件。着力纠治“四风”问题，政治生态持续向好。开展“一件事”集成改革，实现企业开办一窗受理、办结，累计压缩事项审批时限 1 个工作日，压缩率达 50%。审计“经济体检”常态化推进，促进财政增收节支 2.44 亿元。

各位代表，艰难方显勇毅，磨砺始得玉成。五年来我们凝心聚力、合力攻坚，解决了许多长期想解决而没有解决的难题，办成了许多过去想办而没有办成的实事，创造了许多可推广、可复制的“白沙经验”。这五年来取得的成就，得益于上级党委、政府的坚强领导和关心支持，得益于县委总揽全局和统筹谋划，得益于县人大、县政协和社会各界鼎力支持，得益于历届政府奠定的坚实基础，凝结着白沙各族人民的智慧和汗水。在此，我代表县人民政府，向辛勤工作在各条战线上的干部群众，向县人大代表、政协委员，向各民主党派、工商联、人民团体、驻白沙部队和武警官兵、驻白沙各机关、企事业单位，表示衷心的感谢！

在肯定成绩的同时，我们也清醒看到存在的问题和不足。一是支柱产业层次不高，旅游产业业态单一，新兴产业发展不均衡。二是生态保护、城乡配套、民生保障等工作有待进一步加强。三是政府服务质量和效能还有待提升。这些问题，我们将在今后工作中，采取有力措施认真加以解决。

二、今后五年奋斗目标和主要任务

今后五年，是白沙在全面建成小康社会、实现第一个百年奋斗目标之后，乘势而上开启全面建设社会主义现代化国家新征程、向第二个百年奋斗目标进军的第一个五年。

根据县第十四次党代会确定的发展总体要求，今后五年，政府工作的总体思路是：以习近平新时代中国特色社会主义思想为指导，深入贯彻落实中央及省各项决策部署，紧扣《海南自由贸易港建设总体方案》，践行新发展理念，以加快建设美丽白沙为目标，以深入实施“三区一地一园”新发展战略为总抓手，把白沙建设成生态美产业兴百姓富的“两山”实践创新基地，奋力谱写海南争创新时代中国特色社会主义生动范例的白沙篇章。

今后五年经济社会发展的主要目标是：地区生产总值、人均地区生产总值分别实现年均增速8%以上；固定资产投资增长8%以上；社会消费品零售总额增长8%；地方一般公共预算收入年均增长3%；城镇、农村常住居民人均可支配收入分别增长8%、9%。重点抓好六项工作：

（一）以绿色发展为底线，全面筑牢生态屏障。建立生态产品价值实现机制，探索发展农业林业碳汇项目、光伏农业。积极筹建“两山银行”，全力打造白沙山清水秀的金字招牌，持续实现“存入绿水青山，取出金山银山”。落实林长制、河（湖）长制，完善山水林田湖草一体化生态保护与修复监管体制机制。积极参与海南热带雨林国家公园建设，围绕创建森林县城目标，打造热带雨林门户小镇。突出水生态治理，加强农村饮用水源地保护，实现主要河流湖库和地表水质优良率100%。推进农村生活污水治理全覆盖和珠碧江等主要河流综合整治，基本实现各乡镇污水全收集、全处理。培育白沙“生态水”经济，推动打响白沙“三江源生态水”品牌。全面落实“禁烧禁放禁塑”，推行全民绿色低碳生活方式。力争生活垃圾分类工作全面推行，全县空气质量优良天数比例不低于99.5%，森林覆盖率稳定在81%以上，化肥施用量和农药使用量减少15%以上，争创生态文明建设样板区、绿色低碳循环发展先行区、“两山”转化实践试验区。

（二）以协调发展为推动，全面改善城乡面貌。以打造海南自贸港中心花园为抓手，完成县级国土空间总体规划编制，形成县城“一城二镇两园”空间结构布局，重点打造牙叉、七坊、邦溪等区域形成示范带动辐射中心，全力提升城镇品质。优化县城主城区城市设计，统筹推进以“五网”为重点的基础设施建设。积极谋划白沙至琼中什运快速出口路项目，全力推进一批国省县乡公路升级改造。加快推进城镇老旧小区改造，巩固国家卫生县城创建成果。创新融合发展机制，推动垦地深度融合发展。深化农村改革，激发农村资源要素活力。加强社会主义精神文明建设，深入实施乡村建设行动，以高标准规划引领城乡高质量发展。不断完善乡村基础设施、公共服务和生活服务等设施建设。围绕“十抓十好”工作目标，持续开展农村人居环境综合整治，统筹推进美丽乡村、美丽连队建设。新建美丽乡村示范村50个，获评中国美丽休闲乡村2个以上，争创“国家园林县城”“省级文明城市”。

（三）以融合发展为动力，全面增强产业实力。用好“山水林田茶”，探索培育差异化互补“生态+”产业体系。做大做强“生态+农业”，聚焦“稳胶扩茶扩药创特色”发展思路，持续打造“两个万亩六个千亩”优势产业，启动“数字橡胶2.0”产业建设，大力发展热带特色高效农业，培育有机茶叶、有机山兰米、有机热带水果等绿色有机、高质高效的生态特色农产品，力争热带特色高效农业产值达10亿元，新建改造高标准农田4万亩，橡胶产量每年保持增长势头。大力发展“南药（黎药）”产业。深入实施全国电子商务进农村综合示范项目，利用电商数据平台研判农产品市场需求，推进农业产业适度规模化，集中资源打造一乡（镇）一品或多乡（镇）一品乡村产业。有序提升产业园区基础设施建设水平。加大招商引资力度，谋划实施一批大项目，培育一批本土优秀企业，建设若干个亿元级产业，招商引资到位资金突破10亿元。打造“生态＋文化＋旅游”“生态＋体育＋康养”产业，建好茶博园，打造茶园小镇、七坊圣哒哒湖畔公园和九架岭雨林公园等一批AAA级景区。建设白沙文化创意中心，以“网红＋直播＋电商”加强宣传推介，将“啦奥门”丰收节打造成全省知名节庆活动，推动黎苗文化、农耕文化、红色文化与生态旅游相融合，实现文化产业增加值占GDP比重达5%以上。依托县文体中心，发挥全国重点样板示范基地效应，加快完善体育设施建设。打造海南中部生态与文体旅游示范区，创建“省级全域旅游示范县”“国家级文化生态保护区”。

（四）以改革创新为驱动，全面提升县域治理水平。全面推进经济、政治、文化、社会和生态文明等领域法治建设，抓好“八五普法”等各项重点工作，不断提高依法执政、依法行政、公正司法、依法办事的能力和水平。着力优化营商环境，持续深化“放管服”“多规合一”等重点领域和关键环节改革，打造市场化、法治化营商环境，激发市场主体活力。加快推进公共资源交易全流程电子化，打通行业部门数据壁垒。充分发挥审计监督重要作用，建立倒逼政务服务能力和服务效能提升的评价机制，全面提升政务服务水平。实施平安白沙建设等重点工程，完善社会治安防控基础，强化公共安全监管，提升应急管理体系建设水平，织牢社会安全保护网，努力建成海南县域社会治理现代化示范区。

（五）以共享发展为目标，全面保障改善民生。保持五年过渡期内主要帮扶政策总体稳定，做好巩固拓展脱贫攻坚成果同乡村振兴有效衔接。积极扩大社会就业，做好高校毕业生、农村转移劳动力、就业困难人员、易地搬迁劳动力、退役军人等重点群体的就业创业，力争城乡居民收入增长高于当年经济增长。深化教育体制改革，推进白沙黎族自治县第一小学建成“省级规范化学校”，首都师范大学附属海南白沙中学进入“省一级学校”行列，全县公办幼儿园达到27所，学前教育阶段公办学位达4710个、义务教育阶段公办学位达25380个，学前三年毛入园率、九年义务教育巩固率、高中阶段毛入学率分别达92%、96%、94%以上，不断提升教育教学质量水平。深化医药卫生体制改革，积极推进医疗集团建设工作，加快推进县级公立医疗机构提档升级，实现县域医疗卫生服务能力明显提升，县域就诊率达到90%。每年办成一批民生实事。加快推进城乡公交一体化建设，乡镇新能源公交车开通率达60%以上。加强民生保障，提高优抚对象抚恤和生活标准。全面推进公租房、人才公寓、安居房等保障性住房建设，建成安居房1000套，逐步发展住房租赁市场，加大危房改造力度，多层次提升城乡居民住房保障水平。紧守粮食安全底线，坚决制止耕地“非农化”“非粮化”，防止耕地撂荒。抓牢“菜篮子”，推进大小棚蔬菜基地建设，提升菜篮子本地保供能力。继续加大食品安全监管，确保人民生命安全。

（六）以涵养人口为红利，全面促进经济高质量发展。坚持“人口聚集＋人才引进＋就业创业＋社保服务”思路，实现人流、物流、资金流合理有序流动，推动形成生态环境引人、生态产业留人、宜居城市聚人的新局面。实施技能人才引育工程，积极培育本土技能人才，为文化产业、生态加工制造等领域培育引进高技能人才，力争将白沙打造成为高等院校的实践实习基地。借力发展“生态＋”产业体系，建立一批产业协会吸引企业创业者共聚白沙。

三、2022年工作安排

2022年是实施“十四五”规划的第二年，也是加快海南自贸港建设的重要之年。经济社会发展的预期目标是：坚持稳中求进工作总基调，地区生产总值增长8%；地方一般公共预算收入增长3%；固定资产投资增长9%；社会消费品零售总额增长10%；全县城镇常住居民人均可支配收入增长9%，农村常住居民人均可支配收入增长10%；完成省下达的各项环保指标。主要做好以下六项工作：

（一）严管控、守红线，努力争创绿色生态

新优势

1. 严格生态环境保护。强化“三线一单”管控，完善生态文明建设工作体系，健全目标评价考核机制，加大生态环境保护领域审计力度，倒逼干部履行自然资源资产管理和生态环境保护责任，提升生态治理能力和水平。全面完成中央环保督察和省百日大督察整改工作。全面落实河(湖)长、林长、田长制，重点打好“六水共治”攻坚战，完成11个幸福河湖建设任务，推进南渡江、珠碧江等重点河段水生态保护修复与综合治理，强化生活污染、农业面源污染治理，严厉打击毁林占地、非法采砂、焚烧秸秆、违规建房等行为，继续推进烟花爆竹禁燃禁放工作，严格管控道路、施工等扬尘污染，全年空气优良天数比例达99%以上，主要河流湖库水质优良率不低于92.9%，土壤环境保持稳定。

2. 探索“两山”转换路径。紧抓“绿水青山就是金山银山”实践创新基地建设机遇，积极开发农业林业碳汇项目，探索县域“两山银行”建设，加快创建“生态文明建设示范县”。协调推动鹦哥岭生态休憩区和环热带雨林国家公园公路（白沙路段）项目建设，主动谋划和争取一批科普教育、生态体验、雨林探险、森林康养等项目落户白沙，推动打造森林县城。配合做好海南长臂猿、海南热带雨林国家公园等申报世界自然遗产工作，申请白沙青松乡列为“中国海南长臂猿之乡”。

3. 推进美丽城乡建设。高标准编制完成国土空间规划，完善城乡建设用地集中连片布局，构建“两心、两轴、三极、多节点”的县域空间格局。继续推动海南中部白沙生态运动综合休闲旅游区、白沙国家地质公园、七坊阿罗多甘共享农庄等项目建设，力争开垦补充耕地面积1000亩左右，新增供地面积700亩以上。做好“国家卫生县城”复审工作，编制乡村治理示范村镇规划。开展省级园林县城创建试点前期工作。积极推进城乡及垦区一体化协调发展，按时完成国土空间规划、产业规划等编制工作，促进垦地规划融合。全力推进县河西公园、高速路出口至县城入口段道路拓宽、城镇老旧小区改造、县南湖公园等项目建设，新建改造污水管网23公里、供水管网逾140公里。继续推动九架岭隧道和白沙至琼中什运快速出口路项目申报工作，完成符合建设条件的危桥、漫水桥项目改建和公路生命安全防护工程项目建设，逐步改善城乡公路通行条件。稳步推进垃圾分类，力争生活垃圾实现资源化、减量化、无害化。倡导绿色文明出行，加大新能源汽车推广应用，新增公共充电桩150个。

（二）兴产业、强基础，努力展现乡村振兴新作为

4. 筑牢乡村振兴发展基础。全力巩固提升脱贫攻坚成果，继续落实“四个不摘”政策要求，加大项目资金投入力度，加强7个乡村振兴重点帮扶村建设与管理。扎实推进解决相对贫困长效机制试点工作，持续完善预警监测帮扶制度，筑牢防止返贫致贫防线，进一步实现巩固拓展脱贫攻坚成果同乡村振兴有效衔接。构建特色生态农业发展新业态，有序推进光伏农业大棚、光伏养殖场等农光互补项目建设，持续推动“两个万亩六个千亩”特色产业优化进程，打造林下南药种植标准示范园3000亩，加快推进黎药南药中医药科普、南药研发等基地建设，做强白沙红心橙、白沙咖啡等“白沙良食”品牌。发挥橡胶期货、增极“双保险”等政策性农业保险作用，确保胶农户均受益转移收入达2500元以上。探索开展橡胶林下示范推广新型种养模式试点项目，实现橡胶林生态系统与经济效益最大化。加大经营主体培育和品牌创建，新增县级农民合作示范社6家，创建新高峰村等一批共享农庄，做好青松“中国山兰稻米之乡”申报工作，新增“两品一标认证”农产品3个。全面落实粮食安全责任制，遏制耕地“非农化”、防止“非粮化”，全力保障粮食生产供给，建设高标准农田6000亩，稳定粮播面积6.1万亩，力争实现农林牧渔业增加值增长5.5%。

5. 夯实农村发展基础。做强“旅游+”“电商+”“特色农业+”等产业模式，稳步推进5个乡村振兴示范点、2条乡村振兴示范带建设，打造美丽乡村16个、椰级乡村旅游点1个，加快形成以旅兴农、以网带农的乡村发展新格局。扎实推进“四好农村公路”、生态水系、防洪工程等基础设施建设，新建农村公路55公里，完成农

附录

村改水改厕600户，健全乡村安全饮水、污水处理、村容村貌等建后管护机制，全面补齐农村发展短板。大力推进乡村振兴人才和村级组织领军人才“双培养”行动，打造高素质乡村振兴人才队伍。

（三）谋项目、扩投资，努力培育建设发展新动能

6. 坚持项目为王。认真落实自贸港建设系列优惠政策，持续深化“六个一”责任制，新增储备一批政府投资项目，加快实施西部供水（一期）、亨通·南湖花园、珠碧江生态修复工程等15个省县重点项目，加快推进华炜商业广场、大溪地花园酒店及商业街、元门城堡酒店等项目建设。着力破解谋划思路不宽、规划衔接不畅、项目论证不深、审批效率不高等问题，统筹做好项目前期工作。做好企业服务工作，谋划推动一批农产品加工配送、康养等项目落地建设。坚持筑巢引商、亩产论英雄，整合招商资源，改进招商方式，举办招商推介会，通过“走出去、引进来”方式引进一批好项目、大项目，力争实现当年签约项目开工率50%以上。持续优化营商环境，推行工程建设项目服务专班，助推项目建设“加速跑”。

（四）立支柱、壮链条，努力构建现代产业新体系

7. 全力发展农林产品加工业。重点加快园区污水处理设施等配套设施建设，实施“腾笼换鸟”盘活闲置厂房土地，保障以水果加工为龙头的热带农产品产业项目建成投产，推动珍稀菌等一批项目落地落实。鼓励企业与高等院校、科研院所开展深度合作，提高科技创新力、市场竞争力。推行“园区管理委员会+公司”管理模式，争取引进社会资本参与园区建设，支持园区内小微企业扩规升级，着力推动本土企业增资扩产、新进企业达能满产，新增规模以上工业企业2家，园区工业产值突破2亿元。力争全县工业增加值增长8%。

8. 全力推动全域旅游。建立完善全域旅游示范区创建工作机制，完成茶园小镇3A级旅游景区评定工作，推动白沙起义第一枪旧址纪念园、圣哒哒湖畔公园景区改造升级，增强游客参与度和体验度。以县文体中心为基础，高标准建成数字化场馆等项目。挖掘传统民俗、特色饮食、民间技艺、红色文化等资源，持续做优“三月三”“啦奥门”丰收节等系列活动，积极承办热带雨林穿越赛等品牌赛事，精心打造“云间白沙”乡村民宿、“遇见白沙”旅游演艺及润方言原生态民歌等非物质文化遗产传承“云演艺”品牌，坚持以点线面结合、串点连线，成为美丽白沙的风景线。加强与大型旅游集团、周边知名景区的战略合作，加大节庆、网络等营销推介力度，力争实现年度旅游接待总人数突破110万人次，旅游收入增长12%以上。

9. 持续推动电商产业发展。深入实施电子商务进农村综合示范县项目，强化电商孵化培训，支持本土电商龙头企业与知名电商平台、企业多元合作，培育2~3个“拳头”网销产品。完善县域冷链物流和村级电商服务站服务体系，探索“基地+社区+乡村”直配模式，推动建立一批农产品电商直供基地，畅通农特产品上行渠道。着力培养电商专业人才，开展年度培训不少于1000人次。开设白沙电商分校，持续培育100名本地电商培训导师。加快村级电子商务服务站、村邮站、惠农超市服务站融合发展，增设村级网点75个，实现物流进村“最后一公里”。

（五）抓改革、促创新，努力激活机制体制新活力

10. 深化重点领域改革。持续抓好农村集体产权制度改革，建成农村产权交易中心，推进农业“三变”改革落地见效。深化农村“三块地”改革，推进农村集体经营性建设用地入市试点工作，激活农村“沉睡的资产”。持续深化财政管理体制改革，不断提升财政资金管理使用效益。继续推进“一件事”集成改革。创新人才引育工作，加大乡土人才、高技能人才培养和紧缺技能人才引进力度，鼓励高校毕业生、退役军人、返乡农民工创新创业。深入实施城乡公交一体化改革，进一步提升交通服务水平。健全完善现代国企管理制度，加强国有资产管理和盘活利用，推动国有资本做优做大。

11. 强化科技创新赋能。实施创新驱动战

略，全年申报知识产权项目不少于1项。开展高新技术企业、科技型中小企业认定工作，建立高新技术企业培育库和科技型中小企业库，力争高新技术企业达4家、科技型中小企业达3家。加强与高校科研机构战略合作，试点完成5万亩民营橡胶森林管理认证工作，不断提高白沙橡胶产品附加值。探索胶农、胶商线上授信及数字人民币推行工作，提升数字普惠金融服务能力。开工建设现代农业科技产业园项目，扎实开展瓜菜新品种引进试验示范工作，打造特色水果种植示范基地。

（六）补短板、惠民生，努力满足人民群众新期待

12. 注重教育质量提升。全力支持首都师范大学附属海南白沙中学创建省一级学校、县第二幼儿园创建省级幼儿园，建成县第一小学新校区，打造基础教育标杆学校。落实“双减”政策，实施快乐校园工程，提升课后服务水平。强化区域化教研，推进24所学校品质课程建设，努力创建省级品质课程示范基地。加大年轻教师、骨干教师引进和培养力度，加强教师队伍建设。加强学校目标化管理，探索绩效改革，完善学校办学评价机制，深化教育督导功能，推动教育质量实现晋位提升。

13. 优化卫生医疗服务。严格落实常态化疫情防控工作，完善县人民医院、县疾控中心核酸检测PCR实验室建设，全面提升发热门诊管理能力和核酸检测能力。加快医共体建设，构建起以县人民医院为龙头、各基层医疗卫生机构参与的医疗集团，力争实现全县一体化改革全覆盖。推进县中西医结合医院与省中医院“医联体”融合发展，优化县域医疗卫生资源布局。抓好上级三甲医院对县人民医院托管帮扶工作，加大专业技术人才引进和培训力度，着力提升医疗卫生服务水平。深入开展“爱国卫生运动”，提高全民健康素养水平。

14. 提高社会保障水平。健全城乡一体化社会保障制度，完善城乡居民低保标准动态调整机制，落实全民参保计划，扩大基本养老、基本医疗、失业等保险覆盖面，加强对农村留守儿童、老人、残疾人等社会弱势群体的关爱保护。深入实施职业技能提升专项行动，新增城镇就业800人以上。建立健全住房保障和供应体系，推进安居房二期800套住房建设，满足本地居民、引进人才基本性和改善性住房需求。持续投放新能源公交车，优化加密城乡公交线路，改善群众出行难问题。继续推进绿色殡葬三年行动计划。推进乡镇社工站（室）和大社区建设，完成敬老院改造提升工程。落实“菜篮子”县长责任制，有效保障主要农产品市场供给。加强食品安全检测，保障“舌尖上的安全”。

15. 加强社会治理创新。创新基层社会治理，推广新时代“枫桥经验”，建设更高水平的平安白沙。深化法治白沙建设，扎实推进“八五”普法，提升全民法治思维。创新全县网格化管理，加大社管平台建设力度，推进社会治理智慧化、科技化、网格化。继续实施“雪亮工程”，常态化开展扫黑除恶专项斗争。防范和打击电信网络新型犯罪，筑牢反电诈安全防线。严格落实安全生产责任，加强应急救援体系建设，提升防灾减灾救灾能力。扎实推进系统防范化解道路交通安全风险工作，确保道路交通事故起数、万车死亡率实现双下降。强化落实信访工作责任制，畅通社情民情反映渠道，有效化解矛盾纠纷。深入推进新时代文明实践试点建设，扎实开展文明创建工作，大力培育和践行社会主义核心价值观。以“双拥”工作为平台，推进军民融合深度发展。持续开展民族团结进步创建“七进”活动，铸牢中华民族共同体意识，促进民族团结共同发展。

各位代表，完成今年各项任务，实现各项既定目标，需要干部群众同频共振、政府部门倾力而为。我们将勇挑重担，全面加强政府自身建设，切实提升政府工作效能。一是把牢思想之舵。时刻牢记“国之大者”，坚持用习近平新时代中国特色社会主义思想指导政府各项工作，把党的领导体现到政府工作各领域、各方面、各环节，确保党的路线方针政策、省委省政府和县委决策部署落地生根见效。二是恪守依法之责。扎实推进法治政府建设，自觉接受县人大法律监督、县政协民主监督、社会舆论监督，认真办理人大代表建议、政协委员提案，着力提升12345热线办结率和满意度。严格执行重大决策法定程序，依法实行政务公开，让行政权力在阳光下健

康运行。三是大兴实干之风。突出实干导向，以逢山开路的闯劲、攻城拔寨的拼劲、抓铁有痕的韧劲，把项目落在坐标上，鼓励支持全县广大干部争做推动发展的实干家。四是弘扬清廉之气。把党风廉政建设和反腐败工作的各项举措落到实处，持续改进作风建设，扎实开展作风整顿，积极发挥审计常态化“经济体检”作用，坚决消除“中梗阻”、打通“最后一公里”，确保干部清正、政府清廉、政治清明。严格落实中央八项规定及其实施细则精神，坚持厉行节约，继续压缩“三公”经费，用政府过“紧日子”换取群众和企业的“好日子”。

各位代表，开局关系全局，起势决定胜势。让我们更加紧密团结在以习近平同志为核心的党中央周围，在省委省政府和县委的坚强领导下，砥砺奋进，攻坚克难，全方位推动白沙高质量发展，以优异成绩迎接党的二十大和省第八次党代会胜利召开！

【名词解释】

1. 三区一地一园：加快建设海南自由贸易港“两山”理念践行示范区、海南中部生态与文体旅游示范区、海南县域社会治理现代化示范区、海南中部生态特色农业基地和海南自由贸易港中心花园。

2. 年均增长：指 2017—2021 年平均增长。

3. 三大攻坚战：指防范化解重大风险、精准脱贫、污染防治。

4. 三线一单：即生态保护红线、环境质量底线、资源利用上线和生态环境准入清单。

5. 河（湖）“清四乱”：清理河道管理范围内乱采、乱占、乱建、乱堆行为。

6. “六大专项”：指实施“两违”整治专项行动、城乡环境综合整治专项行动、城镇内河（湖）水污染治理专项行动、大气污染防治、土壤环境综合治理、林区生态修复和湿地保护专项行动等整治工作。

7. 六个严禁、两个推进：“六个严禁”指严禁秸秆、垃圾露天焚烧，严禁槟榔土法熏烤，严禁在禁燃区内燃放烟花爆竹，严禁在允许区外露天烧烤，严禁寺庙道观燃烧高香，严禁在城区公共场所祭祀烧纸焚香；“两个推进”指推进气代柴薪工作，推进秸秆综合利用工作措施。

8. 全域禁烧、全城禁放：禁止秸秆焚烧，禁止燃放烟花爆竹规定。

9. “橡胶十条”：指加强组织领导，成立橡胶管理部门；加大财政投入，确保产业发展；成立橡胶协会、合作社；实施橡胶惠农补贴；推广示范点、新型割胶技术；做强橡胶林下经济；橡胶树病虫害防治工作；实施橡胶保险项目；做好橡胶实用技术人才引进工作；做好橡胶产业升级及招商工作等十条发展橡胶产业的措施。

10. 双保险：即橡胶“保险 + 期货”和“价格收入保险”。

11. 双奖励：即橡胶“割胶生产”和“销售鲜乳胶”奖励。

12. 橡胶“三统一”：以“统管”增产量，以“统销”提价格，以“统保”防风险的橡胶产业管理模式。

13. 两个万亩六个千亩：白沙重点农业产业的概括。“两个万亩”即南药、绿茶；“六个千亩”即红心橙、山兰稻、咖啡、百香果、地瓜、凤梨。

14. 白沙良食：2012 年 9 月，白沙注册白沙良食标识，是全国第一个注册的县域农业公用品牌。2018 年 11 月 10 日，正式发布白沙农业公用品牌“白沙良食”，并推介了 8 种品牌农产品，包括白沙绿茶、白沙咖啡、白沙百香果、白沙地瓜、白沙蜂蜜、白沙红心橙、白沙山兰米、白沙紫玉淮山。

15. 巩卫创文：巩固国家卫生县城、创建省级文明城市的简称。

16. 中国少数民族特色村寨：芭蕉村、高石老村、罗帅村。

17. 椰级乡村旅游点：海南省将乡村旅游点划分为一椰级、二椰级、三椰级、四椰级和五椰级五个等级。白沙四椰级乡村旅游点为罗帅村、阿罗多甘共享农庄、五里路茶韵农庄；三椰级乡村旅游点为芭蕉村（邦溪镇）、白沙农场二队、白准村；二椰级乡村旅游点为向民村、长岭村、拥处村；一椰级乡村旅游点为对俄村。

18. 海南五星级美丽乡村：高石老村。

19. “2 项制度创新”：创新推行天然橡胶价格收入（保险）、村集体土地与国有土地置换新模式。

20. 放管服：即“简政放权、放管结合、优化服务”的简称。

21. 一枚印章管审批：在政务中心的基础上，组建行政审批局，把本级部分或全部行政审批事项，统一划入行政审批局，由行政审批局依法履行审批职责，审批通过后加盖“白沙黎族自治县行政审批局”的印章，不再盖原行业主管部门的审批印章，最大限度方便群众办事。

22.“一业一证”改革：指优化行业准入业务流程，将一个行业准入涉及的多张许可证整合为一张“行业综合许可证”，大幅压减审批环节和时限，简化审批手续，有效提升行政效能和办事效率，更大激发市场主体发展活力。

23. 扶持民企“七条”：《白沙黎族自治县扶持民营中小企业七条措施》。

24.“一县两校一园”工程：全省每个市县引进省外优质教育，至少办好 1 所优质中学、1 所优质小学、1 所优质幼儿园。

25. 全面改薄：是全面改善贫困地区义务教育薄弱学校基本办学条件的简称。

26.“7 项少数民族文化”：老古舞、黎族泥片制陶技艺、黎族骨器制作技艺等 3 项非物质文化遗产被列为国家级非遗名录；黎族民歌（润方言民歌）、黎族民间故事、黎族渡水腰舟习俗、黎族文身等 4 项非物质文化遗产被列为省级非遗名录。

27.“查、破、促”活动：即“查堵点、破难题、促发展”活动。

28. 一张蓝图：我省按照全省“一盘棋”（或“一个大城市格局”）思路，集空间类规划、城镇体系规划、土地利用规划、林地保护利用规划、海洋功能区规划、五网规划及生态红线规划等编制成为一张图，图上的土地属性具有唯一性。

29. 两违：违法用地和违法建设。

30. 五网：指路网、水网、电网、光网、气网等“五网”基础设施建设。

31.“菜篮子”十条：2016 年 2 月 17 日，省政府办公厅印发《海南省落实稳定菜价十项措施责任分解方案的通知》（琼府办〔2016〕41 号），简称“菜十条”。

32.“一抗三保”十条：2020 年 2 月 9 日，海南省委农村工作领导小组印发《关于切实做好“三农”领域“一抗三保”工作的十条措施》的通知，全面落实中央和省委、省政府关于一手抓防疫、一手抓生产的决策部署，做好全省“三农”领域“一抗三保”（抗疫情、保畅销、保生产、保增收）工作。

33. 反电诈：反对电信网络诈骗。

34.“四风”：形式主义、官僚主义、享乐主义、奢靡之风。

35.“一件事”集成改革：即单个部门或需要多个部门联合办理的业务事项，经过业务整合、审批流程再造后，变成企业和群众眼中的“一件事”，实行并联审批。

36. 两山银行：由政府主导促成绿水青山与金山银山之间相互转化的公共服务平台，即通过平台将生态资源进行分散式输入、集中式输出，从而实现生态资源的市场化运作。

37. 禁烧禁放禁塑：禁止秸秆焚烧，禁止燃放烟花爆竹规定，禁止生产使用和销售不可分解塑料。

38. 一城二镇两园：指县城范围内建设白沙农场茶园小镇和陨石文化休闲古镇，以及沿河湿地生态公园和山体生态公园。

39. 十抓十好：抓基层组织建设，实现班子队伍好；抓精准脱贫攻坚，实现小康建设好；抓“百镇千村”建设，实现美丽乡村好；抓“三清两改一建”实现人居环境好；抓乡村特色项目，实现产业发展好；抓精神文明创建、实现农民风貌好；抓党建引领治理，实现共治格局好；抓农村“五网”建设，实现基础设施好；抓村级集体经济，实现资产增值好；抓致富产业发展，实现农民增收好。

40. 数字橡胶 2.0：指在白沙原有橡胶交易模式的基础上，将数字技术应用到实体经济之中，主要为探索胶农胶商线上授信及数字人民币推行、探索天然橡胶森林认证（FSC 森林管理认证）线上交易、发展林下特色产业经济、建设咖啡交易及农产品平台扩展等。

41. 八五普法：指中央宣传部、司法部关于在全国公民中开展法治宣传教育的第八个五年规划 (2021—2025 年)。

42. 多规合一：建立统一的空间规划管理体制机制和统一的规划管理大数据平台，实现“一张蓝图干到底、一个平台管到底”，最大限度简化行政审批事项，提高行政审批效率。

43. 四个不摘：摘帽不摘责任、摘帽不摘政策、摘帽不摘帮扶、摘帽不摘监管。

44. 菜篮子：是农业农村部为缓解我国副食品供应偏紧的矛盾，于 1988 年提出建设“菜篮子工程”。

45. 六水共治：治污水、保供水、排涝水、防洪水、抓节水、优海水。

46. 幸福河湖：即能够维持河流湖泊自身健康，支撑流域和区域经济社会高质量发展，体现人水和谐，让河域内人民具有高度安全感、获得感与满意度的河流湖泊。

47. 两品一标认证：绿色食品、有机农产品和农产品地理标志认证。

48. 四好农村公路：即农村公路建设好、管好、护好、运营好。

49. “六个一”责任制：即“一个项目、一个责任县领导、一个责任单位、一套工作班子、一个倒排工期、一竿子抓到底”。

50. 农业“三变”改革：即资源变股权、资金变股金、农民变股民。

51. 农村“三块地”改革：农村土地征收、集体经营性建设用地入市、宅基地管理制度改革。

52. 双减：指要有效减轻义务教育阶段学生过重作业负担和校外培训负担。

53. 医联体：指区域医疗联合体，是将同一个区域内的医疗资源整合在一起，通常由一个区域内的三级医院与二级医院、社区医院、村医院组成一个医疗联合体。

54. 枫桥经验：20 世纪 60 年代初，浙江省绍兴市诸暨县枫桥镇干部群众创造了“发动和依靠群众，坚持矛盾不上交，就地解决。实现捕人少，治安好”的“枫桥经验”。

55. 雪亮工程：指以县、乡、村三级综治中心为指挥平台、以综治信息化为支撑、以网格化管理为基础、以公共安全视频监控联网应用为重点的“群众性治安防控工程”。

56. “七进”活动：指进机关、进企业、进学校、进社区、进商超、进电商、进乡村旅游。

57. “国之大者”：指事关党和国家前途命运、事关中华民族伟大复兴、事关人民幸福安康、事关社会长治久安的大事。

白沙黎族自治县人民政府班子2021年工作总结

白沙黎族自治县人民政府

（2022年1月）

2021年是建党100周年和"十四五"开局之年，也是白沙加快发展的关键之年。一年来，在省委、省政府和县委的正确领导下，在县人大、县政协的监督和支持下，县政府领导班子团结带领全县各族人民，深入学习贯彻习近平新时代中国特色社会主义思想、党的十九大和十九届历次全会精神，以及习近平总书记关于海南的系列重要讲话和重要指示批示精神，牢牢把握稳中求进工作总基调，坚持新发展理念，深入实施"三区一地一园"新发展战略，统筹抓好疫情防控和经济社会发展，扎实做好"六稳"工作、全面落实"六保"任务，全县经济社会呈现稳步发展态势，为"十四五"开局奠定了坚实基础，以优异成绩喜迎党的百年华诞。现将一年来的工作报告如下：

一、加强班子自身建设，提升履职能力水平

一是切实加强理论学习。县政府领导班子始终把加强学习作为增强执政本领的第一源泉，全面加强意识形态工作，加强思想政治引领，坚持用科学理论武装头脑，认真开展党史学习教育活动，深入学习贯彻习近平新时代中国特色社会主义思想、习近平总书记关于海南系列重要讲话和重要指示批示精神，特别是认真学习习近平总书记"4·13"重要讲话、中央12号文件和《海南自由贸易港建设总体方案》《海南自由贸易港法》《中国共产党组织工作条例》、党的十九届六中全会和省委七届十次、十一次全会精神，着重在学懂弄通上下功夫，确保学原文、悟原理，切实树牢"四个意识"、坚定"四个自信"，做到"两个维护"，在思想上、政治上、行动上同以习近平同志为核心的党中央保持高度一致。一年来，县政府领导班子积极参加县委理论中心组、县政府常务会、县政府党组集中学习以及上级组织的各类专题学习培训等集中学习活动70多次，上党课10次，开展十九届六中全会宣讲活动10次，切实提高了自身理论修养。同时，坚持理论联系实际，深入开展"我为群众办实事"活动，结合海南自贸港建设，围绕乡村振兴、生态环保、项目建设、民生保障等重点工作，深入基层开展调查研究380多次，为群众解决问题143件。通过学习与实践，班子成员理论素养进一步提升，发展理念进一步更新，履职能力显著提高，执政水平再上新台阶。

二是坚持民主科学决策。县政府领导班子坚持"三重一大"集体决策制度，切实贯彻民主集中制，不搞"一言堂"，不按个人意志作决定，不搞仓促上阵、临时动议，严格按照党章、党规、党纪和法律法规要求想问题、办事情、做决策，重大决策事项均事前充分研究，并经会议集体研究决定，主动听取县人大、县政协的意见，涉及全局性的重大问题，一律报请县委批准。自觉接受人大法律监督、工作监督和政协民主监督，主动接受社会和舆论监督，认真听取社会各界的意见建议，全年办理人大议案和建议122件、政协委员提案76件，办复率100%。修订县政府常务会、县政府“两重一大”等议事规则，完善县政府民主决策等16项制度，为县政府党组科学决策提供有力保障。主要领导认真履行“班长”职责，班子成员之间团结协作、尽职尽责地抓好分管工作，讲政治、顾大局、守规矩，坚持依法行政，使省委、省政府和县委的决策部署切实得到贯彻落实。

二、聚焦自贸港建设目标，县域经济实现稳中有进

一是经济运行总体平稳。面对持续加大的经济下行压力和突如其来的新冠疫情，县政府领导班子始终坚持“一手打伞、一手干活”，统筹推进疫情防控和经济社会发展。一方面抓严抓实常态化疫情防控，切实筑牢生命防线，白沙黎族自治县至今无一例确诊病例。另一方面，扎实做好各项重点工作，主要经济指标保持在合理区间，全县地区生产总值实现62.35亿元，同比增长8%，三次产业结构调整为40.6 ∶ 12.4 ∶ 47.0，第三产业对经济增长贡献率达54.4%；地方一般公共预算预算收入1.87亿元，增长3%；社会消费品零售总额19.09亿元，增长15%；城镇居民人均可支配收入35216元，增长10.2%；农村居民人均可支配收入15599元，增长11.6%。

二是重点项目成效显著。坚持项目为王，狠抓重点项目建设。全年实施49个省县重点项目，开工率达100%，完成年度投资25.24亿元，完成年度投资率101%，顺利完成项目开工率和年度投资完成率“双百”目标，其中，国家体育训练南方基地（海南白沙·综合）综合体能训练中心项目、白沙安居型住房二期（亨通·南湖花园）等一批项目开工建设；白沙垦区连队人居环境整治、白沙黎族自治县农村生活污水项目等一批项目竣工；白沙黎族自治县西部供水工程（一期）、白沙黎族自治县第一小学建设工程等一批项目超额完成年度投资计划。与全省同步举办4次集中开工活动，纳入项目16个，完成年度投资4.36亿元，年度投资完成率105%。编制《2021年白沙黎族自治县产业发展需求清单》，举办白沙黎族自治县“共建自贸港 投资到白沙”招商推介会，招商引资态势良好。

三是城乡环境持续优化。不断探索拓宽“两山”实践路径，入选国家“绿水青山就是金山银山”实践创新基地。深入开展蓝天、碧水、净土保卫战，提前完成全年新能源汽车推广任务，装配式建筑面积达18.36万平方米，年度空气质量优良天数比例保持在99%以上。科学编制国土空间总体规划“一张蓝图”，实行建设用地总量和强度“双控制”，盘活存量用地500余亩，累计依法拆除“两违”建筑14宗。完成128个村队生活污水处理工程建设，提标改造11个建制乡镇污水处理厂。推行城乡环卫一体化，完成县城主城区和3个乡镇垃圾分类试点工作，全县公共机构垃圾分类实现全覆盖。打造“五网”基础设施“升级版”，完成41宗水库信息化建设，城乡电网改造、天然气管网建设等投资力度不断加大，农村公路实现“村村通”，光纤宽带和高速移动通信网络实现全覆盖。

四是乡村振兴有效衔接。率先建立困难群众和集体经济薄弱村长期稳定收益的保障机制，建立健全常态化防返贫动态监测帮扶机制，坚决守牢不发生规模性返贫底线。深化实施“橡胶十条”“菜篮子十条”“一抗三保十条”等举措，累计完成高标准农田建设4.59万亩，“两个万亩六个千亩”特色产业种植面积达15万亩。成功举办“万企兴万村”、黎族大白茶封茶仪式等活动，“白沙山兰米”获国家农产品地理标志登记保护。邦溪园区工业总产值完成约1亿元，第二产业实现增加值7.75亿元，同比增长7.2%。扎实推进“文化+”“体育+”“美丽乡村+”生态旅游业，出台扶持民宿业发展指导意见，新建和巩固提升21个美丽乡村，打安镇、牙叉镇对俄村获评“全国乡村治理示范村镇”，白沙体育训练南方基地列入全国六大重点样板示范基地，承办10场国家级、省级体育赛事，白沙起义第一枪旧址纪念园获批国家AA级旅游景区，“山水黎乡·绿韵白沙”品牌彰显。全年预计接待旅游总人数107万人次、收入6.1亿元，比2019年分别增长54.2%、65.58%。电商产业发展再提速，全年完成电子商务交易额6.22亿元，增长16.2%。

五是民生福祉持续改善。8个为民办实事项目完成投资超1.55亿元。大力推进“两校一园”，引进海南师范大学托管邦溪镇中心学校，全面提升基础教育水平。完成13个“改薄与能力提升”

项目，新增公办幼儿园学位1890个。完善基础医疗机构及配套建设，七坊镇社区医院配套用房投入使用，严格落实“县管乡用、乡管村用”人才管理机制，充实基层医护力量，基层医疗水平进一步提升。落实各项就业政策，城镇新增就业2303人、农村劳动力外出务工4万余人。常态化开展扫黑除恶专项斗争、新一轮禁毒三年大会战、“无毒县”创建、打击治理反电诈等工作。强化食品药品监管，全年无食品药品质量安全、无重大食品药品安全事故发生。畅通信访渠道，受理群众来信来访204件，办结184件，办结率90.2%，按期办结率100%，无人员到省进京上访。大力实施文化惠民工程，举办“三月三”黎族苗族文化节、“啦奥门”山兰文化节等活动，丰富百姓精神文化生活。社会保障体系逐步完善，养老、住房、医疗等民生保障标准持续提高，社会大局和谐稳定。

三、加强党风廉政建设，展现良好工作风貌

一是转变工作作风。县政府领导班子高度重视作风建设，大力加强班子成员的宗旨意识和勤政意识，班子成员自觉遵守相关工作纪律和工作规定，始终把群众利益放在第一位置，积极深入基层调查研究，密切联系群众，认真热情接待来信来访群众，切实解决关系群众切身利益的问题，进一步密切与人民群众的血肉联系。结合作风整顿建设年、“查堵点、破难题、促发展”等活动，大力整治政府系统“拖、放、等、推、懵”不作为、慢作为，以及“不会为、不愿为、不真为”等作风问题，切实改变领导干部精神状态不佳、办事效率低下、工作推诿扯皮等突出问题，转变干部作风，进一步提高领导干部服务发展的能力。

二是坚持廉洁从政。县政府领导班子始终把党风廉政建设作为一项重要工作来抓，认真落实党风廉政建设和全面从严治党主体责任，从严从细管理干部，把廉洁从政贯穿政府工作的各个环节。班子成员认真履行“一岗双责”，把党风廉政建设与业务工作同安排、同部署、同推进。在政府常务会上传达学习《省“营商环境负面典型案例”系列通报》等通报，从思想上筑牢廉洁防线。以“零容忍”态度惩治腐败，2021年给予党纪政务处分14人，进一步营造风清气正的政治生态。坚持按政策办事、按制度用权，严格执行项目招投标、政府采购、土地出让等方面的政策法规，自觉接受组织和群众监督。严守中央“八项规定”，严格执行《中国共产党纪律处分条例》《中国共产党廉洁自律准则》，筑牢廉政根基，自觉做到忠诚干净担当。班子成员严于律己，自觉管好配偶、子女、亲属和身边工作人员，不利用职权为自己和亲人谋利益，班子成员未发生过一起违纪行为。

一年来，县政府领导班子虽然做了大量工作，取得了一定成绩，但是与上级的要求和全县人民的期望相比，还存在一些不足。经济基础还较为薄弱，产业结构不够合理，新兴产业发展不够均衡。城乡基础设施配套还相对薄弱、民生保障水平有待提高。政府服务质量和效能还有待提升。这些问题，我们将在今后工作中，采取有力措施认真加以解决。

下一步，我们将在省委、省政府和县委的正确领导下，坚持稳字当头，稳中求进工作总基调，认真践行新发展理念，推动高质量发展，以优异成绩迎接党的二十大和省第八次党代会胜利召开！

中共白沙黎族自治县委办公室领导班子2021年工作总结

（2022年1月20日）

今年以来，在县委、县政府的正确领导下，我办紧紧围绕全县工作中心，充分发挥参谋助手、组织协调、政务服务、督促检查和后勤保障等职能，创新机制，扎实工作，以优良严实的工作作风，有力推动县委、县政府各项决策部署落地见效。现将县委办公室2021年度的主要工作总结如下：

一、强化组织领导，基层党建和党风廉政建设凸显新风貌

班子主要领导切实履行“主体责任”，压实班子成员“一岗双责”，推动党建工作与业务工作同部署、同落实。一是抓好党内政治生活。规范县委主要领导、县委副书记、县委常委定期以普通党员身份参加县委办党支部的组织生活。组织在职党员和离退休党员及时召开换届大会，抓好党员培养，发展预备党员1名，积极分子1名，发展对象1名。县委办党支部始终将政治建设作为重要抓手，结合党史学习教育认真落实“三会一课”制度。定期开展谈心谈话，今年以来共开展各类谈话20次。2021年荣获白沙黎族自治县先进基层党组织。二是抓好党风廉政建设。领导班子成员始终把党风廉政建设摆在重要位置，做到年初有部署，年中有分析，年终有总结。通过组织参加纪律教育专题班、全县党员干部警示教育大会、参观警示教育典型案例展、观看警示教育片等多种学习方式对党员干部开展纪律教育，推动全办干部纪律意识、规矩意识进一步增强。三是严格落实意识形态工作责任制。认真贯彻落实中央和省委关于意识形态工作的部署要求，深入学习贯彻《习近平关于网络强国论述摘编》等相关论述，结合国安办相关工作，明确责任内容，推进白沙黎族自治县国安工作向纵深推进。我办党员干部政治敏锐性和政治鉴别力进一步提升，遇到意识形态领域问题敢于“亮剑”、敢于担当，旗帜鲜明、立场坚定。

二、强化责任落实，推动各项业务工作更精更细更实。

（一）围绕中心职能，“三服务”水平有了新提高

一是精细高效办文办会。今年以来，全年发文55份，同比下降10.2%，办文2000余份，驳回发文请求6次；严格党内规范性文件备案工作，完善备案台账和登记制度，全年报备10件，备案通过率100%。严谨细致筹办好会议，全年筹办、协办各类会议、活动123次，同比下降6.1%。其中筹办县委常委会、县委经济工作会、破除“不会为、不愿为、不真为”大讨论活动和“大学习、大调研、大抓落实”动员部署会等全县性会议56次，统筹协调“三月三”“啦奥门”山兰文化节等重要活动13场次，确保各类重大活动和会议顺利筹备和召开。其中顺利完成县第十四次党代会，县委口人大代表选举和妇委会换届选举等筹办工作；牵头县委队参加的2021年度“朗

诵百年经典，践行初心使命”经典朗诵比赛荣获第一名、“三月三竹竿舞比赛”荣获第三名。二是统筹协调工作新提升。一方面服务好县领导，力争服务做精做细。另一方面协调好部门、乡镇之间的工作。对日常事务性工作，进行周密安排，做到环环相扣，防止出现纰漏；对全局性重点工作，发挥好参谋部、指挥部的作用，做到统揽全局、协调各方。如统筹县教育局、县市场监管局、县交通局等部门做好白沙黎族自治县重点领域和重要场所的外语标识牌规范化建设，完成率为100%。联合县卫健委、县公安局、县民政局等相关部门，积极协助省委外事办做好南沙海域遇险海南居民顺利回国。三是充分发挥以文辅政作用。一方面参与起草党代会报告等全县性重要材料20余篇，另一方面累计上报《白沙信息》32期、紧急信息35篇，其中《白沙信息》被省委信息综合室约稿的有5篇，为省委领导提供高质量的决策建议。

（二）致力督查督办，目标督查工作有了新作为。

今年以来共开展项目专项督查20次、实地督查4次、下发督查通报11期、跟踪督办20余件信访件，配合省委督查室开展网上督查活动34次，督办县委领导批示件5件，办结率100%。一是扎实开展决策督查。根据县委决策部署，以查阅资料、现场查看、知识测试等方式，对全县各级各部门学习贯彻习近平总书记4·13重要讲话和中央12号文件精神及《海南自由贸易港总体方案》《白沙黎族自治县2021年重点工作任务集成清单责任分解表》进展情况进行督促检查8次，对发现的不平衡和滞后的现象提出建议，为县委抓好工作落实提供了优质服务。二是推动民生工程落实和切实解决关系群众切身利益的问题。围绕重点项目、生态环境保护、乡村振兴，落实2020年“4·13”监督检查发现问题等方面工作，跟踪督查有关乡镇和职能部门及时解决项目建设过程中遇到的困难，推动各项工作任务按时序推进36次。针对县委县政府确定的35个重点项目，明确各个重点项目的跟踪服务责任县领导和责任单位、责任人，按照“六个一”工作机制，采取倒逼机制要求责任单位按时按量落实项目推进计划。经过努力，目前白沙黎族自治县农村人居环境整治、县第一小学建设工程、西部供水工程等重点项目等方面工作得到有力落实。

（三）强化安全保密，机要保密工作取得新进展。

一是积极开展保密和机要政策法规宣传活动。持续推广“保密观”微信公众号，目前关注人数已达463人。在“4·15”全民国家安全日通过发放宣传手册、悬挂宣传横幅，发放《保守国家秘密法》《密码法》宣传材料等形式向公众宣传保密法律法规。同时联合县网信办开展网络宣传活动。组织县委保密委成员外出培训学习。二是精心做好密码通信传译办理工作。截至12月14日，共收发办理密码电报572份，其中特提报41份，密报348份，明报224份。电子政务内网收文3677份，发文403份，圆满完成密码通信保障任务，没有出现失泄密现象。做到“零失误、零差错、零事故”。严格开展保密自查自评督查。今年以来共检查30家重点单位，查找各类问题30多项，发出整改通知书25份，指导督促有关单位，针对存在问题及时整改。

三、正风肃纪，激励干部讲担当、促作为、抓落实

（一）全面加强理论学习，扎实开展党史学习教育。

一是精心开展学习教育培训，组织深入学习贯彻习近平总书记在党史学习教育动员大会、庆祝中国共产党成立100周年大会上的重要讲话精神和关于党史的一系列重要论述。认真组织学习贯彻党的十九届五中、六中全会精神，学习习近平总书记系列重要讲话精神，力求推动党史学习教育往深里走、往心里走，将学习成果转化为增强业务素质、坚定理想信念、砥砺党性心性的思想自觉和行动自觉。积极组织党员干部开展每周集中学习会，2021年共开展集中学习23次，其中专题党课5次，组织交流研讨6次，读书班5次，业务课堂5次，党日活动2次。进一步提升党员干部用新思想、新论断、新要求武装头脑，指导实践的能力。二是用心用情开展“我为群众办实事”

实践活动，以强有力的举措切实解决好新高峰村饮用水水费、水量差异问题。先后召开两次新高峰村饮用水问题专题协调会，组织协调县城投公司和县自来水公司对新高峰村水管网进行摸排和改造，实行一户一表，联合牙叉镇、乡村振兴局进村入户做好群众思想工作，防止矛盾激化。今年9月，新高峰村饮用水水费、水量差异问题已得到解决，新高峰村群众的获得感幸福感安全感得到进一步提升。三是积极拓展多种学习方式。在完成指定学习书目的基础上，通过集中观看《百炼成钢：中国共产党的100年》、举办党史知识竞赛、摄制党史快问快答短视频、组织党员干部到白沙起义第一枪旧址纪念园等红色教育基地参观学习等多种方式，结合“大学习、大调研、大抓落实”活动开展业务小课堂等方式对支部党员开展党史教育。

（二）进一步压实作风建设，持续深化作风建设。

一是认真贯彻落实《全省作风整顿建设年实施方案》以及《白沙黎族自治县作风整顿建设年实施方案》相关要求，认真组织，周密部署。活动中，党员干部通过自己查，别人提的方式，结合党史学习教育专题组织生活会、发放征求意见表等形式查找出来的问题和差距，认真梳理总结，共查找出26个突出问题，并制定了整改台账。严格落实问题整改责任人和整改期限，做到一级抓一级、层层抓落实，做到立行立改并长期坚持。二是严格落实中央八项规定及其实施细则精神，加强节日期间监督检查。我办重点对元旦、春节等重要节点期间廉洁过节进行安排部署，在重要的时间节点对全体党员干部做到了事先提醒，严明过节纪律，确保节日期间风清气正。同时做好廉政谈话，积极开展“廉洁从政大家谈”活动，党支部书记、班子成员不定期与分管的党员干部谈话；采取不同形式对新提拔、新调入的干部进行任前廉政谈话，一年来，共开展各类谈话20次。

四、全力做好巩固拓展脱贫攻坚成果同乡村振兴有效衔接

一是加强领导，落实帮扶责任。县委办认真落实巩振领导小组有关工作要求，责任明确到人，狠抓落实，安排1名联络员，选派21名帮扶联系人挂钩帮扶60户脱贫户，严格遵照有关工作要求，开展帮扶工作。2021年，我办召开研究部署巩贫兴村工作会议12次，办领导进村入户调研8次。

二是统筹协调，落实帮扶政策。派驻1名干部驻村合水村委会开展定点帮扶工作，先后完成、参与、配合脱贫成果后评估、防返贫监测评估、李军副书记调研等各项服务保障工作。指导打安村继续抓好兰花种植示范基地管理，确保兰花产量稳定，保障农户特别是相对稳定脱贫户收入。拨付合水村委会6.9万元，用于发展产业和完善村基础设施，筑牢乡村振兴之基。及时落实白沙黎族自治县各类帮扶政策，帮助符合条件的帮扶对象申请教育补贴、就业奖补、产业奖补等各类奖励补贴，申请率达100%，持续激发脱贫户内生动力。组织帮扶干部进村入户发动帮扶户参加医疗保险，参保率达100%，保障农户不因病返贫。摄制县委办乡村振兴工作宣传片《咱村的小康故事——打安村：党建起航致富有方》，并被《中国组织人事报》采用刊发。联合县委政策研究室到合水村委会开展普法宣传活动，进一步提高农民知法、守法、用法意识，营造良好社会氛围。今年，县委办结对帮扶联系脱贫户60户228人，其中打安村40户165人、合水村20户63人，所有脱贫户家庭收入稳定，“三保障”和饮水安全均已保障到位，无返贫情况发生。

三是用心用情，增进党群关系。利用节假日开展慰问走访活动，给帮扶户送去食用油、棉被等慰问品，结合党史学习教育宣讲发动帮扶联系人与脱贫户、党员群众话家常，谈发展，并开展环境卫生大清扫活动，为农户送去党和政府的关心关爱，激励脱贫户增强内生动力，挂钩联系群众幸福感，获得感得到有效提升。2021年我办荣获“海南省脱贫攻坚先进集体”和“海南省脱贫攻坚先进基层党组织”。

五、存在问题

2021年以来，县委办虽取得了一定成绩，但与县委要求和群众期盼相比，在服务的广度和深度上，还存在一定差距和不足：

（一）服务意识还不够超前。主要表现在主动、超前服务领导的意识还不够强，依赖于领导的批示、批办，与“三服务”的要求还存在差距。

（二）信息工作还不够扎实。主要表现在信息工作人手不足，信息工作缺乏主动性和创新性，信息工作成效不明显。

（三）督促检查工作力度还不够大。主要表现在督查过程中帮助部门协调解决问题的力度还不够大，方法还不够多；督查结果运用不够有力，督查工作的权威性和执行力不够强。

六、下一步工作计划

2022 年，我们将继续深入贯彻落实习近平新时代中国特色社会主义思想和党的十九届五中、六中全会精神，紧紧围绕县第十四次代表大会提出的任务目标，全力以赴抓推进抓服务抓落实，努力推动县委办各项工作再上新台阶，为加快推进生态美产业兴百姓富的白沙“两山”实践创新基地做好各项服务工作。

（一）强化“统”筹协调，在以文辅政上聚焦用力、持续提升。

聚焦高质量发展大局加强和改进调查研究，提高调研的针对性、实效性，聚焦总结经验、推广典型、研究对策，重点抓好疫情常态化防控、产业发展、乡村振兴等重大课题的调查研究，力求多出思路、多出谋划、多出精品。切实抓好社情民意、经验典型、意见建议等信息的报送和编发，确保呈报信息对领导决策有参考价值，全面提升政务服务工作水平。保障县委中心工作更从容、更科学、更有章法的落实。进一步强化工作调度、统筹、协调，全面规范县委议事协调机构、工作领导小组的工作机制、工作运行，围绕生态保护、乡村振兴、民生保障等县委中心工作，督促各议事协调机构、领导小组办公室一季度一梳理，并建立提醒通报机制。同时，扩大县委、县政府专题会议纪要的呈送范围，确保党委、政府工作同频共振。

（二）强化“督”查督办，保障县委中心工作落地有声、落地见效。

在督查落实上聚焦用力、持续提升。聚焦年度工作要点确定的目标任务，围绕生态环保、乡村振兴、“六水共治”等县委县政府重大决策部署、重大项目、20 件为民实事等中心任务、重点工作的督查督办，抓好会议议定事项的督查督办，进一步提高督查督办质量、强化督导问责，确保县委、县政府政令畅通，各项决策部署落实落地。

（三）强化机制“建”立，推动形成大胆创新的工作氛围。

建立问题跟踪清零机制，对于各乡镇各部门创新工作中遇到的需要协调解决的重大问题，第一时间协调解决，对无法一时间解决的，建立跟踪清零机制，努力做好服务保障工作。同时完善信息报送机制，畅通信息报送渠道，坚持以“解放思想、敢闯敢试、大胆创新”作为衡量干部的标尺，把各乡镇、各部门报送信息和创新开展工作的情况作为年底考核评分的重要参考。

2021年白沙黎族自治县国民经济和社会发展统计公报

2021年，面对复杂严峻的内外部环境，在县委、县政府的坚强领导下，全县各族人民坚持以习近平新时代中国特色社会主义思想为指导，深入贯彻落实省委、省政府系列重要决策部署，坚持稳中求进工作总基调，统筹疫情防控和经济社会发展成效，全面实施“三区一地一园”新发展战略，加快建设美丽白沙，经济结构持续优化，增长动能不断转换，经济和社会事业不断高质量发展。

一、综合

经省统计局统一核算，2021年全县地区生产总值62.57亿元，按不变价格计算，比上年增长7.5%。其中，第一产业增加值25.29亿元，增长5.8%；第二产业增加值6.49亿元，增长6.5%；第三产业增加值30.79亿元，增长9.1%。三次产业结构调整为40.4 ：10.4 ：49.2。

年末公安部门统计户籍人口户数5.07万户，人口数19.35万人，其中男性10.20万人，女性9.16万人。常住人口根据人口变动情况抽样调查推算，全县年末总人口数16.43万人，城镇化率为20.02%；全县人口出生率8.53‰，死亡率6.70‰，自然增长率1.83‰。

全年城镇新增就业2303人，城镇登记失业率1.86%。农村劳动力转移就业7098人。

调结构持续推进。工业、服务业增加值占地区生产总值比重分别较上年提高0.2和0.6个百分点，产业结构持续转型升级。信息传输、计算机服务业投资占总投资比重提高8.0个百分点，电力、热力、燃气及水的生产和供应业占比提高0.6个百分点，投资结构持续优化。

持续巩固拓展脱贫攻坚成果。落实“四个不摘”要求，坚持脱贫不脱政策，巩固拓展“两不愁三保障”质量，高质量完成全县10755户脱贫户分类管理任务，对全县建档立卡监测对象572户2204人的返贫致贫风险早发现、早干预、精准帮扶，及时消除风险15户70人；实行橡胶“双保险”“双奖励”政策，累计帮助农户销售农产品超1891万元；新开发公益性岗位259个，28家帮扶基地（车间）吸纳帮扶对象就业310人。

二、农林牧渔业

全年全县农林牧渔业总产值39.83亿元，比上年增长7.6%。从内部行业看，种植业产值15.98亿元，增长15.0%。蔬菜（含菜用瓜）收获面积41456亩，增长2.4%；产量27805吨，增长1.4。水果收获面积21713亩，增长21.0%；产量27939吨，增长25.8%。林业产值15.65亿元，增长13.0%。橡胶产量47241吨，增长13.4%。牧业产值6.45亿元，下降0.8%。猪肉量7146吨，增长7.9%。禽类肉量2183吨，下降23.1%。渔业产值0.46亿元，下降34.3%。水产品总产量965吨，下降81.4%。农林牧渔专业及辅助性活动产值1.30亿元，增长18.6%。农林牧渔业主要产品产量及其增长速度见表1。

三、工业和建筑业

全年全县规模以上工业总产值比上年下降3.6%。按轻重工业分，轻工业产值下降20.4%；重工业产值下降1.0%。从经济类型看，国有企业产值增长10.8%，私营企业产值下降9.6%。全年全县工业增加值比上年增长2.7%。其中规模以上工业增加值比上年增长1.6%，规模以下工业增加值比上年增长4.8%。分行业主要工业产品产量及其增长速度见表2。

全年全县规模以上工业企业（不含电网公司）营业收入比上年增长17.2%，营业收入利润率6.6%，利润总额增长85.9%。

全年全县建筑业增加值4.85亿元，比上年增长7.7%。全县具有资质等级的建筑企业单位5个，与上年持平。资质内建筑企业全年房屋建筑施工面积0.45万平方米，增长1.1倍；房屋建筑竣工面积0.45万平方米，增长3.5倍。资质内建筑企业实现利润总额2836.1万元，增长1.3倍；上缴税金26.1万元，增长34.3%。

四、服务业

全年全县批发和零售业增加值6.36亿元，比上年增长9.6%；交通运输、仓储和邮政业增加值0.42亿元，下降10.9%；住宿和餐饮业增加值2.61亿元，增长3.9%；金融业增加值2.38亿元，增长1.0%；房地产业增加值2.69亿元，增长5.5%。全年规模以上服务业企业营业收入增长38.3%，实现利润总额0.22亿元。

全年货物运输量26.80万吨。货物周转量1330.01万吨公里，旅客周转量4812.89万人公里。货物和旅客周转量及其增长速度见表3。

年末全县固定电话用户17034户，比上年末增长20.7%；移动电话用户172839户，增长7.2%；互联网用户（固定+移动）59176户，增长13.9%。固定电话普及率每百人8.77部，增长21.3%；移动电话普及率每百人88.98部，增长7.7%。

五、国内贸易

全年全县社会消费品零售总额19.24亿元，比上年增长15.9%。按经营地分，城镇零售额13.18亿元，增长14.6%；乡村零售额6.06亿元，增长18.8%。按消费形态分，商品零售额14.43亿元，增长13.0%；餐饮收入4.81亿元，增长25.5%。

限额以上企业商品零售中，五金电科类增长60.0%，体育娱乐用品类增长43.1%，服装鞋帽针纺织品类增长36.9%，粮油食品类零售额增长15.5%，日用品类下降0.3%，化妆品类下降29.7%，通信器材类下降68.2%。

六、固定资产投资

全年全县固定资产投资比上年增长4.3%。其中，房地产开发投资增长19.8%，非房地产开发投资增长1.1%。按产业分，第一产业投资增长15.9%，第二产业投资增长10.7%，第三产业投资增长2.8%。按主体分，民间投资增长6.6%，非民间投资增长3.3%。全年投资施工项目个数增长59.0%，其中本年新开工项目增长29.7%。

全年全县房地产开发投资5.77亿元，其中住宅投资1.96亿元，比上年增长54.2%；商业营业用房投资2.83亿元，增长10.4%。房地产项目房屋施工面积49.23万平方米，增长66.3%，其中本年新开工面积23.11万平方米，增长179.3%。全县房屋销售面积2.61万平方米，增长44.1%；销售额2.08亿元，增长19.8%。分行业固定资产投资增长速度见表4。

注：房地产业投资除房地产开发投资外，还包括建设单位自建房屋以及物业管理、中介服务和其他房地产投资。

七、财政金融

全年全县地方一般公共预算收入1.89亿元，比上年增长3.9%。其中，税收收入0.86亿元，增长3.9%；非税收入1.04亿元，增长3.8%。全县地方一般公共预算支出39.36亿元，比上年增长2.7%。财政收支及其增长速度见表5。

年末全县金融机构本外币存款余额83.06亿元，比年初下降2.3%。其中，住户存款59.28亿元，增长12.3%；非金融企业存款11.25亿元，下降21.9%；广义政府存款12.52亿元，下降29.6%。年末金融机构本外币贷款余额39.72亿元，比年初增长37.3%。其中，住户贷款16.08亿元，增长8.2%；非金融企业及机关团体贷款23.64亿元，增长68.0%。金融机构本外币存贷款余额及其增长速度见表6。

全年全县原保险保费收入10762万元，比上年增长 20.9%。其中，财产险业务收入 8855 万元，增长 29.9%；人身险业务收入 1907 万元，下降 8.6%。赔付支出 6050 万元，比上年增长 26.1%。其中，财产险业务赔付 5712 万元，增长 27.9%；人身险业务赔付 338 万元，增长 1.8%。

八、居民收支和社会保障

全年全县居民人均可支配收入 22477 元，比上年增长 11.2%；其中城镇居民人均可支配收入 35088 元，增长 9.8%；农村居民人均可支配收入 15767 元，增长 12.8%。

全年全县居民人均消费支出 17314 元，增长 20.9%；其中城镇居民人均消费支出 23926 元，增长 20.4%；农村居民人均消费支出 13796 元，增长 21.3%。全县居民恩格尔系数为 40.0%，比上年下降 7.3 个百分点。

年末全县参加城镇基本养老保险人数 44212 人，比上年末增加 625 人；其中城镇职工参加基本养老保险 22851 人，离退休人员 21986 人；城乡居民参加基本医疗保险人数 143146 人，比上年末增加 2358 人；参加工伤保险人数 16752 人，比上年末增加 554 人；参加失业保险人数 25344 人，比上年末增加 1264 人。

2021 年财政收支及其增长速度

表 14

财政收入情况	万元	比上年增减 %	财政支出情况	万元	比上年增减 %
地方一般公共预算收入	18929	3.9	地方一般公共预算支出	393565	2.7
1. 地方税收收入	8558	3.9	民生支出	311713	0.4
# 增值税	3624	0.8	# 一般公共服务支出	44640	13.3
企业所得税	911	-17.1	公共安全支出	16670	1.1
个人所得税	402	25.6	教育支出	55000	1.6
资源税	225	1.8	科学技术支出	1063	5.7
城市维护建设税	350	0.3	文化旅游体育与传媒支出	8789	-4.8
房产税	485	32.2	社会保障和就业支出	32425	-11.0
印花税	287	48.7	卫生健康支出	31148	-24.2
城镇土地使用税	765	77.5	节能环保支出	20343	-5.8
土地增值税	406	-28.3	城乡社区支出	10266	-21.0
契税	528	4.6	农林水支出	141166	13.3
2. 地方非税收入	10371	3.8	交通运输支出	4881	17.2

续表

财政收入情况	万元	比上年增减 %	财政支出情况	万元	比上年增减 %
# 行政事业性收费收入	928	562.9	资源勘探信息等支出	1731	65.2
罚没收入	1175	171.4	商业服务业等支出	1090	19.6
国有资源（资产）有偿使用收入	4388	4.1	住房保障支出	7042	30.1
捐赠收入	3214	-31.3	粮油物资储备支出	653	-27.8
专项收入	537	4.1	其他支出	1945	149.4

2021 年金融机构本外币存贷款余额及其增长速度

表 15

指 标	年末数（亿元）	比年初增减（%）
各项存款	83.06	-2.3
其中：境内住户存款	59.28	12.3
境内非金融企业存款	11.25	-21.9
广义政府存款	12.52	-29.6
各项贷款	39.72	37.3
其中：境内住户贷款	16.08	8.2
非金融企业贷款	23.64	68.0

九、教育

年末，全县普通高中1所，专任教师177人，增加10人；全年招生892人，增加96人；在校学生2438人，增加204人；高中阶段毛入学率90.8%，提高0.43个百分点。九年一贯制学校8所，初级中学3所；专任教师518人，增加11人；全年招生2574人，减少4人；在校学生7434人，减少545人；初中毛入学率98.7%，提高0.03个百分点。普通小学36所；专任教师978人，减少12人；全年招生2104人，减少228人；在校学生14856人，减少659人；小学毛入学率99.99%。

十、文化、旅游和体育

年末全县各类艺术表演团体1个，文化馆1个，公共图书馆1个，博物馆1个。广播综合人口覆盖率和电视综合人口覆盖率均达99.0%，分别较上年提高0.1和0.3个百分点。有线电视用户6403户，比上年减少197户。成功举办“三月三”乡村民俗文化旅游活动、“啦奥门”山兰文化节、全民健身广场舞比赛等节假日活动。开展百姓大舞台、“图书下乡”阅读推广活动、文物进校园巡展等文化惠民活动101场，惠及学生、群众达8万余人次。启动黎族民歌《少中哇》（第二辑）图书编纂工作，完成黎族医药宣传片拍摄。

全年全县接待游客108.7万人次，比上年增长78.3%。其中接待过夜游客56.78万人次，增长17.5%；接待一日游游客51.92万人次，增长266.2%。实现旅游总收入6.32亿元，比上年增长45.7%。白沙起义第一枪旧址纪念园被评为国家

AA 级旅游景区、五里路茶韵农庄被评为海南省四椰级乡村旅游点。

全年本县运动健儿获全国运动会金银铜牌共 11 枚，其中 5 枚金牌、6 枚铜牌。省级比赛获得 35 枚金牌、44 枚银牌、60 枚铜牌。引进全国自由式轮滑公开赛（白沙站）、“白沙杯”全国男子拳击冠军赛等国家级赛事；承办了“中国体育彩票·白沙杯”海南省农民男子篮球赛、海南美丽乡村绿色骑行活动、“谁是球王”海南省民间羽毛球赛、海南省少年游泳锦标赛等省级赛事。白沙国家体育训练南方基地累计接待国家级训练队伍 12 支 502 人，省市级训练队伍 61 支 1602 人。

十一、卫生健康

高标准抓好新冠疫情防控工作。严格落实“外防输入、内防反弹”防控策略，实现零感染零死亡。目前全县具备核酸检测能力的医疗卫生机构 2 家，核酸检测能力总和约为 4200 人份 / 日。全县累计接种新冠病毒疫苗 15.29 万人次，37.34 万剂次，全人群接种率达 95.2%。初步统计，全县共有卫生机构 134 个，其中医院（卫生院）16 个。疾病预防控制中心（卫生防疫站）1 个，妇幼保健院（所、站）1 个，专科疾病防治机构 1 个，农村乡（镇）卫生院 12 个，社区卫生服务中心（站）1 个。医疗卫生机构病床位 1036 张，其中医院和卫生院 995 张。卫生机构人员总数为 1332 人，其中各类卫生技术人员 1022 人。执业医师和执业助理医师 391 人，注册护士 446 人。全年报告甲、乙类传染病发病人数为 694 人，报告死亡 1 人；报告传染病发病率为每万人 85.45 人，死亡率为每万人 0.05 人。

十二、环境和应急管理

全年全县造林绿化面积 7330 亩；推广新能源车 467 辆，增长 376.6%；新建文明生态村 37 个，累计达到 390 个。

全年全县环境空气质量优良率 99.7%，其中城市（镇）PM2.5 年均浓度为 14 微克 / 立方米，PM10 年均浓度为 23 微克 / 立方米。地表水水质总体为优，水源地水质达标率保持 100%。

年末全县城镇污水处理厂日处理能力 0.7 万吨，城镇污水集中处理率 104.2%，比上年提高 18.7 个百分点；城市生活垃圾无害化处理率 100.0%。

全年未发生重大及以上事故。全年全县共发生各类事故 116 起、死亡 24 人，分别同比上升 54.7%、26.3%，造成财产损失 79.51 万元。其中一般程序处理的交通事故 53 起、死亡 21 人、财产损失 57.46 万元，分别同比上升 51.4%、16.7% 和 73.3%；建筑施工高处坠落事故 1 起，死亡 1 人，同比上升 100%；工矿商贸行业事故 2 起，死亡 2 人，同比上升 100%；消防火灾 60 起，零伤亡，直接经济损失 22.10 万元。森林火灾 1 起，零伤亡，过火面积合计 96.5 亩。

【注 释】

1. 本公报部分数据为初步统计数，最终核实数以《白沙统计年鉴—2022》公布的数据为准。

2. 地区生产总值和各产业增加值绝对数按现行价格计算，增长速度按不变价格计算。根据《国民经济行业分类》（GB/T4754-2017）对三次产业进行划分。

3. 本公报中部分指标合计数与分项数有出入主要是由于四舍五入的原因，均未作机械调整。

【资料来源】

本公报中财政数据来自县财政局，金融机构存贷款数据来自人行，保险业数据来自中国银保监会海南监管局，水产品数据来自县畜牧和渔业服务中心，森林数据来自县林业局，货物、旅客运输及周转量数据来自县交通局，新能源车辆、通信数据来自县科工信局，文化体育旅游等数据来自县旅文局，城镇垃圾处理数据来自县住建局，城镇污水处理数据来自县水务事务中心，教育数据来自县教育局，卫生数据来自县卫健委，就业数据来自县就业服务中心，养老、医疗、工伤等保险数据来自县社会保险服务中心，巩固脱贫攻坚成果工作情况来自县乡村振兴局，环境保护数据来自县生态环境局，文明生态村数据来自县文明办，安全生产数据来自县应急局，户籍人口数据来自县公安局，其他数据来自县统计局。

索 引

说 明

一、本索引采用内容分析法编制，按索引款目首字的汉语拼音字母（同音字按声调）顺序排列，同音同调按第二字母的音序排列，依次类推。

二、索引款目后的数字表示内容所在的页码，数字后的 a、b、c 分别表示该页码的左、中、右栏。

三、分目作款目用黑体字表明，其余款目用宋体字表明。

四、同一主题的内容在文中多处出现的，在其款目后用不同的页码标明。

五、特载、大事记、人物、附录未做索引。

A

B

C

D

E

F

G

H

J

K

L

M

N

P

Q

R

S

T

W

X

Y

Z